"그러나 나의 종 너 이스라엘아 내가 택한 야곱아 나의 벗 아브라함의 자손아 내가 땅 끝에서부터 너를 붙들며 땅 모퉁이에서부터 너를 부르고 네게 이르기를 너는 나의 종이라 내가 너를 택하고 싫어하여 버리지 아니하였다 하였노라 두려워하지 말라 내가 너와 함께 함이라 놀라지 말라 나는 네 하나님이 됨이라 내가 너를 굳세게 하리라 참으로 너를 도와 주리라 참으로 나의 의로운 오른손으로 너를 붙들리라"(사 41:8-10)

이스라엘 종교
Religion of Israel

초판 1쇄 발행 | 2025년 8월 25일

지은이	최종진
펴낸이	최은혜
일러스트	김경희
표지디자인	서승연
인쇄	북토리

펴낸곳	토판
출판 신고 번호	제2025-217호

주소	서울 강남구 언주로 425
팩스	0504-211-8092
이메일	sslt.info.contact@gmail.com

ISBN   979-11-994374-1-8(93230)

토판은 에스에스엘티의 종교 서적 출판 브랜드입니다.

책값은 뒤표지에 있습니다.
이 책은 저작권법으로 보호 받는 저작물이므로 무단전제나 무단복제를 할 수 없습니다.

이스라엘 종교

최종진 著

토판

Religion of Israel

by

Joseph Jong—Jin Choe

Published

by

TOPAN

Seoul Korea, 2021

책 머리에

    본서의 제목을 「이스라엘 종교」라 했으나, 실제에 있어서는 이스라엘 종교(혹은 종교사)와 구약신학의 중간 입장에서 써 가게 될 것이다. 이스라엘은 그들 자신의 신앙을 표현하는데 그들 나름대로의 방법에 의존했지, 고대 근동의 이집트, 메소포타미아, 이웃 가나안 등의 예배와 종교의 영향 속에서도, 오히려 이스라엘은 나름대로의 '독특하고 고유한 특성'(distinctive and particular character)을 유지 발전시켜 왔다.
    고대 근동 역사의 흐름 속에 있던 주위 백성들의 종교는 그 형태가 바뀌거나 도태되어 하나의 문헌 속에 잔재로 남아있을 뿐이지만, 오직 이스라엘 종교만은 그 독특성을 그대로 유지해 왔다. 그 이유는 이스라엘 종교에는 자체의 판이한 역사적 독특성이 있기 때문이다. 그건 이스라엘의 하나님 이해와, 역사의식과 관련되어 나타난다. 바로 이스라엘의 종교, 즉 그들의 신앙은 「유일신 야웨 하나님」이 역사에 개입하신다는 역사 위에 기초한 것이었기 때문이다. 이스라엘은 그들의 역사적 사건을 하나님의 구원 행위인 신앙적 사건으로 이해하고 있었다. 그래서 폰 라트는 "이스라엘이 야웨 하나님에 대해 무엇을 고백했느냐", 즉 "하나님이 이스라엘에게 무엇을 행하셨느냐"의 물음에 대한 이스라엘의 고백이 무엇이냐를 구약신학의 중심 테마로 잡아 역사를 하나님의 활동 무대로 보았다. 하나님의 사건으로 연속되었다고 고백하는 이스라엘 역사는 바로 하나님의 구원사(Heilsgeschichte=The Saving history)가 된다.

본서는 바로 이런 구원사적 구약성서 이해에서 이스라엘 종교를 연구하려고 한다. 구약성서를 이스라엘 역사를 통해서 인류의 구원역사를 계시하시는 하나님이 신약에서 예수 그리스도를 통하여 인류 구원을 성취한 것을 믿는 입장, 즉 "구약의 구원사는 신약으로 계속된다"는 폰 라트의 말에 동감하면서, 필자는 이스라엘 역사와 종교의 독특성을 찾으려고 한다.

이스라엘 종교사 연구는 역사 연구이지, 신학 연구는 아니다. 그러나 본서에서 종교 사상이나 제도의 연구는 이스라엘 사람들이 가졌던 종교의 사상과 제도가 구약에 어떻게 나타났는가를 살피는 것이므로 신학적인 작업이라 할 수 있다.

역사는 항상 양면성을 간직하고 있다. 즉, 전통적 요소와 새로운 요소, 지속적인 면과 변화하는 면, 계속적인 것과 단절적인 것이다. 이스라엘도 모든 변화를 저항하면서 고정 요소를 유지했지만, 변천적 발전을 가져왔다고 보아야 할 것이다(W.H. Schmidt). 그러나 이스라엘의 역사와 종교의 변하지 않는 중심은 하나님이시다. 이 하나님 이해는 구약의 역동적이며 통일시키는 중심점이 되며, 구약을 이해하는 열쇠가 되는 것이다(G.F. Hasel).

본서의 목적은 역사의 기간에 따라 하나님 이해와, 그 하나님과의 관계에 있는 종교 현상과 제도를 구원사적 입장에서 연구하려는 것이다.

대학교에서 30년이 넘게 가르치면서 정리된 나름대로의 신학적 입장[1]과 그동안 몇 군데 실렸던 필자의 글들도 함께 했다. 내 삶의 중심에서 구약 신앙에 고백되어진 인자하신 하나님을 느끼며 감사할 뿐이다. 일차적인 책이 출판사의 형편에 단종이 되어, 다시 새롭게 출판되어 한층 성장한 학문을 정리하게 되어 기쁘다. 이 책이 출판되기까지 수고해 주신 [토판]의 최은혜 사장님께 감사하며, 본 연구는 대한민

---

1) 오랜 기간 강의하다 보니 학자들의 학문적 입장이 내 것으로 용해되고, 혹시 그 자료의 출처가 확인할 수 없는 경우가 있을 수 있기에 양해를 바란다.

국 [문교부가 배려한 학술연구 지원]에 힘입었음을 정중히 밝히는 바이다. 목회의 현장에서 끝까지 선한 싸움을 다하시며, 이 자식을 위해 기도해 주시던 하늘나라에 계신 내 부모님께 이 책을 바친다.

1987년 8월
서울신학대학 연구실에서,

2021년 6월
여의도집 서재실에서,
저자 최종진

목 차

제 1 장 이스라엘 종교(舊約宗敎) 연구의 전제 ... 11
    I. 구약성서 해석의 이중성(二重性) ... 11
    II. 역사와 계시의 상관성 ... 21
    III. 역사 안에서의 구원 ... 25
    IV. 구약성서와 신약성서의 관계 ... 29
    V. 구원사적 구약 이해 ... 31
    VI. 구약의 자료 문제 ... 33

제 2 장 구약성서의 하나님 현현(顯現) ... 43
    I. 신현현(神顯現)의 어의(語義) ... 44
    II. 구약성서의 하나님 현현 유형(顯現 類型) ... 46
    III. 하나님 현현의 매체들 (Theophanic Media) ... 52
    IV. 신현현(神顯現)의 신학적 이해 ... 59
    V. 구약의 계시매체(啓示媒體) ... 64

제 3 장 이스라엘 종교의 신학적 배경 ... 69
    I. 이스라엘 종교는 창조주 하나님으로 시작 ... 72
    II. 이스라엘 종교의 하나님은 인류구원을 진행하신다. ... 87

제 4 장 족장들의 배경과 종교 ... 93
    I. 족장의 정의 ... 94
    II. 족장들의 배경 ... 95
    III. 족장들의 종교 ... 103

제 5 장 모세의 야웨 종교(Yahwism) ... 155
    I. 출애굽 구원 사건 ... 155

    II. 야웨 이름의 계시(출 3:1–16, 6:1–9)   176
    III. 모세 시대의 야웨 특성   205

제 6 장 야웨 종교의 제사의식   227
    I. 의식 I(Ceremonial I): 성막=제의 장소(Places)   228
    II. 의식 II(Ceremonial II): 제사=제의 행위(Actions)   246
    III. 의식 III(Ceremonial III): 절기=제의의 때(Times)   313
    VI. 모세 시대의 '씨'신학 (Zera` Theology)   363

제 7 장 지파 동맹체의 배경과 신앙   365
    I. 지파 동맹체의 배경   367
    II. 고대 이스라엘의 연구사   375
    III. 이스라엘 지파 동맹체의 신앙   389

제 8 장 왕국 시대의 종교   401
    I. 왕국 시대의 역사적 배경   402
    II. 이스라엘의 예언자 운동   445
    III. 왕국 시대의 신학적 강조점   481

제 1 장

이스라엘 종교(舊約宗敎) 연구의 전제

구약성서의 이스라엘 종교 혹은 구약신학을 연구하고 이해하는데 있어서 전제적(前提的) 정리가 필요하다고 본다. 여기서 본서의 연구 방법론과 더불어 구약성서를 전체적으로 어떻게 보느냐는 학문적 시각과 견해를 필자 나름대로 피력하고자 한다.

I. 구약성서 해석의 이중성(二重性)

초대 교회는 유대인들의 구약성서 해석 논쟁에서 탄생되었다는 전제이다.

구약성서 연구자는
· 「Old Testament+Rabbies=Judaism(율법중심)→제사적 전통」과,
· 「Old Testament+Jesus Christ=Christianity(복음중심)→예언자 전통」이라는 이중성(二重性)의 입장에 부딪힌다는 전제이다.

유대교의 시작은 바벨론에서 돌아와 재건한 성전을 중심으로 하는 기원전 5세기가 기준이다. 이때부터, 유대인(Jews)이라는 용어는 '이스라엘의 자손'이라는 호칭을 대체하게 되었다.

유대교는 이스라엘 후손들 중에서도 유다 지파로 이뤄진, 바벨론 포로에서 귀환한 남왕국의 정체성을 자부하던 유다인들로 이뤄졌는데, 그들 중에 예수를 메시야(그리스도)로 믿지 않는 유대인의 랍비들은 구약성서를 보존 전승시키고, 그 내용을 율법 중심으로 해석하고 설명하는 교육에 힘썼다.

이 유대인 랍비들이 구약성서를 연구하여 가르친 내용을 근거로 발전된 것이 유대교이다.[1] 이 유대교는 율법 중심의 신앙으로 제사적 전통에 선 입장이다. 그래서 이스라엘에 하나님의 음성을 들려주던 예언자들을 대신해서, 유대교의 이스라엘 사람들에게는 율법이 삶의 기본이 되었다.[2] 이 유대교 랍비들의 배경과 역할을 살펴보면 다음과 같다.

구약성서의 원본(Original Text)들은 성서 기자들에 의해 성령의 감동으로 쓰여진 후 1—2세기가 지나면서 없어졌다. 현재 우리에게 전해 내려온 성서는 그 원본을 손으로 다시 기록한 사본의 사본들이다.[3] 이런 구약 사본의 전승은 전승과정에서 결정적 역할을 했던 학파들이 있었기 때문에 가능했다.

1. 서기관[4] 학파

서기관학파(Sopherim: B.C. 500—A.D. 200)는 성경 사본을 만들어 전수하고 정확한 본문의 독법(讀法)을 정하여 후대에 전하려 노력했다.[5] 그들은 히브리 원문의 전수에 정확성을 기하기 위해 구약과 책의 절(Verse), 단어(Word), 글자

---

1) Werner Förster, 「신구약 중간사」 문희석 역 (서울: 컨콜디아사, 1977), p. 20. Förster는 유대교 발생 시대를 바로 바벨론 포로 기간으로 본다. 유대교는 예언자들의 말씀을 수집하고, 자기 민족의 역사에 관련된 전통들과 정치생활과 사생활과 공생활, 그리고 종교 의식에 관계된 계명들을 수집하여 그들의 생활 지침의 원리들을 보존했다는 것이다.
2) *Ibid.*, p. 22.
3) cf. Merrill F. Unger, *Introductory Guide to the Old Testament* (Grand Rapids: Zondervan Publishing House, 1976), p. 122.
4) 서기관(ספר)이란 '기록자'를 의미하는 것으로, 고대 이스라엘 사회의 행정체제나 기타 생활 분야에서 기록을 남긴 자와 성서를 기록한 자들을 의미한다.
5) Gleason L. Archer, Jr., *A Survey of Old Testament Introduction* (Chicago: Moody Press, 1975), p. 62. R.K. Harrison, *Introduction to the O.T.* (Grand Rapids: Eerdmans Publishing Co., 1969), pp. 211f.

(Letter)의 수를 정밀하게 계산하여 각 책의 끝에 그 숫자를 기록하였다.[6] 서기관학파의 사람들은 종교 분야의 기록사무를 담당했을 뿐 아니라,[7] 백성들을 가르치는 교사로 율법의 선생이었다.[8] 성서를 가르치며, 해석하며,[9] 윤리와 종교를 가르치는 역할을 담당했다.[10] 유대인 전통에 의하면 B.C. 5세기에서 B.C. 3세기까지 활동한 초기의 서기관들을 말한다.[11] 그 학파의 영향은 계속되어 후대의 바리새 종파의 실질적 기원을 이룬다.[12]

2. 쥬고트(הזוּגוֹת haz—zûghôth) 학파

서기관 학파의 뒤를 이어서 B.C. 2세기에서 B.C. 1세기까지 존재했던 유일한 학파로 성서본문 교육을 위해 노력한 학파로 성서전수에 중요한 역할을 했다.[13] 이들은 후에 일어나는 랍비들의 창건자들이었다.[14]

3. 탄나임(Tannaim) 학파

탄나임학파는 쥬고트학파에 이어서 B.C. 1세기에서 A.D. 2세기(Judah Hannasi가 죽을 때까지) 후까지 활동하면서 성서 본문의 보존과 건승, 그리고 성서 교육에 크게 공헌했다.[15]

A.D. 70년 이후에는 바리새파니 서기관이라는 이름이 일반적인 용법에서 사라지고 대체로 랍비라는 이름으로 바뀌게 된다. A.D. 70년 예루살렘 성전이 초토화(焦土化)된 이후에는 성전, 희생제사 중심의 유대교에서 회당, 율법 중심의 유대교로 자연스럽게 전환되어 율법에 대한 재해석이 필요하게 되어 탄나임(Tannaim:

---

6) S. Goldman, The Book of Books: *An Introduction* (New York, 1948), pp. 34—38.
7) R. Travers Herford, *Talmud and Apocrypha* (New York: Ktav Publishing House, 1971), p. 100.
8) *Ibid.*, pp. 100, 103.
9) A. Cruden, *Curpen's Complete Concordance to the Old and New Testaments* (Philadelphia, 1930), p. 570
10) Bruce M. Metzger, 「외경이란 무엇인가」 민영진 역 (서울: 컨콜디아사, 1979), p. 78
11) G.L. Archer, Jr., *op. cit.*, p. 55.
12) R. Travers Herford., *op. cit.*, p. 103.
13) G.L. Archer, Jr., *op. cit.*, p. 55. Jose ben Joeger 때로부터 Hillel 시대까지 활동했다.
14) David Noel Freedman ed. *The Anchor Bible Dictionary* Vol. VI (N.Y.: Doubleday, 1902), p. 1175
15) *Ibid.*

랍비들)학파의 랍비들이 율법 해석하고 주석한 내용이 구전으로 내려오던 것을 문서로 기록한다.

신구약 중간시대(B.C.400—그리스도) 기간에, 유대인들 사이에 구약이 하나님 말씀이며 모든 참된 지식의 원천이지만, 그 구절들은 새로운 상황에 맞게 해석해야 한다는 분위기가 일어나기 시작했다.

이러한 해석들이 기록되면서 수집되어 많은 분량의 문헌들로 사용되었는데, 특별히 이들 탄나임 학파의 랍비들이 더욱 큰 역할을 하게 된다.[16] 그들은 성서 본문의 정확한 보존과 전승뿐만 아니라, 성서 내용의 해석과 설명, 그리고 교육을 위해 노력했다.

그들이 연구하여 가르친 내용이 유대교의 중요한 교훈과 기준이 되었다. 이들이 가르치고 해석한 교훈을 기록으로 남긴 내용이 다음과 같이 보존되었다.[17] 그 기록들 가운데에 200명 이상의 탄나임 학파 선생들이 나타나는데, 대개 그들을 '랍비(Rabbi: 선생)'라 불렀다.[18] 이들의 교훈을 모은 것을 소개하면 다음과 같다.

a. 미드라쉬(המשנה: The Midrash)[19]

이는 B.C. 100년에서 A.D. 300년 사이에 편찬된 것으로 구약성서를 교리적, 설교적으로 설명한 교훈을 담고 있는 구약성서 주석서(Commentaries on the Old Testament)이다.[20] 미드라쉬는 종교적, 법률적, 윤리적 교리를 단순화하는 것 이상으로 성경 이야기를 해석하는 한 방법이다. 예를 들면, "안식일의 목적은 그것을 거룩하게 지키는 데 있고, 단순히 겉으로 어떤 행동이나 회피하며 지키는 것이 아니며 생각과 말로도 지키는 것이다"라고 규정한다.

그래서 "안식일이 미리 일몰 약간 이전에 시작해야 하고, 안식일에는 입에 더러운 소리나 쓸데없는 잔소리에 빠져들어서도 안 되고, 아무도 안식일에 자기 남녀종이나 고용인에게 도와달라고 강요해서도 안 된다"는 것이다.[21] 유대인의 전승에 의

---

16) G. 허버트 리빙스톤, 「모세오경의 문화적 배경」 김의원 역 (서울: 기독교문서선교회, 1991), p. 259.
17) David Noel Freedman ed. op. cit., p. 1175.
18) 중요한 것을 요약하여 설명함.
19) 미드라쉬(מדרש)는 본문 해석, 연구를 의미한다.
20) G.L. Archer, Jr., op. cit., p. 55.
21) Werner Förster, 「신구약 중간사」 문희석 역 (서울: 컨콜디아사, 1977), p. 83.

하면 미드라쉬는 에스라에게서 시작되었다고 한다.

미드라쉬에는 ①오경의 613개 율법 조항의 법정적 주석을 다룬 '할라카'(Halakhah: 행동규율: 율법만을 주석한 것)[22]와 ②더욱 실제적이고 경건하게 설명하며, 비율법적 부분을 다룬 '학가다'(Haggadah=說話: 구약 전체를 주석한 것)의 두 부분으로 나누어진다.[23]

b. 탈무드[24](הדמלת : The Talmud)

탈무드는 유대인의 정신적 지주 역할을 해 온 책으로, A.D. 70년 예루살렘 성전이 소멸되고, 유대인들이 팔레스타인을 떠나 전 세계 디아스포라로 뿔뿔이 흩어지게 되자 유대인들은 민족의 동질성을 유지할 수 있는 방법으로 탈무드를 구상하게 되었다고 한다.

유대교의 율법, 전통적 습관, 축제, 민간전승, 해설 등을 총망라한 유대인의 정신적, 문화적인 유산인데, 유대교에서는 토라(Torah) 다음으로 중요시된다. 유대교는 자기의 독특한 성격을 탈무드를 통하여 표현하게 된다.

유대교는 율법으로 그들의 한계를 결정하였는데, 초기의 랍비들이 율법 해석으로 설명한 것들을 수집하고 토론하였다. 이것이 탈무드서의 기초를 이루었다.[25] 탈무드는 유대인의 구전적 율법과 성서를 해석한 문학이며, 유대인의 종교법과 시민법에 대한 문서들을 수집한 것이다.[26]

탈무드는 A.D. 100—500년 사이에 편집되었는데, 본문은 A.D. 200년경에 완성된 미쉬나(Mishnah)이고, 그 후 300년 이후에 완성된 미쉬나의 해석인 게마라(Gemara)로써 둘로 구분이 되고, 미드라쉬와 합하여 이 세 수집물들은 정통 유대교의 존경받는 전통으로 구약에 필적한다.[27]

---

22) G. 허버트 리빙스톤, *op. cit.*, p. 259. 율법이 규정한 모든 중요한 문제들을 전반적으로 취급한 규율들, 즉 정의 집행문제, 보증서는 일, 잃은 물건 처리방법, 정한 동물과 부정한 동물 등에 관한 규정이 있다.
23) *loc. cit.*
24) 탈무드는 '교훈'을 뜻하고, 그 내용은 B.C. 500년부터 A.D. 500년에 걸쳐 약 1000년 동안 구전되어 오던 것을 2000여 명의 학자들이 10년 동안 편찬했는데, 그 분량이 총 20권에 12,000페이지로 250만 개 이상의 단어로 이루어졌고, 무게가 75kg이나 된다고 한다.
25) Werner Förster, *op. cit.*, p. 171.
26) *Ibid.*
27) G. 허버트 리빙스톤, *op. cit.*, p. 259.

— 미쉬나(המשנה : Mishnah)

미쉬나는 '반복하다' '가르치다'는 뜻으로 탈무드의 첫 부분이며, 히브리어로 쓰여졌고, B.C. 300년경에 시작되어 A.D. 200년경까지 이어지면서 상당한 분량으로 많은 랍비들이 편집 완성한 '구전 토라'이다.[28] 기록된 토라에 대한 전통적인 해석과 토라를 실생활에 어떻게 적용할 것인지에 해석과 가르침으로 되어 있다.

구약성서의 교훈들을 해석하고 응용하는 데서 나타나는 수많은 문제들에 대하여 랍비들의 토론과 결정의 내용들을 재시한다.[29] 그래서 어쩌면, 미쉬나는 미드라쉬의 주석서(Commentaries on the Midrash)라 할 수 있는데, 모세가 말했다[30]는 모든 구전적 율법을 요약 기록하고, 전통과 성서 본문에 대한 설명으로 기록되었다.

미쉬나는 여섯 가지의 대주제로 구성되어 있다.

첫째 항목은 곡식 열매에 대한 [농업] 문제로 예를 들면 가난한 자들을 위한 경작지의 모퉁이를 남겨두라는 규정(레 19:9f, 23:22)과, 가축을 다른 종류와 교합시키지 말 것, 밭에 두 종자를 뿌리지 말 것 등이 있다.[31]

둘째 항목은 [절기: 축제]에 대한 것으로, 안식일, 유월절, 속죄의 날 등을 다룬다. 예를 들면, 안식일에 일하지 말라 했으니, 금지된 일들의 개념에 속한 모든 사항을 확실히 밝히려고 랍비들은 39개의 일들을 계산하여 정했다. 예를 들면, 파종하는 일, 밭가는 일, 추수하는 일, 타작하는 일, 까부르는 일, 짐승을 잡는 일, 글씨를 쓰는 일 등을 금지하고 있다.[32]

셋째 항목은 [여인들]에 관한 것으로, 시형제 결혼(신 25:5ff, 마22:24), 약혼과 결혼, 이혼(이혼증서), 간음, 나실인과 다른 서약 등에 관한 작은 주제로 나눠 설명

---

28) *Ibid.*
29) Werner Förster, *op. cit.*, p. 285.
30) 민수기 11:16—17, 24—26.
31) Werner Förster, *op. cit.*, pp. 285—286.
32) *Ibid.*, pp. 245—246. 안식일, 유월절, 속죄의 날 등을 다룬다. 예를 들면, 안식일에 일하지 말라 했으니, 금지된 일들의 개념에 속한 모든 사항을 확실히 밝히려고 랍비들은 39개의 일들을 계산하여 정했다.

했다.[33]

넷째 항목은 [손해 문제들]로 형법과 민법에 관한 것들이다. 예를 들면, 주운 물건과 사고파는 물건, 품삯과 재판의 행위, 증인 심문, 사형과 태형, 우상숭배를 피하는 문제, 조상들의 윤리 등의 주제들이다.[34]

다섯째 항목은 [제사와 신성한 것]에 관한 것으로,[35] 성전과 희생 제사의 제물들과 소제들, 첫 태생을 위한 제물, 매일 드려야 할 희생제사의 제물들과 성전 크기 등을 다루고 있다.

여섯째 항목인 [정결한 것과 부정한 것]은 12개의 작은 주제로 나누었는데, 예를 들면, 깨끗한 것과 더러운 것에 관련된 여러 문제를 취급하고 있다.[36] 이 6개 부분을 63개의 작은 주제로 다시 세분화하여 설명했다.[37] 이 미쉬나는 탄나임 학파의 학자들이 유대교의 생활에 종교적 기준, 풍습, 생활 방법을 기술한 것으로 본다.[38]

— 게마라(גמרא : Gemara)

게마라는 '완성' '보충'의 뜻을 가진 말로, 미쉬나를 해석한 일종의 연속적 주석이다. 즉, 히브리어와 아람어로 쓰여진 '미쉬나'(Mishinah)의 강해서 혹은 주석서(Commentaries on the Mishna or Mishna on the Mishna)로 미쉬나를 더욱 자세히 설명해 주는 것으로, 탈무드의 둘째 부분이다.

게마라는 Palestine Gemara(A.D. 200년경 기록)와 Babylonian Gemara(A.D. 500년경 기록)로 나누고, 이 게마라에 기고한 학자들을 Amoraim(해설자들)이라 하고 A.D. 400년경 완성되었다.[39] 이것은 주로 메소포타미아 계곡에 살았던 박식한 랍비들의 토론과 담화를 집대성한 것으로 본다.[40]

---

33) *Ibid.*, pp. 286.
34) *Ibid.*
35) *Ibid.*
36) *Ibid.*
37) H. Strack, *Introduction to the Talmud and Midrash* (New York: Atheneum, 1974), pp. 29—64에 그 주제들이 소개되고 있다. Cf. Wermer Förster, *op. cit.*, pp. 285—286.
38) G.L. Archer, Jr., *op. cit.*, pp. 62f.
39) Werner Förster, *op. cit.*, p. 285. *Ibid.*, p. 56.
40) G. 허버트 리빙스톤, *op. cit.*, 259

c. 토세프타(The Tosefta)

이는 탄나임(Tannaim)학파의 가르침과 전통을 수집하여 기록한 것으로, 미쉬나가 집대성 이후, A.D. 100—300년에 이뤄 졌다.⁴¹⁾ 토세프타는 보충, 첨가를 뜻하며, 전승에 의하면 A.D. 100년경에 랍비인 아키바(Akiba)가 미쉬나(the Mishnah) 편집 과정에서 많은 부분을 생략했는데, 내용과 구성 면에서 미쉬나와 유사하지만 그 생략 부분을 기록 편집한 것이 토세프타라 한다.

토세프타의 특징은 미쉬나보다 더 구체적으로 다루고 있다는 것이다. 왜냐면, 미쉬나는 암기하기 쉽게 꼭 필요한 내용 이외 것은 가능한 생략시켜 그 내용을 간결하게 편집하였다. 이에 비해 토세프타는 보완적 성격의 문서이기에 후대에 필요한 내용을 가능한 충분히 포함시켜 자료집으로 활용할 수 있도록 하였다.

즉, 현대 탈무드 편집자들은 미쉬나에 포함되지 않은 구전 전승들을 미쉬나 본문 왼쪽 상단에 기록하였는데, 독자들이 쉽게 알아 볼 수 있도록 '만약 당신이 말한다면……' 또는 '사람들은 대답할 것이다'라는 구문을 큰 글자로 시작하여 표시 나게 편집한 것이다.⁴²⁾

4. 맛소라⁴³⁾(Masorah) 학파

A.D. 5세기에서 10세기 사이에 활동한 학파로 구약성서 본문의 마지막 형태를 고정하여 전수시킨 학파이다.⁴⁴⁾ 그들은 옛부터 내려오는 성서 본문을 굳게 지키는 것을 목표로 삼았다. 히브리성서 본문을 본래 기록자들이 쓴 그대로 보전, 전승시키려고 노력했다.⁴⁵⁾ 맛소라 학자들은 모음을 만들어 자음으로만 된 성서 본문에 정확한 발음을 하도록 모음을 붙였다.⁴⁶⁾ 그리고, 그들은 문장의 처음, 중간, 끝에 엑센트를 만들어 붙여서 성서 이해와 낭독에 크게 도움을 주었다. 히브리 성서를 절

---

41) G.L. Archer, Jr., *op. cit.*, p. 55.
42) *Ibid.*
43) 맛소라의 히브리어는 "전통"을 뜻한다.
44) G.L. Archer, Jr., p. 56.
45) 그들은 자음만의 본문에 어느 단어가 분명 잘못된 자음이 있고 누락되었어도 정정하거나 채우지 않고, 註로서 수정된 자음을 밝혔고, 단어에 필요한 모음만을 써 넣었다(삼하 8:3, 렘 31:38 등).
46) 대체로 A.D. 600—900년 사이에 이뤄졌다고 본다.

(Verse)로 나누는 일은 미쉬나(the Mishna: A.D. 200년경에서 최초 언급[47])되었으나 완전한 상태가 못 되었고, 현대의 절 구분으로 정해지기는 위대한 맛소라 학자인 10세기의 벤 아셀(Ben Asher)에 이르러서 이루어졌다.[48]

맛소라 학자들은 성서 본문을 연구하여 중요한 주해(註解)를 본문의 옆쪽(the Marginal Masorah)이나 위·아래 쪽(the Large Masorah), 혹은 본문 각 책의 끝에 주(註)로써 써 넣었다. 특별히 벤 아셀(ben Asher)과 벤 납달리(ben Naphtali) 가족은 각각 표준 맛소라 성서 사본을 준비하여 하나의 공통된 표준 성서를 만드는 데 기여했다. 이 벤 아셀(ben Asher)의 사본이 현대 맛소라 히브리 성서의 기반이 되었고, 이후부터는 본문에 대해 논란하지 않고, 또 인쇄술의 발달로 변동이 없게 되었다. 이들 학파들은 구약성서의 주석과 해석에 예수 그리스도를 제외시킨 가운데 율법적 유대교의 생명을 형성시킨 학자들이다.

이들 유대교에는 세 가지 기둥이 있는데, 첫째는 경전(the Canon)이요, 둘째는 회당(Synagogue)이고, 셋째는 랍비(Rabbis)였다.[49] 이 유대교의 랍비들은 예수님을 메시야(그리스도)로 인정하지 않는 입장에서 구약성서를 해석하고, 유대인들은 예수님과 전혀 관계없이 성서를 통하여 한 민족으로서 특수한 역사를 형성하게 되었다. 그래서 성서를 통하여 그들이 결합되었고, 이방인들의 풍습과 다른 특징을 나타내었다.[50]

유대교는 구약성서, 특별히 율법을 중심으로 한 법조문들을 산더미처럼 쌓아 올렸기 때문에, 장로들의 전통이나 랍비들의 무리한 해석을 통하여, 하나님 계시를 인간적 교훈과 의도로 생활규범을 만들어 잘못 적용한 것이 많고, 율법을 준 하나님의 실제적 의도를 가리고 말았다.[51] 그래서 유대교는 종교만도 아니고, 윤리만도 아니다. 그것은 종교적인 바탕을 근거로 한 그 민족의 모든 필요성들을 집약한 총

---

47) Merrill F. Unger, *Introductory Guide to the Old Testament* (Grand Rapids: Zondervan Publishing House, 1976), p. 129.
48) C.H.H. Wright, *An Introduction to the Old Testament* (1960), pp. 14—15.
49) Werner Förster, *op. cit.*, pp. 50—53.
50) *Ibid.*, p. 217.
51) J. Klausner, *Jesus of Nazareth: His Life, Times and Teaching*, Trans. H. Danby (London, 1925), p. 371.

체가 되었다. 그것은 종교와 윤리를 바탕으로 한 하나의 민족적인 세계관이다.[52]

율법의 민족적인 면을 시도한 유대교는, 토라(율법)가 그 민족의 생활 영역 전체에 침투하도록 함을 중요 과제로 삼았다. 이런 특색으로 고정화되어 가던 유대교의 구약성서 이해가 초대교회 당시에 있었던 하나의 큰 흐름이었다.

한편, 초대교회 예수의 사도들과 제자들은 구약적 기독교인들로서, 구약성서의 정경(Canon)을 가지고 예수 그리스도를 이해했던 유대인들이었다. 예수 그리스도가 성서 계시 전체의 참된 주제라고 봐서 구약의 그리스도는 바로 예수님에서 성취되어 나타난 것으로 보는 견해이다.

그들은 구약성서를 예수 그리스도에 대한 증언으로 보는 입장에서 구약성서를 예수 그리스도를 통해서 해석하고, 또한 예수님이 그리스도이심을 증거하는데 구약성서를 통해서 구체적으로 설명한다. 구약성서의 약속과 말씀의 최종적인 의미는 예수 그리스도의 생애(탄생, 죽음, 부활, 승천, 재림)에서 그 최종적 목표와 해석을 발견한다고 본다.[53]

즉, 예수님을 메시야(그리스도)로 믿지 않는 유대인의 랍비들이 구약성서를 연구하여 발전시킨 유대교는 율법 중심의 제사적 전통에 선 입장이라면, 구약성서를 예수 그리스도라는 분을 통해서 해석한 복음 중심의 기독교는 예언자 전통에 선 입장이다.

그래서 구약성서를 연구하는 자는 이런 이중성(二重性)의 입장이 있음을 인정하며 구약성서를 대하여야 한다. 본서는 예수 그리스도를 통해서 구약성서를 보며, 구약성서를 통해서 예수 그리스도를 보는 입장에서 이스라엘(구약) 종교를 연구해 나갈 것이다.

---

52) *Ibid.*
53) Elizabeth Achtemeier, 「구약성서와 복음선포」 장일선 역 (서울: 대한기독교출판사, 1981), p. 128.

II. 역사와 계시의 상관성

구약성서 연구는 객관적 역사성을 뛰어 넘어야 한다는 전제이다.

　구약성서에 나타난 역사적 사건들과 그 기록은 분명히 역사적인 것들이다. 그러나 구약성서의 역사 기록, 즉 이스라엘의 역사 기록은 단순한 사건 나열의 기록에 그치는 것이 아니라 그 역사 속에 하나님의 의지와 섭리, 그리고 하나님의 현현(顯現)이 나타나고 있어서 현대 역사가가 기록한 역사와는 다른 역사를 가지고 있다. 즉, 예언적 관점에서 기록된 역사이다.[54] 왜냐하면, ① 하나님께서 자신의 행위와 말씀으로 역사를 주관하신다는 하나님의 역사 통치를 묘사하고, ② 사무엘, 나단, 엘리야, 엘리사 같은 예언자들의 활동을 중심으로 기록하며, ③ 출애굽에서의 하나님의 구원, 광야 방랑에서 하나님의 인도, 가나안 땅의 허락, 야웨 예배의 계약 의무, 사회정의, 복종과 반역에 대한 하나님의 축복과 심판 등 예언적 대주제(The great prophetic themes)들을 드러내고 있는 역사이기 때문이다.[55]

　그렇다고 성서의 기록이 역사적 가치를 무시하고 있다는 말은 아니다.[56] 철저히 야웨 종교(Yahwism)를 중심으로 하는 역사 편찬의 입장을 가지고 있기 때문에, 객관적 역사를 충분히 인식하면서도 단순한 사건 나열의 역사가 아닌 객관적 역사 사건에 대해 종교적 역사 해설을 한, 즉 객관적 역사 사건을 주관적 신앙관으로 착색(着色) 해석한 역사이다.[57]

　역사(History)를 뜻하는 독일어에 Historie와 Geschichte의 두 가지 단어가 있다.[58] Historie는 흔히 말하는 역사, 즉 어느 해석도 가해지지 않은 역사로, 지구상

---

54) William Sanford Lasor, David Allan Hubbard and Frederic Bush, *Old Testament Survey* (Grand Rapids: Wm. B. Eerdmans Publishing Co., 1982), p. 191.
55) *Ibid.*, P. 192.
56) *Ibid.* 역사학의 아버지라는 Herodotus(B.C. 5세기): 구약성서는 이전의 어느 단권의 책보다 더욱 많은 역사적 자료를 간직하고 있다. Cf. Herodotus, *History of the Persian Wars*, trans. A.D. Godley (London: Loeb Classical Library, 1921―24).
57) 고영춘, 「구약성서 개설」(서울: 신생사, 1965), p. 53.
58) William Hordern, 「현대신학의 동향」 김성환 역 (서울: 기독교서회, 1971), pp.

에서 달력의 어느 날짜에 어디서 무엇이 어떻게 생기게 된 이유에 대한 해석과 같지 않을 수 있다. 이것은 관찰의 대상인 자연 세계가 그 역사성에 의해 취급되는 역사(史的 槪念; 史實史)와 본래적 역사로, 실존으로서의 인간의 역사성에 의해 취급되는 역사(歷史的 槪念; 實存史)이다. 예를 들면, 사적(史的) 예수님은 갈릴리에서 활약한 예수님을 의미한다면, 역사적 예수는 과거로부터 현재에 이르기까지의 역사를 통해 계시된 역사를 의미한다는 주장이 있다.[59] 퀼러(M. Köhler)는 사적(Historisch) 예수, 곧 인간 예수(=나사렛 예수)와 실존사적(Geschichtlich) 그리스도, 즉 교회가 선교하고 있는 구주로 구분한다.[60] 그러나 인간 예수와 선교의 내용인 그리스도를 구분할 수 없는 것이 바로 예수 그리스도의 존재와 사역의 특성이다. 그와 같이 구약의 사건은, 객관적 사건을 가지고 나타나는 하나님의 계시적 섭리를 인정하는 것이 중요하다. Geschichte는 보통 말하는 역사의 의미라기보다는, 역사를 초월한 것과 같은 어떤 존재, 혹은 세계와 관련해 흔히 쓰는 언어로 이해하는 것이 좋겠다. 예를 들면, 예수 그리스도의 부활 사건은 역사적 사건으로 팔레스타인의 어느 무덤 속에 주님의 시체가 세마포에 쌓여 눕혀 있었던 일이다. 그리고 3일 만에 역사에 속한 날짜에 그의 시체가 살아 일어나 무덤에서 걸어 나왔다. 그래서 이 부활 사건은 분명히 역사적 사건이지만, 여기에 Geschichte란 말을 적용한다. 즉, 부활 사건은 분명 역사적 사건이며 사실이나, Geschichte의 세계에 속한 사건으로 하나님과 관련된 사건이다.

구약에서 출애굽 사건은 최대의 민족적 역사 사건이다. 이스라엘이 이집트로 내려가서 거기서 생육 번성하였으나, 이집트 파라오의 압제로 고통을 받게 되어 위대한 지도자 모세의 지휘 하에 민족적인 탈출을 감행하여 성공한다. 그때 어느 해, 어느 달, 어느 때에 이스라엘 민족이 이집트를 탈출하여 광야로 나갔다. 이는 분명히 하나의 세속 역사의 장(場)이며, 이집트와 이스라엘의 역사적 사건(Historical event)이다. 출애굽 사건은 근본적 역사성을 간직한 역사 사건이다. 그러나 출애굽 사건이 이스라엘 성서 기자들에게는 단순한 우연의 사건이 아니라, 그들의 조상인

71f. Hordern은 Historie는 우연히 일어나는 사건(발생한 것)을 의미한다고 보고, Geschichte는 역사가에게 여전히 살아 있는 역사로 본다.
59) G. Wobbermin, *Geschichte und Historie in der Religionswissenschaft* (Tübingen: J.C.B. Mohr, 1911), p. 87.
60) M. Köhler, *Historical Jesus and Existential, Biblical Christ* (London: A and C. Black, 1901), p. 51.

II. 역사와 계시의 상관성

족장 아브라함에게 계시된 하나님 언약(창 15:13-14)의 성취요, 하나님에 의해서 이뤄진 구원의 사건이요, 신앙의 사건으로 인식했다. 고로 그것은 바로 Historie의 사건이면서 Geschichte의 세계에 속한 사건이다.

구약의 역사가, 예언자들은 역사 자체를 우연 사건으로 보지 않고 계시의 현장으로 보았다. 특별히 1940년대 일어난 성서신학 운동은 신·구약 성서의 통일성을 주장하여, 하나님은 역사를 통하여 계시하시며, 구약성서는 고대 근동 세계의 문화적 배경과 아주 다른 독특성을 가지고 있다고 보았다.[61]

폰 라트(G. Von Rad)는 역사와 계시의 상관관계를 밝히면서, 계시의 역사성과 역사가 계시의 장소임을 나타내고 있다. 즉, 역사는 계시의 사건 없이 생기지 않고, 계시는 역사적 바탕을 떠나서는 있지 않음을 보이려고 했다.[62] 그러나, 그는 구약에서 그려내는 구원 사건의 묘사를 이스라엘 신앙에 의해 형체화된 신앙 고백적 진술로 본다.

폰 라트의 연구 접근 방법은 '객관적 역사'와 '신앙적 역사' 사이에 나타나는 뚜렷한 간격을 인정하고 거기에 기초하고 있다고 보겠다. 그래서 폰 라트의 구약신학은 이스라엘이 하나의 민족으로 존재하는 동안 어느 시기에 일어난 '역사적 사건'에 대해서가 아니라, 이스라엘의 '역사적 전승'을 다루었다. 이것은 이스라엘의 신앙이 구원사로 말미암아 형성되었다고 보기 보다는, 이스라엘의 신앙으로 인하여 구원사가 형성되었다고 보는 견해[63]라고 볼 수 있다.

그러나 필자의 견해는 이스라엘의 역사적 사건이 이스라엘의 신앙 형성을 가능하게 했다고 본다. 왜냐하면, 이스라엘은 삶의 현장에서 하나님을 만났고, 그 만남의 사건이 역사적 사건을 유발시키고, 거기에 근거해서 신앙을 형성했다고 보기 때문이다. '객관적 역사'와 '신앙적 역사'는 분명히 밀착된 연관 관계를 가지고 있다. 오히려 이 '신앙적 역사 고백'은 바로 참 이스라엘의 역사 위에 서 있다고 본다. 드보(Roland de Vaux)도 '참 이스라엘의 역사'와 '이스라엘이 믿는 역사' 간에는 어떤 관계가 틀림없이 있다고 본다. 왜냐하면, 이스라엘의 역사적 신앙이 역사에 그

---

61) Brevard S. Childs, *Biblical Theology in Crisis* (Philadelphia: The Westminster Press, 1970), p. 16.
62) Gerhard von Rad, *Old Testament Theology* Vol I, tran. D.M.G. Stalker (New York: Harper and Brothers, 1962), pp. 116ff.
63) Cf. B.J. Oosterhoff, *Feit of Interpretatie* (Kampen: J.H. KOK, 1967), p. 21.

기초를 두고 있지 아니할 경우, 이 신앙은 잘못된 것이 되고 동의를 얻을 수 없기 때문이다.[64]

우리는 역사에서 하나님의 객관적인 자기 계시를 볼 수 있다. 즉, 하나님이 성서 안에 나타나는 실재 인간의 현실적인 삶 속에 자신을 계시하시어 그들을 통해 하나님을 알리셨다. 그래서 이스라엘 역사에 노출된 하나님의 연속적인 행위를 계시라고 볼 수 있다.[65]

하나님은 이스라엘 역사과정(시공간+사람들+사건들)을 통해서, 여러 모양 여러 부분에서 자신의 뜻과 섭리를 폭로 계시하신다. 그렇기 때문에, 이스라엘의 역사와 종교를 이해하려고 할 때는 그 객관적인 역사성을 인정하면서도 그 객관적 역사성을 뛰어 넘어야 한다는 전제이다.

본서는 이스라엘 종교(신앙)를 성서의 문맥에서 충실히 찾으려고 노력할 것이다. 왜냐하면, 바아(James Barr)가 지적한 대로, 역사의 계시에서 역사를 너무 강조하다 보면 본문 자체를 등한시 할 수 있기 때문이다.[66] 사실, 역사의 사건 속에 있는 계시가 말씀 속에 있는 계시와 분리되어서는 안 된다는 전제이다. 판넨버그(W. Pannenberg)는, 역사는 창조에서부터 시작하여 역사 영역 전체로서의 실체요. 계시라고 보면서, 역사적 사실과 그 해석의 구분을 배격한다.[67] 그 사건이 일어난 문맥 안에 원래의 의미가 있다는 것이다. 야웨께서 역사에 활동하시는 것은 그가 계시하기 위해서이다. 왜냐하면, 하나님이 언약을 세우시고, 이 언약을 성취하시는 데서 나타나기 때문이다. 그래서 그는 역사를 약속과 성취 사이의 긴장 가운데 개재되어 있는 사건으로 본다.[68] 그래서 그는 일반 보편적 역사(Universal History)와 구원 역사를 동일시했다. 필자는 이스라엘의 역사는 말씀과 사건이 결합되어 이스라엘 역사 전체의 실제성 안에 나타난 하나님의 행위로 이해한다.[69]

---

64) Roland de Vaux, "Method in the Study of Early Hebrew History," *The Bible in Modern Scholarship* (Nashville: Abingdon Press, 1965), p. 16.
65) G. Ernest Wright, *The Challenge of Israel's Faith* (Chicago: University of Chicago Press, 1944)
66) James Barr, *The Bible in the Modern World* (London: SCM Press, 1973), p. 76.
67) Wolfhart Pannenberg, "Redemptive Event and History," *Essays on O.T. Interpretation*, ed. Claus Westermann (London: SCM Press, LTD, 1963), p. 319.
68) *Ibid.*, p. 317.
69) 히브리어의 말씀을 뜻하는 דבר(dabar)는 두 가지의 의미를 동시에 가진다. 첫째는 사상, 생각, 계획, 뜻을 의미하고, 둘째로는 사건, 역사, 일등을 의미한다. 하나님의 말씀에 의한 우주창조는 먼저 하나님의 사상, 뜻이 있었고, 그것이 현실화되어 사건화가 되고, 역

III. 역사 안에서의 구원

구약성서 신앙은 역사 안에서의 구원을 전제한다.

    구약의 히브리적 시간 개념은 원형적(圓形的) 시간이기보다는 직선적(直線的) 시간 개념이다. 거기에 더불어, 고대 이스라엘은 어떤 특정한 사건과 분리된 막연한 추상적 시간 개념이 아니라, 오직 사건을 포함한 시간만을 알았다.[70]

    예언자들도 역사적인 현실 속에서 하나님의 실체를 동시대인들에게 일깨워 주었다. 역사의 현장은 급격한 상황이 꼬리를 물고 일어나는 곳이다. 이런 미묘한 변화 속에서 예언자들은 구체적 사건을 통하여 하나님의 실체를 소개하는 것이었다. 이런 이스라엘의 의식에 대한 이해 아래 구약의 이스라엘 신앙을 자세히 살펴보면, 이스라엘 신앙은 항상 역사적 사건 위에 서 있다. 이스라엘인들은 역사적 사건은 하나님의 사건이요, 그 하나님의 사건은 바로 이스라엘을 위한 구원의 사건, 즉 하나님의 구원 행위로 고백했다. 그래서 구약성서는 역사 안에서 하나님의 구원에 관심이 집중되고, 그들의 신앙 내용으로 삼았다.

    이스라엘은 고대 근동의 강대국들의 소용돌이 속에 있었으면서도, 당시 세계의 다른 나라들과 다르게 나타난다. 그것은 보잘것없는 이스라엘의 역사에 비해 종교는 비교도 되지 아니할 만큼 큰 영향력을 발휘했기 때문이다.[71] 사실 이스라엘 역사는 고대 근동의 광활한 역사 속에서 극히 작은 한 부분을 차지할 정도로 정치적 영향력은 보잘 것 없었다. 항상 국가적 독립도 불안했다. 그러나 이스라엘의 종교만은 놀라운 힘을 가지고 이스라엘의 역사를 이끌어 왔고, 세계에 크나큰 영향을 끼쳐 서양 세계의 정신적 2대 지류인 헬라 사상(Hellenism)과 히브리 사상(Hebraism)중의 하나를 형성했다. 고대 근동 역사의 흐름 속에 있던 주위 백성들

사화가 된 것이다.
70) G. von Rad, *The Message of the Prophet* (New York: Harper & Row, Publishers, 1965), p. 78.
71) G. W. Anderson, 「이스라엘의 역사와 종교」 김찬국 역 (서울: 기독교서회, 1970), p. 7.

의 종교는 그 형태가 바뀌거나 도태되어 하나의 문헌 속에 잔재로 남아 있을 뿐이지만, 오직 이스라엘의 종교만은 그 독특성을 그대로 유지해 왔다. 그 이유는 이스라엘 종교에는 자체의 특수한 역사적 독특성이 있어서이다. 이 독특한 점은 이스라엘의 하나님 이해와 역사의식과 관련되어 나타난다. 바로 이스라엘의 종교, 즉 그 신앙은 역사 위에 기초한 것이기 때문이다.[72]

이스라엘은 보잘것없어 보이는 그들 역사의 소용돌이를 하나님의 활동으로 보았고, 하나님 신앙과 직결해서 신앙화 시켰으며, 역사는 곧 종교의 근거가 되었다. 그래서 늘 불안하고 수난의 역사였지만, 이스라엘인들은 그들의 신앙의 힘으로 역사를 의미 있는 그들의 것으로 간직하고 발전시켰다.

이스라엘의 옛 신앙고백(the Credo)의 대표적인 것이 신명기 25:5—9이다.[73]

"내 조상은 유리하는 아람 사람으로서 소수의 사람을 거느리고 애굽에 내려가서 거기 우거하여 필경은 거기서 크고 강하고 번성한 민족이 되었더니 애굽 사람이 우리를 학대하며 우리를 괴롭게 하며 우리에게 중역을 시키므로 우리가 우리 조상의 하나님 야웨께 부르짖었더니 야웨께서 우리 음성을 들으시고 우리의 고통과 신고와 압제를 하감하시고 야웨께서 강한 손과 편팔과 큰 위엄과 이적과 기사로 우리를 애굽에서 인도하여 내시고 이 곳으로 인도하사 이 땅 곧 젖과 꿀이 흐르는 땅을 주셨나이다."

위의 신앙고백의 내용을 요약하면 다음과 같다.

1) 내 조상은 유리하는 아람 사람[74]—이스라엘 민족 기원사
2) 적은 수가 애굽으로 갔다—고대 민족 이동사
3) 거기서 크고 번성한 민족이 되었다—민족 번영사
4) 애굽이 이스라엘 민족을 학대했다—민족 수난사
5) 하나님께 고난을 호소했다—민족 탄식과 회개사

---

72) *Ibid.*, p. 8.
73) G. von Rad, *op. cit.*, p. 122.
74) 여기에 아람 사람은 야곱을 지칭하며, 야곱 족속 70인이 요셉 덕택에 애굽으로 이주해 간 것을 말한다.

6) 하나님이 애굽에서 인도해 냈다—민족 해방사
7) 젖과 꿀이 흐르는 땅에 오게 하셨다—가나안 정복사

이상의 이스라엘 신앙고백을 보면, 전부가 이스라엘 민족사의 역사적 사건 나열로서 바로 그것들을 하나님의 구원 행위로 보았다. 역사 안에서 일어난 구원에 대한 역사 회고가 이스라엘의 실제적 신앙이다. 바로 이스라엘 신앙은 족장시대에서부터 가나안 정복에 이르는 구원사의 중요 사건들을 요약 되풀이하는 역사적 사건의 고백이다. 신명기 26:5—9의 이스라엘의 신앙고백은 "모세 육경의 축소판"이라 할 만큼 우리 기독교인의 사도신경과 같은 것[75]이다. 폰 라트는 전승 발전에 바탕이 된 핵심 주제인 '짤막한 역사적 신앙신조'(신 6:20—25, 26:5—10, 수 24:2—13)들을 분리해 놓았다.[76]

사실 기독교 신앙고백도 역사 안에서의 그리스도의 역사적 사건, 즉 예수의 탄생, 십자가의 죽음, 부활, 승천, 재림을 중심으로 하고 있다. 이 모든 것이 바로 역사 안에서 이루어졌고, 이루어질 사건들이다. 즉, 이스라엘에게 두드러진 특징이 그들의 역사의식인데, 그것은 성서 안에 전개된 여러 사건(앞에서 요약한 7개 민족 사건들 포함)들에 대한 회상, 고백이다. 이것이 그들로 주체(Identity)의식과 소명감을 지닌 하나의 백성으로 만들었다.[77] 역시 그리스도인들도 역사의식을 갖고 있는데, 그리스도의 사건—예수님의 삶: 탄생, 죽음, 부활, 승천, 재림—에 대한 회상이다.[78]

---

75) G. von Rad, op. cit., p. 122. 이것은 성서 전체의 구조를 요약한 책이 되기도 한다. 이스라엘 역사 시작에 나타난 하나님의 구원 행위(출애굽 사건을 중심한 일련의 사건들)가 전승(tradition)과 미래 세대에 전해지는 내용의 핵심으로 간주되고 있다. Claus Westermann, *Elements of Old Testament Theology*, trans. Douglas W. Stott (Atlanta: John Knox Press, 1982), p. 32.
76) 그의 책 다음에 그의 입장이 잘 요약되어 있다. "The Form—Critical Problem. of the Hexateuch," *The Problem of the Hexateuch and Other Essays* (NewYork: McGraw—Hill, 1966), pp. 1—78와 Genesis, trans. by John Marks rev. ed. Old Testament Library (1978)의 pp. 1—23. 이런 신앙고백의 고대성에 대해 의문을 제기한 학자들을 몇몇 들면 다음과 같다. Leonhardt Rost, *Das Kleine Credo und andere zum Alten Testament* (Heidelberg: Quelle & Meyer, 1905), pp. 11—25 ; J.P. Hyatt, "Were There an Ancient Historical Credo in Israel and an Independent Sinai Tradition?" *Translating and Understanding the Old Testament*, ed. H.T. Funk and W.L. Reed (New York: Abingdon, 1970), pp. 152—172.
77) Bernhard W. Anderson, *Understanding the Old Testament* (Englewood Cliffs: Prentice—Hall, 1969) p. 2.
78) 그리스도인은 그리스도의 사건을 구약성서에 담긴 이스라엘의 역사적 사건의 완성으로 본다(신약).

결국 그리스도 신앙은 구약성서와 신약성서가 증거하는 극적인 역사를 재진술하는 것이다.[79]

오경의 전체 이야기를 형성하는 결정체의 핵심은 바로 출애굽 구원 사건이다.[80] 역사서의 내용도 더욱 이스라엘 역사에서의 구원과 자유케 하심의 하나님의 행위 (특별히 사사기)를 기록하고 있다. 사실은 구약성서에서 하나님의 구원 행위는 하나님의 백성과 그 개인들에게 한정된 것이 아니라, 태고 역사와 묵시록적 기사(사 24장—27장)를 보면 모든 인류와 동물에게까지도 미치는 하나님의 구원행위이다.[81]

구약성서는 역사 사건 속에서 하나님의 구원을 보고 지금 절박한 상황에서의 현실적 구원, 축복을 강조한다. 그래서 구약성서에는 부활사상이 빈약하고 내세관이 분명치가 않다.[82]

그러면서도 이스라엘의 역사는 정지할 줄 모르고 미래를 향해 앞으로 달려가고 있다. 그러나 그것은 목적이 없이 갈 바를 모르는 달음박질이 아니라, 오히려 이스라엘 역사에는 뚜렷한 목표가 있다. 그것은 역사 안에서, 역사의 종점에서 이스라엘 역사를 영광스런 승리로 장식해 줄 메시야 사상이다. 오리라고 한 메시야가 온다고 하는 약속이 역사의 지평선 너머로부터 온다는 것을 예언자들은 바라보고 외쳤던 것이다.[83]

쿨만(Oscar Cullmann)은 그리스도 중심의 구원사를 말하면서 역사의 중심, 즉 시간의 복판과 공간의 복판에 그리스도가 계시다고 했다.[84] 호르던(W. Hordern)

---

79) loc. cit., cf. H. Richard Niebuhr, *The Meaning of Revelation* (New York: Macmillan, 1941), Chapter 2.
80) M. Noth, *A History of Pentateuch Traditions*, tran. B.W. Anderson (Englewood Cliffs, N.J.: Prentice Hall, 1972), p. 54.
81) Claus Westermann, *Elements of Old Testament*, op. cit., p. 39. 홍수 이야기(창 6장—9장)에서 하나님은 인류와 동물의 남은 자를 보존하신다.
82) 죽음과 무덤과 스올사상이 평행을 이뤄 나오지만, 신약에서처럼 시간적, 공간적 개념이 약하고 한계 설정이 분명치 않다. 부활 사상은 다니엘 12:2—3에 악인과 의인의 부활과 보상 문제를 언급하고, 호세야 6:2과 에스겔 37장에 이스라엘이 국가적으로 부활할 것이 기대되고, 이사야 24:1—27:13에 경건한 개인들의 부활이 언급되어 있을 정도다.
83) H.H. Rowley, *The Redisicovery of the Old Testament* (London: James Clark & Co., Ltd, 1945), p. 261.
84) Oscar Cullmann, *Christ and Time* (London: SCM Press, 1969), pp. 20f 그러나 그는 성경은 초대교회의 산물이며, 예수의 생애와 교훈에 대하여 전적으로 믿을 수 있는 기록이라는데 회의적이다. cf. William Hordern; 「프로테스탄트 神學槪要」이정욱 역(서울: 대한기독교서회, 1967)

은 기독교 신앙은 역사적 신앙이기 때문에 역사와 신앙의 문제는 기독교가 피할 수 없는 문제 가운데 하나라고 본다. 다른 여러 종교들이 신의 계시를 찾아내기 위해서 자연이나 신비적 또는 합리적 경험에 의존하는데 비해, 성서적 신앙은 어떤 역사적 사건 가운데서 계시를 찾는 것이라고 보면서, 역사적 사건과 영감 받은 예언자(혹은, 사도)에 의한 해석의 두 가지 요소가 있다고 본다.[85]

IV. 구약성서와 신약성서의 관계

구약성서와 신약성서의 관계를 약속과 성취를 동시에 가지신 하나님의 계속적 활동으로 보는 전제이다.

구약성서(O.T.)와 신약성서(N.T.)의 관계를 약속과 성취의 관계 구조로 보는 것보다, 약속과 성취를 동시에 가지신 살아계신 하나님이 구약성서와 신약성서에서 계속적인 계시와 활동을 하고 계심으로 봐야 한다는 전제이다. 왜냐하면, 구약에 약속만이 있는 것이 아니라, 그 약속의 성취도 있다는 것이다. 예를 들면, 성서 기자는 출애굽사건을 아브라함에게 주어진 언약(창 15:8—18)이 성취된 것으로 본다(출 2:24). 가나안 정복도 야웨께서 모세에게 이르신 말씀대로 성취된 것으로 본다.

"이와 같이 여호수아가 야웨께서 모세에게 이르신 말씀대로 그 온 땅을 취하여 이스라엘 지파의 구별을 따라 기업으로 주었더라. 그 땅에 전쟁이 그쳤더라"(수 11:23)

또, 신약에는 성취만이 있는 것이 아니라, 새로운 약속의 언약으로 인간을 묶어 놓고 그 성취를 바라보고 있다.

짐멀리(W. Zimmerli)는 구약과 신약의 관계를 [약속]과 [성취]라는 용어를 가

---

85) W. Hordern, "Autobiographical Sketch," *Scottish Journal of Theology* XIV (September, 1961), p. 233.

지고 연구하여, 이 약속과 성취의 범주는 시간적 연속성을 따라 앞뒤로 연장되고 있는 한 역사와 불가분의 관계를 가지고 있다고 본다. 그래서 그는 "우리가 구약성서 전체를 개관해 보면 우리 스스로가 약속에서 성취로 향해가는 큰 역사의 흐름 가운데 개재해 있다는 것을 발견한다.

이 역사의 흐름은 마치 큰 강과 같아서 한 곳에서 급류가 되어 흐르는가 하면, 또 다른 곳에서는 거의 흐르지 않고 뒤로 되돌아가는 듯이 소용돌이치기도 한다. 그러다가 마침내는 역사 자체의 한계를 넘어서 있는 먼 목표를 향해 전체로서 서서히 전진해 간다.

그래서 이 역사는 흐르는 강과 같은 것이다"라고 말한다.[86] 여기서 그는 역사 자체의 한계 넘어서 있는 목표를 약속이 성취된 복음인 예수 그리스도라고 본다. 그러나 신약의 그리스도인들은 새로운 대망의 상태에 붙잡혀서 약속과 성취 사이에 놓인 긴장의 원호(圓弧: an arc of tension) 아래서 새로운 방법으로 살아가야 한다고 본다.[87]

이것은 소위 역사적 구약 해석방법으로, 구약성서를 하나님의 계속적인 구속 활동의 역사로 이해한다. 이 견해는 구약성서 전체를 약속과 성취라는 구조 속에서 보려는 점에서 특이하다. 그리스도를 믿는 기독교인의 실존은 분명히 약속과 성취가 팽팽하게 긴장된 괄호(an arc) 위에 놓인 새로운 길에 서게 되는 것이다. 그래서 기독교인의 실존은 이 성취, 즉 신약성서 전체를 통해서 유일회적(唯一回的, 롬 6:10, 히 2:27, 9:12, 10:10)인, 반복할 수 없고 능가할 수도 없는 성취를 선포하고 새로운 각오로 앞에 놓인 목표를 향해 달려 나가며(빌 3:12f), "주 예수여 어서 오시옵소서"라는 새로운 계약 공동체 안에서 성취를 향한 간구를 하는 것이다(계 20:20).[88] 이 성취의 사건은 구약과 신약에 계속 흐르는 하나님의 구원사의 내용으로 보겠다.

---

86) Walther Zimmerli, "Promise and Fulfillment", *Essays on Old Testament*, ed. by Claus Westermann (London: SCM Press, 1963), pp. 111—112.
87) *Ibid.*, p. 114.
88) *Ibid.*

V. 구원사적 구약 이해

구약의 역사를 구원사적[89] 입장에서 보며 그 구원역사 속에는 케리그마 (kerygma)적인 의도들이 있다는 전제이다.

본서는 구약 역사를 구원사(救援史)로 보면서, 그 구원 역사 속에는 kerygma적인 섭리가 계속되고 있다는 전제하에 연구하여 가려고 한다. 그 케리그마는 바로 이스라엘 종교에 나타나는 제사 제도와 절기 제도가 바로 예수 그리스도의 대속, 속죄, 구속의 십자가 사건을 상징하고, 예표하고, 예언하는 사실로 이해하고, 설명하고, 선포하기 때문이다. 성서를 전체적으로 구원의 역사로 보는 입장이다. 즉, 이스라엘의 민족사 사건을 역사적이면서 신앙적 사건으로 이해한다는 것이다.[90]

성서 기록자, 혹은 편집자(더 나아가 원저자로서 성령)는 성서를 기록, 편집할 때 전체적인 구상과 의도를 가지고 시작했다고 본다. 예를 들면, 구원사라는 제목의 큰 그림을 그릴 때 그 그림의 전체적 윤곽, 그리고 구도(構圖)를 가지고 여러 화가들(성서 기자들)을 동원하여 총지휘자(편집자: 성령)가 뜻하는 바대로 오랜 세월동안 그려 갔을 것이다. 거기에 대주제(중심 의도)는 구원의 역사(Heilsgeschichte)로서, 하나님의 인간을 위한 구원의 섭리와 행위라고 볼 수 있다. 이 굵다란 구원사의 흐름의 내용을 중심으로 그림을 그려나가는데 먼저 서론적으로 창조의 사건을, 그리고 그 다음에 타락 사건에 뒤따른 하나님의 구원의 계획과 의도, 그리고 행위가 계속 돋보이는 그림과 색채를 중심으로 갖가지 사건들이 복합적으로 나타나는 그림이 계속된다. 그러면서 결국 이 그림의 절정은 예수 그리스도의 탄생, 죽음, 부활, 승천, 재림으로 이어지는 구원사의 케리그마적 결론이 화려한 색채와 더불어 그려지게 된다. 이런 입장에서는 성서 자료의 연대 문제나 누가 기록했느냐 하는

---
89) 독일어로는 Heilsgeschichte이고, 라틴어로는 historia sacra(거룩한 역사)라 한다.
90) Oscar Cullmann이 구원이라고 하는 것은 그리스도를 중심으로 하는 역사적 사건이라 한다. 이것은 그리스도의 초림과 재림까지의 모든 구원의 사건을 총괄하여 종말이라고 본다. 얼핏 정통주의적 견해 같으나, 창조와 재림 기사를 신화로 보는 것에 크게 차이가 있다. 또, 성경의 무오성을 부인한다. Oscar Cullmann, *op. cit.*

문제는 중요 관심사에서 제외된다. 성서의 원 저자가 어떤 의도를 가지고 성서를 기술해 나가고 있는지를 연구의 대상으로 삼아야 한다.

책을 쓰거나 편집할 때는 분명히 의도된 목적이 있어서 쓰는 것이지, 쓰다 보니 어느 사상이나 신앙의 책이 되어 나오는 것이 절대 아니다. 어느 책이 기록·편집될 때는 거기에 뚜렷한 저자의 의도와 구상, 그리고 결론적 목적이 있기 마련이다. 그래서 우리가 구약성서를 연구할 때 최대의 과제는 저자나 편집자의 본래적 의도와 목적을 전개시켜 나가는 사상(섭리)과 신앙의 흐름을 밝히는 것이다. 그동안 시도된 성서 연구 방법들―예를 들면, 종교사학적, 자료비평, 역사비평, 양식비평, 전승비평, 편집비평, 사회학적 비평, 구조주의 비평, 문학 비평 등―은 모두가 저자의 원래 의도를 밝히는데 사용될 도구에 지나지 않는다. 이들 방법이 구속사적 신학 과제를 벗어나는 어떠한 방법도 바람직하지 못하다.

한 가지 중요한 사실은, 성서의 원저자의 의도(뜻)를 알아내기 위해서는 원저자에 역사했던 성령의 도움에 의존해야 한다. 즉, 성서 계시의 특수한 사정을 인정하여야 하며, 오늘에 적용하여야 한다. 이런 구원사의 흐름을 구약성서에서 추적하여 연구하려는 것이 본서의 목적 중 하나이다. 이는 바로 [구약성서의 이스라엘 종교 연구]이기도 하다. 구약성서의 종교는 바로 하나님의 인류구원이라는 구원섭리와 구속사역을 내용으로 하는 구원사이기 때문이다. 여기서 분명히 할 것은 본서의 [이스라엘의 종교]는 바로 [구약성서의 종교]와 동일하게 사용하고 있고, [이스라엘 종교]는 바로 [하나님의 구원사]를 내용으로 하고 있다는 것이다. 그래서 본서에서는 이스라엘 종교, 하나님 구원사를 동일시하여 사용할 것이다.

VI. 구약의 자료 문제

이스라엘 종교를 이해하는데 문제가 되는 것 중 하나가 어떤 자료를 가지고 연구하느냐이다. 예를 들면, 하나님에 대한 족장시대의 사상이 무엇이냐를 이해하는데 어느 자료를 연구 대상으로 결정하느냐는 일이다.

우선 이스라엘 종교 연구를 위한 자료로서는 구약성서가 무엇에 비교할 수 없이 중요한 자료이다.[91] 성서 전승에 의하면, 인류의 조상과 이스라엘 족장들은 유일신 론자들로 나타난다. 즉, 아담, 노아, 아브라함과 그의 자손들 모두가 하나님을 알았고, 그의 명령을 받았다. 그러다가 후대에 이르러 우상 숭배가 나타난 것으로 유대교, 기독교, 이슬람교가 인정해 왔고, 이것이 현대까지 서구사상의 지배적 이해였다.[92] 그리고 유대인과 기독교 전승에서는 율법을 모세의 저작으로 인정해 왔다. 이런 견해로 볼 때, 성서 자료를 따라 연구해 나간다 해도 별 무리가 없을 것이다. 그러나 역사는 그 당대의 기록 문서들을 기초로 해서 판명되고 형성된다. 여기서 구약성서 사건의 첫 번째 기사가 가장 오래된 기록이라고 쉽게 속단할 수 없다는 견해 때문이다. 왜냐하면, 구약성서 초기 사건에 관한 기사들은 대부분의 경우, 사건 발생 후 수 세기까지도 아직 기록되지 않았었기 때문이다. 즉, 성서의 어느 책은 기록된 시기와 실제적으로 동시대가 아니기 때문이다.

그래서 자료로 사용하기 위해서는 구약성서의 각 책을 연대순으로 분류하는 일이 중요하다. 왜냐하면, 역사란 그 시대의 사료(Documents: 기록 문서)들을 기초로 해서만 자신 있게 기록될 수 있다고 말하기 때문이다.[93]

이스라엘 기원사, 초기 역사 기술은 구전(oral tradition)이라는 과정을 거쳐서 후대에 문서화했다. 많은 사람들은 하나님의 계시적 영감으로 기록된 것으로 역사적 정확성을 보존한다고 생각하나, 학문적 이론이 많다. 즉, 히브리 전승과 기독교

---

91) Helmer Ringgren, *Israelite Religion*, trans. David E. Green (Philadelphia: Fortress Press, 1966), p. 4.
92) Yehezkel Kaufmann, *The Religion of Israel*, tran. Moshe Greenberg (Chicago: The University of Chicago Press, 1969), p. 153.
93) G.W. Anderson, 「이스라엘 역사와 종교」 김찬국 역 (서울: 기독교서회, 1970), p. 10.

교회의 전승은 일반적으로 구약성서 기사의 역사성을 인정해 왔고, 그건 사실이다. 그러나 모든 역사와 자연적 사건을 인간 이성이 판단할 수 있다고 보았던 19세기 후반에 본격적인 역사 비평적 성서 비판이 구체화되기 시작했다.

성서 비평에는 첫째로, 우리에게 전해 내려오는 불완전한 사본들(the imperfect copies)을 기초로 하여 최초의 원본(original text)을 회복하려는 작업인 본문비평(textual Criticism), 일명 하등비평(Lower Criticism)이 있다.[94] 둘째로, 역사비평(Historical Criticism), 일명 고등비평(Higher Criticism)이 있는데, 보통 문서설[95]로 시작하는 이론으로써 성서의 역사적, 문학적 비평을 중심으로 하여 추상적인 것을 다루는 비평이다. 즉, 성서 본문의 문학적, 역사적, 신학적 문제를 연구하는 것이다.[96]

특별히 벨하우젠(J. Wellhausen, 1844—1918)의 '이스라엘의 역사서설'이 출간되면서 족장 기사의 역사성까지도 공개적 도전을 받기 시작했다.[97] 벨하우젠에 의하면, 족장시대에 관한 역사적 지식은 전혀 얻을 수 없고, 족장들에 대한 이야기는 이스라엘 백성들 사이에서 기록된 후대의 사정뿐이며, 후대의 이스라엘이 족장 기사에 무의식적으로 반영되어 있다는 것이다. 벨하우젠은 "아브라함 이야기는 무의식 예술의 자유스런 창작으로 취급되어야 할 성질의 문학이다"라고 말했다.[98] 그래서 그의 모세육경(Hexatench)의 4가지 자료설(J.E.D.P.)을 따르는 비판적인 사람들은 이스라엘의 초기 전승(傳承)들을 회의적인 눈으로 고찰하게 되었다.

이 벨하우젠을 중심인물로 한 종교사학파(Die Religionsgeschichte Schule)가 등장하면서, 그들은 한 종교의 생태와 그 내용은 다른 종교와의 역사적 비교 없

---

94) G.L. Archer, Jr., *A Survey of Old Testament Introduction* (Chicago: Moody Press, 1964), p. 32. 본문 비평은 본문의 문법, 문장 구성법, 언어학을 고대사본과 번역본을 통해 성서 본문을 비교하는 것이다. J. Alberto Soggin, *Introduction to the O.T.* (Philadelphia: The Westminster Press, 1980), p. 33.
95) 필자의 「구약성서 개론」, pp. 85ff를 참고할 것. 특별히 발달설을 주장한 Heinrich Graf와 J. Wellhausen은 오경의 4가지 자료인 J.E.D.P.를 연대순으로 구체화했다.
96) cf. Richard N. Soulen, "Literary Criticism", *Handbook of Biblical Criticism*, 2nd ed. (Atlanta: John Knox Press, 1981), p. 113.
97) Julius Wellhausen, *Prolegomena to the History of Israel* (New York: Meridian Library, 1957).
98) *Ibid.*, pp. 318—320. 이 문제에 관한 논쟁에 대해 다음의 책들을 참고할 수 있다. G.E. Wright, "Old Testament Scholarship in Prospect" *J.B.L* XXVIII(1960), pp. 182—193. "Modern Issues in Biblical Studies: History and the Patriarchs" *The Expository Times*, LXXI(1960), pp. 292—296

이는 불가능하다고 하였다. 그 비교 연구는 반드시 그 역사적 분야, 즉 언제 어디서 그 종교가 나타났으며, 그것이 유전되어질 때 어떤 모양으로 소멸 또는 생존했고, 유전된 것은 다음 세대에 어떻게 전해졌는가, 또 그 전해진 사상은 그 시대에 어떠한 영향을 끼쳤는가 하는 문제들이 종교 연구에는 반드시 고려되어야 한다는 것이다.[99]

즉, 한 종교의 근본 성격과 사상을 이해하려면 그 종교의 발생 과정을 고찰해야 한다는 것이다. 그래서 종교사학파 사람들이 생각한 구약성서의 중심 문제는 역사 그 자체이다. 그 역사는 바로 종교 현상의 발전적 과정을 말한다. 이스라엘의 종교가 족장시대의 원시 종교의 저급 종교에서 주전 8세기 예언자들의 제도화된 고급 종교의 차원으로 진화한 것과 마찬가지로, 이스라엘의 초기 문헌은 후대의 발전된 단계로 진화되는 과정에서 형성되었다고 보았다.[100]

종교사학파의 견해는, 이스라엘 종교도 타종교와 마찬가지로 다음과 같은 과정을 거쳐서 저급종교에서 고급종교로 발전했으리라는 것이다.

1. 애니미즘 이전 단계(Pre—Animistic Stage)

이는 인간이 원래 가지고 있는 하나님에 대한 인식이나 지적 개념을 가지는 단

---

99) 종교사학파의 등장 배경을 요약하면 다음과 같다. 성서는 중세 교회의 교회 지상주의(Dogmas of Medieval Ecclesiasticism)를 증명하는 본문으로 이용되었다. 성서가 교회 만능주의 교리를 변호하는 목적과 교회 교리를 위한 수단에 종속되어 교리조직 신학자들이 연구하는 것에 지나지 않았다. Gerhard Hasel, *O.T. Theology: Basic Issues in the Current Debate* (Grand Rapids: Wm, B. Eerdmans Publishing Co., 1975), p. 19. 여기에 대해 1787년 3월 30일 교수 취임(Altdorf) 강연을 한 J.P. Gabler는, "성서신학과 교리신학의 구별과 그들 신학의 목적에 관한 정의"에 관한 주제를 통해 성서신학 자체가 가진 독자적인 사명을 밝혀야 함을 주장했다. 그래서 그는 구약성서를 교회의 Dogma로 읽을 것이 아니라, 구약에 나타난 고대 히브리인들의 종교 사상을 찾아보는 것이 성서신학의 과업이라 봤다. 이렇게 고대 이스라엘 종교 사상을 탐구해야 한다는 것은 Wihelm Vatke로 대표되는 입장인 성서신학은 종교철학의 임무를 수행하는 것으로 생각하는 새로운 이해로 만들었다(W. Vatke, *Die Religion des Alten Testament I* <1935>). 그는 헤겔의 역사철학을 강하게 받아들인 인물로, 헤겔 철학의 정(Thesis: 자연 종교), 반(Atithesis: 영적 종교=히브리 종교), 합(Synthesis: 절대, 보편적 종교=기독교)의 이론을 신학에 받아들이고, 구약의 자료를 배열함에 있어서 그 체계는 성서로부터 이끌어 온 범위에 근거해서 세울 것이 아니라 성서 밖에서 수용해야 한다고 주장했다. 그래서 구약의 '독립적 전체성'에 관하여 종교사적 접근의 교리를 형성하여 벨하우젠에 큰 영향을 주었다. 그 후 바우워(George L. Bauer) 등은 이성주의 입장에서 이스라엘 종교사를 구약에서 찾아내는 것을 구약신학의 중심 사명으로 생각하였다. 이런 종교사에 관한 관심은 종교사학자의 등장을 가능하게 만들었다.

100) Richard N. Souler, *op. cit.,* p. 114.

계이다. 즉, 두려움의 감정이나 막연하나마 신에 대한 느낌을 가지는 것이다. 어느 장소나 사물에 대한 인간 스스로가 가지는 일반 종교심의 감정이나 느낌을 말한다.

2. 애니미즘 단계(Animistic Stage)

주로 원시종교의 특성을 말할 때 사용되는 용어로, 모든 대상에 영적(靈的)인 능력이 있다고 믿는 세계관이다. Animism은 물화론(物活論), 만유정령설(萬有精靈說), 물신숭배(物神崇拜)로 번역되는 말로 라틴어 'anima(영혼)에서 나온 말이다.

a. 애니머티즘(Animatism: 有生觀) 하나의 사물을 영 자체(靈; Spirit itself)로 보는 입장이다. 자연물도 의식을 가지고 있다는 이론으로 희미하고 잠재적이며 무시무시한 불가해(不可解)의 힘에 대한 신앙을 의미한다. 그렇기 때문에 초자연적 존재가 인정되지 않고, 죽은 영은 다시 동물이나 생명 없는 사물로 변신(Re—incarnated) 한다는 신앙이다.[101]

b. 애니미즘(Animism: 精靈崇拜) 이는 사물 자체를 영 자체로 보는 것에서 발전하여, 하나의 사물이 영 자체가 아니라, 그 사물에 어떤 영적 존재, 혹은 영들이 거하고 있다고 보는 신앙이다. 나무라든가 육체적 존재를 영이 거하는 거주지, 혹은 장소로 보는 견해이다.

종교의 기원으로서 애니미즘 학설을 주장한 학자 중에 가장 대표적 인물은 영국의 타일러 경(Sir Edward Burnett Tylor)으로, 그의 주장에 의하면 원시인들은 현실(reality)과 꿈의 구별을 분명하게 못했다는 것이다. 그래서 원시인들은 최근에 죽은 자, 특별히 그들 사회에서 위대한 인물의 꿈을 꾸면 그 죽은 자들이 진짜 죽은 것이 아니고, 혹은 적어도 그들이 어느 다른 형태로 계속 살아 있다고 믿었다는 것이다.[102]

원시인들은 꿈에서 죽은 자의 영혼 환상에 기초하여, 육체적 죽음 후에도 계속 존재하는 혼령이나 영들의 존재를 믿게 되었다. 타일러에 의하면, 원시인들은 이

---

101) A.C. Bouguet, *Comparative Religion* (Pelican, 1962), p. 41.
102) Lewis M. Hoppe, *Relgions of the World* (New York: Macmillan Publishing Co., Inc., 1983), p. 5. Edward Burnett Tylor, Primitive Culture(1871).

혼령들(라틴말로 anima)이 사람들만이 아니라 모든 자연 만물, 즉 돌, 나무, 동물들, 강들, 샘들, 화산들, 산에서도 발견된다고 믿는다.[103] 지역적으로 고립된 대부분의 부족민들이 소유하고 있던 신앙으로 혼령을 두려워하는 종교 형태이다.[104]

c. 토테미즘(Totemism: 토템숭배)[105] 어느 특정한 동식물 또는 자연물이나 상징물을 종족이나 가족과 연관시켜 신앙 대상으로 삼아 존중하는 신앙 형태이다. 토테미즘은 인간과 다른 생물, 혹은 자연물 사이에 유사성을 느끼는데 기인하는 신앙이다. 어떻게 보면 애니미즘(정령숭배)의 확장(부연: 敷衍)이요, 구체적 표현이라 볼 수 있다. 일반적으로 한 부족이나 종족을 어느 한 동물과 동일시하여 상징적 표현을 하는 것이다. 예를 들면, 어느 종족은 그 자신들이 원래 곰과 관련되어 있었다고 생각하여 곰을 중요하게 존중하는 경우다. 그러면 이 곰은 그 종족들의 조상이 되기도 한다. 그 종족은 곰의 힘세고, 잔인하고, 몸집이 큰 성격을 그 특성으로 소유했다고 자부하고, 그들이 죽을 때는 곰의 형태로 바뀌게 될 것이라 믿기도 한다는 것이다. 그들은 그 곰을 죽이지도 않고 먹지도 않는다.[106] 토템(Totem)으로는 소, 뱀, 사슴 등의 여러 짐승이나 자연물이 될 수 있다. 종교사학파에서는 성서의 불뱀이나 금송아지의 이야기를 토테미즘의 흔적이라 보기도 한다.

d. 조상숭배(Ancestral Worship: 祖上崇拜) 원시 종교의 중요한 특징 중에 하나가 죽은 조상에 대한 숭배 사상이다. 원시인들은 자기 가족 중에 죽은 자나 죽은 친구를 꿈에 보게 되면, 그들이 진짜 죽은 것이 아니라 다른 세계에 살아있다고 믿었다. 그리고 그 죽은 자들이 생활에 행운을 가져다준다고 보아서 그 죽은 자들을 즐겁게 하려고 노력했다.[107] 조상숭배는 죽은 자들과의 사회적 관계를 의미한다.

3. 다신론(Polytheism: 多神論)

---

103) *Ibid.*, p. 6.
104) Robert Brow, 「종교의 기원과 사상」 홍치모 역(서울: 총신대학 출판부 1979), p. 10.
105) Totem이란 단어는 [아메리카-인디언어]인 toteman(씨족)의 변형이다. Lewis M. Hoppe, *op. cit.*, p. 26.
106) *Ibid.*, pp. 26—27.
107) *Ibid.*, p. 30.

이는 많은 신적 존재를 인정하고 섬기는 신앙 형태로, 그 신들은 개성이 각각이고, 지방적 성격과 남·여의 성(sex)을 가진다. 다신론에는 어느 지역과 연결된 신, 어느 기능에 따른 신, 어느 특별한 특성에 따른 신 등 다수의 신들을 숭배하는 형태가 있다. 다신론이 불멸의 희랍신화를 탄생시켰다고 본다.[108] 가나안 만신전(萬神殿)에는 30에서 70의 여러 신들이 있었다고 한다.[109] 다신론적 문화의 특징은 수많은 신들과 다양한 귀신들과 유령(幽靈)의 세력에 의한 영향력을 믿는 신앙이 지배한다. 그래서 정령숭배와 깊이 관련이 되어 신격화한 것이다.

4. 일신론(Henotheism: 一神論)

이는 다른 나라의 신들의 존재를 인정하면서도 어느 하나의 신을 최고의 신으로 숭배하거나, 오직 하나의 [국가신: National god]을 인정하고 믿는 신앙 형태이다. 즉, 여러 신들 중에서 하나의 신(神)만을 택하여 섬기는 신앙을 말한다.

5. 유일신론(Monotheism: 唯一神論)

이는 다른 어떤 형태의 신적 존재를 거부, 부정하고, 오직 유일한 하나님만을 섬기는 신앙을 말한다. 신(God), 즉 하나님은 오직 한 분밖에 없다는 가장 발달된 신앙을 말한다. 구약의 계속된 최고의 신관은 바로 윤리적 유일신관(Ethical Monotheism)이다. 오직 야웨 한 분만이 유일하게 하나님이시라는 사상이다. 이 유일신 신앙은 플라톤의 철학적 일신론과 더불어 고등 종교의 터전을 닦았다.[110]

종교사학파는 구약의 종교도 이런 일반 종교의 진화 과정을 그대로 겪어서 유일신 사상의 종교가 되었다는 것이다. 종교의 이런 발생 과정을 고찰함으로써 한 종교의 근본 성격을 이해할 수 있다는 것이다. 종교사학적 방법에 의해서 성숙하게 자란 역사주의는 구약의 통일성을 마지막 파멸로 이끌었다.

이 가설로 인해 비평적 사람들은 이스라엘의 초기 전승을 회의적으로 봐서 성

---

108) Robert Brow, *op. cit.*, p. 10.
109) Kathleer M. Kenyon, *The Bible and Recent Archaeology* (Atlanta: John Knox Press, 1978), p. 25에서는 30신이라 하나, 문희석 편, 「구약성서 배경사」(서울: 기독교출판사, 1982), p. 426에서는 70신들을 말한다.
110) Robert Brow, *op. cit.*, p. 11.

서의 전승은 역사상의 회고담이고, 바로 역사적 사건들을 반영하는 신빙성에 그들은 확신을 갖지 못한다. 아브라함, 이삭, 야곱 등은 신화의 인물로 설명하고 실재 인물이 아니라고 주장한다. 그리고 유목 생활을 하던 이스라엘 조상들의 실제 신앙은 정령숭배(Animism), 혹은 다령숭배(多靈崇拜: Polydaemonism)라 보기도 한다.[111] 이런 무모한 오류에 빠져들어 구약종교의 계시나 독특성을 뭉개버리는 큰 범죄를 저질렀다.[112]

이러한 종교사학파의 이성적 비평 연구는 이스라엘 역사 연구를 헤겔의 변증법적인 철학의 바탕과, 다윈의 진화론적 설명에 의거했기 때문에, 이스라엘 신앙의 본질인 하나님 계시의 기록으로서 구약성서를 이해함에까지 이르지 못했다. 그리하여, 이성과 계시, 인식과 고백, 역사와 신앙의 한계선을 밝히지 못한 것으로 보겠다. 실로 구약 종교사의 가장 의의있는 면은, 이스라엘 종교가 일반 종교의 영향을 받아 가면서도 그 특수성을 확인해 나온 오랜 투쟁의 결과이다.

그래서 성서 전승에 대한 새롭고 공감적인 평가와 함께 긍정적 반응이 나타나기 시작했다. 19세기 역사주의에 도전적 반응으로 고고학 (Archaeology)과 언어학 (Philology), 그리고 인류학(Anthropology)의 학문적 경향이 벨하우젠의 문서설을 흔들어 놓았다.[113] 벨하우젠 학설의 취약점은 고대 중동 문화에 대한 무지의 결과로 본다.[114] 벨하우젠 당시는 시리아, 팔레스타인의 고대 중동 문학의 고고학적 판독과 해석이 아직도 초보적 단계에 있었다.[115] 그러나 고고학적 고찰이 이스라엘의 기원 시대에 빛을 던져 주었다. 그래서 벨하우젠 학파가 문서의 편집 연대를 아주 후대로 잡고, 그 역사성을 부인한 것이 한낱 추측과 잘못된 가설임이 판명되었다.

오늘날 우리는 이스라엘의 기원 시대와 같은 동시대적 문헌들을 놀랍게도 수만 점이나 갖고 있다.[116] 이런 고고학적 발굴과 판독에 언어학, 인류학이 발전을 가져와

---

111) John Bright, *A History of Israel* (Philadelphia: Westminster Press, 1981), pp. 68f.
112) 이 종교사학파를 비롯한 비평학의 문서설에 대한 비판은 필자의 「구약성서 개론」, pp.125—132를 참고할 것.
113) 김이곤, "구약신학사 개관", 「구약성서 지침」 문희석 편(서울: 대한기독교서회, 1977), pp. 84—85.
114) P.H. Cazelles, 「모세의 율법」 서인석 역(서울: 성바오로 출판사, 1980), p. 72.
115) *Ibid.*
116) John Bright, *op. cit.*, pp. 69—70. 존 브라이트는 고고학적 발굴분들을 다음과 같이 열거하고 있다. 기원전 18세기의 마리 문서(Mari Texts: 약 25,000점)・기원전 19세기의 카파도키아 문서(Cappadocian Texts: 수천 점) 바벨론 제1왕조의 수천 점의 기록들(기

주전 제 2 천년기 초기가 소상하게 밝혀짐에 따라, 창세기 족장 기사는 후대의 시대 상황을 반영키는커녕, 바로 그 이야기들이 배경으로 삼고 있는 시대와 일치하는 게 분명하다고 존 브라이트(John Bright)는 밝히고 있다.[117] 성서고고학의 최고 권위자인 올브라이트(W.F. Albright)도 고고학과 고대 근동의 자료들은 P문서(제사법전) 전승이 훨씬 오래되었다는 것을 잘 보여준다고 본다.

한편, 학문적인 새로운 연구 방법인 양식 비평(Form Criticism)과 구약신학의 새로운 학문적 반응이 벨하우젠 이론에 제동을 걸게 된다. 양식 비평은 문서로 기록되기 전의 구전(口傳) 단계를 추적하는 것이다. 구전이란, 보통 글로 옮겨지기 전에 말로써 입에서 입으로, 세대에서 세대에로 전해진 것이다. 성서의 본문은 바로 이스라엘 신앙 공동체가 오랜 동안 보존하여 온 전승의 결합이라고 보는 입장이다. 이 양식사학파(Formgeschichtliche Schule)의 대표적 인물은 궁켈(H. Gunkel)로서, 모든 사상은 그 특유의 문학적 표현 양식들을 가지고 있는데 그 표현 양식들을 분석, 분류하고, 그 문학 양식들이 발생된 그 "삶의 양식"(Sitz—im—Leben)을 살펴봄으로써 이스라엘 종교 사상의 근본을 찾아낼 수 있다는 것이다.[118] 바로 창세기의 이야기나 시편 시들의 많은 부분이 원래는 구전 형태(Oral form)로 존재하여 전승되어 왔기 때문에, 그 이야기의 본래 원형은 고대에 속한 것이라는, 종교사학파와 다르게 결론을 내린 점이 특이하다. 문서비평이 깊이 다루지 못한 문서 기록 이전의 구전(oral tradition) 단계를 추적하여, [삶의 자리]를 찾아 그 같은 삶의 상황 속에서 어떤 사상, 문서가 나타나게 되었는가를 탐구하는 양식사적 비평연구는 성서 연구의 새로운 전기를 마련해 주었다.

한편, 구약신학적 반응으로는 역사주의의 지나친 입장에 대해 구약 종교사 연구와 구약신학과의 관계성 정립의 노력으로 성서 자체의 독특성을 찾으려는 학자들

원전 19세기—16세기) · 기원전 15세기의 누지 문서(Nuzi Texts: 수천 점) · 기원전 17세기와 15세기의 알라라크 서판들(Alalakh tablets) · 라스샤므라 서판들(기원전 14세기 이전) 이집트 중왕조시대의 주문 문서와 다른 기록들(기원전 20세기—18세기) 등.

117) Yehezkel Kaufmann, *The Religion of Israel, tran.* Moshe Greenberg (Chicago: The University of Chicago Press, 1969), pp. 173—208. 여기서 그는 율법 전체의 고대성을 증명하고 있다.

118) cf. 김이곤, *op. cit.*, p. 88. Hermann Gunkel, *The Legends of Genesis. The Biblical Saga and History* (New York: Sellocken Books, 1964), pp. 96f.

이 나타났다.[119] 더욱 역사 비평적 방법의 타당성을 부인하며, 구약성서의 계시적 성격을 재발견하고, 그 신학적 해석을 시도한 강력한 보수적 반응이다.[120]

양식사학파에 더불어 전승사적(傳承史的) 연구 방법은, 고유한 이스라엘 사상에 대한 역사적 관심은 종교사학파처럼 단순히 발생학적인 탐구만으로 만족할 수 없다는 것이다. 그 사상을 다음 세대에 유전시켜준 삶의 정황에 대한 연구가 신학적 관심의 중요 요소로 등장하면서, 이스라엘 신앙의 전승된 사정과 그 내용과 방법을 학문의 과제로 삼았다. 구약성서 기록은 이스라엘 신앙인들이 그들의 믿는 신앙의 내용을 1,000여 년 동안 세대에서 세대에로 전승시켜 준 기록이다. 여기서 폰 라트(G. von Rad)는 신앙과 역사를 관련시켜 구약 종교사상을 취급하되, 특별히 구속사(Heilsgeschichte)를 취급하여 그의 구약신학은 하나님의 말씀이 역사적 사건 속에 어떻게 나타났으며 말씀이 역사를 어떻게 창조하는가를 보여주어야 한다고 보았다.[121]

결국, 벨하우젠의 이론은 "이스라엘 역사가 신적 계시의 성장이 아닌 인간 역사의 실패작에 불과하다"는 결론을 내림으로, 인류 구원이라는 대전제의 성서에 대하여 부정적 입장이었다.[122]

그러나 성서는 인류 구원을 위한 계시와 섭리가 기록된 것으로, 그것이 바로 이스라엘 역사를 통해서 이뤄지는 과정을 확신한 것이 성서의 역사가요 예언자들이었다.

결론적으로 족장시대의 사회적, 정치적 배경을 시각화시켜 주게 됨에 따라 벨하우젠 이론의 수정이 불가피해졌으며, 비록 어느 상세한 부분에서는 다소 난처함이 있다 하더라도 족장 전승의 본질적 역사는 인정하기에 이르렀다.[123]

---

119) Edward könig, C. Steuernagel, Otto Eissfeldt, E. Sellin, Walter Eichrodt 등의 학자들의 학문적 공헌을 들 수 있다.
120) E. W. Hengstenberg, J.C.F. Stendel, H.A.C. Haevenick, W. Visher 등과 Karl Barth의 계시문학으로의 이해.
121) Gerhard von Rad, *Old Testament Theology*, D.M.G. Stallker, trans. (New York: Harper and Brothers) vol. I (1962), vol. II(1969).
122) H. Cazelles, *op. cit.*, p. 72.
123) William F. Albright, *The Biblical Period From, Abraham to Ezra* (Pittsburgh: Biblical Colloquium, 1950), W.F. Albright, *Yahweh and the Gods of Canaan*, pp. 47—95: John Bright, A History of Israel(1960), pp. 62—78: S.H. Hooke, *In the Beginning*(1947), p. 62: James Muilenberg, "The History of the Religion of Israel" in *Interpreter's Bible I*, p. 296: M. Burrows, *What mean These Stones?* (1941), p. 2. G. Duncan, *New Light on Hebrew Origins* (1936), p. 22. H.H. Rowley, "Recent

하여튼 족장 전승에 대한 고고학적 조명과 구약 계시의 당연성을 인정하는 결론에 이르면, 창세기에 있는 전승들은 족장시대의 하나님 이해와 그들의 종교 이해에 가장 유용한 자료를 제공해 준다고 볼 수 있는 것이다. 디모데후서 3:16에 "모든 성경은 하나님의 감동으로 된 것으로"는 신구약 성경의 기원에 관한 것으로, 성경만이 하나님 영감에 의해 쓰여진 책이라는 것이다. 여기 성령에 의한 성경의 영감이란 얼밀히 말하면, 원본의 기록자에 대한 것이다. 성경 내용이 영감으로 쓰여졌다는 것은 그것이 영감을 받은 저자에 의해서 기록되었다는 것이다. 그러나 현재까지 보존된 파피루스·양피지 사본들을 합쳐서 대문자 사본·소문자 사본·성서일과표 등 모두 5,500개도 넘는데 그 중에 완전히 동일한 것이 거의 없으며, 바로 이 사실이 실제로는 원본의 성서기자에게 하나님의 영감이 개입되었다는 암시이기도 하다.[124] 본서는 분명히 원래의 성서기자가 성경을 기록할 때는 성령의 인도함을 받았기에 성경은 전체가 영감의 책이고 하나님의 완전한 계시의 책이라 전제한다.

한편, 많은 보수주의 학자들은 "본질적 모세 저작설"(the essential authorship of Moses)이라는 용어를 사용하여, 모세가 오경의 저자라는 것을 확실하게 주장하면서도 정경상에 후대의 증보 부분들이 존재할 가능성을 열어 놓고 있다.[125] 이러한 모든 구전, 문서 자료의 수집, 그리고 계시의 기록 등 전체가 성령의 성스런 인도와 도움에 의하여 사용된 것이기 때문에, 사실 성서의 실제적 저자는 성령이시다. 거기에 기록자의 문학적인 능력이나 지식의 수준, 그리고 문화적 환경의 옷을 적절히 사용하여 성서에 훌륭한 기록을 만들어 내었다고 보겠다. 하나 더 부언하는 건, 수많은 유대인들의 문헌들 중에서 하나님의 영감으로 쓰여진 책으로 인정된 39권의 책이 구약성서로 확정되는 모든 정경화 과정에도, 성령의 치밀한 인도와 거룩한 섭리가 개입되었다는 걸 믿고 인정해야 한다는 것이다.

Discovery and the Patriarchal Age", *The Servant of the Lord and Other Essays* (1965), pp. 271—305: G.E. Wright, *Biblical Archaeology* (The Westminster Press, 1957), Ch. III: A. Parrot, *Abraham and His Times* (1962): H. Cazelles, "Patriarchs" *Supplement au Dictionanaire de la Bible*, vol. VII, Fasc. XXXVI(1961), cols. pp. 81—156.

124) 루이 벌코프, 「성경 해석학」 윤종호, 송종섭 옮김 (서울: 개혁주의 신행협회, 1965), p. 44.

125) R.B. Dillad and T. Longmann III 「최신구약개론」 박철현 역 (서울: 크리스챤 다이제스트, 1977), p. 72.

제 2 장

구약성서의 하나님 현현(顯現)

구원사에 있어서 하나님의 역할 중, 그 절정에 달하는 사실은 바로 하나님의 자기 현현(顯現), 또는 계시의 사건이다. 하나님은 스스로 존재하시며, 인격적인 분이며, 창조자로서 인류 구속을 위해 일하고 계신 분이시다. 이 하나님은 인간과 세계를 창조하시는데 있어서 자신의 자존적(自存的) 상태로부터 나와서 인간과 자연의 질서 가운데 자신을 투영(投影)하시므로 인간의 이해를 가능케 하셨다. 이것을 쉽게 말해서 계시(啓示)라고 할 수 있겠다.

구약성서에는 계시의 여러 매개가 있어 이스라엘 종교사에서 중요성을 띠게 되었다. 구약성서에는 계시의 방법으로 직접 교통(Direct Communication), 예언자들의 기록, 하나님과의 변론하는 통화법(通話法), 꿈과 성소(聖所), 기적, 예언적 환상 등 여러 가지가 있다.

그러나 구약성서를 읽다 보면 하나님이 나타나실 때 그 모습이 다양하다. 어느 때는 천사, 그리고 사람의 모습과 혼동되어 나타난다. 어느 때는 하나님의 이름과 인간적 지체의 모습으로 표현되기도 한다. 그래서 여기서는 구약성서에 나타나는 하나님 현현의 형태를 몇 가지 약술해 보려 한다.

"하나님께서 옛날에는 우리 조상들에게 예언자들을 통하여 여러 번 여러 가지 방법으로 말씀하시고, 이 모든 날 마지막 때에는 아들을 통하여 우리에게 말씀하셨다"(히 1:1, 2)

I. 신현현(神顯現)의 어의(語義)

신현현(神顯現)을 뜻하는 헬라어는 θεοφάνεια로, 영어로는 Theophany이다. θεοφάνεια는 "하나님"을 의미하는 θεός란 명사와, "나타나다", "출현하다"를 뜻하는 φαίνω와의 합성어이다.[1] 그래서 Theophany란, "신의 현시(顯示), 혹은 출현(A manifestation or appearance of deity)을 뜻한다. 그리스 사람들이 이해한 신현현(Theophany)은 협의적 의미로, 델파이(Delphi) 도시의 아폴로(Apollo) 신전에서 거행된 축제 등에서 신의 출현을 의미했다. 넓은 의미로는 신적 존재가 백성이나 인간에 접근하려는 의도나, 특별히 자비스런 근접을 나타내 보이는 모든 감각적인 모양이나 계시 등을 뜻했다.[2] 즉, 그들은 축제 기간에 나타나는 하나 혹은 많은 신들의 출현을 뜻했다.[3]

그러나 고대 기독교회에서는 θεοφάνεια란 용어를 거의 절대적으로 하나님의 현시(顯示: the manifestation of God)와 그리스도 안의 하나님의 영광에 제한하여 사용하였다.[4] 즉, 구약성서에서의 하나님의 계시들과 육체로 나타난 하나님의 계시로써 그리스도(말씀)의 성육(成肉 : The Incarnation of the Logos), 특별히 그리스도의 탄생, 세례, 재림에 적용하여 사용하였다.[5]

그러나 하나님의 현현(顯現)이 무엇이냐 하는 질문에 단적으로 답하기는 쉽지

---

1) Jeseph Henry Thayer, *A Greek-English Lexicon of the New Testament* (Edinburgh: T. &T. Clark, 1955), pp. 287, 648.
2) Samuel Macauley Jackson, ed., *The New Schaff-Herzog Encyclopedia of Religious Knowledge*, Vol. XI(New York: Funk and Wagnalls Company, 1911), p. 403.
3) John Mclintock and James Strong, ed., *Biblical, Theological and Ecclesiastical Encyclopedia*, Vol. X (New York: Harper &Brothers, 1881), p. 332.
4) *loc. cit.*
5) *Ibid.*, pp. 403—404.

않다. 쉽게 말하면 하나님의 자기표현이요, 계시요. 인간 이해 속에 접근하는 일체의 방법을 말한다. 구약성서의 아브라함, 야곱 등의 족장들과 여호수아 등에게 아주 평범하게 인간적 사귐의 방법으로 나타나신 하나님의 현현도 있고, 성막이나 성소의 영광중에서의 하나님의 임재 등의 방법도 있다. 그러나 족장들에게나 그 외의 구약의 인물들에게 평범한 인간적 사귐의 현현과, 하나님이신 그리스도가 예수로서 성육하신 특별하고 구체적 사건과는 상당한 차이가 있다.[6] 그래서 여기서 다루고자 하는 것은 구약성서에 단순한 인간의 형태로, 인간이 볼 수 있고 들을 수 있는 하나님 실재 현존(實在現存)의 표시인 하나님 현현이다.[7]

하나님의 계시란, 하나님이 인간 스스로 말할 수 없고 이해할 수 없는 것을 인간에게 말하고 이해하도록 만드는 사건이다.[8] 여기에서 하나님은 자기 자신을 말씀하시고, 자신을 나타내신다. 하나님은 역사 안에서 말씀만이 아니라 행위를 통해서도 자신을 계시하는데, 바로 이 행위가 인간에게 하시는 하나님의 뜻이요, 말씀이기도 하다. 즉, 하나님은 자기 자신을 전달하시므로, 자기 자신과 말씀 상대자인 인간 사이에 결속과 소통과 역사적 접촉을 이루어 놓으신다.[9] 그리하여 하나님은 일종의 인격적 관계를 수립하신다. 그런 면에서 신현현(神顯現: Theophany)은 하나님 계시의 구체적인 방법이며, 여기서 다루는 부분은 초기적 단계의 현현 사건이라 볼 수 있겠다.

여기서 한 가지 짚고 넘어갈 것은 하나님 현현은 인간의 작용이나 수법에 의해서 신적 출현이 일어나는 것이 아니라, "오직 하나님에 의해서 하나님이 원하실 때 나타나신다"[10]는 것이다.

---

6) James A. Borland, *Christ in the Old Testament* (Chicago: Moody Press, 1978), p. 6.
7) John Kenneth Kuntz, *The Self-Revelation of God* (Philadelphia: Westminster Press, 1967), p. 17.
8) Heinrich Otto, 「신약해제」, 김광식 역 (서울: 한국신학연구소, 1974), p. 65.
9) *Ibid.*, p.57.
10) Ludwig Köhler, *Old Testament Theology*, trans. by A.S. Todd (Philadelphia: Westminster Press, 1957), p. 103. 구약에는 단지 사사기 13:8에 마노아의 기도에 하나님의 사람을 다시 보내달라는 기도가 있으나, 그의 무지(無知)에서 그랬다. 그러나 이방 종교에는 인간들의 요구와 기도나 제사를 통해서 신 출현을 유발시키는 경우가 보편화되어 있다.

II. 구약성서의 하나님 현현 유형(顯現 類型)

1. 자기 계시적 유형(The Self—Revelatory Formula)

구약성서에서 신현현(神顯現)의 유형 중 첫째로 나타나는 것은 하나님의 자기 계시적 형태이다. 이는 하나님이 대체로 자신의 이름을 가지고 자신을 계시하시는 것으로 가끔 거룩한 장소에서 나타난다.[11]

히브리인들의 하나님 이해에 중요하게 다루어지는 것이 바로 하나님 이름이다. 구약성서에서 하나님께서 자신의 이름을 계시하는 특별한 사건 두 개를 든다면, 최고(最古)의 족장 아브라함에게 "나는 전능한 하나님이다('ani ´ēl Shaddai)"로 나타난 것(창 17:1)과, 모세에게 "나는 야웨니라('ani Yahweh). 내가 아브라함과 이삭과 야곱에게 '전능의 하나님으로 나타났으나 나의 이름을 야웨(יהוה)로는 그들에게 알리지 아니하였다"고 한 분명한 자기 계시의 사건이다. 대체로 하나님의 자기 계시의 사건은 계약과 축복이 연관되어 나타난다. 즉, 창세기 15장의 계약에서 보면, 아브라함의 선택이 하나님 스스로의 자기 계시적, 자신의 절대적 결단에 의한 행동으로 나오고(7절), 선택의 증거로서 출애굽 사건을 암시하고 있다(8—16절). 그리고 아브라함의 선택은 바로 축복(barak)과[12] 관련되어 나오면서, 하나님은 전 인류의 축복을 위하여 아브라함을 선택했다는 것이다. 이 축복과 관련된 계약은 창세기 17장 1절에서 "엘샤다이"(전능의 하나님)로 친히 나타나셔서 계약을 맺으며, 아브라함은 열국의 아비로 선언되고 땅의 기업이 약속된다.

이 신현현의 유형에서는 하나님 현현의 매개체(媒介體)를 간접으로 보내지도 않고, 암시적 중간체(中間體)로 나타나지도 않고, 예언자 소명에서와 같이 이적도 주어지지 않고 있다. 여기에서는 하나님 스스로가 자진하여 나타나 자신을 소개하여

---

11) Brevard S. Childs, *The Book of Exodus* (Philadelphia: The Westminster Press, 1974), p. 65. cf. 창 17:1, 26:24, 28:13, 출 3:6 등 여기서 소개되는 신현현 유형분석은 거의 Childs의 것을 소개한다.

12) 창세기 12:14, 22:18, 26:4, 28:3, 35:9—15, 48:3.

뜻을 전하신다.[13]

"그 밤에 야웨께서 그에게 나타나 가라사대 나는 네 아비 아브라함의 하나님이니 두려워 말라. 내 종 아브라함을 위하여 내가 너와 함께 있어 네게 복을 주어 네 자손으로 번성케 하리라"(창 26:24)
"나는 네 조상의 하나님이니 아브라함의 하나님, 이삭의 하나님, 야곱의 하나님 이니라…… 내가 내려와서 그들을 애굽인의 손에서 건져내고 그들을 그 땅에서 인도하여……"(출 3:6—8)

여기서 보면 하나님 스스로 자신을 계시하여 조상들과의 관계, 이스라엘을 위한 하나님의 역사적 사건을 주도한 내용 등을 통해 자신을 소개하신다. 대체로 하나님이 자신을 나타내실 때는 상대가 되는 자들과의 연관 관계를 역사적 사건이나 계약 관계에서 설명하고 자신을 주지(周知)시키신다.

2. 매개체 유형(The Form of An Intermediary)

첫번째 유형과는 상당한 차이가 있는 성서 구절들이 하나님의 현현과 관련되어 구약성서에 많이 나타난다. 예를 들면, 창세기 32:24—32의 기록에 야곱과 어떤 사람이 얍복 강변에서 밤이 새도록 씨름했다는 사건이다.[14] 물론 내용 문맥상으로 보면, 그 사람과의 씨름으로 얻어진 응답과 결과는 바로 하나님께로 말미암는 것으로 나타난다. 분명히 그 상대는 인간이 아닌 하나님을 대신한 존재이거나 하나님 자신을 암시한다(특별히 32:28, 29). 여기서처럼 하나님 대신 '사람' 아니면 '사자(使者)'가 나타나서 하나님의 일을 수행하고, 뜻을 전달하며, 계시의 매개체(媒介體), 혹은 중재자(仲裁者)로서 활동한다.

창세기 48장 16절에 보면, 야곱이 밤새도록 씨름했던 '어떤 사람', '그 사람'(창 32:24, 25)을 '사자'로 부르고, 창세기 32:30에는 야곱이 "내가 하나님과 대면하여

---

13) *Ibid.* 창세기 15:2에서만 오직 아브라함은 하나님이 그에게 주어진 언약에 반론과 이의를 제기한다.
14) 창세기 18장, 19장에는 아브라함에게 방문자가 나타나서 하나님의 뜻을 전한다. 인간적인 모습과 행동으로 서 있고, 말하고, 씻고, 먹고, 걸어갔다. 여호수아 5:13—6:5에도 하나님의 현현이 역시 이 같은 유형으로 나타난다.

보았으나 내 생명이 보전되었다"고 고백한다.

여기의 '사자'는 신구약성서에 천사로 자주 나타나며, 히브리어로 mal'akh(מלאך)인데, 사자, 즉 어떤 사명을 가지고 파견된 인간, 혹은 하늘의 존재[15]요, 영적인 존재[16]를 뜻한다. 때때로 이런 존재들은 하나님이 외관적으로 변형되어 나타나시는데 사용되기도 한다. 특별히 이 사자는 구약성서에서 '계약의 천사'(The Angel of the Covenant)[17]로, '야웨의 천사'(The Angel of Jehovah), 혹은 '엘로힘(하나님)의 천사'(The Angel of Elohim)로 불려지고 자주 야웨와 동일시되기도 한다. 이 용어는 대체로 상호 변화성 있게 사용되고 있으며,[18] 대개 많은 보수적 학자들은 성육신 그리스도였다고 믿는다.[19] 이들의 견해에 의하면, 하나님은 오직 그리스도 안에서만 그 자신을 계시하시기 때문에 ─ "아버지 외에는 아들을 아는 자가 없고, 아들과 또 아들의 소원대로 계시를 받는 자 외에는 아버지를 아는 자가 없느니라"(마 11:27) ─ 구체적인 신현현(Theophany)은 그리스도의 현현(Christophany)으로 봐야 한다는 것이다.[20]

이 유형에서 보면 하나님의 계시가 매개적인 존재를 통해서 이뤄진다. 여기에는 우선 만남이 있고, 아주 다양한 내용이 소개되고, 특별히 하나님의 언약과 축복이 선언되는 것을 볼 수 있다. 야곱의 경우도 보면, 환도뼈가 부러지기까지 씨름을 하며 축복을 구한다. 그 때 그 '사람'이 야곱의 이름을 묻고, 야곱을 이스라엘이라 부르도록 하여 축복이 선언된다. 그러나 계시의 수령자(受領者)는 그 이름이 노출되지만, "당신의 이름을 고하소서"하며 야곱이 그 사람의 이름 현현을 간청함에도 불구하고, 계시의 매개자의 이름은 숨겨지고 있다. 그러나 사사기 13장에서는, 마노아가 "당신의 이름이 무엇이니이까" 간청하니, 그 사자가 "어찌하여 이를 묻느냐

---

15) Gerhard von Rad, Old *Testament Theology*, Vol. II, Trans. by D.M.G Stalker (New York: Harper & Row, Publishers, 1967), p. 285.
16) Lee Haines, "The Book of Genesis," *The Wesleyan Bible Commentary*, Vol. One (Grand Rapids: William B. Eerdmans Publishing Co., 1975), p. 18.
17) Robert S. Candlish, *Commertary on Genesis* (Grand Rapids: Zondervan Publishing House), p.74.
18) 창세기 16:7─13, 28:13과 31:11, 13. 출애굽기 3:2, 4, 6, 7. 사사기 6:11, 12, 14, 16, 20, 21 등.
19) Robert Baker Girdlestone, *Synonyms of the Old Testament* (Grand Rapids: Eerdmans Publishing Co., 1948), pp. 41─42.
20) John Mclintock and James Strong ed., *Biblical, Theological and Ecclesiastical Encyclopedia*, Vol. X (New York: Harper &Brothers, 1881), p. 332.

내 이름은 기묘니라"고 대답하여 겨우 그 이름을 받아낸다. 그러나 그 이름은 신 존재의 실제적인 신명(神名)이라기 보다는 하나님의 어느 한 특징을 나타내는 설명적 의미인 '기묘(奇妙)'로만 나타날 뿐이다.

하여튼 이 유형의 특징은 야웨를 대신한 '사람', 혹은 '사자'가 나타나서 계시를 전달한다. 그 사자는 자기 소개가 주어지지 않고 하나님의 뜻과 일을 하는 한편, 계시를 받아들이는 자와의 논쟁이나 타협에 의해 융통성 있게 행동하고, 계시 수령자의 질문에 의해 계시자가 자신을 나타내기도 한다.

3. 소명(召命) 이야기적 유형(The Form of the Call Narrative)

이 유형은 바로 출애굽기 3장 11절 이하와 관련된 소명 형태를 말한다. 소명의 설화적 유형은 최근에 와서 침멀리(Zimmerli)와 하벨(Habel), 킬리언(Kilian)에 의해, 더 최근에는 릭터(Richter)에 의해 철저하게 분석되었다. 침멀리의 연구[21]에 하벨(Habel)이 연구를 거듭하여 크게 발전시켰다. 하벨(Norman Habel)은 모세의 소명 내용을 다음과 같이 요약한다.[22]

1. 하나님 대면(The Divine Confrontation: 3:1—4a)
2. 서론적 말씀(The Introductory Word: 3:4b—9)
3. 임무 위임 (The Commission: 3:10)
4. 모세의 이의 제기(The Objection: 3:11)
5. 모세를 안심시킴(The Reassurance: 3:12a)
6. 증거 제시(The Sign: 3:12b)

실제적으로는 출애굽기 3장 1절로부터 4장 7절까지가 기본적인 소명 이야기의 아주 확대된 형태라 볼 수 있는데, 기본 소명 기사로 요약할 수 있는 것은 3:1—12

---

21) W. Zimmerli, "Zur Form und Traditions—geschichte der Prophetischen Berufungsgeschichte der Prophetischen Berufungserzahlungen", *Ezechiel I* (Neukirchen, 1955), pp. 16—21.
22) Norman Habel, "The Form and Significance of the Call Narratives", *Zeitschrift fur die Attestamentliche Wissenschaft,* 77(1965), pp. 297

이고, 그 소명은 12절의 증거를 주는 것으로 끝나게 된다.[23] 이 내용을 보면, 모세에게 하나님이 먼저 나타나시고(대체로 야웨의 사자), 서론적 메시지와 직무 위임이 있다. 특별히 이 구절의 초점은 바로 임무 위임에 뒤따르는 이의 제기에 하나님의 증거를 얻게 된다는 것이다.

에드워드 영(Edward J. Young)에 의하면, 출애굽기 3장의 모세의 소명은 거룩한 시내 산에서의 야웨와 모세의 만남과 율법의 계시를 위한 준비였다.[24] 불타는 가시덤불은 하나님 자신이 행하신 기적이었다.

그 가운데서 천사가 나타나 바로 그 장소에서 모세를 부르신다. 여기서는 야웨와 그 천사 사이에 분명한 구별이 없다. 야웨의 천사는 한 사자로 뿐만 아니라, 야웨 자신의 현현 양식으로 간주한다. 마틴 노트(Martin Noth)[25]는 폰 라트(von Rad)가 "야웨의 천사는 인간의 모습으로 사람들에게 나타나는 야웨 자신이다"는 설명[26]에 전적으로 동의한다. 폰 라트에 의하면, 성서 전승의 한 문장에서는 야웨로 말했는가 하면, 다른 문장에서는 다시 야웨의 천사로 말하고 있다는 것이다. 특별히 창세기 22:11, 31:11 이하, 그리고 출애굽기에서도 천사가 야웨와 동일한 것으로 나타난다. 폰 라트는 야웨의 천사, 혹은 사자의 형태에는 기독론적인 특질(Christological Qualities)이 나타나고, 그것은 바로 하나의 예수 그리스도의 그림자적 유형이라고 인정한다.[27]

하여튼 이 유형에서는 하나님이 인간에게 나타나 특별한 섭리로 그를 불러서 자신을 소개하여 그에게 특별 임무를 부여하여 보낸다. 그 현현 과정이 대화의 방법으로 이뤄지고, 대개 하나님 현현이 극적인 분위기를 동반한다. 호렙산 모세의 소명과 이사야의 소명(사6장) 사건에서 이런 현상이 두드러지게 나타난다. 특별히 이사야는 영적인 눈이 열려 높이 들린 보좌에 앉으신 하나님을 보았고, 하나님의 어전 회의(御前會議)를 본다. 천상에 있는 하나님의 조정(朝廷)의 화려함과 거룩함에 자신의 부정함을 고백한다(사 6:1—4). 그리고 정화(淨化)의 예식이 행해지고(6:6, 7), 하나님과의 대화가 있고, 사명이 하달된다. 여기서 보면, 하나님의 현현이 가시

---

23) Brevard S. Childs, *op. cit.*, p. 54.
24) Edward J. Young, "The Call of Moses", *The Westminster Theological Journal*, 29(1964), p. 126.
25) Martin Noth, *Exodus* (Philadelphia: The Westminster Press, 1962), pp. 39—40.
26) Gerhard von Rad, *op. cit.*, pp. 286—287.
27) *Ibid.*

적 여러 모습과 더불어 하나님의 말씀으로 들려온다. 그리고 계시의 수령자가 하나님의 영역까지 들려가서 그 어전 회의에 참석하여 발언도 하고, 설명을 요구하며, 야웨의 질문에 자기 입장도 내세운다.[28]

4. 고정(固定) 구조의 교육적 반복유형(A Stereotype form of Instruction)

이것은 소진(J. Alberto Soggin)에 의해 독특하게 불려진 유형[29]으로, 대체로 토론적 관심을 가지고, 질문을 제기하면서 시작한다. 그러나 이 질문은 새로운 정보를 묻는 것보다는 오히려 이미 알려져 있는 예식의 의미를 발견하려는 것이다.

구약성서에서는 종교적 예식의 의미가 무엇이냐는 질문을 가지고 있는 구절에 나타나는 유형이다.

"장래에 네 아들이 네게 묻기를 이것이 어찜이냐 하거든 너는 그에게 이르기를 야웨께서 그 손의 권능으로 우리를 애굽에서 곧 종되었던 집에서 안도하여 내실쌔……" (출 12:26)

이런 교훈적 내용이 일정한 구조를 이루어 거의 똑같이 몇몇 구절에 나타난다.[30] 특이한 것은 이 고정된 구조적 교훈을 통해서 역사상에 나타난 하나님의 현현과 활동을 소개하고 인식시킨다.

이 유형은 헤르만 궁켈(Hermann Gunkel)이 분리해 낸 기원추구(起源追究)의 형태이다. 그러나 이 유형이 특이하게 다른 것은 초기 단계의 하나님의 계시와 활동의 모습을 다시 회복하여 재건하려는 것보다는 오히려 전승의 일부로서 그것에 대한 질문 형식을 간직하고 있는 것이다.[31]

신명기 6:20—25에 의하면, 후손들이 야웨의 계시인 '증거'와 '말씀'과 '규례'와

---

28) 이런 유형은 아믈라의 아들 미가야의 소명(왕상 22:19—23), 에스겔 소명 기사(겔 2:1—3:11), 욥의 기사(욥기 1:6—12, 2:1—7) 등에서 찾아볼 수 있다.
29) J. Alberto Soggin, "Kultatiologische Sagen und Katechese im Hexateuch", *Vetus Testamentum* 10(1960), p. 341ff.
30) 출애굽기 12:26, 13:14, 신명기 6:20, 여호수아 4:6, 21, 22:24.
31) Brevard S. Childs, *op. cit.*, p. 65.

'법도'에 대해 그 뜻을 묻게 되면, 바로 옛적에 출애굽 사건에서 행하신 하나님의 능력과 기사 이적, 그리고 가나안 땅까지의 인도하심을 알려주고 교훈으로 일깨워 줄 것을 지시한다. 여기 교훈 속에 하나님은 이스라엘에 나타난 현현과 하나님 자신의 역사적 활동, 그리고 자신의 뜻을 이스라엘 민족에게 계속 전승시키신다.

그러나 위의 네 가지 유형이 서로 독립적으로, 혹은 완전히 분리된 입장으로 상관없이 나타난다는 것은 아니다. 상호 연결, 설명, 보완하고 있다고 보겠다. 출애굽기 3장에 있는 모세와 하나님과의 만남에서 보면, 가시적 가시덤불의 불꽃, 그리고 야웨의 사자의 현현, 그리고 모세의 소명 사건이 계속되고, 결국에는 하나님의 이름인 야웨(스스로 있는 자) 신명을 계시 받는다. 여기에만도 제 1, 2, 3 유형이 나타나고, 이 출애굽 사건이 후일에 후손들 교육 내용의 핵심이 되고 있다.

III. 하나님 현현의 매체들 (Theophanic Media)

구약성서의 신현현에서 가장 문제가 되는 것은 그 현현 모습의 다양성이다. 예를 들면, 아브라함의 아내 사라가 임신할 것을 예고 받을 때 야웨를 지나가는 나그네로 오해할 정도로 야웨와 세 사람이 분명한 구분 없이 표현되고 있다(창 18:1—15). 그리고 어느 때는 이름으로, 천사로, 영광 등의 여러 가지 매개체로 현현하시기 때문이다. 그런 다양성 중에 중요한 몇 가지만 소개하려 한다.

1. 인간의 모습 (God in Human Form)

구약성서에는 하나님이 인간의 형태로 많이 나타난다. 아브라함과 사라가 마므레 상수리 수풀 근처에서 정오 즈음 사람 셋을 만난다(창 18:1—33). 이 세 명의 방문자들이 사람(איש)[32]들로 보였지만, 창세기 18:1에는 "야웨께서……아브라함에 나타나시니라"로 나와서 바로 그들 중에 하나가 야웨와 동일시되고 있다. 그러나 그들은 인간적인 행동으로 아브라함 맞은편에 서 있으며(18:2), 말을 주고받고

---

32) 여기서 인간 전체를 뜻하고 인간 본질을 의미하는 אדם를 쓰지 않고, 바로 '남자' '인간다운' 개념을 더욱 짙게 가진 איש를 사용한다.

III. 하나님 현현의 매체들 (Theophanic Media) 53

(18:5, 9, 10, 13—15, 17—21), 발을 씻으며(18:4), 음식을 먹으며(17:5—8) 일어서 걸어갔다(18:16, 21, 22, 23). 그들의 모습에서는 인간 이상의 어떤 존재로 보이지 않고 단순한 인간 형태로 나타난다. 단지 그들의 말의 내용이 인간이 자유로 할 수 없는 결정적 결단의 얘기를 하고 있는 것 외에는 평범하다. 이는 하나님의 인격성과 구약에 나타난 그리스도로 이해된다.

창세기 32:24에도 야곱이 '어떤 사람'과 '그 사람'과 밤새도록 씨름을 하다가 환도뼈가 위골(違骨)되었고, 결국 이스라엘이란 축복을 받게 된다. 그 이스라엘이란 이름은 "하나님과 겨루어 이겼다"란 의미이다. 그리고 그 지역 이름을 브니엘, 즉 "하나님의 얼굴을 뵈었다"는 의미로 정한다. 그래서 하나님과 사람을 구별할 수 없을 정도로 하나님이 인간 형태로 나타나셨다.

2. 야웨의 천사 혹은 사자(Malakh Yahweh)

구약성서에서 하나님이 자주 천사나 사자로 대신해서 나타난다. 히브리 명사 מַלְאָךְ(malakh)는 '사자(messenger)', 혹은 '천사(Angel)'를 의미 한다.[33] 그래서 야웨의 사자(Malakh Yahweh)는 야웨의 천사(The Angel of Yahweh)를 의미하여, 하나님의 천사들 중에 하나님을 나타낸다. 열왕기상 19장 7절의 '야웨의 사자'가 5절에서는 그냥 '천사'로 나타나고 있다.

야웨의 천사는 돕는 존재, 모든 면에서 이스라엘을 구호(救護)하고 보호(保護)하는 존재로, 이스라엘을 위한 인격화된 야웨의 도움이고, 거의 언약 관계의 중개적인 직책 수행자로서 나타난다.[34] 하나님의 천사가 처음, 그리고 가장 자주 나타나는 것은 신현현의 시대인 족장 시대이다.[35] 하갈에게 나타난 천사가 야웨와 하나님의 명칭으로 불려지고(창 16:7, 13), 이삭을 바치는 아브라함에게 천사가 다시 말하시는데(창 22:11) 나중에는 하나님 자신으로 나타난다(창 22:16). 그러나 어떤 면에서는 '야웨의 사자'가 근본적으로는 어느 다른 천사와 별 다를 바 없이 보인다 할지라도, 그 야웨의 사자는 천사들의 범주를 초월하여 나타나고 하나님의 한 독특한 위

---

33) Benjamin Davies, ed., *A Compendious and Complete Hebrew and Chaldee Lexicon to the Old Testament* (Boston: A.I. Bradley & Co., 1875), pp. 354—355.
34) Gerhard von Rad, *op. cit.*, p. 286.
35) J. Barton Payne, *The Theology of the Older Testament* (Grand Rapids: Zondervan Publishing House, 1979), p. 45.

격(位格: A Distinct Person of the Godhead: 삿 6:12, 14)에 어울리는 용어로 묘사되고 있다.[36]

　여기서 제기된 몇몇 학자들의 설명은, 천사는 단순히 하나님을 위해서 행동하고 예언자들이 행했던 것처럼 하나님의 이름으로 말한다[37]는 것이다. 그러나 특별히 모세 시대에 와서는 이런 천사를 단순한 신성의 표현으로 보기는 어렵다. 불타는 가시덤불에서 모세에게 나타난 야웨의 사자는 그가 하나님이라고 말할 뿐(출 3:6) 아니라, 가시덤불로부터 모세를 불렀던 그 분은 바로 성서 본문에 비춰보면 '하나님'으로 분명히 지적되고 있다. 특별히 모세가 하나님 뵙기를 두려워하고(출 3:6), 바로 그 장소가 신적인 존엄성을 부여받는다(출 3:5). 그래서 다른 하나의 설명을 제기한다면, 그 천사는 어떤 일시적 현시로서 단순히 하나님 자신인 야웨이었을 것이다[38]는 설명이다.

　한편 앞에서 잠시 언급했듯이, 구약성서의 독특한 천사 계시는 삼위일체(三位一體)의 제 2 위격인, 인류의 유일한 구세주인 예수 그리스도의 성육신(成肉身) 전 출현으로 이해될 때만 식별될 수 있다고 본다.[39] 에드워드 영(Edward J. Young)에 의하면, 천사는 실제 존재이며 하나님과 동일시된다. 천사는 야웨로부터 보내심을 받았으므로 성부 하나님 자신이 아니고, 성부 하나님과는 다르기 때문에 그 중에 그리스도적 가능성을 배제할 수가 없다는 것이다.[40] 구약성서에서 독단적인 천사나 사자로서 중요한 계시를 전달할 때는 대개 야웨 이름으로나 하나님 자신으로 이해되고, 또 그렇게 표현된다. 그리고 다수의 천사와 사자(인간의 모습 포함)들이 나타날 때는 그 중에 다른 천사나 사자들과는 다른 한 주도적 존재가 있어서 계시를 이끌어 간다. 야웨의 사자는 신비한 모양을 갖고 다니며, 보통 천사보다 훨씬 높아 보인다. 그래서 그를 야웨나 그리스도와 동일시한다. 그렇다면 그 천사는 신현현(神顯現: Theophany)이다. 즉 여인의 후손으로 오시는 그리스도가 도성인신(道

---

36) *Ibid.*, p. 167.
37) Edmond Jacob, *Theology of the Old Testament*, trans. by A.W. Heathcote and Philip J. Allcock (New York: Harper &Brothers, 1958), pp. 75-77과 이사야 1:2을 참고할 것.
38) George A.F. Knight, *A Chistian Theology of the Old Testament* (Richmond: John Knox Press, 1959), pp. 75—83.
39) J. Barton Payne, *op. cit.*, p. 170.
40) Edward J. Young, *op. cit.*, pp. 4—5.

成人身: Incarnation)하시기 전 육체의 모양을 갖고 가시적으로 하나님이 나타난 것이다. 그의 실체인 야웨의 사자는 구약 시대에 있어서 하나님의 유일하신 사자 (messenger)로서 행동한다. 이런 구체적 신 존재의 현현(Theophany)은 그리스도의 성육신 전 계시 활동으로써, 그리스도의 현현(Christophany)으로 봐야한다는 견해[41]의 타당성이 인정된다. 그래서 그리스도의 성육신은 바로 계시의 완성이요 절정이 된다.

3. 야웨의 영광(The Kavodh of Yahweh)

하나님의 영광은 하나님의 신적 완전성의 가시적 부연(敷衍)이다. 이 하나님의 영광은 대체로 다음의 것들과 동일시되어 표현된다.

첫째로, 하나님의 영광이 초자연적 불기둥과 구름기둥 등과 동일시되어 나타난다(출 19:16—20, 출 24:16). 이 불과 구름 기둥은 원래 출애굽 과정에서 이스라엘을 인도하고 보호했다(출 13:21,22, 14:19, 16:7,10). 그것은 시내 산에서도 나타났다(출 24:16). 모세의 성막(聖幕) 봉헌 때에도 하나님의 영광이 지성소(至聖所)를 가득 채우고 특별히 속죄소 위, 곧 증거궤 위에 있는 두 그룹 사이에 내려와 머물렀다(출 25:22, 40:34—38, 8:11). 한편, 솔로몬 성전에도 그 영광의 상징인 구름이 가득 채워졌다(왕상 8:11). 신현현의 불과 구름은 하나님의 현존을 나타내며, 하나님이 백성 가운데 거하시는 하나님의 임재요 하나님의 현현을 의미했다[42](출 24:15-18). 이 영광의 구름은 초림의 그리스도와 또한 그리스도의 재림과 관련되어 있다(마 17:5, 행 1:9, 계 1:7, 14:14).

둘째로, 하나님의 영광은 하나님의 얼굴(פנים יהוה)과 동일시되어 나타난다(출 33:18—20). 이 영광이야말로 하나님의 참다운 현현이었다. 이 실체화된 야웨 얼굴의 독자성은 야웨와 이스라엘 사이의 특수한 현현양식으로 독특하게 나타난다.[43] 인간이 가지고 있는 모든 지체들 중에 기쁨과 분노와 슬픔, 그리고 결단의 의지를 가장 잘 나타내는 것이 바로 얼굴이기에, 하나님 현현에 하나님 얼굴이 중요한 위

---

41) 본 논문의 신현현의 유형 중 매개자 유형을 참고할 것. 그리스도 안에서 그리스도를 통한 하나님 자신의 현현의 제한성을 인정한다면(마 11:27), 이 견해가 인정된다고 본다.
42) Sh'khinā로 부르는데, 바로 하나님의 거하심(God's dwelling)을 의미한다.
43) Gerhard von Rad, op. cit., p. 287.

치를 차지하고 있음은 자연스럽다.44) 하나님의 전인격이 사랑과 노(怒)가 표현되는 그의 얼굴에 집중한다. 출애굽기 33장에 의하면, 야웨께서 모세에게 자신의 얼굴이 이스라엘 백성과 함께 갈 것이라 약속하신다. 그것은 바로 하나님 백성들 가운데 야웨의 인격적 현존(The Personal Presence of Yahweh)을 말하고, 하나님의 얼굴이 야웨 자신을 대신함을 의미한다.45) 하나님의 모든 영광스런 현상, 즉 현현의 양상인 구름 기둥을 대하던 모세는 바로 하나님과 얼굴을 마주 대한 것으로 나타난다(출 33:10—11).

이 얼굴이란 표현은 하나님의 구체적이며 실제적 현현의 양상이다. 이상과 같이 구약 하나님 현현은 계시사건의 징조와 위엄을, 그리고 현현 장면을 수식하고 돋보이기 위해 극적인 상황을 동반하여 일으키기도 한다. 이같은 하나님 현현을 묘사한 양식이 연기와 불과 구름 기둥 등으로 나타나는 것은 화산 폭발을 연상케 한다.46) 팔레스타인과 아라비아 지역에서는 화산 폭발 현상이 전통적으로 신의 현현으로 인식되기도 했다.47)

구약성서에서의 이런 하나님 현현 묘사는 하나님의 초월성과 거룩성을 강조하는 하나님 임재의 표현이라 볼 수 있다.48) 여기서 하나님과 인간의 건널 수 없는 엄청난 차이와 거리감을 갖게 되어, 인간은 자신의 죄성과 허약성을 전율로 느껴 하나님 임재에 숙연해지고 경배케 된다.

이런 현상에서의 하나님 현현은 가시적인 놀라운 자연현상보다는 하나님과 인간간의 만남과 대화에 초점을 두고 있다.49) 사실 하나님의 존재 자체가 영광이요, 하나님의 사건이 영광 아닌 것이 없다. 그래서 세세토록 영광과 존귀와 찬송이 그분에게 있다.

---

44) Edmond Jacob, *op. cit.*, p. 77.
45) *Ibid.*, p. 78.
46) 안토니우스 H.J. 군네벡, 「이스라엘 역사」, 문희석 역 (서울: 한국신학연구소, 1972), p. 45. 그는 오늘날의 시나이 반도에는 활화산이 역사상 존재하지 않는다고 주장하여 시내산 위치를 논하고 있다.
47) Martin Noth, *The History of Israel* (New York: Harper &Row Publishers, 1960), p. 131.
48) 장일선, 「구약신학의 주제」 (서울: 대한기독교서회, 1982), p. 108.
49) *Ibid.* p. 67.

4. 야웨의 이름(The Name of Yahweh)

하나님은 자기 자신을 사람에게 알리시기 위해서 자신의 이름을 나타내 알리셨으며, 역사 안에서 하나님의 현존이 생동적으로 나타나면서, 고대 이스라엘의 갖가지 문제를 푸는 실마리가 되었다.[50] 하나님의 이름은 하나님의 일반적 계시를 나타내기도 하고(시 8:1,9), 특별한 자기 현현 계시에 사용되기도 했다(출 3장, 6장). 이 하나님의 이름이 심판을 불러일으키고(사 30:27), 혹은 성막과 성전의 영광스런 구름과 동일시되기도 한다(신 12:11, 왕상 8:29, 렘 3:17, 7:12). 시온(Zion)은 만군의 야웨의 이름을 두신 장소가 되었다(시 18:7). 하나님의 이름은 하나님의 능력(시 54:1, 76:1), 혹은 자비 등 특별한 속성을 나타낸다.[51]

고대의 표상에 의하면, 이름은 허무하거나 공허한 것이 아니라, 그 이름과 그 이름을 가진 자 사이에는 긴밀한 본질적 연결성이 있다. 즉, 이름을 가진 자는 그 이름에서 실존한다. 그러므로 이름은 그 이름의 소유자의 본질에 대한 진술, 또는 그에게 맞는 어떤 고유한 힘을 간직하고 있다. 그래서 하나님은 인간의 영역 내부에서 자신의 이름을 "기억하게 할 곳"을 반드시 "만드신다"(출 20:24).[52] 신명기 12장 5절에도 "오직 너희 하나님 야웨께서 자기 이름을 두시려고 너희 모든 지파 중에서 택하신 곳인 그 거하실 곳으로 찾아 나아가서 너희 번제와……"라고 되어 있다.

이스라엘이 희생 제사를 드리는 장소는 하나님께서 특별한 초자연적 현현으로 자신의 이름을 기념하게 하는 중심 장소로 인식되었다. 바로 그 곳은 하나님께서 자기 백성 가운데 볼 수 있도록 상징적으로 거하심을 나타내는 장소이다.[53] 하나님의 이름을 안다는 것은 바로 인간과 하나님 사이의 공동관계인 제사, 예배를 가능케 하는 것이다. 출애굽 전승에 의하면, 야웨 이름은 이스라엘에게만 은밀하게 주어졌기 때문에 이방인들은 야웨를 알 수 없었다(시 79:6). 이스라엘인들은 야웨 이름을 간직하고 부름으로 하나님과 가까이 있고, 그 이름을 통해서 야웨의 마음을 알 수 있다고 믿었다(출 33:19, 34:6). 그래서 이스라엘은 항상 이름을 특별한 종류의 거룩한 현실로 간주하고, 그 이름은 바로 야웨 자신의 거룩함의 일부요 야웨 본

---

50) Edmond Jacob, *op. cit.*, pp. 84—85.
51) J. Barton Payne, *op. cit.*, p. 144.
52) Gerhard von Rad, *op. cit.*, p. 182.
53) Meredith G. Kline, "Deuteronomy", *The Wycliff Bible Commentary* (Chicago: Moody Press, 1962), p. 171.

질의 사본(寫本)이었다.⁵⁴⁾

　야웨는 이름으로 예루살렘에 거하시며(왕상 11:36), 바로 성전이 그의 이름을 위해 건축되고(대하 20:8, 시 74:7), 영원토록 그 성전에 이름으로 거하신다(삼하 7:13).

　야웨 이름은 야웨 자신을 나타내고, 한편 하나님의 실존을 보여주는 야웨의 대용으로 쓰인다.⁵⁵⁾ 이사야는 "야웨의 이름이 원방에서부터 오되 그의 진노가 불붙듯 하며 빽빽한 연기가 일어나며 그 입술에는 분노가 찼으며"라고 말한다. 여기서 보면 그 하나님 자신이 이름으로 대체되면서, 그 하나님의 행위와 모습을 그리고 있다. 고로 야웨는 자신의 이름으로 행동하시며 나타내실 수 있다.⁵⁶⁾

　궁켈은 이스라엘이 특별한 야웨 이름을 부른 것을 설명하여 "이스라엘 이외의 사람들이 다신교를 믿고 있었기 때문에, 자기에게 특별한 사랑을 베푸시는 어느 한 신의 이름을 불러서 그 신과의 관계를 가져 그 신의 관심을 끌도록 불렀던 습관이 이스라엘에게는 유일신 야웨의 신명을 부르게 된 것이다"⁵⁷⁾라고 했다. 그래서 이집트 시(詩)나 바벨론인의 시에서는 신명을 부를 때 수다스런 수식어로 꾸며져 신에게 아첨하는 형태가 현저하게 나타난다.⁵⁸⁾

　고대 이스라엘에서는 이름이 바로 그 이름을 가지고 있는 사람이나 물건의 존재와 본질을 나타내는 것으로, 이름이 지어짐으로써 존재가 선언되고 창조 질서에서 위치가 분명해지는 것으로 나타나고 있다.⁵⁹⁾ 이름은 바로 그 사람의 정체와 독특성을 나타내고 성품과 인품을 보여주기⁶⁰⁾ 때문에, 구약성서 인물들 중에 작명에 주의 깊은 배려를 하고 있음을 본다. 예를 들면 '아브람'이 '아브라함'으로, '야곱'이 '이스라엘', '사래'가 '사라'로 바뀌고, 그 이름의 의미가 새로운 생의 사람으로 전환시키는 것을 본다(창 27:36, 35:28).

　그러므로, 하나님 자신을 현현하심에 이름을 사용하여 나타나심은 자신을 현시하시고 행동하시는 근거요, 인간의 이해에 적절한 방법이었다.

---

54) Gerhard von Rad, *op. cit.*, p. 183.
55) Edmond Jacob, *op. cit.*, p. 82.
56) *Ibid.*, p. 83.
57) Hermann Gunkel, *Einleitung in die Psalmen* (Goettingen: Vandenhoek & Ruprecht, 1933), pp. 121ff.
58) Cf. J.B. Pritchard, *Ancient Near Eastern Texts*, 2nd ed. (Princeton University, 1965), p. 3.
59) 장일선, *op. cit.*, p. 63.
60) *Ibid.*, p. 64.

IV. 신현현(神顯現)의 신학적 이해

1. 하나님의 인격적 계시

구약성서에서 하나님의 인격성을 증명하려고 하면 수많은 부분에서 쉽게 찾을 수 있는 구절들이 있다. 왜냐하면, 하나님의 신인동형동성론(神人同形同性論: Anthropomorphism)과 신인동감동정론(神人同感同情論: Anthropopathism)적 기능 가운데서 그 암시를 얼마든지 찾을 수 있기 때문이다.

신인동형동성론적 표현에 의하면, 하나님은 결단하시고, 걸어 다니시고(창 3:8), 말씀하시고(롬 6:2), 웃으시며(시 2:4), 하나님이 인간의 죄악이 어떤지 보시려고 내려오시고(창 18:21), 음식을 잡수시기도(창 18:8) 하신다.[61]

신인동감동정론적 표현에 의하면, 인간과 같은 감정을 가지면서 하나님은 진노하시며(신 4:21), 질투하는 하나님이시며(롬 20:5), 기쁨을 느끼며(렘 9:24), 한탄하시고, 마음에 근심하신다(창 6:6).

그리고 손을 가지면서 죄인들을 붙잡으시고(암 9:2), 두 돌판에 율법을 기록하셨고(신 9:10), 귀를 가지셔 귀를 기울이시고(민 11:18;겔 8:8), 발을 가지시고, 호흡기를 가지고 계신다. 이런 표현은 너무나 많이 나타난다.[62]

여기에 대하여, 앤더슨(B.W. Anderson)은 고대 종교에서 동물 형태로 신성 표현(Theriomorphism)을 했던 것에서 더욱 발달된 신적 표현인 신인동형동성론(Anthropomorphism)으로 토착화시켰다고 봐서 "신인동형동성론은 자연적인 능력이나 비인격적 존재보다는 역사적이고 인격적인 행동과 관계에서 보는 하나님 신앙의 토착화이다. 그래서 이스라엘은 고대 종교의 동물 형태의 신적 존재의 표현(Theriomorphism)을 부서뜨렸다"[63]고 본다. 그러나 성서적 신인동형동성론

---

61) J. Barton Payne. *The Theology of the Older Testament* (Grand Rapids: Zondervan Publishing House, 1962), pp.120—121.
62) *Ibid.*
63) B.W. Anderson, "Anthropomorphism", *The Interprer's Dictionatery of the Bible*, Vol. II, ed. by George Arthur Buttrick (New York: Abingdon Press, 1962), p. 423.

(Anthromorphism)은 하나님의 인격성 (God's Personality)의 기본적 사실을 강조하기 위한 것이다.[64] 바로 하나님께서 자신이 인격적임을 나타내는 하나의 방법이다. 하나님 명칭 사용에 있어서, 대체로 신인동형동성론은 거의 언제나 엘로힘 (Elohim)이 아니라 계약 관계에서 활동하시는 야웨(Yahweh)에 대하여 사용되고 있다.

구약성서에 나타난 하나님은 가장 깊고 가장 중요한 의의를 가진 인격신이기 때문에, 인격적으로 그 자신을 나타내시어 인간과 더불어 말하고, 계약을 맺으시고, 자기가 선택한 자들을 사랑하신다. 그래서 신인동형동성론(Anthromorphism)과 신인동감동정론(Anthropopathism)은 하나님 현현의 한 방법이며, 하나님의 인격성을 강조하는 일면이다. 그러한 하나님 묘사는 하나님 인격의 극히 피상적이고 불확실한 면에 대한 설명에 불과하다.

2. 인간의 필연적 제약성

하나님은 높은 영적 차원에 계신 영적 존재이며 창조주이시기 때문에, 하나님의 차원에서 말하시면 인간은 도저히 이해할 수 없다. 그래서 하나님이 인간이 인식할 수 있는 여러 가지 방법을 택하여 나타난 것이다. 그리고 인간이 하나님 자신의 실체나 모습, 그리고 특성 그 자체를 인간의 언어나 방법으로 도저히 설명할 수 없다. 왜냐하면, 인간 언어와 사고의 필연적 제한이 있기 때문이다.[65] 하나님의 모습을 인간의 언어로 표현할 수 있겠는가? 하나님의 존재를 언어로 논증을 펼 수 있으며, 그분의 특성과 품성을 인간적 표현으로 완전히 설명할 수 있을까? 그것은 단지 상징적 묘사나 시적인 표현에서 머물 수밖에 없다. "야웨여 주의 오른손이 권능으로 영광을 나타내시리이다. 주께서 진노를 발하시니 그 진노가 그들을 초개같이 사르니이다. 주의 입김에 물이 쌓이되"(출 15:7—9)에서와 같이 하나님의 활동이 상징적, 시적 표현으로 설명된다. 왜냐하면, 하나님은 불가시적인 영적 존재요, 인간은 그분을 볼 수 없는 죄인인 피조물에 불과하기 때문이다. 그래서 무한한 절대자가 유한한 피조물인 인간에게 나타나기 위해서는 형상과 가시성을 취해야만 했다.

---

64) J. Barton Payne, *The Theology of the Older Testament* (Grand Rapids: Zondervan Publishing House, 1962), p. 121.
65) J. Barton Payne, *op. cit.*, p. 121.

사람의 마음과 생각 속에 있는 뜻이나 사상은 보이지 않는 요소이다. 그것이 마음에 생각의 차원으로 그냥 남아 있으면 그것이 남에게 전달될 수 없다. 그것이 말이나 행동으로 표시되거나 설명되어야 하는데, 그것은 상대가 알아들을 수 있고 이해 가능한 언어나 글로 해야 하고, 더욱 사랑의 표현은 행동을 동반해야 한다. 그 가운데 상징적 행위가 중재할 수 있고, 글과 말로서 전달되는 과정에서 시적 표현을 쓸 수 있다. 그러나 그 사랑 그 자체를 직접 그대로 내보인다는 것은 사실상 어렵다. 하나님의 현현도 인간의 제약성 때문에 인간의 언어와 이해 한도 내에서 가능한 것이다. 그래서 하나님에 대한 의인적(擬人的) 표현, 그리고 상징적이며 교훈적 표현의 신인동형동성론(Anthromorphism)과 신인동감동정론(Anthropopatism)으로 나타난다.

3. 하나님 계시의 점진적(漸進的) 요소

하나님은 자신을 계시하시고 자신의 뜻을 나타내심에 있어 대체로 점진적인 방법을 취하셨다. 즉, 하나님은 자신의 뜻을 사람에게 전달하기 위해 여러 부분과 여러 모양으로 나타나셨다(히 1:1). 하나님은 우선 역사 속에서 사건들을 일으키셨다. 즉, 하나님의 계시가 사건화되고, 역사화 되는 것을 의미한다. 하나님은 인간에게 주시는 특별한 말씀으로써 역사적 사건들을 일으키셨다. 하나님은 우주만물의 생성, 변화, 소멸 속에 하나님의 섭리와 능력과 뜻을 나타내 보이시고, 인간 역사 속에 역사화 하신다. 하나님께서 일으키시고 간섭하시는 사건 하나하나에서, 우리는 영화나 연극에서 그 작가의 의도를 깨닫고 배우는 것처럼 하나님의 마음과 계획과 뜻을 깨닫고 알게 된다.

특별히 역사 속에서 하나님이 일으키시는 사건들 중에 가장 핵심적 부분은 하나님의 백성들을 택해서 그 사람들의 말과 행동, 즉 그들의 생활을 통하여 역사화 하시는 일이다. 특별히 이스라엘 예언자들을 일으키셔서 그들을 통해 역사를 해석하게 하시고, 인간의 언어로 하나님의 뜻을 전달케 하셨다. 그러다가 결국 모든 날의 마지막에 이르러 하나님은 그의 독생자 예수 그리스도를 통하여 인간에게 나타내 보이시고 말씀하셨다(히 1:2). 하나님의 말씀은 먼저 역사적 사건과 하나님 현현의 여러 과정, 그리고 하나님 사람들의 생활과 생각과 말을 통해 구체적으로 나타났다. 그것은 긴 역사적 과정을 통해서 점진적으로 발전해서 완성되어 가는 계시이다. 하나님의 계시가 역사적 과정을 필요로 하기 때문에, 하나님의 계시가 곧 역사의 의미가 되는 것이다. 그것은 바로 인간을 위한 구원역사라는 의미이다.[66] 이런 하나님의 계시는 인간의 이해 능력에 따라 시대와 상황을 통하여 적절한 방법을 택했다.

하나님의 이름 계시 사건에서 우리는 분명한 점진적 계시의 의도를 볼 수 있다. 즉, 족장들에게 계시된 신명과, 모세에게 계시된 신명 사이에 차이가 나타난다.

족장들에게 계시된 하나님의 명칭은 출애굽기 6장 3절과 창세기 17장 1절에 의하면 '엘 샤다이'(אל שדי : "나는 전능한 하나님이다")로 나타난다. 이것은 이스라엘 최고(最古) 족장인 아브라함에게 하나님이 자기를 나타낸 이름이다. 출애굽 사건의 시작에서는 모세에게 이것이 상기되면서 하나님은 완전히 새롭게 자기 이름을 야웨(Yahweh: יהוה)로 소개한다.

"나는 야웨니라. 내가 아브라함과 이삭과 야곱에게는 '엘 샤다이'('ēl Shaddai)로 나타났으나, 나의 이름을 야웨로는 그들에게 알리지 아니하였다"(출 6:3).
"나는 아브라함의 하나님, 이삭의 하나님, 야곱의 하나님 야웨라. 이는 나의 영원한 이름이요. 대대로 기억할 나의 표호니라"(출 3:15).

여기서 족장들에게 '엘 샤다이'('ēl Shaddai)로 나타난 하나님의 계시는 하나님 계시의 한정되고 제한된 일시적인 단계를 분명히 가리킨다.[67] 그래서 족장들에게는 신을 뜻하는 일반적 셈족 언어인 '엘'(El)이란 칭호를 사용하여 자신을 나타낸다. 당시 셈족들 사이에서는 일반적으로 신적인 존재에 대하여 '엘'(אל) 칭호가 광범위하게 사용되었다.

'엘' 신은 가나안 만신전의 최고(最高)의 신으로, 모든 신들을 다스리는 최고 권위를 가지고 있는 '신들의 아버지', 혹은 '신들의 왕'에게 주어지는 명칭으로도 사용

---

66) Wolfhart Pannenberg, "Hermeneutics and Universal History", *History and Hermeneutic* (Sanfrancisco: Gannon, 1970), p. 123.
67) Gerhard von Rad, *A Commentary of Genesis* (London: SCM Press Ltd.,1979), p. 198.

되었다.[68] 그리고, 족장들에게는 하나님이 인간의 모습으로 단순한 형태로 나타나셨다(창 18:2, 22, 19:1, 32:24—32).

그러나 이런 하나님의 계시가 모세에게 이르러서는 전혀 새롭게, 그리고 명칭의 의미가 분명히 주어지면서 야웨(יהוה)로 나타난다. 야웨는 '스스로 있는 자'로, 이젠 그 이름은 영원한 이름이요, 대대로 기억할 표호로 단정이 된다. 결국 모세에게 와서야 실제적이며 영구불변의 하나님 명칭이 야웨로 주어진다. 그래서 족장들에게는 불완전한 신명칭 계시로 이해된다.

데이빗슨(Andrew B. Davidson)은 성서적 계시를 3단계 시대로 나눴다. 첫째는 [창조 때부터 인간 타락 때]까지로, 이때는 계시가 외적이면서 하나님 자신의 실제적 현현이었고, 둘째는 [타락으로부터 모세 시대]까지로 외적인 현현, 상징적 방법들을 사용하셨다. 그리고 셋째로는 [모세 시대로부터 그리스도 때]까지로 하나님의 계시가 주로 인간의 내적인 선지자적 영감을 통하여 주어졌다[69]는 것이다. 데이빗슨의 이론에는 전적인 동의를 할 수 없으나, 성서적 계시의 점진적 요소를 지적한 관점은 높이 평가하여야 할 것이다.

페인(J. Barton Payne) 교수도 하나님의 구속적 행위들은 점진적이기 때문에, 하나님의 계시된 진리들이 여러 경우에 점진적 발전을 나타내고 있다는 것이다.[70] 벵겔(Bengel)도 계시의 점진적 단계를 강조했다(Ordo Temporum, 1941).

점진적 계시의 이유는 하나님의 역사적 계획의 한 방법일 수도 있지만, 인간이 하나님의 계시를 받아들이고 복종하는 역량이 한정되기 때문이다.[71] 그래서 점진적 계시의 초기 단계인 신현현(Theophany)은 하나님이 자신을 인간에게 계시할 수 있는 가장 단순한 형태들 중에 한 방법이라 볼 수 있다. 계시의 후대적 형태를 보면, 대체로 예언자들에게 주어진 하나님의 말씀의 사역을 통해서 구체화되고, 드디어 말씀이 육신이 되셨다는 그리스도의 성육 사건에서 계시의 절정을 이룬다.

---

68) 때때로 그 주신(主神)은 '황소—엘'(Bull—el)이라 불리었는데, 가나안의 주신이 황소의 정력과 풍요한 농사 등과 관련되어 있음을 알 수 있다. 명목상 엘신 바로 밑에는 바알(Baal)이란 신이 있었는데, 사실은 바알이 더욱 젊고 엘보다 더 활동적이고 더 유명했다. El Shaddai의 의미에 대하여는 Albright, Journal of Biblical Literature, 54(1935), pp. 180—193을 볼 것.
69) Andrew Bruce Davidson, *Old Testament Prophecy*, ed. by J.A. Paterson (Edinburgh: Clark Press, 1905), pp. 145—146.
70) J. Barton Payne, *op. cit.*, p. 18.
71) *Ibid.*, p. 91.

V. 구약의 계시매체(啓示媒體)

지금까지는 하나님의 자기 현현, 즉 자신을 계시하는 양식을 설명해 왔다. 이것은 하나님의 계시 양태 중에 가장 중요한 것으로 인정된다. 그 외에 구약에서 하나님이 인간에게 자신의 뜻이나 섭리, 그리고 인간의 삶에 필요한 것들을 알리실 때 어떠한 계시 매체가 쓰이고 있는지를 알아보려고 한다.

1. 꿈 (dream)

성서에서는 꿈을 통해 결정적 사건들이 인간들에게 계시되고 있는 것을 볼 수 있다. 예를 들면, 하나님은 한 개인의 위기를 꿈으로 넘어가게 도우시고(창 20:6), 야곱 족장에게는 꿈을 통해 족장 전승의 언약을 재확인하는 큰 일을 나타내셨다(창 28:13-15). 한 개인의 일생의 과정을 꿈으로 미리 알리시고(창 37:6-20), 한 나라의 장래 문제가 꿈으로 알려졌다(창 40장-42장). 위대한 솔로몬의 지혜도 기브온 산당에서 일천번제(一千燔祭)를 드린 후 꿈에 야웨께서 나타나 지혜와 총명의 마음을 주고 부(富)와 영광을 주심으로 된다(왕상 3:4-15). 온 세계 제국의 흥망성쇠와 종말에 관한 예언도 결국 꿈을 통해 일목요연하게 나타내었다(단 2장). 예수님의 탄생과 아기 예수의 거처 문제도 꿈속에서 계시가 있어 행해졌다(마 2:12, 22).

상상이 풍부했던 고대인들에게는 꿈이 신비스럽고 암시적인 성격을 띠었고, 전율적인 신비(mysterium tremendum)를 체험하는 도구가 되었다.[72] 현대 심리학자들은 꿈을 꿈꾸는 자의 의식이 모두 표출되는 것이라고 말하여, 꿈을 잠재의식이 무의식 속에서 나타나는 것이라고 말한다.[73] 그러나, 구약시대의 히브리인들에게는 이런 것이 적용되지 않는다. 그들은 꿈은 초자연적 존재(객관자)가 가져다주는 현

---

72) C.F. whitely, 「고대 이스라엘 종교의 독창성」 안성림 역 (왜관: 분도출판사, 1981), p. 43.
73) 프로이드 (S. Freud)는 이 잠재의식의 세계는 우리의 모든 경험들, 기억들, 억압된 욕망, 감정 등으로 구성 되었다고 한다. 이것들은 항상 행동의 강력한 영향력을 행사한다고 본다. 고대 문리대 심리학과 교수실편, 「심리학 개설」(서울: 고대출판부, 1982), p. 296.

상으로 생각했다. 즉, 꿈이나 환상 같은 주관적 현상을 객관적 현상으로 생각했다.[74]

2. 환상(Vision)

구약의 계시 매체로 자주 언급되는 것이 바로 예언자들의 체험에서 황홀경과 연관되어 나타나는 환상(Vision)이다. 환상에는 대개 청취(Auditions)가 뒤따른다. 구약에서는 환상을 "이상(異常) 중에"라고 표현하기도 한다. 야웨 하나님이 자신을 아브라함에게 나타내실 때, 확신의 보증을 주시며, 계약을 맺는 의식을 계시하시며, 후손의 번성과 가나안땅의 언약을 허락하신다(창 15:1—9). 화이틀리(C.F. Whitely)는 마므레 상수리나무 옆에서 아브라함에게 나타났던 세 사람의 사건들과(창 18:1, 2), 롯이 소돔에서 천사를 만난 것(창 19장), 하갈이 광야에서 천사를 만난 이야기(창 21:17f)들도 환상을 통한 것으로 해석했다.[75] 고린도후서 12:1에서 바울은 주의 환상과 계시를 말하리라 했고, 사도행전에는 환상으로 주의 사자들이 인도, 지시한 것으로 나타난다(행 9:10, 10:3, 17, 11:5, 12:9, 16:9, 18:9).

환상은 인간이 깨어있는 상태에서 어떤 보이지 않는 자의 음성을 듣는 경험, 또는 어떤 대상을 정상적인 것으로 보는 경험(환상과 청취)을 말한다. 히브리인들은 음성이 들리고 물건이 보이고 하는 것들을 야웨 같은 초자연적인 능력에 의해서 이루어진 것이라 생각했다.[76] 예레미야가 아합의 궁전 예언자들의 환상에 대해서, 그들이 자신의 마음의 환상을 보았다고 설명하여 반박하였음을 볼 때, 오늘날의 심리학자들의 설명을 의식적으로 배격했음을 보게 된다.[77]

3. 제비뽑기

고대 근동이나 동양에서는 자연 현상이나 어느 물체의 변화 상태를 보고 예언을 하는 일이 많았다. 메소포타미아인들은 하나의 사건은 우연적 발생이 아니라 두 사건이 결합되는 전체의 부분으로 본다. 예를 들면, 여우가 어느 도시에 배회하면 그

---

74) Wheeler H. Robinson, *Inspiration and Revelation in the Old Testament* (Oxford: The Clarendon Press, 1958), p. 183.
75) C.F. Whitley, *op. cit.*, p. 43. 하나님이 브엘세바에서도 야곱에게 이상 중 나타난다. 하나님의 현존 모습이 너무 생생하여 야곱은 "내가 여기 있나이다" 대답한다.
76) *Loc. Cit.*
77) *Ibid.*

도시는 멸망당할 것이라 보기도 한다. 또, 희생 동물의 내장 상태(extispicy)나 동물의 간장을 살피거나(hepato scopy)하여 신의 뜻을 알고, 분향단으로 떠오르는 연기를 관찰하여 그 변화 형태에 따라 예언을 하는 것이 있었다.[78]

구약에서는 제비뽑기를 통해서 하나님의 뜻을 알 수 있는 것으로 간주한 예가 있다. 대속죄일에 두 염소를 취하여 제비를 뽑아 하나는 하나님을 위해, 다른 하나는 아사셀을 위하여 구분한다. 이때는 작은 돌이나 조약돌과 비슷한 것(goralim)으로 했던 것 같다(레 16:8, 잠 16:33). 그것들은 궤(Ark)라는 거룩한 상자에 들어 있었던 것으로 본다.

한편 고대 히브리 제사장의 옷(祭衣)인 에봇(ephod)도 신탁(神託)에 사용되었다. 이는 우림(Urim)과 둠밈(Thummim)이라는 두 종류의 제비가 붙어 있어서 신탁 기구로 사용한 것 같다. 다윗은 야웨의 응답을 묻기 위해 제사장 아비아달의 에봇을 가져오게 하여 사용했다(삼상 30 :7).[79] 아간의 죄를 밝힐 때도(수 7:16), 요나의 죄를 심판하여 바다에 던질 때도, 사울이 왕으로 선택될 때도 제비뽑기를 가지고 했다(삼상 10:26f).

4. 예언자

구약에서 우리는 예언자들로부터 가장 권위있는 계시의 목소리를 듣게 된다.[80] 예언자들의 언어, 기록, 상징적 행동들을 통하여 하나님의 계시를 알 수 있다. 이 예언자들을 통한 계시의 문제는 왕국시대의 종교에서 구체적으로 다루려고 한다.

그 외에 하나님은 당나귀를 통해 말하게 하기도 하고, 자연 환경이나 사회, 국가 형편에 의해서도 자신의 뜻을 나타내기도 한다. 그러나 이런 모든 것은 예언자들의 예언적 자각과 통찰에 의해서 해석되어질 때 가능한 것이다.

하나님은 온 우주와 인간의 역사에 시작을 일으키시고, 그 구조와 의미와 방향을 지시하는 총괄적인 행위를 하신다. 이런 전체적인 과정 속에서 하나님이 하시는 모든 일을 계시라고 볼 수 있겠다.[81] 그래서 하나님의 현현(Theopany)은 하나님의

---

78) Robert R. Wilson, *Prophecy and Society in Ancient Israel* (Philadelphia: Fortress Press, 1980), p. 93.
79) C.F. Whitley, *op. cit.*, pp. 44—47를 참고할 것.
80) *Ibid.*, p. 48.
81) James D. Smart, *The Past, Present and Future of Biblical Theology* (Philadelphia:

나타나심(An appearance of God)을 의미하는 계시적 하나님의 행위를 뜻한다고 보겠다. 그러나 여기서는 구약성서에 나타난 하나님의 계시의 구체적인 모습과 방법 몇 가지를 제한하여 논해 왔다. 즉, 형상으로 나타나시는 하나님으로 인간 형태, 사자, 천사의 모습, 초자연적 권능과 위엄, 그리고 자연적 현상을 동반한 모습 등을 하나님 현현 관점에서 살펴보았다.

하나님 현현에 특별하게 취급되는 것 중의 하나가 바로 하나님의 이름 계시로, 하나님은 자신의 이름을 통하여 인간과 더불어 거하시며, 인간은 하나님의 이름을 통하여 하나님의 속성을 알게 되었다. 왜냐하면, 이름이란 상대방을 알 수 있는 수단과 매체이기 때문이다. 하나님이 자신의 이름을 계시하신 것은 인간으로 하여금 그 이름으로 자신에게 접근하도록 하여 상호관계를 맺을 수 있는 길을 마련한 것이다.

그리고 가장 관심을 끄는 것은 야웨와 그의 천사 사이에 분명한 구별을 할 수 없는 전승들이 많다는 것이다(창 22:11, 31:11ff, 삿 6:17, 출 3:2ff). 즉, 이 전승들은 야웨의 천사를 한 사자로뿐 아니라 야웨 자신의 현현 양식으로 간주한다. 야웨의 천사는 인간의 모습으로 사람들에게 나타나는 야웨 자신이기도 하다.[82]

하나님의 계시가 현현의 방법을 사용하여 나타난다면, 하나님의 현현의 최대 절정은 바로 베들레헴의 한 말구유에 한 아기로 태어난 예수 그리스도의 탄생, 즉 성육신의 사건이며, 구약의 하나님 현현(Theophany)은 그리스도의 성육을 암시하는 것이 되기도 한다.[83]

그래서 구약성서의 계시 사건을 통해서 예수 그리스도의 사건과 의미를 볼 수 있고, 그리스도의 사건을 통해 구약 성서의 하나님 현현과 오늘 여기의 우리에게 하나님 사건, 그리고 우리 사건을 연결하는 의미를 찾아야 할 것이다. 구약 성서의 하나님 현현이 점진적 계시의 한 단계라고 하더라도 오늘의 우리에게도 의미가 있고, 하나님의 뜻과 하나님 자신을 알 수 있는 요소가 되기도 한다.

The Westminster Press, 1979), p. 139.
82) G. von Rad, *op. cit.*, p. 287.
83) James A. Borland, *Christ in the Old Testament* (Chicago: Moody Press, 1978), p. 126.

제 3 장

이스라엘 종교의 신학적 배경

일반적으로 종교는 신화(신학), 제사의식(예배), 윤리(도덕)로 형성된다고 본다.[1]

첫째로, **신화[2](Myth): 신학(Theology)**은 종교의 이론적 영역인 종교적 형이상학의 범주에 속하는 것이다. 이 이론적 영역은 신화의 철학(philosophy of myth)과 계시의 철학(philosophy of revelation)으로 구분된다. 계시는 종교의 대상이 종교적인 신앙에 이론적으로 주어진 형식이라면, 신화는 계시의 내용을 표현하는 형식이라고 폴 틸리히는 말한다.[3]

신화는 헬라어 미토스(mythos)로 '신들의 이야기'라면, 신학은 헬라어로

---

1) John D.W. Watts, *Basic Patterns in Old Testament Religion* (South Pasadena: Jameson Press, 1971), p. 11. S. Mowinckel, *Religion und Kultus* (Göttingen, 1953), P. 7.
2) Paul Tillich, *op. cit.*, p. 116. 신화는 존재의 신화(a myth of being), 창조·역사의 신화(a myth of history), 구속·절대적 개념의 신화(a myth of absolute idea), 완성이라는 세 가지 단계의 형태로 나타난다.
3) *Ibid.* p. 113.

Theologia: Theos(하나님)에 관한 logia(논술, 학문, 이야기)로, '신(하나님)에 관한 학문'으로 표현해 왔다. 신화는 신들의 이야기를 빌려 자연세계와 인간 역사를 설명하며 자연과 인간의 관계에 자기 이해를 표현하는 반면, 신학은 인간의 언어와 사고 구조를 통해 하나님과 자신의 관계를 규명하고자 한다. 그런데 신학은 전적으로 하나님의 계시에 의존하며 전개시킨다.

둘째로, **제사의식(Cult) : 예배 (Worship)**는 종교의 카테고리의 기능적 구조 중 실천적 영역에 속하는 것으로, 무한정자(無限定者)에 대한 실천적인 지향을 나타내는 것이다.

셋째로, **윤리(Ethic): 도덕(Morals)**은 삶과 연결된 종교의 결과이다. 이 세 가지 형식은 항상 밀접하게 상호 연관되어 있기 때문에, 상호작용하여 종교를 형성하는 것이다.

이스라엘 종교의 신학(Theology): 이스라엘 종교의 절정을 이루고 핵심 내용을 제공하는 것은 창조신학(씨신학: Zera' Theology)과 족장들의 종교(El-Shaddaism)와 특별히 모세 종교(Yahwism), 더 나아가 예언자 신학이다. 그래서 앤더슨(B.W. Anderson)에 의하면, 강물은 수원지를 거슬러 더 높이 올라갈 수 없다. 모세 시대의 이스라엘의 신앙 내용은 바로 이 수원지에 비유될 수 있다. 세월의 흐름에 따라 잡다한 물줄기가 합류되기도 하면서 강물은 넓어지고 깊어져 갔다. 그러나 이스라엘의 진정한 예배와 각 시대적 예언자들의 외침은 수원지인 출애굽 사건과 시내산 계약 내용으로 되돌아가도록 촉구하는 몸부림이었다. 이 모세 시대의 야웨 신앙(Yahwism)은 구약문학을 형성케 한 구심력이요, 접착제였다. 본서는 이 신학적 차원을 창세기 중심의 창조신학과 족장들의 종교와 출애굽기 중심의 모세의 종교(Yahwism) 그리고 예언서 중심의 예언자 종교로 구분하여 정리하려고 한다.

고대근동의 모든 종교는 전부 신화로 형성되고, 우상으로 표현되고, 그들의 종교제도 관습의 현저한 특징들은 신화와 관련된 신화적 요소로 채워져 있다. 그래서 그들의 종교는 다 사라지고 단지 종교문헌 속에 남겨져 있을 뿐이다. 대표적인 것을 간단히 요약해 본다. 고대근동의 신화적 자료들의 대부분은 메소포타미아 지역에서 나타나는데 그 중에 수메르인(Sumerian)의 수메르 신화들은 B.C. 3000년대까지 거슬러 올라간다.[4]

수메르인의 창조개념을 엿볼 수 있는 가장 근접한 신화적 작품은 단지 [엔릴(Enlil)과 닌릴(Ninlil)의 탄생]과 [난나((Nanna)와 니푸르(Nippur)에로의 여행]뿐이고, 다른 설화들은 보다 세부적인 것들이 다양하게 기록된 것이다. 그런데 그들 중 어떤 것도 창조에 대해서 우선적인 관심을 두지 않았고, 자연현상, 무엇보다 우선적으로 태고의 바다가 있었고, 거기서 하나의 결합된 하늘과 땅을 낳았고, 팽창하는 가스질의 대기가 하늘과 땅을 분리시켰는데, 그 대기가 달과 해를 낳았고, 그 대기, 땅, 그리고 물 사이에서 식물들, 동물들, 그리고 인간이 발생했고, 자연의 다양한 양상들로서 간주된 다른 신들과 여신들이 생겨났다는 것이다.[5]

아카드 신화 중에 앗시리아인의 [창조 서사시: Epic of Creation]인 [에누마 엘리쉬: Enuma Elish]에 나타나는 창조 과정은 남신들과 여신들의 사이의 폭력이 나타나는데, 요약하면 완전히 자연의 다양한 현상들을 신화한 것이다. 즉, 태초에 담수(민물)의 대양, 남신인 앞수(Apsu)와 소금물의 대양, 여신인 티아마트(Tiamat), 둘이 결합해서 보다 낮은 많은 신들을 낳았고, 그것들이 자연만물들이 되었다는 것이다. 남신인 앞수(Apsu)는 자식들의 불쾌하고 시끄러운 소리 때문에 화가 나서 그들을 멸하기로 결정하자 그들 중 지혜의 신이 압수를 죽이고 놀라운 폭풍우신 말둑(Marduk)을 낳게 된다. 그러자 앞수의 위기에 티아마트가 말둑과 싸우기 위해 많은 용들을 낳게 된다. 이에 신들이 놀라서 연회로 모여 말둑을 그들의 지도자로 위임하자, 그 말둑신이 티아마트를 죽이고 그녀의 몸을 반으로 쪼개어 상반신으로 하늘을, 하반신으로 땅을 만들어 혼돈에서 질서가 생겨나고, 별들과 달, 그리고 계절이 창조되었다. 티아마트의 장수인 Kingu가 죽게 되어 그의 피의 일부가 땅과 혼합되어 사람이 되고, 그 사람들은 남신들과 여신들의 심부름꾼

---

4) G. 허버트 리빙스톤, 「모세오경의 문화적 배경」 김의원 역(서울: 기독교문서선교회, 1991), p.123.
5) *Ibid.*, p. 125.

으로 봉사하게 되었다는 것이다. 원래 수메르인들의 대기신은 엔릴(Enlil)이었고, Marduk은 바벨론의 최고신이 된다.[6] 이집트[7]나 바벨론, 심지어 로마도 이런 신화적 설화에 근거한 종교가 형성되었다. 이런 신회는 전적으로 자연현상을 신화화하여 그들의 생활과 연결시킨 오랜 풍습의 이야기 전승들이었다. 이런 고대근동의 신화적 분위기 속에서 유일하게 이스라엘 종교는 전혀 다른 계시적 종교로 하나님 창조로 시작된다. 이것이 이스라엘 종교 신학의 가장 뛰어난 특색이다. 이스라엘 종교는 창조주 하나님과 그분의 계시로 시작한다.

I. 이스라엘 종교는 창조주 하나님으로 시작

이스라엘 종교는 하나님(Elohim: אֱלֹהִים)으로 시작한다(창 1:1). 그분 하나님은 개념적이거나, 신화적인 분이 아니라, 역사적이며 행동하시는 하나님이시다. 바로 "태초에 하나님이 하늘들과 땅을 창조하시니라"는 장엄한 선언으로 시작한다(창 1:1). 바로 창조의 사건을 일으키시는 창조주로 시작된다. 일반종교에는 전혀 나올 수 없는 시작이다. 그래서, 구약성서는 하나님이 계시냐의 여부에 대한 의심이나 토론이 전혀 없다. 하나님의 존재는 하나의 대전제(大前提)이다. 바로, 하나님이 구약종교 사상의 중심이다. 신·구약 성서의 정확한 이해는 하나님의 사실에서 시작하고, 하나님 사실로 귀속되듯이 이스라엘 종교도 바로 하나님 사실이 중심이 된다.[8] 보이지 않는 하나님이 하나님의 영적 차원에 그냥 계시면, 인간이 인식하거나 소통할 수도 없기에, 하나님의 차원에서 인간 이해의 차원으로 사건화하시고, 역사화 하신다. 그 첫 번째가 바로 창조의 사건이다. 그래서 이스라엘의 종교는 이 하나님의 창조사건으로 하나님 세계를 열어가고 있다.

---

6) *Ibid.*, p.127.
7) 이집트의 [아툼에 의한 창조] 신화에 의하면, 태양신 아툼 케프러(Atum Kheprer)가 태고의 언덕 위에서 대기의 신과 습기의 여신을 내뱉었다. 이 아툼은 땅의 신과 하늘 여신의 아버지이고 식물의 신과 비옥의 여신의 아버지이다. 바로 만물의 생산자는 태양 원반(Re 신)인 아툼(Atum)으로 묘사되고 있다. *Ibid.*, p.131.
8) J. Stanley Chesnut, *The Old Testament Understanding of God* (Philadelphia: The Westminster Press, 1968), p. 13.

1. 이스라엘 종교의 출발점(창 1:1-10)

이스라엘 종교는 하나님과 그 창조로 시작한다.[9]

창세기 1장 1절의 창조 사건은 하나님의 구속사의 시작이고, 서론이 되며, 이스라엘 종교의 문을 여는 출발점이다.[10] 모든 것의 시작인, 이 '태초에' 하나님께서 천지를 창조하셨다는 진술은 세계의 영원 상존의 개념을 배제하면서, 여기 천지창조 자체가 온 우주와 물질의 실제적 시작을 뜻한다. 우주의 3요소(시간, 공간, 물질) 중에 시간(태초에), 공간(하늘들), 땅(물질: 에너지)이 창조됨을 말한다. 물질은 '에너지'를 말하며, '공간'과 '시간' 안에서 작용하는 요소이다.

'하늘'(天: Shamayim)은 항상 복수형 명사로 사용되는데 이는 고대 히브리인들의 3층으로 구분하는 하늘 개념에 의한 것이다.[11] 즉, 첫째는 대기권의 지구를 둘러싼 하늘공간이며, 둘째는 별들이 있는 궁창 하늘이며, 셋째는 별들의 우주 세계를 넘어 하나님과 그의 천사들이 거주하는 장소로 구분하는 개념이다. '하늘들'과 '땅'은 현대어로 별들을 포함하는 '공간'이란 단어와 같은 의미로, 우주 공간으로 볼 수 있다. '땅(地: erets)'은 바로 에너지를 발생할 수 있는 우주 안에 있는 물질의 성분으로 흙, 육지(land)로 번역되기도 한다. 이 하나님의 창조는 이런 물질의 목적격과 결코 연결되지 않으며, 인격적 하나님이 모든 존재의 유일한 원인이 되신다.

여기 창세기 1:1의 시작은, 이스라엘 종교의식에 예언된 제사제물이신 예수 그리스도의 십자가 구속을 통한 하나님의 인류구속 계획의 시작이지만, 그 안에는 미래의 영원한 영생의 세계까지 그리는 원대한 섭리와 결과를 포함하는 청사진이 내포되어 있다. 그 결과는 예언서들과 요한 계시록에 표출되고 있다. 예를 들면, 다니엘서에 나타나는 영원한 성도의 나라를 말한다.

"34. 또 왕이 보신즉 손대지 아니한 돌이 나와서 신상의 쇠와 진흙의 발을 쳐서 부서뜨리매 35. 그 때에 쇠와 진흙과 놋과 은과 금이 다 부서져 여름 타작 마당의 겨 같이 되어 바람에 불려 간 곳이 없었고 우상을 친 돌은 태산을 이루어 온 세계에 가

---

9) 창조에 관한 것은 최종진, 「구약성서의 족보적 연구」(서울: 토판출판사)를 참고할 것.
10) Oswald T. Allis, 「모세오경 약해」 최종진 역 (서울: 생명의 말씀사, 1981), p. 12.
11) Bernhard W. Anderson, 「구약신학」 최종진 옮김 (서울: 한들출판사, 2012), p. 331.

득하였나이다 44. 이 여러 왕들의 시대에 하늘의 하나님이 한 나라를 세우시리니 이 것은 영원히 망하지도 아니할 것이요 그 국권이 다른 백성에게로 돌아가지도 아니 할 것이요 도리어 이 모든 나라를 쳐서 멸망시키고 영원히 설 것이라"(계 21장)

이스라엘 종교는 이 마지막이면서도, 새로운 시작인 영원한 천국의 결론을 향하고 있는 종교이다. 이게 다른 종교와 구별되는 특성이기도 하다.

특별히 우주 전체인 하늘들과 땅을 창조하고 난 다음(창 1:1), 우리의 시선과 관심을 지구, 땅으로 향하게 한다. 그 창조된 땅의 형편과 상태가 인간이 거주할 수 없는 심각한 상황임을 3가지로 표현하고 있다. "①땅이 혼돈하고, ②흑암이 깊음 위에 있고, ③하나님의 신은 수면에 운행하시니라"(창 1:2)로 현재 지구상태 이전이다.[12] 하나님은 이런 상태의 지구를 6일 간에 걸쳐서 인간이 거할 수 있게 만드시고 거기에 생명체로 채우시고 인간을 창조하신다.[13]

2. 생명체의 창조(창 1:11-12, 20-25)

셋째 날에 이르러, 물속에 잠겨있던 땅덩어리 지구가 솟아나와 마른 땅으로 바다 가운데 튼튼히 선 후에 (시 24:2), 하나님의 명령으로 땅이 푸른 식물로 단장되었다.[14] 다섯째 날에는, 하나님의 말씀에 따라 물속에는 물고기들이, 공중에는 날아다니는 조류들로 채우셨다.[15] 여섯째 날에는, 전반에는 육지에 온갖 짐승들을 그 종류대로, 후반에는 사람을 만드심으로 창조의 절정을 이룬다. 이스라엘 종교는 식물의 생명은 광물에 의존하지만 광물에서 진화한 것도 아니고, 식물은 동물의 생명을 지탱하고 있지만 동물의 생명으로 진화하지도 않고, 동물들은 각각의 종류대로 하나님에 의해 구체적으로 창조된 것으로 본다. 더더욱, 일반적 진화론 상식대로 ─ 단세포 생물에서 물고기로, 조류로, 동물로, 동물에서 인간으로─ 진화되었다는 것을 이스라엘 종교는 전적으로 거부하고, "모든 생물체는 하나님이 종류대로 창조하신 피조물들이다"라고 선언한다. "현존하는 생물 중에 90%는 거의 같은 시기에 나

---

12) J. Calvin, *Calivni Quae Supersunt Omnia* Vol. XXIII (Brunsvigiae, 1882), p. 14. G. Ch. Aalder, *Het Bock Genesis* (Eerste Deel, 1949), p. 77.
13) 필자의 「구약성서의 족보적 연구」를 참고할 것. 본서는 창조에 관해 아주 요약함
14) Charles T. Fritsch, *op. cit.*, p. 35.
15) 內村鑑三, 「창세기 연구」 이성호 역(서울: 혜문사, 191982), p. 45.

타났으며, 서로 다른 두 종(種)사이에 중간 종(種)은 없다. 시조새도 명확한 유전적 경계가 나뉘어져 중간 종이 없다. 시조새 가설은 이미 오래전에 무너졌다. 시조새는 중간 종이 아니다. 시조새는 날 수 있는 새의 일종이었으며, 근대 새 조상과 직접적인 관련이 없다." 그냥 하나의 새의 한 종류라는 것이다.[16]

이런 하나님 창조의 절정이 인간이다. 그런 의미에서 이스라엘 종교는 과학적 진화론이나, 종교사적, 철학적 불가지론(Agnosticism: 不可知論)이나, 무신론(Atheism: 無神論)이나, 다신론(Polytheism: 多神論)은 철저히 부정하고 오직 야웨 하나님 한 분(唯一神: Monotheism)만을 믿고 고백하는 구별된 종교이다.

3. 인간 창조(창 1:26-28, 2:7-25)

이스라엘 종교의 대전제는 바로 인간이 하나님께서 창조한 피조물이라는 것이다. 인류사에 타나난 어떤 종교도 하나님이 우주와 인간을 창조하셨다는 것으로 시작하지 못한다. 더욱이, 그 인간 창조의 최종 목적은 하나님의 형상과 모양으로 지음받은 영적 실재자인 인간의 출현과 그 완성이었다. 여기서 다른 피조물과 구별된 만물의 영장으로 인간의 존재가 돋보이게 된다.

그래서 이스라엘 종교는 인간 외의 모든 자연물을 비인격화(非人格化)하고 비제의 대상화(非祭儀 對象化), 그리고 비신화화(非神話化)하는 특성을 갖는다. 이처럼 창세기 기자는 '당시 고대 근동 지방에 퍼져 있던 자연을 제의 대상화하는 태도와는 다르게,' 온 우주만물이 전적으로 인간을 위한 것이고, 인간을 위한, 바로 구원의 장이란 내용으로 창조 이야기를 계속 이끌어 간다.

모든 구속사의 실제적 관심은 하나님의 형상과 모양으로 창조된 인간이다. 즉, 인간 창조는 "우리의 형상을 따라 우리의 모양대로 우리가 사람을 만들고 그로······모든 것을 다스리게 하자"는 하나님의 결정과 계획에 의해 손수 흙을 빚어 하나님의 생기를 불어 넣으심으로 산혼(living soul)이 된다.

1)최초의 인간 아담의 창조에서 인간은 **물질적 요소**인 흙으로 조성된 **물질적 요소의 육체**(Basar)로 되어 있다. 그래서 인간 육체는 "흙으로 빚어졌으니 흙으로 돌

---

[16] 美. 스위스 과학자, 진화론 뒤집는 연구결과 발표, *Journal of Human Evolution*, 국민일보 missionlife.co.kr 2018. 6. 22.

아간다"(3:9)는 유한적 존재이다.

2) 그러나 우주는 인간을 위한 창조였고, 바로 '구원의 장'이란 내용으로 이스라엘 종교의 독특성을 강조하고 있다. "흙으로 사람을 지으시고 자신의 '생명의 호흡(숨)'(breath of life: Neshama hayim)를 그 코에 불어 넣으심"(창 2:7)으로 **인간은 영적 요소를 가지게 되어 동물과 구별되는 존재이다.** 하나님의 이 호흡은 창조적인 생명력이다. 생명력과 호흡은 바람, 숨, 생명력, 영, 정서, 의지력을 나타내는 루아흐(ruach)이다. 바로 인간은 **영적(靈的) 존재**라는 것이다.[17]

3) **인간 존재 자체인 혼(nephesh)**[18] : "흙(dust)으로 사람(basar: 육체)을 지으시고 생기(숨, 호흡: neshama → 영: ruach)를 불어 넣으시니 사람이 산혼(Nephesh Hayah: Living Soul)이 된지라"(창 2:7). 여기서 '생혼'(生魂: Nephesh Hayah)은 바로 인간의 혼(Soul), 혹은 인간 자체(Self)를 의미한다. 한마디로 말하면, 영(루아흐: ruach)이 육체(바사르: basar)에 작용하여 나타나는 현상이, 곧 산혼(nephesh haya—Living Soul: 生魂)이다.[19] 그러므로, 인간이란 살아있는 혼(nephesh haya)으로, 네페쉬는 분명 영(ruach)은 아니다. 네페쉬는 인간 모습 전체와, 특히 인간의 호흡을 총망라해서 이해해야 한다. 즉, 인간은 네페쉬를 가지고 있는 것이 아니라, 그가 곧 네페쉬 자체이다. 인간은 네페쉬로서 살아 있다.[20] 페인(J. Barton Payne) 교수는 흙에서 빚어진 인간이 생령(네페쉬 하야)이 되는 공식을 다음과 같이 말한다.[21]

사람 (Adam)	āfār(티끌:dust) + n'shāma(숨:breath)	=	bāsār(육체:flesh) + rûah(영:Spirit)	=	nefesh haya (Living Soul) (산혼: Self)

인간은 영도, 혼도, 육체만이 아닌, 구분될 수 없는 전체로의 영, 혼, 몸의 통전적

---

17) *Ibid.*, pp. 32—39.
18) Hans Walter Wolff, *Anthropology of the Old Testament* (Philadelphia:Fortress, 1981), p. 10 구약성서에는 nephesh가 755회 나온다.
19) 김희보, *op. cit.*, p. 50.
20) Hans Walter Wolff, *op. cit.*, p. 10.
21) J. Barton Payne, The *Theology of the Older Testament* (Grand Rapids: Zondervan Publishing House, 1976), p. 225.

(統全的 : Holistic) 존재 자체이다.[22]

4. 인간의 타락 : 이스라엘 종교의 제사제도의 이유

구약성서의 창조의 모든 이야기 방향은 인간에 집중하는 인간 중심적이다. 인간이 거주하기에 최고, 최선, 최대의 환경의 에덴에서 인간(아담과 하와)에게 주어진 하나님의 계약적 명령은 구속사의 근거가 된다. 타락한 인간에게 구원이 절실하게 되고 하나님은 바로 이 인간 구원의 문제에 집중하신다. 그래서 창세기 3장은 인간 타락과 저주(1-14절)에 바로 이어서 하나님의 구원계시(15절)가 나타난다. 바로 하나님과의 계약을 어김으로 그 에덴의 인간에게 내려진 저주와 심판에 곧바로 [여인의 후손]과 [사단]과의 결정적 싸움인, 창세기 3:15의 원복음으로 계시된 메시야를 통한 인류 구원의 복음이 계시된다. 이는 하나님의 말씀을 불순종함으로써 절망적 사망의 구렁텅이에 빠진 인간을 구원하여, 인간이 자기의 영을 훈련시켜 영원한 영생의 세계에서 살게 하시려는 원대한 구원사의 큰 그림이었다.

a. 에덴에 주어진 명령 : 구속사의 동기 유발(창 3:1-6)

에덴동산에서 인간이 타락하게 되는 것은 인간에게 주어지는 하나님의 명령에서 시작이 된다. 선악을 알게 하는 나무의 열매를 두어, 무조건적 자유가 아니라, 조건적 자유로 인간에게 [진정된 자유]를 주신 명령이다. 에덴에 주어진 하나님의 명령에 인간은 순종하여 영생의 존재가 될 수 있도록, 그것을 준수할 수도 있어, 명령하는 분(하나님)과 **긍정적 관계**냐(순종: 선=축복=영생), 혹은 거부할 수도 있어서 불순종하여 영원한 멸망인 죽음에 처할 수 있는 **부정적 관계**냐(악=저주=죽음)의 위치에 서게 되는 것이다.[23] 이것은 이 선악을 알게 하는 나무에 어떤 신비한 요소(magic quality)가 있다는 것보다는 하나님과 인간과의 관계성을 유지 보존하는 하나의 계약 방법이었다. 선악과의 사실은 에덴동산에 질서를 유지시키는 하나의 법이었고, 인간을 죽음에서 보호하려는 하나님의 선한 의지요, 뜻이요, 바로 법이었다.

---

22) Hans Walter Wolff, *op. cit.*, 서문.
23) 문희석, 「구속과 창조의 신학」 (서울: 기독교출판사,1979), pp. 174-175.

인간은 본래 선택의 자유의지를 가진 인격적 존재(Nefesh)로 동물과는 전적으로 다른 자유의 존재이며, 독립된 책임적 존재였다. 이것에 대해 아담은 시험을 받아야 했다. 이것은 하나님의 명령에 의해서 비롯되었다. 이 선악을 알게 하는 명령은 이스라엘에게는 **율법(Torah: 명령, 교훈)**으로 주어져서 순종하면, 그게 **[선=긍정적 관계: 축복―생명]**이었고, 불순종하면, 그게 **[악=부정적 관계: 저주―사망]**이었다.

이 율법의 명령은 오늘날, 온 인류에게는 **예수 그리스도의 복음[말씀: Logos=하나님]:[道成人身: Incarnation)**을 순종하면(믿으면), 그게 **[선=긍정적 관계: 축복―영생]**이고, 불순종하면(안 믿으면), 그게 **[악=부정적 관계: 저주―영멸]**이다. 명령이 주어지는 것은 관계 돌입을 말하기에 에덴의 하나님 명령은 창조주와 피조물, 하나님과 인간, 영원과 유한의 신비하고 특별한 관계가 성립되는 것이다. 그런 명령이 다음과 같이 주어진다.

① **긍정 명령**(자유 명령): 하나님은 에덴에 보기에 아름답고 먹기에 좋은 나무의 실과를 마음대로 먹으라는 허락 명령을 내리셨다(2:16).

② **위탁 명령**: "하나님이 그 사람을 이끌어 에덴동산에 두사 그것을 다스리며 지키라"(2:15) 하시며, 경작할 사람으로의 임무를 위임함으로 인간 삶의 가치를 선언한다. 그래서 노동은 신성한 것이고 보람이 있는 것이다.

③ **금지 명령**(조건적 자유): "선악을 알게 하는 나무의 실과는 먹지 말라. 네가 먹는 날에는 정녕 죽으리라"(2:17). 하나님의 이 금지 명령에 의해서 하나님과 인간이 분명히 구별되고, 멸망에서 보호되도록 인간의 자유가 제한된다. 그러므로 하나님과 인간 사이에 명백히 존재하여 있는 한계선(구분)을 인간이 인식하지 못하고 지키지 못할 때, 결국 멸망에 이르게 되는 것이다. 바로 하나님과 인간의 관계에 부정적 파괴가 일어난다. 위험한 폭발물이 가득한 곳에 있는 [접근 금지] 팻말은 위험에서 보호하기 위한 명령인 것처럼 에덴의 금지 명령은 인간을 죽음에서 보호하고 하나님과의 영원한 공존과 긍정적 관계를 존속하기 위한 명령이었다. 그런데 거기서 인간은 그 한계선을 넘어버려 죽음을 자취(自取)하게 된다.

풍요와 평화의 지상낙원, 에덴동산에 흑암의 그림자가 드리워진다. 하나님께서 만드신 들짐승 중에 가장 간교한 동물, 뱀의 등장과 활약으로 인간의 타락과 그로 인한 저주와 추방의 과정이 바로 창세기 3장에 그려진다. 그런데, 이 에덴의 인간 타락의 중요한 핵심은 이 제 3자인 유혹자(뱀)가 접근함으로 인간이 하나님의 명령을 깨뜨려 불순종하게 되는 현상으로 인간실존의 영역에 어떠한 파괴를 가져왔느냐를 보여주려는 것이다.[24]

[구약]에는 악의 기원에 대한 원인론이 없다. 그래서 뱀에 대한 해석도 없다(사 14:12—15, 겔 28:12—15에 간접 암시). 사단, 마귀나 육체의 부활, 내세에 대한 것도 확실한 설명이 별로 없다. 왜냐면 미완성[불완전] 계시이기 때문이다. 삼위일체 하나님이신 성자 하나님이 인간의 육체를 입고 오신 온전한 계시인 [신약]에서는 사단, 마귀, 귀신, 부활, 천국 등이 확실하게 나타난다. 그래서 에덴에 인간을 타락시킨 뱀도 바로 사단, 마귀로 구체적으로 언급되고 있다. [악]이 존재하는 이유를 대개 타락 천사에서 찾고 있다(딤전 3:6, 벧후 2:4, 유 1:6 등).

"큰 용이 내어 쫓기니 옛 뱀 곧 마귀라고도 하고 사탄이라고도 하는 온 천하를 꾀는 자라 용을 잡으니 곧 옛 뱀이요 사탄이라"(계 20:2,9)

하여 뱀은 곧 사단 마귀로 일치시킨다.
사단 마귀를 통한 인간의 타락 사건 자체에 대해서는 성서에 그렇게 많이 언급되고 있지 않다. 신약에서는 보다 구체적으로 말한다.

"뱀이 그 간계로 하와를 미혹한 것 같이 너희 마음이 그리스도를 향하는 진실함과 깨끗함에서 떠나 부패할까 두려워하노라"(고후 11:3)
"너희는 너희 아비 마귀에게서 났으니 너희 아비의 욕심을 너희도 행하고자 하느니라 저는 처음부터 살인한 자요 진리가 그 속에 없으므로 진리에 서지 못하고 거짓을 말할 때마다 제 것으로 말하나니 이는 저가 거짓말장이요 거짓의 아비가 되었음이니라"(요 8:44)

---

[24] John Calvin, *Commentaries on the First Back of Moses Called Genesis*, tran. by John King (Grand Rapids: Baker Book House, 1981), pp. 142—149.

b. 타락의 핵심적 내용: [하나님같이 되리라]는 사단의 유혹

하나님께서 사람에게 주신 자유의지가 그 뱀의 유혹에 의해 흔들리고 그 결과는 참으로 참혹했다. 그 불순종의 내용이 사단(루시퍼)[25]의 원래 타락 의도인 [하나님같이 되리라]는 바로 그 교만과 욕망의 사상(Hubris)을 뱀을 통해 하와에게 집어넣고[사단→뱀→하와], 그 다음에 그 사단은 똑같은 무서운 사상을 여인 하와의 입을 통해 동일하게 아담에게 전달함[사단→하와→아담]으로 아담도 함께 타락한 것이다. 타락금지 권위에서 벗어나 모든 것을 경험하고자 하는 욕망 때문에, 무엇보다도 창조주 하나님 차원에까지 치닫는 사단이 집어넣은 동일한 무서운 교만(Hubis)으로, 그들에게 주어진 자유의 한계를 넘어서고 만다. 이런 루시퍼의 [하나님같이 되리라]는 구약의 암시적 구절이 이사야 14:12—15과 에스겔 28:2, 13—19에 나타난다.

"너 아침의 아들 계명성이여 어찌 그리 하늘에서 떨어졌으며 너 열국을 엎은 자여 어찌 그리 땅에 찍혔는고 네가 네 마음에 이르기를 내가 하늘에 올라 하나님의 뭇 별 위에 내 자리를 높이리라 내가 북극 집회의 산 위에 앉으리라 가장 높은 구름에 올라가 지극히 높은 이와 같아지리라 하는도다 그러나 이제 네가 스올 곧 구덩이 맨 밑에 떨어짐을 당하리로다"(사 14:12—15)

아침의 아들 계명성(헬렐)(12절)은 사람이 볼 수 있는 별들 중에 가장 밝은 별인 금성(Venus)으로, 이는 별들 중에 가장 뛰어난 존재이다. 이것은 고대근동의 왕들이 대개 자신을 별로 상징하던 것을 이용하여, 자기를 신격화하며 교만에 빠져 있던 바벨론 왕을 비유로 기록하고 있는데, 초대교회의 교부들은 대부분 이 계명성을 최고의 천사장으로 하나님을 섬기다가 교만하여 하늘에서 쫓겨난 [루시퍼]였던 사

---

25) '토마스 아퀴나스'의 「신학의 대전: Summa Theologiae」: 천사의 계급 구분에 의하면, ① 하급 천사 3隊(9th Angel / 8th Arch angel / 7th Principaliti) ② 중급 천사 3隊(6th Power / 5th Virtua / 4th Dominion) ③ 상급 천사 3隊(3rd Throne / 2nd Cherubim / 1st Seraphim)로 구분하여 피조물인 천사들 중에 최고의 존재인 세라핌(1st Seraphim) : 야웨의 옥좌를 돌며 성가를 부르는 제 1계급의 치천사(熾天使) 그룹은 모든 천사의 정점인 천사들이며, 하나님께 반란 전에는 루시퍼(Lucifer)가 치천사장 이었으나 그가 타락한 후 미카엘, 가브리엘, 우리엘, 라파엘의 4대 천사가 자리를 이어 받았다는 것이다. Lucifer는 '빛나는 아침의 아들' '샛별' '새벽의 밝은 별'. 바오로딸 출판사가 1985년 토마스 아퀴나스「신학대전」제1부 1편부터 이상섭 교수가 번역본을 꾸준히 17번째 출간 (서울: 바오로 딸 2019년).

탄으로 해석을 하였다. 그래서 여기 [별들은 천사들]이라면 계명성(헬렐)은 ['야웨의 옥좌'를 돌며 성가를 부르는 제 1계급의 치천사(熾天使) 그룹의 천사장 루시퍼(Lucifer)를 뜻한다]는 해석이다.[26] 킹제임스 역본(KJV)에서는 아예 이 계명성(헬렐)을 '빛을 내는 자'라는 'Lucifer'(루시퍼)로 변역하였다. 이것은 전통적으로 타락하기 전, 천사들 중에 최고의 자리에 있던 사탄의 원래 모습으로 보았다.

그런데 그 루시퍼는 스스로 마음에 말하기를 **"뭇 별 위에 가장 높은 자리에 내 자리를 높이리라"(13절)**. 곧 별은 천사를 상징하는데, 하나님 계신 곳에, "가장 높은 구름에 올라가 **지극히 높은 이와 같아지리라** 하는도다"(14절). 피조물인 루시퍼가 하나님 자리에 올라가 창조주 하나님같이, 하나님과 동등하게 되겠다는 것이다. 다시 말해서, "가장 높은 구름에 올라가 지극히 높은 이와 같아지리라" 즉 [하나님같이 되겠다]는 극도의 교만, 오만(Hubris)의 절정으로 가장 무서운 범죄이고 최대의 반역이다. 그 결과는 "구덩이(지옥, 유황불못, 계 19:20, 20:2—3,10) 맨 밑에 떨어짐을 당하리로다"고 선언한다(15절). 하나님이 가장 미워하시는 것이 교만과 오만이요, 탐욕과 욕심이다. 사탄은 교만과 오만에 빠지며서 탐욕과 욕심이 들어와 타락하고 만다. 그래서 해가 뜨기 전 이른 새벽에 가장 밝은 빛을 잠깐 냈다가 해가 뜨면 바로 사라지는 금성과 같이, 스스로 교만한 사탄이 곧 하나님의 심판으로 결국 멸망하게 된다는 걸 상징하고 있다.

에스겔 28장 12—19절에서는, 무역으로 인하여 막대한 부를 축적하여 교만과 허영에 들뜬 두로 왕에 빗대어 루시퍼 타락의 사단을 묘사하고 있다. 루시퍼를 사단으로 타락시킨 본질인 교만과 허영심이 두로 왕에게 작용되었다면, 더 나아가서는 에덴동산의 아담과 하와에게도 똑같이 작동하여 "하나님같이 되겠다"는 교만과 욕심으로 타락하게 됨을 설명해 주고 있다. "너는 완전한 도장이었고 지혜가 충족하며 온전히 아름다웠도다"(겔 28:12)는 아담이나 두로 왕 그리고 사탄은 '완전한 도장,' 즉 '완전함의 한 모델': "네가 옛적에 하나님의 동산 에덴에 있어서 각종 보석 곧 홍보석과 황보석과 금강석과 황옥과 홍마노와 창옥과 청보석과 남보석과 홍옥과 황금으로 단장하였음이여"(겔 28:13) 그런데 "하나님의 권위에 도전하는 죄를

---

26) S.G. De Graaf, 「약속 그리고 구원. 천지창조에서 가나안 정복까지」 제1권, 박권섭 역 (서울: 크리스챤 서적, 1987), p. 49. 타락한 천사가 사단되는데 많은 천사들도 함께 타락하여 악마가 되었다고 한다.

범하게 되어 타락하게 되는 [루시퍼―아담 = 사단―죄인]을 표현한다. "너는 기름 부음을 받고 지키는 그룹임이여 내가 너를 세우매 네가 하나님의 성산에 있어서 불타는 돌들 사이에 왕래하였도다"(겔 28:14)는 '그룹(cherub)'은 최고 천사그룹에 속하며, 더욱이 하나님이 세우신 '기름 부음을 받고 지키는 그룹'의 우두머리였던 루시퍼를 말하고 있다. 그러나 '불의(iniquity)'가 드러나고, '강포(violence)'가 가득하여 범죄하게 되었다(겔 28:15―16). 그 결과 그들은 하나님의 산에서 쫓겨났고(16절), 철저히 심판을 받고 재가 되는 영원한 멸망으로 떨어지게 된다(18―19절).

이들 본문에서 주목해야 할 타락의 본질은 '마음이 교만'(겔 28:17)하여, [지극히 높으신 하나님과 같이 되고자] 하는 창조주의 차원에까지의 한계선을 넘어버리는 피조물 사단의 '교만'이다. 이로 인하여 정죄함을 받았고(딤전 3:6). 아담과 하와에게 똑같이 "하나님같이 될 것이다"는 사상을 주입시켜 타락시킨 것이다. 그 후로 꾸준히 그리고 지금도 똑같은 유혹으로 인간에게, 성도들에게 끊임없이 활동하고 있다(딤전 3:6).

이 창세기 3장의 인간 타락에서, 또 주목해야 할 구절은 "너희가 그것을 먹는 날에는 너희 눈이 밝아져 하나님과 같이 되어 선악을 알 줄 하나님이 아심이니라 여자가 그 나무를 본즉 먹음직도 하고 보암직도 하고 지혜롭게 할 만큼 탐스럽기도 한 나무인지라 여자가 그 열매를 따먹고 자기와 함께 있는 남편에게도 주매 그도 먹은지라"(창 3:5―6)이다. [하나님같이 되리라]는 사단의 사상을 받아들인 다음에 그 욕망을 가지고 당연히, 자연스럽게 그의 눈이 나무를 향하자, 전에 하나님 말씀으로 보던 차원과 전혀 다르게 확 느껴지며 **'먹음직도 하고(육신의 정욕) 보암직도 하고(안목의 정욕) 지혜롭게 할 만큼 탐스럽기도 한(이생의 자랑) 나무'**로 다가왔다는 것이다. 바로 그것을 신약성서에서 구체적으로 언급하고 있다.

"이 세상이나 세상에 있는 것들을 사랑하지 말라 누구든지 세상을 사랑하면 아버지의 사랑이 그 안에 있지 아니하니 이는 세상에 있는 모든 것이 육신의 정욕과 안목의 정욕과 이생의 자랑이니 다 아버지께로부터 온 것이 아니요 세상으로부터 온 것이라 이 세상도, 그 정욕도 지나가되 오직 하나님의 뜻을 행하는 자는 영원히 거하느니라"(요한일서 2:15―17)

인간의 원죄로 시작하는 인간 죄악의 통로가 바로 이 세 가지: [육신의 정욕], [안목의 정욕], [이생의 자랑]으로 요약될 수 있다. 인간의 사랑의 대상이 하나님 사랑에서 세상의 것들로 바뀐다는 것이다. 여기서 파생되는 온갖 죄악이 인류와 그 세계를 죄악의 소굴로 만들어 오고 있다. 첫 번째 아담은 여기서 결국 타락하여 에덴에서 쫓겨나고 인류는 죄악의 사망 속에 삼킨 바가 되었다. 그러나 둘째 아담 되신 메시야 예수 그리스도는 이 똑같은 사단의 유혹에서 완전히 승리하시어 우리의 구세주가 되셨다.

바울사도는 첫 사람 아담과 둘째 사람 그리스도를 비교하여 교훈하고 있다(고전 15:20—49). 최초의 인간 아담에 대칭되는 성자 예수님에 대한 별칭으로 '둘째 아담', '마지막 아담'으로 '살려주는 신령한 사람'으로도 부른다(고전 15:45). '첫째 사람' 아담은 땅에서 나고 흙에 속한 자요(창 2:7), 세상에 죄를 들어오게 한 장본인이며, 실패의 사람이라면, '둘째 사람' 예수 그리스도는 하늘에서 나셨고 죄와 무관한 분이시기에 영원한 존재라 할 수 있다(요 1:1, 골 1:15—18, 히 1:2). 또한 그분은 죄로부터 인류를 구원한 승리자이다(고전 15:47). 한편, 둘째 사람이란 종말론적 표현으로는 마지막 사람이다(고전 15:45). 그는 하늘로부터 오는 존재로서, 다니엘 7:13의 모든 권세와 영광과 나라들이 섬기며, 그의 나라는 영원히 멸망하지 아니하는, 하늘 구름을 타고오시는 인자의 모습을 연상시킨다.[27]

c. 둘째 아담: 인간 예수님께 다가온 사단의 유혹

예수님의 공생애 시작의 시간과 장소인 40일 금식기도 중에 에덴동산에서 아담과 하와를 타락시킨 바로 그 사단이 나타나 시험하지만 이 둘째 아담되신 예수님의 1차적 승리의 모습이 마태복음 4장에 기록되고 있다.

"너희가 그것을 먹는 날에는 너희 눈이 밝아져 하나님과 같이 되어 선악을 알 줄 하나님이 아심이니라 여자가 그 나무를 본즉 먹음직도 하고 보암직도 하고 지혜롭게 할만큼 탐스럽기도 한 나무인지라 여자가 그 열매를 따먹고 자기와 함께 있는 남편에게도 주매 그도 먹은지라"(창 3:5—6)

---

[27] "둘째 사람," 「교회 용어사전」, (서울: 생명의말씀사, 2013).

이런 하와와 아담에게 주어진 사단의 유혹이 더 구체적으로 예수님에게 동일하게 주어진다. 그러나 둘째 아담은 여기서 하나님 말씀으로 승리하신다(마태 4장).

① **먹음직도 하고** : "돌들로 떡덩이가 되게 하라" → [육신의 정욕: 물질] → 인간 예수 : 헬라적 문화의 유혹 (경제: 물질)

"마귀가 예수께 나아와서 이르되 네가 만일 하나님의 아들이어든 명하여 이 돌들로 떡덩이가 되게 하라"(마 4:3)
"예수께서 기록되었으되 사람이 떡으로만 살 것이 아니요 하나님 입으로부터 나오는 모든 말씀으로 살 것이라"(마 4:4)

② **보암직도 하고** : "뛰어내리라 ~ 돌에 부딪치지 않게 하리로다." "너희 눈이 밝아져 하나님과 같이 되리라." [안목의 정욕 : 기적] → 인간 예수 : 히브리적 문화의 유혹 (기적: 종교)

"이에 마귀가 예수를 거룩한 성으로 데려다가 성전 꼭대기에 세우고 이르되, 네가 만일 하나님의 아들이어든 뛰어내리라 그의 사자들을 이 손으로 너를 받들어 발이 돌에 부딪치지 않게 하리로다 하였느니라"(마 4:5—6)
"예수께서 기록되었으되 주 너의 하나님을 시험하지 말라 하였느니라 하시니"(마 4:7)

③ **지혜롭게 할만큼 탐스럽기도** : "천하 만국과 그 영광을 보여 ~ 내게 엎드려 경배하면 이 모든 것을 네게 주리라." [이생의 자랑: 세상 영광]→ 인간 예수: 로마적 문화 유혹(권력: 정치)→황제숭배

"마귀가 또 그를 데리고 지극히 높은 산으로 가서 천하 만국과 그 영광을 보여 이르되 만일 내게 엎드려 경배하면 이 모든 것을 네게 주리라"(마 4:8—9)
"이에 예수께서 말씀하시되 사탄아 물러가라 기록되었으되 주 너의 하나님께 경배하고 다만 그를 섬기라"(마 4:10)

사단의 유혹 앞에 마주친 예수님은 참 인간으로서 사단과의 투쟁, 싸움(창 3:15)을 하고 계시며, 더 나아가, 흠과 티가 없는 구약제사 제물의 어린 양 모습처럼, 메시야로서의 자질과 자격을 완전하게 갖추고 계시는 현장일 수 있다.

그러나 앞으로 출현할 적그리스도는 똑같은 유혹에서 사단에게 절하게 될 것이다. 적그리스도는 사단에게 절하고, 세상의 (경제: 물질)과 (기적: 종교) 그리고 (권력: 정치)에 대한 사단의 유혹을 그대로 받아들이고, 세계를 통치하는 자리를 차지할 것이다. 정치, 경제, 종교를 다 장악하는 인물일 것이다. 이런 사건과 관련한 내용이 바울서신에 나온다. 예수님이 승천하실 때 한 천사가 "너희 가운데서 하늘로 올려지신 이 예수는 하늘로 가심을 본 그대로 오시리라"(행 1:11)는 말에, 당시에 사람들은 예수님이 금방 재림하실 것으로 기대하던 자들에게 바울사도가 엄히 말씀하신 내용에 나타난다.

"누가 아무렇게 하여도 너희가 미혹하지 말라 먼저 배도하는 일이 있고 저 불법의 사람 곧 멸망의 아들이 나타나기 전에는 이르지 아니하리니 저는 대적하는 자라 범사에 일컫는 하나님이나 숭배함을 받는 자 위에 뛰어나 자존하여 하나님 성전에 앉아 자기를 보여 하나님이라 하느니라"(살전 2:3—4)

결국 자신을 하나님이라 하며 신격화하는 차원까지 가게 되는 적그리도의 모습을 예언하고 있다. 바로, "사단이 이르되 내게 엎드려 경배하면 이 천하만국과 그 모든 권위와 그 영광을 내가 네게 주리라 이것은 내게 넘겨 준 것이므로 내가 원하는 자에게 주노라 그러므로 네가 만일 내게 절하면 다 네 것이 되리라"(마 4:8—9)는 이 말을 적그리스도는 그대로 받아들여서 자신을 神格化(하나님 같이)하여 인류 위에 최고의 통치자로 나서게 되는 종말론적 미래까지 우리는 내다봐야 한다.

이스라엘 역사학자인 Y. N. 하라리(Yuval Noah Harari)는 그의 저서 「호모 데우스: 미래의 역사」[28] 에서 "앞으로 올 몇십 년 동안 우리는 유전공학·인공지능(AI)·나노기술을 이용해 천국 또는 지옥을 건설할 수 있을 것이며, 짐승 수준의 생

---

28) 유발 하라리, 「호모데우스: 미래의 역사」 김명주 역(서울: 김영사, 2017) ; *Homo Deus, A Brief History of Tomorrow*

존 투쟁에서 인류를 건져 올린 다음 할 일은 인류를 신(神)으로 업그레이드 하고, '호모 사피엔스'를 '호모 데우스'(神이 된 人間)로 바꾸는 것이다"고 밝혔다. 앞으로 시대 언젠가에는 신적인 지적·신체적 능력이 향상된 '增强된 人間'의 출현을 상상할 수 있다는 것이다. 이런 기대는 바로 에덴의 아담이 꿈꿨던 [하나님 같이 되겠다]는 Hubris와 맞먹는 무서운 전망이기도 하다.

창세기 3장의 아담과 하와가 먹음직도 보암직도 지혜롭게 할 만큼 탐스런 나무의 실과를 먹은 것은 단순히 열매 하나를 따먹은 것이 아니라, 사단의 사상(유혹)을 받아들여 [자신이 하나님이 되겠다]고 하나님의 말씀을 반역한 것, 바로 하나님의 명령을 사탄의 말로 대치시킨, 그래서 남자와 여자는 함께 창조주와 피조물 사이의 장벽을 깨뜨리고 하나님으로서 행동하고자 시도했던 것이다. 이것 자체가 에덴의 아담과 하와의 타락이고 범죄의 본질이며, 이 심각한 죄에 대한 심판과 형벌이 주어지는, 거기에 하나님의 구원과 구속을 필요로 하는 구속사가 발생된다.

d. 타락의 결과(창 3장 —11장)

선악을 알게 하는 나무 열매를 따먹기 바로 전까지만 해도 아담과 하와는 사단의 유혹에 '금방 하나님같이 될 것처럼' 믿어졌다. 그게 엄청난 범죄이며, 최대 반역이었다. 그러나 그것을 먹는 순간, 전혀 뜻밖의 사태가 일어난다. 성서는 오히려 타락의 결과와 영향에 대해서는 많이 언급하고 있다. 그 근본적인 결과는 명령에 대한 불순종으로 [하나님과의 관계의 파괴]가 이루지면서, 즉 저주, 심판, 죄, 수고, 고통, 죽음 등 타락 후에 따르는 모든 결과가 계속 취급되고 있다.

타락은 하나님의 명령에 대한 불순종에 의한 것으로, 하나님과의 인간의 긍정적 관계에 대한 파괴를 의미한다. 그 결과는 파장이 심했다.

① 인간과 하나님 관계 파괴: 수치, 두려움, 죽음, 사망
② 인간과 인간의 관계 파괴: 상호비난, 사랑 파괴의 수치심: 학대
③ 인간과 동물의 관계 파괴: 지배권 상실: 짐승 우상화
④ 인간과 자연의 관계 파괴: 에덴에서 축출: 가시와 엉겅퀴: 자연숭배

이런 관계성의 완전한 파괴는 하나님과 인간의 온전한 분리로 주어지는 인간

에게 원죄(原罪: peccatum priginale)와 더불어 유전죄(遺傳罪: Pecc— atum haereditarium)로 발전되고, 여기에 자신의 결단에 따라 짓는 다양한 자범죄로 열매를 맺게 되어 영원한 멸망에 처하게 된다(St. Augustine). 그래서 아담의 후손들은 그들의 조상인 아담의 죄된 상태를 유전적으로 받아들인다. 욕정 가운데 이루어지는 임신과 분만을 통해 아담의 죄는 그의 후손들에게 계속 유전된다. 그런 암시는 성서에 "내가 죄악 중에서 출생하였음이여 (모태에 있을 때부터 이미 죄인이었다): 어머니가 죄 중에서 나를 잉태하였나이다"(시 51:5)에서 발견된다. 그러나, 인간은 원죄를 구실로 자범죄에 대한 자기 책임을 벗어날 수 없다. 그래서, 모든 인간은 아담 안에서 죄된 자기 자신을 발견하게 된다.

하나님같이 될 수 있다는 사단의 유혹의 결과는 정반대의 죽음에 처하게 되고, 에덴에서 하나님의 보호를 받으며 누리던 평화와 행복한 자유 대신에, 부자유와 불안이 자리를 잡게 되었다. 결국 인간은 에덴에서 축출되고 만다. 에덴에서 쫓겨난 후, 인간은 계속 죄악된 세상을 만들어 갔다. 잔인성과 죄악의 소굴, 무신론적 문명의 증대와 더불어 인간의 마음과 생각이 온통 악할 뿐인 인류 문화에 하나님의 심판을 초래하게 된다.

II. 이스라엘 종교의 하나님은 인류구원을 진행하신다.

하나님 구속사의 방향과 핵심인 원복음(창 3:15)

하나님은 인간의 타락과 그 결과의 정황에 포기 선언이 아니라 구원의 길을 예비하시어 구약의 역사를 이끌어 가신다. 하나님께서 솔선하여 주신 이 창세기 3:15을 [최초의 복음]이라고 대개 말한다. 이 구원사건이 여자의 후손과 뱀과의 궁극적인 원수('ebah: '증오, 적의'의 뜻)관계의 싸움으로 이뤄진다는 사실에 우리의 주의를 집중해야 한다. 인간 역사가 막 시작되는 시점, 인류의 범죄사(犯罪史)가 시작되는 바로 그 출발점에, 이 인류 구원의 방법이 제시되면서 하나님의 구원사(救援史)도 동시에 발생되고 있다는 것이다. 여기서 여인의 후손(씨)를 향한 씨흐름에 역사의 방향설정이 되고 있다.

그런데 그 인류 구원의 방법이 [뱀]과 남자의 후손이 아닌 [여자의 후손]과의 적대적 행동에 의한 서로의 증오와 파괴의 결과로 나타난다. 특이한 것은, 타락한 인간을 위해 하나님은 구원의 문제를 제시하시는데 있어, 인간에게 주어지는 말에서 언급하시지 않고, 인간 타락의 원인 제공자인 뱀에게 주어지는 저주와 심판에서 구원 섭리를 계시하고 있다.

루터는 "이 창세기 3:15은 성경 어디서고 발견되어지는 고상하고 영광스런 모든 것을 자체 안에 포함하고 내포한다"고 말하고, 이레니우스(Irenaeus) 이래로 기독교 전통은 이 창세기 3:15을 [마리아 그리고 예수그리스도]에 관한 예언으로 이해해 왔고 필자도 당연히 동일한 이해로 받아들이고 있다. 여인의 후손(씨)은 뱀 머리를 짓눌러 뭉개버리는(crush) 한 개인의 자손을 가리키는데 바로 동정녀 마리아에게 태어나신 예수 그리스도께서 이루신 십자가의 사건과 사망권세를 이기시고 부활하시고, 승천하시며 보혜사 성령님이 오시고, 예수님의 역사적 재림으로 사단과 그 세력과 그 추종자들은 완전히 패망하여 저 지옥의 맨 밑구덩이에 던져짐으로 통쾌한 승리를 이루신다(계 19:20. 20:14, 단 2:44, 7:22,26—27).

예수님께서 십자가의 고통 중에서도 십자가 밑에 그 모친과 사랑하시는 제자가 곁에 섰는 것을 보시고 그 모친께 말씀하신다. "여자여~! 보소서 아들이니이다 (Woman~!, here is your son) 하시고 또 그 제자에게 이르시되 보라 네 어머니라 하신대 그때부터 그 제자가 자기 집에 모시니라"(요 19:26). 바로, 창세기 3:15에 나타나는 여자(동정녀 마리아)의 후손(예수 그리스도)을 의미하는 것을 확인할 수 있다.(요 2:4, 19:26).

[최초의 복음]: 원복음의 내용(창 3:15)에서 핵심인 [원수 관계의 싸움]이 단계적으로 확산되어 간다. 하나님은 뱀에게 인간과의 철저한 원수 관계가 3단계로 발전해 갈 것을 예시(豫示)하신다. 여기에 대한 구체적인 것은 필자의 책「구약성서의 족보적 연구」에서 다루었고, 여기서는 간단히 압축해서 언급하려 한다.

[사단과 여인의 후손과의 원수 관계]이다. "여자(동정녀: 마리아)의 후손(메시야: 예수 그리스도)은 네(사탄) 머리를 상하게 할 것이요 너(사탄)는 그 (메시야: 예수 그리스도)의 발꿈치를 상하게 할 것이니라"(창 3:15) [뱀 = 사단]과 [여자의 후손 = 예수 그리스도]의 싸움이 미래적 예언으로 구체화되어 초점을 맺는다. 여기서는 여인의 후손이 바로 동정녀 마리아에 태어난 예수 그리스도 한 개인에 집중된다. 아담에서 셋―노아―셈―에벨―아브라함―이삭―야곱―유다―다윗의 자손으로, 동정녀[처녀]에 잉태하여 아기로 오신 예수 그리스도를 말한다. 구약의 역사, 하나님의 구원사, 더 나아가 인류의 역사는 이 씨흐름을 통한 여인의 후손을 향하여 전개되는 현장이며 무대가 된다. 그래서 역사는 우연이거나 제 멋대로 굴러가는 것이 아니라 분명한 목표와 섭리가 개재되어 움직여 가는, 목적이 이끌어가고 있는 것이다.

여기서, 세 번째 단락의 결정적 현실적 성취는 **가룟 유다의 배신과 십자가의 처형 사건**이다. "열둘 중의 하나인 가룟인이라 부르는 유다에게 사탄이 들어가니 이에 유다가 대제사장들과 성전 경비대장들에게 가서 예수를 넘겨 줄 방도를 의논하매 그들이 기뻐하여 돈을 주기로 언약하는지라 유다가 허락하고 예수를 무리가 없을 때에 넘겨 줄 기회를 찾더라"(눅 22:3―6)

예수님이 제자들과 마지막 만찬 자리에 "마귀가 벌써 유다의 마음에 예수를 팔려는 생각을 넣었더니"(요 13:2) "조각을 받은 후 곧 사단이 그 속에 들어간지라"(13:27)로 되어 있다. 그러자 가룟 유다를 쳐다보시며, 예수님이 "네가 하는 일을 속히 행하라~!" 소리치신다. 거기 있던 다른 제자들은 그 말씀의 뜻을 모르고 있다. 그러나 그 말을 들은 "유다가 곧 나가니 밤이러라"(요 13:27―30): 즉, 유다 속에 들어간 사단에게 "여자의 후손인 예수 그리스도의 발꿈치를 상하게 하는" 십자가에 못 박는 일을 속히 행하라고 하자 가룟 유다는 즉시 예수 공동체를 빠져 나와 당시의 종교 지도자들에게 가서 예수를 팔아넘기고 예수님을 십자가에 죽이는데 결정적 역할을 한다. 에덴의 사단이 뱀을 통하여 인간을 유혹하여 파멸에 이르게 한 것처럼, 이제는 예수님의 제자인 가룟 유다에게 들어가 예수님을 배신케 하고 결국은 사단은 그 당시 악의 공범자들을 총동원하여 예수님을 십자가에 못박아 죽이는데 성공한다. 그러나 이 공격은 여인의 후손의 발꿈치를 상하게 하는 [거기서] 멈춘다. 그 이유는 예수님의 부활의 아침이 있고 생명의 승리가 전개되기 때문이다.

여기 사단은 예수님 40일 금식기도 때에 나타났던 바로 그 존재로, 유다의 종교 지도자들과 로마의 정치세력(빌라도)과 무모한 유대인 군중을 격동시키고, 울분과 증오로 가득하게 하여 "십자가에 못박으라" 소리 지르며, 예수님을 채찍질하고, 옷을 벗기고, 말과 행동으로 모욕하며, 결국 십자가에 못박게 한다. 가룟 유다도, 모든 그들도 제 정신이 아니게 흥분하고 증오심으로 발작을 했으나, 자기들이 왜 그렇게까지 화나고, 미친 듯 발광을 했는지 나중에는 허탈하였을 것이다. 사단한테 완전히 이용당한 현상이었기 때문이다. 창세기 3장 15절의 원복음이 구체적으로 성취되는 데에 악의 공범자들로 사용되었기 때문이다. 이 예수님이 십자가의 속죄제물로 죽으심은 바로 이스라엘 종교의 제사 제도의 예언 그대로 희생당하시는 속죄와 대속와 구속의 제물이 되신 것이다. 여기에 대해서는 이스라엘 종교의 의식, 제사와 절기 제도에서 다루게 될 것이다.

에덴에서 추방된 인류에게는 영원한 구원을 향한 끈질긴 생명의 씨흐름으로 **구원사**를 이뤄가는데 이것이 바로 구약성서의 고대사를 이루고 있는 **창세기 4장으로부터 11장까지의 족보 내용**이다. 여기에는 바로 이스라엘 민족사의 원역사(原歷史)로 하나님 백성의 역사가 전 우주와 세계 인류 역사의 중심적 축(中心軸)이라는 신학적 의도가 두드러지게 나타난다. 이 이스라엘의 원역사를 구성하고 있는 바로 5장, 10장, 11장이 온 몸을 지탱하는 짐승의 등뼈처럼, 족보적 기술에 의해 역사의 핵심 라인으로 자리를 잡고 있다. 이들은 우주의 태고사에서 **선택된 가정의 족장사**로 연결시키는 교량의 역할을 하고 있다.

창세기 3장의 타락 사건 바로 다음 4장에서부터 성서기록은 이 원복음의 예언과 계획이 실제로 구속사적 씨흐름으로 완성되는 과정을 기록한다. 즉, 여인의 후손이 뱀의 머리를 완전히 짓뭉개버리는 완전한 승리를 향한 구속사를 진행시켜 가고 있다. 하나님은 구약성서 역사, 이스라엘 종교 전체를 통해 그 완성으로 이끌어 가신다. 그 완성이 바로 예수 그리스도을 통한 인류 구원과 영생의 완성이다. 창세기

3:15을 요한복음 3:16로 연결시키면 아주 확실하게 연결되고 성취된다.

"여자(동정녀)의 후손(메시야: 예수 그리스도)은 네(사탄) 머리를 상하게 할 것이요 너(사탄)는 그(메시야: 예수 그리스도)의 발꿈치를 상하게 할 것이니라"(창 3:15)
"하나님이 세상을 이처럼 사랑하사 독생자를 주셨으니 이는 그를 믿는 자마다 멸망하지 않고 영생을 얻게 하려 하심이라"(요 3:16)

그래서 창세기 3장의 심각한 상황에서 인류 구원의 원복음의 메시야의 길이 4장에서부터 싸움으로 발전해 나간다. 사단이 여인의 후손으로 오실 메시야의 길을 차단하고 막으려는 시도가 4장에 당장 나타나고 있다. 즉 여인의 후손으로 태어날 메시야의 족보에 들어갈 아담 다음의 인물인 아담의 아들 아벨을 가인이 분에 못 이겨 쳐 죽이는 일이 일어난다. 이는 메시야가 오시게 되면 사단의 집단과 세력이 완전히 진멸되기에 어떻게 해서든지 그 길을 막으려는 꼼수가 작동하는 것이다. 메시야 예수님의 족보에 들어갈 두 번째 인물인 아벨을 사단이 가인의 마음에 분노를 일으켜 죽이게 하는 사건이다. 에덴에서 쫓겨난 아담의 수많은 자손 중에 아벨을 죽이는 이 일을 성서기자는 놓치지 않고 먼저 기록하고 있다.

그러나 하나님은 여인의 후손을 향한 구속사적 씨흐름을 중단 없이 진행하시기 위해 "아담이 다시 자기 아내와 동침하매 그가 아들을 낳아 그의 이름을 셋이라 하였으니 이는 하나님이 내게 가인이 죽인 아벨 대신에 따른 씨를 주셨다 함이며, 셋도 아들을 낳고 그의 이름을 에노스라 하였으며, 그 때에 사람들이 비로서 야웨의 이름을 불렀더라"(창 4:25—26)로 [아담—셋—에노스]로 족보를 정리한다. 즉, 아벨을 잃고, 살인자 가인에게 실망한 구속사는 셋의 출생으로 새로운 희망을 갖는다. 이어서 창세기 5장 족보는 완전히 셋 계통의 경건한 씨 흐름이다. 즉, 아담에서 비롯된 가인 계통(4:16—24)은 전적으로 배제되고, 아담에서 직접 셋으로 연결되어 홍수에서 큰 구원사건을 담당하는 노아와 그 자손에게로 매듭지어지는 단락(**아담—셋—에노스**)을 이루고 있다(4:25—26). 창세기는 계보를 사용함으로 시대를 뛰어넘는 계속성을 유지해 간다. 그런 면에서, 창세기 5장 족보는 수직선적 족보 기록형식으로 천지창조 이야기와 홍수 이야기 사이를 연결하면서 하나님의 구속사적 씨흐름의 중단 없는 연속성을 나타내려는 신학적 목적이 새겨져 있다. 이 족보는 아담에 내려진 저주로부터 인간을 마침내 풀어놓는 노아(창 5:29)라는 인물로 끝을 맺는다.

거기서 노아의 세 아들 [셈], [함], [야벳]에 이르러 온 세계인류가 확산되는데 그 중에 [셈]이라는 한 종족에게로 그 인류 계보를 단축시켜 마침내 이스라엘의 선조이며, 구원사의 결정적 인물인 [아브라함]이라는 한 인물에게로 압축시키는 신학적 의도를 볼 수 있다

창세기 10장의 [노아의 세 아들 셈, 함, 야벳의 자손들의 족보들] → 11장의 [셈에서 아브람까지]의 족보로 태고사(창1장—11장)를 요약하고 있다. 즉 아브라함 소명사건 전의 인류 초기 시대에도 하나님은 자신의 구속의지를 펴 나가시는데 구속사의 씨흐름을 수직선적인 족보기록 형식으로 정리하고 있다.

노아홍수 심판 후에 [셈의 하나님]을 언급하면서, 노아 이후에는 하나님이 셈족으로 구속사의 씨흐름을 진행시키신다. 노아는 의로운 자들의 줄기로 셈에게 특별한 축복을 하며 [구속사의 씨흐름]을 제시한다.(창 9:26—27)[29] 그래서 우리는 노아 다음 세대에는 셈이라는 인물과 셈족이라는 종족을 지켜보게 될 것이고, 창세기도, 성서 전체도 이 셈족을 중심으로 역사가 진행되고, 역사 흐름을 이 셈족이 주도해 가는 것을 보게 될 것이다.

홍수에서 구원받은 후에도, 역시 또 인간의 어두운 반역이 바벨탑 사건으로 표현된다. 인간은 시날 광야에 거대한 바벨탑을 건축하여 하나님의 명령에 도전하여, 인간 성취에 대한 자부심을 드러낸다. 인류의 이 초기 역사는 범죄의 번성과 우상숭배의 어두운 역사로 치닫게 된다. 여기에 하나님의 심판은 인간들을 전 세계에 흩으신다. 첫째는 하나로 뭉쳐있던 지구 땅덩어리가 지금의 다섯 개의 대양(大洋: 太平洋, 大西洋, 印度洋, 南氷洋, 北氷洋), 여섯 개 대륙(大陸 : 아시아, 유럽, 아프리카, 남아메리카, 북아메리카, 오세아니아)으로 나누어진다(창 10:25), 둘째는, 언어의 혼잡으로 같은 말을 사용하는 사람들끼리 떼를 지어 6대륙으로 흩어져 살게 된다. 그런 지구상의 역사와 환경의 수많은 인류 속에서, 구속사의 주역들을 불러내서 구속사의 새로운 장을 펼친다. 그게 바로, 태고사의 하나님 구속사의 씨흐름을 마무리하고, 족장시대의 장을 여는 아브라함의 선택과 부름이다(창 12:1)

---

29) cf. Walter C. Kaiser, *Toward an Old Testament Theology* (Grand Rapids: Zondervan Corporation, 1978), p. 82

제 4 장

족장들의 배경과 종교

　이스라엘의 역사와 신앙은 아브라함과 더불어 시작된다. 실상 구약과 신약의 중심 테마인 하나님의 구속사는 구체적으로 아브라함과 함께 시작되었다.[1] 이 아브

---

1) John Bright, *A History of Israel* (Philadelphia: The Westminster Press, 1981), pp. 87ff. 이스라엘 역사의 시작에 대한 견해를 요약하면 다음과 같다. ① 창세기 전승에 따르는 족장기원설―이는 W.F. Albrighte Jolin Bright 등이 주장하는 것으로 아브라함, 이삭, 야곱의 족장시대에서 이스라엘의 역사(신앙의 역사)가 시작한다고 본다. 성서 전승에 따라 족장 이주시대로 보는 견해이다. ② 출애굽설―R.H. Pfeiffer 등은 공동체 형성에 중요성을 증명하는 것으로 모세와 함께 기원을 설정한다. 모세와 함께 출애굽했던 이스라엘 민족이 시내 산, 가데스 같은 사막 성소에서 그들을 구원했다고 믿었던 야웨와 계약을 맺음으로써 공동체가 되었다는 견해이다. 이스라엘의 민족과 그 종교 역사는 모세와 함께 시작하고, 모세 이전에는 이스라엘이 존재했다고 볼 수 없고, 역사적 자료도 없다고 본다. R.H. Pfeiffer, *Religion in the O.T.* (New York: Harper & Row, Publishers, 1961), p. 12. ② 정복 후 팔레스타인설―M. Noth와 Von Rad 등이 주장하는 것으로, 이스라엘의 공동체가 팔레스타인에서 살기 전까지는 이스라엘로서 존재했다고 믿지 않는 견해이다. 팔레스타인 점령 과정에서 이스라엘은 영원한 역사적 실체로 뭉치게 되었고, 이스라엘 역사는 팔레스타인 땅에서만 시작되었다고 주장한다. 이질적인 기원을 가진 지파 집단들이었는데, 이들이 팔레스타인의 세겜 중앙 성소의 정기적 예배에서 한 하나님을 고백함으로써 이스라엘이라 불릴 수 있었다고 본다. G. Von Rad, *Problem of Herateuch and Other Essays*, trans, by E.D.T. Dicker (Edinburgh: Olive & Boyd, 1965), p. 53.

제 4 장 족장들의 배경과 종교

라함으로부터 시작되는 족장들이 기원전 2천년대[2]의 역사상 실존 인물들이었다고 믿는 입장에서 그들의 배경과 종교를 구체적으로 알아보려고 한다.

하나님의 자기 계시는 시대에 따라 그 시대에 필요한 내용일 때는 동시대인들에게 이해될 수 있는 표현 양식을 찾아서 나타내셨기 때문에, 시대에 따라 구분할 수 있다. 그러나 시대적 구분을 한다고 하여 완전히 다른 별도의 종교 양상으로서가 아니라, 서로 연관되어 보존, 발전, 성취되는 과정이라고 보겠다. 그러면서 전체적으로는 통일을 이루고 있다. 구약성서의 사람들은 자기 시대마다 동시대인들에게 지성적으로 통할 수 있는 표현 양식을 찾아서 하나님 이해를 표현할 수밖에 없었다.[3] 그러나 하나님 자신의 계시는 여전히 시대를 뛰어넘는 완전한 진리를 성서 안에 간직하고 있음을 인정해야 한다.

I. 족장의 정의

여기에서 우리는 구약성서에서 족장이라 함은 구체적으로 어느 시대의 누구누구를 말하느냐 하는 문제부터 다루어야 하겠다. 대체로 창세기에 의하면 이스라엘 백성은 본래 이름이 야곱이었던 이스라엘이라고 하는 사람의 후손이다.(창 32:28, 35:10). 그래서 대체로 이스라엘 역사의 출발점은 이스라엘의 조상들, 즉 아브라함과 이삭 그리고 야곱에서 시작된다고 볼 수 있다. 이 이스라엘의 역사는 아브라함의 신앙의 역사에서부터 시작하기 때문에, 성서 전승에 따라 족장 이주(移住)시대로 돌아가야 한다.[4] 그래서 일반적으로 족장하면 홍수 후의 족장(The

---

2) John Bright, *A History of Israel* (Philadelphia: Westminster Press, 1981), pp. 77-82. W.F. Albright, *From the Stone Age to Christianity* (Doubleday Anchor Books, 1957), pp. 236—249.

3) J. Barton Payne, *The Theology of the Older Testament* (Grand Rapids: Zondervan Publishing House, 1962), p. 121.

4) W.F. Albright, *Archaeology and the Religion of Israel* (Oxford University Press, 3rd ed., 1953), pp. 99-102. John Bright, *Early Israel in Recent History Writing* (London: S.C.M. Press, 1956), p. 20. John Bright, *A History of Israel* (London: S.C.M. Press, 1966), pp. 120—127. 그러나, M. Noth는 가나안 정착이전의 전승에 관해서는 그 역사적 요소를 의심하여 이스라엘 역사는 이스라엘의 가나안 정착에서부터(기원전 1200년 경) 시작한다고 본다. 즉, Noth는 팔레스타인 점령 과정에서 Israel은 영원한 역사적 실체로 뭉치게 되었고, 이스라엘 역사는 팔레스타인 땅에서만 시작되었다고 주장한다.

Postdiluvian Patriarchs)인 아브라함, 이삭, 야곱과 야곱의 열 두 아들을 말한다. 여기에서 다루고자 하는 족장이라 함은 아브라함으로 시작하여 모세시대 이전 야곱의 열두 아들들을 말한다. 더욱 축소하면, 특별한 설명이 없는 한 족장이라 하면, 창세기 12장에서 50장까지의 아브라함, 이삭, 야곱을 지칭하는 말로 이해하면 되겠다. 성서에 나타난 족장은 씨족, 혹은 부족의 시조, 혹은 장(長)으로서 가족 개념에서 권위를 상징하는 것으로 나타난다.[5]

창세기에 나오는 족장들의 기사들은 단순한 개인들의 전설적 역사나 여러 종족을 의인화시킨 것이 아니라, 오히려 그 족장들의 삶을 통해 한 민족의 성격을 형성하였던 탁월한 실제의 생존 인물들에 대한 회상으로 전수된 것이다.[6]

II. 족장들의 배경

족장들의 삶과 사상과 당시 근동지방의 삶과 사상 사이에는 많은 유사점(Parallel)이 발견되었다. 그러나 이 근동지방의 문화를 너무 과장하여 말하는 과오를 범하지 않도록 신중히 말해야 한다. 족장들의 역사적 배경에 대한 학설은 다양하다. B.C. 2천년대 전반기로 보기도 하고,[7] 아주 후대인 후기 청동기 시대(The Late Bronze Period: B.C.1550-1200)로 보는 견해도 있다.[8] 레온 우드(Leon Wood)는 아브라함의 연대를 B.C. 2166—1991로 보고 있다.[9]

중기 청동기 시대(The Middle Bronze Age: B.C. 2000—1550): 그래서 족장들이 역사적 활동 무대는 [중기 청동기 시대]로 보는 게 적절한 것 같다. 당시로서는 문명인 이집트 중왕국의 발달과 함께 가나안에도 새로운 도시국가들이 생겨나기 시작했고, 이 시기는 가나안의 문명이 제법 발달한 시대였다. 물질문명의 척도인

The History of Israel, 5. Godman, trans., rev, by P.R. Ackroyd, 2nd ed. (London: Adam and Charles Black, 1960), p.53.
5) G. Friedrich, *Theological Dictionary of the New Testament* Vol.5 (Michigan: Eerdmans Press, 1982), p.961.
6) 기독교문사편,「기독교 백과사전」제13권 (서울: 기독교문사, 1984), pp. 1256—1257.
7) John Bright, *A History of Israel* (London: SCM Press LTD, 1996), pp.236—246.
8) C.H. Gordon, *Journal of New Eastern Studies* XIII (1964), pp. 58—59.
9) 레온 우드,「이스라엘의 역사」, 김의원 역(서울: 기독교문서선교회, 1994), pp. 62. 485.

토기 제작 면에서도 고속물레(Fast Wheel)를 이용한 고품질의 얇은 토기들이 멀리 이집트까지 수출되었고 용기들도 가나안 자체의 기술로 대량생산 되었다.[10]

그러나, 대체적으로 족장 아야기 자체는 연대기적 문제 해결에 별로 큰 도움을 주지 못한다. 족장 이야기에서는 족장들이 고대 근동 역사의 중앙 무대를 차지하고 있고, 그 당시 국가들과 지배자들은 족장 이야기의 가장자리를 선회(旋回)하고 있을 뿐이기 때문이다.

1. 성서 사건과 역사 사건의 비교 고찰

그러나 족장시대의 시작과 마지막을 분명히 보여주는 두 가지 사건이 있는데, 첫째는 아브라함이 네 나라의 왕과 싸워서 이겼다는 언급이다.[11]

이들 네 왕 중에 시날(Shinar)의 아므라벨(Amraphel) 왕이, 바벨론 첫 왕조의 위대한 통치자인 함무라비(Hammarabi)[12] 왕과 동일 인물이라고 생각되어 왔다.[13] 기원전 2000년경에 살았던 왕으로 생각되는 바벨론왕 함무라비가 족장 설화의 아므라벨과 동일 인물이라는 것이다. 만약 이것이 옳다면, 존 브라이트(John Bright)의 연대를 따른다면, 아브라함이 기원전 1728년과 1686년 사이나 그 이전에 살았던 것으로 추정할 수 있다.[14] 그러나 레온 우드는 "그러나 이 이름으로 정확히 같은 인물이라 하기는 어렵고 아브라함 시대를 초기 연대(B.C. 2166—1991로 받아들인다면 시간적 차이가 생겨나게 된다"고 했다.[15]

두번째 사건은 야곱 족속의 애굽 이주의 일이다(창 46장). 대체로 이 시대를 셈족 계통의 힉소스족(Hyksos)이라 불린 이방 지배자들이 전 이집트를 정복하고, 힉

---

10) *Ibid.*, pp.56—59.
11) 창세기 14:1—12, 시날 왕 아무라벨, 엘라살 왕 아리옥, 엘람 왕 그돌라오멜, 고임 왕 다달.
12) W.F. Albright, *From the Stone Age to Christianity* (Doubleday Anchor Books, 1957), p. 147, n, 함무라비는 기원전 1972—1950에 지배했을 것이고, 바벨론의 첫 왕조 몰락은 1595이 될 것으로 본다. 그러나 J. Bright는 함무라비 시대를 약 기원전 1728—1686년으로 보고 제1왕조를 약 기원전 1830—1530년으로 보고 있다(J. Bright, *op. cit.*).
13) R.K. Harrison, *Old Testament Times* (Grand Rapids: William B. Eerdmans Publishing Company, 1970), p. 86.
14) John Bright, *op. cit.*, p. 75.
15) 레온 우드, *op. cit.*, p.62. L. Wood는 아브라함 연대를 B.C. 2166—1991년으로 추정한다.

소스 왕조(B.C. 1720~1550)를 세워 다스릴 때라고 보는 견해가 많다.[16] 히브리인들의 애굽 이주가 이 기간이라는데 많은 학자들이 의견을 같이 한다. 이렇다면 족장시대는 기원전 2000년 대의 전반기에 속한다고 볼 수 있다.[17]

2. 성서 족장 이야기의 인명(人名)들과 고고학적 고찰

그런데 족장시대에 관계된 중요한 자료가 시리아의 고대 도시, 마리[18](Mari, 오늘날의 Tell Hariri)에서 발굴되었는데, 거기에 제2000년기의 메소포타미아와 팔레스타인 두 지역에 널리 분포되어 있었던 계층, 특히 아모리족(Amorites) 주민들의 이름들이 나타나고, 기원전 19세기와 18세기의 메소포타미아 지역의 역사에 관하여 상세한 정보를 제공해 주고 있다.

특별히, 바벨론 왕 함무라비가 마리를 함락시킨 때까지의 역사를 환히 알려주고 있다. 여기서 중요한 것은 족장 기사들 안에 나오는 인명들이 마리 토판에 나오는 아모리족 주민들의 이름과 완전히 일치한다는 사실이다.[19] 아모리 족속들은 아브라함의 본래 고향인 우르(Ur)의 멸망을 가져왔으며, 아브라함과 그의 아버지가 이주해간 하란 지경까지 지배했던 것으로 보인다. 하란의 남쪽 발리크(Balikh) 계곡

---

16) J. Van Seters, *The Hyksos* (Yale University Press, 1966); W.C. Hayes, *The Cambridge Ancient History*, I.E.S. Edwards, C.J. Gadd, and N.G.L. Hammond, eds II: 2(1962); A. Alt, "Die Herkunft der Hyksos in neur Sicht" *Kleine Schriften zur Geschichte des Volkes Israel* (Munich: C.H. Verlagsbuchhandlung. 1959) Vol. III, pp. 72—98; T. Säve—Söderbergh, "The Hyksos in Egypt" *Journal of Egyptian Archaeology, 37* (1951), pp. 53—71; 참조, 이 학자는 동일 인물 주장.
17) M. Burrows, *What Mean These Stones?* (American Schools of Oriental Research, 1941), pp. 70f, John Bright, *op. cit.* p. 75. 참조 G.W. Anderson, *The History and Religion of Israel*, tran. Chan Kook Kim(Seoul: C.L.S.K. 1970), pp. 26—28. 히브리인들의 애굽 이주가 기원전 14세기 전반까지 내려오게 된다. John Bright는 함무라비가 서부 지역으로 원정을 한 적이 있다는 흔적도 전혀 없고, 이 두 이름이 같다는 것도 설득력 있게 증명될 수는 없다고 할지라도 족장설화들이 기원전 제2천년기 초기의 시대 상황과 믿을 만하게 일치한다고 주장한다 (*op. cit.*, pp. 69—78).
18) R.K. Harrison, *The Archaeology of the Old Testament* (New York: Harper & Row, Publishers, 1966), pp. 21—24. 아모리 족속(Amorites)들은 마리에 수도를 세우고, 함무라비보다 나이가 더 많은 동시대민이었던 Shamsi—Adad 1세(B.C. 1749—1717경) 밑에서 북부 지역을 지배하고, 마리의 영향력이 Haran까지 미치고 있었다.
19) W.F. Albright, "The Northwest—Semitic Names in a List of Egyptian Slaves from the Eighteenth Century B.C." *Journal of the American Oriental Society*, 74(1954), pp. 222—223; R.K. Harrison, *op. cit.* pp. 69—74; John Bright, *op. cit.*, pp. 70-71.

에서 족장들의 어느 이름이 페렉(Peleg)[20], 세룩(Serug)[21], 데라(Terah)[22]와 같은 지역들 명칭으로 보존되었으며, 나홀(Narhor)은 나쿨(Nakhur)로 나타났다.[23] 기원전 2000년 경에는 아브라함(A—ba—ra—ma로), 이삭, 야곱, 라반, 그리고 요셉과 같은 이름들이 일반적으로 사용되고 있었다. 특별히, 야곱(Ya gub—el)[24]은 주전 1740년 경의 팔레스타인 명으로 발견되었다.[25]

'베냐민(Benjamin)'은 마리 문서에서 어떤 큰 부족 동맹체의 이름으로 나타난다. 이런 증거 자료가 그 당시의 기록문서들에서 풍부히 발견된다. 이것은 그 족장들의 이름들이 어떤 후대의 작명법보다도 기원전 제 2000년기 초기의 아모리족의 작명법과 완전히 일치한다는 것을 확실히 알려준다. 그래서 마리 문서는 족장 이야기에 나타난 지파들의 역사적 배경을 밝혀주는 가치를 가진다.

3. 족장들의 관습과 누주 문서

족장시대를 이해하는데 매우 중요한 또 하나의 메소포타미아의 문화적 중심지는, 호리 족속의 성읍였던 누주(The Horite City of Nuzu—Yorgan Tepe)이다.[26] 누주 문서는 주전 15세기 미타니(Miltanni) 왕국의 사회적 및 경제적 상황, 그리고 법률 구조 등을 아주 생생하게 보여준다. 누주 문서에 나타난 몇 가지 풍속, 그리고 법률상의 관례들은 구약 족장설화에 나오는 것과 너무나도 유사하다.[27] 이들은 이 기록 이전의 사회적, 경제적, 문화적 풍습과 법적 자료들을 기록했을 것이기에 족장들의 배경 문서들로 중요하다. 예를 들면, 자식을 두지 못한 부부가 친척의 아들

---

20) 유프라테스 강가에 Phalega란 도읍 이름
21) 하란 서쪽의 Sarugi란 도읍 이름과 같다.
22) Til—Turakhi란 이름으로 나타남.
23) R.K. Harrison, *op. cit.*, p.23, John Bright, *op. cit.*, p. 70.
24) R.K. Harrison, *Ibid.* 야곱(Ya—ah—qu—ub—il)이 사람의 이름으로 사용된 것은 메소포타미아 북부 텔카잘바자르(Tell Chagar Bazar)에서 나온 기원전 1725년경의 것으로 추산되는 서판들에서 발견되었다.
25) John Bright *loc. cit.* (Banu—Yamina) Albright; *Yohweh and the Gods of Canaan*, p. 69 참조.
26) R.K. Harrison, *op. cit.* pp. 22—24, 1925년 에드워드 시에라(Edward Chiera)가 발굴했는데, 후르 서기관(Hurrian scribes)들이 토착 바벨론 언어로 기록했던 약 2만 개 정도의 점토 서판들이 몇 개 저택들에 있던 가족문서 보관소들로부터 발굴됨.
27) *Ibid.* pp. 24—33; E.A. Speiser, *Genesis The Anchor Bible* (Doublday & Company, Inc., 1964): C.H. Gordon, "Biblical Customs and the Nuzi Tablets" *Biblical Archaeology* III, (1940). pp. 1-12.

을 양자(the social institution of adoption)로 삼아 상속인이 되게 하는 것,[28] 양자가 들어온 후 친아들이 생길 경우 그 친아들에게 상속의 권리가 되돌아가는 것, 자녀를 잉태하지 못하는 아내가 남편에게 첩을 얻게 하는 제도 및 그 첩과 첩의 자식을 추방할 수 없도록 하는 규정,[29] 가족 중에 아들이 없을 경우 사위를 양자로 입양시키는 것, 결혼의 주요 목적이 출산에 있었던 것, 일반적으로 아내의 지위는 계약에 의해 보호되었으며, 첩은 집안에서 조금 열등한 신분에 속했던 것,[30] 생득권(生得權) 혹은 장자의 상속권을 상황이 보증하는 대로 양도, 혹은 매도할 수 있게 허용하였던 것,[31] 가족의 수호 신상을 소유한 자가 기업(基業)을 상속받을 권리를 갖는 것[32] 등이다.[33] 여기서 특별히 주목해야 할 점은 족장 설화와 누주 본문 사이의 유사한 풍속이나 관례가 가나안 정착 이후의 이스라엘 사람들의 생활에서는 나타나지 않는다고 하는 점이다.[34] 그런고로 족장 이야기가 고대의 신빙성 있는 전승을 간직하고 있다는 확증을 얻을 수 있다.

결론적으로 말하면, 족장들이 역사상에 출현한 때는 결정적으로 단언하기는 어렵지만 마리(Mari)와 누지(Nuzi) 토판, 지중해 항구도시였던 우가리트(Ugarit), 그리고 최근의 에브라(Ebla) 등의 고고학적 증거와, 성서 전승의 사건 고찰에 의하면 문화사(文化史)의 중기 청동기시대(The middle bronze age: B.C. 2000—1500)[35]로 생각된다.

올브라이트(W.F. Albright)는, 팔레스타인 지역에 대한 고고학적 발굴을 토대로 창세기 족장의 역사성을 확증하면서, 그 연대를 중기 청동기 시대로 보았다.[36]

---

28) cf. 창세기 15:1—4, Cf. 창세기 21:1—12 아브라함은 자식이 없자 양자인 엘리에셀을 상속자로 하려고 하나, 하나님은 친아들로 상속자가 될 것을 약속하신다.
29) cf. 창세기 16:1—11, 21:10—18. cf. 창세기 29:16—31 아브라함이 하갈과 이스라엘을 추방할 때 고민한 것은 당시 풍습에 어긋나기 때문이기도 하다.
30) cf. 창세기 16:4—9 하갈은 사라에 의해 집에서 추방됨.
31) cf. 창세기 25:27—34 야곱이 형 에서에게서 장자권을 팥죽 한 그릇에 사들임.
32) cf. 창세기 31:17—35 라헬이 야곱과 같이 라반의 집을 떠날 때 드라빔을 훔치고, 라반이 그토록 중요하게 찾은 것은 이런 이유에서이다.
33) James B. Pritchard, ed., *Ancient Near Eastern Texts Relating to the Old Testament* (Oxford University Press, 1950), pp. 167-169.
34) G. W. Anderson, *op. cit.*, p. 29.
35) Usher 대주교가 아브라함의 출생을 기원전 1996년으로, 요셉이 이집트로 내려간 것을 기원전 1728년로 추산한 것은 흥미롭다. James Usher, *Annals Veteris Testammenti* (London, 1650), pp. 1, 6, 14 참조.
36) W.F. Albright, *The Archaeology of Palestine and the Bible* (New York: Fleming, 1932), pp. 137—142. *The Biblical Period from Abraham to Ezra*(New York: Harper

그룩(N. Glueck)도 네게브(Negeb) 지역을 발굴하고, 중기 청동기 시대와 아브라함의 시대를 동일시하는 결론을 내렸다.[37]

최근에 와서는 밀라드(A.R. Millard)와 와이즈만(D.J. Wiseman)이 중기 청동기 시대에 속하는 고대 근동의 고고학적 결과를 갖고 족장 기사에 대해 긍정적으로 재조명하였으며,[38] 셀만(M.J. Selman)은 족장기사에 나오는 풍습들이 고대 근동의 풍습들과 평행을 이룬다고 주장하며 족장기사의 역사성을 입증하였다.[39] 누구보다도 분명한 견해를 피력한 자는 브라이트(John Bright)로, 창세기의 족장기사는 의심할바 없는 기원전 20세기의 시대적 상황과 일치하며, 결코 후대의 어느 시대와도 일치할 수 없다고 보면서 창세기의 족장 시대에 속하는 동시대적 자료들을 수만 개 가지고 있다고 했다.[40]

4. 족장들의 인종학적 배경

앞에서 언급한 대로, 족장들이 메소포타미아 서북쪽에 있는 발리크(Balikh) 계곡에서 직접 유래했다는 히브리인의 전승은 틀림없는 사실로 본다.[41] 인종학적 배경으로 창세기 4장, 5장, 10장, 11장에 있는 족보를 통해서 아브람까지 흐르는 구속사적 씨흐름 구조에서 아주 선명하게 인종적 근원을 추적해 볼 수 있다고 본다. 간단히 요약하면, 아담에서 노아에게로(4—5장), 셈에서 아르박삿—셀라—에벨—벨렉—르우—스룩—나홀—데라—아브람(11장)이라는 선명한 족보가 제시되고 있어서 성경적인 구속사적 씨흐름을 단순하게 인정하는 것도 좋다고 본다. 그러나 이런 족보적 인물들은 남자들만 언급되기 때문에 그들의 여인들은 단순하지 않은 복잡한 혈연관계에 있다는 점을 인정해야 한다.

실제로 이스라엘의 선조들은 주로 서북 셈족 출신들이 많았지만, 모압, 암몬, 에

& Row, 1963), pp. 1—2.
37) N. Glueck, "The Age of Abraham in the Negeb", *The Biblical Achaeologist 18* (1955), pp. 6—9.
38) A.R. Millard & D.J. Wiseman, *Essays on the Patriarchal Narratives* (Leicester: InterVarsity Press, 1980)를 참고할 것.
39) M.J. Selman, "Comparative Customs and the Patriarchal Age", *Essays on the Patriarchal Narratives* (Leicester: Inter—Varity Press, 1980), pp. 93—138.
40) John Bright, *op. cit.*, p.77.
41) W. F. Albright, "The Biblical Period" (L. Finkelstein, ed, *The Jews, Their History, Culture and Religion*, Harper & Brothers, 1949), pp. 3—65.

돔과의 혈연관계 뿐 아니라(창 19:30—38, 36장), 미디안을 포함하여 수많은 아라비아 부족들과의 혈연관계도[42](창 25:1-5, 12-18) 강조하고 있다.[43] 한 예를 들면, 에스겔 16장 3절과 45절에서 예루살렘에 대하여 "너의 근본과 태어난 땅은 가나안땅이고 네 아비는 아모리 사람(An Amorite)이고 네 어미는 헷 사람(a Hittile)이라"는 야웨의 말씀은 복합적 기원을 암시하고 있다.[44]

특별히 히브리인들은 아람인들과 혈연 의식을 갖고 있었다: "네 조상은 유리하는 아람 사람으로서 소수의 사람을 거느리고 애굽에 내려가서 거기 우거하여 필경은 거기서 크고 강하고 번성한 민족이 되었더니"(신 26:5)에서 이스라엘 백성이 가나안 진입 후, 농사의 처음 열매를 성소로 가져왔을 때 고백한 족장 설화의 옛 신조(Credo)에 나타난다. "유랑하는 아람 사람"은 야곱을 지칭한다.[45] 야곱은 [밧단아람: Paddanaram]에 가서 20년 동안 살아가며 그곳의 4명의 여인들을 아내로 삼았다. 그들로부터 얻게 되는 12아들들이 바로 이스라엘 민족의 근거가 된다.[46] 특히 이삭의 아내 리브가의 아버지인 브두엘(Bethuel)이 아람인으로 나오고, 브두엘의 아들 라반은 되풀이하여 아람인으로 불리고 있다(25:20, 28:1-7, 31:20,24). 원래 가나안은 족장들이 도착하기 전에는 르바임족(Rephaim), 수스족(Zuzim), 엠족(Emim), 호리족(Horites or Hurrians), 아위족(Auim), 아낙족(Anakim)들이

---

42) 아브라함의 후처인 그두라와의 사이에서 욕산, 므단, 미디안, 그리고 이스박과 수아를 낳았다. 욕산은 스바와 드단을 낳았으며, 드단의 자손은 앗수르 족속과 르드시 족속과 르움미 족속으로 나온다. 미디안의 아들들과 이스마엘의 자손들로 말미암아 수많은 부족으로 번성한 것으로 나온다.
43) John Bright, *op. cit.*, p. 81. ; Theophile Meek, *Hebrew Origins* (NewYork: Harper & Row, Publisher, 1960), p. 185.
44) *Ibid*. 저주의 본문에 많은 아모리 사람들의 이름들이 나타나고 있다. 참고로 K. Sethe, *Die Ächtung Feindlicher Fürsten, Völker und Dinge auf Altägyptischen Tongefässcherben Mittleren Reiches* (1926); G. Posener, *Princes et pays d'Asie et de Nubie*(1940); *La Chronique & Egypte*, No. 27(1939), pp. 39—46, *Mélanges Syriens offers a M.R. Dussaud*, I (1939), 313—317.
45) G. von Rad, *Old Testament Theology*. trans. by D.H.G. Stalker (New York: Harper & Row, Publ, 1967). 여기서 주목할 것은 야곱에 관한 전승들이 주로 중부 팔레스타인 성소들, 즉 벧엘, 세겜, 브니엘에 결부되어 있다면, 이삭과 아브라함의 전승들은 남쪽, 특히 브엘세바, 마므레에 그 근원을 두고 있다는 것이다.
46) W.F. Albright, *op. cit.*, p. 237. Albright는 아람어로 Paddânâ는 히브리어 Sadêh인 "들, 평야"로 번역하여 "아람의 평야"로 본다. 그러나 John Bright(*op. cit.*, p. 78)는 이것을 "아람의 통로(아카드어로 Paddânu)"로 번역한다. Cf. R.T. O'Callaghan, *Aram Naharaim* (Rome: Pontifical Biblical Institute, 1948), p. 96.

살고 있었다. 이스라엘 족장들이 이주하여 가나인인들의 중요한 요소로 등장하게 되고, 후에는 가나안땅의 주인이 된다. 이스라엘 족장들의 인종학적 배경을 요약하면, 이스라엘은 셈 족속으로 한때는 반유목민이었으며, 결국 가나안 땅에서 농업과 목축과 상업으로 정착하였다.

요약하면, 아브라함을 비롯한 족장들의 삶의 방식과 사회 형태는 반(半)유목민 형태를 띠고 있었다. 이스라엘 민족은 본래 '떠돌아다니며 살아가던 아람인'(신 26:5)이었다. 이삭은 목축을 하면서도 그날 땅에 이르러 농업을 하여 백 배의 수확을 얻었다(창 26:12). 야곱은 밧단아람 외삼촌 집에서 20여년간 가축, 양떼를 치며 살았다(창 30장). 족장들의 삶의 방식은 사회적, 경제적으로 분명히 반유목민 생활의 특성을 지니고 있었다.

아브라함, 이삭, 야곱으로 이어, 요셉의 이집트 이주와 그의 죽음으로 족장시대는 끝이 나고, 이집트 이후의 모세 이야기로 옮겨간다. 그런 이스라엘이 아주 단순한 혈연적 배경처럼 보이지만, 히브리 성서는 하나의 민족으로 이스라엘은 보다 복잡하고, 잡다한 출신 배경을 가진 구성원들로 보여주고 있다. 먼저, 이집트로 이주한 야곱의 허리에서 나온 사람이 모두 70명이었다(출 1:5, LXX와 행 7:14에는 75명). 히브리 성서는 이 이스라엘 사람들이 400년간(창 15:13) 또는 430년간(출 12:40) 노예로 살다가 이집트를 탈출해, 60만 명의 '이스라엘 자손'과 '수많은 잡족'(여러 종족들)들이 함께 나왔다고(출 12:37-38) 기록하고 있다. 출애굽하여 광야에 이르러 함께 살아가던 무리들을 기술하기를 "이스라엘들 중에 섞여 살던 다른 인종들이 탐욕을 품으매 이스라엘 자손들도 울며" 고기 타령을 하게 된다(민 11:4).

이스라엘의 족장들은 한 곳에 머물러 살지 않았으며, 도시 문명의 영향권 안팎을 넘나들면서 문명과 교류하였다. 여러 지역을 이주하던 생활 방식을 띄고 있었기 때문이다. 그러나 그들은 "너는 내가 네게 보여 주는 땅으로 가거라. 내가 너로 큰 민족을 이루고, 네 이름을 창대하게 하리니 너에게 복을 주어, 너는 복의 근원이 될 것이다."(창 12:2) "내가 너의 자손에게 이 가나안 땅을 주겠다"(창 12:7) "내가 이 가나안 땅을 애굽 강에서부터 그 큰 강 유브라데까지 네 자손에게 주리라"(창 15:18)는 하나님의 확실한 약속을 받아 간직하며 떠돌던 족속이었다.

III. 족장들의 종교

아담에서 시작된 여인의 후손을 향한 원복음(창 3:15)의 구속사적 씨흐름은 바로 아브라함에서 구체화되며, 이야기 형식과 수직적인 족보기록 형식으로 창세기 12장에서 50장을 채워가고 있다. 아담으로부터 아브라함을 거쳐 이스라엘 12지파에 이르는 계보에 대한 구체적인 내용은 [구약성서의 족보적 연구] 책에서 다루는 것으로 하고 여기서는 간단히 요약해 본다.[47] 성서에 나타나는 많은 인물 중에서 아브라함은 특별히 신앙의 최고 인물로서 중요한 위치를 차지하고 있다. 아브라함의 소명 기사는 창세기에서 획기적 전환점을 이룬다. 이는 이스라엘 역사 서설의 중요 시발점이 된다.

A. 족장들에 주어진 언약들

창세기 12장—50장에서의 강조점은 하나님의 축복과 언약의 말씀에 있었다. 하나님의 구속사의 사역이 이제는 아브라함에 이르러, 가정적 단위로 구체화되며 [구속사적 씨흐름]이 계속되는 언약의 상속자들의 생애와 신앙적 삶이 창세기 후반부를 장식한다. 그것은 바로 족장들에게 계속되는 3가지 언약으로 전개되고 있다. 즉 아브라함으로 구체화된 하나님의 구속사를 위한 언약이 이삭, 야곱, 그리고 야곱의 열 두 아들 중에서 유다로 이어지는 족장 전통에서 그 맥이 이어진다. 그 구속사는 하나님의 언약의 반복과 실현에서 성취됨을 볼 수 있다. 아브라함에게 약속된 축복(12장, 15장, 17장)의 언약이 그 후손에게 거듭 반복되는데, 아담에서 시작한 [원복음]인 [여인의 후손]을 향한 그 [언약의 상속자]가 누구에게 상속되고 있느냐를 이야기 형식의 족보기록으로 추적해 가는 것이 창세기 12장에서 50장까지의 내용이다.

---

[47] C. Westermann, 「성서 입문」 김이곤 역(서울: 한국신학연구소, 1975), p.22.

1. 자손(씨)의 언약(12:2, 13:16, 15:5, 16:10, 17:2,4—6,16. 18:18, 22:17, 26:4, 28:4,14. 32:12)

여기의 씨(제라: עֶרַז seed)는 아들(son), 자손(descendants), 가문(family), 족보, 가계(pedigree), 미래의 자손들(future generation)들로 번역되는 단수집합명사로, 형식은 단수이나 보통 집합적인 의미를 갖고 있다.[48] 자손의 언약은 아브라함과 사라의 직계에서 태어나는 자손, 즉 구속사에서 맥을 이어갈 아들인 '씨'에 관심이 집중되어 있다. 그래서 이 단어는 하나의 아이를 지칭할 수도 있고, 혹은 한 개인에게서부터 출생하는 미래의 자손들 모두를 지칭할 수 있다.

하나님은 그리스도께서 오실 후손들의 가계(家系), 메시야 혈통에 대한 계시를 창세기에서 주셨다. 그 계보를 요약하면 ① 여자의 후손(창 3:15), ② 셋의 줄기(4:25), ③ 셈의 자손(9:26), ④ 아브라함의 가계(12:3), ⑤ 이삭의 후손(26:3), ⑥ 야곱의 후예(46:3), ⑦ 유다지파(49:10)이다(N.L. Geisler). 이것이 문학의 형식을 갖춘 족보로 정리되고 있다. 이 후손들은 여인의 후손이 탄생하실 때까지 중단 없이 번성해 가고 계속되어야 한다.

2. 가나안 땅(12:3, 18:1, 22:18, 26:4, 28:14)

하나님은 아브라함에게 "너는 너희 고향과 친척과 아버지의 집을 떠나 내가 네게 보여 줄 땅으로 가라"(창 12:1)라고 명령하시며 가나안 땅으로 인도하시고, 그의 후손에게 줄 가나안 땅의 경계를 아브라함과의 계약 의식에서 약속하신다: "그 날에 야웨께서 아브람과 더불어 언약을 세워 이르시되 내가 이 땅을 애굽 강에서부터 그 큰 강 유브라데까지 네 자손에게 주노라"(창 15:18)는 언약이 출애굽 사건을 예시(豫示)하시며 주어진다. 하나님의 구속사의 현장은 가나안 땅을 중심으로 하여 전부 이루어진다.

여인의 후손으로 오신 예수 그리스도의 복음이 전파되는 시작점으로 가나안 땅은 유럽대륙과 아프리카 대륙과 아시아 대륙으로, 바다로 뻗어가는 요충지로 손색이 없어 세계적인 기독교로 확장시키게 했다. 하나님의 구속적 목적을 수행함

---

48) Francis Brown, S.R. Driver and Charles A. Briggs, *A Hebrew and English Lexicon of the Old Testament*(Oxford: Clarendon Press, 1979), pp.282—283.

에 있어서 '택한 백성'들은 이 약속의 땅을 가져야 할 필요가 있었다. 곧, 가나안은 아브라함의 씨(후손)가 거할 땅으로 되어 있고, 하나님이 자신의 목적을 그들을 통해, 거기를 중심으로 성취시킬 땅이었다. 그래서 하나님은 집요하게 땅의 약속을 자주 언급하고 계시다.[49] 이스라엘은 가나안 땅에 대하여 본토박이 의식을 갖지 않고 출애굽의 구원을 주신 하나님의 선물로 항상 이해하고 있었다. 짐멀리(W. Zimmerli)는 땅에 관한 구약 표현에는 두 가지 요소가 있다고 본다. ① 땅은 선물의 성격을 띠고 있으며 ② 이 땅은 단순히 물질적으로 그 가치를 평가할 수 없으며, 항상 '야웨 백성'으로서 이스라엘의 위치와 결부되어 특별한 가치를 가지고 있다는 사상이다.[50] 이 땅에서 하나님은 자기를 계시하시고, 하나님 백성의 역사를 이루시고, 메시야 사역과 종말적 사건까지 다 이루신다.

3. 복의 중재자(모든 민족: 천하 만민이 복을 얻는다: 12:3, 18:18, 22:18, 26:4, 28:14)

야웨 하나님은 아브라함을 비롯한 족장들, 그 후손들인 이스라엘을 택하시고, 택하신 그들과 계약을 맺으시고, 그 계약의 언약을 성취하시기 위해 그들은 축복하시어 대제국들 틈에서 존속하게 하신 이유가 무엇일까? 이 질문에 대한 가장 명쾌한 대답은 바로 그들을 선교적 사명인 온 인류를 향한 [복의 중재자]로 사용하시기 위함이라는 것이다. 바로, "내가 너로 큰 민족을 이루고 네게 복을 주어 네 이름을 창대케 하리니 너는 복의 근원이 될지라. 너를 축복하는 자에게는 내가 복을 내리고 너를 저주하는 자에게는 내가 저주하리니 땅의 모든 족속이 너를 인하여 복을 얻을 것이니라"(창 12:2—3)라는 언약이다.

이스라엘의 민족적 사명은 포용적 세계주의로 그들에게 주어진 하나님의 선택 목적(거룩한 백성, 제사장 나라)을 이루어 가는 것이다. 특히 위대한 지상사명(마 28:18—20)이 아브라함의 씨(자손)인 예수 그리스도를 통한 메시야 왕국을 세계적인 것으로 만든다. 모든 민족들이 예수 그리스도의 복음을 통해 천하만민이 복을

---

[49] Wilbur Smith, *Christian Today*, December 24, 1956에서 "아마 성서에서 나타나는 하나님의 어떤 약속도 땅의 약속만큼 집요하고 자주 나타나는 것은 없다"고 했다. J.P. Milton, *op. cit.*, p. 67에서 재인용.
[50] *Ibid.*

받게 된다. 여기서 지역, 종족, 민족, 피부의 장벽들은 모두 사라져 버린다. 족장의 하나님은 족장들을 불러 계약을 맺고 이 언약들을 끝까지 성취시켜 나가시는 하나님으로 이해되었다.

B. 족장들의 구속사적 씨흐름 구조: 언약의 상속자들

구약시대에는 아직 미완성 계시의 시대이고, 미성숙 단계의 제도로 일부일처제를 기본으로 하면서도 일부다처제가 나타나는 걸 보게 된다. 그래서 아브라함도 하갈이라는 첩이 있었고, 야곱도 네 명의 여인을 아내로 받아들였다. 그 여인들로부터 많은 자손들이 있다하더라도, 대체로 순수한 첫 부부간에서 태어나는 아들에 대한 기대가 있는 건 상식이다. 그 자손이 바로 구속사의 주인공으로 나타나야 한다. 그래서 [아브라함과 사라] 사이에서 태어난 [이삭]이 언약의 상속자로 분명히 구별되고 있다. 집합적인 의미로 그의 씨로 부를 수 있는 아브라함의 많은 아들 가운데서 이삭이 언약의 상속자로 분명하게 자리를 차지한다(창 25:1—6).

이삭은 리브가 한 여인으로 일생을 살아간 인상적인 족장으로, 에서와 야곱 두 아들로 이야기가 전개된다. 그 두 아들 중에서 야곱에게로 언약의 상속이 넘어가는 섭리로 명실공히 이삭 다음의 구속사의 씨흐름 구조의 상속자로 에서를 제치고 야곱이 우뚝 서게 된다.

야곱은 얍복 강변에서 기도하며 밤새도록 어떤 사람과 씨름한다. 이 "어떤 사람"은 구약에 나타난 [Christophany: 그리스도 현현, 성자 하나님]을 말한다. 왜냐면, 야곱이 그 곳 이름을 [브니엘: 하나님의 얼굴]로 이름짓고 "내가 하나님과 대면하여 보았으나 내 생명이 보전되었다"고 고백하기 때문이다(창 32:30). 또한 야곱의 이름을 [이스라엘: 하나님과 겨루어 이김]로 개명하는 엄청난 축복을 받아냄으로 하나님의 [구속사적 씨흐름]의 언약의 상속자로 명실공히 우뚝 서게 되기 때문에, 이런 엄청난 하나님의 섭리를 선언한 것은 하나님이 직접 개입하신 사건으로 강조하는 것이다. 그래서 야곱은 [아브라함—이삭—야곱]으로 이어지는 3대 족장의 위치를 얻게 되고, 결국 이스라엘 지파의 실제적 조상으로 영원한 이스라엘이라는 영광스런 이름의 시조가 된다.

결국 그 야곱의 12아들 중에서 바로 [유다]가 우여곡절 속에 [구속사의 씨흐름]

의 언약의 상속자가 되어 그 후의 이스라엘 역사가 유다지파 중심으로 펼쳐지고 다윗왕조의 남왕국 유다로 전개되어 [여인의 후손 예수 그리스도]의 탄생까지 중단없이 이어지는 족보의 기틀을 마련하고 있다.

야곱의 12아들 중에 장남인 르우벤은 야곱의 첩인 빌하를 범함으로 그의 아비의 침상을 더럽혔기 때문에 구속사적 족장전통의 씨흐름에서 탈락(창49:4)하고 만다. 그 다음 둘째, 셋째 아들인 시므온과 레위도 디나 사건 때 [히위] 족속들에게 잔인한 피의 복수를 행했기 때문에 상속권을 박탈당한다(창 34:13—29). 그래서 그 다음의 아들인 넷째 유다에게 구속사의 씨흐름이 향하게 된다. 즉, 그에게 언약의 상속자, 언약의 치리자로 "임금의 지휘봉이 유다를 떠나지 않고 통치자의 지휘봉이 자손만대에 까지 이를 것이며, 권능으로 그 자리에 앉을 메시야가 오시면 만민이 순종하게 된다"(창 49:10)는 원대한 하나님의 구원사 구도가 제시된다.

유다의 후손에서 여인의 후손인 메시야가 나타날 것을 야곱의 유언적 축복 속에서 선언된다. 창세기는 유다 다음에 베레스와 그 아들 헤스론의 출생으로 끝을 맺으며, 아담으로부터 긴 구속사의 씨흐름을 정리한다.

한 가지 언약 기사에서 특이한 것은 창세기 후반의 역사를 광범위하게 장식하는 인물인 요셉에게는 이 족장의 언약이 전혀 언급되지 않은 채, 창세기가 그의 죽음 기사로 끝나고 있다는 점이다. 요셉의 역할은 이집트의 총리로서 야곱족속을 가나안 기근에서 구출하여 구속사적 씨흐름을 존속시키는 것이었다. 족장의 역사에서 창세기 기자가 의도하는 바는 하나님의 구원사를 위한 언약이 어떻게 연속되는지를 확인하려는 것이다. 그것은 창세기가 아담에서 헤스론까지의 씨흐름으로 끝난다. 그 다음은, 역사 속에서 헤스론—람—아미나답—보아스—오벳—이새—다윗—[르호보암→요셉: 마태복음 1장 <=> 나단→마리아: 누가복음 3장]으로 이어져 씨흐름이 중단없이 흘러가, 여인의 후손으로 예수 그리스도가 탄생하셨다. 예수 그리스도로 완성되는 구속사로 가는 엄중한 통로가 구속사적 씨흐름이기에 중요하게 계속 반복되고 있다.

C. 족장들과 관련된 신명칭(神名稱)

족장들에게 계시된 하나님의 명칭은 출애굽기 6:3과 창세기 17:1에 의하면 '엘 샤다이'(אל שׁדי= 나는 전능의 하나님이다)로 나타난다.

이것이 이스라엘의 최고(最古) 족장인 아브라함에게 하나님이 자신을 나타낸 이름이다. 이 하나님의 명칭은 출애굽 사건의 시작에서 모세에게 상기되면서 하나님은 완전히 새롭게 자기 이름을 야웨 (יהוה)로 소개한다.

"나는 야웨니라 내가 아브라함과 이삭과 야곱에게 '엘 샤다이'('el Shaddai)로 나타났으나 나의 이름을 야웨로는 그들에게 알리지 아니하였다"(출 6:3)

족장들에게 주어진 구체적 신명칭은 '엘 샤다이'로 나타나지만, 그 외에 'El'과 관련된 몇 가지의 명칭이 창세기에 나타난다. 이스라엘 족장들은 초기에는 여러 형태의 '엘'신으로 표현하며 하나님을 섬긴 것으로 나타난다. 신명칭이란 그 신의 참된 본질(특성)을 나타내기 때문에 중요한 의미를 갖는다.[51]

1. 엘 엘욘(אל עליון: 창 14:18-22)

아브라함이 전쟁에서 이기고 돌아올 때, 살렘 왕이요. 제사장인 멜기세덱이 떡과 포도주를 가지고 나와 천지의 주재시요, '지극히 높으신 하나님('el 'elyon: God Most High)'의 이름으로 축복한다.

'elyon의 어원은 (עלה 위로 오른다, 높다)로, 'elyon은 남성 명사형인 '보다 높은 것(the upper, 창 40:17)', '가장 높은 것(the highest, 창 14:18)'이 된다. 그래서 'el 'elyon은 '지극히 높으신 하나님'으로 해석되었다. 본문에 의하면 '하늘과 땅을 지으신'으로 수식이 되어서 '창조주이신 최고의 하나님'으로도 설명할 수 있다.[52]

드보(Roland de Vaux)에 의하면, El과 Elyon은 가나안 페니키안(Canaanite—

---

[51] Werner H. Schmidt, The Faith of the Old Testament, tran. John Sturdy (Philadelphia: The Westminster Press, 1983), p. 13.
[52] cf. L. della Vida, "El 'Elyon in Genesis 14:18—20", Journal of Biblical Literature, 63(1944), pp. 1—9.

Phoenician)의 만신전에서 서로 구별되어[53] 사용된 신명칭인데, 창세기 14장에서 임의적으로 결합되었다[54]는 것이다. '라스 샤므라(Ras Shamra)'[55]에서 발견된 신화적 본문에서는 El과 Elyon이 연합하여 나타나고,[56] 만신전의 신들 중에 우두머리격인 주신(主神)이었다고 한다. 'ēl 'elyon 예배는 이스라엘 사람들이 가나안 정착 이전 고대 가나안의 예루살렘에서 시행된 것이라는 추측이 있다.[57]

이 El Elyon 칭호는 이스라엘이 가나안 살렘 성소에서 최고의 존경자로 사용하던 신명칭으로, 이스라엘 족장들에게 전래된 이래로 점점 사용치 않게 되었다고 한다.[58] 그래서 몇몇 옛 노래 속에 남아 있게 되었다. ① 발람의 노래 (민 24:16) ② 모세의 노래 (신 32:8) ③ 다윗의 노래 (삼하 22:3) 등에 나타난다. 이 El Elyon 신명은 야웨 예배와 관련하여 창세기 14:22에서 아브라함은 '천지의 주재시요. 지극히 높으신 하나님(Highest God)'과 '야웨(Yahweh)'를 동일시하고 하나님을 창조자로 분명히 밝히고 있다.

2. 엘 올람(אל עולם: 창 21:33)

창세기 21:33에 영생하시는 하나님(the everlasting God)의 명칭이 나오는데, 아주 오래된 전승을 가지고 있다.

"아브라함은 브엘세바에 에셀 나무를 심고 거기서 영생하시는 하나님('el 'ôlām) 야웨의 이름을 불렀다."

여기에 나타난 '올람('Olam)'이란 히브리어는 '영구한(eternal)', '영원

---

53) M.H. Pope, "El in the Ugaritic Text", *Supplement to Vetus Testamentum*, 2(1955), pp. 55—58.
54) Roland de Vaux, *The Early History of Israel*, trans. D. Smith (Philadelphia: The Westminster Press, 1978), p. 277.
55) Frank Moore Cross, *Canaanite Myth and Hebrew Epic* (Cambridge: Harvard University Press, 1980), p. 52.
56) Gerhard von Rad, *A Commentary of Genesis* (London: S.C.M. Press LTD, 1979), p. 180.
57) *Ibid.*, pp. 179—180.
58) G. W. Anderson, 「이스라엘 역사와 종교」 김찬국(서울: 기독교서회,1970), p. 31. Anderson은 여기의 살렘은 분명히 예루살렘을 뜻한다고 본다.

(eternity)'으로 번역이 되는데 그것은 초시간, 혹은 내세적 시간 개념을 가진 것이 아니라, 오히려 언제까지나 끝없이 앞뒤로 확장하여 퍼져 나가는 시간 개념을 내포하고 있다.[59] 크로스(F.M. Cross)는 '엘 올람'은 '영원한 자 하나님'(the god of eternity), '옛적부터 계신 하나님'(the ancient god)으로 번역할 수 있고, '엘'의 특징적 별칭으로 형용사적으로 사용되었다고 본다.[60] '올람'은 '엘'의 제의용 신명칭으로, 당시 가나안 남부 지역에서 널리 퍼져 있었다.[61]

이스라엘 이전 시대에 '영생하시는 하나님'은 브엘세바(Beersheba)에서 섬겨졌는데, 이스라엘 선조들이 이 예배와 족장들의 하나님을 결합시켰다고 보기도 한다.[62] 여기서의 영원한 시간 개념은 시간 내에서의 구속을 뜻하기도 한다.[63]

이 El Olam은 신명기 33:27, 예레미야 10:10, 신명기 33:27에도 나타나고 이사야 40:23에는 '영원하신 하나님'으로 야웨가 묘사되고, 시편 90편에도 '영원부터 영원까지 당신은 하나님'으로 찬송한다.

3. 엘 로이(אל ראי: 창 16:13)

아브라함의 첩 하갈이 본부인 사래를 피하여 광야에 있을 때, 하나님께서 이스마엘의 잉태와 자손의 장래를 약속하자, 하나님을 가리켜 '감찰하시는 하나님('el ro'î: God of seeing)'으로 불렀다. 라아(ראה)는 '바라보다', '방문하다', '감찰하다', '돌보다'의 뜻을 가지고 있고, 그 분사형인 ראה(ro'eh)를 선견자(Seer)로 사용하였다. 그래서 El Roi는 아마도 '나를 보시는 분(The One who sees me)'이라는 의미일 것이다.[64]

4. 엘 벧엘 (אל בית: 창 31:13)

벧엘은 야곱이 고향, 부모를 떠나 하란을 향하여 가다가 한 곳에서 돌을 취하여

---

59) Gerhard von Rad, *A Commentary of Genesis* (London: S.C.M. Press LTD, 1979), p. 237.
60) Frank Moore Cross, *op. cit.*, p. 50.
61) *Ibid.*, pp. 50—51.
62) G. von Rad, *op. cit.*, p. 237.
63) J. Gray, *The Legacy of Canaan* (Leiden: E.I. Brill, 1965), p. 278.
64) W.F. Albright, *From the stone Age to Christianity* (Baltimore: The Johns Hopkins Press, 1957), p. 248.

잘 때, 하나님이 꿈에 나타나 족장 전통의 축복과 언약을 주신 곳이다. 깨어난 야곱은 베개 했던 돌로 기둥을 세우고 그곳 이름을 벧엘(beth'el)이라 했는데, 그 뜻은 '하나님의 집'이란 뜻이며 후에 벧엘이란 지명이 되었다. 야곱이 외삼촌 라반의 집을 떠나면서 하나님이 자신에게 나타나서 그곳을 떠나라 하셨다는 말을 할 때, 하나님 스스로 "나는 벧엘 하나님이라"로 지시하셨다고 전한다. 여기서 엘 벧엘은 '벧엘의 하나님(God of Bethel)'을 뜻한다. 야곱이 하란에서 되돌아와서 '벧엘'로 올라가 단을 쌓고, 그 곳을 엘 벧엘이라 불렀다(창 35:1-7).

드보(R. de Vaux)는 성서 자체의 증거로 스가랴 7:2에 벧엘—사레셀(Bethel—Sharezer)의 고유 명칭에서와 같이 신인 벧엘(a god Bethel)로 이해할 수 있고, 예레미야 48:2에는 "이스라엘 집이 벧엘을 의뢰하므로 수치를 당한 것 같이 모압이 그모스로 인하여 수치를 당하리라" 하여 이스라엘은 '벧엘', 모압은 '그모스'의 신과 대칭을 이루어 신명칭으로 사용되고 있다는 것이다. 그러나 여기서는 벧엘에 있던 어느 신을 의미하는 것 같다.[65]

대체로 족장과 관련된 이 신명칭들은 옛 성소들과 연관되어 나타나고(예를 들면, '엘 올람'은 브엘세바와 '엘 엘리온'은 예루살렘과 관련), 하나님의 실제적 명칭보다는 하나님의 속성을 나타내는 형용사적 별칭(別稱)이라 볼 수 있겠다. 또한 그 중 어떤 것은 다른 고대 문헌들에서 신의 칭호라는 것이 증명되므로 이스라엘 이전부터 기원했다고 볼 수 있다.[66] 히브리 족장들이 팔레스타인으로 이주해 왔을 때, 그들의 씨족신들은 공통적 특징 때문에 그 이름이 어떤 것이든지 지방적으로 이런 여러 이름들을 가지고 숭배되었던 엘신과 동일시되었을 것으로 본다.[67]

위에서 논한 족장들의 신명칭에 공통으로 들어있는 '엘'(El)은 '신'을 뜻하는 셈족의 일반 명칭이다. 일반적으로 신적인 존재에 대하여 보통 명사로 '엘'이라는 칭호를 광범위하게 사용하고 있었다. 그래서 족장들은 그들이 섬기던 창조주이면서 그들을 선택하여 인도하시던 하나님을 당시의 일반 보통 명사인 [El]명칭을 통해 섬겼다.

---

65) Roland de Vaux, *op. cit.*, p. 275. Cf. O. Eissfeldt, "Der Gott Bethel", *ARW* 28(1930), pp. 1—30. I.P. Hyatt, "The Deity Bethel and the O.T.", Journal of American Oriental Sociéty 59 (New Haven, 1939), pp. 81—98.
66) John Bright, *A History of Israel* (Philadelphia: Westminster Press, 1981) pp. 99—100.
67) *Ibid.*

여기서 특이한 것은, 이 El신 명칭이 이스라엘 족장들의 하나님으로 사용될 때는 그 독특성을 의도적으로 나타내기 위해 단독적으로 사용하기보다는, 앞에서 논한 대로 형용사적 부가어(附加語)나 어느 인명이나 지명 등과 함께 더불어 사용하였다.[68]

한편, 족장들의 대표적인 구체적 신명칭은 '엘 샤다이'(El Shaddai)로 언급이 되고 있다(창 17:1, 출 6:3). 족장들과 하나님과의 결정적 관계에서는 꼭 '엘 샤다이(El Shaddai)'의 신명칭이 사용된다. 아브라함에 자손 번영 등의 언약 확인 때(창 17:1—14), 이삭이 야곱을 축복할 때(창 28:3), 하나님이 야곱의 이름을 이스라엘로 개명(改名)했을 때(창 35:9—12), 야곱이 에브라임과 므낫세를 축복할 때(창 48:3—4) 등은 꼭 '엘 샤다이(El Schaddai)'로 나타나거나(e.g., "나는 El Shaddai이니라"),[69] 그 이름을 사용하고 있다(e.g., "El Shaddai께서 네게 복을 주어").[70] El Shaddai에 대해서 아래에 구체적으로 논한다.

D. 족장들의 El Shaddai 의미 고찰

족장들에게 계시된 하나님의 신명칭은 출애굽기 6장 3절과 창세기 17장 1절에 의하면 'El Shaddai'로 나타나고 있다. 야웨(YHWH) 신명을 제외하고는 이 El Shaddai, 혹은 Shaddai만큼 논쟁을 많이 불러 일으킨 신명칭도 없다. El Shaddai는 대체로 희랍어, 영어, 한글 성서가 '전능의 하나님'으로 번역하고 있다. 그러나 이 Shaddai 번역 논쟁은 여러 가지로 나타나면서 그 의미가 다양하게 파헤쳐지고 있어서 여기서 그것들을 소개하려고 한다.

족장시대에 있어 계시의 한정성: 출애굽 사건의 시작에서, 하나님은 모세에게 '야웨' 이름을 계시하면서 족장들에게 계시된 신명칭을 상기시킨다. 그러면서 '야웨' 계시의 전혀 새로운 국면을 제시하시면서, El Shaddai의 한정성을 암시하고 있다.

---

68) J. A. Motyer, "하나님의 성호의 계시", 「구약신학 논문집」 윤영탁(서울: 성광문화사, 1985), p. 57. Motyer는 야웨 이외의 다른 모든 신명칭들은 야웨의 속성을 나타내는 칭호들(titles)이나 서술들(descriptions)이며, 그것도 종종 불완전하게 이해되고 있다고 보았다.
69) 창세기 17:1, 창세기 35:9—12.
70) 창세기 28:3, 48:3—4.

"나는 야웨니라. 내가 아브라함과 이삭과 야곱에게 '엘 샤다이('히 Shaddai)'로 나타났으나 나의 이름을 야웨로는 그들에게 알리지 아니하였다"(출6: 3)

여기서 보면 족장들에게 'El Shaddai'로 계시된 하나님의 계시는 모세에게 계시된 '야웨' 신명칭 계시와 전적으로 차이가 있음을 암시한다. 즉, 족장에게는 '엘 샤다이'로 하나님의 계시가 한정되고, 더욱이 일시적 단계로 주어진 것이라는 것이다.[71] 그리고 보면 하나님의 실제적이면서 완전한 하나님의 자기 명칭 계시는 족장에서가 아니라, 바로 모세에게 와서 이루어졌다고 볼 수 있는 것이다.

모세 이전의 족장들이 사용한 신명칭은 엘 샤다이(El Shaddai)로서 굳어지고 있다. 여기에 대한 구체적 해석과, 특별히 가나안 만신전의 신(神)과의 관계를 살펴보려는 것이다. 족장들이 가나안에 이주하여 그들의 종교 생활을 할 때 그 당시의 종교형태와 풍습이 깊이 관련되었던 흔적이 많이 나타나고,[72] 엘(El)신은 사실 가나안 만신전의 최고 신이었기에 그 관계성을 연구해 봄은 중요하다고 본다.

족장들의 신명칭에는 다양한 형태가 많이 나타나고 있는데, 거의가 엘(El)이란 명칭이 들어있는 복합어들이다. 그러나 그 중에서도 엘 샤다이(El Shaddai)는 최고의 족장에게 계시된 신명칭으로 구체화되고, 모세에게 야웨(Yahweh) 명칭이 계시되면서 하나님은 족장의 하나님 명칭을 엘 샤다이(El Shaddai)로 분명히 구분짓고 있다.[73]

1. 엘 샤다이(El Shaddai)의 구조

엘(El)은 '하나님(神)'을 뜻하는 셈족어의 보통명사이다.[74] 샤다이(Shaddai)는 '엘'을 수식하여 그 특성과 특징을 나타내는 형용사적 용법으로 사용된 것으로 볼

---

71) Gerhard von Rad, *A Commentary of Genesis* (London: SCM Perss, LTD,. 1979), p. 198.
72) 계약체결에서 헷 족속들의 계약 형태를 사용하고 있음(George Mendenhall, *Law and Covenant in Israel and Ancient Near East* (Pittsburgh: Biblical Colloquium, 1955) 과 족장들의 관습과 누주 문서에 나타난 것과 동일함. 최종진, "족장들의 배경과 하나님", 「신학과 선교」제7집 (부천 : 서울신학대학, 1981), pp. 168—169.
73) 창세기 17: 1과 출애굽기 6:2—4.
74) M.H. Pope, "El in the Ugaritic Texts", Supplements to Vetus Testamentum, Vol. II (Leiden: E.J. Brill, 1955), p. 35.

수 있다.

족장과 모세의 종교는 하나의 개인적, 종족적 지파의 하나님을 섬기는 종교였다. 즉, 나의, 너의, 그의 아버지의 하나님으로, 그 이름은 '엘(El)'이었다. 이 하나님은 그의 족장을 불렀고, 그의 백성과 같이 행했고, 그들이 무엇을 할 것인가를 지시하셨고, 그들을 보호하고 미래를 약속하셨다. 특별히 가나안 땅의 소유에 대한 약속은 창세기 내용과 출애굽기, 여호수아서의 가나안 진입과 정착 과정을 말하는 모든 이야기를 하나로 묶는 핵심이 된다. 그러나 이 '엘'은 셈족 언어에서 단순히 'god'을 뜻하는 말로, 일반적으로 신적 존재에 대해 광범위하게 사용된 칭호이다. 그러나 유목민이었던 족장들의 이 개인적 종교는 농경문화에 정착된 가나안 사람들의 종교와는 아주 다르다. 단지 명칭만을 빌려 쓰고 있었지, 가나안 종교와는 구별된 특징을 인정해야 한다.

a. 가나안 종교의 '엘'과 '바알(Baal)'

가나안은 옛부터 산맥으로 둘러싸인 농경지대로 많은 민족들이 탐내던 곳으로, 그곳 주민인 가나안인(Canaanites)들은 강대국의 틈바귀 속에 시달려 왔다.[75]

그들은 정치적으로 원숙한 체계를 갖추지는 못했지만, 그들 나름대로의 문화와 공통언어를 가지고 있었다. 이곳은 기원전 3000년경에 이미 셈족들이 살고 도시국가 형태를 이루었고,[76] 기원전 2000년경에는 메소포타미아에 정착된 셈족의 부류인 아모리인들(Amorites)이 이미 이곳을 통치한 듯하고,[77] 메소포타미아에서 아랍 사람들이 팔레스타인 쪽으로 민족 이동을 감행한 것으로 본다.[78] 그리고 북에서 내려온 헷 족속(Hittites)이 가나안 일대를 주름잡고 있었다. 기원전 14세기경에 이르러 가나안 통치자들이 이집트와의 외교관계에서 도움을 얻기 위해 보낸 서신들이 아마르나 문서(Amarna letters)로 남아 있다.

---

75) Michael David Coogan, ed., *Stories from Ancient Canaan* (Philadelphia: The Westminster Press, 1978), p. 9. 이곳은 대체로 현재의 시리아, 레바논, 이스라엘, 요르단 지역을 의미한다.
76) Sabatino Moscati, *The Face of the Ancient World* (Garden City: Doubleday & Company, Inc., 1961), p. 207.
77) James B. Pritchard, ed., *Ancient Near Eastern Texts Relating to the Old Testament* (Princeton: Princeton University Press, 1955), p. 328.
78) James B. Pritchard, *Ancient Near East. An Anthology of Texts and Pictures* (Princeton: Princeton University Press, 1969), p. 285.

고고학적 문헌 중 값진 것 하나가 기원전 14세기와 13세기의 형편을 알려주는 우가릿(Ugarit) 문서이다. 이는 외교문서, 상거래의 법 조항 등을 비롯, 신화와 서사시 등 수많은 토판으로 되어 있다.[79] 이 우가릿 문서에서 가나안 사람들의 종교적 특징은 알아볼 수 있고, 성경에 나타나는 가나안 종교와 같다고 볼 수 있다.[80]

우가릿 토판에 의하면, 가나안 종교는 다신론적(多神論的)이어서 가나안 만신전에는 30이 넘는 신들이 있었다.[81] 그 신들은 모든 인간의 감정과 허약성을 나타내는 신인동형동성론적 종교였다. 가나안 만신전(萬神殿)의 주신(主神)은 '엘'이었다. '엘'은 모든 신들을 다스리는 최고의 권위를 가진 '신들의 아버지' 혹은 '신들의 왕'이었다. '전쟁의 엘', '황소(the Bull)의 엘'이었다. 이것은 가나안 중심의 특성이 황소의 정력과 풍요한 농사와 관련되어 있음을 알려준다.[82] 그래서 라스샤므라(우가릿) 문서에 의하면, 생명과 다산(多産)을 베풀어주는 신으로 이해하였다.[83] '엘'의 아내는 '아디랏(Athirat)', 혹은 '엘랏(Elat)'인데, 구약에서는 '아세라(Asherat)'로 나타나고 만신전의 모신이다.[84] 명목상 '엘'신 밑에는 '바알(Baal)'신이 있었는데, 후기 자료에 의하면 '엘'이 땅 속으로 사라지고 대신에 '바알'이 주도적 위치를 차지하게 된다.[85] 그래서 '바알'이 '엘'보다 더 활동적이고 더 유명하게 알려져 있다. '엘'신은 신들 위에 뛰어난 존재로서 신을 나타내는 일반명사로 알려지고, 우가릿 문서에 의하면 '창조하는 엘'이란 정식적(定式的) 문구가 나온다.[86] 그래서 '만물의 창조자', '시간의 아버지' 등의 이름으로도 불린다.[87] '착하신 분'으로 불리면서 흰 수염이 난 노인으로 묘사되고, '엘'은 두 개의 바다가 만나는 높은 산 위에 거하고 있

---

79) William Foxwell Albright, *From the Stone Age to Christianity* (Garden City: Doubleday & Company, Inc., 1957), p. 39. 이 우가릿은 북부시리아에 있는 고대도시(지금의 Ras Shamra)로, 기원전 1200년 경 바다 사람들이 멸망시켰다. 1928년 시리아의 한 농부가 밭을 일구다 발견했다.
80) John Bright, *A History of Israel* (Philadelphia: The Westminster Press, 1971), p. 52.
81) Kathleer M. Kenyon, *The Bible and Recent Archaeology* (Atlanta: John Knox Press, 1978), p. 25. 그러나 문 희석 편「구약성서 배경사」(서울: 대한기독교출판사, 1982), p. 426에서는 '엘'신은 70신들(Elim)의 아버지이라고 한다.
82) G. W. Anderson,「이스라엘 역사와 종교」, 김 찬국 역 (서울: 기독교서회, 1970), p. 83.
83) 장일선,「구약전승의 맥락」(서울: 대한기독교출판사, 1983), p. 51.
84) 문희석, *op. cit.*, p. 426.
85) Kathleer M. Kenyon, *op. cit.*, p. 25.
86) John Bright, *op. cit.*, p. 236.
87) M.H. Pope, "El in the Ugaritic Texts", *Supplement to Vetus Testamentum, Vol. I* (Leiden: E.J. Brill, 1955), p. 35.

다.[88] 그래서 가나안 신화에서는 별로 뚜렷한 자리를 차지하고 있지 않다.

반면에, 실질적으로 잘 알려지고 우가릿 뿐 아니라 가나안 일대에서 널리 숭배받은 신은 '바알'이다. 구약성경에 자주 등장하는 가나안 원주민들의 신인 바알은 '소유자', '주인', '남편'을 뜻하는 보통명사이다. 우가릿 문서에서는 '왕자', '땅의 주인', '승리자 바알', '구름을 타시는 자' 등으로 불리고 있다.

이 바알 신화의 기본을 이루는 것은 죽음의 세력과 생명의 세력과의 투쟁, 즉 생사의 싸움이다. 당시 사람들은 전적으로 짐승의 떼와 들판에 의존한 생활이었기에, 개인의 신체적 기능 뿐 아니라 자연의 순환 과정도 모두 중요했다. 곡식이 자라는 계절에 촉촉하게 적당한 양의 가을비와 봄비가 유익하게 내리는지의 여부는 생명과 죽음의 한 요소였다(성서에 이른 비와 늦은 비, 신 11:14, 약 5:7). 여기에 가축떼가 계속적으로 풍요하게 번성함도 중요했다. 즉, 가축의 떼나, 들의 소산, 가정의 생명과 그들 존재를 위협하는 여러 가지 세력이 남신들과 여신들로 인격화되어 표현되었다. 가나안인들은 종교의식과 이 서사시들을 통해서 신들의 투쟁에 참여하고 수행한다.

우가릿 자료에는 바알에 관해 두 가지 주요 주제가 강조되고 있다. 하나는 바다의 왕자이며 강의 지배자인 광폭하고 파괴적인 물의 신(성경에는 꼬불꼬불한 뱀 리워야단 : Leviathan,[89] 사 27:1, 시 74:14)과 바알의 투쟁이고, 다른 하나는 한발과 불모와 죽음의 신 모트(Mot)[90]와의 육지에서의 전쟁이다.

바다와 강은 다루기 힘들고 조절하기 곤란하여 잇따라 혼돈을 가져와 도도함과 위협으로 신들의 회합에 도전해 오나, 아무도 감당치 못하는 것으로 묘사한다. 경직된 가운데 신들의 모임은 용감무쌍한 용사의 모습을 하고 있다.[91]

"거룩한 보좌에 있는 신들이여! 어찌하여 당신들은 무릎에 머리를 떨구며 쳐박고 있느뇨. 신들이 바다의 전령 때문에 폭풍우의 사신들 때문에 공포에 질려 떨고 있음

---

88) Michael David Coogan, ed., *op. cit.*, p. 12.
89) 리워야단은 당시의 신앙의 대상인 해양신였다. 강력한 바알의 원수였다.
90) 김희보, 「구약의 이스라엘 역사」(서울: 총신대학출판부, 1984), p. 34. Mot신은 바알신의 불행과 재난과 죽음의 신으로, 지하세계와 황무한 땅이 그 거처 영역이라고 보았다. Mot의 이름이 Horon으로 나타나기도 하는데, 여호수아 10:10—11에 Beth—Horon이 나타난다.
91) G.W. Anderson, *op. cit.*, p. 83.

III. 족장들의 종교 117

을 나는 보는도다...... 진실로 바다의 흉용한 전령들에게 저 폭풍우의 지배자들에게 내가 답변하리이다."[92]

그러자 바알에게 마술 곤봉을 만들어 준 신의 기능공인 코샤르(Koshar)가 그 마술적 무기를 가지고 임전태세에 들어간 바알을 소개하며 환호하여 맞이한다(시 62:9과 146:10과 흡사한 언어로 표현).

"오 바알공이시여, 제가 당신께 말씀드리지 않았습니까? 오 구름을 타고 다니시는 자시여, 제가 반복하여 말하지 않았습니까? 보옵소서 오 바알이시여, 당신의 원수를! 바로 당신은 당신의 원수를 망가뜨려 멸하시리이다. 보옵소서 당신은 당신의 대적들을 싸워 이기시리니 영원한 왕국이 당신의 소유가 되리니 당신이 영원히 대대에 이르러 통치하시리이다."[93]

격렬한 싸움으로 바다와 그 동맹 세력들을 정복한 바알은 정복당한 원수들로부터 '주(Lord)'로 불려진다. 그리하여 바알의 능력과 위세를 나타낼 궁전을 세우려 하자 신들의 여주인인 아세라(Asherah)가 바알을 위해 '엘(El)'에게 간청하여 허락을 받아낸다. 신적 재능을 가진 기능공(匠人)들이 설계와 건설을 도맡아 레바논의 제일 좋은 재목에 금과 은으로 장식된 궁전이 바알을 위해 세워지고, 바알이 왕으로 즉위하고, 모든 다른 신들에 향연이 베풀어진다. 질서가 잡히고 안정이 있어 보인다. 모든 신들이 혼돈을 제압하여 질서로 승리를 거둔 승리의 영웅을 찬양한다.

이 행복한 순간과 더불어, 새로운 그리고 더욱 불길한 위험이 표출되어 문제에 부딪친다. 항상 다가오는 참화요, 매 계절마다 찾아오는 한발(Drought)이다. 이 영광스런 순간에 바알은 한발, 불모, 죽음의 신인 모트(Mot)와 싸워 이기겠다는 의욕을 과시한다.

"내가 참으로 모든 신에게 전갈을 보내리라. 엘의 전령을 보내어 모트를 지하의 무덤에 이르게 하리라. 나 홀로 신들 위에 뛰어나 그들을 통치하리라. 나 홀로이 신

---

92) Theodore H. Gaster, trans., *Thespis* (Garden City: Doubleday & Co., 1961), P. 157.
93) John Gray, trans., *The Legacy of Canaan* (New York: Humanities Press, p. 26.

들과 인간들의 지도자가 되리라. 나 홀로이 지상의 모든 무리를 영원히 지배하리라."[94]

이 '바알'과 '모트'의 대결에서 처음에 '바알'은 '모트'에게 항복하고 죽어서 땅 속으로 들어가지만, 후에 바알이 다시 생명을 회복하고 '모트'와 싸워 드디어 승리를 쟁취한다. '바알'이 '모트'에게 패배당해 땅속으로 들어간다. 그러면 바알의 누이이며 전쟁과 풍요의 신인 그의 배우자 아나트(Anat)가 애곡하며 바알을 위해 모트에게 복수를 감행한다.

이와 같은 신들의 싸움은 농경문화 배경에서 계절의 변화와 교체를 설명하는 것이다. 즉, 모트(Mot)는 익은 곡식을 상징하여 '아나트'는 남편의 복수를 위해 '모트'(익은 곡식)를 베어 버리고(추수), 바람을 일으켜 낱알의 껍질을 벗겨 버리고(타작), 볶고, 빻고 그 씨를 다시 땅에 뿌린다.[95]

여신으로는 엘의 배우자인 아세라(Asherah)[96]로 신들의 어머니가 되고, 아스타르트(Astarte)란 풍요의 여신에 대한 일반적 명칭이 있었다. 이는 구약성서에서는 종교상의 이유로 고의적으로 아스토렛(Ashtoreth), 복수는 아스다롯(Ashtaroth) 형태로 변경시켰다.[97] 아나트(Anat)는 폭력과 전쟁의 신으로 규정한 벌거벗은 모습으로 말 위에 걸터앉아 전쟁 무기를 휘두르고 있다. 이것은 인간의 필요 요건이 신화적 표현으로 묘사되고 있다고 본다. 가나안 종교는 이런 자연과 계절과 농경문화를 신화적 묘사로 신들의 싸움으로 표현하고 있어서 하나의 인간적 작품에 불과하다. 그래서 계시종교의 이스라엘 종교는 이런 가나안 종교와는 완전 차별된 특성을 가지면 가나안 종교, 특별히 바알종교를 우상종교로 격렬히 금지하며, 경고의 대상이 되어왔다.

신관은 시대의 변천에 따라 달라졌다. 인간 생명을 위협하는 것이 농사보다는 민족과 민족, 부족과 부족의 전쟁이었다. 그렇기 때문에, 시대적 환경과 삶의 정황에 따라 신적 이해가 강조되는 면에서 다르게 표현되었다고 본다. 성서에서도 족장들의 초기에는 자손 번영과 토지와 관련된 축복의 하나님으로 강조되다가, 후대에

---

94) *Ibid.*, p. 54.
95) G. W. Anderson, *op. cit.*, p, 84.
96) 열왕기상 18:19.
97) 사무엘상 7:3, 4.

와서는 전쟁의 승리를 가져다주는 야웨 하나님으로 강조되기도 한다. 가나안의 신들의 표현도 이런 면에서 변형되었음을 알 수 있겠다. 가나안 종교는 정착 농경문화 배경을 가진다.

b. '엘(El)'과 구약성서

어원적(語源的) 고찰에 의하면, 엘(El)이란 '강한 자(Strong one)'를 의미하는데, 더 근원적 어근은 '울(אוּל:ūl)'로써, '능력 있다(powerful)' 혹은 '강하다(strong)'를 뜻한다. 구약성서에서 '엘(El)'이 이런 의미로 사용된 곳[98]을 보면 강한 사람에게 사용되기도 했고(겔 31:11, 욥 41:17, 겔 32:21, 사 9:5 등), 능력 있는 천사들에게도(시 29:1, 89:6), 그리고 이방신들에게(신 11:36, 출 15:11) 사용되고, 이스라엘의 참 하나님에게 사용되기도 했다(창 31:13, 35:1, 3을 비롯해 217회 정도 사용). 이때는 대체로 하나님의 권능 있는 행위와 특성을 나타내고 있다. 그러고 보면, 족장들은 야웨 명칭의 계시 이전에 있었기 때문에, 창조주이신 후대 이스라엘의 참 하나님을 호칭하고 이해함에 있어서는 당시의 언어와 최고의 신명을 사용할 수 밖에 없었다.

거기서 성서 기자들은 이스라엘 신앙의 독특성을 보존하고 설명하기 위해 조심스런 신학적 의도를 가지고 형용사적 단어와 결합시켜 사용하려 했고, 후대의 야웨 하나님과 자연스런 연결을 시켜놓고 있다. 그렇게 해서 족장들이 섬기던 하나님이 바로 야웨 하나님이심을 분명히 나타내면서, El의 어원적 개념을 하나님의 특성 표현으로 사용했다.

이스라엘 족장들은 초기에는 여러 형태의 '엘' 신을 표현하며 섬긴 것으로 나타난다. 그러면서 창세기 14:22에서 아브라함은 "천지의 주재시요 지극히 높으신 하나님 야웨께" 맹세하며 '지극히 높으신 하나님(Highest God)'과 '야웨(Yahweh)'를 동일시하고 있다.[99]

하나님은 점진적 계시의 과정을 취하셨기 때문에 족장들의 종교적, 그리고 생활 관습에서 당시의 제도와 관습을 사용함을 묵인하시며, 계약관계 의식에서도 당시

---

98) 창세기 31:29, 신명기 28, 잠언 3:27, 느헤미야 5:5, 에스라 31:11, 32:21, 욥기 41:25, 시편 36:6 cf. Theophile J. Meek, Hebrew Origins (New York: Harper & Row, Publishers, 1969), p. 84.
99) Ibid., p. 180.

의 풍습을 사용하셨다.¹⁰⁰⁾ 그렇기 때문에, 어느 신명칭을 사용하였건 간에 그들이 섬기고 고백한 하나님은 후일 모세에게 구체적으로 계시된 야웨 하나님과 동일한 분이라는 신학적 의도가 구약성서의 맥락이다.

그래서 실제적으로 족장들에게 자신을 계시하신 분을 '엘 샤다이'로 구분하면서도 구약성서에서 주로 계속 사용되는 명칭은 바로 '엘로힘(אלהים: Elohim)'이다. 여기서도 구약성서 기자는 이스라엘 하나님을 표시함에 특별한 신학적 의도를 잊지 않았다. 문법적으로 보면, '엘로힘(Elohim)'은 히브리어의 복수형이다. 그러나 구약성서에서는 아브라함, 이삭, 야곱, 그리고 그 후손들의 하나님으로 사용된 때에는 항상 단수 동사를 취하여 나타난다. 그래서 '엘로힘'의 문법적 형태는 위대성과 권위의 추상적 복수이지, 참 복수를 나타내는 것이 아니다.¹⁰¹⁾

그것은 이스라엘 하나님의 독특성, 신적 생명과 능력의 충만을 의미하는 것이다. 왜냐하면, '엘로힘(Elohim)'이 이방 종교(이교도)의 신으로 사용될 때는 복수동사를 취하기 때문이다. 그리고 그들 가나안 종교에는 신들에게 배우자가 있다. 즉, '엘'신에게는 '아쉬라트(Ashirat)'란 여신(성서의 아세라)이 있다. 그러나 구약성서의 이스라엘 하나님 '엘로힘(Elohim)'에게는 짝을 이루는 여신이 어느 곳에도 없고 인격적이고 역사적 고백의 대상이 되고 있다.

족장 이야기에서 이렇게 '엘'이란 신명이 여러 가지 칭호와 함께 복합적으로 사용되었고, 이 '엘' 칭호를 야웨에게 적용시켰다고 해서 어떤 반대나 비판이 있었다는 기록을 찾기 힘들다. 그러나 가나안 농경 종교에 대한 혐오와 구약종교의 독특성 때문에, '바알'이라는 말은 배교를 상징하는 말로 변해버렸다. 예언자 호세아는 이스라엘 백성들에게 땅의 소산이 바알로부터 오는 것이 아니라 야웨로부터 온다는 것을 강조했고(호 2:5—8), 이스라엘이 야웨를 '나의 바알'이라 부르지 않고 '나의 남편'이라 부르게 될 것을 말한다(호 2:16—17). 그래서 후대에 와서는 '바알'이란 말을 넣은 호칭이 없어지고 변형되어 왔음을 알 수 있다.¹⁰²⁾ 그래서 바알과 야웨는 심각한 투쟁과 대립의 관계에 있으나, 엘과 야웨 사이에서는 그런 투쟁의 흔적을 전혀 찾아볼 수 없다.

---

100) 최종진, "족장들의 배경과 하나님", 「신학과 선교」 제7집, pp. 168—170.
101) J. Barton Payne, *The Theology of the Older Testament* (Grand Rapids: Zondervan Publishing, 1976), p. 145.
102) G. W. Anderson, *op. cit.*, p. 85.

2. 샤다이(Shaddai)의 해석

족장들의 신명칭 중에 가장 관심있게 다루어지는 문제로 부상된 것이 '샤다이(Shaddai)'이다. 모세의 소명 기사에 의하면(출 6:3), '엘 샤다이'는 아브라함, 이삭, 야곱의 신명칭이다. '엘 샤다이'란 명칭은 매우 오래된 것으로 본다. 야곱의 유언에도(창 49:25) 나타나고 있다. 족장의 이야기가 수록되어 있는 창세기에 모두 5번 나오고, '샤다이'란 짧은 형태는 시편과 예언서에 5번 나타나는데, 이것 역시 초기 이름이다. 이 족장들의 신인 '엘 샤다이'의 '샤다이(Shaddai)'의 해석이 다양하게 제기되고 있어서, 여기에 소개하여 보다 넓은 이해를 갖고자 한다.

a. 전능의 개념

대체로 구약성서를 희랍어(LXX)나 라틴어(Vulgate: omnipotens)로 번역한 사람들은 Shaddai를 '전능한(omnipotents)'을 의미한다고 본다. 한편 랍비들의 미드라쉬 해석(Rabbis' midrashic exegesis)에서 보면, '스스로의 충족(Self—Sufficiency)'이라 본다. 그래서 이런 전통에 의해 '킹 제임스 번역본(K.J.V.)' 성서는 '엘 샤다이(El Shaddai)'를, '전능의 하나님(Almighty God)'이라 번역하고 있다. 이것은 성서적 하나님 설명에 어느 정도 적합하다고 보겠다.

족장들의 신 개념은 대개 능력과 연관되어 있다. '엘'신 자체가 '강한 자'를 의미하고 있다[103](창 31:39, 신 28:32, 잠 3:27, 겔 31:11, 32:21). 창세기 23장 6절에 헤브론에서 헷 족속들이 아브라함을 '하나님의 방백(A Prince of God)'으로 불렀는데, 그것은 '전능의 방백(A Mighty Prince)'을 의미한다.[104] 그래서 샤다이가 능력 개념을 강조하는 것으로 봄이 타당하다고 본다.

b. 산과 관련된 해석

'엘 샤다이'에 대한 연구가 다른 방향[105]에서 이뤄졌는데, 특별히 프리드리히 델

---

103) Bernahrd W. Anderson, *Understanding the Old Testament* (Englewood Cliffs: Prentice—Hall, 1957), p. 36.
104) Theophile James Meek, *Hebrew Origins* (New York: Harper & Row, publishers, 1960), p. 84.
105) Norman Walker. "A New Interpretation of the Divine Name, Shaddai"

리취(Fredrich Delitzsch)[106]와 올브라이트(William F. Albright)[107]에 의해 시도되었다. 그들은 '샤다이'가 산을 의미하는 아카디아어(The Akkadian Shadu, meaning mountain) '샤두(Shadu)'에서 파생된 것이 분명하다는 것이다. 그래서 '엘 샤다이(El Shaddai)'는 원래 '산 속에 계신 분(The One of the mountain(s))'을 뜻했을 것이라 본다. 한편, 특수 형태로의 '샤다이(Shaddai)'는 산을 뜻하는 Shadu에서 직접 파생된 것이 아니라, 오히려 '산에 사는 사람(mountaineer)'을 의미하는 'Sadda'u', 혹은 'Shaddu'a'에서 파생된 것이라 보기도 한다.[108] 이는 신들이 산에 거한다는 사상이 있었기 때문이다.[109] 올브라이트(W. F. Albright)는 이러한 산들의 신은 수리아(Syria)에 전래된 아모리인(Amorites)의 신으로, 산신(A Mountain Deity)인 폭풍의 신(The Storm god), 가나안인의 '바알 하다드(Baal—Hadad)'가 되었다고 추측한다. 그래서 그는 '엘 엘리온', '엘 올람', '엘 샤다이' 등의 신 이름들은 만신전의 최고신 '엘'신의 서부 셈 계통의 신 이름들이다.[110]

c. 달(月)의 신과 관련된 해석

베일리(Lloyd Bailey), 오울렙(Jean Ouellette), 그리고 아벨(E.L. Abel) 등은 El Shaddai가 아모리인의 월신(月神: The Amorite Lunar God)인 Sin il Amurru, 혹은 Bel Shade에서 파생되었을 것이고, 이 신은 한때 폭풍과 전쟁의 신(A Storm and War God)이었으며 산들의 신(God of the Mountains)이었을 것이라고 매우 설득력 있게 주장한다.[111] 즉, 방랑생활을 하던 아모리인의 족장들이 이 월신인 Sin

---

Zeitschrift für die Alttestamentliche Wissenschaft 72(1960) pp. 64을 보라. 보다 최근의 참고 도서를 위해서는 Klaus Koch, "Šaddaj" *Vetus Testamentum 26*(1976) pp. 299—332, esp. 308.
106) Friedrich Delitsch, *Prolegomena eines neuen hebräisch-aramäischen Wörterbuches zum Alten Testamen*t (Leipzig, 1886), pp. 95—97.
107) William F. Albright, "The Names of Shaddai and Abram," *Journal of Biblical Literature 54*(1935) pp. 180~93.
108) David Biale, "The God with Breasts: El Shaddai in the Bible," *History of Religions Vol. 20* Num. 3. (Chicago: The University of Chicago, 1982), p. 241.
109) W.F. Albright, *From the Stone Age to Christianity* (Baltimore: The John Hopkins Perss, 1967), pp. 239, 244.
110) *Ibid.*, p. 248.
111) Lloyd Bailey, "Israelite El Shaddai and Amorite Bel Shade", *Journal of Biblical Literature 87*(1968) pp. 434—38, Jean Quellette, "More on El Shaddai and Bel Shade," *JBL* 88(1969), pp. 470-71 ; E.L. Abel, "The Nature of the patriarchal God El Shadday", *Numen 20*(1973): 49—59.

il Amurru, 혹은 Bel Shade신을 가나안의 엘신과 동일시하였으며, 훗날에는 '야웨'의 별칭으로 전용하였다고 본다. 이들 학자들은 El Shaddai란 명칭이 아주 고대에 속하며, 아마도 '조상들의 하나님(God of Fathers)'을 지칭하는 가나안 이전의 순수한 신명칭으로 족장들이 그들의 본 고향인 메소포타미아로부터 가지고 온 것이라고 믿는다.112)

d. 평원의 신이란 해석

1961년 웨이퍼트(Manfred Weippert)는 당시까지의 해석에 반론을 제기하면서, El Shaddai는 평원의 신(The god of the plain)인 El Shade로 이해해야 한다고 주장했다.113) 웨이퍼트는 El Shaddai의 가나안 기원설이 아카디안 기원설보다 더욱 타당성이 있다고 믿는다.

웨이퍼트(Manfred Weippert)는 후기 청동기시대의 평원을 뜻하는 가나안어 단어인 Shadä을 '평야의 아스다롯(Astarte of the plain: 'ttrtsh'd')'을 묘사하고 있는 우가릿의 훌륭한 시를 인용하면서 바로 히브리인들이 그것으로부터 가나안 마찰음(Canaite Sibilant)을 바꿔 평원에 해당하는 단어를 파생시켰다고 한다.114)

드보(Roland de Vaux)는 북서 셈족에 나타난 El Shaddai 명칭에 대한 어원학적 설명이 바람직하다고 보면서, 히브리어 'sadheh/'sâdhay에서 유래된 것으로 볼 수 있다는 것이다. 이 어원학적 고찰이 정확하다면 '평원의 El(El of the plain)', '평야의 엘(El of the Fields)', 혹은 '대초원의 엘(El of the Steppe)'을 의미한다는 것이다.115)

---

112) '조상의 신'에 관한 고전적 논문들을 소개하면, Albrecht Alt, "The God of Fathers", *Old Testament History and Religion* (London, 1966), pp. 3-77. Julius Lewy, "Les Texte paleo—assyviens et l'Ancien Testment," *Revue de Religions* 150(1934), pp. 50ff.
113) Manfred Weippert "Erwägungen zur Etymologie des Gottesnamens El Shaddaj," *Zeitschrift der Deutschen Morgenländischen Gesellschaft* I, n.s. 36(1961), pp. 42—62. 같은 책 pp. 64—65의 Walker의 글을 볼 것. Walker는 '산'이냐 '평원'이냐의 논쟁을 떠나서, 오히려 바벨론의 '전지의'(Omniscient)를 뜻하는 Marduk신의 이름들 중에 하나로부터 이끌어 온 명칭이라고 제시한다. Walker 창세기 17:1의 성서 구절을 근거로 해서 이런 어원적 변형을 옳다고 믿는다. 그러나 그와 같은 해석은 '엘샤다이'가 풍요의 축복(Fertility blessings)과 가장 가깝게 연관되어 있지, 신의 전지가 아니라는 상상을 낳게 한다고 David Biale는 주장한다(*op. cit.*, p. 241).
114) *Ibid.*
115) Roland de Vaux, *op. cit.*, p. 277.

드보(Roland de Vaux)에 의하면, Amurru는 수리아인의 대초원의 신이었다. 그 곳에는 아모리인들이 유목민으로 살던 곳이다. 여기서 기억해야 할 것은, 족장들이 아모리인들과 연관되었고, 카파도키아(Cappadocia)의 앗수르 식민지의 본문에 의하면 조상의 신을 Amurru라 불렀다는 것이다. 이런 동일성 때문에 아마도 '대초원에 계신 분(The One of the Steppe)'인 Shaddai는 족장의 신명칭으로, 메소포타미아의 상류 지방으로부터 이스라엘 백성의 조상들이 가져온 명칭일 가능성이 높다고 한다.

El Shaddai는 다른 명칭과는 다르게 특별한 성소와 관련되지 않고, 심지어 창세기 17장 1절에 하나님 현현에서조차 장소가 분명하게 언급되지 않고 있다. 그러나 마므레이었을 것이라고 보기도 한다.[116] 그러나 El Shaddai는 벧엘(Bethel)에서도 나타난다(창 25:11, 48:3). 아이스 휄트(O. Eissfelt)는 El Shaddai께서 원래 헤브론에 그 장소를 가졌다고 추측할 뿐이다.[117] 평야나 초원이 삶의 생존을 위해 절대적 필요 요건이던 당시의 상황에서 가나안 지역의 사람들이 신과 평야, 대초원을 연결시켜 설명한 것은 어느 정도 이해 가능한 것 같다. 유목민에게는 대초원이 필요했고, 농경사회의 사람들은 농사를 지을 수 있는 비옥한 평야가 필요했다. 신을 향한 인간의 욕구가 묘사된 것이기도 하다.

e. 가슴(Breast)과 관련된 해석

'전능하신 하나님'이란 Shaddai의 전승만이 성경의 Shaddai에 대한 유일한 해석이 아니라고 전제하는 해석이다. 코흐(Klaus Koch)가 지적한 대로, 창세기에서 El Shaddai를 사용한[118] 구절들을 보면 한 번의 경우만 제외하고 모두가 번성의 축복(Fertility Blessing)과 연관되었다. 이런 본문들은 El Shaddai를 '번성의 신(a fertility god)'으로 이해했다고 Biale도 지적한다.[119]

창세기 17장에서 하나님은 자신을 El Shaddai로서, 아브라함 자손을 생육하고

---

116) Roland de Vaux, *op. cit.*, p. 277.
117) O. Eissfelt, Journal of Semitic Studies, i (1965), p. 36n. IZH17, O. Proksch, *Theologie die Alten Testaments* (1950), p. 50은 Shaddai명은 가나안 이주 이전에 이미 아브라함에게 알려졌다고 본다.
118) Klaus Koch, "Saddaj", *Vetus Testamentum 26*(1976), pp. 299—332.
119) David Biale, *op. cit.*, p. 247.

(vehifreti), 번성하게(vearbeh) 하시는 분으로 아브람에게 나타내셨다. 창세기 28장 3절에서도 이삭이 야곱을 밧단 아람으로 보내며 축복하는 말 중에 El Shaddai의 이름으로 빌고 있다. "El Shaddai께서 네게 복을 주어 너로 생육하고 번성케 하사 너로 여러 족속을 이루게 하시고."

창세기에 다른 경우의 El Shaddai가 단 한 번 창세기 49:25절에 나타나는데, 바로 야곱의 유언에 있는 요셉의 축복이다: "El Shaddai가 네게 복을 주실 것이다. 위로 하늘의 복과 아래로 원천의 복과 젖먹이는(shaddayim) 복(blessings of breasts)과 태(rahem)의 복이로다." 여기서 보면, 위에서 살펴본 번성의 복만이 아니라 El Shaddai의 의미를 알려주는 기교있는 단어(wordplay)를 볼 수 있다. 즉, 성서 기자는 Shaddai를 Shaddayim(가슴: breast)과 연관시키고 있다. 이 Shaddayim이 Shaddai의 정확한 어원임을 주장하는 자도 있다.[120] 그래서 이런 경우 저자는 아마도 El Shaddai를 '젖가슴을 가지신 El(El with breasts)'로 이해했을 것으로 보고, 더욱이 양손을 의미하는 형태(겔 13:18)를 따라서 '양쪽 젖가슴을 가지신 El(El with two breasts)'로 해석했을 것으로 본다.[121] Shaddai가 '젖을 먹이다(to suckle)'는 이집트어의 동사 Sadi와 같은 언어 계통이라면, 오히려 '젖을 먹이시는 El(El who suckles or the suckling El)'로 보는 것이 좋겠다는 주장도 있다.[122] 이스라엘 자손의 번성에 하나님의 역할이 족장 이야기에서 뿐 아니라, 삼손과 사무엘의 출생 기사에서도 입증되고 있다. 신명기 38:18, 이사야 49:15, 66:7—9에서도 하나님은 출생케 하시는 분으로 묘사되어 있다.[123] 이사야는, 이스라엘인들이 "열방의 젖을 빨며 열왕의 유방을 빨고 나 야웨는 네 구원자, 네 구속자, 야곱의 전능자인 줄 알리라"고 말한다(60:16). 이러한 경험은 이스라엘로 하여금 진실하신 하나님의 '가슴(breast)'으로 돌아갈 것을 가르칠 것임을 암시하고 있다.

성서 기자들은 가나안의 엘과 아세라, 그리고 바알과 아나트를 잘 알고 있었을 것이다. 그리고 어느 시점에 와서는 그것들로부터 이스라엘 종교를 순수하게 독특

---

120) *Ibid.*, p. 248.
121) *Ibid.*
122) David Biale, *op. cit.*, p. 249.
123) P. Trible은 성서에서 하나님께 적용된 여성적 이미지에 대한 많은 자료들을 수집했다. 그의 글 다음을 참고할 것 : "God, Nature of in the OT", *Interpreter's Dictionary of the Bibie*, Suppl. Vol. (Nashiville. Tenn., 1976), pp. 368—69.

한 개념으로 언어적 표현까지도 정화시키려 노력했을 것으로 본다. 하나님은 성에 구애되거나, 그것에 매여 있는 분이 아니다. 그 분은 인간이 아니기 때문이다. 가나안의 신화적 내용은 인간적 이해 한계 내에서 인간적인 묘사에 얽혀 있다. 야웨 하나님은 그런 분이 아니라 우주를, 그리고 인간을 창조하시고, 자신 스스로가 자신을 계시한 분이다.

종교문서로 중요한 가나안인의 문학작품 중 하나가 우가릿 문서이다. 우가릿에서 발견된 서사시들은 기원전 1200년 대 후반에 그 도시가 멸망되기 이전, 적어도 4세기 동안에 편집하고, 재작업한 작품들로 오래된 것임에 틀림없다.[124] 그리고 일반적 견해로는 지방적이고 민족적 다양성을 함축하고 있는 이 전승은 모든 고대 동방의 것과 일반적인 공통성을 가지고 있고, 심지어 많은 그리스 신화의 모체가 되었을 것이라고 본다. 이 전승 이야기의 기본 구조를 이루는 것은 죽음과 생명의 세력간 싸움이다. 이것은 자연의 변화 과정을 모두 포함한 말이다.

반유목민이었던 이스라엘 민족의 조상들은 그들이 가나안에 이르렀을 때 이러한 새로운 종교 형태에 접촉하게 되었다. 그래서 조상의 신에 첨가해서 보통 명사인 El신 명칭에 다른 요소를 첨가하여 복합적 명칭을 형성했다고 본다.[125]

El Shddai의 명칭을 특별히 족장의 하나님으로 취급한데에는 어느 신학적 의도가 분명히 있을 것은 틀림없다. 그것은 하나님의 속성 중에서도 강조점을 나타낸 것으로 보아야 한다. 역시 창조주시며 이스라엘 조상들을 능력과 권위로 인도하신 하나님을 나타내는 것으로 보아, 전능의 하나님으로 이해하는 것이 가장 바람직하다고 본다. 그러나 당시의 종교사상에 젖어 있던 주위 환경에서 그들의 언어와 이해를 가지고 그들의 신을 표현함에 앞에 설명한 의미가 부가되었다고 해서 크게 잘못된 것이라 볼 수는 없다. 왜냐하면, 하나님의 계시의 한계성, 즉 점진적 계시성은 그것을 용납하여 사용하기 때문이다. 불완전한 계시의 상태이던 족장들의 신이 모세에게 와서 완벽한 Yahweh 신으로 대치되고, 족장의 신과 모세의 Yahweh 신이 동일시되기 때문이다.

---

124) Harry Thomas Frank, *An Archaeological Companion to the Bible* (London: SCM Press LTD, 1972), p. 75.
125) Roland de Vaux, *The Early History of Israel*, tran. David Smith (Philadephia: The Westminster Press, 1978), p. 274.

그래서 진정한 이스라엘 족장의 신 개념 이해는 가나안의 신화적 이해에서보다는, 오히려 이스라엘의 독특한 신 개념인 Yahweh의 개념에서, 그리고 이스라엘 조상들의 역사적 신앙 고백에서 그 진정한 의미를 찾아야 한다. 엘 샤다이의 하나님은 전능의 하나님이시며, 바로 야웨 하나님의 속성을 간직한 다양한 의미로 설명되어질 수 있는 족장들의 실제적 신명칭이었다.

하나님의 명칭은 결코 허공을 치는 빈 소리가 아니라, 인간의 유한적 차원 안에 무한한 하나님이 임재함을 뜻한다. 예수께서 "두세 사람이 내 이름으로 모인 곳에는 나도 그들 중에 있느니라"(마 18:20)고 하신 말씀은 신명칭의 의미가 하늘에 계시는 하나님과 지상의 믿는 자의 고백에 계신 하나님 사이의 간격을 좁혀주는 역할로의 신명칭을 나타낸다.

E. 족장들의 신명칭과 야웨의 관계

창세기 자료에 의하면(소위 J자료) 태곳적부터 (창 2:7, 4:26 등) 족장들의 하나님 명칭으로 바로 야웨(יהוה)가 자연스럽게 쓰이고 있다. 그러나 출애굽기 3장과 6장 2—4절에 의하면 족장들에게는 '엘 샤다이'의 신명칭이 계시되었고, 야웨로는 모세에 이르러 새롭게 계시된 것으로 나타난다. 분명한 것은 족장들에게 계시된 하나님의 신명칭은 El Shaddai이며, El신과 관련된 몇몇 신명칭이 사용되었다는 것이다. 그리고 야웨 신명칭은 모세에게 이르러 전혀 새롭게 처음 계시된 것으로 봐야 한다. 그러나 성서의 이야기는 족장들이 당시에 셈족 언어에서 신을 나타내는 일반적인 명칭을 사용했다 하더라도, 성서 기자들은 족장들이 실제로는 이스라엘의 하나님인 야웨를 섬겼다는 사실을 의심하지 않았다.

사실 족장들은 의식적이거나 무의식적이거나 그 야웨 하나님을 숭배하였던 것이다. 족장들이 당시의 신명칭을 사용했다 손 치더라도 그들은 바로 창조주요, 족장들을 선택하시고 모세에게 나타나신 바로 그 분을 섬겼고, 그분과 깊은 관계를 맺었던 것이다. 오경의 저자는 계속적인 구속사의 실상을 보여주고, 아무리 족장시대에 야웨 이름이 계시되었다는 것이 불완전하게 보인다고 할지라도, 그것은 야웨가 매우 일찍부터 족장들을 인도하여 오신 하나님이었음을 보여주고 있다. 그래서 족장들은 그들의 하나님과 당시의 신명칭을 동일시하면서도 바로 그들은 자신들의 하나님이 누구인지 알았고, 가나안의 토착신 자체와 전혀 다른 신의 속성과 관계를 알아서 섬겼던 것이다. 즉, 그들이 하늘에 호소하는데 사용했던 어떠한 신적 명칭일지라도, 참으로 그들의 예배의 대상은 야웨였기 때문이다.[126]

그러기에 시내산 현현의 하나님과 아브라함에 나타난, 그리고 태고사에 나타난 하나님은 동일한 분이며, 그분의 계속적 활동을 볼 수 있다. 이 사실은 창세기 15장의 계약기사에서 확실해지는데, 여기서도 하나님 활동의 계속성을 보게 된다. 하나님은 아브라함과의 계약의식을 행하는 과정에서 아브라함에게 출애굽 사건을 암시하고 있다. 바로 애굽으로부터의 구원사건을, 족장들에게 약속된 것이 성취되었다고 보는 것이다. 그래서 족장들의 하나님은 바로 모세에게 암시된 하나님과 동일한 분이며, 바로 이스라엘 전 역사를 주관, 인도하신 하나님이시다.

슈미트(W.H. Schmidt)는 모세의 소명사건 전승에서(출 3:6ff, 6:2f) 족장들의 하나님(El Shaddai)을 야웨(Yahweh)로 동일시하게 된 것을 종교 역사에 있어서 제3단계에 속한다고 본다.[127] 이스라엘 족장들은 El이란 단어를 고유 명사로 이해한 것이 아니라, 하나의 일반적 표현으로 사용했다. 그래서 El 명칭을 단독으로 사용하기보다는 차별성 있게 형용사인 '영원한(Olam)', '지극이 높으신('eliyon)', '감찰하시는(roi)', '전능하신(shaddai)' 단어와 함께 사용하여 구별하고 있다. 이같이 구약성서는 족장들의 신명칭 계시와 야웨 계시의 차이를 여전히 인식하고 있으면서도 연속성을 주장한다. 역사적 변화에도 불구하고, 구약은 신학적인 통일성을 굳게 견지하고 있다.

스키너(J. Skinner)는 출애굽기 6:2, 3에 대해서 ① 하나님은 세 족장(아브라함, 이삭, 야곱)에게 '엘 샤다이'의 이름으로 자신을 계시하셨다. ② 하나님은 그들에게 진정한 그의 이름인 '야웨'를 알려주지 않으셨다. ③ 그 이름은 이제 모세에게 처음 알려졌다고 요약한다.[128]

족장들이 El 신명칭을 사용한 것은 중국의 기독교회에서 상제(上帝: Shang Ti)로 기독교의 하나님을 동일시했듯이 야웨 하나님이 자신을 족장들의 하나님으로

---

126) W.H. Schmidt, *op. cit.*, p. 20.
127) *Ibid.*
128) John Skinner, *The Divine Names of the Book of Genesis* (New York: Scribner, 1914), pp. 12—13.

동일시한 것이다.129) 결국 족장들이나 중국의 기독교회나 양쪽 다 야웨로 돌아가, 어떤 명칭이건 결국 모세에게 계시된 야웨 하나님을 의미했다.

F. 한국교회의 신 명칭

함석헌 선생은 한국 민중이 계속 가져온 조상숭배가 우상숭배라 해서 한국 민중의 오랜 도덕을 배격하여 흔들어버린 기독교를 그래도 쉽게 이해하고 받아들일 수 있었던 것은 몇천년 동안 내려오며 민중의 가슴 속에 뿌리박아 온 이 하느님 사상이 있었기 때문이라 보았다.130) 스펜서 팔머(Spencer J. Palmer)도 한국에서의 기독교의 급격한 성장은 무속(巫俗), 혹은 무교적(巫敎的)인 한국인의 하느님 관념이 성서에서 더 분명한 참 신(神)의 모습으로 발견한데 기인한다고 본다.131)

김경탁 교수는 "곰—둙 붉—한올님—하느님"으로 발달해 온 이 하느님의 관념으로 유교의 천사상(天思想)을 흡수하였고, 불교의 제석천(帝釋天)을 흡수하였고, 도교의 옥황상제를 흡수하였고, 천주교의 천주(天主)를 흡수하였고, 일본인의 '가미'를 극복하여 왔다"132)라고 결론 짓는다.

그래서 한민족의 하느님 관념은 다양하고 포괄적인 의미를 가지고 발전해 와서 단순한 유신론도, 범신론도 아니다. 철학적 일자(一者), 이(理), 기(氣), 태극(太極)이면서 인격적인 주(主)이기도 하였다. 무한히 세계를 초월해 있으면서도 세계와 인간 안에 내재한 범재신론적(汎在神論的)인 하느님이었다.133) 이런 한국인의 신관과 연관되어 한국 교회의 신 명칭은 하느님과 하나님으로 발전해 왔다.

이미 한국 천주교에서는 신앙의 대상으로 천주(天主)라는 명칭을 쓰기 시작했는데, 사실 이것은 마테오리치(Matteo Ricci)의 천주실의(天主實義)에 번역되어 중

---

129) H.H. Rowley, *Worship in Ancient Israel*, Its Forms and Meaning (London: S.P.C.K., 1981), p. 37.
130) 함석헌, 「뜻으로 본 한국역사」(서울: 송의사, 1963), p. 131.
131) Spencer J. Palmer, *Korea and Christianity* (Holly: Royal Asiatic Society Karea Branch, 1967), p. 17.
132) 김경탁, "하나님 관념 발달사", 「한국문화사 대계 VI」(서울: 고대민속문화연구소, 1970), pp. 115—176.
133) 김경재, "한국문화사의 측면에서 본 궁극적 관심의 성격과 한국 신관의 과제", 「신학사상」 제4집 (서울: 한국신학연구소, 1974년 봄) p. 203.

국에서 사용된 것이다. 마테오리치가 "천주가 무엇이냐" 할 때 대답하기를, 천주는 바로 상제(上帝)라고 대답했다고 한다.[134] 왜냐하면, 당시 중국에서는 초월적 존재를 칭하는 명칭이 '상제', '상천(上天)', '상제천(上帝天)' 등이 있었기 때문이다. 한국에 천주교가 전래되었을 때는 기독교적 초월신에 대해서 천주란 용어가 없었기에, 처음 천주라는 명칭을 쓰게 될 때 하등의 어려움을 느끼지 않았다. 왜냐하면, 천주는 바로 한국인의 전통적 신 개념, 즉 하늘님, 혹은 하느님과 똑같은 의미를 나타내기 때문이었다. 구약성서에 신명칭으로 나오는 '엘로힘'을 하나님으로 하느냐, 하느님으로 하느냐가 오랜 동안 하나의 과제가 되었다가 1971년 신구교 공동번역 사업이 시작되면서 하느님으로 번역된 성서를 쓰게 되었다.[135]

곧, 한국어 성서는 신명칭으로 처음 55년 동안 형태소(形態) 'Heaven'에 연결시켜서 하느님, 상제(上帝), 천주(天主), 하나님으로 쓰였다. 그리고 다음 15년간은 하늘 'Heaven' 혹은 하나 'One'에 연결시켜 써왔고, 그 이후 한분이신 하나님을 뜻하는 'One'에 연결시켜서 읽고 써왔다.[136] 이 하나님의 명칭은 이미 기독교의 세계에서나 이방의 세계에서나 야웨를 나타내는 신 명칭으로 공인받았다는 증거가 되기 때문에, 조어법(造語法)과 어원상(語源上)의 이유로 변경한다는 것은 바람직하지 못하다는 것이다.[137]

한편 '하나님' 대신 '하느님'으로 쓰자는 주장에는 대체로 세 가지 이유가 있다. 첫째로, 한국의 고유한 토착신 관념과 관계지어 볼 때, '하느님'을 쓰는 것이 기독교 선교 토착화에 유효하다는 신학적 입장이다.[138] 둘째로, 성서적 신 명칭을 나타내는 '하나님'의 어원이 '하늘'에서 나왔지 '하나'에서 나온 것이 아니기 때문에, '하느님'으로 해야 정확한 명칭이라는 것이다.[139] 셋째로, 에큐메니칼 운동의 일환으로 천주교와 공동 사업을 이룩해 나가려 한다면, 그런 정도의 타협은 있어야 하겠다는 의견도 있을 것이다. 그러나 지금 현실적으로 그리스도교 공동체가 85년 이상을 '하

---

134) Young Bok Rha, *An Analysis of the Terms used for God in Korea* (Boston: Boston University School of Theology, 1977), p. 138.
135) *Ibid*., pp. 138—140.
136) 곽노순, "한국교회와 하나님 칭호", 「기독교사상」(1917년 3월), pp. 126—127.
137) 이정근, "하늘의 어원 연구", 「신학과 선교」 창간호(서울: 서울신학대학출판부, 1972), pp. 218—219.
138) 윤성범, 「성의 신학」(서울: 서울문화사, 1976), p. 203.
139) 곽노순, "한국교회와 하나님 칭호", 「기독교사상」(1971, 2, 3) 참조.

나님'으로 불러오고 있다는 사실에 부딪쳤다.

성서에 있는 엘로힘이란 이름으로 이스라엘인의 신앙대상을 부르더라도 바로 그들이 믿고 의지하고 부르는 신은 바로 야웨요, 창조주이시며 이스라엘을 구원하시며 역사를 지배하시는 바로 그 하나님이었다.

그래서 초기 55년 동안 한국 교회의 신칭호는 '하느님'이든, '하나님'이든, '하늘(Heaven)'이라는 형태소(形態素)로 구성되어 사용되어 왔다.[140] 그러나 한국 교회는 유일신 개념(唯一神槪念)으로 집착한 용어로 '하느님(Heaven)'과의 차이를 강조하여 '하나님(One)'으로 주장하기에 이르렀다고 보겠다. 그래서 한글 개역판 성서는 1937년에서 1951년까지 15년 동안 'Heaven'과 'One'에 연결시킬 두 가능성을 열어 놓았다. 그러다가 하나님 칭호를 'Heaven'과의 연결을 두절시키고, '하나(One)'에만 연결시켜 1971년까지 사용해 왔던 것이다. 그러나 1971년 대한민국 정부가 정한 표준말은 하느님으로 되기도 했다.

여기서 족장들의 일반적 신개념 [엘 샤다이: 전능의 하나님]이 모세시대에 와서 오직 유일신 하나님 [야웨: Yahweh]로 더욱 신앙화하고, 신학화하고, 특성화한 것으로 본다면 두 가지(하느님, 하나님)을 모두 인정하여 구약성서가 두 가지 [엘 샤다이]와 [야웨]가 자연스레 사용하면서도 야웨 신명칭으로 중심화하는 차원으로 인식하듯 한글 명칭도 그렇게 생각하며 설명할 수도 있겠다. 모세시대 이후에는 족장의 하나님 [엘 샤다이]는 거의 사라지고, 야웨 신명칭이 사용되면서, 엘로힘(Elohim)은 일반 명사로, 야웨(Yahweh)는 고유명사로 번갈아, 아니면 동시에 사용되면서 두 명칭이 동일한 하나님으로 인식되며 사용되고 있다.

G. 족장들의 종교 의식

족장들은 나름대로의 신 명칭(El Shaddai)을 가지고 하나님을 섬기던 신앙인들이었다. 하나님과 족장들은 자연스러우면서 확고하게 계약관계를 맺어 깊은 유대를 갖고 역사를 꾸려갔다. 그 계약관계의 유지는 결국 계약법에 의거한 율법과 종교의식을 통해 표현되고 전승되었다. 족장들의 이런 자기들 신앙 고백과 계약관계 의식은 다분히 당시의 종교와 사회적 문화의 영향을 받고, 그 의식들을 통하여 자

---

[140] 곽노순, *op. cit.*, 3월호, p. 123.

연스럽게 나타내며, 자기들의 하나님과 특별한 관계를 새롭게 창조해 나갔다. 그런 면에서 족장들의 종교의식은 고대 사회의 흔적을 포함하고, 성숙한 후대 이스라엘의 종교의식과 비교가 될 수 있다. 즉 성전을 중심한 율법의 말씀을 기초한 깊은 신학적 수준에서 표현된 성숙한 종교 형태로는 볼 수 없는 것은 자연스럽다.

그러나 한 가지 주목할 것은, 이스라엘 종교의 모든 꽃의 만발은 그 뿌리가 족장 종교에 있고, 거기서부터 발전되어 왔음을 인정해야 한다. 그래서 족장시대의 예배는 단순했고 개인적인 것이었으며, 예배의 형태는 희생과 기도로 알려져 있다.

1. 기 도

족장들이 하나님께 접근하는 일반적 방법은 역시 기도였다. 그리고 그 기도는 자주 대화(Dialogue), 혹은 회화(Conversation)의 형식으로 나타난다.

- 족장들의 기도는 자발적인 행위이면서 하나님과 의논하는 형식이었다. 기도는 단순하고도 직접적인 방법으로 이뤄졌다.[141] 소돔과 고모라 멸망에 안타까워하던 아브라함은 하나님께 의인의 숫자로 대화를 나눠 멸망을 막아보려고 한다(창 18:22—33). 또한, 하나님의 현현과 만남을 통해서도 기도가 이뤄지는 경우가 있다(창 15장 등).
- 특별한 기도의 자세가 정해져 있지 않고, 어느 기도문의 형식에 짜인 문장의 순서도 없었다.
- 기도의 대부분이 어느 누구를 위한 중재기도(仲裁祈禱)로 되어 있다(창 17:18, 20—21, 18:24, 25, 32, 19:15—29, 20:7). 아브라함은 그가 하나님과 인간 사이에서 기도를 통하여 중재했었기 때문에 예언자로 불렸다(창 20:7). 족장들의 하나님은 그들에게 친근감과 언약으로 오시는데, 도고(禱告, intercession)의 이야기에서 이것이 명백하게 나타난다. 특별히 아브라함은 자신에게 보다 조카 롯에 관심을 갖고 멸망의 도성을 위해 하나님께 기도한다(창 19:29).
- 하나님은 때때로 언약의 형식으로 기도에 응답하시되, 꿈이나 환상이나 천사들로 나타내시었다. 하나님의 응답에 대해서는 대개 하나님의 맹세가 뒤따랐

---

141) Leon Wood, *A Survey of Israel's History* (Grand Rapids: Zondervan Publishing House, 1970), p. 82.

다(창 28:20—22).

- 어느 때는 족장들에게 닥치는 두려움과 고난이 그들로 하여금 기도의 생활을 하게끔 했다(창 32:13—30). 어느 기도와 감사에는 신뢰와 의존의 의미가 들어 있다(창 24:12, 24:56). 라반을 떠나 고향으로 돌아오는 길에 야곱은 얍복 강에서 기도 중에 신적 '방문자'와 씨름하여 하나님을 만나 새로운 이름을 얻어낸다. 그러나 이 하나님의 축복은 그가 먼저 기도로 하나님을 찾은 후에 주어진 것이다. 여기서 야곱의 기도는 혼자 있는 두려움에서 야기되었다. 그러나 그것은 그의 새로운 겸손을 나타내는 것이었다. 자신의 교활함과 어머니의 계략을 믿었던 그가, 지금은 하나님께 "나는 당신이 당신의 종에게 보여준 모든 자비와 모든 진실을 조금이라도 받을 가치가 없는 자입니다"라고 부르짖는다.[142]

2. 족장들의 희생 제의(예배)

a. 제의 주관자

족장들은 그들에게 자신을 계시한 하나님께 직접 제사를 드렸다. 아브라함 이전의 아벨과 가인의 제사(창 4:4), 노아의 제사(창 8:20, 21) 등을 보면, 어느 특정한 장소나 중재자가 있었던 것이 아니고, 누구나 하나님께 직접 제사를 드렸던 것을 알 수 있다. 특별히 창세기 12장에 아브라함 소명 이후 족장시대에는 하나님은 각기 족장들과 연결된 언약을 맺는다. 그리고 족장들은 자신들이 직접 제사를 드린다.

가장은 가족에게 있어서 제사장 역할을 가졌다(욥 1:5). 아브라함이 계약의식 수행(창 15:9—17)에서 직접 동물을 준비한 것으로 나타나고, 이삭과 수양의 제물 사건 때도 아브라함이 손수 제사장 역할을 감당하여 이삭에게 칼을 대려고 했고, 수양을 가지고 제사를 드린 것으로 나타난다(창 22:1—13). 왜냐하면, 이스라엘 국가 전체를 포함시키는 후기의 야웨 종교와는 달리 족장들의 예배는 부양가족을 중심한 가족 단위의 씨족 종교였기 때문이다.

그래서 하나님과의 관계를 맺는데 특별한 제사장을 필요로 하지 않고, 씨 족장

---

142) H.H. Rowley, *op. cit.*, p. 33.

(the head of clan) 자신이 제사장 기능을 수행했다.[143] 족장들의 제물 헌납은 조직적이지도 않고 절차를 밟은 제관(祭官) 없이 어느 곳에서나 씨족장 자신의 손으로 거행되었다.

b. 제물과 제사 방법

족장들이 바친 희생제물은 아주 단순했다.[144] 희생 제사의 종류에 대한 어떤 특별 형태의 이름도 나타나지 않는다. 단순한 제의 종류로 제물을 드리는 것으로 나타난다. 모세 시대에 나타나는 규격화된 여러 종류의 제사 종류가 나타나지 않는다. 이스라엘 민족과 가나안 민족의 제의 특징은 동물을 희생제사로 드릴 때 제물, 혹은 적어도 제물의 일부를 제단에서 불태워 드렸다. 그리고 희생물의 일부는 제단 위에서 불태워지며, 일부는 사제들에게 주기도 하고, 그 나머지는 신성한 음식으로 먹었다(Zebah: 'sacrifice'의 형태와 비슷).[145]

드보는 제단 위에 희생제물을 전체나 또는 부분적으로 태우는 관습은 이스라엘이 팔레스타인에 이주하기 전부터 가나안에서 행해졌던 것으로 본다. 그리고 이스라엘과 가나안 사이의 제의 의식은 그 후에 각각 독립적으로 발전하였다고 한다.[146]

족장들은 당시에 일반적으로 시행되고 있던 희생 제사를 아주 단순한 의식으로 하여 하나님을 섬겼다. 대체로 족장들은 단(壇)을 쌓고, 하나님의 이름을 부르며 예배를 드리고(창 12:7, 13:4, 18, 22:9, 33:20), 양 등의 동물을 제물로 하는 단순한 번제가 있었다(창 22:1—13).

족장시대에는 하나님과의 만남이나 특별한 의미 있는 사건에 돌기둥을 세워 기름을 부은 것으로 나타난다(창 28:18)

"야곱이 하나님이 자기와 말씀하시던 곳에 기둥 곧 돌기둥을 세우고 그 위에 전제물을 붓고 또 그 위에 기름을 붓고 하나님이 자기와 말씀하시던 곳의 이름을 벧엘이

---

143) Werner H. Schmidt, *op. cit.*, p. 14. 그래서 창세기의 설화들이 가족설화(Family narratives)라고 바르게 고쳐 부를 수 있다고 한다.
144) H.H. Rowley, *op. cit.*, p. 24.
145) Roand de Vaux, *Ancient Israel*, Vol. 2 (New York: McGraw—Hill Book Company, 1961), p. 440. 모압족과 암몬족 사이에도 이런 희생 제사가 있었다. 한편 동물을 불태워 드리는 의식은 그리스에도 있었다고 한다.
146) *Ibid.*

라 불렀더라"(창 35:14)

희생제사는 종교적 예배의 일반화된 형태였다. 족장들이 주변에 있는 사람들의 제사와 비슷한 방법으로 하나님 숭배를 표현했다는 것은 그리 놀랄 것이 못 된다. 신적인 모습이나 천사의 방문, 그리고 꿈으로 하나님이 개인적인 방문을 하여 만났다고 믿게 될 때, 그들이 하나님의 이름을 불러 하나님 앞에 예배드리길 원할 때는 이런 방법(희생제사)으로 그들의 두려운 감정을 표현했을 것이다. 그들의 제사는 단순한 기계적 예배 형태가 아니라, 하나님의 현존에 대한 족장들의 마음과 감정에서 나오는 진정된 표현이었다.[147] 족장들은 하나님을 향한 제단을 마음속에 간직하고 다니면서 언제, 어디서든지 필요성을 느낄 때마다 제단을 쌓았다.[148]

많은 학자들은 원래 희생제사의 제물로 인간이 바쳐져 죽음을 당했다고 결론을 내린다. 그러다가 사람을 대신하여 동물이 희생 제물로 바쳐졌다는 것이다.[149] 그런데, 족장 기사의 아브라함의 희생제사에 인간 희생제사의 문제를 제기하는 것이 나타난다(창 22:1-19). 하나님은 아브라함에게 그의 외아들(이삭)을 번제로 드릴 것을 요구했다. 그러나 아브라함이 이삭을 막 찌르려 손을 들었을 때 하나님은 급하게 그의 손을 멈추게 하였다. 그리고 숫양을 준비하여 이삭 대신에 제물로 드리도록 했다. 어떤 자는 이것은 원인론적 이야기로, 동물희생 제사로 인간 희생 제사를 대신하는 것을 정당화하여 설명하는 것이라고 보지만, 이는 창세기 기자와 족장 역사의 문맥과는 다른 해석이라고 보겠다. 오히려 하나님의 약속들이 집중되어 있는, 아들 이삭을 희생제물로 바치라는 무리한 시험을 통해 아브라함의 신앙을 다루었다.[150] 여기서 아브라함의 하나님 명령에 대한 복종은 그의 자손에 주어진 언약의 신성한 갱신을 보장받았다. 이 이야기를 통해 이스라엘 민족은 누구나 그들의 존재는 하나님의 자비스런 은혜이고, 그들의 번영은 그들의 위대한 조상들의 신앙적 복

---

147) H.H. Rowley, *op. cit.*, p. 24.
148) 정장복,「예배학 개론」(서울: 종로서적, 1985), p. 35.
149) Roland de Vaux, *op. cit.*, p. 441. 사실 인간 희생제사는 고대 근동의 종교들에 일반적이었다.
150) *Ibid.*, p. 443. 이스라엘의 배교자들이 이방신에게 인간 희생제사를 드린 것으로 나타난다.

종으로 인한 은혜라고 알게 된 것이다.[151] 이 아브라함의 믿음의 행위는 '믿음이 있는 아브라함'(갈 3:9)과 함께 복을 받게 될 그의 씨와 연결되어 모든 인류에게 축복의 근원과 중재자가 될 것이라고 분명히 다짐 되고 있다.

"여호와께서 이르시기를 내가 나를 가리켜 맹세하노니 네가 이같이 행하여 네 아들 내 독자를 아끼지 아니하였은즉 내가 네게 큰 복을 주고 네 씨로 크게 성하여 하늘의 별과 같고 바닷가의 모래와 같게 하리니 네 씨가 그 대적의 문을 얻으리라 또 네 씨로 말미암아 천하 만민이 복을 얻으리니 이는 네가 나의 말을 준행하였음이니라."(창 22:16-18)

한편 아브라함이 이삭을 모리아 산에서 번제물로 드리려다가 대신 하나님께서 예비한 숫양을 드린 사건은 그 이웃 종족들 사이에서 실시되었던 인간 희생제사의 관습에 결코 빠지지 않았었다는 이스라엘의 신앙을 반영시키는 것이다.[152] 부정의 부정은 강한 긍정이란 말처럼 이삭을 바치는 인간 제사를 구약성서는 결코 용납하지 않는 강한 주장을 하는 메시지를 우리에게 주고 있다. 이스라엘 종교는 인신제사(人身祭祀)를 전적으로 배격하고 증오한다. 그래서 숫양을 준비하신 하나님은 우리 인간의 구원을 위하여 메시야를 준비하시는 [야웨 이레]을 암시한다고 보겠다. 이와 같이 족장들의 제의는 극히 단순한 것으로 묘사되어 있다.[153]

c. 예배 장소

이스라엘 종교, 특히 족장종교의 본질적 신앙 모습은 한 장소에 고정된 관련성을 가지지 않고 하나님과 인간 집단, 그리고 하나님과 인간 개인과의 관련성에 강조를 두는 것이다.[154] 이런 종교에 있어서 인간은 결정적인 중요성을 가진다. 왜냐하면, 계시는 오직 인간에게, 그리고 인간을 통해서만 가능하기 때문이다.

족장들은 하나님을 발견하려고 어느 장소를 찾을 필요가 없었다. 왜냐하면, 하나

---

151) John Bright, *A History of Israel* (Philadelphia: Westminster Press, 1981), p. 102.
152) John Bright, *Ibid.*, p. 102.
153) *Ibid.*
154) A. Alt, "The God of the Fathers", *Essays on Old Testament History and Religion* (Oxford, 1966), pp. 22f.

님은 어떤 고정된 장소에서 자연적 현상을 통해 자신을 계시하지 않았기 때문이다 (참조. 아모스 5:5). 하나님은 어떤 장소에 '거주하지' 않으신다. 이는 하나님이 이미 인간들과 함께 하고 계시기 때문이다. 그래서 하나님을 찾으려고 어떤 장소를 찾을 필요가 없었고, 특별한 제사장을 필요로 하지 않았다.[155)]

하나님이 어느 고정된 지역의 장소에 속해 있지 않았기 때문에, 족장들의 유목생활에 동참하실 수 있었다. 하나님은 유목민들의 여정에 함께 하시며, 그 집단의 갈 바를 인도하시며, 위험으로부터 그들을 보호하셨다(창 28:55, 31:3, 5, 46:4). 그들의 친근한 보호자가 되어 주셨다(창 26:3, 28 등).

"그 밤에 야웨께서 그에게 나타나 이르시되 나는 네 아버지 아브라함의 하나님이니 두려워하지 말라 내 종 아브라함을 위하여 내가 너와 함께 있어 네게 복을 주어 네 자손이 번성하게 하리라 하신지라"(창 26:24)

하나님의 활동 영역은 어느 고정된 성소가 아니었으며 씨족들, 족장들의 삶을 돌보시고, 그들에게 필요한 것들을 준비, 공급해 주시는 것이었다.[156)]

족장들의 예배 여정을 살피면, 아브라함은 세겜, 벧엘과 마므레에서 제단을 쌓았고, 이삭은 브엘세바에서 제단을 쌓았다. 야곱은 벧엘에서 꿈을 꾼 후, 그가 베고 잤던 돌 위에 기름을 부어 제사를 드렸고, 라반과 평화조약을 맺고 산에서 희생의 제사를 드리고 라반과 함께 음식을 나눠 먹는다. 그리고 야곱은 후에 벧엘과 브엘세바에서 제단을 쌓아 하나님을 섬겼다.

그러나 족장들은 팔레스타인으로 이동해 오면서 이런 여러 성소들과 접촉하기는 하지만, 그 당시 그 지역의 발달된 그런 도시와 접할 수밖에 없는 입장이어서 그렇지, 결코 족장들이 어떤 지방색을 나타내거나 그런 성소를 간직하고 보존하는 것이 결코 아니었다. 족장들은 고대 근동의 유목민들의 종교와 유사하게 성소는 갖지 않고, 대신에 기념이 되거나 특별한 사건과 관련된 거룩한 장소(Holy Sites)는 갖고 있어서 거기에 거룩한 나무, 혹은 돌을 세우기도 했다.[157)] 오히려 그 장소를 신성화하기 보다는 기념적 의미가 많았다. 이런 것은 족장시대의 특별한 관습이었다.

---

155) W.H. Schmidt, *op. cit.*, p. 14.
156) *Ibid*.
157) H. Ringgren, *Israelite Religion*, tran. D.E. Green (Philadelphia: Fortress, 1980), P. 25. 아브라함은 헤브론의 마므레 상수리나무, 브엘세바에서 에셀나무를 심었다. 야곱은 하나님 현현 장소에 돌을 세우고, 라헬이 죽자 무덤에 돌을 세웠다. 그러나 그 거룩한 장소도 족장 예배의 중요장소가 되지 않고, 하나의 전승의 기념사건으로 간직될 뿐이다.

족장시대 기사에 성소와 절기의 때, 그리고 제사장에 대한 언급이 없는 것은 후기 이스라엘 군주국가 시대의 제사제도와 구별되는 큰 차이점이다.

3. 할례 제도

고대근동의 에돔족(Edomites), 암몬족(Ammonites), 모압족(Moabites), 이집트인(Egyptians)들도 사춘기 때 할례를 시행했다. 그러나 이스라엘 족장들에게 시행되었던 할례는 사춘기에 성년이 되었다고 주는 표시가 아니었다.[158] 족장들의 할례는 계약의 구성원, 하나님의 예배 공동체의 구성원이 됨에 대한 외적 표징[159]이었다.

a. 할례의 배경

하나님은 아브라함을 부르시고(창 12:1—3) 언약을 공식적으로 맺으신다(창 15장). 그리고 창세기 17장에서 아브라함에게 계약의 언약을 확인하신다. 즉, 족장의 하나님 명칭인 El Shaddai로 나타나고 아브라함으로 심히 번성케 할 것, 그로부터 왕들이 태어날 것, 그가 체류할 땅 가나안을 주실 것이며, 하나님은 아브라함과 그 후손과 영원한 계약으로 언약을 세워 그들의 하나님이 되실 것이라는 확인이다. 이 모든 것은 아브라함과 그 후손을 위해 하나님이 하시는 일이다. 반면 이런 계약의 하나님은 분명하게 아브라함에게 책임을 부과하여 구체적 요구를 강조하신다.

"그런즉 너는 내 언약을 지키고 네 후손도 대대로 지키라. 너희 중 남자는 다 할례를 받으라. 이것이 나와 너희와 너희 후손 사이에 지킬 내 언약이니라 너희는 양피를 베어라 이것이 나와 너희 사이의 언약의 표징이니라. 대대로 남자는 집에서 난 자나 혹 너희 자손이 아니요. 이방 사람에게서 돈으로 산 자를 무론하고 난지 8일 만에 할례를 받을 것이라…… 할례를 받지 아니한 남자 곧 그 양피를 베지 아니한 자는 백성 중에서 끊어지리니 그가 내 언약을 배반하였음이니라."(창 17:9—14)

위 본문에 의해 할례 의식을 요약하면 다음과 같다.

---

158) cf. Francis Ashley Montagu, "Circumcision", *Encyclopedia Britannica*, Vol. 5 (Chicago, 1963), p. 799.
159) 할례란, 유대인들이 낳으면 8일 만에 남자 성기의 끝에 있는 가죽을 조금 베어내어 세속과 인연을 끊는다는 뜻으로 이해되기도 한다.

b. 할례의 대상과 시기

당시 하나님은 아브라함과 그 후손에게 모든 남자에 한하여 할례를 받도록 명하신다. 여기서 더 나아가 아브라함 자손과 상관없는 손님이나, 노예나, 종들도 하나님과 계약의 언약들을 받아들이고 복종한다면 역시 할례를 받도록 되어 있다. 그래서 이 할례의식은 그 언약을 받아들인 이방인에게도 적용되어 아브라함의 후손과 같이 취급되어, 한 민족의 상징으로써 보다 넓은 범위의 계약 표시였다.[160]

할례를 받는 시기도 하나로 정해지지 않고, 나이에 관계없이 어느 때이건 언약을 받아들이는 때로 정해졌다. 일반적으로 이스라엘인들은 낳은 지 8일 만에 할례의식을 시행한다. 이는 계약관계가 부모와 어린 자녀 사이의 강한 유대 원칙을 강조하고 있다.[161]

이 할례의식의 제정은 창세기 15:6의 아브라함이 하나님의 언약을 그대로 믿으니 야웨께서 이를 그의 의로 여긴 아브라함의 위대한 신앙행동이 있은 후에 만들어졌다. 아브라함이 하나님의 언약의 어떤 내용을 믿었기에 의롭다함을 얻었을까? 첫째로, 약속하신 아들 출생과 그 자손의 번창이다. 둘째로, 하늘의 별들같이 수많은 자손들 중에 태어날 메시야, 그리스도를 통한 하나님의 구원 섭리를 믿었기에 의롭다함을 얻게 되었다. 그래서 아브라함의 할례 언약은 레위기보다도 창세기의 문맥, 즉 모세의 법 보다는 아브라함의 언약과 더 관련해서 해석해야 한다.[162] 할례는 하나님의 언약을 믿는 아브라함과 같은 믿음의 행위를 전제로 한 의식이라는 것이다. 그래서 계약의 언약을 받아들이고 믿는 자가 참여할 수 있는 의식이다.

c. 할례의 의미: "이것이 나와 너희 사이의 언약의 표징이니라."

할례는 하나님을 믿는 백성에게 하나님은 외적인 표시와 보증의 뜻으로 할례를 세우셨다. 그래서 할례는 이미 존재하는 언약 관계와 이미 경험한 축복 언약의 보증이며, 하나님의 언약에 대한 인간편의 반응이라고도 볼 수 있다.[163] 그래서 할례

---

160) O. Palmer Robertson, 「계약신학과 그리스도」, 김의원 역(서울: 기독교문서 선교회, 1983), P. 153.
161) *Ibid.*
162) John P. Milton, 「하나님의 축복의 언약」, 이군호 역(서울: 컨콜디아사, 1982), p. 143.
163) John P. Milton, *op. cit.*, p. 142.

는 하나님과 언약 관계를 맺은 것을 고백하는 것이다.

할례는 이 계약관계를 맺음으로 아브라함과 그의 자손들은 할례를 통하여 이방 족속들과 분리되어 하나님 백성에 속하였다고 외적 표징으로 고백하는 것이다.[164] 그러나 구약시대에도 그것은 마음의 할례로 불리는 하나님께 향하는 내적 분리를 뜻하기도 했다(신 10:16, 30:6, 렘 4:4, 9:2,6). 로벗슨(O.P. Robertson) 박사가 제시하는 할례에 대한 신학적 의미를 요약하면 다음과 같다.[165]

ⓐ 할례는 계약의 표시로, 계약적인 공동체 속에 포함됨을 상징했다.

ⓑ 할례는 거룩과 청결의 과정이 필요함을 상징한다. 약속의 계열에서 더럽고 자격이 없는 본성을 제거해야만 했다. 거룩한 하나님은 이스라엘의 거룩도 요구하신다.

ⓒ 이 청결의 과정은 남자 생식기관의 표피를 제거함으로 이뤄진다. 인간 육체의 부분을 '잘라 버리는' 것은 정화 작업에 심판이 필수적이라는 것이다. 죄인이 할례로 죄를 씻는 심판을 통과하는 종교적 청결상징이라 본다.

ⓓ 처음의 청결 예식은 아브라함에게 종족 번식에 특수한 의미를 주었다.

할례는 본질상 이스라엘과 그의 하나님 사이의 계약적 표적, 표시였다.[166] "할례 받지 아니한 남자는 백성 중에서 끊어지리라"처럼, 양피를 베지 아니한 할례 불이행자는 하나님의 언약을 배반하는 것이 되어 계약 공동체에서 제명당한다는 것이다. 바로 혹독한 심판이 이 계약의 표징을 거부한 사람에게 내려지게 된다.[167]

H. 족장 종교의 특성

1. 신성에 대한 능력 개념

족장들의 신적 존재에 대한 개념이 대개 능력과 관련되어 있음을 이미 그 신의 명칭에서 볼 수 있었다. 보통 나타나는 '엘('ēl)'은 원래 '강한 자'를 의미하고 많은 성경 구절에 나타나고 있다[168](창 31:29, 신 28:32, 미 2:1, 잠 3:27, 5: 5, 겔 31:11,

---

164) *Ibid.*, p. 143.
165) O. Palmer Robertson, *op. cit.*, pp. 154—156.
166) *Ibid.*, p. 156.
167) *Ibid.*, p. 153.
168) Theophile James Meek, *Hebrew Origins*(New York: Harper & Row, Publishers, 1960), p. 84.

32:21, 욥 41:25, 시 36:6). 그래서 산에 거하는 분으로 관련된 어근(語根)으로 나타난다.[169]

그리고 '엘로힘('elōhim)'도 능력과 권위의 복수로 되었고 '강한, 전능의'의 뜻을 가진다. 창세기 23장 6절에서 헤브론에서 헷 족속이 아브라함을 '하나님의 방백(a prince of god)'으로 불렀는데, 그것은 '전능의 방백(a mighty prince)', 하나님이 세우신 지도자를 의미한다.[170] 모든 권능의 근원이 하나님께 있음을 계시하는 명칭들을 살펴봤다.[171]

2. 계약의 하나님

창세기 12장—50장까지의 이야기에는 아브라함, 이삭, 야곱, 그리고 요셉 이야기 등 가족 역사의 정수(精髓)가 담겨 있으며, 이 족장들은 하나님을 알았고, 오경 전승에 따르면 하나님과 특별한 관계를 맺고 있다. 그것은 바로 창세기 12장에 나오는 하나님이 족장 아브라함을 부르시고 선택하신 사건과 더불어 원역사의 창세기 1—11장의 일반역사에서 선택의 역사로, 인류 전체의 이야기에서 선택된 가정의 이야기로 바뀌는 인상적인 전환[172]을 볼 수 있고, 이것이 15장에 나타나는 계약사건으로 발전한다. 여기서 하나님은 고대 계약체결의식의 상징적 표현을 통하여 아브라함과 계약관계를 맺으시고, 아브라함 자손의 번성을 약속하시고(1—6절), 출애굽사건을 계시하시며(16절), 또한 가나안 땅을 그에게 주시겠다고 말씀하신다(7절).

위의 계약 중에 창세기 12장에서는 아브라함이 받아야 하는 '축복'이란 대표어가 있고, 이것은 원역사에서 저주받은 것으로 어둡게 묘사된 여러 민족들을 위하여 반드시 그가 받아야 할 축복이었다. 그리고 15장에 하나님이 아브라함과의 계약에서 중요하게 준 언약은 민족을 민족되게 해주는 순전히 물질적인 토지(대지)를 그 대상으로 삼는다.[173] 족장설화의 약속 중에서 언제나 반복되어 나오는 주제가 바로

---

169) *Ibid.*
170) *Ibid.*
171) 앞의 "족장들과 관련된 신명들"을 참고할 것.
172) Lee Haines, 'Genesis and Exodus' *Wesleyan Bible Commentary*. Vol. One (Grand Rapids: W.B. Eerdmans Publishing Company, 1975), p. 13.
173) Walter Zimmerli,「구약신학」, 김정준 역(서울신학연구소, 1975), p. 34.

후손에 대한 것과 토지 소유에 대한 것인데, 이 후손과 토지 소유의 약속은 후기에 나타난 첨가 부분이 아니라 오히려 고대의 것으로써, 목장을 이동하며 살아가던 유목민들의 상황에서는 아주 절실한 소원이 바로 토지를 소유하고 후손들과 공동으로 사는 것이었음을 보여준다.[174]

a. 12장에 나타난 언약 요약

① "너로 큰 민족을 이루리라" : 아브라함의 씨로 크나큰 민족으로의 번창은 단순한 후손 번창으로 끝나는 게 아니라 여인의 후손으로 오시는 메시야를 향한 큰 흐름을 이뤄나가는 것을 깊이 간직한 언약이어서 계속 반복되는 주제(씨·땅·민족)이다.

② "너를 축복하리라" : 하나님의 창조나 누구를 부르시는 소명과 계약의 성립에는 항상 '축복'이 동시에 발생한다. 왜냐하면, 하나님의 축복이 없이는 부름 받은 자가 아무 것도 할 수 없고, 언약의 성취도 하나님 축복이 없이는 전혀 가능성이 없기 때문이다. 천지만물이 창조되었지만 하나님의 축복이 없었다면 질서, 보존, 번창이 없었을 것이다. 그래서 창세 때부터 주어지는 중요 개념이 하나님의 절대 은총의 사건으로 주어지는 '선택'과 '축복'이다.

③ "네 이름을 창대케 하리라" : 이름은 단순한 소리가 아니라, 그 사람의 정체성과 인격과 본질과 관계된 것으로 창대케 되는 것은 하나님의 축복으로 얻어지는 결과이기도 하다. 이 이름이 잘못된 명성, 신망, 우월에 대한 야망으로 치닫게 되면 하나님의 저주와 심판으로 연결되는 것이 바벨탑 사건에서 나타난다. 창세기 11:4의 "성읍과 탑을 건설하여 그 탑 꼭대기를 하늘에 닿게 하여 우리 이름을 내고 흩어짐을 면하자"는 욕망이 바벨탑 건축자들을 자극했었다. 이제 하나님은 그들이 이기적으로 추구했으나 얻지 못한 것을 한 인물, 아브라함과 그 후손으로 태어나실 메시야에게 직접 주시고자 하셨다.[175] 이 참 메시야에게 주어질 만왕의 왕의 통치권을 흉내 내어 인류 마지막 지점에서 적그리스도가 또 다시 시도할 것이다.

④ "네가 복의 근원이 되리라" : 아브라함은 단순히 축복의 주체가 되었을 뿐 아

---

174) Antonius H. J. Gunneweg, 「이스라엘의 역사」, 문희석 역(서울: 한국신학연구소, 1975), p. 27.
175) Walter C. Kaiser, Jr., 「구약성경신학」, 최종진 역(서울: 생명의 말씀사 1982), p. 120.

니라, 그의 후손으로 태어날 메시야를 통해 온 인류에 대한 축복의 매개체가 되었다. 그래서 마태복음 기자는 "아브라함과 다윗의 자손 예수 그리스도의 계보, 족보라"고 선언하며 신약성서의 세계를 열어간다.

⑤ "내가 가나안 땅을 네 자손에게 주리라" : 하나님이 아브람에게 "본토, 친척, 아버지 집을 떠나라"는 명령은 가야할 방향과 더불어 순종하는 아브람에게와 그 후손에게 준비하신 땅을 주시겠다는 것이었다. 바로 아브라함의 씨를 통해 이루시는 하나님 구속사의 터전인 가나안을 이미 예정하시어 구속사를 진행하시는 큰 그림에서 이미 정하신 것이었다. 창세기 15:18은 '애굽 강에서 유브라데까지'로 땅의 경계를 정하고, 17:1—8은 그 땅은 '영원한 소유가 될 것'을 강조하였다.[176] 하나님의 구속사의 현장은 이제 이 가나안 땅에서 아브라함을 비롯한 그의 후손들에 의해서 이루어 가게 된다. 결국, 이 약속의 땅에 아브라함의 후손으로 오시는 예수 그리스도로 인하여 하나님의 구원사가 완성된다. 아브라함과 그의 후손들은 땅 위의 모든 족속들에게 구원과 생명의 중재인이 되기 위하여 메시야의 탄생을 준비하여야 했다.[177]

이 언약은 창세기 26장 24절에서 이삭에게도 여전히 허락이 되면서 "네 아비 아브라함의 하나님이니 두려워 말라. 내 종 아브라함을 위하여 내가 너와 함께 있어 네게 복을 주어 네 자손으로 번성케 하리라"하신다.

그리고 창세기 28:12—15에서는 야곱에게도 그 언약이 계속 계시되면서 가나안 토지 소유의 약속과, 자손 번창의 약속과, 그리고 축복의 선언이 계속된다. 토지 소유와 민족을 형성하는 자손의 약속은 진실로 역사적인 사건에 대한 약속이다. 바로 이 계약은 하나님의 은혜에 대한 이스라엘의 복종의 의무를 말한다. 이것을 종주권 계약(Suzerainty Covenant)이라고도 하는데, 황제와 약소국의 왕들과의 사이에 맺는 계약으로, 헷 족속 왕국에서 기원전 2000년 전 초기에 정치적으로 사용된 계약 형태이다.[178] 성서에서도 이 종주권 계약 형태가 나타나는데 가장 분명한 예가 여호수아 24장이고, 창세기의 족장과의 계약[179]에서도 비슷한 부분을 찾아볼 수 있

---

176) *Ibid.*, p. 124.
177) *Ibid.*, p. 126.
178) George Mendenhall, *Law and Covenant in Israel and Ancient Near East* (Pittsburgh: Biblical Colloquium, 1955).
179) 19세기말 R. Kraetzschmar는 *Die Bundes Verstellung in Alten Testament in ihrer geschichtliche Entwicklung* (Marburg, 1896)에서 구약 안에서 두 가지 유형의 계약신

다.

I. 씨족장과의 인격적·개인적인 관계의 하나님

각 족장은 자유로운 개인적 관계에 의하여 자기 하나님을 숭배하게 되었고, 따라서 자기 자신을 온전히 그 하나님에게 결속시켰다. 고대 사회에 있어서는 그들의 예배의식 속에 그들이 섬기는 신과, 그 예배를 확립시킨 조상과의 특수 관계가 언급되어 있는 것을 흔히 볼 수 있다.[180] 특별히 족장이야기에서는 그 관계가 성격상 인격적인 특징을 가지고 있다는 사실이다. 족장기사에 나오는 하나님에 대한 고풍스런 일정한 명칭들은 씨족의 우두머리와 그의 하나님과의 밀접한 개인적 유대를 알려준다. 예를 들면, 아브라함의 하나님('elohe 'abraham 혹은 아브라함의 방패, 창 15:1, 28:13, 31:42,53) 이삭의 친척(pahad yishaq 혹은 돌보시는 두려운 분, 창 31:42—53), 야곱의 전능자('abir yaqob, 창 49:24) 등의 특수한 표현에서 볼 수 있다.[181] 바로 이 인격적 특징이 족장들의 종교를 가나안적인 농업 종교와 구별시키고, 강대국의 국가 종교와도 구별시킨다. 족장 종교의 이와 같은 인격적인 특징은 이스라엘 종교의 전 발전 과정 속에 줄기차게 흐르고 있다.[182]

그래서 족장들의 하나님 관계는 성격상 인격적이며, 가나안 종교처럼 신과 땅, 혹은 신과 지역을 특별히 결합시키는 예를 찾아볼 수 없다. 즉, 아브라함의 하나님, 이삭의 하나님, 야곱의 하나님으로 표현된 하나님의 특징은 그 신이 어떤 고정된 장소나 특정한 성소에 구속되어 있지 않고, 자기들을 숭배하는 사람들의 집단과 인격적 관계를 맺는다는 점이다.

학이 있음을 발표하고 하나님과 아브라함, 다윗, 레위 지파 간에 맺어진 일방적(편무)인 계약 형태와, 그와 대조되는 시내 산에서 모세와 맺어진 쌍방적인(쌍무) 계약 형태로 구분했다.
180) G.W. Anderson, 「이스라엘의 역사와 종교」, 김찬국 역(서울: 기독교서회, 1970), p. 30.
181) H.H. Rowley, *op. cit.*, p. 14. A. Alt는 아브라함의 특별한 신은 "아브라함의 하나님"이었고, 이삭은 "이삭의 두려움"이었고, 야곱의 하나님은 "야곱의 전능자"였다고 보고, 그 결과 이러한 족장들은 각자 그 자신의 수호신을 가졌다고 주장한다. Elmer Leslie는, 아브라함의 하나님은 그 이름이 "아브라함의 방패"였다고 본다. W.F. Albright는 이삭의 하나님 이름은 "이삭의 친족"이었다고 보았다.
182) *loc. cit.*

그 인격적인 하나님은 그 씨족의 수호신이었다. 창세기 31:36—55에 의하면, 야곱은 이삭의 친척에 맹세하고, 라반은 나홀의 신에게 맹세하고 있으니 자기 아버지 씨족의 하나님을 두고 맹세하고 있는 것이다.[183] 개인과 수호신 사이의 친밀한 사적 관계의 또 하나의 예증은 초기 이스라엘에 있어서 널리 유행된 이름들에서 찾을 수 있다. 특별히 'ab(아버지) 'ah(형제) 'amm(백성, 가족) 등과 결합된 명칭들로서 신의 이름을 그 자리에 바꾸어 넣을 수 있었으므로, 그 이름들은 그들의 신앙을 밝히는데 매우 중요하다. 예를 들면, Abiram/Ahiram은 "나의 (하나님) 아버지/ 형제는 (나에게) 도움이 된다"를, 그리고 Eliah는 "나의 하나님은 (나에게) 아버지이다"이고, 그리고 Abimelech/ Ahimelech은 "나의 (하나님) 아버지 / 형제는 (나의) 왕이다"를 뜻한다.[184] 이러한 이름들은 씨족과 신 사이의 혈연관계에 대한 고대 유목민의 예민한 감각을 알려주는 훌륭한 실례로써 신은 눈에 보이지 않는 가장이며, 집안 권솔들은 그 신의 가정의 권솔(眷率)들인 것이다.[185]

그래서 족장들을 보호하고 인도하셨던 그 인격적인 하나님은 바로 그 씨족의 수호신이었다. 눈에 보이지 않는 가장으로 행동하셨고, 따라서 족장들의 종교는 가족 단위의 씨족 종교였다.[186]

J. 아브라함의 의(義)

"아브라함이 야웨를 믿으니 이를 그의 의로 여기시고"(창 15:6)에는 위대한 신학적 견해가 나타난다. 여기에는 '간주하다, 여기다(Reckon)', '의(Righteousness)', '믿으니(Believed)'의 3가지 중요 단어가 있다. '여기다(reckon)'는 하나님의 권위를 가지고 하나님께 드려진 제물을 확인하고 입증하는 제사장들의 중요한 판단 기능으로 해석할 수 있다(레 7:8, 17:4, 민 18:27).

'의(Righteousness)'는 인간에서 찾을 수 있는 이상적, 절대적 표준이 아니라, 오히려 하나님과 그 백성의 관계성을 의미하는 말이다. 바로 하나님과 인간 사이의 영적 교섭(Communion)의 관계성을 가리키는 '의'를 말한다. 즉, 하나님은 인간

---

183) John Bright. *op. cit.*, P, 89.
184) *Ibid.*, p. 90. Eliab, Abinoam, Ahinoam, Ammiel, Ammihur, Ammishadda 등 예가 많다.
185) *Ibid.*
186) W.H. Schmidt., *op. cit.*, p. 16.

을 향할 때에 그의 의로움이 확인되고, 인간은 하나님께서 제정하신 공동 관계성을 유지시키는 계약과 계명들의 규례를 확인하고 지키는 한에서 의롭게 된다. 그래서 '의'와 '계명' 사이의 밀접한 관계가 에스겔 18:5 이하에 나타나 있다.[187] 믿음(Belief, faith)은 야웨 하나님께 자신을 고정시키는 것이다. 믿음은 신뢰의 행위이며, 역사 속에서의 하나님의 계획에 일치시키는 것이다.[188]

아브라함은 하나님께서 그에게 약속하신 것을 성취하실 것이라고 그대로 믿었다. 거기에는 미래의 하나님 구원행위까지 내다보는 믿음이 있었다. 즉, 바랄 수 없는 중에 바라고 믿어 약속하신 그것을 능히 이루실 하나님을 확신하였기 때문에 하나님이 의로 여기셨다(롬 4:18, 21, 22). 아브라함의 의롭다 하심은 행위로써가 아니라, 하나님을 믿음으로 얻어진 것이다. 즉, 하나님이 이 신앙을 아브라함의 의로 여긴 것은 행위에 근거한 것이 아니라, 오직 믿음에 의한 하나님의 구원 원칙이 적용되었다. 그리고 아브라함이 하나님 앞에서 의로워진 것은 하나님의 약속 안에서 그의 믿음으로 이룩된 것이었다.[189]

본문에 의하면, 아브라함의 의는 제의의 공식 수행자에 의해 시행되는 제의 영역에서 얻어진 것이 아니다. 오히려 아브라함과 하나님의 자유스럽고 개인적인 관계성에서 얻어진 것이다. 무엇보다도 아브라함의 '의'는 희생 제사나 복종의 행위 같은 어떤 성취의 결과로 얻어진 것이 아니다. 오히려 오직 믿음이 아브라함을 하나님과의 독특한 관계를 맺게 했다는 것이다. 하나님이 역사에 대한 계획을 아브라함에게 지시했는데(3가지 언약), 이것을 그대로 믿고 찬동하니 그것을 '의'로 여겼다[190]는 것이다. 더 깊게 보면, 하나님이 약속한 아들과 씨의 번성의 약속을 믿어 의롭다함을 얻은 것은 아브라함이 그 후손들 중에 먼 훗날 태어날 여인의 후손으로 오실 메시야, 예수 그리스도를 내다보며 그분의 대속과 속죄의 구속을 믿음으로 평가된 '의'이다. 바로 이삭대신 '야웨 이레'로 준비된 '한 숫양'처럼(창 22:13) 번제의 제물이 되신 그리스도가 그의 후손 속에 숨겨져 있었다.

---

187) cf. Gerhard von Rad, *Genesis, A Commentary*(London: SCM Press LTD, 1981), p. 185.
188) *Ibid.*
189) Leon Wood, *A Survey of Israel's History*(Grand Rapids: Zondervan Publishing House, 1970), p. 57.
190) *loc. cit.*

K. 고정 성소와 우상이 없는 제의

앞에서 이미 논했듯이 족장들은 고정된 성소를 찾아 헤맨 사람들이 아니다. 정해진 성소를 찾아 정기적으로 제사를 드린 자들도 아니다. 그리고 족장들은 그들의 하나님을 어떤 모양이나 형상(Image or Statue)이 없이 숭배했다.[191] 족장의 하나님은 홀로 스스로 계시하셨고(revealed), 인간들에게 관심을 가지고 계셨기 때문에 형상(Images) 없이도 예배를 받으실 수 있었다. 하나님 스스로가 나타나시기(顯現) 때문에 구약의 하나님에게 형상이 필요 없었다. 그 하나님은 역사에 직접 개입하셔서 활동하시기 때문이기도 했다.[192]

창세기의 어디에서도 우상과의 싸움은 언급되지 않는다. 족장들은 우상과의 싸움에 전혀 개입하지 않았고, 어디에서도 당시 가족들에게 우상숭배를 책망하는 것으로 나타나지 않고 있다. 족장들과 주변인들 사이에는 종교적 대조도 별로 나타나지 않는다.[193]

아브라함, 이삭, 야곱의 족장들 나름대로 신앙에 의해 그들의 하나님과 인격적인, 직접적인 대화를 통해 하나님의 현현에 의해 하나님과 만났다. 그렇기 때문에, 우상숭배는 전혀 개입될 수가 없었다.

그래서 우리는 족장들이 우상을 소유하고 예배했다는 것을 어디서도 찾을 수 없다. 물론 야곱이 외삼촌 라반의 집에서 도망칠 때 라헬이 라반의 드라빔을 훔친 사건이 있는데, 그 드라빔이 일종의 우상인 것은 확실하다.[194] 그러나 누지 문서(Nuzu Text)에 의하면, 한 여인의 남편이 드라빔을 소유하게 되면 그의 장인의 재산을 차지하는 최우선 상속자가 되게끔 되어 있다[195]고 한다. 그래서 라헬의 행동은 이 법적

---

191) W.H. Schmidt, op. cit., p. 21.
192) Ibid.
193) Yehezkel Kaufmann, The Relogion of Israel, tran. Moshe Greenberg (Chciago: The University of Chicago Press, 1960), p. 222.
194) H.H. Rowley, op. cit., p. 19에 소개된 드라빔의 의미를 다룬 은 A.R. Johnson, The Cultic Prophet in Ancient Israel, 2nd ed., 1962, pp. 32f; The Nature of the teraphim of 1 Sam. 19, 13ff. 창세기 31:30에 라반은 "네가 왜 나의 신(my gods)을 훔쳤느냐"고 묻는 것 보면 라반의 가족 수호신이었음을 암시한다.
195) Theophile J. Meek, Hebrew Origins (New York: Harper and Brothers 1950), pp. 115f. James B. Pritchard, Ancient Near Eastern Texts (Princeton: Princeton University Press, 1969), pp. 2195f. Harry V. Orlinsky, Ancient Israel (New York: Cornell University Press, 1964), p. 19.

권리의 문제와 관계된 일종의 재산문서, 집문서에 해당되는 것이었다[196]. 그러나 야곱이 그것을 소유해서 어떤 유산을 상속받았는지에 대해서는 어디서도 찾아볼 수 없다. 이 경우에 라헬의 행위는 야곱의 종교와는 무관하다. 단지, 야곱이 벧엘로 올라가 제단을 쌓으려할 때 자기 집안사람과 자기와 함께 한 사람들에게 이방 신상들을 버리고 자신을 정결케 하고 의복을 바꾸어 입도록 엄히 명하고, 이방 신상을 상수리나무 아래 묻었다(창 35:1-4). 오히려 철저하게 우상을 경계하고 멀리하는 모습이 나타난다. 여기에 의하면, 야곱이 우상을 숭배했다는 것은 결코 아니고, 야곱의 가족 중에 소수와 그의 하인 중에 얼마가 우상숭배 하는 자가 있었다는 증거를 제시한다. 분명히 야곱은 우상을 배격하였다. 그러면서 로울리(H.H. Rowley)는 분명히 말하기를, "족장들의 신앙은 실제적인 유일신교(a practical monotheism)이었다고 생각한다"고 했다.[197] 하나님의 이름이 다양하게 사용된 것은 서로 다른 신적 존재들을 지시하는 것이 아니라, 그들이 어느 이름으로 예배하든지 그들이 예배했던 하나님은 동일한 오직 한 분이었다는 것이다.[198]

족장들은 이방신을 섬기지 않는 구별된 신앙인이었다. 라스샤므라 본문(Ras Shamra text)에 많이 나타나는 바알(Baal)신을 전혀 부르지 않고 가나안 만신전의 여신들도 전혀 언급되고 있지 않다.

L. 가나안 종교와의 차이점

이미 앞에서 족장 종교의 특성에서 가나안 종교와의 차이점이 어느 정도 언급이 되었다고 보겠다. 여기서 가나안을 중심한 고대 근동의 이방종교의 특성을 소개하여 그 차이점을 알아보려고 한다.

1. 고대 근동 이방 종교의 특성

첫째로, 신 개념이 자연 세력과 아주 밀접하게 연관되어 있었다. 정령 숭배 이전

---

196) H.H. Rowley, *op. cit.*, p. 20. 그러나 M. Greenberg (*J.B.L.* 1xxxi, 1962, pp. 239ff)은 라헬의 행동은 Nuzu 법률과 상관없는 것이고, 그녀는 자기 집을 떠나서 외국에 있게 될 때도 그녀의 신을 계속해서 숭배하기를 원하는 맘에서 단순하게 취해진 행위라고 주장한다.
197) *Ibid.*, p. 21.
198) *Ibid.*, P. 22.

단계(Pre—Animistic)와 정령숭배의 특성이 나타나고, 다신론(Polytheism)이 근동 문화에 혼합되어 있었다.

둘째로, 모든 종교가 실재적으로는 하나의 높은 신, 혹 한 그룹의 높은 신들을(정령들보다 나은 차원의 신 개념) 숭배하기도 했다. 그래서 많은 신들 중에 특별한 신들과 여신들에 인기와 관심이 집중되었다. 숭배 대상으로 존귀하게 부상되었던 신들(예를 들면, 수메르 아카드 신전의 Anu,[199] Enlil, Enki, Sin, Inana, Nintu 등)이 많았고, 시대가 지남에 따라 이름과 특성이 자연스럽게 바뀌기도 했다. 대체로 각개 도시, 마을, 씨족, 집안마다 자체의 신, 혹은 영령을 가지고 있었다.

셋째, 대개 이들 종교의 제의는 풍요와 다산(多産)의 제사(Fertility Cults)로써, 아주 비윤리적이고 통속적이었다. 우주와 자연 안에 본래 가지고 있는 것으로 생각되는 다산적 기능을 남신과 여신 예배를 통해 유발시키려 했다.

이 제의의 남신(male gods)들은 태양, 하늘, 공기, 비, 불 등과 관계되어 나타나고, 여신(Female goddesses)들은 풍요의 땅, 땅의 물, 흙, 바다, 토지와 연관된 신들로 간주되었다.

여신과 남신들의 결합에 의한, 예를 들면 폭풍우(男神)와 비옥한 땅(女神)의 자손은 대개 어느 종류의 식물 성장과 동일시되었다. 농작물의 계절적 상태에 의거한 신들의 활동과 생성이 설명된다.

이런 여신들은 대체로 음탕하고 욕망대로 사는 연인들처럼 나타나고, 주저 없이 사악한 살인자로 나서기도 한다. 곡식의 씨를 뿌리는 11-12월의 계절은 성적 결합(Sex union)의 기간으로 여겨졌다. 이 종교의식에서 지배적 역할을 담당하는 것이 성(sex)으로써, 의식적인 간음(Ritualistic fornication)이 기본이었다. 신전에서 이것을 실제로 수행하기 위한 남녀들이 바쳐졌다. 성적인 악습과 범죄가 동시에 행해졌다. 대체로 T(Tau), 혹은 +(Cross)가 공통 상징으로 숭배되었는데, 이는 남근숭배(Phallic Worship)의 성적 의미를 갖는 것이었다. 이런 의식 수행이 토지에

---

199) Anu는 하늘의 군주로 태양, Enlil은 폭풍의 주도자인 능력과 변덕의 신, Ninta(Ninma)는 지모신(地母神)으로 비옥한 토양의 신(fertile soil), Enki는 두 강의 신선한 물의 주관자로 빗물과 강, 관개수로 등을 통해 땅의 여신으로 식물의 열매를 맺게 하는 지혜의 신이요 마술의 아버지다. Shamash는 태양신이고, Sin은 Ur에서 유명했던 달신(月神)이며, Tiamat은 Enlil의 원수로 대양의 여신이다. Inanna는 Ninta의 위치를 차지하려고 하는 비옥한 토양의 어머니 신(母神)이고, Ereshkigal은 Dumuzi의 원수로 죽음의 여신이며, Dumuzi는 식물과 목자의 신였다.

비옥함을 주고 풍작을 보증한다고 사람들은 생각했다.

넷째, 이들 종교는 원래 신화(Myth)와 의식(Ritual)이 함께 연합되어 있었다. 가나안 종교는 ① 언어적 표현(신화를 통한 신앙고백), ② 행위의 표현(종교의식의 극적인 상징주의)이 자연과 사회생활과의 질서정연한 조화를 유지시켜 준다고 믿었다.

이런 신화들은 아주 허구적(Imaginative)이고 환상적이다. 그래서 신의 영역, 인간 영역, 그리고 자연 영역 사이에 분명한 구분이 없다. 인간, 동물, 식물이 모두 똑같은 입장에서 다뤄지기도 한다. 신들은 마술적 방식(magical formulae)에 의해 이런 모든 영역을 쉽게 오르락내리락 한다. 인간도 이 마술적 방식으로 신의 영역에로 변화할 수도 있고, 동물이나 식물이 되기도 한다.

신화와 의식은 근본적으로 마술적이다. 그것의 목적은 자연의 세력을 조종, 유도하여 재산을 보호하고 확장시키는 것이었다. 인간이 위기에 처했을 때, 특별 의식을 통해 인간과 영의 세계와의 관계성 강화를 마술적으로 유도하려고 했다.[200] 건전지(Batteries)에서 전지가 소비되어 약이 없어지면 또 충전하는 것같이 마술(Magic), 점(Divination), 제의(Cult) 등으로 다시 신의 능력을 보충하는 것으로 나타나기도 한다. 신의 능력 보충은 인간의 문제 해결의 가능성으로 간주했다.

마술은 Black Magic(악마의 힘에 의한 마술)과 White Magic(선량한 요정의 힘에 의한 마술)로 구분할 수 있다. 마술은 특별 주문, 말과 행위를 함축한 우주적 힘에 근거한 힘을 사용하여 미래를 조정하려는 노력이다. 위험한 세계에서 안전을 추구하는 인간 노력의 일면이다. 제사장(Priests)들은 이 기술을 터득하여 행사하는 자들이고, 백성들은 자신들을 보호하기 위해 마술적 형식에 노예처럼 매여 있기도 한다.

점(Divination: 占)은 여러 가지 테크닉(techniques)을 가지고 어느 사건들의 과정을 미리 알려고 하는 노력이다. 이때 점을 요구한 자에게는 축복을, 적에게는 화를 발할 수도 있는 방법을 제시하게 된다.

어느 때는 황홀경의 예언자가 점장이 예언자로 나타나 비정상적 행위와 여러 가

---

200) 풍요 제의는 주로 신화학에 근거한다. 혼돈과 질서의 투쟁 신화를 보면, 축제 때의 왕과 한 처녀와의 결혼에 의해 그 투쟁이 끝나고 풍산의 보증으로 삼았다. 그래서 왕의 가정 식구들이 남신들과 여신들과 동일시되기도 했다.

지 기술을 가지고 미래를 신탁처럼 말하는 수도 있었다.

2. 족장 종교와 가나안 종교의 차이점

이스라엘 족장들은 고대 근동의 문화와 종교와는 다른 독특한 역사를 구축하였다.201)

가나안 종교는 주로 풍부한 번식과 변화하는 계절의 회전에 중심을 두었다. 그런데 족장들의 종교는 순전히 역사적인 관점과 윤리적 차원의 여지를 많이 남겨 주었다. 즉, 족장의 종교는 역사적인 특징을 가지는데 자연의 순환에의 적응과 사회적 균형의 유지에 더욱 관심이 있는 정착 농경문화 배경의 가나안 사람들과는 다르게, 미정착의 반유목민들인 족장들은 역사의 동적인 언어로 그들의 신앙을 표현하는 경향이 있었다.202) 그들은 유랑민이었고 모험자들로 하나님의 부름에 고향을 떠나 아직 알려지지 않았으나 불원간 하나님이 그들에게 보일 불확실한 땅으로 떠났다. 그들은 미래가 하나님의 장중에 있는 것을 믿으며, 신앙의 모험으로 산 자들이었다.

그리고 족장들의 신은 결코 단순한 지방 신령(local numina)들은 아니다. 왜냐하면, 족장들의 신명은 가장 고귀하고 항구적인 권능을 갖고 있으며, 또한 자기 백성들의 일을 돌봐주는 하나님에 대한 믿음을 나타내고 있기 때문이다. 족장들의 하나님은 어느 한 지역에 국한된 신이 아니라, 항상 그들과 함께 움직이는 분이었다.203)

그리고 족장들과 관련된 신명들은(엘, 올람, 엘리온, 샤다이 등) 후대의 이스라엘에서 언제나 야웨를 나타내는 합당한 명칭, 혹은 칭호로 간주되었다. 그러나 바알은 눈에 띨 정도로 그렇게 간주되지 않고 철저하게 거부되었다.204)

'바알(Baal)'은 명목상 '엘(El)'신 바로 밑에 있었던 신으로, 사실은 '바알'이 '엘(El)' 신보다 더 활동적이고 어느 면으로는 더욱더 유명하여, 광범위하게 보통 명사

---
201) Bernhard W. Anderson, *Understanding the O.T.* (Englewood Cliffs: Prentice Hall, 1957), p. 43.
202) *Ibid.*, p. 27.
203) Martin Buber, *The Prophetic Faith*, tran. C. Witton Davis (New York: Macmillan, 1949), p. 35.
204) John Bright, *A History of Israel* (Philadelphia: The Westminster Press, 1966), pp. 90—91.

로 사용되기도 했다. 이 신이 가나안의 유명한 신으로 나타나면서 이스라엘의 신과 항상 갈등과 투쟁의 대상으로 나타난다. 바알과 밀접한 관계를 맺고 있는 신은 바알의 누이이며 동시에 그의 짝인 '아나트(Anat)'이다.[205] 족장들에게서는 그들의 어느 신 명칭도 '바알'과 동일시되지 않고 있다.

오경 속에 들어있는 수많은 이야기들은 바로 아브라함과 이삭, 그리고 야곱을 이스라엘 종족 창건의 조상들로 묘사하고, 그러다가 갑자기 12 아들이라는 후손들로 펼쳐진다. 우리는 이들을 알기 쉽게 성서의 족장이라고 부른다. 그들 중에서 우리의 관심은 아브라함, 이삭, 야곱을 중심한 성서의 세계, 그리고 그들의 하나님(혹은, 종교)을 이해하려고 했다.

다시 말하면, 성서의 족장들은 대체적으로 기원전 2000년대(B.C. 2000－1000)의 전반기에 속한다고 본다. 즉, 문화사의 중기 청동기시대(The Middle Bronze Age: B.C. 2000—1500)[206]로, 고고학적 발굴의 Mari text와 Nuzu Texts의 빛을 통해 족장 이야기의 고대성이 인정되고 있다. 그들의 생활양식은 양이나 염소 같은 소가축 무리를 몰고 다니는 유목민들의 생활양식이다. 그러나 그들은 낙타를 타고 다니는 본격적인 유목민이 아니라, 목장을 바꾸며 찾아다니는 반 유목민에 속했다.[207]

이런 족장들의 하나님과 종교 이해는 구약 신앙의 이해에 절대적 기초가 되는 것이다. 그런데 히브리인들의 하나님 이해에 중요하게 다루어지는 것이 바로 하나님의 이름이다. 성서에서 하나님께서 자신의 이름을 계시하는 특별한 두 개 사건이 있는데, 최고의 족장 아브라함에게 "나는 전능한 하나님이다"(אני אל שדי — 'ani 'êl Shaddai. 창 17:1)와 모세에게 "나는 야웨니라"(יהוה — 'ani Yahweh)로 나타난 것이다.

그래서 모세 이전의 족장의 하나님 이름은 바로 '엘 샤다이(El Shaddai)'로, 그 이름의 계시와 함께 하나님은 아브라함과 계약을 맺게 된다. 아브라함과의 계약은 바로 아브라함의 선택으로 시작된다.(창 12:1－5)

---

205) 바알의 생활 실질적으로 성육과 풍요(Vegetation and fertility)를 주관하는 한 젊은 신 (겨울 폭풍과 비의 신인 Hadad)이 되어버림.
206) R.K. Harrison, *Old Testament Times* (Grand Rapids: William B. Eerdimans, 1970), p. 69.
207) Antonius H.S. Gunneweg, 「이스라엘 역사」 문희석 역(서울: 한국신학연구소, 1972), p. 25.

이 사실은 족장들에게 계속되는 계약과 축복이 되고 있다. 즉, 창세기 15장의 계약에서는 아브라함의 선택이 하나님의 절대적 결단에 의한 행동으로 나오고(7절), 선택의 증거로서 출애굽 사건을 암시하고 있다(8—16절). 그리고 아브라함의 선택은 바로 축복(barak)[208]과 관련되어 나오면서 하나님은 전 인류의 축복을 위하여 아브라함을 선택했다는 것이다. 이 축복과 관련된 계약은 창세기 17장 1절에서 '엘 샤다이'로 친히 나타나서 계약을 맺으며, 아브라함은 열국의 아비로 선언되고 땅의 기업이 약속된다.

이 내용이 또 창세기 28:3에서 이삭이 '엘 샤다이(전능하신 하나님)'를 부르며, 다시 야곱을 축복하여 아브라함과의 하나님 계약 내용이 상기되면서 그 계약의 계속성을 확신시킨다. 창세기 35:9—15에서 하나님은 야곱에게 그의 이름의 이스라엘로의 개명을 다시 언급하시며, 자신의 이름을 '엘 샤다이(전능한 하나님)'로 다시 새롭게 선언하신다. 여기서도 축복과 함께 아브라함과 이삭과 맺은 계약의 내용이 다시 구체적으로 계시된다.

창세기 48:3에서 야곱은 요셉에게 '엘 샤다이(전능한 하나님)'께서 나타나서 복을 주어 열국으로의 번영과 영원한 기업을 자기에게 약속하셨다고 이르면서, 바로 하나님과 아브라함과의 계약 내용을 축복과 관련하여 다시 요셉에게 확신시킨다. 그래서 '엘 샤다이(el Shaddai)'는 바로 족장의 하나님 명칭이며, 그러면서 족장들과 계약을 맺으시는 계약의 하나님으로 나타난다. 그리고 그 계약은 축복과 관련하여 맺어진다. 그러나 이 명칭은 창세기에서 어떤 특별한 성소와도 연결되어 있지 않다.

족장시대의 예배는 단순했고, 예배의 알려진 형태는 희생과 기도이다. 그러나 그 예배는 하나님과의 교제의 절정을 넘어서지 않았다.[209] 족장들의 하나님 이해에 더욱 중요한 것은 족장들의 하나님이 야웨의 유일한 정통성으로 받아들여졌다는 사실이다. 성서의 기자는 모세의 하나님 '야웨'와 족장들의 하나님 사이에서 갈등을 느끼지 않았으며, 또한 그들은 하나님의 이름이 무엇이든 이스라엘 역사를 통해, 심지어 창조 처음부터 능동적으로 존재하시는 하나님이 바로 '야웨'라고 이해하는데 어려움을 느끼지 않았다. 이것이 이스라엘 신앙에 대한 기본이다. 그러기에

---

208) 창세기 12:14, 22:18, 26:4.
209) H.H. Rowley. *op. cit.*, p. 36.

구약의 족장의 신관이 이 근본적인 사실과 별개의 것이라고 이해하는 것은 불가능하다.

이런 면에서 볼 때, 이 족장의 이야기는 앞으로 전개될 이스라엘의 애굽 이주, 애굽의 노예 상태에서의 해방, 계약 체결로 인한 하나님과 이스라엘의 관계 성립, 족장들의 후손에게 가나안 땅이 기업으로 주어진 것이라는 약속과도 같은 일련의 역사의 서론적인 구실을 한다고 보겠다.[210]

성서에서는 요셉의 죽음과 함께 족장시대는 종말을 고한다. 이 족장들의 시기는 종교적으로 하나님에 대한 단순한 신앙의 시기였다고 보겠다.[211]

---

210) G. W. Anderson, *op. cit.*, pp. 20, 32.
211) Leon Wood., *op. cit.*, p. 82.

제 5 장

모세의 야웨 종교(Yahwism)

이스라엘 종교의 절정을 이루고 핵심 내용을 제공하는 것은 모세 종교(Yahwism)이다. 그래서 앤더슨(B.W. Anderson)에 의하면, 강물은 수원지보다 거슬러 더 높이 올라갈 수 없다. 모세 시대의 이스라엘의 신앙 내용은 바로 이 수원지에 비유될 수 있다. 세월의 흐름에 따라 잡다한 물줄기가 합류되기도 하면서 강물은 넓어지고 깊어져 갔다. 그러나 이스라엘의 진정한 예배와 각 시대적 예언자들의 외침은 수원지인 출애굽과 시내산 계약 내용으로 되돌아가도록 촉구하는 몸부림이었다. 이 모세시대의 야웨신앙(Yahweh)을 살펴본다.

I. 출애굽 구원 사건

출애굽기 1:1-8은 족장시대가 끝을 맺고 새로운 시대로 넘어가는 역사의 분기점을 암시한다. 즉, 야곱과 그 권속들인 70인의 세대(1:1-5), 요셉과 그의 형제와 그 시대 사람은 다 죽었다(1:6). 그러나 이스라엘 자손이 크게 번성하여 이집트를 위협하는 무리들로 부상하자 (1:7), 요셉을 알지 못하는 새로운 왕의 통치(1:8)로 요셉 시대와는 전혀 다른 상황이 전개되는 것을 볼 수 있다.

이스라엘의 고통이 심화되면서 하나님은 모세라는 인물을 준비하시어, 굳은 대지를 남모르게 뚫고 나오는 희망의 새싹처럼, 출애굽을 통한 구원 사건을 피어오르게 하신다.

A. 이스라엘의 애굽 생활(출 1:1-22)

창세기 후반의 역사를 보면, 요셉을 통하여 이스라엘 족속들의 삶의 무대가 가나안에서 이집트로 바뀌고, 요셉이 죽어 입관(入棺)하였다는 것으로 끝난다.

그리고 출애굽기에 넘어오면서, 그 후 400여 년간의 이스라엘 족속의 삶에 관한 구체적 언급이 없다. 다만 구세대, 즉 이민 1세대("요셉과 그 모든 형제와 그 시대 사람은 다 죽었고")는 가고, 이제 이민 4세대가 지나는 긴 이집트 생활이 1장 1-7절에 요약되어 나타난다. 이때 이집트는 국내외적으로 많은 변화가 있었고, 이스라엘에 직접적으로, 영향이 미치는 상황 역전(逆轉) 분위기가 소개된다.

1. 애굽의 정치적 변화(1:8)

출애굽기에 나타나는 역사를 가늠할 구절이 바로 1장 8절이다. "요셉을 알지 못하는 새 왕이 일어나 애굽을 다스리더니"는 이집트를 통치하던 왕조가 바뀌는 대전환을 암시하는 내용이다. 대체로 이 시기는 애굽의 정치사와 국가적 최대 변혁기를 암시한다. 바로 이집트의 12왕조는 상당히 안정되고 이집트가 하나로 통일되어 최고의 권력으로 통치하던 기간(B.C. 1991-1786)[1]이었으나, 이어진 13대, 13왕조는 아주 허약한 왕조로 국운이 기울어지자 이집트로 유입된 셈족과 아시아 민족의 수가 급격히 증가했으며, 이들에게 원주민 파라오 세력이 무너지고 새로운 왕조인 힉소스(Hyksos)왕조가 이집트를 다스리게 된다.[2]

---
1) Ra.A. Parker, *The Calendars of Egypt* (Chicago: University of Chicago Press, 1950), pp.63-69.
2) 레온 우드, *op.cit.*, pp.141-142. Leon Wood는 야곱과 그의 가족들이 애굽에 들어간 것은 1876년 경, 애굽 12왕조의 가장 호전적 왕인 세누세르트 3세(Semusert III BC 1878

창세기에 나타나는 요셉과 그 일가를 우대하던 이집트의 파라오는, 대체로 기원전 1750년경의 힉소스(Hyksos)[3] 왕조(B.C. 1750—1550)의 셈족 계통의 아시아인들인 통치자들로, 원주민 파라오세력을 무너트리고 점령하여 이집트인들을 다스렸다.[4]

Hyksos의 통치자들은 이집트의 풍습과 제도를 채택하여 이집트 백성들의 인정을 받게 된다. 즉 이집트의 왕의 칭호인 파라오, 애굽적 이름, 예술을 흠모하고 이집트의 신인 셋(Seth), 라(Ra) 등을 그대로 사용하여 이집트의 종교도 받아들였다. 수적으로 적은 그 통치자들은 같은 셈족 계통인 요셉을 비롯한 야곱과 그의 가족들을 우대했었을 것이다. 그리고 총명하고 뛰어난 꿈 해몽자로 기근을 해결할 정책까지 제시한 요셉을 이집트 제국의 총리로 세우는 것이 이해가 되는 상황이다. 이집트는 나일 삼각주(Delta)를 중심으로 하는 하부 이집트(Lower Egypt)와 나일 강 상류에 속한 상부 이집트(Upper Egypt)로 나뉜다. Hyksos족이 소아시아 쪽에서 삼각주(Delta) 지역으로 침공하여 하부 이집트를 점령하면서 원주민 파라오 세력은 상부 이집트(Upper Egypt)로 밀려나게 된다.

그러나 1세기 반 정도 밀려났었던 이집트의 토착민 파라오 세력이 50여년에 걸친 국민적 해방전쟁 끝에 힉소스족을 추방하는 데 성공하였다. 힉소스족들이 이집트에서 아시아 쪽으로 축출이 되고, 상부 이집트(Upper Egypt)에 있던 이집트의 원주민인 파라오가 통일을 이룬 18대 왕조가 들어서게 된다. 즉, 카모세스(Khamoses)가 힉소스 족속을 몰아내는 작업을 수행하고, 뒤를 이어 아모세스 1세(Ahmoses I: ca B.C. 1684—1660 / 1557—1527 / 1991—1560)[5]가 이집트에 있

—1871)때로 요셉이 꿈을 해석한 왕이었을 것으로 봐서, 1:8의 새로운 왕을 Hyksos왕조의 침입으로 변화된 애굽의 왕조 때로 인정한다. .
3) Jack Finegan, *Light from the Ancient Past* (New Jersey: Princeton University Press, 1959), p.94 '이민족 통치자'(rulers of foreign lands)의 뜻. 셈족(Semites: Hebrews, Hurrian, Indo—Aryans)의 아시아인 등으로 다양하게 추정된다.
4) R.K. Harrison, *Old Testament Times* (Grand Rapids: Wm. B. Eerdmans Publishing Co., 1970), pp. 111—115. W.F. Albright, *From the Stone Age to Christianity*, op. cit., p. 242.
5) 학자들에 따라 이집트 왕조와 왕들의 연대가 각각 달라서 혼동이 된다. 본서는 일반적인 연대와 더불어 Loen Wood(*A Survey of Israel's History*)와 John Bright(*A History of Israel*)의 연대를 사용하도록 하려고 한다. 연대의 차이가 많으나 적절하게 사용하도록 하겠다. Amenhotep I(ca B.C. 1527—1507/1560—1539), Thutmosis I(1507—1494/1539—1514) Thutmoses II(1494—1490/ 1514—1504), Thutmoses III(1490—1436/1504—1450), Amennophis II(1438—1412/ 1450—1424), Thutmoses IV(1412—

던 최후의 셈족 수비대를 멸망시켜 힉소스족을 완전히 축출하고, 이집트를 다시 통일시켜 18대 왕조인 초기 새왕국(New Kingdom)을 세운다. 그리고, 이들 토착 이집트인 통치자들은 다시는 이방 족속에게 침략당하거나 통치를 받아서는 안된다는 정책이 수립되어 외국의 족속들, 특히 북방 아시아 계통의 사람들을 탄압하여 경계하기 시작했다.

이집트 제18왕조는 이집트 신왕국(The New Kingdom: Empire) 시대의 왕조로, 기원전 1570년부터 기원전 1293년까지 존속하였다. 제18왕조를 개창(開創)한 이는 아흐모세 1세(Ahmoses I)로, 그는 Upper Egypt의 제17왕조의 마지막 파라오 카모세의 동생이었다. 이 시기 동안 고대 이집트 문명은 고왕국 시대의 영광을 어느 정도 되찾았으며, 이집트 제19왕조의 황금기의 기틀을 놓았다.

당시 이스라엘 사람들은 힉소스 족속과는 색다른 족속이었던 것 같다. 그들이 머문 지역은 고센을 중심한 곳으로, 그들의 고유한 풍습과 특색을 가졌기 때문에 힉소스 축출 시에 그들과 같이 취급되지 않고, 대체로 대부분 이집트에 머물게 되었다가 고통을 당하는 것으로 나타난다.

출애굽기 1장 8절에 '요셉을 알지 못하는 새 왕'은 이런 역사적 전환을 설명하는 것으로, 이스라엘에 대해 새로운 정책이 구체적으로 변화되는 것을 암시한다. 출애굽기 1장 9, 10절에 보면, 이스라엘 족속이 급속도로 인구가 팽창되면서 심히 강대한 소수 민족 집단이 되자, 이들 새 왕국의 통치자들은 과거 외국인 통치에서 받은 충격을 되새겨 이스라엘을 경계하기에 이른다. "우리가 그들에게 지혜롭게 하자. 두렵건대 우리 대적과 합하여 우리와 싸우고"라며 압제를 시작한다(출 1:8—11).

이스라엘 학대 정책을 세운 18대 왕조 중에 누가 출애굽 당시의 '파라오'였을까 하는 질문을 할 수 있겠다. 대체로 초기 출애굽 연대인 B.C. 1446년으로 잡는 경우에는 John Bright 연대(B.C. 1490—1436년경)에 해당되는 이집트 파라오인 투트모세 3세(Thutmose III)이고, Leon Wood의 연대인 B.C. 1450—1424년에 해당되는 파라오는 아멘호테프 2세(Amenhotep II)가 된다.[6] 그는 투트모세 3세의 아

1403/ 1424—1414)
6) John Bright, *A History of Israel* (Philadelphia: Westminster Press, 1973), p.468 레온 우드, *op. cit.*, pp. 550—551 한편 후기 연대를 주장하는 견해도 있다. Bernhard W. Anderson, *Understanding the Old Testament* (Englewood Cliffs: Prentice—Hall,

들로서, 18살 나이에 파라오가 되어 아버지 투트모세 3세로부터 광대한 왕국을 이어받고, 수차례 시리아(Syria)를 공격하였다. 사실은 파라오의 공주였던 핫셉수트(Hatshepsut)는 비범한 인물로 자기 아들이 아닌 후처의 아들, 투트모세 3세를 대신해서, 양자로 삼은 [모세]를 파라오로 세우기를 바랐기에, 공식적으로 어린 나이에 왕으로 투트모세 3세가 등극하자 섭정으로 왕적 권세를 행사하게 된다. 그러나 합셋수트가 죽자, 유일한 파라오가 된 투트모세 3세는 군사적 재능과 행정적 능력을 갖춘 위대한 인물로, 오론테스(Orontes)강 상류에 위치한 케데쉬(Kedesh) 왕과 므깃도(Megiddo) 왕, 그리고 힉소스 잔존 세력을 중심으로 하는 가나안 동맹군과 혈전을 벌였다. 이것이 유명한 므깃도(Megiddo) 전투이다(B.C. 1480년). 그렇게 수리아 북방까지 이르는 애굽 제국을 건설하였다. 그리고 그는 구체적으로 이스라엘을 압제한다. 한 나라의 정치권력이 어느 정책을 쓰느냐에 따라 일반 국민의 운명이 좌우된다는 것을 우리는 볼 수 있다. 레온 우드(Leon Wood)는 궁궐 안에서 모세와 경쟁관계에 있던, 위대한 통치자 이 Thutmose III가 죽었기 때문에 모세가 이집트로 돌아 올 수 있었다며 출애굽 당시의 파라오를 아멘호테프 2세(Amenhotep II: Amennophis II)로 보고 있다.[7]

2. 애굽인의 압제와 이스라엘의 고통

출애굽 사건은 압제와 고통에서 야기된다. 지배자와 피지배자, 강자와 약자, 본토민과 이민자, 이방 족속과 하나님의 백성간의 갈등에서 이뤄지는 사건이다. 이스라엘에 고통을 준 이집트인의 압제 정책을 열거하면 다음과 같다.

첫째, 노동력의 착취로 이스라엘에 육체적 고통의 짐을 주었다. 정치적 위세를 상징케 하는 성을 세우는데 이스라엘 백성의 노동력을 대가도 없이 이용한다. 이 압제의 근본 원인은, 이스라엘 민족의 번창과 강한 세력으로 부상됨이 두렵고 못마땅해서 취해지는 조치로, 이집트 사회의 불안정성이 노출되는 듯하다.

하나님의 신이 충만한 인물로 인정을 받아 총리대신이 되었던 요셉에 의해 하

Inc., 1957), pp. 41—45. 후기 경우는 Rameses I(약 B.C. 1290—1224)를 출애굽의 파라오로 본다. 그는 애굽의 19왕조의 두 번째 왕으로, 한때 힉소스의 수도였던 '라암셋' 시를 복구하여 자기의 수도로 옮겼고 비돔 성을 세웠다고 한다.
7) 레온 우드, *Ibid.*, p.157.

나님의 백성으로 대우를 받던 이스라엘이 이젠 완전히 노예로 전락 되었다. 그들은 가고 싶은 곳으로 갈 수 없이 얽매이고, 원하는 일을 할 수 있는 자유를 박탈당하고, 감독의 지배하에 모든 에너지가 자기들을 압제하는 자의 궁을 건축하기 위한 명분 없는 노동에 소모되고 있었다.

둘째로, 종족자멸책(種族自滅策)으로 인권 유린이다. [파라오]는 히브리 여인이 남자 아이를 낳으면 모두 죽이고, 여자이면 살리라는 명령을 내렸다. 왜냐하면, 미움의 대상으로 축출한 힉소스민족과 같은 아시아 계통의 셈족 이스라엘을 의식했고, 이스라엘이 어느 족속보다도 훨씬 급속도로 번식 증가했기 때문이다. 이제까지는 노동력의 착취 수단으로 이스라엘을 사용했으나, 이제는 두려움의 존재로 보였던 것이다.

이 남자 아이 살해 명령은 몇 년 간격으로 두 단계로 시행되었던 것 같다. 1차 단계는, 히브리 산파들에 내린 것으로, 산파들의 감독인 대표자 십브라와 부아(출 1:15)라는 산파들을 통해서 내려졌던 명령이다. 그러나 히브리 산파들의 지혜로운 판단과 핑계(산모가 스스로 재빠르게 분만했다고……)로 이 사악한 명령을 효과 없게 만든다.[8] 그래서 2차 단계의 명령으로 모든 히브리 남자 아이는 누구나 나일 강에 던져 죽이라는 것이었다(1:22). 이것은 인류 역사상 정치적 명령 중에 가장 비인간적인 처사 중의 하나일 것이다. 바로 무자비한 인권 유린이다. 인간의 생명을 정권의 손아귀 안에 유린할 수 있다는 잘못된 판단이다.

셋째로, 종교적 핍박이다. 모세가 파라오에게 야웨께 희생제사를 드리기 위해 광야에 가기를 허락해 달라고 한 것을 보면 (5:7-9), 당시에 이스라엘의 종교 행위가 용납이 안 되었던 것으로 보인다. 그리고 파라오의 대답은 "내가 야웨가 누구인지 알게 뭐냐? 야웨를 알지도 못하는데 이스라엘을 보낼 수 없다"(5:1)고 잘라 말했다. 이스라엘은 육체적으로, 종족적으로, 종교적으로 꼼짝 못하게 하는 천대와 압제와 위협을 받게 되는 극악의 고통 속에 빠지게 되었다.

---

8) Leon Wood,「이스라엘의 역사」, 김의원 역(서울: 기독교 문서선교회, 1985), p. 126. 당시 애굽에서 살던 이스라엘인들은 200만 명이란 큰 족속으로 증가했다고 보기 때문에 두 명의 산파라고 볼 수 없다. 그들은 수많은 산파들을 대표하는 자들이라 보겠다.

인간의 고통의 자리가 바로 하나님의 구원사가 발생되는 곳이다. 고난과 절망의 자리에 하나님의 구원사가 나타난다. 에덴 타락의 아담과 이브의 두려운 절망의 도피에 하나님의 음성이 찾아왔고, 가죽옷이 준비되었다. 아벨의 죽음에 새로운 소망의 끈인 셋이 태어나고, 바벨탑 사건 후의 인류 원역사의 어둠의 세계에 아브라함의 선택적 부름과 구속사의 계약이 맺어진다. 하나님은 항상 인간의 고난과 절망의 현장에 구원의 의지를 배태시키신다. 땅이 혼돈하고, 공허하며, 흑암이 깊음 위에 있을 때, 수면을 품에 안은 새 창조의 하나님 신의 역사처럼 말이다. 이스라엘 최악의 고통의 역사에, 대지를 뚫고 올라오는 봄날, 소망의 새싹처럼 하나님은 위대한 구원자 모세를 등장시킨다.

B. 모세 인물의 준비(출 2:1−25)

성서와 하나님의 구원사는 하나님이 쓰시는 인물의 역사이다. 모세오경의 핵심 내용인 출애굽 사건의 위대한 야웨의 업적을 수행해 낸 모세, 그는 구약 역사에 나타난 인물들을 별들로 비유한다면, 둥근 달에 버금가는 인물이다.

1. 가정적 배경(출 2:1−10)

모세의 아버지는 아므람이고, 어머니가 요게벳으로 모두 레위 족속이었다(출 6:16−20, 2:1). 모세 위로 3살이 더한 형 아론과, 7살이 더한 누나 미리암이 있었다. 모세의 부모는 당시 파라오 왕의 살인 명령에 거역하여 모세를 낳아 석 달 동안 숨겨 키웠다. 그러나, 더 이상 숨길 수가 없어 갈대 상자에 담아 모세를 강에 띄워 그 누나로 이를 지키게 했다. 그것을 계기로 투트모세 1세(Thutmose I)의 딸이 목욕하러 왔다가 우는 모세를 발견하여 법적인 그녀의 아들로 삼았다.[9] 우리는 모세

---

9) Brevard S. Childs, "The Birth of Moses", *JBL* 84(1965), pp. 109−22. B. W, Anderson, *op. cit.*, p. 49. 출애굽기 2장의 모세 전승(갈대 상자에 넣어 강에 던져지고 구원되어 왕자가 됨)은 아카드의 Sargon (B.C. 2300년경) 설화와 비슷하다. 고대 메소포타미아의 법문서와 모세 양자 이야기가 똑같다. 이 문서에 의하면, 버려진 아이를 데려다가 젖을 먹여주고 보수를 받는 부모에게 맡겼다가, 3년이 되자 양자로 채택하여 서기관의 교육을 받게 했다는 이야기가 나온다. 모세는 상당 기간 양육을 받고 궁중에 들어갔을 것이다. 모세는 Thutmose I (B.C. 1525−08) 통치 때 태어났다고 본다(Merrill F. Unger, *Archaeology and the Old Testament*, pp. 143−44.)

부모의 신앙을 모세의 신앙에서 추측할 수 있다.

"잠시 죄악의 낙을 누리기보다 하나님의 백성과 함께 고난 받기를 더 좋아하고 그리스도를 위하여 받는 능욕을 애굽의 모든 보화보다 더 큰 재물로 여겼다."(히 11:25, 26)

당시 이스라엘 백성들은, 요셉이 죽은 후 오랜 세월이 지난 뒤였기 때문에, 그들 조상의 하나님에 대해 냉담한 신앙이었고 이집트화로 전락되었음을 후기 이스라엘 사람들의 불평적 태도에서 알 수 있다. 그러나 모세의 부모는 어린 모세를 파라오 딸의 요구에 따라 데려다가 양육할 때[10] 철저한 신앙과 민족관을 심어 주었던 것을 알 수 있다(2:11-14).

2. 파라오의 딸 핫셉수트(Hatshepsut)

파라오의 딸로 모세를 구원해 양자로 삼은 여인(1:5-10)이 누구였느냐는 문제에 대체로 유명한 핫셉수트(Hatshepsut)로 본다. 그녀는 투트모세 1세(Thutmose I)와 정부인(貞夫人) '아모스' 사이에 태어난 4명의 자녀 중에 유일하게 살아남아, 유일한 왕위의 법적 상속녀가 되어 애굽의 최고 통치자라고 선언할 정도의 비범한 여인이었다.[11] 그녀는 여자여서 왕위를 직접 계승할 수 없어 투트모세 1세(Thutmose I)의 후처에 의한 아들인 투트모세 2세(B.C. 1514—1504)와 결혼하여[12] 애굽에 통치권을 행사했다. 왜냐하면 투트모세 2세(Thutmose II)는 무능에 가까운 약한 자여서 강한 개성과 놀라운 지도력을 가진 핫셉수트(Hatshepsut)가 실제적으로 통치했기 때문이다.[13]

그래서 파라오 왕의 명령을 어기고, 히브리인의 아기인 모세를 살리고 양자로 삼을 수 있었다. 그녀의 외동딸인 네흐루레(Nefrure)가 투트모세 3세(Thutmose III: B.C. 1479—1425 또는 1504—1450)와 결혼하게 되어 어린 왕의 왕권을 핫셉수

---

10) *Ibid.* 참조.
11) cf. G. Steindorff and K. Seele, *When Egypt Ruled the East*, rev. ed. (Chicago: University of Chicago Press, 1957), pp. 36—46. W.C. Hayes, *The Scepter of Egypt I* (Cambridge: Harvard University Press, 1959), pp. 78—83, Leon Wood, *op. cit.*, pp. 128—130.
12) 당시 고대 애굽에서는 오누이간의 결혼이 가능했다.
13) John J. Davis, *Moses and the Gods of Egypt* (Grand Rapids: Baker Book House, 1973), p. 53.

트가 잡고 통치하게 된다. 그녀가 죽은 후, 투트모세 3세(Thutmose III)는 그녀에 대해 모멸감을 갖고 핫셉수트(Hatshepsut)의 이름이나 관계된 표현을 사원과 무덤에서 지워버리게 했다.[14] 그리고 그는 이집트 왕권을 지배한 자 중에 위대한 통치자가 되었다.[15] 연대에 따라 대체로 이 투트모세 3세나 그 다음 바로인 아멘호테프 2세(Amenhotep II, B.C. 1450—1424)가 출애굽 당시의 바로라고 본다.[16]

핫셉수트 여왕의 신전

Sphinx of Queen Hatshepsut

Thutmose III (Luxor, Egypt)

---

14) Leon Wood, *op. cit.*, p. 130. Hatshepsut의 거대한 무덤이 보존되었으나 그녀의 이름이나 형상을 지워버린 흔적이 있음.
15) *Ibid.* W.C. Hayes, *op. cit.*, p. 116. Steindorf and Seele. *op. cit.*, p. 66.
16) Leon Wood, *op. cit.*, p. 551.

3. 모세의 이름(출 2:10)

성서에 의하면, 파라오의 딸이 모세라 이름을 지을 때 "이는 내가 그를 물에서 건져 내었음이라"하여 그 의미를 부각시킨다. 즉, 성서 기자는 히브리어 동사 mashah(건져내다)에서 모세(Mosheh)의 이름을 끌어내려고 시도한다.[17] 그래서 현재 분사형의 발음을 갖고 있어 '건져내는 자'라는 의미로 해석하기도 한다.

그러나 이집트에 기원을 둔 이름으로 봐서 '태어나다', '출생하다'는 애굽어 동사 Mose와 '아기', '아들'을 의미하는 명사 mesu와 관련시켜 명하기도 한다.[18] 당시에 애굽에서는 Thutmose Ahmose처럼 mose '~의 태생, '~의 아들'을 붙여서 Thutmose(투트(신)의 아들)의 복합어로 이름을 사용했다. 특별히 특정한 신을 기념하는 해에 태어난 왕의 자녀에게 흔히 붙여진 이름이라 한다.[19] 애굽의 19대 왕조의 파라오들은 신의 명칭을 생략하고 Mose라는 단축형을 쓰기도 했다.[20] 모세의 이름은 이런 히브리적, 애굽적 양면의 관계성을 가지고 있다. 이스라엘을 이집트에서 구원해 내고 홍해 바다에서 구출해 낸 구원사역에 비추어보면 히브리적 기원이 적절하게 생각된다.

4. 모세 일생의 3기(三期)

모세의 일생은 40년씩 세 시기로 구분 된다. 성서 기록은 모세를 출애굽을 주도한 역할 외에, 광야에서의 지도자, 시내 산의 입법자로 말한다. 신약성서에서 예수 그리스도와 바울이 돋보인다면, 구약에서는 야웨 하나님과 모세를 생각할 수 있다. 그런 위대한 모세는 인물로서의 기나긴 준비 과정이 있었다. 즉 대기만성(大器晚成)의 인물이었고 다양한 배경의 사람이었다.

제1기(40년: 2:1—15)는 매우 간결하게 묘사되었는데, '모세가 장성했을 때'로

---

17) Wm. S. Lasor, David A. Hubbard and F. Wm. Bush, *Old Testament Survey* (Grand Rapids: Wm. B. Eerdmans, 1982), p. 133. B.W. Anderson, *op. cit.*, p. 50.
18) J. Clement Connell, "Exodus", *The New Bible Commentary*, ed. by Francis Davidson (Grand Rapids: Eerdmans, 1963), pp. 108—109.
19) B.W. Anderson, *loc. cit.*
20) De Vaux, *Historie ancienne d'Israel*. Vol. I (Paris: Librairie Lecoffre, J. Gabalda, 1973), p. 312. Dewey M. Beegle, *Moses, Servant of Yahweh* (Grand Rapids: Eerdmans, 1972). pp. 53—55를 참조할 것. 레위족에 속한 모세의 친척들도(2:1, 6:16—25) Merari, Phinehas 등과 같이 이집트식 이름을 가졌다(B. W. Anderson, *Ibid.*).

요약된다. 이스라엘의 혈통에서 태어나서 이집트인으로 성장하되, 당시 문화와 종교와 교육의 세계 최고 수준의 도시인 수도 Thebes에 있던 궁궐에서 자랐다. 사도행전 7:22은, 그가 "애굽 사람의 학술을 다 배워 말과 행사가 능했다"고 했다. 그러나 애굽인을 죽이는 모습인 격한 감정의 소유자로 제1기를 실패로 결론짓고 전혀 다른 세계로 향한다.

제2기(40년: 2:16－4:17)는 장년기로, 다른 백성인 미디안 족속들 틈에서 은둔의 생활을 했다. 거기서 미디안 이드로 제사장의 딸과 결혼하고 양무리를 돌봤다. 이집트의 호화스런 궁정생활과는 정반대로, 조용함과 고독 속에 아카바 만과 시내 산 주위를 맴돌았다. 바로 이 지역은 후에 모세가 이스라엘을 이끌고 통과해야 할 곳으로, 당시 그의 지리적 정보는 훗날 크게 도움이 되었을 것이다.

이집트의 삶은 인간적 교육과 외적 준비의 기간이었다면, 미디안 광야의 삶은 민족 구원의 훈련소요, 영적 준비의 기간이었다. 바울 사도도 '가말리엘' 문하에서 학문을 배우고, 히브리 종교와 율법에 손색이 없는 준비를 했다. 그러나 예수 믿는 자들을 죽이는데 앞장섰다. 결국 다메섹 도상에서 그리스도를 만난 후, 아라비아 사막으로 가서 깊은 영적 준비 기간으로 사도의 직을 감당할 수 있는 계기를 만든다.

이 기간은 이집트의 이스라엘에게는 수난기(2:23—25)였고, 모세는 출애굽 사건을 위한 망명 지도자로 준비하는 기회였다. 이때 하나님은 이스라엘 자손이 고역으로 탄식하며 부르짖자 아브라함, 이삭, 그리고 야곱과 맺은 계약을 기억하시고 모세를 자기 백성의 해방자로 부르셨다.[21]

제3기(40년: 3－4장)는 모세 소명으로 시작되는 '하나님의 백성과 함께 고난 받는'(히 11:25) 사명자의 생애이다. 모세의 실패가 오히려 백성구원의 인물이 되는 기회가 되어, 죽도록 사명의 길에 충성한다. 작은 길에서 실패했던 자가 큰 길에서 성공하기 위해 부름을 받는다. 그것은 실패 후 엄청난 고뇌와 회개, 그리고 고독 속에서 하나님을 만나는 사건에서 가능했다.

하나님의 구원사건을 위한 준비가 마련되고, 그 무대가 이미 설정되어 출애굽 사건이 일어날 전야의 내용이 1장과 2장에 놀라운 필치로 요약 기술되었다. 그러나

---

21) Oswald T. Allis,「모세오경 약해」최종진 역(서울: 생명의 말씀사, 1981). p. 89.

이런 이야기 속에 하나님은 살며시 숨어 계셔서 개입하시는 분으로 묘사되고 있다. 모세는 이스라엘의 실제적인 기초자요, 이스라엘 종교의 기틀을 잡은 사람이다.[22]

5. 출애굽 사건 요약: 10가지 재앙과 민족해방 탈출

출애굽 사건은 고난 받는 민족의 공동체에서 하나님 구원을 체험하는 신앙공동체로 도약하는 과정이다. 출애굽(Exodus)은 고난의 상황을 탈출하여 모든 사람이 함께 공유하는 길에서 하나님의 섭리와 임재를 통하여 신앙공동체로 가는 걸 의미한다.

[출 1-2장] 출애굽기 1:8에 "이스라엘 자손은 생육하고 불어나 번성하고 매우 강하여 온 땅에 가득하게 되었더라." 이는 족장들에게 약속한 후손에 대한 언약의 성취로, 야곱과 그의 가족 70명(1:5)이 애굽땅에 이주한 후 4대만에(창15:16) 약 200만 명 이상의 인구로 급격히 번성한다. 요셉이 총리로 있을 때 비옥한 델타지역, 고센 땅에 특별 거주 집단생활을 하며 환대를 받던 이스라엘 백성들은 요셉을 알지 못하는 새 왕인 18왕조가 들어서면서 노역이 가중되고, 남자 어린아이를 살해하는 인구말살 정책을 펼치게 된다. 이 고난의 역사 속에 막강한 권력을 장악하고 있던 이집트 공주(Hatshepsut)에게 모세가 건짐 받음으로 40세까지 이집트 왕자로 최고의 교육을 받았다. 그러나 자기 동족을 돌볼 마음이 있던 터에 히브리 노예를 관리하는 이집트 병사가 자기 동족을 치는 걸 보고 그를 살해한 것이 탄로날 것이 두려워 미디안으로 망명한다.

[출 3-4장] 미디안 광야생활 중에 호렙산에 올라 하나님을 만나 소명에 응답하여 고통 받는 이스라엘 백성을 구출하는 출애굽 사역에 나선다. 그 당시 이집트에서 이스라엘 백성은 노예로서의 고달픈 삶이지만 이집트가 물질이 풍부하고 환경이 좋아 그 곳에서 살기를 원했을 수도 있다. 그러나 하나님의 원대한 구속사의 계획과 섭리는 출애굽하여 언약의 가나안 땅 주인공으로 살아야 했다.

---

22) W.F. Albright, *From the Stone Age to Chvistianity* (Baltimore: Johns Hopkins Press, 1957), pp. 249ff.

[출 5-10장] 모세는 지팡이 하나를 든 초라한 모습으로 형이며 대언자인 아론과 함께 이집트로 들어가 당시 신적 존재로 자처하는 이집트 파라오(왕)를 만나서, 이스라엘 백성이 광야로 사흘 길쯤 가서 하나님께 제사를 드리도록 허락을 촉구한다. 그렇지 않으면 이집트전역을 징계할 것을 선포한다. 그러나 파라오는 60만 명 이상의 고임금 노동자를 3일 동안 쉬게 할 수는 없다며 거절한다.

[출 11장-12:36] 6개월 동안 9가지 재앙과 협상이 반복되면서 강도가 높아가던 중, 마지막은 파라오의 장자를 비롯한 애굽 전역의 장자들과 짐승의 초태생들이 동시에 죽는 죽음의 재앙을 보여주므로 하나님이 참신이라는 것을 알리게 된다. 이 10가지 재앙은 바로 신격화된 파라오와 그 아들과 이집트 전역의 우상들과 제사장들을 향한 이집트 종교를 파괴하는 하나님의 심판이요, 자기 백성을 해방시키라는 야웨 하나님의 결정적 승부수였다. 이 마지막 밤에 일어난 장자가 죽는 재앙에서, 양을 잡아 그 피를 문설주에 뿌린 이스라엘 백성에게는 모든 죽음의 사자가 넘어가고, 10가지 재앙에서 완전 구원을 받는 하나님의 도우심의 손길을 체험하게 된다. 여기서 온 천하에 [야웨의 하나님 되심]을 나타내 보이신 것이다. 이 모든 재앙에서 구원을 상징하는 절기로 마지막 밤의 구원에서의 유월절(逾越節: Pass-over)을 지키도록 하고, 하나님은 유월절을 이스라엘 역사의 원년(元年)으로 삼으셨다.

10가지 재앙의 의미(출 9:15-16, 10:1-20)
① 야웨께서 자연을 다스리시는 능력의 주되심과 이스라엘의 참 하나님이심을 나타낸 사건이었다.
② 당시 최대 제국 이집트를 굴복시켜 야웨 이름이 온 천하에 전파되게 하기 위함이었다.
③ 10가지 각각 재앙은 다양한 이집트 우상들을 진멸하는 이집트 종교에 대한 심판으로 야웨 종교의 우월성을 여실히 나타낸 것이었다.

[출 12:37—15장] 하나님의 위력과 모세의 당당함에 굴복하여 이스라엘 백성의

해방을 허락했던 파라오는 또 완악해진다. 그는 마음을 돌이켜 출애굽하여 가나안으로 향하여 황급히 떠나는 이스라엘 백성의 뒤를 이집트군대가 계속 추격하지만 이스라엘 백성은 하나님의 기적적 인도로 홍해바다를 마른 땅같이 건너게 되고, 추격하던 이집트 군대는 홍해 한가운데에서 전멸한다.

[출 16—18장] : 홍해를 건너 가나안으로 향하던 이스라엘 백성은 아주 단거리로 갈 수 있는 해안 길, 블레셋 길을 빗겨, 수르 광야 남쪽으로 향한다. 당연히 물 부족, 식량 부족으로 모세를 원망하자 엘림의 오아시스로 물 부족을 해결하고, 부족함이 전혀 없는 만나로 먹이신다. 그리고 시내산에 이르러 그 중요한 시내산 계약을 맺고 계약의 법인 율법을 하나님께로부터 수여받는다. 그리고 시내산을 떠나는 이스라엘 백성들이 하나님을 만나는 시내산과 같은 구조의 성막을 제작하여 광야 40년 방랑의 생활에서 하나님을 만나고 예배하는 장소로 준비하였다(출 19—40장).

파라오의 3대 타협안(출 8—10장): 필자는 학문적인 원고에서 설교체의 다음 글을 꼭 전달하고 싶은 심정을 양해하기 바라며 용기를 내어 쓴다. 이 파라오의 3대 타협안은 어쩌면 사단이 우리 성도들을 향한 전략이기도 하기 때문이다.

사단 마귀는 진리가 아닌 표리부동(表裏不同)한 사악한 의도를 가지고 우리를 그럴 듯하게 유혹하여 타협을 하기 때문이다. 에덴동산에서 뱀을 통해 하나님 같이 된다는 Hubris의 사상으로 아담을 유혹한 것처럼, 본문에도 파라오를 통해 이스라엘 백성을 향한 끈질긴 타협적 유혹이 나온다. 당시에 하나님의 뜻은 지금 이집트 파라오의 지배하의 하나님 백성을 해방시켜 가나안 땅으로 인도하여 약속의 축복을 주시려고, 10가지의 재앙을 가지고 파라오 왕을 압박하여 자기 백성을 내놓으라는 것이다. 이는 하나님의 대단한 의지였다. 그러나 파라오도 끈질긴 반항과 줄다리기를 하고 있다. 결국 출애굽 사건의 막바지에 모세와 이스라엘 백성을 상대로 세 가지의 간교한 타협안으로 다시 붙잡으려 했다.

첫째, 여기서 파라오는 상당히 신앙적인 언어, 종교적인 단어를 쓰고 있다.
"바로가 가로되 내가 너희를 보내리니 너희가 너희 하나님 야웨께 광야에서 희생을 드릴 것이나 너무 멀리는 가지 말라 그런즉 너희는 나를 위하여 기도하라"(출 8:28).

즉 예배는 드리고, 신앙생활은 하면서, 자신의 통치권을 벗어나지 말고 필요할 때 사용할 수 있게 하라는 것이다. 사람이 예수님을 믿으려할 때, 그걸 막을 수 없을 때 마귀는 그를 종교인으로 만들려고 한다. 적당히 믿고, 적당히 종교인으로 있고, 거짓말 할 것은 적당히 다하고, 누가 상처받던 간에 할 말 다하고, 마귀가 시키는 것은 다하라는 것이다. 교회에 나가서 예배는 드리지만 하나님이 아닌 자신의 말을 따르는 사람이 되게 한다. 단지 '주여, 주여 하는 자'가 되게 한다(마 7:21). 사실 신앙생활은 단호한 떠남과 결단의 출발을 해야 한다. 그래서 모세는 단호하게 "우리가 야웨 앞에 절기를 지킬 것인즉 우리가 남녀노소와 양과 소를 데리고 가겠나이다"(10:10)라고 선언한 것이다.

둘째로, "가려면 너희 장정들이나 가서 너희의 하나님에게 예배를 드려라"(출 10:11)라고 말한다. 모세가 야웨 하나님께 예배드리러 간다고 강하게 주장하자 파라오는 그러면 애들은 놔두고 너희 장정 즉 어른들만 가서 예배드리고 애들은 여기 이집트 내 지경 안에 놔 두어라."라고 말한다. 지금 한국교회의 문제 중 하나는 교회 다니는 자들이 자녀의 신앙교육, 교회교육을 무시하거나 무관심하게 생각하는 수가 있다는 것이다. 교회에 장년신자는 몇 만, 몇 천, 수백명이 되는데 중고등부, 유초년부은 10분의 1도 안되고, 아예 주일학교, 중고등부, 청년회가 없는 교회도 부지기수가 된다. 1—2세대가 다 가버리면 교회는 텅 빌 것 같다.

셋째로, "너희는 가서 야웨께 예배하여라 그러나 너희의 양과 소는 남겨 두고, 너희 아이들만 데리고 가야 한다"(10:24)라고 말한다. 마지막에는 모든 것을 양보하면서 한 가지 재산은, 물질만은 내 소유로 남겨 두라고 타협안을 제시한다. 사람들 중에 모든 것은 참 훌륭한데 돈 문제가 지저분하고 돈에 약하고, 분명치 못한 자들이 있다. 재물에 욕심이 가득 한 사람은 이웃도, 하나님도 보이지 않고, 내세도 보이지 않는다. 그것을 사단은 알고 있는 것이다. 헌금생활은 물질보다 하나님을 우선한다는 고백이고, 내게 있는 모든 것이 하나님이 주신 축복이라는 약속에 대한 신앙의 표현이기도 하다. 사단은 하나님 앞에서 헌금 생활을 철저하게 막는 전략을 쓰고 있다. 재물과 하나님을 겸하여 섬길 수 없는 걸 알기 때문이다(딤전 6:10—12).

6. 출애굽의 연대 문제

성서의 증거[23]와 고고학의 증거들, 고대 근동의 역사적 증거들을 볼 때, 출애굽 사건은 역사적 사건임에는 틀림이 없다.[24] 출애굽, 광야 유랑, 가나안 정복 등의 기간에 관계된 인물들, 장소, 그리고 시간 등에 대한 정보가 희귀하기 때문에 쉽게 결론짓기 어려운 면이 있다.[25] 그래서 구약 학자들은 출애굽 연대에 통일된 견해가 없이 대체로 다음의 3가지 주장을 한다.

a. 기원전 16세기설

기원전 3세기 초, 헬레니즘 시대에 프톨레마이(Ptolemy)왕국에 살았던 이집트 역사가인 마네도(Manetho: B.C. 250년경)는 그의 가장 중요한 작품인 '이집트의 역사(Aegyptiaca: Αἰγυπτιακά)'에서 고대 이집트의 파라오 통치의 연대순으로 구성한 30개 왕조로 나눠 기록했다. 반(反)유대적 감정에 사로잡혀 있었던 그는 이집트 전승으로 출애굽 사건을 인정하고 있다[26]고 했다. 마네도는 이스라엘 사람들은 힉소스(Hyksos) 족속들이 축출될 때 함께 탈출한 것으로 출애굽 연대를 기원전 1550년경이라 주장한다.[27]

b. 기원전 15세기설

이 견해의 성서적 근거는 사사기 11:26과 열왕기상 6:1이다. 입다(삿 11:1-12:7)가 이스라엘을 다스린 때(B.C. 1100년 경)에 "이스라엘이……아르논 연안에

---

23) 출애굽기 12:37과 13:20 이하에 나오는 설명들은 지정학적으로 잘 맞는 말이다.
24) Wm. F. Albringhi, *From the Stone Age to Christianity* (Garden City: Doubleday & Co., Inc., 1957), p. 255. G.E. Wright, *Biblical Archaeology* (Philadelphia: 1962), pp. 54—58에 요셉 이야기의 이집트 생활, 풍속, 문학, 그리고 관리직 명칭 등이 이집트인의 기록에 나오는 것과 일치함에 대한 구체적 예를 들고 있다.
25) 김갑동,「출애굽 연대 문제」서울신학대학보(1986. 6. 5), p. 1. *loc. cit.*, 고대의 통치자들은 그들의 패배는 기록하지 않고 승리만 보고하는 경우가 많았다.
26) cf. C. Dewit, *The Date and Route of the Exodus* (London: The Tyndal Press, 1959), p. 3. G.E. Wright, "Biblical Archacalogy Today," *Biblical Archaeologist, Vol. X* (1967), No. I, p. 14.
27) James Orr, ed., *The International Standard Bible Encyclopaedia* (Grand Rapids: Wm. B. Eerdmans Publishing Co., 1955), p. 1053. 문희석 편저,「구약성서 배경사 (II)」(서울: 기독교서회, 1975), p. 14. C.R. Conder 등이 동조하나 학자들의 지지를 크게 받지 못한다.

있는 모든 성읍에 거한 지 300년이어늘 그 동안에 너희가" 하여 모압 땅의 도시들을 취한 것이 300년이 된다고 했다. 그러니 모압 지역을 이스라엘이 점령한 때를 1400년경으로 봐서 기원전 15세기경을 출애굽 연대로 본다.[28]

또 솔로몬 왕이 즉위 4년에 성전 건축을 시작한 해가 출애굽한 지 480년이 된 때라고 말한다(왕상 6:1). Leon Wood는 솔로몬 치세 연대를 B.C. 970—931로 보면서,[29] 성전건축을 966년으로 보기 때문에 B.C. 1446년경(=966+480)이 출애굽 연대가 된다는 것이다. 이때는 투트모세 3세 다음의 파라오인 아멘호테프 2세(Amenhotep II, B.C. 1450—1424)가 애굽을 통치하던 시기로 출애굽한 때에 파라오가 된다. John Bright의 연대로 보면, 이때는 투트모세 3세(Thutmose III, B.C. 1490—1436)가 출애굽 파라오이다. 결국, B.C. 15세기경에 이스라엘이 출애굽한 것으로 인정된다.

고고학자 가르스탕(J. Garstang)이 여리고 발굴 후, 여리고(Tell es—Sultan) 지역이 기원전 1400년 경 이스라엘에 의해 파괴되었다고 봐서 출애굽 연대를 1440년경으로 주장했다.[30] 투트모세 3세(Thutmose III: B.C. 1482—1450년경)[31]때의 레크마이어(Rekhmire) 대신의 무덤 벽화에 벽돌 굽는 노예 모습이 있다.

이 벽화에 감독들이 "매가 내 손에 있으니 게으름을 피우지 말라"고 하고 있어 이스라엘인들의 이집트 고역 생활과 흡사한 모습을 보여 준다[32](출 1장). 그래서 성서적 근거와 일치하게 이스라엘인들을 강제 노역 시킨 파라오가 투트모세 3세나 아멘호테프 2세이었을 것으로 생각하는 주장이다.[33]특별히, T.H. Robinson과

---

28) R.K. Harrison, *Old Testament Times* (Grand Rapids: Wm. B. Eerdmans Pub. Co., 1970), pp. 127—128. 김갑동, *op. cit.*, p. 1.
29) W.F. Albright는 960—922 B.C.로 *The Biblical Period From Abraham to Ezra* (New York: Happer & Row, Pub., 1963), p. 53) 보고 Harrison(*Ibid.*, p. 127)은 961년을 즉위 연대로, E.R. Thiele, *Mysterious Number of Hebrew Kings* (Grand Rapids: Eerdmans, 1951), p. 245에서 솔로몬 치세의 마지막 연대를 기원전 931년으로 본다. John Bright, *op. cit.*, p. 470. Loen Wood, *op. cit.*, p.554.
30) John Garstang, *The Story of Jericho* (London: Mall, Marshall, Morgan & Scott, LTD., 1948), p. 122. G.L. Archer Jr., *A Survey of Old Testament* (Chicago: Moody press, 1964), pp. 213f.
31) Bernhard W. Anderson, *Understanding the Old Testament* (Englewood Cliffs: Prentice—Hall, Inc., 1957), p. 44. Leon Wood, *op.cit.*, p.551.
32) R.K. Harrison, *op. cit.*, p. 128.
33) 문희석, *op. cit.*, p. 15. H.R. Hall(1900), A.H. Gardiner(1913), 그리고 T. Eric Peet(1922)에 의해 지지를 받았다.

Joseph P. Free, 그리고 M.F. Unger 등이 지지하고 나섰다.[34]

c. 기원전 13세기설

이는 출애굽기 1:11를 근거로 비돔 성과 라암셋 성을 건축하는 이스라엘에 대한 기록에 의해 람세스 2세(Rameses II: B.C. 1290—1224)[35]라고 보는 견해이다. 애굽 비문에 아페루(Aperu)와 아마르나 서판(Tell el Amarna)의 '합비루(Habiru)'와 그리고 '히브리(Hebrew)'가 언어학적 관련성이 있다[36]고 봐서 이 '아페루'를 이스라엘인들이라 본다.[37] 또 메르네프타(Mernephtah: Ramses II세의 후계자로 B.C. 1224—1211경)[38]의 승전 비문에 그가 정복한 팔레스타인 지역 백성의 명단에 '이스라엘'이란 말이 언급된 것은, 적어도 메르네프타 즉위 5년째, 즉 1220년경에 이스라엘은 팔레스타인에 있었고 출애굽은 그 이전이어야 한다고 본다.[39]

열왕기상 6:1의 출애굽 후, 480년 솔로몬 성전 건축에 대한 해석을 문자 그대로가 아닌 세대(1세대=25년)로 뜻해서 대략 12대를 뜻한다고 봐서, 실제는 300년이라고 주장하여 출애굽 연대를 13세기로 주장한다.[40]

이런 주장들은 모두 성서적, 고고학적 근거를 가지고 주장하고 있으나, 그것들이 결정적 증거를 제시하지 못하여 난제로 남는다.[41] 그러나 여러 가지 논증을 통해 열왕기상 6:1과 사사기 11:26의 성경말씀을 문자 그대로 믿는 신앙적 증거에 근거한 기원전 15세기설이 많이 받아들여지고 있다.[42] 특별히 출애굽기 4:19에 보면, 야

---

34) *Ibid.*
35) B. W. Anderson, *op. cit.*, p. 44. Ramses II세는 한때 힉소스 수도였던 Ramses시를 다시 복구하여 수도를 옮기고 비롬 성을 세웠다는 것이다.
36) G.W. Anderson, 「이스라엘 역사와 종교」, 김찬국 역(서울: 기독교서회, 1970) p. 39.
37) R.K. Harrison. *op. cit.*, P. 128.
38) B. W. Anderson, *op. cit.*, p. 44.
39) Wm. S. Lasor, D.A. Hubbard and F. Wm. Bush, *op. cit.*, pp. 125—126.
40) John Bright, *A History of Israel* (Philadelphia: Westminster Press, 1981), P. 123. de Rouge(1867), Elinders Petrie(1911), 최근에 와서 W.F. Albright(1940), G. E. Wright(1957) John Bright(1959), G. W. Anderson 등이 받아들였다.
41) 1960년대에는 S. Yeivin, W.F. Albright, John Bright, G.E. Wright는 후에 14세기 중반기라 생각하기도 한다. 그래서 Amenophis III세가 억압 당사의 바로이며, Amenophis IV(Akhenaten: B.C. 1364—1347)가 출애굽 당시의 바로였다고 제안한다. 그리고 비돔, 라암셋은 후대 삽입으로 본다.
42) 문희석, *Ibid.*, pp. 14—15.

웨께서 미디안에 모세에게 "애굽으로 돌아가라 네 목숨을 노리던 자가 다 죽었느니라"고 말씀하신 것을 보면, 모세가 도망쳐 나올 때의 핫셉수트(Hatshepsut)와 투트모세 3세(Thutmose III)가 다 죽고 다음 파라오인 아멘호테프 2세(Amenhotep II) 때에 이집트로 돌아간 것으로 나타나 B.C. 15세기설을 뒷받침하고 있다.

7. 하나님의 언약의 성취로서 출애굽 사건

창세기 15장에는 하나님과 아브라함 사이의 계약이 당시의 계약의식으로 치뤄진다. 아브라함은 12장에서 하나님이 자손을 약속하심에도 아들이 주어지지 않은 상황에서 하나님이 "환상 중에 아브람아 두려워하지 말라 나는 네 방패요 너의 지극히 큰 상급이니라" 말씀하신다. 그러니 아브람은 "주 야웨여 무엇을 내게 주시려 하나이까 나는 자식이 없사옵니다" 하며, 자기가 어려서부터 길러온 종인 다메섹 사람 엘리에셀을 양자로 들여 상속자를 삼겠다고 퉁명스럽게 답한다. 그러자 하나님은 "그 사람이 네 상속자가 아니라 네 몸에서 날 자가 네 상속자가 되리라"하시며, "뭇 별을 가리키며 셀 수 있나 보라 하시며 네 자손이 이와 같으리라" 하시자 그 약속을 믿자 이를 아브람의 의로 여기시며, 가나안 땅을 주시겠다 약속하신다.

그때 아브람이 "주 야웨여, 내가 이 땅으로 업을 삼을 줄을 무엇으로 알리이까?" 하자 당시의 계약의식을 통해서 "너는 반드시 알라 네 자손이 이방에서 객이 되어 그들을 섬기겠고 그들은 사백 년 동안 네 자손을 괴롭히리니 그들이 섬기는 나라를 내가 징벌할지며 그 후에 네 자손이 큰 재물을 이끌고 나오리라. 그 날에 여호와께서 아브람과 더불어 언약을 세워 이르시되 내가 이 땅을 애굽 강에서부터 그 큰 강 유브라데까지 네 자손에게 주노니 곧 겐 족속과 그니스 족속과 갓몬 족속과 헷 족속과 브리스 족속과 르바 족속과 아모리 족속과 가나안 족속과 기르가스 족속과 여부스 족속의 땅이니라 하셨더라"(창 15:12—21).

그래서 출애굽 사건은 아브라함에게 주어진 언약이 성취되는 하나님의 계획과 은혜 속에 이뤄진 것이다.

출애굽 여정[43]

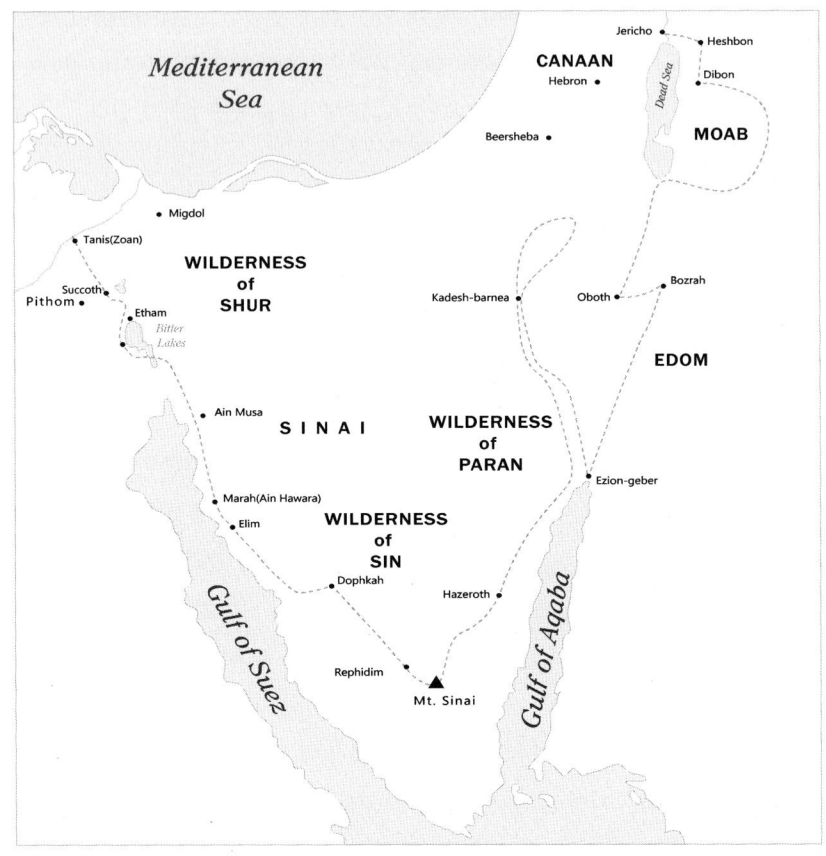

그래서 출애굽 사건은 하나님의 절대 은총이요, 하나님의 계획과 구원의 섭리에 의해서 이루어지는 것이지, 아브라함이 원해서나 모세의 의도나 노력으로 된 것이 아니다. 하나님의 구원사는 하나님의 절대적 은총과 의지에 의해서 이루어지는 하나님의 사건이다. 거기에서 인간적 필요는 오직 믿음뿐이다. 구속사는 하나님의 은총과 인간의 믿음에서 이뤄질 뿐이다. 이 아브라함의 신앙이 그 자손에게 전승이 되어 언약이 상속되어 간다.

출애굽 사건의 기원은 족장 아브라함과의 언약에 기인한다. 바로 창세기 15:13

---
43) John J. Davis, *op. cit.*, p. 157.

―21은 가나안 땅과 이집트 땅을 연결하고, 아브라함과 모세를 이어주고, 아브라함 계약과 시내산 계약을 발전적으로 진행하는 내용이 된다. 즉, 이스라엘의 선택과 구원은 아브라함 안44)에서(in Abraham) 선택함을 받아 존재하고(being), 모세를 통해(through Moses) 현실로 나타난 것이다(doing). 즉, 야웨 하나님은 아브라함 안에서 선택된 백성의 존재성을 선언하시고, 모세를 통해서는 그 선택의 선언이 역사적 과정(출애굽사건, 광야 행진 등)에서 구체적으로 행동화되었다는 것이다.45) 즉, 애굽으로부터의 구원역사(출애굽 사건)는 족장들에게 약속된 것이 성취된 것이다. 그래서 아브라함 안에서와 모세를 통한 하나님의 선택은 하나의 통일성 있는 선택으로 이해하여야 한다.

두 계약사건을 연결하는 구절이 창15:13―16

[아브라함 계약]　←창15:13―16→　[시내산 계약]
　　Being　　　　　　　　　　　　Doing
　(In Abraham)　　　　　　　　(Through Moses)

아브라함 계약(15장)이 출애굽기 3장에서 성취됨
1)아브라함 자손이 이집트의 객이 된다(창 15:13)
　 = 애굽에서 당한 일을 보았노라 (출 3:16)
2)아브람 후손의 이집트내에서 400년 수난(13절)=애굽고난 중에서 인도(17절)
3)하나님 구원의 간섭과 징벌로 하나님 계시(14)=강한 손으로 치기(19절)
4)이스라엘의 창대와 부요/재물확보(14) = 패물과 금패물과 의복 구하여(22절)
5)이스라엘의 출애굽 사건(4대째 귀환)(14) = 그가 너희를 보내리라(20절)
6)아브라함의 남은 생애(15) = 아브라함 후손들로 구성된 이스라엘 백성
7)이스라엘의 가나안 땅 정복 허락(18―21)
　 = 여호수아 통해 원주민 죄에 심판(수 11:23)

---

44) H.H. Rowley *The Biblical Doctrine of Election* (London: Lutterworth Press, 1952), pp. 205―206.
45) Edmond Jacob, *Theology of the Old Testament*, trans. by A.W. Heath Cote and P.I. Allock (New York: Harper & Brothers Publishers, 1958), P. 205.

II. 야웨 이름의 계시(출 3:1-16, 6:1-9)

이스라엘의 역사와 신앙에서 가장 중심적이며 핵심적 요소인 출애굽 구원사건은 야웨(יהוה)라는 하나님 명칭과 더불어 일어난다.[46] 본문에 의하면, 이 야웨의 하나님 명칭은 모세에게 처음 계시되는 것으로 언급되고 있다. 구약성서는 야웨(여호와)로 알려진 하나님의 동일성에 대한 확고한 신앙을 가지고 있다.

출애굽 사건에 있어서 대개는 모세에게 관심의 초점을 두고 있지만, 사실은 출애굽 구원사건의 주인공 및 중심 과제는 모세가 아니라 야웨 하나님이시다. 이스라엘은 그 야웨를 자기 하나님으로 완전히 알았으며, 그 다양한 구약 자료들은 하나하나가 언제나 야웨 하나님을 향하는 성격으로 되어 있다.[47]

그러면서도 한편 모세는 자기의 맡겨진 임무를 수행하므로, 이스라엘 민족 역사나 종교에 끼친 그의 공헌은 과소평가 되어서는 안 될 것이다.[48] 그러기에 여기에서는 모세에 나타난 야웨 하나님에 대한 연구와 모세를 통한 하나님과 이스라엘과의 관계성도 다루어 보려 한다. 구약 종교에서 우리가 아는 대로, 모세가 이해하고 소개한 야웨 하나님은 후대의 신관에 결정적 비중을 차지했다. 그런데, 폰 라트(Von Rad)는 "그리스도교의 계시와는 대조적으로 야웨 계시는 구약성서에서 아주 다양한 내용들을 지니고 개별적인 여러 가지의 계시 행위들로 길게 연속되고 있다. 야웨 계시에는 모든 것들을 지배하는 중심점이 없는 것 같이 보인다"고 말하면서, 구약성서 계시는 다양한 계시 행위들과 잡다한 계시 장면들의 집합체 같은 것이라고 말할 수 있다는 입장이다.[49] 그러나 짐멀리(Zimmerli)는 구약성서의 중심점을 찾는 것을 포기하지 않고, 구약성서 본문에서 그것을 찾으려고 노력한다. 그는 모든

---

46) G.E. Wright, *The Old Testament Against Its Environment. Studies in Biblical Theology.* 2(London: SCM Press, 1950), p. 49.
47) Walther Zimmerli, "구약성서의 중심적 문제"「신학사상」, 12집 (1976), p. 100.
48) J. Stanley Chesnut: *The Old Testament Understanding of God* (Philadelphia : The Westminster Press, 1952.) p. 45.
49) G. Von Rad, *Theologie des Alten Testament I.* 1962. p. 128. Walter Zimmerli, "구약성서의 중심적 문제," 문희석 역「신학사상」12집, (1976) p. 90 중인.

여러 성경의 개체들을 포괄하는 전체적인 사실 하나를 찾으려는 시도의 결과로, 모든 문서들이 개개의 모든 차이점을 넘어서 이스라엘이 야웨(Yahweh)라는 이름으로 부르는 하나님에게 관련된 것을 본다.50) 그래서 아주 다양한 구약성서의 문서들이 야웨를 향한 방향에서 정돈됨으로써 서로 결합되었다는 것이다. 이스라엘은 그 야웨를 자기 하나님으로 알았으며, 그 다양한 자료들은 하나하나가 언제나 야웨를 향하는 성격을 지니고 있다고 본다.51) 그러나, 그것을 '유일한 것'으로 본다는 데는 주저하며, 하나님 이해에 있어서 그 모습의 다양성을 인정한다.52) 그러기에 여기서 야웨 하나님을 중심으로 모세가 이해하고, 모세와 관련된 하나님의 모습을 다루어 보는 것이 의의 있는 일이라 본다.

A. 야웨 계시의 전승(Traditions of the Revelation of Yahweh)

출애굽기 기자는 우연한 사건들을 열거하고 있는 것이 아니라, 자기 민족사의 맨 앞에서 이스라엘의 영도자인 모세가 야웨 하나님과 만나는 근본적인 첫 해후(邂逅)를 말하고 있다. 구약 신앙은 그 하나님을 야웨(יהוה: Yahweh)53)라는 네 개의 자음으로 된 고유한 이름으로 부르고 있다. 그런데 그 발음은 맛소라 텍스트에는 모음 표시가 없는 것이었고, 후대 교회교부들이 모음을 달았을 가능성이 많다.

그런데 구약 신앙은 어디서 그들의 'Yahweh'란 하나님 이름을 알게 되었을까? 하는 문제와 더불어 제기되는 전승의 차이에 대하여 학자들의 입장 중에 다음과 같은 견해도 있다. 그것은, 성서가 복합적인 문서를 취급하고 있다고 보아서, 구전의 다양성은 여러 다른 그룹이나 장소로부터 유래되었기 때문에 나타나는 현상이라

---

50) *Ibid.*, p. 98.
51) *Ibid.*, p. 100.
52) *Ibid.*, p. 101. 지혜신학, 신명기적 역사서, 시편의 시인, 예언자들 나름대로의 하나님 모습이 있고, 예언자들 중에서도 이사야의 하나님, 예레미야의 하나님 모습을 구분할 수 있지 않느냐는 것이다. 같은 하나님이지만 이해의 면에서 말이다.
53) 바벨론 포로 이후로부터 구약의 YHWH가 나오면, 너무나 거룩한 하나님이라서 그대로 발음하지 않고 아도나이(주)라 읽어왔다. 그래서 여호와(Jehowah יהוה 자음에 '아도나이'나 '엘로힘'의 모음을 넣은 것이라고 함(Interpreters Bible p. 837) יהוה의 자음에 א의 모음을 밑에 붙이고(요드) 밑에는 복합쉐와(ᅟᅳ:) 대신 단순 쉐와(:)를 붙여서 「야웨」(יהוה) 대신 「여호와:Yehovah」가 되었다고 함. Walther Zimmerli, 「구약신학」, 김정준 역, (서울: 한국신학연구소, 1976), p. 20.

본다.⁵⁴⁾ 모세 시대에 있어서 히브리 종교의 지식에 관한 기초 자료를 제공하는 것은 출애굽기인데, 지금까지 일반 전승에는 대체로 J문서와 E문서, 또 후대의 P문서 역시 나타나고 있다는 것이다.⁵⁵⁾ 필자의 결론은 뒤에서 제시할 것이다. 모든 문서가 이스라엘 백성의 하나님인 야웨에 대한 확고한 신앙이 중심되어 있는 것이 사실이다. 그러나 이 이스라엘 백성의 '야웨'와의 관계에 대한 기록에 있어 견해 차이가 있다⁵⁶⁾고 보는 경향이다.

1. 모세-야웨 전승

여기서는 야웨 계시가 이스라엘 역사의 초창기인 모세 시대에 처음 발생한 것으로 나타난다.

출애굽기 3:1-16에 의한 전승(소위 E문서)은 하나님이 모세에게 '야웨'로서 자신을 계시할 때까지는 어떠한 인격적인 명칭으로도 이스라엘 민족에게 나타나지 않았다는 것이다.⁵⁷⁾ 모세는 하나님의 산 호렙에서 하나님의 부르심을 듣는데, 이스라엘 자손에게 소개할 하나님의 이름을 물었다. 그때 하나님은 좀 더 친근하게 느껴질 수 있는 방법으로, 이전에 사용했던 일반명사 '엘'(אל)과 관련된 명칭 대신에, 야웨란 이름을 알려 주신다. 여기에서는 야웨 이름의 계시가 첫 번째 발생으로 묘사되고 있다.

출애굽기 6:1-9(소위 P법전)에도 모두 '엘로힘(אלהים)'이란 일반적인 이름을 사용하여 고대의 하나님 활동을 묘사한다. 즉, 창세기 17:1에서 아브라함에게 '엘 샤다이(אלשדי)'란 이름으로 나타내신 사건을 상기시키며, 모세를 향해서는 완전히 새롭게 자기 이름을 야웨로 자연스럽게 소개하고 있다.

---

54) *Ibid.*, p. 44. 그러나 본 필자는 자료설에 있어서 Wellhausen과 같은 입장은 받아들이지 않는 사실을 밝힌다. Yahweh와 Elohim 이름이 다르다 해서 문서가 각각 틀리다고 보는 것은 정당치 못하다. 한 저자도 경우에 따라 이름을 번갈아 쓸 수 있기 때문이다. 여기서는 학자들의 의견을 소개할 뿐이며, 그들의 주장에 나타난 야웨 이름 사용의 시기 문제를 동일 저자의 경우에서와 똑같이 해결해 보려는 것이다.
55) *Ibid.*, p. 45. Chesnut는 p문서는 이들 자료들 중에서도, 특히 역사적이고 법전적인 자료로서 초기 자료(J.E)들과 분명 구별되어야 한다고 본다.
56) *Ibid.*
57) J. Stanley Chesnut, *The Old Testament Understanding of God* (Philadelphia: The Westminster press, 1952), p. 45.

"하나님이 모세에게 말씀하여 가라사대 나는 야웨로다. 내가 아브라함과 이삭과 야곱에게는 전능의 하나님(엘 샤다이)으로 나타났으나 나의 이름을 야웨로는 그들에게 알리지 아니하였고 가나안 땅 곧 그들의 우거하는 땅을 주기로 그들과 언약하였더니……"(출 6:2-4)

여기서는 야웨 이름의 계시가 전혀 새로우면서도 자연스럽게 매우 중요한 표현으로 묘사되고 있다. 여기서는 모세의 질문이 나타나지 않고 하나님 스스로 자기의 이름을 가르쳐 주시는데, 하나님이 그의 백성에게 해방자를 보내 주시고 그의 백성과 결합할 것을 약속하신다.[58](출 6:7).

2. 모세 이전 전승

여기서는 고대사와 족장시대에서 이미 야웨의 이름을 자유롭게 사용하고 있다는 것이다. 창세기 4:26(J문서)에서 인류의 제3세대의 대표인 에노스 때에 야웨의 이름을 부르기 시작했다고 기록되어 있다. 에노스는 사람을 뜻[59]했으므로, 원인(原人: Urmensch) 세대에 이미 야웨 이름을 부르기 시작했음을 암시하고 있다. 창세기에서부터 구약 전체에 걸쳐서 하나님에 대한 명칭으로 '야웨'를 사용함으로 모세 야웨 전승(Moses—Yahweh Tradition)에 전적으로 반대한다.

3. 오경 저자의 의도

위에서 보면 야웨 이름은 실제적으로 히브리어 성서 원전에는 모세가 호렙 산에서 야웨 이름의 계시를 받기 전에 이미 태고사에도, 족장시대에도 야웨 명칭이 자연스럽게 하나님의 여러 명칭[60]과 함께 사용되고 있음을 볼 수 있다.

그러면 야웨 이름이 다른 여러 이름과 함께 모세 이전 시대의 역사 기록에도 사용되고 있다는 문제에 대한 납득할 만한 이유가 무엇일까? 즉, 모세 전승은 야웨 이름 계시가 모세에게 처음 계시되고 소개된 것으로 분명하게 언급되고 있는데, 그

---

58) W. Zimmerli, op. cit., p. 21.
59) אנוש('enos) 어원은 약하다, 병들다의 뜻으로 '아담'이란 말과 동의대구적으로 사용되는 곳이 많으며, 허약한 인간을 표현하는 말이다. F. Brown, S.R. Driver and C. A. Briggs, *Hebrew and English Lexicon of the Old Testament*, p. 60.
60) El, Eloah, Elohim,, El Roi, El Olam등 여러 신명이 사용되고 있다.

차이점의 이유가 무엇이냐는 것이다.

  성서 기자(동일 저자로 보는 입장에서)가 의도했던 것은, 엘로힘과 야웨 이름을 동시에 알고 있었던 자로, 야웨 예배를 모세 이전으로 돌려버림으로 고의가 아닌 연대 착오로 슬쩍 지나치려는 것은 아니었다. 그는 이스라엘 하나님이신 야웨가 실제적으로 모든 역사와 창조의 주님이심을 확인하기 원했다고 보겠다. 그래서 그는 야웨 예배를 보다 먼 시대에까지 소급해서 올라갔다.[61]

  즉, 오경의 저자는 계속적인 구속사의 실상을 보여주려고 했다. 아무리 족장시대에 야웨 이름이 계시되었다는 것이 불완전하게 보여진다고 할지라도, 매우 일찍부터 족장들을 인도하여 오신 하나님은 바로 야웨였다는 것을 보여주기 위함이다. 족장들이 하늘에 호소하는데 사용했던 어떠한 신적 명칭일지라도 그것은 참으로 그들의 예배대상이 야웨였기 때문이다. 성서 기자는 이스라엘의 하나님인 야웨가 실제로 창조와 온 역사의 주님이시기 때문에, 이스라엘 백성의 이야기는 하나의 보편적 전망에 간직된 것이라 봐서 야웨 예배는 먼 태초에서부터 시작되었다는 신학적 확신을 강조하려 했다.[62]

  실제적인 야웨 이름의 계시는 모세 시대에 발생한 것으로 봐야 한다. 천지창조에서부터 온 우주와 세계 역사의 지배자요, 주관자는 바로 모세에게 계시되었던 야웨 하나님이며, 바로 그 분 야웨께서 이전에도 활동하셨음을 믿고 고백한 기록이기 때문에 자연스럽게 모세 이전 세대에도 그 명칭을 사용했던 것이다. 그러기 때문에, 시내 산 현현의 야웨 하나님과 아브라함, 그리고 태고사에 나타난 하나님은 동일한 하나님이며, 그 분의 계속성을 의도적으로 표현하려는 것이라 보겠다.

B. 야웨 예배의 기원

  구약신앙은 그 하나님을 야웨(יהוה)라는 네 개의 자음으로 된 고유한 이름으로 부르고 있다. 그런데 출애굽기에 나타난 모세 하나님에 대한 기사가 사실상 전승적이

---

61) cf. Bernhard W. Anderson, *Understanding the Old Testament 4th Edition* (Englewood Cliffs: Prentice—Hall, 1986), p. 65.
62) *Ibid.*, B. W. Anderson은 모세 이후에는 부모들이 자녀의 이름을 야웨라는 이름의 단축형과 합쳐서 지었지만(예로 여호수아, 호세야 등), 모세 이전에는 이런 이름이 성서 전승에 없다고 본다.

라고 할 때,⁶³⁾ 야웨 예배의 실제적 기원에 대하여 몇 가지 복합적인 모세의 배경과 성서적 전승들을 학자들은 다루어왔다. 모세의 종교도 대부분 그 시대나 지역의 소산이라는 것이 명백하므로, 항상 그와 같은 특수한 사정(Specific Context)을 염두에 두어야만 한다는 것이다.⁶⁴⁾

1. 애굽적 요소

모세는 애굽에서 태어나 성장했다(출 2:2—11). 그가 성숙한 지성인이 된 것은 이집트의 교육과 종교, 그리고 그 문명에서 성장한 것이라는 이유에서 모세 교훈 속에서 이집트적 요소를 찾아보려는 시도가 있었다.⁶⁵⁾

이교도였던 이집트 왕 악케나톤(Akhenaton; Amenhotep IV: 약 B.C. 1380—1362(?)은 유일신 종교와 관련이 있었던 것으로 알려지고 있다. 그의 종교는 아토니즘(Atonism)으로, 생명을 지탱하게 하는 것으로 인정되는 태양면(The Sun's disk)을 모든 숭배의 대상으로 대치하려고 했다. 그 태양면(Sun Disk)을 아톤(Aton)이라 하고, 그는 이 태양 표면의 생명 부여 능력으로 생각했던 아톤(Aton) 신을 집중적으로 숭배하기 시작했으며, 이집트 전역에 사람들을 파견하여 모든 비문들에 있는 신들의 이름들을 없애게 하였다.⁶⁶⁾ 여기에는 어느 한 신(Aton)에 대한 신앙으로 축소하는 경향이 생겨서, 본질적으로는 유일신론과 비슷한 느낌이 있다는 것이다.

그러나 학자들은 대체로 이스라엘의 유일신 신앙은 악케나톤(Akhenaton)의 것과 크게 다르다는 입장이다.⁶⁷⁾ 이스라엘의 지혜문학에나 이집트 종교의 영향이 약간 있을 뿐, 구약성서 전체에서는 이집트 종교의 영향을 별로 찾아볼 수 없다는 것이다.⁶⁸⁾ 실제적으로 이집트의 종교는 태양을 중심으로 자연적인 이익을 크게 추구

---

63) J. Stanley Chesnut, *op. cit.*, p. 46.
64) *Ibid.*
65) G.W. Anderson, *op. cit.*, p. 54. John A. Wilson, "The Hymn to the Aton" *Ancient Near Eastern Texts*. Ed. James B. Pritchard (Princeton: Princeton University Press, 1974), p. 369ff. W.F. Albright, *From the Stone Age to Christianity* (Doubleday Anchor Books, 1957), p. 207.
66) *Ibid.*
67) B.W. Anderson, *op. cit.*, p. 54.
68) I. Stanley Chesnut. *op. cit.*, p. 48. cf. H.H. Rowley, *From Moses to Qumran* (New York: Association Press, 1963), pp. 46ff. "모세의 종교적 업적은 그의 주위나 환경으

한 인위적 자연 종교이며, 궁전이상론에 근거하고 있다. 이같이 악케나톤의 종교가 특별한 자연을 신앙 대상으로 하고 있는 반면에 히브리 종교, 특별히 모세 종교는 역사 종교이며, 사회적인 질서를 추구하며, 하나님 자신의 현현에 의한 계약관계에서 비롯된 인격적인 윤리적 유일신론이다. 사실은 악케나톤이 죽자, 그가 시도했던 아토니즘(Atonism)은 퇴색해 버렸다.

한편, 모세 종교는 애굽 노예 생활에서 탈출한 역사적 배경 때문에도 철저하게 반애굽적이며, 더욱 애굽적 요소를 축출하려는 의도가 강했을 것이다. 존 브라이트(John Bright)도, 모세 종교가 이집트의 영향을 받은 개연성(蓋然性)이 있을 수 있으나, 그렇다 해도 그것은 근본적 영향이 아니라 간접적 영향일 뿐이라고 본다. 그래서 그 본질적 구조에서 야웨 신앙은 도무지 이집트 종교와 닮을 수 없다고 본다.[69]

2. 미디안의 켄족(Kenite—Midianites) 기원설

모세가 영향을 받은 것은 이집트가 아니라, 미디안이었다고 보는 견해이다. 성서 기록 자체가 보여주는 바에 의하면, 모세가 이집트에서 사람을 죽이고 파라오의 손을 피해 달아난 곳이 미디안 땅(출 2:14—15)이었다. 거기서 먼저 그 곳의 제사장인 르우엘(출 2:16—18), 즉 이드로(출 3:1, 4:18)의 딸들을 만났다. 모세는 그 딸과 결혼하여 가정을 이룬다. 모세가 소명을 받은 곳은 이집트가 아니라 미디안이며, 야웨라는 하나님의 이름을 계시 받은 곳도 바로 미디안이다.

대체로 몇 가지 이유를 들어 켄족설을 주장하는데, 먼저 미디안족의 제사장이며 모세 장인인 이드로(출 18:10)가, 모세가 오기 훨씬 오래 전부터 이미 야웨 제사(Yahweh Cult)에 있어서 분명 사제였다고 보는 입장이다.[70] 그래서, 모세의 장인 이드로는 야웨 예배와 이미 관련이 있어서 바로 야웨 제사장이었을 가능성에 학자들의 추측이 모아졌다.

미디안의 이드로는 '켄 사람(Kenites)'임을 사사기 1:16이 밝히고 있다. '켄 사

로부터 자연적으로 유출된 것이 아니며, 그가 이스라엘에 중재한 사상은 이집트나 타민족으로부터 영향받은 것이 아니었다."
69) John Bright., *op. cit.*, p. 160.
70) J. Stanley Chesnut, *op. cit.*, p. 47.

II. 야웨 이름의 계시 (출 3:1−16, 6:1−9)

람'이면 미디안 사람과 관계있는 사람들로서 야웨 신앙이 강했고, 이스라엘과는 특별히 가까웠던 것은[71] 사실이나 이해하기 어려운 종족이었다. 분명한 것은 그들이 12지파에 속하지 않았으나 유다 지파와 가까이 체류했다.[72] 창세기에는 켄 사람들이 아주 일찍 야웨 예배자들이었음을 나타내는 암시가 있다는 것이다(창 18:9−11, 삿 4장−8장). 즉, 켄 사람들의 시조가 되는 가인은 그의 이마에 야웨 이름을 표시하고 있다.[73]

한편, 모세가 이스라엘 백성을 네게브 지역의 가데스(Kades) 부근으로 인도하여 장인 이드로를 만나 그에게 경의를 표하고, 이드로는 번제물과 희생제물을 야웨께 드리는 의식을 집행했고, 이스라엘 제사 제도의 조상격인 아론과 이스라엘 장로들도 성찬에 참여했다고 보는 견해이다(출 18:12).

또한, 장인 이드로는 백성을 재판하는 사법제도에 중요한 새로운 제도를 제안한다. 그래서, 백성을 재판하는 크나큰 부담을 덜기 위해 유능한 사람을 뽑아 천부장, 백부장, 오십부장을 임명하여 재판을 관리케 하고, 엄중한 문제에 한해서만 모세가 처리토록 하라고 모세에게 권면하여 받아들여졌다(출 18:13−26).

또 하나는, 민수기 10장 29절에 호밥(이드로의 별칭)은 모세에 의해서 이스라엘 백성을 위한 안내자와 축복의 기원자로서 그들의 여행에 동반자로 요청한다.[74] 모세 종교의 중요한 이념이나 실제 제도(희생 번제, 언약 법궤, 초보적 재판 제도, 그리고 몇 가지 법들) 등은 미디안 광야에서 켄족들에게서 이스라엘 백성이 전수받았던 유산의 일부였다고 보는 설이다. 이드로가 그 당시 이미 있던 야웨 예배를 모세에게 가르쳤을 것이며, 아마도 호렙 산 불붙은 떨기나무에서의 하나님 현현 전에도 그렇게 가르쳤을 것이라는 생각이다.

이드로와 같은 미디안 제사장였던 발람기사에서 미디안 기원설을 주장하기도 한다. 모압 왕 발락이 복채를 주며 발람을 설득시켜 이스라엘을 저주토록 하나, 야웨 하나님의 명령을 어길 수 없다고 거절한다. 야웨의 명령에 생사를 거는 미디안의 전통을 가진 제사장으로 본다(민 22:1−21). 이 기사의 배경이 모압 평야이고,

---

71) 사사기 4:11, 17, 사무엘상 15:6.
72) 문희석 편,「구약성서 배경사」(서울: 기독교서회, 1973), p. 96.
73) 창세기 4:5-16. 이는 문서 자료설에서 J자료에 속한 것으로 봐서 이미 언급한 전승 문제와 다른 견해이기 때문이다.
74) J. Stanley Chesnut, *op. cit.*, p. 47.

미디안 장로들과 야웨의 제사장을 등장시킨 것은 깊은 역사적 전승을 반영시킨 것으로 보기도 한다.[75]

3. 레위 지파설(The Levites Hypothesis)[76]

모세는 레위인 부모에게서 태어났다(출 6:20). 바로 왕의 딸의 양자로 구원받은 후에, 어린 모세는 얼마간 성장할 때까지 그의 어머니 레위 족속인 요게벳이 유모로 발탁되어 모세를 키웠다. 바로 이 유아시절의 모세가 그의 어머니에게서 레위인의 하나님이었던 야웨를 전수받았을 것이라는 것이다. 그 이유는, 그의 어머니 요게벳(יוכבד)의 이름에 야웨(יהוה)의 단축형인 'יו'가 포함되어 있기 때문이다.[77] 한편 모세가 장성한 후, 강한 동족의식을 가지고 자기 동족의 하나를 학대하는 이집트인을 죽일 만큼 동족에 대한 정열은, 바로 어머니의 민족의식 고취에 의한 것이라는 것이다. 그러나, 그에게 있었던 민족의식은 당시의 히브리인에게 일반적이었고, 요게벳의 야웨적 요소의 발음은 히브리어에서 가능한 것일 수 있다. 히브리적 공동체 의식 자체와 야웨 명칭 계시와는 별개의 것이다. 이집트 안의 이스라엘인들은 조상의 신을 알고 믿고 있었다. 그러나 야웨로 알고 있지는 않았다. 그래서 모세는 호렙 산에서 이스라엘 사람들에게 하나님의 이름을 무엇이라 하리이까 묻고 있다(출 3:13). 그때 하나님은 조상들의 신 명칭을 전제하면서, 새로운 이름을 분명히 계시하며 야웨 이름으로 소개할 것을 지시하신다(출 3:14—15, 6:2—3).

4. 유다 지파설(The Judah Hypothesis)

야웨의 기원을 '폭풍의 신'[78]에 두고, 유다지파의 초기 활동 무대가 주로 남쪽사막 지역인 네게브로 본다.[79] 미크(Th. J. Meek)는 야웨 신 명칭을 제일 먼저 전수받은 지파가 바로 유다 지파라 주장한다. 그의 주장의 근거로 ① 그의 기원을 남부에

---

75) R.F. Johnson, "Balaam", *The Interpreter's Dictionary of the Bible, Vol. A−D*, eds. G. Buttrick, et al (New York: Abingdon Press, 1962), pp. 341—342.
76) J.P. Hyatt, *The Origin of Mosaic Yahwism* (Nashvill: Baylor University Press, 1964), pp. 85—93.
77) Theophile J. Meek, *Hebrew Origins* (New York: Harper and Brothers, 1950), p. 97.
78) יהוה의 어근을 hwh(to blow, to fall)로 폭풍의 신에 근거했다고 본다.
79) Th. J. Meek., *op. cit.*, pp. 100—102.

두는 이유는 야웨를 자기 지파의 신으로 받아들인 유다 지파는 한때 남부에 거주해 왔음이 틀림없기 때문이다. 대체로 이 주장은 구약성서 자료와 현대 신학자들이 지지한다고 미크는 말한다.[80] ② 야웨를 제일 먼저 받아들인 지파가 제일 처음으로 야웨 예배를 시행했다는 증거를 찾아야 하는데, 인명에서 찾는 것[81]이 가장 가능한 방법이다. 왜냐하면, 이것이 인간 종교의 분명한 표준이 되어왔기 때문이다. ③ 야웨는 얼마 안 되어 한 지파의 신의 영역을 넘어서게 되어 남부 지파 동맹체의 신이 되었다. 이 같은 야웨의 권위 확장은 야웨를 섬긴 지파의 정치력 (political power)의 증대를 의미한다. ④ 남부의 지파 동맹에서 신으로 추대된 야웨는, 점차적으로 남북 전체 히브리인의 신으로 부상하게 되었다. 이런 4가지 조건을 전부 충족시킬 유일한 지파는 유다 지파라고 미크는 주장한다.[82]

이 주장은 자료설에 입각한 것이어서, 모세오경 기사의 후대 기록을 전제한 이론이기 때문에 성서 자체의 기사와는 전혀 다르다. 성서 자체에서 이 주장을 분명히 논증할 구절을 찾기는 어렵다. 그리고 유다 지파 역시 이스라엘 초기 역사에서는 그렇게 부각되지 않다가 다윗시대에 와서야 비로소 각광을 받게 되는 지파였다.[83] 오경의 '씨' 흐름에서 중요한 역할을 담당하는 것으로 간략히 언급되면서 숨겨진 지파처럼 있다가 다윗 왕조에서부터 구체적 존재성이 나타난다. 오히려 레위 지파나 요셉 지파가, 더 나아가 에브라임, 베냐민 지파 등이 주도적 역할을 하는 것으로 나타난다.

5. 호렙 산 계시 자체의 기원[84]

그러나 야웨 계시의 전승을 모세의 호렙 산 사건에 기원을 두고 설명하는 주장

---

80) *Ibid.*, pp. 111—112.
81) *Ibid.*, p. 113. Meek는 그 사람들의 이름들로 Jochebed(출 6:20, 민 26:59), Joshua(출 17:9), Jonathan(삿 18:30), Joash(삿 6:11), Jotham(삿 9:5ff), Micayehu(삿 1: 71, 4), Micah(삿 17:5ff) 등은 유다 지파에 속하는 자들로 야웨의 요소가 들어 있는 이름들이라는 것이다.
82) *Ibid.*, pp. 111—115.
83) Roland de Vaux, T*he Early History of Israel*, tran. David Smith (Philadelphia: The Westminster Press, 1978), pp. 335—8.
84) 켄족 기원설을 비판하는 입장의 책으로 중요한 것은 Th. J. Meek, *Hebrew Origins* (New York: Harper & Row Publisher, 1960), pp. 93—97과 Yehezkel Kaufmann, *The Religion of Israe*l (London: George Allen & Unwin L.T.D., 1961), pp. 242—244이다.

이 강하다. 미디안-켄족에서 야웨 예배의 기원을 찾는 자들은 특별히 출애굽기 18:12에서 그들의 논거(論據)를 택한다.

"모세의 장인 이드로가 번제물과 희생을 하나님께 가져 오매 아론과 이스라엘 모든 장로가 와서 모세의 장인과 함께 하나님 앞에서 떡을 먹으니라."

그러나 이드로는 미디안 제사장이지[85] 야웨의 제사장으로는 전혀 불려지지 않으며, 특히 그가 하나님을 위해 번제물과 희생을 가져왔다(procured: wayyiggah)고 간단히 언급할 뿐 제사장적 기능을 수행했다는 분명한 표현이 없다.[86] 여기에 하나님 명칭은 일반적인 'Elohim'이지 야웨'Yahweh'가 아니다.

이드로는 출애굽기 18:8-11에서 야웨 신을 처음으로 시인한다.[87] 그리고 그가 여행에 합류하도록 초대받은 것은 그가 사막과 숙영지들을 잘 알던 유능한 안내자였기 때문이다.[88]

모세 이야기에서 보면, 시내 산(호렙 산)이나 그 외 어느 지역에 대해 성소로서의 제사적 언급이 없다는 것이다. 이 이야기들이 제의적 원인론적 요소가 없는 것은 모세의 계시 그 자체가 이스라엘에 있어서 광야의 거룩한 곳을 만들고, 바로 그것이 그 신성함의 출처가 되었기 때문이다.

성서는 재판 절차에 대해서는 이드로의 권고에 의한 것이라고 말하나, 야웨 이름 전수에 대해 언급이 없다. 이드로의 이런 중대한 가르침은 왜 숨겨져 있을까? 만약 모세의 야웨에 관한 지식이 이드로의 덕택으로 말미암는다는 것이 분명치 않다면, 그것은 모세에 나타난 계시가 바로 절대적인 시발점이라고 간주할 수밖에 없을 것이다.[89]

출애굽기 기사에 의하면, 모세는 호렙 산이 '하나님의 산'인지도 모르고 오르게 되고, 거기서 하나님의 현현에 접해 하나님의 이름을 묻는다. 하나님은 새롭게 야

---

[85] cf. 출애굽기 2:16, 3:1, 18:1.
[86] Th. J. Meek, *Ibid.*
[87] 그는 모세를 통해 야웨께서 행한 것을 듣고 기뻐하여 "이제 내가 알았도다. 야웨는 모든 신보다. 크시므로…이기셨도다"고 부르짖고, 번제물과 희생을 하나님께 가져오니 아론과 장로들이 함께 떡을 먹었다고 기록한다.
[88] Th. J. Meek, *op. cit.*, p. 45.
[89] Y. Kaufmann, *The Religion of Israel*, Trans. Moshe Greenberg(Chicago: University of Chicago Press, 1960), pp. 242f.

웨 이름을 계시하며, 설명을 첨가하여 모세에게 자세히 나타나신다.

성서의 전승 자체가 보여주는 모세에게 나타난 야웨 계시 자체의 내용 그대로가 야웨 계시 그대로이며, 출애굽 사건과 야웨 예배의 출발점이었다고 결론지을 수 있겠다. **야웨라는 신 명칭은 모세 때에 비로소 처음 계시되었다.**

존 브라이트(John Bright)는 미디안의 켄 족속을 부정적으로 보면서, 이스라엘의 특색 있는 야웨 신앙은 모세와 더불어 시작되었다고 한다.[90] 오히려 모세 장인인 미디안 제사장 이드로가 야웨 신앙으로 개종한 것으로 보는 것이 좋겠다.[91]

위에서 소개한 켄족 기원설이나 레위족 기원설 등에 대한 카흐만(Yehezkel Kaufmann)의 비평을 소개하면 다음과 같다.[92]

"성서적 (그리고, 유대) 전승은 거룩한 영역(領域)을 독립된 두 개의 범위로 구별하고 있다. 즉, 하나는 오로지 예언자적인, 다른 것은 제사적이면서 예언자적인 곳으로 나눈다. 두 지역 간의 경계선은 브엘세바(Beersheba)였다. 브엘세바 북쪽은 제사와 예언의 영역이고, 시내 산에 이르는 남쪽은 단지 예언(=계시)의 영역이다. 이들 중에 후자에 속하는 남쪽 지역에서 야웨(YHWH)는 이스라엘에게 친히 계시하셨고, 거기서부터 나타내신다. 그러나 야웨는 이 지역에 예배 장소(Cult Sites)를 가지고 있지 않다. 이런 구별은 족장설화에서 시작된다. 즉, 전 팔레스타인을 걸쳐 족장들은 브엘세바 북쪽의 이스라엘인의 성역에서 제단들을 구축하고 기둥들을 세우지만, 브엘세바 남쪽의 어느 곳에서도 하나님을 예배드린 족장은 없다. 그 설화는 이집트에 이르렀던 아브라함과 야곱 자손에 관해 이야기 하고 있으나, 그들은 가데스(Kadesh)나 시내(Sinai)에 제단을 세우기는 고사하고 그 곳에 머무르지도 않는다. 그 후의 전승도 동일하다. 전 성서를 통해서 보면, 그 남쪽 지역은 계시의 지역이 될지언정 이스라엘 백성이 옛 예배 장소(ancient cult site)를 방문하려고 그 지역(남쪽)으로 내려간 적은 없었다. 엘리야는 하나님의 말씀을 듣기 위해 호렙산에 오른다. 그러나 그는 거기에 제단을 쌓거나 희생제물을 드리지 않는다. 광야 생활에 관한 설화에서 보면, 이스라엘 백성들은 한 예배 장소에서 다른 예배 장소로 옮겨 다닌 것으로 되어있지 않고, 반대로 그들은 그들이 가는대로 언약궤와 성

---

90) John Bright, *op. cit.*, p. 128.
91) *Ibid.*, p. 127. R. de Vaux, "Sur l'origine kenite ou madianite du Yahusme," Albright Volume: *Eretz Israel*, IX(1969), pp. 28—32.
92) Yehezkel Kaufmaun, *op. cit.*, pp. 242—244를 거의 전역하여 소개한다.

막 등의 성물을 함께 가지고 다닌 것으로 되어 있다. 그들은 한번 시내 산에서 예배를 드리나, 그 후의 40년간의 광야 생활의 나머지 기간 동안에는 다시 예배드리려 그 곳으로 간 적이 전혀 없다. 모세는 하나님께서 자기에게 계시하시는 지점에서 예배의식(Cultic rite)을 거행치 않는다. 즉, 모세전(傳)은 계시가 나타난 곳의 어떤 제의적 거룩성에 대해 전혀 알려주지 않는다. 모세는 파라오 왕에게, 이스라엘 백성이 광야에서 하나님을 예배하도록 가게 해 달라고 요구한다. 그 광야는 어떤 지정된 장소가 아니고 '애굽에서 3일 간의 여정'인 불확실한 지역이다. 모세는 이집트에서 예배드리라는 파라오 왕의 제의를 거절한다. 그 이유는, 이스라엘 백성이 반드시 특정한 지점에서 희생을 드려야 하거나 이집트가 불결한 땅(unholy ground)이기 때문이 아니라, '이집트인들의 면전에서 그들이 증오하는 희생 번제를 드리는 것'을 두려워했기 때문이다. 광야 생활 동안에 세웠던 어떤 제단도 영구적인 예배 장소가 되지 못한다. 르비딤 단(The Rephidim Altar)은 하나의 기념물로 나타날 뿐이고, 어떠한 희생제사도 드렸다는 언급이 없다(출 17:15). 시내 산에서 모세는 단지 계약을 비준할 목적으로 희생제를 한 번 드린다. 그러나 그 제단에서조차 우선권을 가지지 못했다. 왜냐하면, 아론이 금송아지를 위해서 새로운 제단을 구축했기 때문이다. 광야시기에 있어서 유일한 영구적인 예배 장소는 들고 다닐 수 있는 성막으로, 그 성막은 원래 계시를 위해 성별된 장소로 지정되었었다.

　이러한 모든 것은 모세에 관한 이야기가 그 기간의 적절한 의미에 맞추어 여러 제의 전설(Cult-legend)들을 혼합하여 편집한 것이 아니라는 것을 지적해 주고 있다. 이 설화들은 고대의 어느 지역적인 성소에 관해 언급해 주지 않았으며, 원래 원인론적(原因論的)인 전설도 아니었다. 이런 이야기들 중에 어느 하나도 예배드리는 장소에 관해서 언급한 적이 없다. 그들이 알고 있는 어떤 지역적인 성소든지 하나님의 계시에 근거를 두고 있다. 그래서 이 같은 이야기들은 전혀 어느 지역적 신에 의한 제사에 근거하고 있지 않는다. 화산이나 가시덤불에서의 제사도 아니다. 이 설화들이 제의적 원인론적 요소가 없는 것은 모세의 계시 그 자체가 이스라엘에 있어서 광야의 거룩한 곳을 만들고, 바로 그것이 그 신성함의 출처가 되었음을 보여 주고 있다. 그래서 이런 신성함의 근원은 모세 이전 시대에서는 찾을 수 없다.

　성서 이야기들은 아담과 가인과 아벨과 에녹, 노아, 발람, 욥과 그의 친구들, 그

II. 야웨 이름의 계시(출 3:1-16, 6:1-9) 189

리고 멜기세덱 등에 관해서 많이 이야기하고 있다. 그러나 출애굽기 3장 이야기는 바로 그 반대를 보여주는 것 같다. 모세는 그의 양떼를 데리고 '하나님 산'에 뜻밖에 오르게 된다. 모세는 그 곳이 거룩한 땅인지 모른다. 그는 그 곳에서 친히 자기에게 계시하셨던 하나님의 이름을 물어야만 했다. 모세는 이와 같은 어떠한 것들도 이드로로부터 듣지 않았다. 이스라엘 하나님의 위대성에 대한 이드로의 고백은 단지 성경 이야기들이 여러 다른 우상 숭배자들에 대해 이야기하는 정도에 지나지 않는다(왕하 5:15—17, 41:16, 단 2:47, 3:28—33, 참조. 출 9:20, 14:25). 그리고 다른 이교도들이 이스라엘 하나님께 희생제를 드렸다고 분명히 언급해 주고 있는 반면에, 출애굽기 18장의 본문에서는 이드로에 관해서 그처럼 분명하게 이야기하지 않고 있다. 성경은 재판 절차에 관해서는 이드로에 대한 모세의 책무를 숨기지 않고 있다. 만약 그렇다면, 모세에 대한 이드로의 가르침 중에서 다른 것[93]은 왜 숨겨야만 했겠는가? 만약 그 이야기에 모세의 야웨(YHWH)에 관한 지식이 이드로의 덕택으로 말미암는다는 것이 분명히 나타나지 않는다면, 그것은 모세에 나타난 계시가 절대적인 시발점이라고 간주할 수밖에 없을 것이다.

모세가 미디안족의 양떼를 치고 있었기 때문에 미디안 광야에서 그의 환상을 보았고, '하나님의 산'은 역시 미디안에 있었다는 논쟁은, 이스라엘 백성이 미디안 지경 안에 들어갔다고 말해 주는 곳이 아무 데도 없다는 결정적 사실에 직면해서는 아무 소용이 없게 된다. 이드로와 켄족의 접촉은 이집트와 미디안 사이의 광야에서 이루어진다. 즉, '하나님의 산'으로부터 이드로가 '자기 고향으로' 되돌아온다(출 18:27, 신명기 10:29 참조). 미디안에서 이집트로 되돌아 올 때, 모세는 자기를 만나려고 오고 있는 아론을 하나님의 산에서 만난다. 그러나 거기에서는 후대 역사에 미디안과 이스라엘간에 어떤 종교적인 유사성을 지적해주는 어떤 증거도 없다(반대로 참조할 것은 신 22:4, 7, 25:31).

그러나 우리는 위에서 열거한 모든 영향의 성격이라든가 영향력의 범위 등에 대해서는 정확하게 말하지 못한다. 그렇지만, **분명히 말할 수 있는 것은 성서의 전승 자체가 보여주는 시내산 모세에게 나타난 야웨 계시 자체의 내용 그대로이며, 출애굽이 이스라엘 종교의 출발점이었다고 하는 사실이다.** 야웨라는 하나님의 이름

---
93) 야웨 이름, 야웨 예배 등등.

이 모세 때에 비로소 처음 계시되었다."⁴⁾ 구약성서에 있어서 이름이란, 단순히 인물이나 사물을 구별하기 위한 편리한 칭호만은 아니었다. 이름은 그 대상의 성격을 강하게 표현하는 것이었다.⁹⁵⁾ 그러므로 하나님의 이름이 새롭게 계시되었다고 하는 것은 신앙적으로 새로운 국면에 접어듦을 의미한다. 결국 출애굽기 3:13,14과 6:2,3은 모세를 통하여 이스라엘의 신앙이 새로운 국면으로 접어들었음을 말해주는 것이다."⁹⁶⁾

C. 야웨(יהוה) 이름의 의미

구약신앙은 야웨(여호와)로 알려진 하나님의 동일성에 대한 확고한 신앙을 간직하고 있다. 이스라엘 민족은 이 야웨 명칭을 그들 고유의 신명칭(神名稱)으로 삼고, 그 야웨 신앙(Yahwism)으로 결속되었다. 이스라엘에게서 야웨는 오직 이스라엘의 하나님에게만 사용되어진 고유명사이며 기념 칭호였다.

"내가 아브라함과 이삭과 야곱에게는 전능의 하나님으로 나타났으나 나의 이름을 야웨로는 그들에게 알리지 아니하였고(출 6:2, 3), 이는 나의 영원한 이름이요 대대로 기억할 나의 표호니라"(출 3:15)
"저는 만군의 하나님 야웨시라. 야웨는 그의 기념 칭호니라"(호 12:5)

모세에게 와서야 처음 계시된 야웨 신명(神名)은 하나님께서 자기 백성에게 세우신 언약을 기념하는 칭호로 받아들여진다. 이 이름은 모세가 하나님께 직접 물어봐서 얻어낸 이름이다. 사실 모세가 하나님의 이름을 물었던 것은 "당신은 누구입니까?"라는 물음과 같다고 하겠다.⁹⁷⁾ 그래서 그 이름의 의미를 안다는 것이 중요하다. 그토록 이스라엘 백성에 절대적 권위와 능력의 하나님인 야웨의 의미가 무엇인지 아는 것은 구약 종교 이해에 우선 필요하다. 야웨 명칭의 의미를 알게 되면 하나

---

94) Yehezkel Kaufmaun, *Ibid.*
95) G. W. Anderson, 「이스라엘의 역사와 종교」 김찬국 역(서울: 기독교서회, 1970), p. 46. 셋째, 여러 인명(人名) 속에서 야웨와 그 단축형인 야후(Jahu)나 야(Jah)를 찾아 연구하기도 한다.
96) Yehezkel Kaufmaun, *op. cit.*, pp. 242—244.
97) Bernhard W. Anderson, *op. cit.*, p. 60.

님의 존재와 속성을 알 수 있을 것이다. 이 야웨 의미를 알기 위해 두 가지 방향에서 연구하려고 한다.

1. 어원학적 연구

어원적 연구는 구약 본문의 문맥에 의존하는 것이 아니라, 야웨(יהוה)에 대한 순수한 언어학적 연구를 통하여 야웨 이름의 본래 의미를 발견해 내려는 것이다. 그러나 여기서 우리가 먼저 분명히 알아야 할 것은 언어적 연구로 얻어진 어떤 형태의 해답도 이미 형성된 구약신앙에는 획기적 중요성을 가지지 않는다는 사실이다. 왜냐하면, 이 이름이 전혀 다른 문맥 속에서도 비슷한 모습으로 발견될 수 있을 것이나, 실제로 구약성서 문맥 자체에서 이 이름의 의미가 어떻게 진술되고 있느냐 하고 묻는다면 사정은 달라지기 때문이다. 즉, 이 진술에 대한 기본 언어적 정당성이 있을 수 있는 것과 같이 구약성서 자체 내에서도 신학적인 의미를 지닌 진술도 항상 있다는 것이다.[98]

첫째, 야웨(יהוה)는 היה(hyh)의 어근(語根)에서 유래되었다고 보는 견해이다. hyh는 '현존한다(being present)', '저기 있다(being there)'[99], '실재로 있다(Ratschow)'[100]의 동사로서, 야웨는 '있게 하시는 이'[101](He causes to be), '그는 존재한다', '그는 자신을 활동하는 자로 나타낸다', '그는 창조한다'[102]로 번역하기도 한다.

둘째, 야웨는 הוה(hwh)의 미완료형(imperfect)이라고 보는 입장이다.[103] wh의 고대 셈족어(아라비아어)의 원래 의미는 '바람 불다(to blow)', '떨어지다(to fall)'로서, 야웨는 폭풍신이나 번개, 우박신을 나타낸다는 설명이다.[104]

---

98) Walther Zimmerli, *Old Testament Theology in Outline*, trans. David E. Green (Atlanta: John Knox Press, 1978), p. 19.
99) Gerhard von Rad, *Old Testment Theology I*, trans. D.M.G. Stalker (New York: Harper & Row, Publishers, 1967), p. 80.
100) W. Zimmerli, *op. cit.*, p. 20.
101) J. Coert Rylaarsdam, "The Book of Exodus", *The Interpreter's Bible, Vol. I* (New York: Abingdon Press, 1939), p. 838. 이는 W.F. Albright의 견해이다.
102) W. Zimmerli, *op. cit.*, p. 19.
103) לטק(완fygud) → יקטל(미완료형)에서 처럼 הוה → יהוה으로 본다는 것.
104) *loc. cit.*

한편 hwh의 사역형(Hiphil)[105]으로 설명하여 '(바람을) 불게 하시는 자' '(번개가) 떨어지게 하시는 자(the one who causes [lightning] to fall)'[106]라고 야웨를 정의하기도 한다. 구약에서 야웨의 현현이 폭풍과 천둥, 번개로 동반하는 것으로 묘사되는 것과 비교될 수 있다(출 19:16).

셋째, 여러 인명(人名) 속에서 야웨와 그 단축형인 야후(Jahu)나 야(Jah)를 찾아 연구하기도 한다. 즉, 예사 야후(ישעיהו), 여호야김(יהויקים) 등의 장형(長形)과 단음절인 야(Jah)에서 찾는다.[107] 예를 들면, 할렐루야(הללויה: halelujah)에서 제사장이나 장로들이 '할렐루(halelu)'를 외쳐 부르면, 찬양의 기쁨에 참가한 백성들은 열광적으로 야(Jah)로 응답하였다.[108] 이 말(Jah)이 출애굽과 관련하여 '존재하는 자' 또는 '만물에 생명을 주는 자'라는 의미인 장형(長形)의 신명칭(神名稱)으로 야웨가 되었을 것이라 본다.[109]

미크(Theophile J. Meek)에 의하면, 구약성서에서 야웨 신명(神名)은 יה와 יהוה의 두 가지 방법으로 쓰여지고 있다. 그리고 יהוה의 신 명칭의 어느 자음(철자)이 개인 인명(人名)으로 사용될 때는 대개 יה, יו, יהו 등 3가지 방법을 취하고 있다.[110] 그러나 사람의 이름에는 יהוה의 신 명칭 전부가 직접 사용된 적이 없다.[111]

구약성서 이외에서 יהוה가 발견되기는 모압인의 기념비(the Moabite Stone)와 라기스의 오스트라카(the Ostraca), 그리고 기원전 447년의 엘레판틴(Elephantine)의 아람어 파피러스에서 오직 신명칭으로 발견될 뿐이다.[112]

---

105) קטל의 Hiphil의 단축형은 יקטל이다.
106) J. Coert Rylaarsdam, *op. cit.*, p. 838.
107) W. Zimmerli, *op. cit.*, p. 19.
108) Pious Driver, *The Psalms, their Structure and Meaning* (London, 1964), p. 54. 그는 대중의 기쁨에 대한 기본적 외침은 야웨 하나님(가끔 Jah, Jahu로 약칭되기도 했다고 함)에 대한 이름이었다고 주장한다.
109) W. Zimmerli, *op. cit.*, p. 19. 반대로 יהוה에서 단축되었다고 보기도 한다.
110) 고대 이스라엘에서는 왕족이나 귀족들은 그들의 이름 밑에 신 명칭인 יהוה의 철자를 붙이기를 즐겨했다. 예를 들면, 이사야(왕족), 히스기야(히스기야 왕의 현존) 등의 이름에 야(Jah)를 담고 있다.
111) Theophile J. Meek, *Hebrew Origins* (New York: Harper and Row, Publishers, 1960), p. 106. 그는 יה(Yah)와 יהו(Yahu)는 초기 형태로 보고 יהוה(Yahweh)는 후대, 아마 인위적 형태였을 것이라 보기도 한다.
112) H. Torczyner, ed., *The Wellcome Archaeological Research to the Near East, Lachish I: The Lachish Letters*(1938); E.L. Sakenik, *Palestine Exploration Fund Quarterly Statement*(1936), 35ff; *Palestine Exploration Quarterly*(1937) 140ff.

2. 구약 자체의 분맥 연구

모세에게 주어진 신명칭 계시의 특징은, 모세가 하나님의 이름이 무엇이냐고 묻는 선행적 물음에 의한다는 것이다. 모세가 먼저 하나님의 이름을 물었던 것은, 고대의 개념에서 보면 이름은 헛되거나 공허한 것이 아니라, 그 신명칭과 그것을 소유한 자 사이에 밀접한 본질적 관련성(Essential relationship)이 있어서, 이름을 소유한 자는 그 이름 안에서 실존하기 때문이었다.[113] 모세가 하나님의 이름을 물었을 때 하나님은 다음과 같이 대답했다.

"하나님(Elohim)이 모세에게 이르시되 나는 스스로 있는 자('ehyeh 'asher 'ehyeh)니라. 또 이르시되 너는 이스라엘 자손에게 이같이 이르기를 스스로 있는 자(ehyeh)가 나를 너희에게 보내셨다 하라"(출 3:14)

"하나님이 또 모세에게 이르시되 너는 이스라엘 자손에게 이같이 이르기를 나를 너희에게 보내신 이는 너희 조상의 하나님 곧 아브라함의 하나님, 이삭의 하나님, 야곱의 하나님 야웨(Yahweh)라 하라. 이는 나의 영원한 이름이요. 대대로 기억할 나의 표호니라"(출 3:15)

하나님은 자신의 이름을 족장과의 역사적 연관성에서 제시하면서 이름의 뜻을 독특한 설명으로 밝히고 있다. 즉, '나는 스스로 있는 자'로 번역된 'ehyeh 'asher 'ehyeh(אהיה אשר אהיה)라는 설명이다. 출애굽기 3:14,15에서 야웨 의미를 풀 수 있는 것은 3장 14절의 'ehyeh 'asher 'ehyeh와 3장 15절의 Yahweh 'elohē 'avothēkem(너희 조상의 하나님 야웨)이다. 첫번째로 "나는 있다", 혹은 "나는 있을 것이다(I am or I will be)"라고 번역이 가능한 히브리어 'ehyeh(I am)은 h-y-h 혹은 그것의 보다 오래된 철자로 표기하면 h-w-h(to be) 동사의 제 1인칭 단수이다. 두 번째의 Yahweh(יהוה)는 h-y-h(h-w-h) 동사의 제 3인칭 단수로서 "그는 있다" 혹은 "그는 있을 것이다(He is or He will be)"가 된다고 본다.[114] 마르틴 노트(Martin Noth)는, 본문 비평으로 후자(15절)의 제3인칭이 근원적인

---

113) G. von Rad, *op. cit.*, p. 181.
114) B. W. Anderson, *op. cit.*, p. 62. 14절에서 제 1인칭이 사용된 것은, 하나님이 당신 자신을 가리킬 때 제3인칭인 "그는 있노라" 대신에 제 1인칭인 "나는 있노라"를 사용했기 때문이다.

것이고, 전자(14절)의 제 1인칭의 답변은 그 말의 근원을 설명하기 위한 것으로 본다.115)

a. 야웨 신명칭의 해석들

야웨(יהוה)에 대한 해석은 성서 본문의 문맥과 히브리어 단어를 통해서 뜻을 찾으려는 시도들이 몇 가지로 제시되었다. 야웨 (יהוה)와 '나는 있노라'(אהיה)에서 הוה(hwh)와 היה(hyh)를 각각 끄집어내서 그 상관성과 의미를 설명해 나간다.

1) 사역형(Hiphil)적 해석

야웨는 היה(hyh: 실제로 있다, 존재한다, 현존한다. 누군가 있다)에서 기원했는데, 이 동사(hyh)의 옛 형태는 הוה(hwh)이었다고 본다. 야웨는 이 הוה에서 변형된 제3인칭 형태로, 가나안인의 원래 히브리어 동사인 hwy(to be)의 사역형 능동 미완료 시제라 보기도 한다.116)

많은 학자들은 4개의 자음으로 된 야웨(YHWH)의 어간(語幹)을 히브리 단순형(Qal) 형태로 보기 보다는 사역형 능동(Hiphil) 형태로 간주한다.117) 그래서, 이것은 야웨의 사역적 의미를 부여하여 "스스로 존재케 하는 이(He who causes to be)"로 번역한다. 이 견해의 대표적 주창자는 올브라이트(W.F. Albright)로, 바벨론과 이집트 자료와 고대 셈족어 계통에서 설명하여 사역형으로 보아야 한다고 본다. 그래서 출애굽기 3:14은 hyh가 hwh라는 어근에서 파생된 것으로, 히브리어가 아닌 어떤 다른 언어에서 온 것인가 한다. 사실 이스라엘인들이 히브리어를 말하기 시작한 것은 그들이 약속의 땅 가나안에 들어간 후 얼마의 시간이 지난 후였고, 족장들은 고대 아모리 방언들 중의 하나를 사용했을 것으로 본다. 그래서 야웨란 이름이 히브리어에서 유래되었다기 보다는 오히려 아모리나, 혹은 북서쪽의 다

---

115) Martin Noth, *Exodus. A Commentary. The Old Testament Library*, tran. J.S. Bauden (Philadelphia: The Westminster Press, 1962), p. 43.
116) Frank Moore Cross, *Canaanite Myth and Hebrew Epic* (Cambridge, Massachusetts: Harvard University Press, 1980), p. 65.
117) David N. Freedman, "The Name of the God", *Journal of Biblical Literature*, 74(1960), 152, W.F. Albright, "The Name Yahweh", *JBL* 43 (1924), 370—378; William R. Arnold, "The Divine Name in Exodus 3:14", *JBL* 24(1905), 107—165; S. Mowinckel "The Name of the God of Moses", *Hebrew Union College Annual*, 32(1961), 212—223.

른 셈족 방언들 중의 하나에서 파생되었을 것이라 생각한다.[118] 이 견해에서는 출애굽기 3장 14절(나는 스스로 있는 자)의 뜻을, 세상에 있게 된 모든 것을 '존재하도록 만들어 내시는 분(He who causes to be what comes into existence or It is He who creates what comes into existence)'[119]으로 해석하여 야웨를 창조주로 부각시킨다.[120] 이 견해는 4가지 기본 요점으로 설명한 프리드만(David N. Freedman)이 잘 제시했다.[121]

① יהוה라는 4개의 자음은 Yahweh라 발음되었다.
② 그것은 Hwy hwh의 어근(root)에서 파생된 동사에서 유래되고, 성서 히브리에서는 언어 법칙상 나타나는 hyh와 hwh는 일치한다.
③ יהוה는 그 동사(hwh, hyh)의 제3인칭 남성 단수의 사역형 미완료태(Hiphil imperfect 3rd m.s.)이다.
④ 그래서, יהוה는 '있는 것을 생기게 하는 이, 스스로 있게 하는 자, (무엇을) 일으키는(야기시키는) 이, 창조하는 이(He causes to be, brings into existence, brings to pass, He creates)'로 번역된다.

이 해석에 의하면, 14절에 있는 동사의 자음을 변화시킬 필요가 없고, 모음을 조금 변화('ehyeh→'ahyeh로) 시키면 된다고 본다. 그리고 하나님 명칭의 원래 발음을 야웨(Yahweh)로 설명할 수 있다는 것이다. 이러한 특별한 표현은 하나님의 창조행위를 강조하기 위한 것으로, "나는 내가 스스로 존재케 하는 것을 있게 하다(I cause to be what I cause to be)" 또는 "나는 내가 창조하는 것을 창조한다(I create what I create)"로 'ehyeh 'asher 'ehyeh(Yahweh)를 번역한다. 이것은 바로 자연현상과 역사의 사건들이, 창조주요 주님이신 하나님의 의지에서 발생되는 것이라 한다.[122]

---

118) William Foxwell Albright, *From the Stone Age to Christianity* (Baltimore: John Hopkins Press, 1967), pp. 15-16. Frank M. Cross, Jr., "Yahweh and the God of the Patriachs", *Harvard Theological Review*, LV(1962), 225—259.
119) W.F. Albright. *Ibid.*, p. 261. 그리고 *Yahrweh and the Gods of Canaan. A Hstorical Analysis of Two Contrasting Faiths* (Winoa Lake: Eisenbrauns, 1968), p. 171.
120) cf. J. Coert Rylaarsdam, *op. cit.*, p. 838. Brevard S. Childs, *Exodus, Old Testament Library* (London: SCM press Ltd., 1974), p. 62.
121) David N. Freedaman, "The Name of the God of Moses", *JBL*, 74(1960), p. 152.
122) B. W. Anderson, *op. cit.*, p. 62.

2) 단순형(Qal)의 현재적 해석

70인역(Lxx)은 'ἐγώἐιμιόών로 번역하여 "나는 있는 자 그로다(I am the One who I am)", 즉 "나는 스스로 있는 나이다"의 뜻을 취했다. 일반적으로는 이 해석을 따른 자들이 많다.[123] 이들에 의하면, 올브라이트(W.F. Albright)의 견해를 일축해 버릴 수는 없지만, 거기에는 본문 변경이 요구된다. 모음 구두점이 증거 하는 바와 같이, 유대 전승의 히브리어에서는 사역적인 의미로는 결코 사용된 적이 없다는 것이다.[124] 하나님의 명칭(יהוה)은 hwy/hwh란 어근(語根)으로부터 형성되었고, 히브리어 문법상 단순형(Qal)의 미완료형으로 사용되고, "그는 존재한다(He is)"를 의미한다고 본다.[125] 이는 히브리어 칼(Qal) 형태 변화에 의하면 완료형인 קטל 미완료형, 3인칭, 남성, 단수인 יקטל로 변화되듯이 הוה이 칼, 미완료형, 3인칭, 남성, 단수인 יהוה가 되었다고 보기 때문이다. 한편 라메드 헤 동사(Lamedh—He verbs)인 הוה가 칼(Qal), 미완료, 1인칭, 공성, 단수로 바뀐 것이 바로 'ehyeh(אהיה)라고 볼 수 있어서 "나는 현존한다[126](I am)"로 번역할 수 있다고 본다. 그래서 앤더슨은 אהיה('ehyeh)는 "나는 여기에 있다", "진실로 현존한다", "도울 준비가 되어 있다"를 의미한다고 한다.[127]

그러나 이렇게 번역하면, 하나님이 '영원한 존재(eternal being)'라는 철학적 개념이 개입되기 때문에, 이스라엘인의 사고방식에 맞지 않는 헬라 철학적 개념이라

---

123) 이 견해의 주창자들은 Rland de Vaux, *The Early History of Israel*, tran. David Smith (Philadelphia: The Westminster Press, 1978), p. 348 "The Revelation of the Divine Name YHWH", *Proclamation and Presence*, eds. John I. Durham and J.R. Porter (Richmond: John Knox Press, 1970), pp. 48—75. Samuel Terrien, *The Elusive Presence*, p. 11f. W. Eichrodt, *Theologie des Alten Testament*, I(Stuttgart, 1959), p. 118. Oswald T. Allis, 「모세오경 약해」 최종진(서울: 생명의 말씀사, 1981), p. 92.
124) Roland de Vaux, *Ibid*.
125) *Ibid*.
126) Roland de Vaux, *op. cit.*, pp. 354—355. 드보에 의하면, 'ehyeh 'asher 'ehyeh는 하나님이 자기 자신에 대하여 설명한 말이다. 따라서 모세가 하나님 존재에 대한 말을 받고 그대로 옮긴다는 것은 불가능했고, 그 하나님 존재와 이름을 전할 때는 그 존재자가 아니기 때문에 그를 그대로 말할 수 없어서 3인칭으로 바꾸어 발음할 수밖에 없었다. 즉 인간이 신을 부를 때는 그가 되지만, 자존자가 자기 자신을 지칭할 때는 ehyeh(אהיה)가 된다. 그래서 "나는 존재하는 자"(I am the Existing one)로 번역하는 것이 바람직하다고 했다.
127) *Ibid*.

는 반론이 있다.[128] 이스라엘인은 하나님의 존재 자체에 관심이 있었던 것이 아니라, 하나님의 역사적 활동과 의지의 실현에 관심이 있었다.[129] 그래서, '존재한다(to be)'의 동사의 의미는 단순한 정적인 존재가 아니라 행동을 통해서 자기를 나타내는 역동적 의미로 이해하여 3장 14절은 하나님의 절대적인 주권을 강조하고 있다고 본다.[130] 야웨는 자기 행동을 통해서 자신을 계시하시는데, 그 계시는 세대를 거쳐 자기 백성을 위해 행하시는 그의 활동 속에서 계속된다고 한다.[131]

3) 단순형의 미래적 해석

이 견해는 비교적 최근에 지지를 받고 있는 것으로, 동사의 단순형을 미래 시제인 "나는 있을 것이다(I will be)"로 번역하는 것이다.[132] 여기서는 출애굽기 3:14의 야웨 신명칭 계시의 전·후 구절들과 연관해서 해석한다. 하나님께서 모세에게 이르시는 말씀 중에 "내가 너를 보낼 것이니……(I Shall Send you……) 내 백성을 이집트에서 인도하여 내게 하리라"(출 3:10)와 좀 더 뒤에 "내가 정녕 너와 함께 있으리라(I Shall be with you)"(출 3:12), 그리고 하나님은 두 번이나 모세에게 말씀하시기를 "내가 네 입과 함께 있을 것이니라(I Shall be with your mouth)"(4:12, 15)라 하시는데 이는 "내가 너를 도와 네가 말하는 것을 도울 것이다(I Shall help you to speak)"를 뜻하는 것이다. 이 구원과 언약의 본문에서 야웨 신명칭은 하나님이 이스라엘을 위해서 항상 이스라엘과 함께 임재해 있을 것이라는 의미를 나타내고 있다.[133]

폰 라트는 야웨께서 출애굽기 3:13, 14에서 그의 이름을 알리는 것은 사실이나, "나는 내가 있을 자로서 스스로 있으리라(I will be what I will be)"에는 모세가 "당신의 이름이 무엇이냐" 질문에 대한 "왜 내 이름을 묻느냐?"(참조. 삿 13:11-17)의 힐책도 들어 있다고 본다. 그래서 야웨는 이 진술에서 그의 자유, 바로 그

---

128) B.W. Anderson, "Name of God", *The Interperter's Dictionary of the Bible 4* Vols. eds G. Buttrick, *et al.*,(New York: Abingdon Press, 1962), p. 410.
129) B.W. Anderson, *op. cit.*, p. 63. 고대 헬라인들은 하나님이 영원한 존재로서 시간의 유동과 흐름에 영향을 받지 않는다는 견해를 내세우려고 했을 것이라 본다.
130) *Ibid.*
131) *Ibid.* G. W. Anderson, 「이스라엘의 역사와 종교」, 김찬국 역(서울: 기독교서회, 1970), p. 48.
132) *loc. cit.*
133) Roland de Vaux, *The Early History of Israel, op. cit.*, p. 351.

의 존재 자체에서, 그의 활동적인 현존에서 분명하게 과시(표명)되고 있다는 것이다.[134]

출애굽기 6:7에서는 "너희로 내 백성을 삼고 나는 너희 하나님이 되리니 나는 이집트 사람의 무거운 짐 밑에서 너희를 빼어낸 너희 하나님 야웨인 줄 너희가 알리라"이라 하여 "내가 너희 하나님이 되고 너희는 내 백성이 되리라"는 형식이 나타나는데, 이는 계약의 핵심 요소가 되고 예레미야와 에스겔서에 특히 자주 나타나는 형식이다.[135] 출애굽기 3장의 하나님의 현현(Theophany)에는 현존(임재)하심과 언약, 그리고 계약의 개념이 모두 함축되었다고 본다.[136]

이런 구절과 관련해서 설명되는 하나님의 이름(야웨)은 그의 백성을 위해 나선 하나님, 백성들이 예배를 드릴 수 있는 하나님임을 뜻한다고 본다.[137] 드보(Roland de Vaux)는 출애굽기 3장 14절의 'ehyeh가 미래 시제(I shall be)로 번역되어야 한다는 것은 받아들이기 어렵다고 본다.[138] 그러나 영어 개역표준 성서의 난외의 주(註)에는 "I will be what I will be"로 번역이 되어, 행동을 통하여 자신을 계시하시는 존재로 하나님을 설명한다.

4) 결론적 해석 시도

모세가 하나님께 이름을 물었을 때, 하나님은 자신의 이름을 답하는데 신중을 기하여 출애굽기 3:14에 독특한 설명을 덧붙여 야웨(Yahweh)라 제시한다. 그러나 그 본래의 의미가 구체적으로 뭣이냐에 대해서 위에서 여러 가지의 의견을 소개했는데, 나름대로 참고할 만한 여지와 타당성이 있다 하겠다. 그러나 필자의 입장에서는, 사역적인 해석을 보다 타당성 있게 보면서도, 미래적 의미를 부각시키면서 위의 3가지 입장을 함축하는 의미로 설명해 보려고 한다. 그것은 היה(hyh)나 הוה(hwh) 등의 독립된 동사에 근거해서가 아니라, 오히려 '나는 스스로 있는 자

---

134) G. von Rad, *Old Testament Theology I*, tran. D.M.G. Stalker (New York: Harper & Row, Publishers, 1967), p. 182.
135) Ibid, cf. K. Baltzer, *Das Bundes for mular* (Neukirchen, Kreis Moers, 1960), p. 46. J. L'Hour, *La Morale de L'alliance* (Paris, 1966), p. 35.
136) Roland de Vaux, *Ibid*.
137) B. W. Anderson, *op. cit.*, p. 63.
138) *loc. cit.*, "I Shall be"는 I will be with....."와 같은 축사의 의미로 사용되는 것으로, 일인칭으로 "I Shall be what I shall be" 형식은 불가능하다는 것이다.

('ehyeh 'asher 'ehyeh)'라는 야웨를 설명하는 표상에 의해서 이해하려는 것이다. 그래서 이 말(스스로 있는 자)과 비교할 수 있는 구약의 다른 구절들을 찾아 연구하려는 것이다. 그 몇 구절을 들어보면 다음과 같다.

"야웨께서 가라사대 내가 나의 모든 선한 형상을 네 앞으로 지나가게 하며 야웨라는 이름을 너에게 선포하리라. 나는 돌보고 싶은 자는 돌보아 주고 긍휼히 여길 자에게 긍휼을 베푸느니라"(출 33:19)
"나 야웨는 한 번 말한 것은 미루지 아니하고 반드시 그대로 이룬다.…… 나는 내가 말한 것을 이루고야 말리라. 주 야웨가 하는 말이다."(겔 12:25)[139]

특별히, 드라이버(S.R. Driver)는 출애굽기 3:14과 33:19를 연결하여 평행구문이 나타난다고 설명했다.[140] 이 두 구절은 문법적 구문만 같을 뿐 아니라, 하나님의 신명칭을 계시하는 상황(내가 네 앞에 야웨의 이름을 반포하리라)이 일치된다. 그 뒤따른 모세를 향한 하나님의 제1인칭 언사(말)는 3장 14절과 아주 평행을 이루는 동일한 구문을 가지고 있다: "나는 은혜 줄 자에게 은혜를 주고 긍휼히 여길 자에게 긍휼을 베푸느니라", 여기 구절에서 강조하는 것은 구두 행동, 즉 은혜와 자비를 보이는 것(Upon the verbal action: showing grace and mercy)에 있다.[141] 그래서, 두 구문(3:14과 33;19)에서 하나님은 자기의 절대 주권적 자유에는 제한이 조금도 없음을 선포하심으로 자신의 이름을 설명하고 계신다. 이것은 대부분 고대 셈족인들의 종교들이 신들(gods)을 사로잡거나 마음대로 조종하기 위한 마술적 수단으로, 신들의 명칭을 이용하려는 유혹이 있기 때문이었다. 모세가 하나님의 이름이 무엇이냐고 질문했을 때, 야웨는 그런 신들(gods)과 같은 하나님(God)이 아니라는 것이다. 하나님의 대답은, 인간이 야웨 (Yahweh)를 사로잡거나 지배할 수 없다는 주장이라 볼 수 있다.[142] 야웨는 자신이 스스로 구원의 능력을 가지시고 이스라엘

---

139) Edmond Jacob, *Theology of the Old Testament* (New York: Harper & Row Publishers, 1958), p.51. Cf. Th. J. Meek, *Hebrew Origin* (New York: Harper & Row, Publishers, 1960), p. 108.
140) S.R. Driver, *Notes on the Hebrew Text of the Books of Samuel*, 2nd ed. (Oxford, 1913), pp. 185—186. 그의 주석 *The Books of Exodus, the Combridge Bible* (Cambridge, 1911), pp. 362—3을 볼 것.
141) David N. Freed man, *op. cit.*, pp. 153—154.
142) Walther Zimmerli, *op. cit.*, p. 20.

가운데 실재적으로 현존하신다. 그러나 그 이유는 이스라엘이 하나님의 이름을 은밀하게 알았다거나 또는 야웨를 지배할 수 있는 기술을 배웠기 때문이 아니라, 단지 야웨께서 그의 자비 가운데서 이스라엘에게 자신의 현존을 계시하고자 하셨기 때문이었다.

출애굽기 3장 14절의 진술에 의하면, 야웨는 자신의 본래 이름(true name)을 계시하시고, 사람들이 그 이름으로 자신을 부르도록 해 주신 바로 그 곳에 자유스럽게 머물러 계신다. 그렇게 그 자신을 소개하는 자유하심을 이해함으로써만이 야웨를 바르게 이해할 수 있는 자주(自主)하신 분이시다.[143]

그래서 출애굽기 3:14의 '나는 스스로 있는 자('ehyeh 'asker 'ehyeh: I am who I am)'의 실제적 하나님 이름은 "**내가 현존고자 하는 그 곳에 내가 현존하여 있고, 내가 현존하고자 하는 때는 언제나 그 때에 현존하고, 내가 현존하고자 하는 자에게는 누구에게나 내가 함께 한다(현존한다)**(I am there, wherever I will be; I am at the right time whenever I will be; I am with whomever I will be)"를 의미한다고 본다.

요약하면, "내가 현존하려고 하는 곳에서는, 어디에서나, 언제나, 그리고 누구에게나 나는 현존한다(있다)(I am really whenever, whenever, with whomever I will be)"라고 보겠다.[144] 이것은 계약관계의 이스라엘과의 관계에서 더욱 이해하기 쉬운 해석이며, 하나님이 하시고자 하는 것에는 무엇이든 하게 하실 수도 있고 (사역적 의미), 능동적으로 친히 자유롭게 하시는 하나님으로 설명되어진다.

"Wherever I will be"에서 미래적 의미를 부각시켜 하나님이 이 때부터 이스라엘 역사에서 활동하셔서 장차 이스라엘의 구원자(救主)로 나타나실 것을 암시한다.[145]

"I am there."에서의 'I am'은 '내가 …… 이다(존재와 속성)'와 '내가 있다(현존과 행위)'의 의미를 나타내는데, 이것은 'I am'의 현재형이어야 한다. 야웨는 스스로 있는 분(自存)이며, 영원한 존재이기 때문이다.[146] 야웨 명칭을 히브리어 동사 '존재한다(היה)'와 연관시키는데, 그것은 본질이며 영원히 변하지 않는 야웨의 존

---

143) *Ibid.*,
144) 문희석,「구속과 창조의 신학」(서울: 기독교 출판사, 1979), pp. 89—90.
145) J. Cort Rylaarsdam, *op. cit.*, p. 875.
146) William Smith, *Bible Dictionary, Teacher's Edition*, p. 284.

재성을 표현하는 것이라 본다.147)

요한복음 8장 58절에 예수께서 "아브라함을 보았느냐?"는 유대인 질문에 다음과 같이 대답하셨다.

"진실로 진실로 너희에게 이르노니 아브라함이 나기 전부터 내가 있느니라(Truly, truly, I say to you, before Abraham was born, I am)."

영어 번역의 "Before Abram was born, I am"은 문법 시제상 맞지 않는 설명인데,148) "I am(내가 있느니라)"가 오히려 대과거인데도 현재로 나왔다. 그리스도는 영원한 현재로서 계신 분, 바로 '스스로 있는 자'의 뜻과 동일시되고 있다. 그래서 영원한 현재 (Eternal now)로의 'I AM'으로 표시되었다. 출애굽기 3:14의 '스스로 있는 자'의 설명도 "I AM really wherever, whenever, with whomever,"로 번역하는 것이 타당하다고 본다.149)

출애굽기 3:14를 "나는 내가 현존하고자 하는 곳에, 때에, 사람에게 내가 있느니라"로 정의하게 되면, 야웨는 다른 이방의 신들과는 근본적으로 다른 독특한 하나님이 되어서 절대적으로 자유하신 하나님이시다.150) 그래서 그의 능력의 표현과 그의 내적 본성의 계시는 언제나 은혜로우신 자유의 행동이었다고 보겠다. 구약에서나 고대 근동세계에서는 개인의 이름과 그 개인의 성격(개성) 사이의 밀접한 관계가 있는 것으로 생각했다.151) 그래서, 모세는 야웨 신명칭의 의미를 먼저 자신이 분명히 이해함으로 이스라엘 백성이 하나님을 이해하는데 새로운 방향을 제시하였던

---

147) *Ibid.*, p. 220.
148) 문법적으로 한다면 Before Abraham was, I was, 혹은 I had been 이어야 자연스럽다. New American Standard Bible은 "before there was an Abraham, I AM!"으로 번역했다.
149) Edward J. Young, "Call of Moses," *The Westminster Theological Journal, 30* (1967), 20. 영 박사는 여기에는 하나님 이름의 본질이 표현되는데, 야웨는 존재하는 자 (the Being One, He who is)로서 영원히 똑같은 분, 곧 그 분은 홀로 영원한 분이시기 때문에 영원히 동일하시다(inasmuch as He alone is eternal, forever the same)고 한다.
150) 이방신들은 변덕스런 신들로서, 인간들이 신전을 건축하고 우상을 만들어 놓아서 신의 능력이나 현존을 장악할 수 있었고, 신들로 하여금 인간의 명령을 따르도록 할 수 있었다.
151) Brevard S. Childs, *The Book of Exodus* (Philadelphia: The Westminster Press, 1974), p. 69.

것이다.

그러나 야웨 이름의 의미는 단 하나의 단어나 문장으로 완전히 알 수 있다고 볼 수 없다. 오히려 야웨의 뜻은 출애굽 사건, 광야 방랑에서의 야웨의 인도, 시내 산 계약과 계명들, 즉 이스라엘 역사에 나타난 야웨의 계속적인 행위에서 분명하게 설명되어질 수 있다고 본다. 예를 들면, "하나님 당신은 누구입니까?"는 모세의 질문은 미래에 일어날 사건들, 특히 출애굽에서 그 해답을 얻게 된다. 즉 "내가 너희를 이집트 땅, 종살이 하던 집에서 이끌어낸 너희 하나님 야웨이니라.(출 20:2)"[152] 이스라엘은 출애굽 사건을 통해서 야웨를 구원의 하나님으로 이해했다. 즉, 야웨는 자연의 세력도 주관하시고, 애굽에 재앙을 내리시고, 홍해를 건너게 하며, 광야에서 친절하게 인도하신 주권자로서 하나님이 행하고자 결심한 바를 실행하시는 하나님으로 이해했다.[153]

b. יהוה의 발음 문제

한글 개역 성서에서는 계속해서 יהוה를 '여호와'로 번역하여 사용해 왔다. 그러다가 1977년 공동번역이 나오면서 '야훼'로 발음하여 사용하고 있다. 그러나 공동번역이 나오기 전에, 구약 학자들은 자연스럽게 '야웨'로 불렀고 책에 사용하여 왔었다. 그래서 한국에서는 יהוה(YHWH)의 4개의 자음으로 된 하나님 명칭을 '여호와', '야훼', '야웨'로 불러오게 되었다. 이것을 설명하기 위해서는 히브리어 성서의 이름의 흥미 있는 역사를 소개해야 한다.[154]

구약성서 시대에 원래 히브리어는 모음(母音) 없이 자음(子音)만 가지고 있었다. 그러다가 유대교 맛소라(Masorah)학파 초기 시대에 와서 모음을 만들어 붙였다.[155] 그러나 이 때는 이미 히브리어는 더 이상 사용하지 않는 사어(死語)가 되어

---

152) B. W. Anderson, *op. cit.*, p. 63.
153) G. W. Anderson, *op. cit.*, pp. 48—49.
154) cf. B.W. *Anderson, Understanding the Old Testament*, p. 61. G.W. Anderson, *op. cit.*, p. 45. 등을 참고한다.
155) G.L. Archer, Jr., *A Survey of Old Testament Introduction* (Chicago: Moody Press, 1964), pp. 56f. Ernst Wurtwein, *The Text of the Old Testament*, trans. E. Rhodes(Grand Rapids: Wm. B. Eerdmans Publishing. Co., 1979), pp. 27-44. Otto Eissefeldt, *The Old Testament, An Introduction*, trans. P.R. Ackroyd (New York: Harper, 1965), pp. 669ff. 대체로 모음을 붙힌 것을 A.D. 600—900년 사이로 본다.

버렸다. 그러나 모음과 자음을 동시에 사용하고 있던 헬라어 성서(LXX) 본문을 근거로 하여 하나님 명칭이 Yahweh였다고 본다.

후기의 유대인들은 하나님의 거룩한 이름인 יהוה의 Tetragram(4자로 된 말)를 입밖에 내어 부르기를 꺼려했기 때문에, 이것을 읽기 위해서 '주님 (Adonai: Lord)'이란 말로 대치하여 사용했다.[156] 즉, 야웨 신명칭의 거룩성 때문에 제2성전 (약 B.C. 500와 그 이후) 시대 동안에 원래 발음(Original speech)은 사라지고, 개인 명칭이 아닌 주님(adonai)이란 히브리어로 대신 읽었다. 지금도 유대인 회당에서는 주님(adonai)이라 부르고 있다.[157] 이들 유대인들은 그의 신명이 나타나면 원래 이름으로 발음하지 않고, 그 대신 '아도나이(אדני)'로 읽었다. 그러다가 기원전 3세기에 히브리어 성서를 헬라어로 번역하면서(70인역) יהוה를 (ho) kurios(주님)으로 번역하게 되었다.[158] 그래서 영어 성서 중에서 יהוה를 The Lord라고 그대로 번역한 책이 많다.

'여호와'라는 명칭은 자음으로 된 יהוה와 אֲדֹנָי의 모음을 결합해서 만든 인위적인 형태이다. 이것은 13세기 말에 한 그리스도인이 만든 것으로, יהוה의 4자음에다 אֲדֹנָי의 모음을 밑에 붙였는데, 요드(י) 밑에 복합 쉐와(ֲ:) 대신 단순 쉐와(:)만을 붙였고, ה에 (ֹ)를, ו밑에 (ָ)를 붙여서 예호바(יְהֹוָה: Jehovah)로 불러서 원래 발음이 잊혀지는 것을 막으려고 했다.[159] 이 영어식 발음을 한글로 번역하면서 히브리식 발음에 더 가깝도록 '여호와'로 번역한 것 같다.

Yahweh(야웨)는 יהוה의 원래 발음이었다고 보는 것이 일반적이다.[160] 그래서 개신교 학자들[161]과 신학 서적들은 '야웨'를 사용하였는데, 공동 번역에 와서 '야훼'로 번역된 경위에 대하여 성서공회 성서 번역 실장이었던 문익환 목사는 이렇게 설명하고 있다.

---

156) Oswald T. Allis, 「모세오경 약해」, 최종진 역(서울: 생명의 말씀사. 1981), p.91.
157) B. W. Anderson, *op. cit.*, p. 61.
158) *Ibid*. 신약성서도 이를 따랐다.
159) *Ibid*. B. W. Anderson에 의하면, 이 혼합형은 1518년에 출판된 교황 레오10세(Pope Leo X)의 고백 사제였던 Peter Galatin에 의해 창안된 것으로 추측해 왔으나, 1270년 Raymond Martin의 작품에서도 찾을 수 있다고 한다. Jewish Encyclopedia M (1904), (1904), p. 88을 참조할 것.
160) David N. Freedman, "The Name of the God of Moses," *JBL*, 74 (1960), p. 152.
161) 공동번역이 되어지고 있을 때 구약학회 교수들이 모인 자리에서 발음문제에 논란이 있었으나, 구체적 항의 제의를 하지 않고 넘어간 적이 있다. 필자의 기억으로는 그때 분위기는 야훼 보다는 야웨에 긍정적 반응이었다.

"야웨, 야훼의 발음은 양쪽 다 가능한데, '야흐웨'(יהוה)할 때 'ㅎ'소리가 나거든요. 그런데 어떤 분이 '야웨 하나님!', '야웨 하나님' 하니까, 그의 어머니가 듣다가 '하나님은 야외에 계시냐?' 하더라는 거예요. 또, 어떤 분은 처음 교회에 나갔을 때 '여호와 하나님'이라고 하는 것을 듣고 '여우와 하나님'으로 이해했다는 거예요. 그 얘길 듣고 보니까 사실 우리말 발음으로는 오해를 줄 여지가 있거든요. 그래서 생각 끝에 발음상의 오해를 풀고 또 원래의 발음에 가깝게 표기하기로 해서 '야훼'라고 했던 겁니다."[162]

신앙적, 그리고 선교적 차원에서 하루 속히 구약의 신명칭에 통일이 요청된다. 그 글자가 주는 의미와 선입관념이 우리의 이해를 혼돈시킬 우려가 있기 때문이다. 물론 외국어 명칭을 한글로 번역하는 데에는 발음의 차이가 있을 수 있어서 일일이 다 거론할 수 없을 것이다. 그러나 하나님의 성호만은 통일되게 읽을 수 있어야겠다. 그래서 필자의 의견으로는 '여호와'라는 명칭을 본래의 야웨 명칭으로 바꾸는 것이 바람직스럽다고 본다. 왜냐하면, 모세에게 하나님의 명칭이 계시될 때, "나는 야웨라. 이는 나의 영원한 이름이요, 대대로 기억할 나의 표호니라"(출 3:15) 하여 신명칭 자체의 불변성을 암시하고 있다. 그리고 발음상, 표기상으로도 야웨가 더 적합치 않을까 한다. 그러나 유대인의 심리적 이해에 동조하는 입장에서 '여호와'를 사용한다고 해서 잘못된 것은 아니다. 구태여 의미를 붙인다면 "[여호와]를 아도나이(주)와 야웨의 복합적 의미로 [주 야웨] 하나님을 뜻한다."고 설명하면 마음이 좀 가벼워질 것 같다. 그 하나님은 바로 우주를 창조하시고, 우리를 위해 예수 그리스도를 보내주신 우리의 아버지시라고 믿는 한에서 말이다. 보다 바람직한 것은 원래의 발음을 찾아 사용하는 것이라 보겠다. 보수적 입장의 앨리스(Oswald T. Allis)박사도 Jehovah(여호와)를 사용하는 것은 좋은 것이 아니라고 본다. 왜냐하면, 그것은 네 개로 된 자음(Tetragram)의 정확한 발음이 아니며, 신약성서에 전혀 나타나지 않는 명칭이라 보기 때문이라 본다.[163]

---

162) 문익환, "공동번역 성서 평가,"「신학사상」제22집 (서울: 한국신학연구소, 1978), p. 509.
163) Oswald T. Allis, *op. cit.*, p. 91.

III. 모세 시대의 야웨 특성

모세가 이스라엘 백성에게 소개했을 것으로 보는 하나님의 특성을 기술하기는 쉬운 일이 아니다. 그래서 여기서는 단지 모세 시대에 있어서 하나님을 생각하는데 가장 중요한 점(방법) 몇 가지만 기술해 보려 한다. 그래서 여기서는 부득이 개괄적이고 불완전 하다는 것을 미리 말한다.

A. 창조주보다 구원자 강조

야웨 하나님은 분명히 우주의 창조자로서 알려진 것은 사실이나, 특히 모세시대 전승에서는 야웨의 특성에 이 우주의 창조자라는 점은 강조되지 않았으며, 신명기에 있는 모세의 후기의 위대한 설교들에서 조차도 창조주로서 하나님을 끝내 언급하지 않았다. 모세 신앙에 있어서 중요한 것은 창조자이시기 때문에 가지시는 만물을 주관하시는 하나님의 주권(his Lordship over all things)이다.[164] 여기서 하나님은 인류와 국가와 역사, 특히 이스라엘 역사를 주관하시는 최고 통치자로 나타난다. 통치자로서 하나님은 명령하고, 그들은 복종해야만 한다. 역사에 있어서 야웨는 비록 절대적이거나 결정적인 방법은 아니라 할지라도, 이스라엘을 위해 하나님은 자신의 뜻하는 바를 성취하기 위해서 하고자 하는 것은 무엇이나 주관하시고 이루신다.

동시에, 이스라엘 백성은 자유가 주어지고, 실제로 이스라엘 전 역사를 통해서 반복해 왔던 것처럼 불순종을 선택할 수도 있다. 이스라엘 백성은 야웨만이 유일한 권능자로서 역사적, 정치적 사건인 출애굽 사건을 통해 밝혀졌다는 신앙을 가졌다.[165]

---

164) J. Stanley Chesnut, *The Old Testament Undersanding of God* (Philadelphia: The Westminster Press, 1952), p. 49.
165) B. W. Anderson, *op. cit.*, p. 107.

B. 거룩성

야웨의 주권은 역시 그의 능력과 거룩성에 근거되어 있다. 출애굽기와 여타의 기록에서 야웨 하나님은 자연의 힘(출 19:16ff)과 연관되어 있으며, 본래부터 동일시되어 왔다. 그 하나님은 천둥소리나, 바람, 번갯불, 비나 우박, 또는 지진 등으로 표현된다. 야웨는 무서운, 그리고 보이지 않는 산의 하나님이요, 또한 홍수와 질병과 기타 자연적인 재앙을 보낼 수 있는 분이다.

또한, 야웨는 거룩한[166] 분으로 두려움과 존경의 대상이 된다. 구약 성서가 사용하고 있는 '거룩하다', '거룩함'이라는 말들은 본래 야웨의 숭고한 엄위로우심, 혹은 그의 절대 타자성을 표현하는 용어이다.[167] 그래서 야웨는 '거룩하다'고 할 때 거룩함이란 '속성'은 단지 하나님을 하나님으로 구별 지어 주는 하나님 존재 안의 신비를 가리킨다. 하나님의 모든 속성들 가운데서 거룩함의 속성이 하나님의 행동 보다는 오히려 그의 존재를 설명하기에 가장 근사한 속성이다. 그러나 거룩함(聖)은 희랍적인 진, 선, 미와 같이 정적이며, 정의 내릴 수 있는 '질(質)'이 아니다.[168] 왜냐하면, 거룩함은 하나님을 그의 모든 피조물들로부터 구별시키는 정의 내릴 수 없는 하나님 안의 신비를 가리키는 말이기 때문이다.[169]

비록 그러한 하나님이 창조주요 절대 주권자라고 할지라도, 우리가 알고 있는 것처럼 하나님의 거주지가 하늘나라에 있다고 생각되어 왔지만, 인간 경험의 세계로부터 완전히 초월해 있거나 완전히 동떨어져 있는 하나님으로 이해할 수는 없었다. 하나님은 그의 거처인 하늘에서 내려와 인격이나 능력과 존재의 추상적인 개념으로서가 아니라, 인간과 인격적인 관계로서 자신을 나타내 보이셨다. 출애굽하여 시내산 앞에 장막을 치고, 모세가 시내산에 올라가니 야웨께서 산에서 그를 불러 말씀하셨다고 했고(출19:1-3), 야웨께서 빽빽한 구름 가운데서 모세에게 임하셨고(9절), 셋째 날에 야웨께서 온 백성의 목전에서 시내산에 강림하신다 언급하고 있다(11절).

이스라엘 백성에 있어서 야웨 하나님은 '어떤 분이신가'보다는 '무엇을 행하셨느

---

166) 히브리어로는 qadosh로 "거룩한, "신성한, "분리하다"의 뜻이다.
167) G. W. Anderson, *op. cit.*, p. 50.
168) G.E. Wright, *God who acts* (London: SCM Press, 1958), p. 85.
169) *Ibid.*

야하는 활동하시는 하나님으로 더 잘 알려졌다. 이처럼 구약에서는 추상적인 명사보다는 동사가 하나님에 관해서 더 자주 사용되고 있음을 우리는 발견한다. 즉, 하나님은 사랑하시고, 용서하시고, 구원하시고, 심판하시고, 구속하시는 것 등등이다.

하나님은 그가 행하신 일을 통해 알려지기 때문에, 성경은 하나님의 행동들에 대한 고백적 설명으로 존재하고 있으며, 또한 행동들에 수반된 혹은 신도들이 직면했던 구체적 상황에 비추어 그런 사건들로부터 추리된 교훈들도 거기에 담겨 있다.[170] 야웨께서 역사 속에서 이스라엘을 구원하시고 돌보심의 사실이 출애굽의 사건, 광야의 먹이시고 입히시고 보호하심의 사건, 가나안 정복 사건 등에서 구체적으로 나타났다.[171] 그래서 이스라엘은 역사에 개입하시는 인격적 하나님을 섬겼다.[172]

C. 우상 금지와 질투

고대 근동의 모든 종교는 신을 대신하는 우상을 가지고 있었는데 이스라엘 종교, 특별히 모세 종교에서는 어떠한 형상으로도 하나님을 대신할 수 없었다. 어느 형상의 우상도 용납되지 않는 야웨의 특색이 이스라엘 종교의 우수성이었다. 성서의 어느 하나님의 계시에도 자연 만물의 어느 형상으로도 나타나지 않고 주로 말씀과 역사 개입의 사건에 의하여, 하나님이 직접 계시를 주도해 나가셨기 때문이다. 법궤 그 자체도 구약성서에서는 야웨의 형상이 아니었다. 이스라엘이 야웨를 살아계신 하나님으로 알았기 때문에 제의에서 어떤 형상으로도 표현할 수 없고, 단지 살아있는 인간만이 그를 대표할 수 있다고 보았다.[173]

더욱이 신인동감동정설적(神人同感同情說的)인 언어(Anthropopathic language)로 제2계명에서 우상숭배 금지를 경고한 것 같이, 야웨는 질투의 하나님

---

170) *Ibid.*, p. 172.
171) 그래서 G.E. Wright, *God Who Acts*(London: SCM Press, 1958)에서 구약의 하나님을 행동하시는 하나님으로 강조를 했다.
172) Roland de Vaux, *Ancient Israel Vol. 2* (New York: McGraw—Hill Book Company, 1961), p. 272.
173) Walter Harrelson, *The Ten Commandments and Human Rights.* (Philadelphia: Fortress Press, 1980), p. 64..

으로 나타난다(출 34:14). "너는 다른 신에게 절하지 말라 야웨는 질투라 이름하는 질투의 하나님이니라"는 이스라엘과 계약관계에 있는 하나님은 그 계약의 유일성을 위협하는 어떠한 행위도 용납할 수 없다는 것이다. 여기에서 야웨는 어느 누구나, 어느 형상으로 대치되어 숭배되는 것을 용납할 수 없는 질투의 하나님으로 표현된다. 폰 라트(G. von Rad)는 이 질투한다는 뜻을 ① 야웨가 이스라엘을 향하여 단독 유일한 하나님이 되시겠다는 것이며, ② 이스라엘이 다른 신을 섬기면 벌을 내리시겠다는 위협이라고 해석했다.[174]

D. 정의와 공의

십계명에 나타나는 야웨의 특성 중에 또 다른 면은 정의와 공의의 하나님이시라는 것이다. 그 계명들은 하나님께서 인간에게 주신 것이지만, 그것들은 역시 하나님의 어떤 특성을 나타내고 있다. 야웨는 인간을 다스리는데 정의롭고 공의로 행동하셨기 때문에, 인간도 역시 이러한 도덕에 따라서 살도록 요구되고 있다. 모세 전승에 있어서는 어디에서나 야웨는 진실하고, 정의롭고, 공의로움으로 나타난다. 다른 말로 해서 야웨는 윤리적인 하나님(Ethical God)이시다.

E. 모세와 유일신교

유일신교(唯一神敎)개념은[175] ―오직 한 하나님만 계신다는 신앙― 종교 사학자들에게는 오래도록 문제가 되어 왔으며, 특히 구약성경에서 이 개념을 연구해 왔던 사람들에게는 더욱 그렇다. 그런데 모세 이전이나 모세 시대의 어느 것에도 유일신교의 암시가 없다고 보는 견해가 있다.[176]

그러나, 만약 십계명을 모세 시대의 산물이라고 본다면, 첫째 계명은 우리가 다루려는 유일신 문제에 아주 중요한 관건이 될 것이다.

"너는 나 외에는 다른 신들을 네게 있게 말지니라"―출애굽 기사

---

174) G. von Rad, *Old Testament Theology vol. I*, trans. D.M.G. Stalker (New York: Harper & Brothers, 1962), p. 208.
175) Cf. Chesnut, *op. cit.*, pp. 51―52. Theophile James Meek, *Hebrew Origins* (New York; Harper & Row, Publisher, 1960) pp. 184―228.
176) J.S. Chesnut, *op. cit.*, p. 51.

"나 외에 위하는 신들을 네게 있게 말지니라"—신명기 기사

히브리 원문은 두 기사가 같은데 우리 말 번역이 이렇게 서로 차이를 가짐은 번역의 잘못이라 하겠다. 원문대로 번역하면, "너는 나 외에 다른 신을 네게 있게 하지 말라"이다. 그런데 이 첫째 계명에서 논란이 되어 온 것은 'alpanaya(עַל־פְּנֵי) 란 말이다. 이 구절 '나 외에(beside me)'를 문자대로 번역하면 '나의 얼굴에' 또는 '나의 면전에서(in my presence)'이다. 올브라이트(Albright)는 이 계명은 "Thou shalt not prefer other gods to me" 로 'alpan aya'를 'to me'로 번역했다.[177] 볼쯔(P. Volz)는 이 구절을 '내 얼굴 앞에'로는 번역할 수 없다고 보며, 구약에서 '내 목전에서'로 번역될 수 있는 것은 'le panay'란 말이 따로 있기 때문이라고 한다. 볼쯔(Volz)에 의하면, 이 계명이 알려진 이스라엘 주변 나라들은 다신교(Polytheism), 다령교(Polydaemonism), 종교적 이원론(Dualism)을 가졌는데 모세 종교는 이런 것을 다 배척하고 있다. 종교적 가신(家神)도, 조상 숭배도 배격하고 있다. 이스라엘 종교의 특이성과 순수성을 위하여 이러한 고대 원시종교의 흔적 및 이집트과 바벨론의 다신교, 다령교를 기초로 하고 있는 이방 문화 종교를 배격한다.[178] 미크(Theophile James Meek) 교수는 'alpanaya구절의 원문의 뜻이 해석될 수 있는 여러 개의 가능성을 '위에(over)', '앞에(in front of)', '면전에(in the presence of)', '동등하게(on an equality with)', '나란히(alongside of)', '~을 불리하게(to the disadvantage of)', '~대신에(in prefernece to)', '~에 더 첨가하여(in addition to)', '~을 무시하고(in defiance of)', '~가 살아있는 동안(during the life time of)',[179] 또는 '나를 반대해서(beyond me)', '나의 곁에서(by the side of me)'[180] 등으로 해석한다.

이 구절은 그 번역을 어떻게 하느냐에 따라 첫째 계명의 전체 의미를 달리한다고 본다.

만일 '나 이외에'라 하면, 야웨 한 분만의 존재를 인정하여 "오직 하나님 한 분만이 신앙의 대상이 된다"는 유일신론(monotheism)이 내포되어 있다. 그러나 이것

---

177) W.F. Albright, *From the Stone Age to Christianity*, op. cit., P. 331.
178) P. Volz, *Mose und Sein Werk* (Tübingen: Mohr, 1932), P. 27.
179) Th. J. Meek, op. cit., p. 209.
180) C.F. Keil and F. Delitzsch, *Biblical Commentary on the Old Testament: the Pentateuch. vol. I* (Grand Rapids: Eerdmans, 1949), pp. 107-114.

을 '내 앞에'로 번역하게 되면, 야웨 이외 다른 신의 존재도 인정하기는 하지만 그 다른 신은 이스라엘의 예배의 대상이 될 수 없다는 단일신교론(Henotheism), 또는 배일신론(Monolatry)으로 "야웨 이외 다른 신도 있기는 하지만 이스라엘 백성은 오직 야웨만 섬겨야 한다"는 의미가 있다는 것이다.[181] 이렇게 되면, 이스라엘에게 야웨란 신이 있듯이 다른 민족에게도 그 신이 있음을 용납하게 된다. 즉, 이집트 사람들에게는 레(Re)신, 바벨론 인들에게는 말둑(Marduk), 앗수라아인에게는 아술(Ashur), 모압인에게는 바알브올(Baal—Peor),[182] 케모쉬(Chemosh), 아세라(Asherah)[183] 신, 가나안 사람에게는 바알(Baal)신이 있음을 용납하게 된다. 그러나 이 계명에서 의도하는 바가 유일신론(Monotheism)이냐 단일신론(Henotheism)이냐 하는 문제는 용이하게 결정할 수 없다는 것이다. 이스라엘의 신앙 역사를 살펴보면, 철저한 유일신 사상을 주장하고 이것을 대변한 사람은 이사야라 본다.[184] 그래서 학자들 간에는 제1계명이 이론적으로, 또는 실제적으로 이사야의 사상과 같이 유일신사상을 그 배후에 가지고 있었느냐 함에는 의심을 갖는다.[185]

그것은 이스라엘 백성의 신 이해가 그 역사의 초기보다 후대에 와서 더 깊고 예리하기 때문이다. 그러나 이론적으로는 아니라 할지라도 실제에 있어서는 야웨만 이스라엘의 하나님이었기 때문에 우리들은 모세 신앙을 분명한 유일신교(Monotheism)라고 말할 수 있다.[186] 이와 같이 이스라엘 백성은 실생활에 있어서 타신(他神)이 존재하지 않는 것처럼 생활했고, 또한 생활하려고 했다. 그러기에 절대적인 유일신교는 모세 시대부터 이사야 시대까지 이스라엘 종교의 특성이 되어 왔다. 아니 이미 창세기 1:1의 "태초에 하나님이 천지를 창조하시니라" 자체가 유일신 하나님을 천명하는 것이다. 왜냐면, 그 외의 모든 존재는 하나님의 피조물이라는 것이다. 소위 이방인들이 신들(gods)이라는 존재는 하나님이 창조하신 피조물인 천사들, 그 천사 중에 타락한 루시퍼(Lucifer)을 비롯한 타락한 존재들, 사단

---

181) 김정준, 「이스라엘 신앙과 신학」, (서울: 성문학사, 1967), p. 378.
182) 호세아 9:10, 시편 106:28.
183) 이는 바알 신의 누이이고 두로의 여신, 열왕기상 15:13, 18:19, 열왕기하 21:7, 20:4.
184) 이사야 44:6, 44:8, 45:5, 6.
185) Chesnut. *op. cit.*, p.51. 아마 명백한 유일신교인 계명으로 읽는다면 다음과 같이 읽어야 할 것이다. "너희는 나를 제외한 다른 신이 없다는 것을 믿을 찌니라"
186) *Ibid.*, p. 52.

마귀, 귀신들을 섬기며, 그들의 신들로 섬기는 것이다.

타락한 인간은 창조주 참 하나님을 알 수 없으니 하나님이 창조하신 피조물, 천사숭배, 귀신숭배, 조상숭배, 짐승숭배, 사물숭배로 빠진 것을 우리는 인지하여야 한다. 그러니까 인간적 종교사상에서 말하는 모든 신적 존재는 창조주 하나님을 모르는 인간들이 하나님의 피조물인 사단, 마귀, 귀신, 조상을 섬기는 차원을 넘어서지 못하는 것이기 때문이다. 소위 말하는 그들의 신은 절대자, 창조주 야웨 하나님이 아닌 그분의 피조물을 섬기는 것이다. 그래서 그들은 다신론, 다령론에 빠져왔다. 타락한 인간의 한계이다. 그러니 따지고 보면 야웨 하나님만이 참 하나님이시고 절대자이시고 그 분이 창조주이시고 오직 그분만이 진정된 하나님이시다. 그 외의 것들은 하나님의 피조물일 뿐이다. 그래서 창세기 1:1에서부터 분명한 유일신 하나님 사상(Monotheism)이다.

구약의 유일신론이 관념적이라기보다는 오히려 이 철저한 실제적 신앙은 계약들, 계명들, 그리고 모세 시대에 나타난 제사의식 등 이런 모든 것들에 복합적으로 나타나고 있다. 그리고 그 야웨 유일신 신앙은 모세 사후 나중에 군주 정치 제도나 예언자 중시와 성전 제사 및 제사장 제도 등에 의하여 더욱 강화되었다고 볼 수 있다.[187]

이 유일신 사상을 아주 태초로 돌리는 견해도 있으나(Andraw Lang) 올브라이트(W.F. Albright)를 중심한 라이트(G.E. Wright), 브라이트(J. Bright) 같은 자들은 모세가 유일신관을 창립 했다는데 동의한다.[188] 그러나 모세의 하나님은 분명 윤리적 유일신이었다. 만약 창세기를 비롯한 오경이 모세의 저작이라 할 때는, 더욱 창세기 1:1부터 이스라엘 종교는 오직 한 분만을 섬기던 윤리적 유일신 하나님 사상(Ethical Monotheism)이었다.

앤더슨(B. W. Anderson)은 이스라엘인들에게는 한 분의 하나님뿐이었다고 주장하면서, 다신론 배격의 증거 중 하나로 야웨는 고대 근동의 신들과는 달리 아내를 갖고 있지 않다는데 있다고 한다.[189]

출애굽 전승에 묘사된 야웨는 역사와 자연의 유일한 지배자이며, 자기를 숭배하

---

187) *Ibid.*
188) H.H. Rowley, *From Moses to Qumran* (New York: Association Press, 1963), pp. 36—93.
189) Bernhard W. Anderson, *op. cit.*, p. 108.

는 자들에게 철두철미한 전적인 충성을 요구한다. 여기서 우리는 모세의 유일신 신앙이 가지는 타신(他神)들의 실재적 존재는 결코 용납지 않는 강한 고집을 볼 수 있다.[190]

구약의 하나님은 모든 존재의 시작을 만드신 창조주이시고, 유일무이한 오직 한 분, 유일하신 야웨, 하나님으로 우리가 우리의 마음을 다하고, 우리의 힘을 다하고, 우리의 목숨을 다하여, 우리의 뜻을 다하여, 우리의 정성을 다하여 사랑해야 할 분이시다(신 6:4—5, 마 22:37—40).

F. 계약과 율법의 하나님[191]

지금까지 모세 시대의 하나님 이해에 관한 우리의 연구에 제기되지도 않고 해답도 안 된 질문이 있다. 왜 하나님은 특별히 이스라엘 백성을 자기의 특정한 백성으로 선택하셨는가? 하는 문제이다. 야웨가 비록 조상들의 하나님과 동일한 하나님으로 믿어지게 되었다 할지라도, 히브리 종교의 새로운 시대는 모세의 소명과 출애굽 사건으로 급진적으로 시작되었다는 사실을 우리는 주지하여 왔다.

특별히 시내 산 경험에 대한 출애굽기 기사에서 핵심적인 사건은 야웨와 이스라엘 백성간의 계약 체결이다. 그러나 하나님과 한 특별 백성과의 일방적, 또는 종주적(宗主的)인 계약[192]의 사상은 두 사람이나 두 민족들 간의 쌍무(雙務), 또는 동등 계약 사상과는 달리 계약체결에 있어서 하나님의 주도권을 전제하고 있다. 즉, 하나님께서 계약하고자 하는 백성에 대한 하나님의 '선택'을 전제한다. 하나님이 이스라엘 백성을 선택한 것이지, 이스라엘이 하나님을 선택한 것이 아니었다. 육경의 모든 이야기는 이러한 근본적인 신앙에 의존하고 있으며, 이러한 선택 신앙은 역시 이스라엘인의 신조에 기본 교리가 되었다.

---

190) G. W. Anderson, *op. cit.*, p. 49.
191) J. Stanly Chesnut, *op. cit.*, pp. 55—57을 주로 참조하였음 밝힌다.
192) G.E. Mendenhall, *Law and Covenant in Israel and the Ancient Near East* (Pittsburgh: Biblical Colloquium, 1955), pp. 31—34. 멘덴홀의 종주권적 계약 형태에 따라서 시내 산 계약을 구분한 학자들의 의견을 종합하면, ① 전문(출 19:3, 20:2, 24:2), ② 역사적 서언(출 19:4, 20:1, 24:2—13), ③ 규약(19:5—8, 20:3—17, 21:23, 24:4, 7), ④ 보관문서 (24:3—8, 25:16), ⑤ 인준의식 (24:1—11), ⑥ 증인 (24:3—8) 등이다. 특이한 것은 시내산 계약에는 축복과 계약의 양식이 나타나지 않는다는 것이다. 그래서 근동의 법의 영향을 받았음에 의심이 간다.

이 교리는 출애굽기에 명확한 기술 없이 당연한 것으로 되어 있는데, 출애굽기에서는 모세 시대의 야웨 활동과 초창기 시대의 하나님 활동과를 동일시하는 사상이 지배적 테마(Theme)이다. 그러나 신명기에서는 비록 최초의 전승이 후대 역사에 비추어 해석되지만, 전하는 바에 의하면 모세는 이스라엘 백성에게 이와 같은 말을 했다. "너는 야웨 너의 하나님의 성민이라. 네 하나님 야웨가 지상 만민 중에서 너를 자기 기업의 백성으로 택하셨나니, 야웨께서 너희를 기뻐하시고 너희를 택하심은 너희가 다른 민족보다 수효가 많은 연고가 아니라, 너희는 모든 민족 중에 가장 적으니라, 야웨께서 다만 너희를 사랑하심을 인하여, 또는 너희 열조에게 하신 맹세를 지키려 하심을 인하여 자기의 권능의 손으로 너희를 인도하여 내시되, 너희를 그 종 되었던 집에서 애굽왕 바로의 손에서 속량하셨나니"(신 7:6—8). 이처럼 하나님의 사랑하심과 아브라함과의 약속에 대한 하나님의 신의(信義)가 바로 이스라엘 백성을 선택하신 배후에 숨겨 있는 이유와 동기이다. 왜 아브라함과 이스라엘 백성을 택하셨는가? 하나님이 사랑하셨기 때문에 아브라함을, 이스라엘 백성을 택하셨다는 것이고, 그건 역시 하나님이 선택하셨기 때문이라는, 사랑하셔서 택하셨고, 택하셨기에 사랑하셨다는 순환적 원리이다.

초기의 언약들과 계약들을 말한다면, 실제로는 노아(창 9: 8—17)와 아브라함(창 1:17—21, 17:1—14.) 시대까지 거슬러 올라가며, 전자(노아와의 약속)는 하나님과 전 인류 간에 체결된 보편적인 계약(Universal contract)이라면, 후자는 하나님과 아브라함의 후손간의 특별 계약이다.

모세 계약의 두 가지 기록이 출애굽기에 나타나는데, 하나는 이스라엘 백성이 처음 시내 산의 거룩한 산에 도착했을 때이고(출 19:1—25, 20:18—21), 또 하나는 모세가 40주야 동안 시내 산에 올라가기 바로 전이다(출 24:1—18). 그런데 후자(출 24:1—18)는 단지 전자(출 19:1—25)를 인준하는 양식에 불과한 것이다. 그러나 이 두 경우에 있어서 야웨는 그 자신만이 홀로 그들의 하나님이라는 것을 이스라엘 백성에게 맹세시키고, 이스라엘은 그들을 택하셨고 보호해 주시고 축복해 주시기로 약속했던 하나님께 순종하기로 엄숙히 서약했다(쌍무계약).

계약이 성립된 때로부터 계약의 책이 나오게 되었고, 그것이 바로 출애굽기

20:22-23:19에 있는 계약법의 대수록집(율법)이다. 그런데 이 계약법의 내용은 문학자료 분석을 말해 주려는 것이 아니라, 우리에게 하나님에 대하여, 즉 계약에 연유한 율법은 하나님이 자기 백성에게 요구하는 바가 무엇인지를 알려 주려는 데 집중하고 있다. 계약관계는 하나님과 백성 양편에 충실을 요구(하나님 뜻)하고 있으며, 그 백성의 충실성에 대하여는 그들이 순종하기로 서약했던 계명들에 구체화되어 나타났다. 이스라엘 백성의 충실성 여부는 그들이 계명을 얼마나 순종하여 지키느냐에 따라 판단되는 것이었다. 그래서 그들은 그 율법이 싫고 성가신 부담으로써가 아니라, 항상 하나님께서 주신 은총의 선물로 생각하게 되었다.

바로 이 율법은 백성들의 종교 생활이 올바르게 수행될 수 있고, 생활의 거룩성이 지속되고, 하나님과의 생동적이며 영속적인 유대 관계가 설정될 수 있도록 하는 일종의 윤곽(體制)을 제공해 주신 하나님의 방편이었던 것이다. 이처럼 모세를 통하여 주어진 하나님의 계약과 율법은 이스라엘 백성의 계속적인 공동체 생활을 위한 기본적인 종교적 구성 요소로서 유지되어 왔다.

제이콥(Jacob)은 야웨 하나님과 이스라엘 백성과의 계약 체결에 있어서 다음 세 가지 면을 나타낸다고 지적하고 있다. ① 계약은 야웨 하나님이 자기 백성에게 주는 선물이라는 것. ② 계약을 통하여 하나님이 그의 백성과의 관계 속에 들어오고 친교의 결합(a bond of communion)을 창조한다는 것. ③ 계약은 율법이라는 구체적 형태를 가지고 책임을 창조한다는 것이다.[193] 즉 계약이란, 이스라엘 백성의 존재의 의미, 목적, 책임과 하나님과의 근본적 관계를 말해주고 있다.[194] 이런 이스라엘 백성의 계약 전통은 여러 가지 자료를 종합해 볼 때, 하나님과 그의 백성과의 계약 체결은 시내 산에서 처음 이뤄진 것으로 봐야 한다.[195]

홍해를 건너는 기적적 구원을 받은 이스라엘은 3개월이 되던 날에 시내(Sinai) 광야에 도착한다(출 19:1). 시내(Sinai)에서 백성들은 산 앞에 진을 치고, 모세는 시내 산에 올라간다. 하나님은 모세를 통해(Through Moses) 이스라엘 백성과 족장들과의 계약(아브라함 계약)의 확장으로, 구체적 계약을 맺으신다(출 19:3-6).

---

193) Edmond Jacob, *Theology of the Old Testament*, trans. by A.W. Heathcoth and P.J. Allock (New York: Harper & Brothers Publishers, 1958), p.211.
194) G.E. Wright, *The Old Testament Against Its Environment* (London: SCM Press, 1960), p. 58.
195) *Ibid.*, p. 57.

구약 종교의 3가지 주요 요소(선택, 계약, 사명)가 함축된 시내산 계약을 구약의 전반적 흐름에 의해 요약하면 다음과 같다.[196]

1. 시내 산 계약의 특징

a. 외형적 특징

이스라엘의 많은 법조문은 함무라비, 앗시리아 헷족의 법조문처럼 비위격적(非違格的)인 문체로 성문화되어 있지 아니함으로, 십계명의 시내산 계약은 하나님의 은혜의 축복이 지배하는 이스라엘의 독특한 구조이다.[197]

시내산 계약은 최종적으로 하나님의 뜻이 외형적으로 기록된 것이다. 족장들은 분명히 일반적인 말로써 하나님의 뜻을 알고 있었다. 때때로 그들은 하나님의 뜻의 구체적인 면에서 직접 계시를 받았다. 그러나 모세에게 있어서는 하나님의 뜻의 전체 요약이 율법을 돌에다 기록함으로써 뚜렷하게 되었다. 백성들이 볼 수 있도록 형식적으로 제정된 하나님의 뜻의 최종 요약(formally ordered summation of God's will)이 시내 산 계약의 외형적인 특징을 이룬 것이다.[198]

b. 내면적 특징

이때까지 하나님의 계약관계는 개인이나 가족과 이루어졌다. 그런데 모세시대에 와서는 이제 하나님은 하나의 국가를 이루는 백성의 참여하에 계약을 체결하신다. 백성의 참여하에 체결되는 국가적 계약은 성문화된 구체적인 법이 없이는 불가능할 것이다.[199]

시내산 모세의 계약비준 예식(the Covenant—ratification ceremony of Moses)의 배경은 이스라엘이 하나님의 국가로 형성됨을 강조한다.[200] 하나님의 백성이 되도록 이 백성을 국가적으로 강화하는데 필요한 것은 그들의 행동에 대한 하

---

196) cf. John P. Milton, 「예언의 해석」 (서울:컨콜디아사, 1982), pp. 132—133을 요약 첨가하였음.
197) H. Cazelles, 「오경연구」, 서인석 역(서울: 성바오로 출판사, 1980), p. 146.
198) O.P. Robertson, 「계약신학과 그리스도」, 김의원 역(서울: 기독교문서 선교회, 1983), pp. 175~176.
199) 이승옥, 「아브라함 언약과 모세 언약 비교연구」 (서울신학대학 석사논문, 1986), p. 40.
200) O.P. Robertson, op. cit., p. 190.

나님의 뜻을 명백하게 계시하는 것이었다.

또한, 시내산 계약은 백성들에게 의무가 부과되었음을 알 수 있다. 그래서 쌍무계약(조건적 계약)이라 한다. 이전의 언약에는 이런 것이 없었다, 즉, 노아와 아브라함과의 언약은 순전히 은혜의 언약(편무계약/일방적 계약)이었다. 그들과 그들의 후손에 대한 신적 축복의 약속을 포함한 반면, 그에 상응하는 의무에 대한 언급이 없다.

2. 시내산 계약의 내용[201]

a. 계약의 내용

"야웨 하나님은 이스라엘의 하나님이요, 이스라엘은 야웨의 백성이다." 이로서 출애굽한 이스라엘 백성들이 애굽의 노예 신분에서 하나님 백성으로의 자신의 정체성을 확립하게 되는 계기가 된다. 하나님의 특별 선택, 특별 소유로서의 이스라엘과, 야웨만 섬겨야 하는 이스라엘의 책임을 전제한다.

b. 계약 친교

하나님의 선택된 백성으로 시내산에 이르러 계약백성이 된 이스라엘은 하나님과의 구체적 신분으로 살아가게 된다. 즉 하나님의 계약을 통한 특별한 친교의 삶이다. '야웨는 너희 하나님'과 '이스라엘은 나의 백성'간의 관계는 하나님의 임재(임마누엘)에 대한 확신과, 계약 경험 안에서의 영적 축복의 약속과 보증이었다.

c. 계약 신학

계약관계는 신학과 계약법이 필수적으로 따르기 마련이다.

① 하나님의 속성[202]

이는 계약 당사자인 하나님이 어떤 분이라는 신학적 언급이다.

— 야웨 하나님은 인자(חסד)하시다. hesed는 친절, 호의, 동정, 경건, 종교, 자비, 은총 등의 뜻을 가진 하나님 사랑을 의미하고, 구원과 동의어로 쓰이기도 한다

---

201) John P. Milton,「예언의 해석」(서울 컨콜디아사: 1982), pp.132—133을 참조한 필자의「구약성서 개론」의 pp.199—206을 정리하며 보충하였다.
202) Arnold B. Rhodes,「시편」, 김정준 역 (서울: 기독교서회, 1963), pp. 39f.

(시 119:41).²⁰³⁾
- 야웨 하나님은 선(טוב)하시다. 이 Tôbh는 '명랑하다', '좋다', '기분 좋게 하다', '마음에 들다'의 동사에서 온 명사로서, 윤리적 의미의 선과 더불어 '좋은 일', '행복된 일'을 말한다(창 26:29, 시 25:13).²⁰⁴⁾
- 야웨 하나님은 성실(אמונה)하시다.²⁰⁵⁾ 이 'Emunah는 진리와 같은 말에서 나왔고, 이 두 말은 서로 의뢰성 (dependability)을 가지고 있기 때문에 많은 경우 동의어로 사용되었다. 혹은 진리와 믿음(אמת), 의(צדק)이시다. 이들 속성은 계약 관계의 필수 요소이다.

② 하나님의 행위

구약의 하나님은 보리수나무 밑에서 깊은 진리를 깨닫는 철학적, 사념(思念)의 하나님이기 보다는, 천지를 창조하시고 다이내믹한 출애굽 사건과 광야에서 만나와 메추라기를 내리시고, 반석에서 생수로 공급하시고, 아말렉 족속을 파하시는 전쟁의 승리를 주시고, 여리고성을 무너트리시고, 제국의 흥망성쇠를 일으키시는 행동하시는 하나님이시다. 그래서 라이트(G.E. Wright)의 지적대로, 이스라엘 역사 회고에 나타난 하나님은 대체로 역사상 구원의 상징으로, 하나님의 역사 활동을 하신다: ① 세계 창조 ② 조상들의 선택 ③ 출애굽 사건 ④ 시내 산 계약 ⑤ 광야의 인도 ⑥ 가나안 입주 허락 ⑦ 왕국 건설 등이다.²⁰⁶⁾ 이는 구약성서에 나타나는 하나님의 행동의 요약이고, 전적으로 하나님의 백성들을 구원하기 위한 역사적 사건이라도 이를 연결하여 하나님의 구원사(Heilsgeschichte: Saving history)라 한다.

d. 계약 충성

하나님께서 이스라엘 백성들의 계약을 서로 유지하기 위해 어떤 조건을 요구하신다. 즉, 언약을 지키는 순종이다. 순종이란 하나님의 축복과 은혜의 계약에 대한 인간의 가장 올바른 응답이다.

"너희가 내 말을 잘 듣고 내 언약을 지키면"(출 19: 5)하는 조건적 계약(쌍무계

---

203) 시13:5, 85:7, 86:15—16 108:4.
204) 창 44:6, 시 25:13, 65:11, 119:65.
205) Arnold B. Rhodes,「시편」, 김정준 역(서울: 기독교서회, 1963), p. 39.
206) G. Ernst Wright, *God Who Acts* (London: S.C.M. Press, 1952), pp. 70—75.

약)을 전제한다.[207] 그러나 법적 강제 사항으로 마지못해 지키는 것이 아니라, 하나님의 특별 은총에 대한 믿음의 순종을 통한 응답으로써의 충성이다(참조. 신 10:12–13).

e. 계약 목적

"너희가 내게 대하여 제사장의 나라가"(출 19:6) 되는 것이다. 제사장은 백성을 위한 직분이지 자신을 위한 것이 아니다. 이스라엘이 '제사장 나라'가 됨은 이스라엘 자신을 위함이 아니라, 모든 족속(민족), 즉 천하 만민을 위한 것이다. 이스라엘을 세계의 다른 모든 백성들을 위한 하나님의 종, 즉 선교하는 백성이 되도록 부르셨다.[208] 이것은 족장들에게 주어진 축복의 근원, 즉 천하 만민을 위한 씨, 땅, 민족의 언약과 일치한다. 그들의 사명은 열방을 대신해서 제사장직과 왕권의 위치에서 수행되는 것이었다. 선교와 봉사를 통해 인류를 통치하게 되리라는 것이다.

f. 계약 목표

구원 역사는 계약이 결국 미래에 좀 더 영광스런 경험 가운데 완성되는 것을 향해 진전되고 있다.[209] 계약이 그 성격상 미래 지향적이기 때문에 종말론적 의미가 있다. 하나님 나라의 영광스런 궁극적 승리를 바라본다. 이런 것들이 구약성서에 흐르는 계약의 내용이요 방향이다.

g. 계약 율법(토라)

계약을 유지시키는 법, 즉 계약법(율법)이 주어졌다. 이 법 안에 계약의 요구가 있다. 즉, 선택백성, 계약백성, 하나님의 백성으로 살아가야 하는 길을 제시한 생활 규범이다. 이 율법(Torah)의 말씀대로 살아가면, 하나님의 선민답게, 하나님의 기업의 백성답게, 하나님의 거룩한 백성답게 살아가게 되는 것이다. 거기에 나타나는 계명들은 선하고 의로운 길로 지도하기 위해 주어진 것이다(출 19:5,6).

그 계약은 '너희가 내게 대하여 제사장 나라'(출 19:6)가 되어, 아브라함에게 언

---

207) J.M. Myers, *Grace and Torah* (Philadelphia: Fortress Press, 1975), p. 16.
208) John P. Milton, *op. cit.*, p. 134.
209) *Ibid.*

약한 대로 모든 족속, 천하 만민이 복을 받도록 하는 선교하는 백성이 되도록 하는 목적의 계약이다. 그들의 사명은 열방을 대신해서 제사장직과 중재자의 위치에서 수행되는 것이었다. 선교와 봉사를 통해 인류를 통치하게 되리라는 것이다. 그 시내산 옛 계약(구약)이 예수 그리스도의 복음(새로운 계약: 신약)으로 성취되는 것을 목적으로 하고 있다. 그래서 결국 미래에 종말론적인 하나님 나라의 영광스런 궁극적 승리를 바라보는 계약이 된다. 이런 목적과 목표가 바로 구약성서의 계약이 흐르는 방향으로 구속사적 씨 흐름의 완성을 내다보고 있다.[210]

이 율법(Torah)은 613개의 계명으로 되었다면, 그것은 '~하라'는 긍정적 계명(248개→십계명에 3개)과 부정적 계명(365개→십계명에 7개)을 긍정적 계명(3개)과 부정적 계명(7개)으로 압축한, 그 율법의 기본 골격을 이루는 것이 십계명이다. 출애굽기 19장에 보면, 시내산 계약 후에 그 계약을 실천에 옮기는 계약법(출 20:22—23:33)의 서론으로 기록한 것이다. 신명기 법전에 의하면, 하나님께서 산 위, 산이 불타는 가운데, 구름으로 캄캄한 가운데 모세와 이스라엘 백성에게 직접 큰 음성으로 선포하신 말씀(명령)을 돌비에 요약하여 쓰셔서 모세에게 주신 것이 곧 십계명이다(신 5:22—23). 십계명이 "하나님이 이 모든 말씀으로 일러 가라사대"로 시작함(출 20:1—2)으로 야웨 하나님이 이 십계명의 출처요 입법자이심을 밝힌다. 구약의 모든 계약법이나 구약종교 의식은 바로 하나님의 계시에 근거한 것이 다른 종교와 차별되는 특징이다. 십계명은 하나님께서 계약 안의 자기 백성들의 생활에 대해 요구하시는 사항을 압축하여 표현하고 있다.

① **십계명[211]의 문학 형식**

십계명은 '열 마디의 말씀'으로 문장이 짧으면서도 아주 깊은 뜻을 가지고 있다. 십계명은 '말라'와 '하라'의 형식을 취하여, '말라'는 명령을 위반하여 범하는 죄(Sin of Commission)와 '하라'는 명령에 대해 하지 않는 죄(Sin of Commission)의 근성을 보여준다.

— **부정형(否定型)**: 알트(A. Alt)는 도덕법의 성격에 따라 조건 법(casuistic Law, 혹은 결의론법 : "만일 ~하면 ~하라"의 가정문)과 필연법(Apodictic Law: "너

---
210) John P. Milton, *Ibid.*, p.134.
211) 출애굽기20:1—17의 십계명이 신명기 5:6—21에도 반복된다.

는 ~말라"의 부정문)으로 구분했다.212) 십계명의 문학적 형식은 후자인 필연법의 부정문으로 되어 있다.

― **'너'란 지시적 대상**: 한글성서 번역에는 '너'란 말이 나타나지 않으나, 히브리어 성서는 매 계명마다 '너'라는 단수 이인칭으로 나타난다. 그래서 십계명은 개인 개인들과 이스라엘 공동체가 하나님의 대상으로 나타나고 있다. 이것은 개인 이스라엘에서 전체 이스라엘을, 전체 이스라엘에서 개개인의 이스라엘을 지시하고 있다(Individuality in totality, Totality in individuality).213)

― **단순 명료하다**: 십계명은 단지 '열개 말씀(the ten words)'으로 문장이 아주 단순 간결하면서도 전달 내용이 분명하다. 특히 원어상으로 보면, 6, 7, 8 계명은 다음에서 보듯이 단지 두 단어로 되어 있다.

② 십계명 요약214)

십계명은 크게는 하나님과 관계인 수직적 관계로 하나님을 사랑하라는 계명으로 그 실천 사항이 바로 유대인의 가정교육의 대강령인 쉐마(신 6:5, 너는 마음을 다하고 뜻을 다하고 힘을 다하여 네 하나님 여호와를 사랑하라)와 예수님의 구약계명의 요약에 나타난다. 즉, 서기관 중 하나가 예수님을 시험하여 이르되 선생님 내가 무엇을 하여야 영생을 얻으리이까 하며 모든 계명 중에 첫째가 무엇이니이까 묻자, "예수께서 대답하시되 첫째는 이것이니 주 곧 우리 하나님은 유일한 주시라. 네 마음을 다하고 네 목숨을 다하고 네 뜻을 다하고 네 힘을 다하여 주 너의 하나님을 사랑하라 하신 것이요 둘째는 이것이니 네 이웃을 네 자신과 같이 사랑하라 하신 것이라 이보다 더 큰 계명이 없느니라"(막 12:28―31)

---

212) Albrecht Alt가 이 구별을 처음 제시했다. *Essays on Old Testament History and Religion*, trans. by R.A. Wilson (Garden City: Doubleday, 1967), pp.101―171. 그 후 고대 씨족들의 필연법 추적 연구가 계속되었다. J.J. Stamm and M.E. Andrew, *The Ten Commandments in Recent Research, Studies in Biblical Theology*, 2nd series, No. 2 (Naperville: Alec R. Allenson, 1967)와 Brevard S. Childs, Exodus, *The Old Testament Library* (Philadelphia: Westminster, 1974), pp. 385―439에서 십계명 연구했다.
213) 김문제,「십계명과 십자가」(서울: 세종문화사, 1981), p. 30.
214) *Ibid.* p. 44. B.S. Childs, *Exodus* (London: SCM Press, 1974), pp. 365f. 19장―24장을 다음과 같이 구분할 수 있다. ① 언약 생활로 부름(19:1―99), ② 언약 조건의 성결(19:3―6), ③ 준비(19:9―15), ④ 야웨 현현(19:16―25), ⑤ 십계명(20:1―17), ⑥ 모세계약의 제정(20:18―21). ⑦ 언약의 세규(20:22―23:33), ⑧ 계약의 인준(24:1―18).

이 예수님의 말씀은 십계명과 '쉐마'를 함께 정리하여 가르치신 내용으로 먼저는 하나님을 사랑하는 방법이다. 1계명은 하나님을 사랑하는 방법의 첫 번째로 경배대상을 분명히 하는 것으로 다른 신을 위하지 말고 '오직 한분이신 야웨 하나님만 네 마음을 다하여 사랑하라'는 것이다.

둘째는 경배방법으로, 그 경배대상인 야웨 하나님을 네 성품(목숨)을 다하여 섬기고 사랑하되 이방종교처럼 '우상을 만들어 거기에 절하지 말라'는 것이다.

세 번째는 경배정신으로, 야웨 하나님을 네 뜻을 다하여 사랑하되 이방종교인들이 우상 앞에 중언부언하며 신들의 이름을 가지고 위협하고, 욕심을 채우려고 자기 소원만 아뢰며 신들의 이름을 헛되이 부르는 것처럼 '야웨 하나님의 이름을 헛되이 부르지 말라'는 것이다.

넷째는 경배시간으로, 하나님 경배하며 사랑하되 네 힘을 다해 '안식일을 기억하여 거룩하게 지키라'는 것이다. 그래서 언약의 하나님, 사랑의 하나님을 언제나 기억하고 섬기라는 방법제시가 4계명까지 계명이다. 이 구체적인 하나님 사랑, 경배방법이 아주 집약적으로 계시된 것이 첫째 돌판에 새겨진 1—4의 십계명이다.

둘째 돌판에는 인간과 인간, 사람들의 이웃, 인륜(人倫) 관한 계명으로, 제일 먼저 부모 공경에 대한 것(효:孝)이며, 둘째는 이웃 생명에 관한 '살인하지 말라,' 셋째는 이웃 정조에 관한 '간음치 말라,' 넷째는 이웃 재산에 관한 '도적질하지 말라,' 다섯째는 이웃 명예에 관한 '이웃에게 대하여 거짓증거하지 말라,' 여섯째는 이웃의 모든 소유에 관한 것을 '탐내지 말라'는 최소한의 이웃 사랑의 방법을 제시한 두 번째 돌판의 내용이다. 이 계명들을 더 요약하며 하나님 사랑과 이웃 사랑이며, 더 요약하면 사랑이란 단어로 집약된다.

그러니 구약 계명의 핵심도 사랑이고, 신약 핵심도 사랑인데 무엇이 다른가의 문제이다. 히브리어 원문의 십계명은 각각 계명마다 '너는' 이란 주어가 나온다. 그건 바로 구약은 인간인 '너', 바로 '나', 인간이 스스로 '내 마음', '내 성품', '내 뜻', '내 힘'을 다하여 하나님과 이웃을 사랑하라는 율법. 계명이다. 거기서 인간은 에덴에서부터 계속 실패의 실패, 죄인 중에 죄인으로 낙인찍히는 것이 율법이다. 그래서 율법으로는 인간이 하나님 계명을 완벽하게 이룰 수 없어 구원 얻을 육체가 없게 되고 죄인인 걸 확인하는 것으로 끝난다(롬 3:1,20).

그러나 신약의 사랑은 인간 스스로에서 나오는 사랑이 아니라 하나님으로 말미암는 사랑에 의해 인간에게 주어지는 은총이요 "내가 너희를 사랑한 것 같이 너희도 서로 사랑하라"에 보듯 하나님 사랑에서 시작하는 사랑이다. 하나님의 그 사랑에 덧입혀 하나님 앞에서, 하나님 사랑이 내게 임하여 말씀과 성령의 능력으로 이웃을 향하는 사랑이기에 전혀 구약의 사랑과 차원이 다른 사랑이다.

즉, 예수님이 새 계명을 주시면서 하신 말씀 속에 그 진리가 들어있다. "새 계명을 너희에게 주노니 서로 사랑하라 내가 너희를 사랑한 것 같이 너희도 서로 사랑하라, 너희가 서로 사랑하면 너희가 내 제자인 줄 알리라.(요한복음 13:34—35)" (롬 3:21—28, 5:6—11, 요일 2:16—17, 3:9, 5:18). "다만 이뿐 아니라 우리가 환난 중에도 즐거워하나니 소망이 우리를 부끄럽게 하지 아니함은 우리에게 주신 성령으로 말미암아 하나님의 사랑이 우리 마음에 부은바 됨이니.(로마서 5:3—5)" 그 성령을 받은 자에게는 하나님의 사랑을 쏟아 부어 주시기에 성령을 받은 우리는 이미 그 사랑을 소유하고 있어 그 사랑으로 이웃을 진정으로 사랑할 수 있다는 것이다. 성령님께서는 사랑이신 하나님의 영이시기에 사랑 그 자체이신 하나님이 우리 안에 오심으로 무한하신 사랑이 우리 안에 거하심으로 하나님을, 이웃을 진정으로 사랑이 가능하다.[215]

h. 이스라엘 율법의 독특성

시내 산 계약은 고대근동의 다른 법조문과 자주 비교되기도 한다. 대체로 결의론법(決疑論, Casuistic Law), 혹은 조건법(Conditional Law)에 속하는 것으로, 기원전 2050년경 우르(Ur)의 셋째 왕조 때의 우르남무(Ur—Nammu) 법문, 기원전 1925년경 에스눈나(Eshunna)의 빌라라마(Bilalama) 법문, 기원전 1860년경 이신(Isin)의 리피트이스탈(Lipit—Ishtar) 법문, 기원전 1700년경 바벨론의 함무라비 (Hammurabi) 법문, 기원전 1450년 전 보가스코이(Boghazhoi)의 힛타이트 (Hittite) 법문, 기원전 1350년경 앗수르의 앗시리아(Assyrian) 법문 등이 있다.[216]

---

215) 최종진,「구약성서개론」(서울: 토판출판사, 2019), p.203.
216) 레온 우드, *op. cit.*, pp. 194—195. G.E. Mendenhall, "Ancient Oriental and Biblical Law", *The Biblical Archaeologist*(1954), p. 23. 그의 저서 *Law and Covenant*

이들 법조문들과 이스라엘 법을 비교하면, 몇 가지 기본적인 차이점에서 이스라엘 율법의 독특함을 나타내난다.

① 법형식상에서, 이스라엘법이 결의론법과 필연법 두 가지로 구성되어 있는데 반해, 다른 법들은 극소수의 필연법이 나타날 뿐, 거의 결의론법 만으로 구성되어 있다.[217]
② 법기원의 성격상에서, 이스라엘법이 하나님의 계시에 의한 종교적 동기에서 시작된 반면, 다른 법문은 일반 인간 삶의 법적 차원으로 세속적인 법들이다.
③ 도덕적 성격상에서, 다른 법문은 외부로 나타나는 범죄행위와 사회적 질서를 파괴하는 생활범죄들을 다루고 있어서, 정신적 의도, 인간 내부적 욕망이나 죄성, 이기심, 교만 등의 하나님 앞에서 타락이나 타인에 손해를 끼치게 하는 근본적 원인으로서 영적, 본질적, 윤리적인 범죄 인식 같은 것은 취급하지 않고 있다. 그러나 이스라엘 법은 인간의 타락한 근본적 죄성도 다루고 있다. 겉으로 드러나지 않는 이웃의 소유를 탐하는 것(10번째)이나 남에 대한 저주나 모독(출 23:28)나 우상숭배를 가장 죄악시 하며(출 23:20), 더 나아가 하나님 야웨 앞에 완전하기를 요구하고 있다(신 18:13)
④ 사회적 신분상에서, 적어도 함무라비 법문은 사람에 대한 3가지 계층, 즉 자유인, 반자유인, 노예 등을 설정하고 있는 반면, 이스라엘 법은 하나님 백성으로 동일하여, 이러한 신분적 차별을 전혀 갖고 있지 않으며 단지 비특권 집단을 보호하는 목적에서만 노예를 인정하고 있다.[218]

i. 야웨와 출애굽(Yahweh and the Exodus from Egypt)

이스라엘 종교 역사에 있어 출애굽 사건보다 더 결정적으로 중대한 의미를 주는 사건은 없다. 구약 문학, 특히 역사서나 예언서, 그리고 성문서에서 조차도 출애굽

---

    in Israel and the Ancient Near East (Pittsburgh: Biblical Colloquium, 1955)에서 다루고 있다.
217) *Ibid.* G.E. Mendenhall, "Ancient Oriental and Biblical Law", *The Biblical Archaeologist*(1954), pp. 29—30.
218) Leon Wood, *A Survey of Israel's History* (Grand Rapids: Zondervan Publishing House, 1970), pp. 149—150.

은 핵심적인 참고 자료가 된다. 더욱이 출애굽 사건은 구약성서에서처럼 신약성서에서도 중요하다. 새로운 출애굽은 그리스도 안에 있다. 그리스도 안에 나타난 하나님의 구원 활동을 나타내기 위해 사용된 대부분의 어휘는 출애굽 사건으로부터 유래되고 있다.

즉, '구속하다', '구원하다', '몸값', '속박', '자유' 등이 곧 그런 어휘이다.[219] 사실 출애굽은 역사 속에서 활동하시는 이스라엘의 하나님으로서 야웨를 가장 생생하게 계시했던 사건이며, 현재 우리에게 가장 관심을 불러일으키는 것은 출애굽 사건을 통하여 하나님을 이스라엘이 어떻게 이해하였느냐 하는 점이다. 출애굽 전승은 모세 당시의 이스라엘 신앙의 정수(精髓)를 보존하고 있음이 확실하다.

이스라엘 신앙은 하나님께서 그의 백성을 위하여 친히 그들 속에서 역사하시고 활동하셨던 출애굽 사건에서 거의 전적으로 체험되고 이뤄져 왔다. 이스라엘 하나님께서 역사의 주관자로서 역사적 시간 내에서 활동하시므로 하나님을 알게 되었고, 출애굽 사건은 이스라엘의 기나긴 수난 역사에 나타난 하나님의 가장 뜻있는 역사사건이었다. 출애굽은 우선 몇 가지 결과를 가져왔다.

첫째로, 출애굽 사건은 야웨 하나님께서 자신의 목적을 성취하기 위해서 인간사에 개입할 수도 있고, 앞으로도 간섭할 것이라는 사실을 명백히 보여 주셨다.

둘째로, 출애굽 사건은 야웨께서 약속했던 대로 자기 백성을 구원하시고, 축복을 내려주시는 야웨의 능력과 의지를 유효적절하게 계시하신 것이다. 더욱이 이 사건을 통해서 이스라엘을 새 민족으로 창조, 시작하게 했고, 또한 그들에게 새 종교를 고통과 고생, 그리고 희망 속에서 탄생시켰다.[220]

아직 알려지지도 않은 시내산상의 하나님인 야웨가 가장 강력한 이집트제국의 세력 앞에서 10가지 재앙과 거대한 출애굽 사건으로 그들을 굴복하게, 절망하게 하는 일들을 성취할 수 있었다고 믿는 신앙은 고대 이스라엘 백성들의 용감무쌍한 신앙심을 갖추게 했다, 만약 하나님의 전능한 활동을 믿는 그러한 신앙이 없었다면 이스라엘은 존속할 수 없었을 것이다. 출애굽 이야기는 전 구약 역사의 어느 곳에

---

219) G.E. Wright. *op. cit.*, p. 63. W.J. Phythian—Adam은 성경 사건들 간의 이런 유사성을 상사형(homology) 이란 말로 표현하고 있다. 그는 신약성서에 있는 사건들의 모형을 제공해 주고 있는 구약성서의 주요 사건 중 이집트의 속박으로부터의 구속을 첫 번째로 들고 있다(*They way of At-one-went*, London 1944), p. 23.
220) J. Stanley Chesnut, *op. cit.* p. 53.

서 보다 훨씬 많은 기적들을 내포하고 있어서, 하나님이 자기 백성을 위해 어떻게 자기 뜻을 성취하셨는가를 설명하는 한 방법이기도 했다.

이 사건은 신앙의 눈을 통하여 애굽에서 일어났던 평범하고 때로는 특별한 사건들을 하나님이 자기 백성을 위하여 간섭하셨다는 증거로서 바로 하나님의 활동으로 간주했다는데 의의가 있다. 그래서 그 같은 사건들이 당시의 신앙이나 세계관에 적절한 종교적 용어로서 표현되었다.

이스라엘 백성을 내보내라는 모세의 요구에 계속 하나님이 파라오의 마음을 강퍅케 하셨다는 것은, 어떤 면에서는 하나님 자신의 목적에 대하여 행하시는 변칙적인 상황일 수 있다(4:21, 7:1—5 등). 실제에 있어서 이 견해는 하나님이 이스라엘의 성스러운 역사의 사건 사건마다에 무엇이나 알고 계시고 주관하신다고 믿는 이스라엘 신앙의 또 하나의 증거이다. 이 이해는 바로 하나님의 '성스런 역사', 혹은 '구원의 역사', 즉 구원사(Heilsgeschichte)를 나타낸다. 이처럼, 야웨는 역사 속에서 친히 활동하신다는 야웨에 대한 이스라엘의 특별한 사상이 출애굽 이야기에서 거듭 강조되고 있다.

출애굽 전 기사를 통하여 가장 두드러진 테마는 자기 백성이 받는 고통에 대한 야웨의 긍휼하심이다. "나는 내 백성의 고통을 보아 왔다", "나는 그들의 고통 받는 것을 알고 있으며 애굽인들의 손에서 그들을 구원해 내기 위해서 내려왔다"고 하나님께서 모세에게 말씀하셨다(출 3:7—8). 하나님은 이스라엘을 애굽의 압제에서 건져내기 위해 활동하셨고, 그같이 행하심으로 하나님의 살아 움직이시고 구원해 주시고 축복해 주시는 특성이 구약의 신앙에 깊이 새겨졌다. 구약의 이 같은 사랑하시고 자비심이 많으신 하나님이 진노와 심판의 화를 내는 하나님 모습으로 가려지게 되었다는 사실은 오늘날 아주 대중적인 기독교 사상의 역설적(ironical) 양상이다. 이스라엘과 여타 민족들에 대한 하나님의 심판에 관한 예언적인 개념은 구약의 '진노하시는 하나님'과 신약의 '사랑의 하나님'과의 대조로서 너무나 자주 과장되어 왔다.

이와 같은 극단적인 양극성은 성서에 대한 아주 심각한 오해이다. 성서를 주의 깊게 연구하는 사람은 하나님의 자비와 공의에 있어서 동일한 비중을 가지고 계시는 성경적인 하나님에 대한 보다 정확한 개념을 찾아낼 것이다. 하나님 사랑의 표현이 다양하게 나타나는 차원을 인간이 이해하기 어렵기 때문에 저 하늘나라, 하나님의 전에 가서야 이해하게 될 사안이 이 세상에는 너무나 많다. 갓난 애기가 부모님의 그 크신 사랑과 관심을 얼마나 알고 있다고 생각하는가?

제 6 장

야웨 종교의 제사의식

일반적으로 종교는 신화(신학), 제사의식(예배), 윤리(도덕)로 형성된다고 이미 언급했다.[1] 첫째로, 신화(Myth); 신학(Theology)은 종교의 이론적 영역인 종교적 형이상학의 범주에 속하는 것이다. 여기에 대해서는 이미 3−5장에서 논했다.

둘째로, 제사의식(Cult); 예배(Worship)는 종교의 카테고리의 기능적 구조 중 실천적 영역에 속하는 것으로, 무한정자(無限定者)에 대한 실천적인 지향을 나타내는 것이다. 무한정자가 실천적인 영역 속에서 실현될 수 있는 행위의 총체를 말한다. 그러므로 모든 종교적 행위는 의례적(儀禮的)이다.[2] 본장에서는 이 둘째인 구약종교, 이스라엘 종교의 제사의식을 정리하려고 한다.

종교 안에서 이뤄지는 특별한 의식적 행위들을 대체로 종교의 의식, 혹은 의례

---

1) John D.W. Watts, *Basic Patterns in Old Testament Religion* (South Pasadena: Jameson Press, 1971), p. 11. S. Mowinckel, *Religion und Kultus* (Göttingen, 1953), P. 7.
2) Paul Tillich, 「종교란 무엇인가」 황필호 역(서울: 전망사, 1978), p. 122.

(儀禮)라고 부른다. 예배자들은 특별히 봉헌하는 성격을 지니고 있어서, 그 제사의식 안에서 의례 행위를 통하여 누멘(Numen: 신적인 힘, 혹은 신성)의 현존을 확인한다.[3] 종교의식은 인간이 다른 방법으로는 제대로 표현될 수 없는 자신의 종교적 체험을 표시하는 것이다.[4] 예술적으로 예술가의 의도와 감각을 표현하는 것 같이, 종교의식은 본질적으로 종교적 체험을 상징으로 변화시킨 능동적 결과이다.[5]

여기에 셋째로, 윤리(Ethic); 도덕(Morals)은 삶과 연결된 종교의 결과이다. 이 세 가지 형식은 항상 밀접하게 상호작용하여 종교를 형성하는 것이다. 그래서 예배 형식은 신앙과 윤리를 형성하고, 신앙 내용은 예배 형식을 좌우하고 윤리를 형성하여 간다. 이스라엘 종교도 구약의 예배(예배의 장소와 행동과 때) 형식을 가지고 표현되었고, 그런 종교 내용은 이스라엘인의 삶을 구체화시키고 이끌어 갔다. 민수기에서부터 이스라엘의 역사에 계속해서 진행되는 이스라엘 백성들의 삶을 통해 나타난다. 본장에서는 둘째의 예배의식과 관련된 내용을 소개하려고 한다.

I. 의식 I(Ceremonial I): 성막=제의 장소(Places)

1. 성막(聖幕)의 배경

하나님은 시내산에서 모세를 중재로 "야웨는 이스라엘의 하나님이요, 이스라엘은 야웨의 백성이다"는 계약을 맺으시며, 계약의 법(율법: Torah)을 계시하신다(출 19-24장). 그리고 그 율법을 간직 보존하며 실행할 "성막을 만들라"고 명하시자, 성막 건립과 성막 봉헌으로 출애굽기를 매듭짓는다(출 25-40장).

이 성막 건립의 이유는 이스라엘 백성이 시내산을 떠나야 하기 때문이다. 가나안 땅을 향해 광야를 약 40년간을 행진하며 나가야 한다. 그래서 모세가 시내산 정상에 올라가 하나님을 만난다. 하나님이 천상에서 하강하셨다가 모세에게 말씀하

---

[3] W. Norman Pittenger, *Sacraments, Signs and Symbols* (Chicago: Wilcox and Follet, 1949), 1장 참조.
[4] Joachim Wach, "종교의 보편적 요소들",「종교학의 이해」김승혜 편 (왜관: 분도 출판사, 1986), p. 132.
[5] *Ibid.*, p. 131.

I. 의식 I(Ceremonial I): 성막=제의 장소(Places)

시고 올라가시는 천지 간(間), 만남의 장소이었던 시내산을 들고 갈 수도 없는 상황이었다. 다른 종교의식에서 볼 수 없는, 그 시내산에서 이스라엘 백성은 '보는 것보다 하나님 소리를 듣는' 하나님 말씀을 강조하는 말씀 신학이 일어나고 있었다(신 5:24-26, 출 33:20). 그러나 시내산을 떠나야 하는 상황에서, 시내산과 똑같이 하나님을 만날 수 있고 하나님의 음성을 들을 수 있는 장소가 필요했다. 그게 광야를 행진해 가야하기에 '들고 다닐 수 있는 성막(portable tabernacle)'이 필요했다. 광야방랑의 기간 동안과 가나안 정복 기간 그리고 솔로몬 성전이 건립되기 전까지 이스라엘 백성과 함께 해야 했던 성막을 만들게 된다(출 25-40장). 시내산 꼭대기의 하나님과 모세만이 만나던 장소는 성막의 [지성소]로, 모세처럼 대제사장만 들어갈 수 있었다. 그리고 이스라엘 백성의 대표와 지도자들을 만나던 시내산 중턱지역은 바로 성막의 중간 장소인 [성소]로 일반 제사장들이 들어갈 수 있었고, 일반 백성들은 시내산 밑바닥 평지에서 부복(俯伏)하여 참가하듯, 이스라엘 백성들은 성막의 [안뜰]까지만 들어가서 제사에 참가할 수 있었다. 이런 뜻이 솔로몬 성전에서도 똑같은 의미로 설계되고 이스라엘 종교의 중요한 요소가 되었다.

고대 근동에서는 들고 다니는 사당(a Portable Shrine)을 붉은 가죽으로 덮어서 낙타 등에 메고 다녔다. 그 사당은 제사와 예배의 중심으로 성소(a Holy Place)였다. 이방인인 그들은 그 사당 성소에 우상을 안치하고, 그것을 통해 부족들의 여행을 인도하는 신탁(Oracles)이 임한다고 생각했다. 전쟁 때에는 그것이 돕는다 생각하여 전쟁에 사용되기도 했다. 그러나 그런 신탁행위와 이스라엘 종교의 예언은 구별되어야 한다.[6]

이스라엘 종교는 그 출발점이 인간에게 있는 것이 아니라 야웨 하나님께 있으며, 모든 계시에 의존하는 하나님 중심적이다. 이스라엘 야웨 신앙의 가장 큰 특징은 인간의 의지보다 하나님의 뜻을 앞세우며 그 분의 계시에 철저히 의존하여 순종하는 것이다.

2. 이스라엘 성막의 명칭

---

[6] H.B Hoffmon, "Prophecy in the Mari Letters," *The Biblical Archaeologist* 31(1968), pp.103f.

출애굽기 25—31장은 성막 제조의 준비에 관하여, 32—40장은 성막 제조의 완성을 기록하고 있어서, 이스라엘은 사막에서부터(시내 산 계시 이후) 한자리에 계속 정착이 아니라 언제든지 이동할 수 있는 성막(Tabernacle, כשמן)을 가지고 있었음을 알 수 있다. 그런데 이 성막에 대한 명칭이 여러 가지로 나타난다.

가장 대표적인 명칭은 회막(אֹהֶל מוֹעֵד: Tent of Meeting)[7]과 성막(משכן: Tabernacle)이다. 회막은 하나님이 모세와 만나 얘기를 나눈 곳이다. 하나님이 사람들을 만나는 곳이지 인간이 서로 만나는 장소가 아니다.[8]

성막(mishkān)[9]은 '거처(residence or dwelling)'를 의미하며, 거룩하신 하나님 야웨께서 거하시는 전(殿)을 뜻한다. 여기의 '거처(dwelling)'는 하나님이 '거처할 집'을 필요로 하는 수동적 의미라기보다는, 오히려 누구와 더불어 같이 사는 삶인 능동적 의미의 '거처함'을 의미한다. 또, 야웨의 집(בית יהוה, House of Yahweh: 출 34:26)으로 부르기도 하는데, 하나님이 경배 받으시는 하나님의 전(殿)을 의미한다.

성막은 이스라엘 종교제사의 중요한 장소로, 하나님께서 이스라엘 백성과 함께 거하시며 그 백성의 진정한 보호자가 되심을 상징하는 것이다. 성막은 애굽을 출발한 지 2년째 되는 해에 첫째 달 초하루에, 시내 산 아래서 세워진 후(출 40:2,17) 이스라엘 백성 가운데 있었다. 그들이 길을 떠나 진행할 때마다 성막을 각기 분해하여 들기도, 수레에 실어 가기도 하는데, 항상 제사장들이 언약궤(법궤)를 어깨에 메고 앞서 나아갔다. 이스라엘 백성이 진영을 떠나 언약궤가 앞서갈 때는 모세가 "야웨여 일어나사 주의 대적들을 흩으시고 주를 미워하는 자가 주 앞에서 도망하게 하소서" 외쳤다. 언약궤가 쉴 때에는 "야웨여 이스라엘 종족들에게로 돌아오소서" 했다(민 10:33—36). 여기서 바로 성막과 언약궤(법궤)가 있는 곳이 야웨 하나님이 임재 하신다는 신앙을 엿볼 수 있다.

---

7) 소위 문서설에는 J문서에 속하여 남왕국 유다 전승에 근거한 것으로 보기도 한다. 하나님과 이스라엘이, 하나님이 택하신 백성들과 만나는 장소로 계시의 장소를 의미한다. 출애굽기 33;7—11과 민수기 11:26—27.
8) J. Barton Payne, *The Theology of the Older Testament* (Grand Rapids: Academic Book, 1962), p. 361.
9) mishkān은 소위 E문서에 속하는 것으로, 북왕국 이스라엘 에브라임 전승에 의한 명칭으로 보기도 한다. 출애굽기 25장—31장과 35장—40장. mishkan은 성막, 장막 등으로 번역되어 나온다. 증거(הָעֵדָה)의 성막(משכן)이라 부르기도 한다.

3. 성막의 기본 구조

a. 성막의 재료

성막의 재료는 백성들의 자발적인 헌물로 충당되도록 했다(출 25:1-2). 재료의 가치에 따라 중심에서부터 밖의 주변 구석에 이르는 순서대로, 금, 은, 놋 등으로 장식되고 있다.

- 금속에 속하는 금·은·놋(출 15:3, 35:5,22).[10]
- 실에 속하는 청색, 자색, 홍색의 색깔 있는 실과 가는 실(출 25:4. 35:6,23)
- 짐승에서 얻은 염소털, 수양과 해달의 가죽(출 35:4,5. 35:8,28)
- 향에 속한 등유와 관유를 위한 향품과 분향을 위한 향품(출 25:6,35:8, 28)
- 보석 종류들(출 25:7. 35:9,28. 39:10-13)
- 재목으로 조각목(שטים, acacia: 출 25:7. 35:7,24) 등이다.

조각목(shittim)

조각목(shittim)은 아카시아[11]로 번역되는데, 시나이 사막에서 자라는 Acacia Seyal과 사해 지역에서 자라는 Acacia Tortilis의 두 종류가 있는데, 성막 재료로는 Acacia Seyal를 사용했다. 시딤(Shittim)나무는 건조한 지역에서 자라는 나무로, 어느 것은 20 feet(30.48cm×20=609.6cm: 약6m) 높이까지 자란다. 이 나무는 노

---

10) 원용국, 「오경의 기독론」 (서울: 기독교 교육 연구원, 1983), pp. 38—39에 의하면 금은 1.5톤으로 86만 달러, 은이 4.5톤으로 약 20만 달러, 놋은 4톤 이상이라 한다. 그래서 그 밖의 모든 재료를 합한다면 미화 500만불로 추산한다. 그러나 옛 시대의 가치와 현재 가치를 비교하기는 어려운 일이다. 5백만불×1,180원≒59억원(2020년 평균 환율 기준)
11) John Calvin, 「구약성서 주석」, VI권(서울: 성서교재 간행사, 1982), p. 119.

란 꽃을 피워 아름답고, 대체로 날가죽(生皮)을 훑어 기름을 뽑아 부드럽게 만드는 (무두질)[12] 나무나 연료로 사용되고, 미라(mirra)상자를 만드는데도 사용되었다.[13]

금 · 은 · 놋 · 보석 등은 광야에서 갑작스레 만들 수 없었고, 출애굽 때 애굽인으로부터 받았던 것이었다. 이런 재료는 종교적 책무에 의해서 마지못해서 하는 것이 아니라, 기쁜 맘으로 자원해서 가져다가 성막을 짓게 했다.

b. 성막의 구조와 배치도
—정지하여 진 치고 있을 때[14]

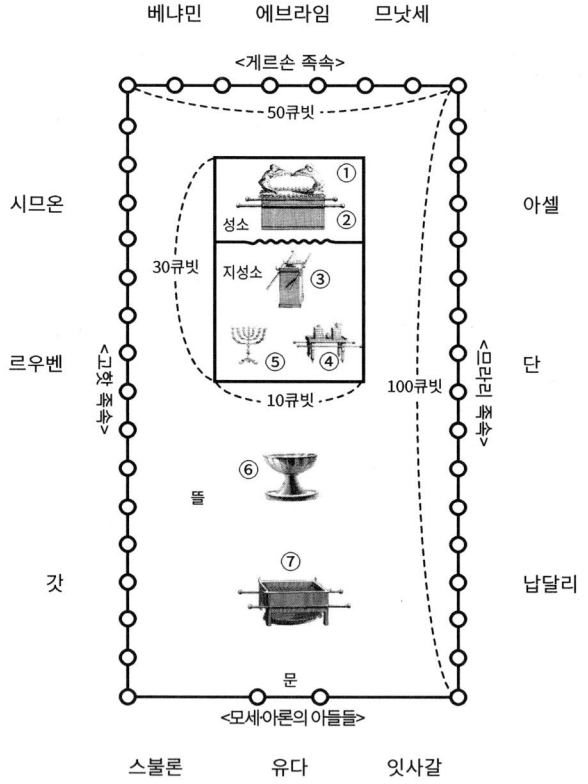

---

12) 무두질: 짐승의 날가죽에서 털과 기름을 뽑아 가죽을 부드럽게 다루는 일.
13) John J. Davis, *Moses and the Gods of Egypt* (Grand Rapids: Baker Book House, 1973), p. 253.
14) 모든 백성이 정지해서 생활할 때, 성소를 중심으로 위와 같이 진(camp)을 치고 생활을 했다. 레위의 지파가 게르손, 고핫, 므라리 족속으로 나뉜다(레위의 3아들들이다). ① 속죄소 ② 법궤 ③ 향단 ④ 떡상 ⑤ 등대 ⑥ 물두멍 ⑦ 번제단. 성막의 지성소. 성소는 목재 구조와 가죽과 천으로 되어 있고, 길이가 30규빗, 넓이가 10규빗, 높이가 10규빗이었다.

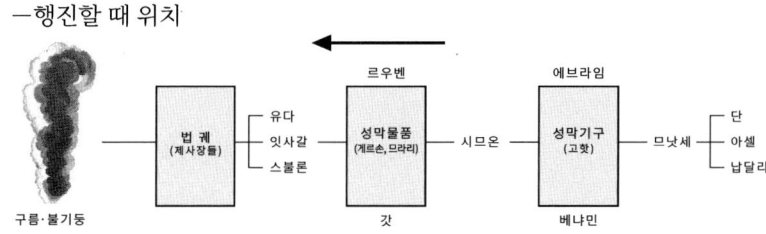

c. 성막의 이스라엘적 의의

첫째로, 하나님이 인간, 특별히 이스라엘 백성과 함께 임재하여 함께 계심을 의미했다. 법궤가 있는 성막에는 하나님께서 성스런 임재로 백성과 함께 계시다고 생각했다. 구약에 하나님께서 그 백성과 함께 거하시는 것으로 샤칸[shakan]동사를 사용한다. "모세가 회막에 들어갈 수 없었으니 이는 구름이 회막 위에 덮이고 야웨의 영광이 성막에 충만함이었으며"(출 40:35). 여기서 '성막'은 'mishkan'보다는 'ki-shakan'이다. 법궤가 있기에 '그 거하시는 곳에…'라는 뜻이다. 성막이 이제는 시내 산을 대신하여 하나님의 계시와 만남이 이뤄지는 곳이 되었다.

백성들이 시내 산 밑에 있는 제단 가까이 모인 것 같이, 백성들의 일부가 성전 뜰에 들어가고, 대부분은 문 밖에서 예배에 참석했다.[15] 율법서(Torah)는 태초의 창조에서부터 이스라엘이 예배하는 백성인, 제의 공동체로 수립되는 시내산의 계시로까지 펼쳐지는 역사의 놀라운 장면이다. 즉 우주의 창조주이시며 역사의 주관자이신 거룩한 하나님이 예배하는 공동체인 이스라엘 가운데 임재하시기 위해 은혜스럽게 자신을 낮추셨다는 전반적인 신학적인 주제가 흥미롭다.

제사장들과 장로들이 시내산 한 부분에 올라가 멀리서 예배드릴 수 있었던 것처럼, 제사장들은 성소(the Holy Place)까지만 들어갈 수 있었다. 모세만이 시내산 정상에 올라갈 수 있었던 것같이, 대제사장(only the High Priest)만이 1년에, 속죄일에 피를 가지고 지성소에 들어갈 수 있었다는 비교가 가능하겠다.

그래서 성막에는 시내산에 현현하시고 임재하시던 그 야웨께서 이젠 성막 안에

---

15) 성막의 부분, 부분에 들어갈 수 있는 등급이 세워 있었다. 성막 뜰에는 온 회중이 허용되었으나, 비좁은 관계로 전부가 들어갈 수 없어 예배시는 일부는 뜰 안에, 나머지는 문 밖에 있었다. 성소에는 제사장만이, 그리고 지성소에는 대제사장만이 피를 가지고 들어갈 수 있었다.

계시다는 하나님의 인간에의 거룩한 임재(臨在)를 뜻했다. 성막의 임재 사상은 건물 자체에 하나님의 거처지의 의미를 주는 것이 아니라, 하나님이 백성 가운데 그들의 삶과 함께 계신 임마누엘의 신앙이다.

결국 예수 그리스도는 인간의 육체를 쓰고 인간 가운데 거하시니 은혜와 진리가 충만하더라고 했다(요 1:14,18).[16] 이것은 구약의 구속사적 씨흐름(씨 신학)의 결정적 절정을 의미한다. 그래서 성막의 원어 용어 중에도 재결합(Re-Union) 혹은 만남의 장막(tent of meeting)을 뜻하여 야웨께서 모세와 이스라엘 백성들을 만나는 장소로 성막이 사용되었다.[17] 그리고 본래 유목민의 임시 거처로 사용된 용어로 보이는 mishkān(처소, 거처)으로도 일컬어지는데, 바로 천상(天上)에 거주하시는 하나님이 지상(地上)에도 거하신다는(dwells on earth) 하나님의 존재 양식을 묘사하기 위해서 이 고대의 단어를 택해 사용했다. 그렇게 함으로써, 성서는 법궤 위의 하나님의 현존을 나타내는 속죄소[18](Shekinah: 하나님의 현현)를 뜻하는 영광의 구름 실체를 묘사하여, 하나님의 옥좌(玉座:寶座)에 관한 유대인의 교리에 근거를 제공하고 있다.

사도 요한은 여기에서 "말씀이 육신이 되어 우리 가운데 거하시매 아버지의 독생자의 영광이요"하여 하나님이 우리 가운데 성막(tent)을 마련했음을 기억했다.[19] 야웨는 회막에 거하시지 않지만 가끔 모세와 만나고 그를 통하여 백성에게 하늘에서 강림하신다. 여기서 하나님의 현현의 신학 하나님의 초월성이 나타난다. 성막(mishkan)의 완성으로 성막 안에 법궤를 집어넣게 하여 하나님의 편재성(법궤)과 하나님의 초월성(성막)을 둘 다 정당하게 다루기 위해 둘을 상징적으로 결합한 것이다.[20]

성막이 완성된 다음에는 그 성막이 진영 밖이 아닌 진(陣: camp) 한 가운데 위

---

16) 마태복음 1:23과 이사야 7:14에 "보라 처녀가 잉태하여 아들을 낳으리니 그 이름은 임마누엘이라 하리라"와 비교하고, 예수님이 십자가에서 운명하심으로 예루살렘 성전의 지성소와 성소를 가로막고 있던 휘장(veil)이 위에서 부터 아래로 쭉 갈라 찢어졌다는 것이다(마 27:51). 그리스도의 몸을 찢어 하나님과 인간의 사이를 완전히 하나로 만들어 구속의 길, 영생길을 열어 놓으셨다. 이것의 씨 신학의 절정이다.
17) Roland de Vaux, *Ancient Israel, vol. 2* (New York: McGraw—Hill Book Company, 1965), pp. 294—295.
18) 시은소, 즉 은혜의 보좌를 의미하기도 한다.
19) *loc. cit.*
20) B.W. Anderson, *op. cit.*, p.193.

치하여 정교하게 세워졌다. 거기서 제사장들—아론과 그의 후손들—이 하나님과 백성들 사이를 중재하였다. 만약 하나님이 백성들 가운데, 중앙에 계신다면 하나님의 성소는 반드시 이스라엘 야영의 중앙에 있어야 했다(민 2:1-2).

인간 세상을 넘어 초월한 거룩한 하나님은 어떤 건물에서도 영구히 계시지 않으신다. 오히려 예배로의 부름이 하나님으로 하여금 모인 회중 가운데 계시도록 기원한다. 그래서 안식일이 모든 시간을 거룩하게 만든 것처럼, 성막은 공간을 거룩하게 한다.

레위기 25:9-10에서 상세히 인용한 히브리서는 이 땅의 성전과 그것의 희생제도를 하늘에 있는 것의 모형과 그림자로 해석하여, 그리스도는 하나님이 임재하는 하늘성소로 들어가 그의 피로 완전한 희생을 드린 대제사장이시다(히 8:1-6). 성전과 그것의 의식들은 낮은 영역에서 더 높은 영역으로, 하나님으로부터 떨어진 위치에서 그분 앞까지 영적으로 올라가는 방법으로 생각할 수 있다. 더욱, 예수님은 "두세 사람이 내 이름으로 모인 곳에는 나도 그들 중에 있느니라"(마 18:20)고 시공간을 뛰어넘는 선언으로 예수님 이름으로 모이는 예배공동체에 임재하시는 섭리를 볼 수 있다.

둘째로, 캠프(陣) 안에 있는 백성들을 하나님이 보호하시고, 그들의 여행을 인도한다는 의미가 있었다. 특별히 법궤가 하나님의 임재와 보호를 나타내는 것으로 믿었다. 법궤를 대체로 계약의 법궤(The Ark of the Covenant)라 불렸고 [증거궤], 곧 [십계명의 법궤]라고도 한다. 이 십계(十戒) 혹 신성한 계율이란 두 개의 십계명 돌비를 나타내는 것이다.

법궤는 길이가 4 feet, 넓이가 2.5 feet, 높이는 2. 5 feet 되는 아카시아 나무로 만든 큰 통(궤)이다.[21] 그것을 황금으로 싸고 장대를 이용하여 운반할 수 있게 했다. 그 언약궤 안에는 계약의 돌비(십계명 돌판)와 만나를 담은 금항아리, 그리고 아론의 싹 난 지팡이가 들어 있었다(히 9:4).

---

21) *Ibid.*, p. 297. H. W. Soltau, op. cit., p. 190.

법궤와 속죄소

법궤 위에는 속죄소(贖罪所, 혹은 施恩座)[22]가 있고, 두 그룹의 천사가 법궤의 양 끝에 서서 법궤를 날개로 덮고 있었다. 이것은 하나님의 백성을 보호하고 지키는 하나님의 돌보심의 관심을 나타낸다. 이스라엘 백성이 시내 산을 떠나 길을 행할 때 그들 앞서 언약궤인 법궤가 앞서 행했고, 낮에는 구름이 그 위에 덮였었다(민 10:33-36).

셋째로, 성막은 이스라엘 백성의 죄를 속죄(贖罪)하고, 이스라엘이 하나님께 나아갈 수 있음을 나타낸다. 성막의 뜰에 들어서면 번제단[23]이 놓여 있다. 먼저 하나님께 이르는 첫 단계로, 죄를 속하는 번제단이 위치한다. 제물의 피는 제단뿔에 바르고, 고기는 각을 떠서 제단 위에서 불태워 그 향연으로 하늘에 올라가게 되어, 선민의 죄를 속죄하는 장소가 번제단이었다. 여기에서 이스라엘의 모든 제사 행위가 구체적으로 행해지게 된다. 그리고 그 제사 행위가 연속적으로 성소와 지성소에까지 이르는 과정 속에 더 깊은 의미를 가지고 진행되었다.

이것이 바로 성막의 속죄 기능과 하나님에게 접근하는 기능이었다. 성막에 들어서면 안뜰에 먼저 번제단이 있고, 다음에 제물을 씻기도 하고, 번제단에서 제물을

---

22) propitiatory(속죄소), mercy seat(시은소)로 번역되는 Kapporeth로, 법궤 위에 법궤와 똑같은 크기로 된 황금판이다. 이는 신인(神人)상봉의 장소요, 하나님의 말씀을 받는 곳으로 이해했다. 김응조, 「하나님의 장막」(서울: 성청사, 1980), pp. 102-103.
23) 조각목으로 5규빗×5×3으로 되어 있고 놋으로 싸여 있기 때문에, 놋제단으로 불리기도 한다. 그 번제단 네 귀퉁이 위에 뿔을 만들었다. 번제단에는 타오르는 불꽃에 견딜 수 있는 청동으로 된 높이 1.5규빗의 그물망이 분리될 수 있게 되어 있었다. 번제단의 하단에는 놋 그물이 감겨져 있었다.

드린 손을 씻는 물담긴 세수통(물두멍)이 있어서 깨끗함을 유지했다. 그런 다음에야 성소(제사장들만)와 지성소(대제사장만)로 하나님을 향하여 접근하는 것으로 이해했다.

넷째로, 성막은 이스라엘 백성의 삶을 주조(鑄造)하고, 통일을 이루며, 지배하는 역할을 했다. 이스라엘은 성막을 중심한 진(camp) 생활을 하다가, 이동시에는 그것을 따라 이동했다. 그것을 중심으로 각 지파가 질서 정연한 진을 치고, 야웨 신앙으로 뭉쳐 통일을 갖게 되었다. 하나님이 다스리는 신정제도의 통치가 성막을 중심한 생활에서 가능했다.

다섯째로, 성막을 통해서 하나님은 하나님의 목적을 제시하며, 하나님의 뜻을 전달했다. 하나님은 성막에서 모세를 통하여 백성에게 말씀하시고, 여러 가지 성막의 구조와 거기서 행해지는 것으로 교훈을 주었다. 사실은 성막은 솔로몬 성전의 기원이 되기도 하고, 예수 그리스도의 사역의 예언적 의미로 육체로 비유되기도 했다. "표적(sign)을 구하는 유대인들에게 이 성전을 헐라 내가 사흘 동안에 일으키리라 그러나 예수는 성전 된 자기의 육체(몸)를 가리켜 말씀하신 것이라."(요 2:13-22).

종교는 제의적이다. 그것이 개인의 경건이나 내세의 신비를 넘어 공동체 행사가 될 때 어쩔 수 없이 거룩한 장소, 제사 행위, 제사시간, 의식 집례, 기도, 인도자, 목사님 안수 등 예배 체계가 필요하다.

d. 성막 예배의 주요 양상[24]

① **실제적인 면**: 성막은 손과 수레로 운반할 수 있는 성소로 시내산에서 시내산 예배의 연속으로 만들어졌다. 성막제조 재료들은 백성들이 가지고 있거나 구할 수 있는 것들이었다(출35:5-29). 금. 은. 놋. 아마포. 물감 등은 애굽에서, 돌고래 가죽은 홍해에서 가져온 것이고, 싯딤이나 아카시아 나무는 시내 반도에서 구했을 것이다.

② **예술적인 면**: 성막과 그 안의 여러 가지 기구들의 위치와 모양의 아름다운 조

---

24) 강의해 오던 내용인데 어느 책을 참고했는지 확인 불가.

화와 균형의 세심한 설계에 예술적인 면이 훌륭하게 나타난다. 금. 은. 놋. 휘장에 사용한 훌륭한 아마포, 그 휘장 위에 정교하게 수놓은 휘장과 양장, 덮개 등 모든 것들은 성소를 "영광과 미(美)"의 예술품으로 만들기에 부족함이 없었다. 하나님의 영이 충만하여 지혜와 총명과 지식으로 전문실력이 갖추어진 브사렐과 오홀리압 등이 건축을 담당했으니, 인간 노력 이상의 아름다움을 최고로 성취했을 것이다 (출 35:30-35). 그것은 솔로몬의 영광스런 성전을 위한 모형으로 가치가 있고 그 성전에서 모든 것이 발휘되었다.

③ **상징적인 면**: 성막의 다양한 기구에는 특별한 상징과 예표가 스며있다고 본다. 지성소의 정육면체(10큐빗(4.57m)-10큐빗-10큐빗)는 새 예루살렘 형태를 상징한다(계 21:16); "성의 길이와 폭과 높이가 같다: 네모가 반듯하여 길이와 너비가 같은지라."

지성소 안에 안치된 법궤의 뚜껑인 시은좌(施恩座: mercy seat) 속죄소는 하나님의 옥좌(玉座)로, 순금으로 조각목을 입혀서 만든 것으로, 순금은 예수 그리스도의 신성(神性)을 나타내고 그 나무는 그리스도의 인성(人性)을 예표한다. 성전을 그리스도의 몸으로 해석하기도 한다. "예수께서 대답하여 이르시되 너희가 이 성전을 헐라 내가 사흘 동안에 일으키리라"(요 2:19), "그러나 예수는 성전된 자기 육체를 가리켜 말씀하신 것이라"(21절).

④ **종교적인 면**: 하나님이 자기 백성들 가운데 거주(amid: 임재성)하시거나 그들과 따로(from: 초월성)의 분리되어 계시는 사실을 강조한다. 하나님은 불가시적이며, 인간은 그분의 거룩성에 가까이 할 수 없다. 그래서 축복은 제사장을 통해서만 전달되도록 했다. 제사장들은 성소에만 들어갈 수 있고, 대제사장만 지성소에 들어갈 수 있었다. 하나님의 거룩성과 인간의 죄성을 인지하며, 제사장 통한 중재의 필요성과 희생제물의 피에 의한 속죄를 강조한다.

e. 성막의 신약적 의의

성막에 대한 기독교적 해석은, 먼저 신약의 히브리서에서 주로 다루고 있다. 히브리서는, 특별히 하나님의 현존(the Presence of God), 하나님의 의, 그리고 인간에게 주어진 하나님의 계시를 강조하고 있다.

성막의 신약적 의미를 하나하나 전부 논하기에는 지면 형편상 어려운 점이 있다. 그 하나의 주제 하에 새로운 책이 계획되어져야 한다. 그래서 본서에서는 개략적 내용만 설명한다.

성막은 하늘나라의 모형(히 9:23-24)을 나타내고, 다른 곳에서는 교회를 가리키는 것으로(엡 2:19-22), 그리고 믿는 성도를(고전 6:19, 고후 6:16) 의미하기도 한다.

성막의 기구들은 하나님께 나아가는 접근을 상징했다. 번제단(Altar)은 십자가 위에서의 그리스도의 죽음을, 놋대야의 물두멍(the laver)은 죄의 씻음(말씀과 피로써), 일곱 촛대의 등대[25]는 빛되신 그리스도(요 1:4-12)를 뜻하기도 하고, 성령님을 의미하기도 했다(계 2:1,4:5), 떡상은 생명떡 되신 그리스도 혹은 말씀, 향단(the altar of incense)은 기도, 도고와 중재(Intercession)를, 휘장(veil)은 그리스도가 십자가에서 깨트린 그의 육체를, 언약궤는 새 계약과 믿는 자의 마음속에 임재하시는 하나님의 좌정(坐定)하심을 가리킨다. 여기에서 씨 신학의 한 성취로 여인의 후손으로 오신 예수 그리스도의 구체적인 인류의 죄를 대속, 구속, 속죄, 구원을 이루시는 예언적 진리가 깃들어 있다. 또한, 성막은 예수 그리스도를 살아계신 하나님의 현존과 관련시켜 설명할 수 있다(요 1:14, 골 1:19. 2:9).

번제단

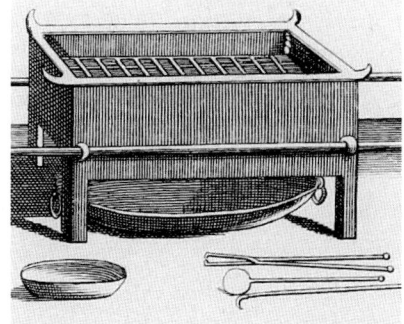

금촛대

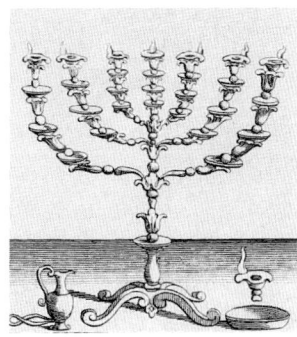

---

25) 김응조, *op. cit.*, p. 70 7개의 촛대는 성령 특성인 ① 야웨의 신, ② 지혜의 신, ③ 총명의 신, ④ 모략의 신, ⑤ 재능의 신, ⑥ 지식의 신, ⑦ 경외의 신으로 성령이 교회를 비추면 세상의 빛이 된다는 것이다.

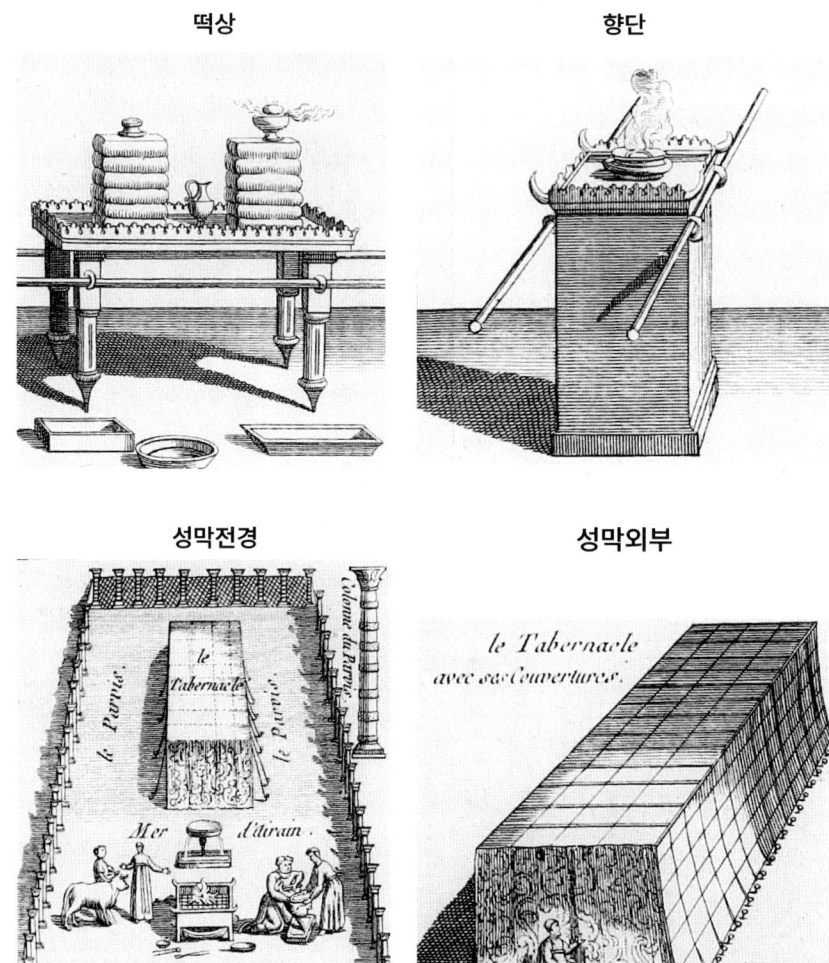

4. 성막의 역사적 고찰

a. 성막의 기원

셈족 종교의 특징 중의 하나인 성소(holy place)는 단순히 예배가 행해지는 성소의 번제단 같은 어느 지점만을 말하는 게 아니라, 제단을 포함한 신전 주변의 일정한 공간 전체적인 것을 말한다. 그래서 셈족들 사이에는 이 신성한 경내에 특별한 중요성을 주고 있는 것 같다.[26]

예를 들면, 중앙 메소포타미아의 카파예(Khafajeh)에 있던 기원전 3,000년경의 신전은 전방에 커다란 뜰이 있어 100×700야드(91.44m×640m= 58522m²) 정도의 타원형 구내 공간(境內)으로 둘러 싸여 있었다.[27] 우르(Ur) 3왕조 시대의 지구라트(Ziggurat)와 관계된 건물들은 200야드 정도의 사각 경내로 둘러싸여 있었다. 바벨론의 에테메난키(Etemenanki) 지구라트(Ziggurat)는 400야드 사각 울타리로 둘려 쳐진 경내에 종교적인 건물들이 측면을 따라 세워졌었다.[28] 예루살렘의 솔로몬 성전도 역시 안뜰(안마당)에 둘러 싸여 있었고, 헤롯 때에 이르러서는 300야드(274m) 넓이에 500야드(457m) 길이의 산책 공간으로 확장되었다고 한다. 이러한 셈족들의 신전 및 성전은 정착 문화 배경의 성소들의 특징이었다.

사막의 이스라엘 성소는 들고 다니는 휴대용 성소였기 때문에, 위의 것들처럼 거대할 수는 없었다. 그러나 이 모세 시대의 사막의 성막조차도 50큐빗(22.8m)×100큐빗(45.7m)의 울타리 천으로 둘려 싸여 있던 공간이 있었다. 이렇게 당시의 고대 근동의 성소나 신전들과 어느 정도 비슷한 요소들이 있었다[29]고 하나, 이스라엘 성막의 기원은 시내산 계시에 나타난 하나님의 명령에 의한다고 보겠다(출 26:30). 그래서 하나님의 설계도와 명령에 의해서 성소를 짓는데 필요한 지혜를 얻은 브사렐과 오홀리압 등이 건축을 담당했다(출 35:30-35).

b. 광야 행진 중의 성막

앞장에서 살핀 대로, 광야 방랑 중에 성막은 이스라엘 삶의 중심이요, 종교의 핵심 장소이었다. 그 성막에 하나님이 임재하시고, 그 백성 중에 같이 계신 하나님이

---

26) Roland de Vaux, *op. cit.*, p. 274.
27) *Ibid.* 북 메소포타미아의 EI-'Obeid에 동시대의 비슷한 신전이 있었고, Uqair에 있던 신전은 넓은 산책지가 있어 신전의 절반을 차지했다.
28) *Ibid.*
29) 족장 시대나 모세 시대의 이스라엘 종교의 현상에서 보면 고대 근동이나 극동, 아니 세계 도처에서 발견될 수 있는 비슷한 종교적 현상이나 제도를 볼 수 있다. 이런 것들은 최초의 인간 때부터 하나님과 인간과의 관계에서 자연스럽게 형성된 것이고, 하나님이 일반적으로 인간들에게 알려준 기본 양식인 것 같다. 그것이 각국의 신화나 신앙 문화의 차이에 따라 발전해 와서 차이를 더욱 가지게 되었다고 보겠다. 그래서 오히려 최초의 종교형태는 유일신론이었다가 다른 신관으로 발전했을 수도 있다.

이스라엘을 보호하고 인도한다고 믿었다.

출애굽 후 2년 1월 1일(출 40:2,17)에, 시내산 밑에 성막을 세워 50일 동안 서 있었다(민 10:11). 그리고 법궤를 앞세우고 행진 대열 순서에 따라 가나안 정복까지 여행을 계속한다. 가나안 정복의 전초 기지로 가데스 바네아(Kadesh—Barnea)를 근거로 광야생활을 배회하다가, 40여년의 방랑의 생활을 마치고 요단강을 건너 가나안을 정복하게 된다.

요단 동쪽에 이르기 전, 호르산[30]에서 아론이 123세로 죽자, 그의 아들 엘리에셀에게 임무를 상속시킨다. 모세는 모압 땅으로 해서 가나안 땅 침공을 시도하나 거절당한다. 그래서 멀리 에돔과 모압 지역으로 우회하여 북상한다. 멀리 우회한 긴 여행 끝에 동부 팔레스타인의 고원지대에 이르러서는 에돔족, 모압족과의 충돌을 조심스레 피하며, 아모리인의 왕 시혼(Shion)과 바산 왕 옥(Og)을 쳐 멸망시켰다(민 21:21—32). 그리고 미디안 족속을 치고 요단 동쪽 땅을 정복함으로, 약속의 땅으로 들어갈 발판을 마련했다. 요단 동편을 정복한 후, 목축지로서 적합한 것을 알게 된 목축을 많이 거느린 르우벤, 갓, 므낫세 지파들이 그 땅을 자기들의 기업의 땅으로 허락해 달라고 요청한다. 모세는 별로 탐탁하지 않게 여겼다. 그러나 그 지파들이 자기들도 요단 서편 땅 정복에 장병을 파견할 것이라고 약속하며 간청하자, 모세는 이를 받아들여 허락한다(민 32장).

그 요단을 건너기 전에, 모세는 마지막 인구 조사를 하고, 가나안 정복의 준비를 마치고, 새로운 지도자인 여호수아를 후계자로 임명한다. 갈렙과 여호수아 중에 왜 여호수아가 후계자로 선택(신 31:7—8)되었을까? 의문이 있다. 어찌 보면 갈렙이 더 일찍 활동적이고 수훈을 세운 자이기도 하다. 예를 들면, 40일 동안 가나안을 정탐하고 돌아와 보고하는 자리에서 10명이 부정적으로 보고, "그 땅 거주민은 강하고 성읍은 견고하고 심히 클 뿐 아니라 거기서 아낙 자손(거인)을 보았다"며 불가능하다며 탄식한다. 그 때, 갈렙이 나서서 긍정적으로 보고, "우리가 곧 올라가서 그 땅을 취하자 능히 이기리라"며 주장한다. 갈렙은 예수님의 족보의 선조인 유다 지파 출신이었고, 85세가 되도록 여전히 강건하여 전투에 나설 수 있는 체력도 대단했다. 하나님이 갈렙을 "내 종 갈렙은 그 마음이 그들과 달라서 나를 온전히 따랐

---

30) 호르 산은 동서쪽으로 가데스와 비슷한 위치이며, 에돔에 더 가까운 곳이었다.

은즉 그를 인도하여 들이리니 그의 자손이 그 땅을 차지하리라"고 인정하셨다(민 14:24).

그런데 에브라임 지파 출신, 여호수아를 모세가 후계자로 택한 이유를 찾다보니 눈에 들어오는 두 가지 구절이 있다. 첫째는, 모세가 시내산에 올라가 40일간 성막에 대한 계시를 받는 긴 시간, 여호수아는 홀로 모세와 측근 거리에서 끝까지 함께 했던 충직한 모습이 보인다(출 24:13-18, 15-20).

둘째는, 모세가 야웨께 "한 사람을 이 회중 위에 세워서 그들을 인도하게 하옵소서" 간청하자, 야웨께서 "눈의 아들 여호수아는 그 안에 영이 머무는 자니 너는 데려다가 그에게 안수하고 네 존귀를 그에게 돌려 이스라엘 자손의 온 회중을 그에게 복종하게 하라"고 이르신다(민 27:15-23) 바로 여호수아에게는 야웨의 영이 머무는 자, 충만한 자였기에 택함을 받은 것이다. 그리고 모세의 후계자로서 역할을 충분히 감당하도록 "그에게 지혜의 영이 충만하니 이스라엘 자손이 야웨께서 모세에게 명령하신 대로 여호수아의 말을 순종하였더라"고 기록하고 있다(신 34:90). 그는 성령의 사람, 성령의 지혜로 백성을 다스릴 수 있는 사람이었다. 그게 여호수아 모습이었다.

모세는 요단 강 넘어 가나안 땅을 바라보며, 여리고 맞은편 비스가 산꼭대기에서 120세를 일기로 세상을 떠난다(신 34장). 모세야말로 구약의 세계에 우뚝 솟은 인물이면서도, 지면의 모든 사람 중에 '가장 온유한 자'로 살았던 자이다(민 12:3). 이 모세의 성품은 하나님께 쓰임받은 아주 중요한 요소이었고, 신약에 이르기까지 아주 귀한 교훈이 된다(히 3:5-6).

이 광야 기간 중에 성막에서 정상적 제사를 드렸는지에 대해서는 출애굽기, 민수기, 신명기에는 별로 언급이 없다. 이 시대의 제사에 대해 아모스 5:25에서도 "이스라엘 족속아 너희가 40년 동안 광야에서 희생과 소제물을 내게 드렸느냐?" 하여 제대로 된 성막에서의 제사 이행에 어려움이 있었음을 말한다. 특별한 경우에 제사 행위가 시행된 것처럼 보이기도 한다(출 29:1-37, 40:12-15, 레 8:1-36).[31] 광야를 이동 중이고 주변의 적들과 싸우는 상황에서 어려웠던지, 아니면 당연히 제사 행위를 드리던 광야에서의 생활이었기 때문에 언급하지 않았는지 분명치 않다.

---

31) 모세시대 기록에는 제사 의식 준행에 대한 언급이 별로 없고, 아론과 그 자손들을 제사장으로 위임할 때 7일 간의 위임식 때 속죄제, 번제 등을 드리는 것으로 나타난다.

모세 시대에는 성막에서 행해지는 종교적 규례를 구체화, 조직화하는데 주력했고, 방랑의 생활이라서 성막의 법궤를 강조하여 그 역할이 돋보인다. 이것은 고정된 성전이 세워질 때까지 계속되는 현상같이 보인다.

c. 가나안 정복 후의 성막

가나안 본토 정복의 1차 단계로, 요단을 육지처럼 건너 길갈[32]에 진을 치고(수 5:1—12), 이스라엘의 활동의 중심지로 삼는다. 성막은 세겜, 벧엘을 거쳐 실로에 정착했다[33](수 18:1, 19:51). 사무엘 당시에는 문과 문설주가 있는 성소가 있었다(삼상 1:9, 3:15). 그래서 가나안 정착 후에 실로에 성막이 세워졌으나(수 18:1), 기원전 1050년 경 블레셋에 실로가 파괴될 때 법궤를 잃어 버렸다(삼상 4장). 이때 성막이 불타버렸을 것으로 본다. 그래서 솔로몬 성전 이전까지는 법궤에 대한 기사는 많이 나타나지만, 성막에 대한 언급은 별로 없다.

그러다가 별로 알려져 있지 않던 놉(Nob)에 성막이 세워졌을 암시가 있고, 적어도 떡상(진설병)이 있었음을 언급하고 있다(삼상 21장). 한때는 기브온(Gibeon)에 성막이 있었다(대상 16:39)는 기록이 있다. 다윗이 왕위에 오르자, 예루살렘 수도(다윗 성)를 건설한다(삼하 5:9). 아마도 이때 예루살렘에 새로운 성막을 세운 것 같다. 그리고 블레셋에게 빼앗겼다가 다시 되돌려 받아, 기럇 여아림(Kiriath Jearim)에 20년간 두었던 법궤를 다윗이 예루살렘으로 옮겨 다윗성 안에 있는 궁정성소에 가져다 놓는다(삼상 6장, 7:1—2, 대상 13:5—10).[34] 그리고 이 성막은 솔로몬 성전이 건축되자, 이젠 이 고정된 성전으로 대치되어 역사를 이끌어 간다. 이 새로운 성전에 법궤가 옮겨져 지성소에 안치된다(왕상 8:4).

그 후에 B.C. 586년, 바벨론에 의한 예루살렘 멸망과 함께 성전이 파괴되어 법궤가 상실되어 없어진 것 같다. 그 성전을 포로귀환과 함께 스룹바벨, 에스라, 느헤미

---

32) 길갈은 요단강과 여리고 사이의 요단 계곡에 있었다(수 4:19). 이곳에 진을 친 후에, ① 모든 남자에게 할례를 행하고(수 5:2—9), ② 유월절을 세 번째로 지켰고(수 5:10), ③ 만나가 끝나서 그 땅의 소산을 먹게 되었다. 이젠 만나가 없어도 그 곳의 곡식, 과일을 먹을 수 있게 되자 만나가 끝났다.
33) Hans—Joachim Kraus, *Worship in Israel*, tran. Geoffrey Buswell (Oxford: Basil Blackwell, 1976), p. 127. Kraus는 법궤의 정착 위치를 세겜—벧엘—길갈—실로—예루살렘 순으로 주장한다.
34) 블레셋에 빼앗겼던 법궤는, 감당치 못한 블레셋이 반환하여 벧세메스에 잠시 있다가(삼상 6:19), 기럇여아림으로 옮겨져 약 20여년 간 있었다.

I. 의식 I(Ceremonial I): 성막=제의 장소(Places) 245

야 등이 돌아와서 중수했고, 헤롯 성전이 46년간에 걸쳐서 유대인의 환심을 사려고 지어졌던 것이 바로 예수님이 난지 8일 만에 예배에 참석했던 곳이며, 복음 전파의 배경을 이룬 성전이다. 이것이 바로 AD 70년 4월 로마의 티터스(Titus) 장군이 이끄는 로마군이 예루살렘 포위 8개월 5일 만에 예루살렘을 멸망시키고 완전히 훼파시킨 그 성전이다.

이 옛 성전의 자리에 오늘날에는 반석의 둥근 지붕(the Dome of the Rock)으로 알려진 이슬람교의 모스크(Mosque)가 서 있다. 학자들은, 이 반석은 옛 성전의 지성소, 혹은 번제단 밑에 있었던 것으로 말하기도 한다.[35] 그러나 옛 성전터에 대하여는 의견이 많다.

지금의 이스라엘에는 지파 의식도, 성전에 대한 간절한 사모심도 사라진 지 오래고, 대신 유대교가 민족의식과 생활의 기반으로의 신앙으로 정착되고 성전 대신 회당으로 고정되어 있다. 그러나 특별한 섭리가 있을 때, 이스라엘은 옛 성전터에 옛날 이스라엘 종교와 역사에 큰 역할을 했던 성전을 다시 짓고, 거기에서 종교의식을 회복할 날이 있을 법도 하다. 특별히 정동파 유대인들은 예루살렘 성전 재건에 총력을 집중하고 있는 건 일반적 인식이다.

☞ 성전 회복을 위한 진전 상황

1967년 6월 7일 예루살렘과 성전 터(통곡의 벽)를 탈환: 6월 7일 9시 30분 예루살렘 공격신호와 함께 1,000여 공수특공대원의 성 스테판 문의 입성으로 통곡의 벽을 탈환함으로 6일 전쟁의 절정을 이루었다.

회당건립: 1983년 8월 4일 성전의 본터에서 1km 지점에 세우고, 그 준공식에서 사회를 보던 랍비(율법사)는 "예루살렘이 우리 생애에서 다시 뭉쳐졌듯이 이스라엘의 성전 재건도 우리 생애 동안에 완성될 것이다" 말했다. 유대인들은 성전 재건 준비를 거의 완료하고, 이스라엘 정부는 유전자 검사로 사독 계통의 사람들을 확인하는 작업을 진행하여 **제사장 계급 확인하며 제사 준비 의도가 진행 중이다.**

---

35) H.H. Rowley, *op. cit.*, p. 76. Martin Noth, *The History of Israel* (New York: Harper & Row, Publishers, 1960), p. 208. Roland de Vaux, op. cit., p. 318f. ; H. Schmidt, *Der Heilige Fels in Jerusalem* (1933); K. Galling, Biblische *Reallexikon*(1977), col. 519 ; K. Möhlenbrink, *Der Tempel Salomos* (1932), p. 36. J. Simons, *Jerusalem in the Old Testament* (1952), pp. 381ff ; G.B. Gray, *Sacrifice in ihe Old Testament*. (1925), pp. 132ff. A. Lods, *Israel*, tran. S.H. Hooke (1932), p. 362.

II. 의식 II(Ceremonial II): 제사=제의 행위(Actions)

구약 율법의 내용은 세 부분으로 요약된다. ①도덕법, ②사회법(시민법), ③제사법(의식법/예배법)이다. 여기 제사법은 레위기(1-27장)에 대부분 실려 있다. 이스라엘 백성들이 거룩하신 하나님께 나아가, 하나님과 더불어 지속적인 교제를 하며 동행할 수 있는 방법을 계시한 것이다.

범죄한 인간이 하나님께서 지정하신 제사제도를 통하여 이스라엘 공동체의 정상적이고 거룩한 삶을 영위하도록 하는 것이다. 모든 제사 기초는 번제이다. 이 번제는 속죄와 제물의 희생, 우리 헌신을 상징한다. 죄를 전가 받은 제물의 죽음으로 그 희생에 근거한 속죄와 죄 용서에 대한 반응으로 사는 헌신이 따르게 된다는 것이다.

'제의(Cultus)', 혹은 제사(Cult)는 직접적으로 신과 관계를 맺고 있는 사람들의 모든 행위를 일컫는 말이다.[36] 제사는 의식 수행을 통해 사회생활을 영위하는 예배의식(Social worship)을 의미한다.[37] 구약종교의 제사는 죄인 된 인간이 하나님 앞에 나아가는 방법이란 의미라면, 신약교회의 예배의식의 대칭(a symmetrical figure)으로 이해할 수 있다. 제사행위는 고대 이스라엘 종교의 핵심 부분에 속한다. 성소를 통하여 인간이 어떻게 죄 문제를 해결하여 하나님께 나아가는 그 과정을 이해하도록 한 실물 교훈으로 주어진 게 바로 제사제도이다.

이스라엘 종교의 절기는 다양한데 기간별로 정리해 보면, 가장 많이 시행되는 매주 일곱째 날 지키는 십계명 중 넷째 계명인 안식일이 우선이다(레위기 23:3). 그리고 연간(年間) 한번 씩 시행되는 절기로는 유월절, 무교절, 초실절, 칠칠절, 나팔절, 속죄일, 장막절이 대표적인 절기들이며, 율법과 상관없는 유대 민족 자체 절기로 [부림절], [수전절]이 있다. 여기서는 이스라엘 종교의 핵심인 제사제도를 살핀다.

---

36) Walter Harrelson, 「구약성서의 예배」, 장일선 역(서울: 기독교 출판사, 1980), p. 60.
37) John L. McKenzie, *A Theology of the Old Testament* (New York: Doubleday & Company, Inc., 1974), p. 37.

1. 문화적 배경

　세계의 모든 종교는 일반적으로 어떤 형태이든 종교의식을 가지고 있다. 대다수의 종교에는 이 종교 의식에서 공통적 특징이 발견되는데, 꼭 어느 종교에만 있거나, 혹은 다른 나라에서 빌려 온 것이라고만 볼 수 없는 점이 있다. 오히려 어떤 의식의 상징들은 아주 자연 발생적으로 여러 지역, 여러 민족들에 나타나는 것들이다. 예를 들면, 희생제사는 모든 나라, 모든 종교에 나타나는 거의 보편적 의식의 상징이다. 그래서 희생제사는 고대 이스라엘 종교에만 나타나는 독특한 특징이 아니라, 고대 근동 및 세계 도처에도 비슷한 의식과 상징들이 나타나고 있다. 아무리 원시적이라 할지라도 종교와 주술이 없는 종족은 없다.[38] 어느 사람이 종교 체험을 하면 표현(Expression)하기 마련인데, 종교 체험을 한 사람들은 그 체험한 바를 나타내려는 경향을 띠고 있기 때문이다. 그런데 세계 각처에서 발견된 종교 체험의 표현 형태(form)를 비교해 보면, 그 구조에 놀랄 만한 유사성(Similarity)이 발견된다는 것이다.[39]

　워취(J. Wach)는 그 유사성을 비교 연구한 결과, ① 이론적 표현(Theoretical Expression): 신화, 신학으로 정리되고 ② 실천적 표현(Practical Expression): 제사의식으로 제도화되어 진행되고 ③ 사회적 표현(Social Expression): 사회규범으로 삶에 영향을 끼치게 된다고 구분하였다. 그리고 이런 종교체험의 표현에서 두 번째 실천적 표현(Practical expression)의 기본적 특징들을 제시한다;

　① 표출적 표현(demonstrative)은 깊은 감정을 증언하는 기쁨의 인상, 박수, 몸동작, 고통과 간구의 외침, 경외와 감사, 사랑의 감탄에 찬 표현들이 종교의식을 통해 표출된다. ② 전달적(Communicative) 동기에서의 표현으로 자기의 체험을 남들과 나누고 싶어서 소리, 말, 행동을 매개수단으로 나타내고, ③ 전도적(Missiotrary) 동기로서 남을 끌어오고 싶어 하는 마음이 있다는 것이다. 이런 표

---

[38] Joach Wach, *op. cit.*, p. 121. Bronislaw Malinowski, *Magic, Science and Other Essays* (New York: Doubleday Anchor, 1948)에서 Wach는 종교 체험이 보편적(Universal) 이라고 본다.
[39] *Ibid.* J. Wach는 종교 역사를 보면 이 세 가지 면이 서로 깊이 영향을 미치면서 종교 생활의 운동력을 구성했다는 것이다.

현이 집약된 집단적 행위가 바로 의례 행위를 통한 제사의식이다.[40] 이는 우리 기독교 신앙 표현에서도 매마찬가지이다. 이 의례 행위에 쓰이는 매개체들은 순간적 외침, 소리, 곡조, 갈채, 몸짓 운동 등에서부터 나아가 규범화된 전례, 제사, 춤, 신탁, 행렬, 순례들이 동원된다.[41]

하여튼 제의(Cult)란, 공동 집단이나 개인이 그들의 종교적 생활을 외적으로 표현하는 일체의 행위들을 말한다. 그들은 이 제의를 통해서 하나님과의 접촉을 구하는 것이다. 이는 아주 적절한 분석이다.

고대 근동의 이방 종교에서도 동물이나 음식, 그리고 마시는 음료 등을 바치는 제사제도가 있었다. 때때로 위급한 상황에서는 산 사람을 희생 제물로 바치기도 했다. 이런 이방 종교의 희생제사는 다음과 같은 의미로 요약될 수 있다. ① 제사드리는 자와 그들의 신과의 결속의 수단(a means of binding)으로 거룩한 식사로 희생제물의 일부를 나눠 먹었다. ② 제주: 제사드리는 자[42](Offerer)의 마음에 들도록 신을 움직이게 하려는 선물(a gift), 혹은 뇌물의 성격을 가진다. ③ 피곤한 그들의 신들에게 힘을 강하게 하도록, 희생제사 제물로부터 생동력을 제공하는 수단으로 희생 제사를 생각했다.[43]

2. 모세에 계시된 이스라엘의 제사 특징

하나님을 섬긴다는 일반적 의미는 외적 표현의 예배를 드리는 것이다(출3:9, 9:1,13). 성서는 야웨를 섬기는 것(수 22:27), 성막의 봉사(출 30:16), 성전 봉사(겔 44:14)에 대해 언급하고 있다. 이 예배에서 취하는 외형적 형태가 바로 제사의식이다. 이스라엘 제의의 특징을 근동, 동양의 제의와 다른 면을 구분하여 설명하면 다음과 같다.[44]

---

40) *Ibid.*
41) Susanne K. Langer, *Philosophy in a New Sky: A Study in the Symbolism of Reason, Rite, and Art* (New York: Penguin Books, 1948), p. 39.
42) 이후로 제사드리는 당사자를 제주(祭主)로 통일하겠음.
43) hans—Joachim Kraus, *Worship in Israel: A Cultic HIstory of the Old Testament*, Trans. G.Buswell, (Richmond : John Knox Press, 1966), pp.115ff.
44) Roland de Vaux, *op. cit.*, pp. 271. 이 책의 내용을 다음에 요약한다.

II. 의식 II(Ceremonial II): 제사=제의 행위(Actions)

a. 이스라엘인들은 오직 한 분이신 하나님(唯一神)을 예배했다.

(The Israelites worshipped a God who was the only God.)

가나안 초기 정착에서부터 왕국의 멸망 때까지 이 한 분 야웨 하나님만 섬김의 사상 때문에, 이스라엘인들은 여러 개의 성소에서 예배하지 않았다. 바로 십계명의 첫째 계명에서와 같이, 야웨 이외의 어느 신에게도 예배드려서는 안 되었다(신 6:12-15). 특별히 이 신앙에 의하면, 야웨의 배우자로 어느 여성적 신 존재를 전혀 용납하지 않고, 육감적 의식들을 철저하게 배제한다. 이스라엘에게는 오직 한 분이시고 거룩하신 야웨 하나님만이 계실 뿐이다. 여기서 이스라엘인의 제의 목적 중 하나가 바로 하나님 앞에 정결(Purification)과 속죄(Expiation)이다.

b. 이스라엘인들은 역사에 개입하시는 인격적 하나님을 섬겼다.[45]

야웨는 인격적인 계약의 하나님이셨다. 그래서 이스라엘의 제의는 메소포타미아에서의 종교들과 같이 세계 기원 신화를 다시 불러들여 제정하거나, 가나안에서 같이 자연신화를 재연시키는 것이 아니다. 오히려 역사의 어느 한 시점에서 야웨 하나님이 그의 백성과 실제로 맺은 계약을 기억하여 강화하고 갱신하는 것이 이스라엘의 예배이다. 이스라엘 민족은 현세를 초월한 신화를 거부하고, 오히려 그런 것을 구원역사(a history of Salvation)로 대치하여 역사 속에 행동하시는 하나님으로 고백한 최초의 민족이었다. 이스라엘의 제사의식은 신화가 아닌, 역사와 관련되고 "인격적 하나님이시다"는 점을 강조한다.

c. 이스라엘인들은 그들의 제의에 어느 형상도 용납지 않았다.

(The Israelites had no images in their Cult.)

십계명에서 제일 먼저 어떤 다른 신들 숭배나 그 우상숭배를 철저히 금하고 있다. 이것이 고대근동이나 세계 각 지역종교들과 구별 짓는 이스라엘 종교의 특징이다. 이 우상금지가 야웨 예배(Yahwism)의 원초적이며 특징적인 일면이다. 왜냐하면, 야웨는 볼 수 없는 영적 차원의 하나님이며, 살아계신 분이기 때문에, 그분의 피조물인 세상의 어느 것으로도 대치될 수 없기 때문이다. 이런 사상적 배후에는 출

---

45) *Ibid.*, p. 272.

애굽의 역사적 행위에서 초역사적인 분으로 이스라엘에 나타나신 야웨는 언제나 형상 묘사를 초월해 계시다는 인식이 일찍부터 존재했다.[46]

3. 이스라엘 종교 제사의 특징

모세의 제사제도[47]는 이스라엘 백성에게 하나님의 계시를 전달하려는 의도가 함축되어 있고, 부도덕하고 불결한 것을 전적으로 거부했다. 특별히 여인의 후손으로 오시는 메시야의 구속사역을 예표하고 예언하는 의미가 깊이 내재되어 있다. 그래서 이스라엘 종교의 희생제사에는 다음과 같은 의미가 함축되어 있다고 보겠다.

제사종류에 따라 ⓐ 선물(gifts),[48] ⓑ 친교의 통로[49](a Channel of Comm— union), ⓒ 속죄의 방법[50](a means of atonement)을 나타내는 것이 있다[51].

구약의 제사제도는 희생 제사를 단순히 기계적으로 드려 자동적으로 신적 능력을 유발시킨다는 어느 사상도 배격한다. 그래서 쉐마(shema: 신 6:4—5)에서도 하나님을 섬기며 경외하는 것이 의식이나 제도보다 인간의 영적, 정신적 자세가 중요하게 언급된다: "우리 하나님 야웨는 오직 유일한 야웨이시니 너는 마음을 다하고, 뜻을 다하고, 힘을 다하여 네 하나님 야웨를 사랑하라"(신 6:4—5)로 정리하고 있다. 예수님은 쉐마의 내용에 '목숨을 다하고'를 더하여 강조하셨다(막 12:29—31, 눅 10:27). 희생 제사는 예배자의 정신을 근거로 해야 한다. 하나님을 섬김에서 행위보다는 의도가 희생 제물을 유효하게 한다는 것이다. 이스라엘 종교에는 영적인 것에 대한 사고와 외적 표현으로서의 명백한 제사 규례(제도)가 있다.

---

46) Walther Zimmerli, 「구약신학」 김정준 역(서울: 한국신학연구소, 1976), p. 156. 이스라엘은, 야웨가 결코 인간이 만든 피조물에 갇혀 있는 하나님으로 믿을 수 없었다. 인간이 맘대로 취급할 수 없는 하나님이라는 사실을 강조한다.
47) 여기의 모세의 제사제도라고 하지만, 사실 구약 종교의 전체적 제사제도라고 볼 수 있다. 결국은 구약의 모든 제사제도는 모세에게 계시된 제사제도에서 비롯되고, 또 거기에서 구체화되고 그것을 기본(기준)으로 하고 있기 때문이다.
48) 소제의 이름 의미와 관련되어 있다.
49) 화목제의 3가지 제사 종류는 친교와 관련된다.
50) 번제, 속죄제, 속건제는 죄를 속함 받기 위한 제사들이다.
51) G.T. Manley & H.W. Oldham, *Search the Scriptures* (London: I.V.F., 1953), pp.45ff.

a. 구약 제사 제도의 3가지 요소

① **자연적 요소**는 가나안 땅의 이스라엘이라고 하는 밭에서 자라고, 훈련을 받아 발전되었다. 제물은 이 자연에서 얻어진 것을 드리도록 되었다. 이스라엘 절기는 전부 농경적 배경의 의미가 함축된 축제이었다. 예를 들면, 오순절은 이스라엘의 가나안 땅에서의 밀 추수를 기념하는 실제적인 추수 감사절이었다.

② **역사적 요소**는 역사적 바탕에서 하나님과의 관계가 구체화되었다. 이스라엘 제사는 이스라엘 절기에 이스라엘 백성들이 모여 야웨 하나님께 드리는 의식인데, 전적으로 역사 안에 하나님의 구원행위와 관련되었다. 유월절은 농경적 의미와 더불어 10가지 재앙, 특별히 마지막 장자가 전부 죽는 죽음에서 구원받아 출애굽한 역사적 사건을 기념하는 절기이다. 즉, 유월절 축제가 역사적인 의미와 자연적 의미를 가진다는 것이다.

③ **영적인 의미**는 하나님과의 관계 속에서 구체화되어 영적인 신앙화가 되었고, 희생제사에는 속죄와 대속의 구원이란 실체가 고백된다. 더 나아가 하나님과 이스라엘 백성이 맺은 시내산 계약과 계약의 법을 수여받는 걸 기념하는 절기가 오순절이기도 하다. 여기에서 영적의미가 가장 중요하고, 자연적인 의미보다 역사적인 의미가 훨씬 중요하고, 자연적인 것은 역사적인 것에 종속된다.[52]

b. 구약 제사제도는 배상, 죄의 고백, 겸손한 회개를 강하게 요구한다.

그러나 다른 이방에는 죄의식이나 회개가 거의 나타나지 않고, 오히려 의식 자체가 극도로 부도덕하기도 하다. 자연 양상에 비유한 남신들과 여신들 사이 부모형제의 가족관계로, 아내 도적, 부부 교환, 근친상관, 다양한 성의 탈선, 전속 매음녀까지도 있는 경우가 있었다.[53]

c. 구약 제사제도에서는 살인자, 음행자, 하나님 모독자들에게는 희생제사가 허락되지 않았다.

---

52) Hans—Joachim Kraus, *op. cit.*, pp. 3ff.
53) G. Herbert Livingston, 「모세오경의 문화적 배경」 김의원 역(서울: 기독교문서선교회, 1987), pp.147—152.

때때로 그들의 죄를 정결케 하는 경우도 있기는 하지만, 부도덕한 것에 강경한 태도가 나타난다(시 51:1, 삼하 12:13). 그래서 제사를 집행하는 제사장의 성별된 삶을 위해 결혼해서는 안 되는 기생, 부정한 여인 등 대상이 정해졌었다.

d. 이사야 53장에 희생제사의 의미에 가장 의미심장한 계시가 나타난다.

"그는 실로 우리의 질고를 지고 우리의 슬픔을 당하였거늘 우리는 생각하기를 그는 징벌을 받아 하나님께 맞으며 고난을 당한다 하였노라. 그가 찔림은 우리의 허물 때문이요 그가 상함은 우리의 죄악 때문이라 그가 징계를 받으므로 우리는 평화를 누리고 그가 채찍에 맞으므로 우리는 나음을 받았도다. 우리는 다 양 같아서 그릇 행하여 각기 제 길로 갔거늘 여호와께서는 우리 모두의 죄악을 그에게 담당시키셨도다."(사 53:4—6). 이는 예수님의 고난과 그 십자가 수난의 모습을 직접 보고 기록하는 듯한 예언이다. 초대교회 사도인 빌립도 바로 구약의 희생제사와 이사야 53장의 메시아 고난을 예수 그리스도의 희생사건으로 직접 연관시켜 설명한다(행 8:26—28).

4. 희생제사의 장소로서 번제단

성막에 들어가는 문은 단 하나이다. 이 문으로 안뜰에 들어서면 바로 번제단을 만나게 된다. 그것은 성소 앞 성막 뜰, 곧 회막의 성막 문 앞에 놓여있어, 그 번제단과 회막 사이에는 물두멍이 놓여 있었다(출 40:6—7).

a. 번제단의 크기: "너는 조각목으로 길이가 다섯 규빗, 너비가 다섯 규빗의 제단을 만들되 네모 반듯하게 하며 높이는 삼 규빗으로 하고, 그 제단을 놋으로 쌀지며"(출 27:1). 즉, 가로가 5규빗(2.3m), 세로가 5규빗(2.3m)의 정사각형이고, 높이가 3규빗(1.4m)으로 직사각 기둥 모양이었다.

b. 번제단의 재료: 기본 골격은 시내산 밑에 광야에 많이 자라는 조각목(아까시야)으로 짜되 그 겉은 놋으로 감싸도록 했다(출 27:1,3, 8:1—2). 이 번제단이 놋으로 만들어져, 일명 '놋제단,' '놋단'(왕상 8:64)이라 한다. 놋은 구리에 아연을

II. 의식 II(Ceremonial II): 제사=제의 행위(Actions)   253

10~45% 넣어 만든 합금으로, 녹슬지 않고 불에 강한 편이기 때문에 항상 꺼지지 않게 불을 지펴야 하는 번제단에 적절한 것이었다. 번제단에서 쓰이는 불은 하나님께서 직접 내려 주신 불이었고(레 9:24, 대하 7:1), 하나님은 "그 불은 결코 끊임이 없이 그 제단 위에서 피워 꺼지지 않게 할지니라"(레 6:13)라고 명령하셨다. 솔로몬이 성전 낙성식 기도를 마치자 불이 하늘에서부터 내려와서 제물들을 사르면서 하나님이 응답하신다. 솔로몬 성전이 바벨론에 의해 파괴될 때까지 이스라엘 백성들은 하나님께 받은 그 불을 꺼뜨리지 않으려 했다. 성소에서 분향할 때는 반드시 번제단의 불을 사용해야 했고, 등잔불도 이 번제단 불을 사용하여 점화하도록 했다. 이 번제단의 불이 아닌 다른 불을 사용하면 저주(죽음)가 되었다(레 10:1-2).

c. 번제단의 네 뿔: "그 네 모퉁이 위에 뿔을 만들되 그 뿔이 그것에 이어지게 하고"(출 27:2). 제단의 네 모서리에 놋으로 뿔 넷을 만들었다(출 27:2. 38:2). 이는 생명의 뿔이다. 죽을 죄인도 이 뿔을 붙잡으면 살 수 있었다. 죄악과 사망을 이기는 승리의 뿔이었다. 십자가에서 예수님이 사단의 머리를 완전히 박살내고 인류를 구원하시는 승리를 상징하기도 한다(창 3:15, 롬 8:1-4).

d. 부속 기구: "재를 담는 통과 부삽과 대야와 고기 갈고리와 불 옮기는 그릇을 만들되 제단의 그릇을 다 놋으로 만들지며, 제단을 위하여 놋으로 그물을 만들고 그 위 네 모퉁이에 놋고리 넷을 만들고, 그물은 단 사면 가장자리 아래 곧 단 절반에 오르게 할지며, 또 그 단을 위하여 채를 만들되 조각목으로 만들고 놋으로 쌀지며"(출 27:3-6). 채통, 부삽, 대야, 고기 갈고리, 불 옮기는 그릇 등은 제물을 하나님께 드리고 정리하는데 필요한 기구들이었다. 예를 들면, 부젓가락은 무엇을 집는 '집게'로, '화저(火箸: 금으로 만든 화젓가락)'는 성소의 등잔불의 심지를 다듬고 정리하는 데 사용된 것으로 보인다. 또, 번제단에서 숯불을 집는 금속 젓가락을 가리킨다(왕상 7:49, 사 6:6). 등대의 심지를 다듬고 정리하는 불집게(대하 4:21), 혹은 번제단의 숯불을 집는 불집게(대하 4:21 '부젓가락', 사 6:6)이었다. 부삽은 번제단에서 희생제물을 태울 때 발생한 재를 청소하는 도구(출 38:3)인데 청동으로 만들어졌다. 훗날 바벨론에 의해 예루살렘에서 약탈된 성전기물 목록에도 언급된다(렘

52:18). 운반용 채는 조각목으로 만들어 놋으로 감싸서, 번제단을 운반할 때에는 두 채를 꿰어 이동해 갈 때 편하게 운반하였다(출 38:3—7).

e. 성막의 성물들(언약궤, 떡상, 번제단 등): 성물들 중에 가장 중요한 것으로 언약궤는 제사장들이, 그 외의 것은 레위지파 중 모세가 소속되었던 고핫 자손들이 어깨로 메어 이동하도록 해서 그들의 직무가 되었다(민 7:9). 이 직무는 솔로몬이 건축한 고정된 성전이 완성된 이후에 종결되었다(대하 5:2—10, 35:3).

f. 번제물 잡는 곳(the place of the burnt offering: NIV): '번제물을 잡는 곳'은 번제로 드릴 희생 제물들을 야웨 앞에서 잡는 장소로(레 4:29), 옛 관주간이(貫珠簡易) 국한문 성경은 번제소(燔祭所)라 번역했다. 번제단 옆 성막의 북쪽 뜰에 위치해 있었다(레 1:11).

g. 번제단의 의미

이 번제단은 제사장들이 희생제사를 실제로 집행하는 장소이다.[54] 바로 희생제물을 하나님께 드리기 위해 불태워 그 향기를 올려드리는 곳으로 바로 하나님이 인간이 드리는 제물을 받으시는 장소이다(출 38:1). 거기서 이뤄지는 종교 행위가 바로 제사이다.

제단이 없이는 제물이 있을 수 없다는 원리로 제물이 제단에 올리기 전에는 제물의 효력이 없다는 의미가 된다. 바로 제물이 이 제단에 올려 질 때 하나님께 드리는 구체적인 제물 실체가 된다. 하나님이 정하신 이 제단이 아니면 하나님에게 통하는 길이 없었다. 번제단은 골고다 예수님의 십자가 제단을 예언하며 상징하는 것이다. 그래서 예수님이 아니면 하나님에게 갈 길이 없다고 선언하셨다. "예수께서 이르시되 내가 곧 길이요 진리요 생명이니 나로 말미암지 않고는 아버지께로 올 자가 없느니라."(요 14:6).

제단에 올려진 모든 제물은 완전히 태워지는 상징적 의미;

---

54) 제사장과 회중을 위한 속죄제는 기름진 부분은 번제단 위에서 태워 하나님께 드리고, 나머지 모든 제물은 진 바깥 재 버리는 곳인 정결한 곳에서 사르게 되었다.(레 4:3—21)

―**첫째는** 철저히 죽임당하는 걸 의미한다. 즉 제단위에 올려진 모든 제물은 모두 완전히 철저하게 불태워 없어진다. 이는 완전히 죽임을 당한 걸 확인하는 것이다. 곧 죄에 대한 온전한 심판으로 하나님 공의를 만족시키는 의미가 있다. 바로 십자가의 예수님에 내려진 하나님의 심판과 저주는 우리의 죄와 허물에 대하여 하나님의 공의가 엄중히 충족되게 내려진 심판사건이 된다.

―**둘째로**, 번제단에서 완전히 제물이 불태워지는 것은 그 제물을 선택하여 그 머리에 안수하여 죄를 전가한 그 제주(죄인)를 대신하여 철저하게 죽음으로 그 제주를 더욱 정결화(化)하게 하는 승화적(昇華的) 의미가 있다. 이것은 하나님의 사랑이 만족하게 이뤄지는 구원사건이다. 바로 골고다의 '십자가 제단'에서 ―머리에 가시관으로 피가 흐르고, 양손과 양발에 못이 깊숙히 박히고, 속옷까지 벗김을 받으시고, 채찍에 맞아 상처투성이가 되어 높이 달리신―예수님을 로마병정이 창으로 심장을 꿰뚫어 확인 사살한다. 이 피와 물이 다 흐르게 하며 죽인 것(요 19:34)은 바로 우리 죄와 영원한 사망에서 구원하시기 위한 예수님의 대속적, 구속적, 속죄적 의미가 있다. 그래서 우리는 예수님의 의와 거룩함이 우리의 것으로 인정되어 하나님 앞에 의인이요, 하나님 자녀, 천국 백성이 되는 것이다.

5. 제사에 드려질 제물 선정의 기준

이스라엘 종교의 핵심인 제사에서 하나님께 드려지는 제물은 아주 정제(精製)되고 엄밀한 기준의 의해 선택되어졌다. 이스라엘 종교에서 제사를 드린다는 것은 천지를 창조하신 거룩하신 하나님 앞에 의례이며 소통의 현장이기 때문이다. 인류 초기, 가인과 아벨도 하나님께 제물을 바쳤다. 아담의 아들 가인은 땅의 소산 얼마를 바치고, 아벨은 자기 양의 첫 새끼와 그 기름을 바친다. 그런데 "하나님이 아벨과 그의 제물은 받으셨으나 가인과 그의 제물은 받지 아니하셨다"고 기록하고 있다(창 4:4―5). 여기서 중요한 메시지가 있다.

첫째는 제사의 제물은 그 드리는 제주와 그 제물을 함께 받으시는 하나님의 의도(아벨과 그의 제물을 받으심)이다(창 4:3―5). 제물만 드려지는 문제가 아니라 드리는 자의 자세와 마음가짐이다.

둘째는 제사의 제물을 하나님이 받으시기도 하지만 받지 않는 제물이 있다는 것이다. 그래서 하나님께 드릴 제물 선정은 중요한 기준이 있어야 했다.

a. 모든 제사로 드리는 제물은 정결하고 흠이 없는 것이어야 한다.
이는 예수 그리스도의 동정녀 탄생을 예표한 것이다.
① 거룩한 야웨 하나님께 드리는 거룩한 예물이란 개념이다.
"누구든지 야웨께 예물을 드리려거든 가축 중에 소나 양으로 예물을 드릴지니 번제이면 흠없는 수컷으로"(레 1:2-3)
"누구든지 야웨의 계명 중에 하나라도 그릇 범하여, 범죄 하였으면, 그 범한 죄를 인하여 흠 없는 수송아지로 속죄제물을 삼아 드릴찌니, 속죄한 즉 그들이 사함을 얻으리라"(레 4:2)
재물 선정에 가장 중요한 것이 제물의 무흠성(無欠性), 성결성(聖潔性), 즉 흠과 티가 없는 것이었다. 왜냐하면, 죄인의 죄를 속죄하기 위해서는 죄가 전혀 없이 깨끗한 제물이어야 대속할 수 있고, 속죄할 자격이 있기 때문이다.
이스라엘의 종교에서는 아버지와 어머니의 부정모혈(父精母血)로 태어나는 어느 인간도 그의 원죄와 유전죄와 자범죄 때문에 제물이 될 수 없어 인신제사(人身祭祀)가 절대로 용납되지 않았다. 그래서 동정녀 마리아, 여인의 후손으로 오신 예수 그리스도만이 죄와 허물이 없는 인류의 구세주가 될 수 있는 것이다(창 3:15, 행 4:12, 벧전 1:18-19)

"너희가 알거니와 너희 조상이 물려 준 헛된 행실에서 대속함을 받은 것은 은이나 금 같이 없어질 것으로 된 것이 아니요 오직 흠 없고 점 없는 어린 양 같은 그리스도의 보배로운 피로 된 것이니라"(벧전 1:18-19).

② 인간이 자신을 직접 제물로 드리지 않고 흠없는 짐승을 제물로 선정하는 것은 제물 드리는 자의 불완전성을 대신한다는 개념이다. 죄인 된 더러운 인간이 다른 사람의 죄를 대신해서 속죄의 제물이 될 수 없는 불완전한 인간성 때문에, 하나님은 일시적인 방편으로, 양이나 염소 등을 이스라엘 백성들의 범죄를 대신하는 상징적 제물로 드리도록 허용하셨다. 그래서 이스라엘 종교제사의 상징적 제물의 실

II. 의식 II(Ceremonial II): 제사=제의 행위(Actions)   257

체로 오신 메시아 예수님을 우리에게 보내셔서 인류구원을 위한 대속, 속죄, 구속을 완성하게 하셨다.

③ 그 제물의 흠과 티가 없는 그 완전성은 제물의 가치와 효능을 높이는 상징적 개념을 가진다. 죄인이 죄인을 구원할 수 없고, 지옥불에 빠져있는 자가 지옥불의 다른 사람을 구출해 낼 수 없다. 그래서 성자 하나님이신 예수 그리스도께서 동정녀 마리아를 통해 인간의 몸을 입고 오신 것이다.

"그리스도께서는 장래 좋은 일의 대제사장으로 오사, 영원하신 성령으로 말미암아 흠 없는 자기를 하나님께 드린 그리스도의 피가 어찌 너희 양심을 죽은 행실에서 깨끗하게 하고 살아 계신 하나님을 섬기게 하지 못하겠느냐 율법을 따라 거의 모든 물건이 피로써 정결하게 되나니 피흘림이 없은즉 사함이 없느니라"(히 9:11-22).

b. 제사의식에서 각종 제물은 제물 드리는 자의 생명 유지 수단이며, 생활의 기본수단이 되는 '생명의 예물'을 드리도록 했다.

농경민은 주식인 농사를 지어 얻은 곡물과 식물을 드리도록 되었다. 짐승들을 목축하는 유목민은 바로 소나 양이나 염소들을 제물로 드리도록 했다. 아마도 물고기가 전적으로 주식인 자들은 물고기를 드려야 했을 것이다. 성서에는 나타나지 않는다. 왜냐면, 이스라엘 백성은 아브라함을 비롯한 족장들과 광야 이스라엘 백성들도 반유목민(半遊牧民) 양식의 삶을 살았기 때문에, 이스라엘 종교의 제물은 동물제사와 곡물제사를 드리도록 했다.

육체를 가진 죄된 인간을 구원하기 위한 메시야된 예수 그리스도는 삼위일체 중에 '성자 하나님'(神性)이 '참 인간'(人性)으로 오셔서, 우리의 죄와 죄악과 허물을 대속과 속죄와 구속의 제물로 십자가에서 처절하게 죽으심으로 구원을 완성하셔야 했다. 즉, 도성인신(道成人身: 成肉身, Incarnation)하셔야 했다(요 11:1-18).

c. 제사의식에 각종 제물은 그 제사를 위해 제물로 구체적으로 미리 선택된 것으로 구별된 것이어야 한다.

"너희 중에 누구든지 야웨께 예물을 드리려거든 가축 중에서 소나 양으로 예물을 드릴지니라. 만일 그의 예물이 소의(소떼로부터) 번제이면 흠 없는 수컷으로 가져 올 것이라: If his offering be a burnt—offering of the herd, he shall offer it a male without blemish: אִם—עֹלָה קָרְבָּנוֹ מִן—הַבָּקָר זָכָר תָּמִים יַקְרִיבֶנּוּ"(레위기 1:2-3)

― 만일(אִם) 번제이면: If a burnt—offering: אִם—עֹ
― 그 소떼로 부터: of the herd: מִן—הַבָּקָר

조건문 접속사(אִם 만일 … 이면)가 "예물로 소 번제를 드린다"는 2절의 내용을 전제로, 3절에서는 그 예물로 드리는 소가 소떼로부터(מִן—הַבָּקָר) 선택되어 드려진 다는 것이다. 여기서 소가 '많은 소떼들' 중에서 선택되었다는 의미가 내포되어 있다. 즉, 소들 중에서 어떤 결함도 없는 하나님께 최상의 품질에 속하는 온전한 소를 선택하여 드린다는 의미로 각각 제사 제물을 가리키는 내용에 나타난다. 예를 들면, 유월절은 유대인 종교력으로 첫 달(Nisan: 양력 3-4월) 14일에 지키는데, 그 유월절에 죽임을 당하는 양은 4일전인 10일에 양떼에서 선택하여 14일까지 간직 하였다가 해 질 때에 이스라엘 회중이 선택한 그 양을 잡고 그 피를 양을 먹을 집의 문설주와 인방에 바른다(출 12:3-7).

여기서 주는 메시지는 인류의 구원자 메시야는 아무 때나, 아무나 될 수 있는 게 아니라, 구약성서에 계속 무수히 예언되신 그 분, 그 약속대로 오신 그 메시야, 예수 님만이 우리의 구세주가 되시는 것이다. 여자의 후손(창 3:15)으로, 베들레헴에서 출생하시고(미가 5:2,4), 겸손하게 나귀타고 입성하시는(슥 9:9), 뼈가 꺾이지 않으 실(출 12:46), 부자의 무덤에 장사되실 등등 예수님의 초림에 대한 구약의 456회(?) 예언이 성취되었다고 한다. 그렇다면 신구약 성경에 1518회(?)나 예언된 예수님의 재림은 분명히 인류역사에 그대로 성취될 것이다. 하나님의 언약과 약속으로 선택 하시고 준비하셨던 예수님만이 메시야, 그리스도가 되실 수 있는 것이다.

d. 제사에 드려지는 제사제물은 의도적으로 죽임당한 것이어야 한다.

제사에 쓰려고 하는 짐승이 이미 죽었거나 병들거나 사고로 불구가 되거나, 무 슨 사고로나 자연사(自然死)한 것은 제물이 될 수 없었다. 원래는 제사 드리는 제주 자신이 짐승 떼에서 선택한 걸 드리는 것이지, 돌아다니는 야생 양이나, 길 잃은 소

II. 의식 II(Ceremonial II): 제사=제의 행위(Actions)   259

를 잡아 드릴 수 없었다. 소제에 쓰는 곡식도 자신이 농사지어서 추수한 것을 드리지, 산이나 들에 그냥 무성하게 스스로 자라난 야생(野生) 자연산(自然産) 곡식은 제물이 될 수 없다는 원칙이다.

우리를 위한 예수님의 대속적 죽음도, 예수님이 가버나움에서 누구와 싸우다 죽으시거나, 불의의 사고로 죽으심으로는 인류의 죄를 속죄할 수 없었다. 예수님의 고난과 처형은 성경에 예언한 대로 과정을 그대로 거쳐 당시 악의 공범자들인 로마 정권의 대표자 빌라도, 로마 군병들의 정치적, 군사적 권력, 유대인 종교 지도자들의 음모와 책동, 예수님 제자의 배신, 일반대중들의 민주주의적 다수의 증오의 외침과 인류의 죄악 그리고 여자 후손의 발꿈치를 상하게 하려고 배후에서 증오를 불어넣고 예수님을 죽음으로 몰아가던 사단 마귀 등이 총체적으로 일으켰던 예수님의 죽음이요, 하나님과 인류와 우주 한복판에서 집행된 십자가 사형, 처형 사건이었다.

e. 이스라엘 종교 제사에서는 인간을 제물로 사용치 못한다는 원칙이 더욱 분명해진다.

이스라엘 종교에서 인신제사는 극한 타락을 뜻했다. 요시야왕의 종교개혁 중에 당시의 예루살렘 종교타락의 심각성을 엿볼 수 있다. 예루살렘 성전에도 이방 우상인 아세라 상이 있어서 그걸 끌어내어 불사르고, 더구나 남창의 집도 있어 그걸 헐었다는 기록이 있어 정말 종교적 타락의 만신창을 보게 된다(왕하 23:5—8). 거기에 하나 더, 예루살렘 성전산 밑에 힌놈의 아들 골짜기에 있던 도벳(Topheth)이란 암몬인의 몰록우상 신의 제단이 있었다. 그 제단에서 "몰록에게 드리기 위하여 자기의 자녀들을 불로 지나가게"하는 인신제사를 금지하는 것이 특별히 기록되고 있다(왕하 23:10).

유다 왕 아하스도 동일한 골짜기에서 "분향하고 야웨께서 이스라엘 자손 앞에서 쫓아내신 이방 사람들의 가증한 일을 본받아 그의 자녀들을 불사르고"(대하 28:3), 악한 왕의 대명사인 므낫세도 동일한 장소에서 "그의 아들들을 불 가운데로 지나가게 하며(대하 33:6)" 인신제사(人身祭祀)로 자기 아들을 불태워 몰렉에게 봉헌한 것을 아주 신랄히 비판을 가하고 있다(사 30:33). 특별히 야웨께서 그 사실에 "①아주 노하시며, ②그 세대를 끊어 버리시며, ③유다 자손이 면전에 악을 행하여 야웨 이름의 집에 가증한 걸 두어 집을 더럽혔다. ④도벳 사당에 인신제사는 야웨가 명령하지 아니하였고, ⑤마음에 생각하지도 아니한 일이라며, ⑥그 곳을 죽음의 골짜기라 말하리라" 하며 ⑦"백성의 시체가 새와 짐승의 밥이 되고 땅이 황폐하리라"(렘 7:29-34) 선언하신다.

그래서 요시야 왕이 종교개혁에서 도벳 산당에서 인신제사의 금지를 단행했던 것이다(왕하 23:10). 모세 율법에서는 자신의 자녀를 몰렉에게 인신희생 제물로 바치는 사람은 누구든 사형에 처하도록 강력하게 규정하고 있다.

"이스라엘 자손이든지 이스라엘에 거류하는 거류민이든지 그의 자식을 몰렉에게 주면 반드시 죽이되 그 지방 사람이 돌로 칠 것이요 나도 그 사람에게 진노하여 그를 그의 백성 중에서 끊으리니 이는 그가 그의 자식을 몰렉에게 주어서 내 성소를 더럽히고 내 성호를 욕되게 하였음이라"(레 20:1-5).

하나님이 아브라함에게 아들 이삭을 바치라는 명령은 아브라함의 신앙을 평가하며, 축복의 기회로 삼으려는 사건이지 실제 이삭을 바치는 사건이 아니라, 오히려 숫양을 준비해 놓으시고 이삭을 대신하도록 하신다. 오히려 이삭의 사건을 통해 인신제사를 철저하게 금지하고 동물제사로 요구하시는 하나님의 강한 의지가 나타난다. 그래서 그 숫양도 결국 아브라함 후손으로 태어나는 진정된 거룩하고 성결한 참 제물 되시는 예수 그리스도를 구약 전체 역사에서 준비하신 섭리를 말하고 있다.

f. 이스라엘 종교의 제사제물들은 온순하고 충실(忠實)한 특징이 엿보인다.
① 제물로 쓰인 짐승들은 사람들이 목축하는 가깝고 유익된 동물들이고 식생활에 필요한 곡물들이었다. 어쩌면 유목민의 생활에 절대 필요한 동식물들이었다.
② 제물로 하나님께 드리는 동물들은 사나운 호랑이나 사자나 표범이나 곰도 아니고, 독수리 같은 새들도 아니었다. 근면과 힘의 상징이며 유목민에게 생명 같은 우유를 공급하는 소, 온유함과 순종의 상징인 양과 평화와 순결의 의미인 비둘기가 이스라엘 종교 제사의 핵심 제물들이었다. 이들은 다 온순하고, 신실하고, 순종 잘

하고, 충실한 동물이고 새였다. 제사 드리는 제주의 삶에 가장 가까이 있는 이런 짐승과 곡식들을 드리되 자기의 생활 형편에 따라서 제물로 드리도록 배려하는 하나님의 섭리가 각종 제사종류에서 나타난다.

그래서 우리의 구세주이신 예수님은 자신을 온유한 양으로, 더욱 "세상 죄를 지고 가는 하나님의 어린 양"으로 비유하고(요 1:29. 계 19:7), 예수님 자신이 "나는 마음이 온유하고 겸손하니 나의 멍에를 메고 내게 배우라 그러면 너희 마음이 쉼을 얻으리라" 말씀하신다(마 11:28-30). 성령님도 평화의 비둘기로 상징되고 있다(마 3:16). 그런 면에서 구약의 제사제물의 특징은 우리의 구세주 되신 예수 그리스도의 성품과 인격을 보여주고 있다.

A. 제사제도에서 제물 드리는 방법

여기서 다루는 것은, 여러 종류의 제사를 드릴 때 제물을 어떤 방법으로 하나님께 드리느냐는 것이다. 제사의 종류는 몇 가지로 분류할 수 있는데, 제물을 드리는 방법은 각 제사 종류마다 그에 따른 제물 드리는 방법을 선택하지만, 대개 비슷한 방법을 사용하고 있다.

1. 화제(火祭 : Fire—offering)

문자 그대로, 제물을 제단 위에서 불에 태워서 향기로운 냄새로 하나님께 드리는 방법이다(출 29:18,25,41). 번제에서는 짐승 제물의 머리, 내장, 정강이 등을 깨끗히 물로 씻은 다음에 번제단에서 불로 태우도록 되어 있다(레 1:9,17. 2:2,9,16. 3:5,11,16. 9:10,13,17,20).

소제의 예물인 곡식, 고운 기름, 가루 한 줌, 유향 등을 취하여 단 위에서 불살라 향기로운 냄새로 하나님께 드린다(레 2:2).

화제의 특징은 일단 화제물로 선정된 제물은 전부 태워서 온전히 하나님께 향기로운 냄새로 드리는 것이다. 희생 제물이 타면서 연기가 하늘로 올라감을 통하여 제사 드리는 자의 마음과 헌신이 하나님께 바쳐지는 걸 상징한다. 더 나아가 그리스도의 희생으로 하나님께 인간의 죄가 대속, 속죄, 구속됨을 의미한다(히 9:11—

14,24-28. 10:10-14)

2. 전제(奠祭 : Libations)

히브리어(nesek)는 '붓는', '쏟는' 것을 뜻한다. 전제는 포도주(출 29:40, 민 15:5)나 술, 독주(출 30:9, 민 28:7)등이나 제물로 드려지는 동물의 피를 취하여 제단에 뿌리거나, 찍어 바르거나, 쏟아 부어 드리는 방법이다. 단독으로 드려지는 것보다는 번제나 소제와 같은 제물이 드려질 때 함께 드려진다. 포도주나 독주를 잔에 담아 붓기도 한다.

전제는 희생제물이나 소제의 기름 섞은 고운 가루를 제단에 올려놓고 불사르기 전에 그 제물들 위에 피나 기름이나 술, 포도주를 붓는 의식이었다(출 30:6. 레 23:13,18. 민 6:15). 번제물이 일 년 된 어린 양일 때는 포도주 [힌][55] 사분의 일(출 29:40)을, 숫양일 때는 삼분의 일(민 15:6-7)을, 수송아지일 때는 반 [힌](민 15:9-10, 28:24)을 부었다.

신약에서는 같은 의미 단어를 '희생제물 위에 술을 붓는 제사 의식'의 신약적 표현인 관제[56](灌祭, drink offering)로 번역하였다(딤후 4:6, 빌 2:17). 이 사용 구절을 보면, 이 관제는 자신의 모든 삶을 하나님께 드리는 전적 희생과 헌신을 상징한다.

3. 요제(搖祭: Wave-offering)

이는 제물을 위아래로, 죄우로, 앞뒤로 흔들어서 바치는 방법이다(레 7:30. 8:29). 야웨 앞에 제물을 흔들어서 보인 후, 그것을 손에 취하여 단 위에서 번제물과 함께 불사르는 경우가 있다(출 29:24,26).

또 야웨 앞에서 제물을 흔들어 보인 후, 그 흔든 요제물을 제사장에 분깃으로 주기도 한다(출 29:27-28. 민 6:20). 이 요제물로는 짐승의 가슴이나 다리 부분 등

---

[55] 액체 부피를 재는 단위. 대략 [힌]은 3.6ℓ로, [밧]의 1/6에 해당한다(출 30:24, 민 15:7,겔 4:11). [밧: bath]= 1/10[호멜]= 22ℓ(왕상 7:26).

[56] 제물 위에 포도주나 독주를 부어 드리는 제사로 구약에서는 '전제'(奠祭)로 표현되었고, 개역개정판은 '전제'(빌 2:17)로 통일되다. (라이프성경사전).

(레 7:30. 8:29)과 기름을 제물로 함께 드리기도 하며(레 10:15. 14:12,14), 떡덩이(레 23:17), 곡식단(레 23:15)을 택하여 흔들어 드리기도 한다.

특이한 경우로는 레위인을 요제로 야웨 앞에 드리기도(민 8:15) 하며, 아론과 그 아들들을 앞에 세워 야웨께 요제로 드리기도 한다(민 8:13). 이때는 대개 회막에서 야웨를 봉사케 하는 절차였다(민 8:15. 8:11).

4. 거제(擧祭 : Heave—offering)

높이 들어 바친다는 의미로, 거제는 하나님 앞에서 제물의 어느 부분을 손으로 받쳐 드리되, 수평을 유지하며 위로 높이 받들어서 드리고, 아래로 내려놓는 제사의 한 행위이다. 예를 들면, 화목제의 제사에서 제물의 오른 편 뒷다리를 야웨 앞에 거제로 높이 받들어 올리어 드리는 상징적 의례를 거친 후, 그 거제물은 대개 아론과 그의 자손에게 영원한 분깃이 되도록 했다(레 7:14,32. 출 29:26-28). 처음 익은 곡식의 가루떡(민 15:19-21. 18:8,11)과 십일조를 거제로 흔들어 하나님께 보이고 제사장들의 양식조달 방법으로 허락하셨다(민 18:21,24,28).

이는 이스라엘 백성들이 하나님께 드린 제물을 제사장들이 하나님으로부터 그들의 먹을 양식으로 다시 받는다는 의미가 있다(출 29:27-28. 레7:14,32) 그래서 거의 모든 거제의 형식은 제사장이 그 거제물을 자신의 몫으로 삼을 때 행하는 제사 의식이기도 하다. 곧 제단에서 그 거제물은 불살라질 필요가 없이 제사장 몫으로 돌려졌다(민 18:9-11).

각각의 제사에서, 위의 제물을 드리는 방법에 의해서 모든 제물이 드려지면서 제사가 진행이 된다. 예를 들면, 제물의 어느 부분은 화제로 드려지고, 어느 부분은 요제로 하나님께 보인 후 제사장에게 주고, 어느 부분은 거제로 드리는 경우가 있다. 제물의 피는 대체로 전제의 형식으로 드려진다.

B. 제사제도에서 제사의 종류들

이스라엘의 종교, 구약에서의 제사법에서 제사의 구체적인 종류와 방법과 의미를 논한다. 구약제사는 크게는 [동물제사]와 [곡물제사]로 나눈다면, 동물제사인 피 있는 제사는 6가지 종류의 짐승이 잡혀서 피흘려 희생되어 드리는 '희생제사(The Six Blood Sacrifices: 6개 피제사)'가 있고, 유일하게 '곡물제사(Cereal—Offering)'인, 일용한 양식으로 드리는 소제가 있다.

이같이 하나님께 드리는 제사는 여러 가지 동물들과 식물로 드려졌다. 그것은 인간의 죄를 속하기 위한 것이며, 또 하나님께 대한 경외와 충성의 표시로써 제물 전체를, 혹은 부분으로 제단 위에서 드려진다.

제단에 올려 진다는 건 완전히 태워서 전부 올려진다는 의미이다.[57] 제사의식은 모세시대 때 계시되어 규례화 되었지만, 제사를 본격적으로 시행한 것은 모세 후세대 이스라엘 사회에서 이뤄졌다.

여기서는 레위기에 나타난 다양한 제사법을 신약의 그리스도 구속의 진리와 연계해서 설명하려고 한다. 기독론적 의미가 없다면 우리가 구약의 제사에 집착할 필요가 있겠느냐는 질문 때문이다.

레위기에서는 아직 구원받지 못한 사람들 보다는 구원받을 사람들을 위한 그리스도의 구속의 사역을 더 발견하게 된다.[58] 제사의 다양성 같이 그리스도의 사역의 양상도 다양하게 나타난다. 그것들을 차례로 설명하면 다음과 같다.

---

57) Roland de Vaux, *op. cit.*, p. 415.
58) Andrew Jukes, 「성경의 제사법」, 김영배 역 (서울: 생명의 말씀사, 1984), p. 41.

1. 번제(燔祭: 레 1:1-17)

a. 번제의 명칭: 히브리어로 'ôlāh(עלה)이다. 이는 동사 'ālāh(עלה: 올라가다, 승강하다, 기어오르다)에서 온 여성 명사로, 희생제물이 제단 위로 '올라간다'는 것, 혹은 그것을 불사를 때 연기가 하나님께로 올라간다는 뜻이다.[59] 번제는 명칭이 보여주듯 야웨께 태워 연기로 올리는 향기로운 냄새의 예물(레 1:9,13,17)이다. 레위기에 '하나님의 음식'(레 21:6)이란 표현은 하나님이 음식을 탐하거나 제물의 냄새를 맛본다는 개념을 철저하게 거부한다. 오히려 이스라엘 종교의 제사의식은 하나님께서 좋은 관계를 맺도록, 이스라엘 백성이 하나님과 교통하여 교제하며 살아가도록, 하나님과 떨어지게 한 죄를 극복하는 하나님의 능력에 대한 신념을 표현하는 의식이다.[60] 영어로는 The Burnt Offering, 혹은 Holocaust(모조리 태워 죽임, 대학살)로 표기된다.

b. 번제의 목적: 부정한 백성이 거룩한 하나님께 접근하는 방법으로, 일반적으로 인간의 본성적(本性的)이고 무의식적인 원죄(Original Sin)를 없이 하기 위해 드리는 제사이다.[61] 사단이 뱀을 통해 '하나님 같이' 된다는 악의적 유혹에 인간이 타락하여 [하나님과의 관계]가 파괴되면서 근본적 부정적 관계로 부서져 [반드시 죽으리라]는 사망에 이르게 된다. 이 근본적 파괴를 가져온 원죄(原罪)로 말미암아 인간은 그 죄악, 죄성으로 죄인이 되어 인류역사를 죄로 물들게 해왔다. 번제는 하나님과의 근본적 관계파괴를 가져온 원죄 문제를 해결함으로 하나님과 관계를 긍정적으로 새롭게 회복하는 근본적 의미가 있다.

번제의 제물 되신 예수 그리스도의 사역이 다음에 3단계로 제시한다.

① "우리가 아직 연약할 때에 기약대로 그리스도께서 경건하지 않은 자를 위하여 죽으셨도다."(롬 10:6). 죄지을 수밖에 없는 인간 존재를 위해 [속죄제의 제물]로 예수님이 십자가에 처절하게 죽으시어 [구속]하셨다.

② "우리가 아직 죄인 되었을 때에 그리스도께서 우리를 위하여 죽으심으로 하나

---

[59] Roland de Vaux, *op. cit.*, p. 415.
[60] Bernhard W. Anderson,「구약신학」, 최종진 역(서울: 한들출판사, 2012), p.205.
[61] 김승혜,「종교학의 이해」(서울: 분도출판사, 1986), p. 154. Gleason L. Archer, Jr. *A survey of Old Testament Introduction* (Chicago: Moody Press, 1970).

님께서 우리에 대한 자기의 사랑을 확증하셨느니라. 그로 말미암아 진노하심에서 구원을 받을 것이다"(롬 5:8-9). 이미 악하고 죄인 된 인간 존재를 위하여 예수님이 [속건제의 제물]로 십자가에 공개적으로 죽으시어 [대속]하셨다.

③ "우리가 원수 되었을 때에 그의 아들의 죽으심으로 말미암아 하나님과 화목하게 되었은즉 구원을 받을 것이니라. 그뿐 아니라 이제 우리로 화목하게 하신 우리 주 예수 그리스도로 말미암아 하나님 안에서 또한 즐거워하느니라."(롬 5:10) 이미 하나님과 완전한 관계의 파괴로 사망과 저주로 지옥의 존재를 위하여 예수님이 [번제의 제물]로 십자가에 온전히 죽으시어 [속죄]하셨다.

죄로 말미암아 연약하고, 죄인 되고, 원수 되었을 때에 하나님 아들 그리스도가 [대속제물]로 십자가에 죽으심으로 하나님 앞에 의인되고, 사랑을 받아, 하나님과 화목하여 구원을 받게 된다.

c. 번제의 제물: ①제주의 재산 정도에 따라서 ②그 예물이 소의 번제이면 흠 없는 수컷으로(레 1:3), ②그 예물이 양이나 염소의 번제이면 흠 없는 수컷으로(레 1:10), ③그 예물이 새의 번제이면 산비둘기나 집비둘기 새끼로(레 1:14) 하나님께 드리도록 한다. 제물이 동물인 경우에는 그 짐승의 떼에서 선택된 흠 없는 수컷으로만 드린 것이 특징이다.[62]

d. 제물 분배: 이스라엘 종교의 희생제사 중에 오직 번제만 번제단 위에 제물 전체가 하나님께 드려진다. 즉, 번제가 다른 제사와 다른 특징은, 그 제물이 제단 위에서 온전히 불태워진다는 것이다. 그래서 '온전한 번제'(Kalid, 삼상 7:9—Whole Offering)라고도 한다. 이것은 인간의 근본적인 원죄를 없이하는 제사로 하나님과 인간의 관계회복, 창조주와 피조물, 거룩한 하나님과 죄 된 인간, 하나님과 원수 관계를 새롭게 회복하여, 하나님의 거룩한 자녀로, 영생의 천국 백성으로 상승(上昇·上升)된 차원의 존재로 구원받는 엄중한 은혜의 수단이라서 모든 제물이 철저하게 하나님께 드려진다. 바로 예수 그리스도가 바로 그 모든 것을 성취하는 '온전한 제물(번제물)'이었다. 제사장이나 제주에게는 어느 몫도 배당되지 않는다는 뜻이다.

---

62) 새는 제사장이 몸통을 두 조각으로 찢되 아주 찢지 않고 그냥 바쳤다(레 1:17).

그러나 단 하나 예외가 있는데, 오직 제물로 드려지는 [짐승의 가죽]은 제사장(인간)에 유일하게 주어진다: "사람을 위하여 번제를 드리는 그 제사장은 그 번제물의 가죽을 자기가 가질 것이다"(레 7:8).

모든 제물이 하나님께 전체로 드리는데, 인간(제사장)에게는 그 짐승의 가죽이 오직 주어진다는 데 독특한 의미가 있다. 즉 번제의 제물로 하나님께 온전히 드려지는 십자가의 죽음의 마지막 시점에서 예수님의 몸을 마지막 가리고 있던 "옷을 취하여 네 깃에 나눠 각각 한 깃씩 얻고" [속옷]은 통으로 짠 것이라서 군인들이 제비뽑아 가지는 것을 예표(豫表)한 것이다. 이것은 시편 22:8에 "그들이 내 옷을 나누고 내 옷을 제비 뽑나이다"가 응하게 된 것이다(요 19:23-24). 예수님의 십자가 죽음은 우연한 게 아니라 구약의 제사제도의 의미대로, 구약의 모든 예언과 예표 그리고 상징대로 성취하며 대속, 속죄, 구속의 죽으심이었다.

e. 번제의 방법: ① 아침저녁으로 드려지는 가장 흔한 제사로 절기, 혹은 성일(聖日)에는 더욱 자주 드렸다.[63] ② 제주가 성막이나 성전의 번제단 앞에 짐승을 끌고 가서, ③ 제주는 그 제물의 머리에 안수하여 죄를 고백하며, 제사 드리는 이유를 구체적으로 말한다.[64](레 1:4). 이 안수는 그 제물과 제주가 서로 연합하여 일체(一體)가 된다는 뜻이기도 하다. 그 안수를 통해 오히려 제주는 하나님과 자신과의 관계를 파괴시킨 죄와 허물을, 그 짐승에 전적으로 의지하여, 전부 전가, 위임하여 흠 없는 그 짐승에게 넘겨가게 하는 의식이다. 인간을 대신하는 것이 아니라, 인간의 죄를 담당하여 죽는 위임이다. ④ 제주 자신이 직접 제물로 드려질 그 짐승을 제단 북쪽에서 친히 죽이고, 피를 받고, 가죽을 벗기고 각을 뜬다.[65] 이때 짐승의 피가 중요하게 다뤄진다. 피는 생명을 의미하기 때문에 단순하게 죽이는 행위보다 그 짐승의 생명으로 대신하여 제주의 생명이 구속받는다는 엄중한 의미가 개입되어 있다. 한

---

63) Gordon J. Wenham, *The Book of Leviticus* (Grand Rapids: Wm. B. Eerdmans Publishing Co., 1979), p. 52.
64) Roland de Vaux, *op. cit.*, p. 416. 이 행위는 하나님과 인간 사이의 관계를 이루기 위한 마술적 동작도 아니고, 그 희생물이 인간을 대체하는 존재를 뜻하는 상징적 행위도 아니다. 단지 제사드리는 자의 죄를 그 희생 제물에 전달 위임하는 것이다(레 16 : 21). 씨 흐름의 신학에 의하면, 인간을 구원할 그리스도는 인간이 아니라 하나님이며, 동시에 인간인 예수 그리스도만이 대속의 희생을 할 수 있다.
65) 레위기1:5, 11. 매일 드리는 번제에서는 제사장이 손수 제물 처리를 했을 것이다.

편, 그 제물과 그 내장과 정강이를 맑은 물로 씻어서 남기는 것이 없이 전부를 제사장에게 넘겨준다. ⑤ 제사장은 피를 취해 제단 위에 뿌리고, 그 제물들은 살아있을 때 모습으로 제단 위에 정돈하여 놓고 화제로 완전히 하나님께 드려진다(레 1:1-17).

f. 번제의 특성[66]: ① 향기로운 냄새의 예물, ② 하나님께 열납(悅納)을 위해 드려진 예물, ③ 번제는 한 생명의 예물, ④ 전부를 단 위에 불사름(하나님 몫만 있음: 가죽은 예외로 제사장 몫), ⑤ 재산 정도에 따른 제물 선정: 재산정도로 소나 양, 염소로 드리되, 그걸 살 수 없는 가난한 자을 위해서 비둘기 새끼를 드리도록 했다: 제물의 가치는 드리는 자의 자세가 중요하지 제물의 크고 작은 것에 있는 건 아니라는 뜻 ⑥ 제물이 모두 수컷임. ⑦ 제사 법전에 의하면, 번제는 하루에 아침, 저녁 공식 제사로 드리게끔 되었으나, 에스겔서는 하루아침에만, 아하스 시대에도 하루에 한 번 아침에만 드린 걸로 언급되고 있다.[67]

g. 번제의 의미: 제물을 드리는 일을 통하여 무엇보다도 인간의 죄 문제를 해결하는 것이며, 이어서 하나님께 감사와 신앙, 그리고 숭배를 보임으로 하나님과 이미 맺은 유대를 강화하는 것이다.[68] '향기로운 냄새의 예물', '열납을 위해 드려진 예물'은 하나님이 만족하시고 인정하는 예물이라는 뜻이다. 하나님을 만족시킬 '의(義)'는 인간 자체에는 전혀 없다(롬 3:9-20). 이제 하나님을 만족시키고 하나님의 인정을 받을 수 있는 '의'가 준비되었는데, 바로 번제의 제물로 인간의 원죄를 해결하신 예수 그리스도의 '의(義)'이며, 그가 희생 제물로 바쳐짐으로 하나님의 '의'가 충족되어진다(롬 8:21-28). 예수 그리스도야말로 하나님께 향기로운 냄새의 예물이요, 하나님이 열납 하시는 예물이다. 이는 바로 예수님의 성령에 의한 동정녀 탄생으로 되어지는 [신성: 神性]과 [인성: 人性]의 결합에 관한 예표이다(고후 5:21, 엡 5:2).[69] 그래서 인간으로서 예수님은 그러한 예물로 자신을 드리셨으며, 그의 예

---

66) Andrew Jukes, *op. cit.*, pp. 55ff. 참조 ①②는 속죄제와 다르고, ③은 소제와 달랐다.
67) H.H. Rowley, *op. cit.*, p. 121.
68) 배재민, "구약제사 제도에 대한 연구",「기상」1967년 2월호, p. 118.
69) 고린도후서 5:21 "하나님이 죄를 알지도 못하신 자로 우리를 대신하여 죄를 삼으신 것은 우리로 하여금 저의 안에서 하나님의 의가 되게," 에베소서 5:2 "그는 우리를 위하여 자신을 버리사 향기로운 제물과 생축으로 하나님께 드리셨느니라."

물은 하나님께 열납 되었다.[70] '한 생명이 제단에 드려짐'은 오직 한 분 '흠 없으신', '곧 사람이신 그리스도 예수'(딤전 2:5)가 십자가에서 피흘려 구속의 사역을 이루셨음을 의미한다.

'단 위에서 온전히 태워서 하나님께만 전부 드려진 제사'가 번제라면, 이는 한 점의 흠도 없이 자신을 온전히 하나님께 드림으로 우리의 원죄를 속하신 그리스도의 모형이라 하겠다. '온전히 드림'에 포함된 '피[71]와 기름'[72]은 생명, '머리'는 사상, '정강이'는 행위를 나타내는 걸음, '내장'은 마음의 느낌과 감정을 나타내는 상징이다.[73] 이런 인간의 기관들은 인간의 죄 문제와 직결되는 모든 것을 묘사하고 있다.

재산 정도에 따라 제물을 갖게 배려하시는 것은 어떤 형태와 신분의 인간이라도 구속의 은총을 베푸시려는 "누구든지 …… 멸망치 않고 영생을 얻게 하려는" 하나님의 의도를 나타낸다(요 3:16). 또, 예수 그리스도는 '한 아들'로 여인의 후손이 태어나심의 '수컷만'의 제물과 관련이 있다고 보겠다.

한편, '제물에 안수하여 죄를 고백함'은 믿음으로 동정녀에 아버지 없이 태어나신 죄 없으신 예수 그리스도에게 맡기는 신앙 고백과 같다고 할 수 있다.

인류의 원죄는 아담의 범죄로 말미암은 것이지, 우리 자신에 의한 것이 아니다. 그래서 예수 그리스도의 번제로서의 사역을 믿는 순간, 우리는 온전히 원죄에서 자유케 된다. 하나님은 예수님의 온전한 순종으로 스스로 구원의 길을 준비하셨다(롬 3:22-24, 5:18-19).

h. 상번제로서의 번제(출 29:38-46, 민 28:1-10): 번제에는 축제 때나 일반 백성들의 요구에 따라 드리는 [특별 번제]가 있고, 매일 아침과 저녁에 드리는, 항상 계속 드리는 번제를 [상번제: 常燔祭]라 한다: "너희가 야웨께 드릴 화제는 이러하니 1년 되고 흠없는 숫양을 매일 두 마리씩 상번제로 드리되(민 28:3,6), 네가 제단 위에 드릴 것은 이러 하니 매일 1년된 어린양 두 마리니 한 어린 양은 아침에 드리고 한 어린 양

---

70) Andrew Jukes, *op. cit.*, p. 60.
71) 창세기 9 : 4; 레위기 17 : 11; 신명기 12 : 23 "육체의 생명은 피에 있음"
72) 기름은 인간의 지체나 기능의 힘을 나타내는 것이 아니라, 인체의 전체의 건강과 활기를 나타낸다.
73) Andrew Jukes, *op. cit.*, p. 64 참조.

은 저녁때에 드릴지라"(출 29:38-39).

　구약 제사제도의 계시를 살피면, 1차 메시지는 인간의 [죄 문제]를 해결하는 대속, 속죄, 구속을 통한 하나님과 인간의 완전파괴를 온전히 회복하여 화해, 화목을 되찾는 것이다. 여기에 속하는 것이 [특별 번제]를 비롯한 속죄제, 속건제, 화목제라 볼 수 있다.

　둘째는, 용서받은 하나님 백성이 이 제사를 통해 계속하여 하나님을 섬기는 법(교훈, 방법)을 주고 있는 것이 바로 상번제이고, 화목제, 소제도 여기에 속한다고 보겠다. 번제의 제물(예수 그리스도의 십자가 번제물)로 하나님과 화해, 긍정적 관계회복을 이룬 제주(이스라엘 백성: 성도)가 하나님과의 여전한 소통과 예배로 하나님을 섬기며 살아가는 양식이 상번제의 목적이기 때문이다. 예수님을 영접하여 믿고, 구원받은 성도들이 정해진 예배에 참석하여 하나님을 섬기며, 날마다의 기도와 찬양으로 하나님을 섬기며 감사하는 생활이 순간순간 언제나 필요하다는 메시지를 주는 것이 상번제이다.

　*상번제의 특징;

① 상번제라는 말대로 매일 아침저녁으로 번갈아 드리는 번제이다.

② 항상 아침·저녁으로 제사장에 의해 늘 드리는 번제이다. 그래서 번제단의 불은 꺼지지 않게 했다. 아마도 일반 백성들은 이 상번제를 인식하며 하나님과의 소통과 섬기는 마음을 가지고 성막, 성전을 향하여 기도하는 습관을 가졌을 것이다.

③ 상번제는 특별번제와는 다르게 오직 [어린 양]만으로 제물을 사용한다. 더욱이 그 양은 1년 된 흠 없는 수양이어야 했다(출 29:28-42). 그래서 세례요한은 이 상번제에서 드리는 어린양을 기억하며, 예수님이 세례를 받으신 이튿날에 "자기에게 나아오심을 보고 이르되 보라 세상 죄를 지고 가는 하나님의 어린 양이로다" 대중들에게 소개한 것이다(요 1:29).

④ 상번제 제물에는 "한 어린 양에 고운 밀가루 십분의 일 에바와 찧은 기름 사분의 일 힌을 더하고 또 전제로 포도주 사분의 일 힌을" 더하여 향기로운 냄새가 되게 하여 야웨께 화제, 즉 불로 태워드리라고 했다(출 29:40). 이 번제에 대한 하나님의 응답으로 "내가 거기서 너희와 만나고 네게 말하리라. 내 영광으로 회막

II. 의식 II(Ceremonial II): 제사=제의 행위(Actions)   271

이 거룩하게 될지라. 아론과 그 아들들도 거룩하게 하여 제사장 직분을 행하게 하며, 내가 이스라엘 자손 중에 거하여 그들의 하나님이 되리라"는 약속을 하신다(출 29:42-48).

그래서 하나님의 백성은 하나님과의 소통에 장애물인 원죄를 해결함으로 관계회복과 화해를 가져오는 매일 드리는 상번제를 기억하며 어디에 있든지 하루에 3번씩 기도하는 습관이 있었다. 다니엘이 바벨론 포로에서도, 여전히 "예루살렘으로 향한 창문을 열고 전에 하던 대로 하루 세 번씩 무릎을 꿇고 기도하며"(단 6:10) 신앙을 지켰다(참고. 왕상 8:35-50).

i. 번제단 앞의 안수와 겟세마네 기도의 의미

① **구약제사의 상징-미완성 계시**: 구약의 계시는 미래의 완성을 향한 상징적 방법으로 표현하는 것이다. 그래서 예수님이 십자가 위에서 죽어 가시며, "내가 다 이루었다" 하시며 계시의 완성을 선언하신 것이다. 구약의 제사제도에서는 죄를 지은 자가 소나 양이나 염소 등 동물을 끌고, 번제단 앞에 와서 제물로 드릴 그 짐승 머리에 안수하여, 자기의 죄를 그 흠 없는 양에게 다 뒤집어 씌워 죄를 전가시킨다. 그래서 이 죄 없는 어린 양은 이 사람의 죄를 전부 넘겨받아 결국 그 죄 값인 죽임을 당하는데, 바로 죄를 뒤집어 쓴 그 양을 끌고 제단 북쪽에 가서, 죄를 넘긴 그 제주가 사정없이 죽여 그 피(죽음: 생명)를 양동이에 받고, 마디마디마다 각을 뜨고, 내장을 꺼내어 소화되지 않은 음식물을 빼내어 물로 씻어 제물로 만들어 제사장에게 넘긴다.

제사장은 넘겨받은 피를 제단에 사면의 뿔에 붓고 뿌리고, 짐승의 제물을 제단 위에 살아있을 때처럼 정렬해 놓고, 완전히 태워 죄에 대한 하나님의 공의의 심판을 그 사람의 죄를 뒤집어 쓴 그 제물에게 집중적으로 내려지며, 흔적도 없이 완전히 태워진 그 제물은 완벽하게 죽어 연기로 올라간다. 그 제물의 희생의 죽음으로 그 제물을 드린 죄인은 죄 없이 함을 받아 죄에서 용서와 자유를 얻게 된다.

바로, 이 양이 바로 하늘의 영광을 버리고 인간에 되어 오신, 우리의 모든 죄를 대속, 속죄, 구속하시려고 오신, 신약의 예수 그리스도, 메시야를 예표하고 예언하는 상징이기에 의미가 있다. 그러면 예수님이 인간의 죄를 넘겨받으시고, 그 죄에 대한 대가(代價)를 어디서 치르셨나?

② **예수 그리스도 제물－완전한 계시**: 신약의 기독교는 인간 구원에 대하여 분명한 대답을 주고 있다. 내 행위나 노력으로 얻어지는 죄 문제 해결이 아니라는 것이다.

"이제는 율법 외에 하나님의 한 의가 나타났으니 율법과 선지자들에게 증거를 받은 것이라. 곧 예수 그리스도를 믿음으로 말미암아 모든 믿는 자에게 미치는 하나님의 의니 차별이 없느니라. 모든 사람이 죄를 범하였으매 하나님의 영광에 이르지 못하더니 그리스도 예수 안에 있는 구속으로 말미암아 하나님의 은혜로 값없이 의롭다 하심을 얻은 자 되었느니라. 예수 그리스도를 믿음으로 말미암아 모든 믿는 자에게 미치는 하나님의 의니 차별이 없느니라."(롬 3:21－24).

그러므로 율법(구약의 제사제도)은 복음의 그림자이며, 복음은 율법의 실체이다. "너희가 그 은혜를 인하여 믿음으로 말미암아 구원을 얻었나니 이것이 너희에게서 난 것이 아니요 하나님께서 주신 선물이다."(엡 2:8). 구원은 내가 노력하여, 무엇을 내가 행함으로 얻는 것이 아니요, 받을 자격이 없는 자에게 거저 주시는 하나님의 선물이다. 그 선물이 바로 주 예수그리스도로 말미암는 구원이다. 예수님이 죄를 담당해 십자가에 죽으시고 3일 만에 부활하시었다면, 예수님이 우리의 죄를 언제 어디서 넘겨받으셨나? 우리 죄가 언제, 어디서 예수님에게 옮겨졌나?

③ **우리 죄를 맡으신 예수님**: 흠 없는 양이 죄 된 인간의 죄를 뒤집어쓰고, 위임받고, 전가 받았던 번제단 앞, 그 양에게 전적인 신뢰와 죄 문제 해결에 다른 방법이 없다는 믿음으로, 오직 그 양을 전적으로 의지하여 안수하여 죄를 넘기는 사건처럼, 예수님께서 우리 죄를 전부 뒤집어쓰시고, 전가 받은 장소는 바로 **십자가 번제단 앞**, 죽음을 바로 앞둔 **겟세마네 기도터**이다. 예수님은 몇 시간 후, 십자가의 죽음을 앞두고, 겟세마네에서 우리의 모든 죄를 전부 옮겨 받으시고 그 죄에 눌려 땀방울이 핏방울로 바뀌는 고통, 무서운 죄의 무게를 엄중하게 느끼시는 것이다.

얼마나 주님의 기도가 처절하였던지 "예수께서 힘쓰고 애써 더욱 간절히 기도하시니 땀이 땅에 떨어지는 피 방울같이 되더라."(눅 22:39-46)고 기록하고 있다. "아버지여 만일 아버지의 뜻이거든 이 잔을 내게서 옮기시옵소서 그러나 내 원대로 마시옵고 아버지의 원대로 되기를 원하니이다 하시니." 육체의 힘을 다하면 땀이 나고, 마음을 다하면 눈물이 나오고, 영혼과 생명을 다하면 피를 쏟는다.

　이때 하늘의 천사가 내려와 예수님을 격려하고 응원한다(43절). "주님 여기서 포기하시면 인류의 죄 문제를 해결하는 구원사역이 수포로 돌아갑니다. 주님이 오신 것이 이 인류구원을 이루려는 것인데 마지막 이를 성취하시는 마지막 지점입니다"고 외쳤을 것이다. 죄가 없으시고 흠이 없는 인간(둘째 아담), 예수님이 인간 죄를 담당하고 속죄의 길을 택하셔야 한다고 옆에서 응원하는 것이었다.

　그래서 땀과 눈물과 핏방울이 범벅된 겟세마네 예수님의 기도는 그 죄악의 무게가 얼마나 심각했던가를 보여준다. 그 죄의 잔에는 시대를 뛰어넘어, 영원한 현재로서의 하나님의 시공간에서, 온 인류의 죄가, 우리 일생의 죄가 함께 있었다. 우리 인류의 죄를 넘겨받으신 예수님은 그 때부터 죄인 취급을 받게 된다. 그 이전에 예수님이 죄인으로 취급받으신 적이 없다. 이때부터 예수님은 완전히 죄악을 뒤집어쓴 죄 덩어리 취급을 받고, 가룟 유다를 선두로 등과 횃불과 칼과 몽치의 무기를 가지고 달려온 체포병력에 의해 포승줄에 묶이고, 채찍에 맞고, 더러운 모욕적 욕을 먹고, 재판을 받기 시작한다. 이 모든 것은 죄인에게 주어지는 것인데, 결국 가장 흉악범에게 주어지는 최악의 사형언도를 받고, 십자가를 지고, 그 죄의 대가를 치르시게 된다.

　흠과 티가 없는 어린 양이 인간의 죄를 뒤집어쓰고 처절하게 죽어서 대신 죄 값을 치르는 것처럼, 이 겟세마네의 기도를 통해, 우리를 대신해, 우리 죄로 죄인이 되신 예수님은 그 죄의 형벌과 그 죄의 대가인 죽음을 당하시기 위해 ― 제주가 짐승의 머리에 죄를 전가시킨 후 자기 죄를 뒤집어쓴 짐승을 끌고 북쪽 도살장을 거쳐 번제단에 이르는 것처럼 ― 골고다로 가는 돌로로사 길을 십자가를 지시고 사형장, 골고다까지 가시게 된다.

　④ 십자가의 형벌: 구약 제사제도에서 제물이 드려지는 번제단은 바로 골고다 십자가 제단이다. 십자가 위에 처절하게 죽어 가신 예수님은 ― 그 번제단 위에 놓여

불에 완전히 타서 연기로 올리는 제물과 같은 — 대속, 구속, 속죄의 제물이었다. 그 예수님 위에 부어진 하나님의 진노는 죄인된 우리를 대신한 하나님의 독생자, 아들을 향한 것이었다. 그가 그렇게 버림을 받음으로 우리가 용서를 얻었고, 그 분이 죄값의 처절한 죽으심으로 우리가 구원을 얻게 된 것이다. 결국 구속사적으로, 율법은 이미 그리스도께서 십자가에서 운명하시며 "다 이루었다"고 하는 선언과 함께 완성이 된 것이다. 이미 그리스도가 십자가에 죽으심으로 율법의 마침이 되셨으나, 실제적으로 각 개인에게 구원 사역이 적용되는 측면에서는 그리스도를 영접하고 그의 죽으심에 동참하여 새 사람으로 중생될 때 율법에서 완전 해방이 되는 것이다.

"우리가 아직 죄인 되었을 때에 그리스도께서 우리를 위하여 죽으심으로 우리에게 대한 자기의 사랑을 확증하셨느니라."(롬 5:8) 그렇다. 내가 연약하여, 하나님과 원수, 죄인 되었을 때에, 사랑을 받을 만한 가치 없는 쓰레기 같은 나를 살리시고자, 613개 율법계명으로도 흠과 티가 없으신 예수님께서 내 대신 저주를 받아, 나의 죄를 대속, 속죄, 구속하시기 위해, 나를 위하여 죽으신 것이다. 그래서 하나님의 독생자 (성자 하나님)가 율법으로 정죄받은 인간을 구원키 위해 율법아래 태어나셨던 것이다(갈 4:4-7).

우리는 성자 하나님이 십자가 죽음의 값을 지불해서라도, 구원할 만한 존귀한 존재가 된 것이다. 우리는 예수님의 십자가 사건을 나를 위한 구속의 사건으로 체험하고 내 것으로 만들어야 한다. 죄를 깨닫기 전에는 십자가의 의미가 전혀 이해가 안 된다. 그래서 성막 안에 들어서자마자 번제단 앞에서 짐승의 머리에 안수하는 것이 첫 번째 사건이었다.

겟세마네와 십자가의 사건, 인성(人性)과 신성(神性)의 예수님의 모든 사건은 온 우주와 하늘나라를 포함한 공간과 과거와 현재와 미래의 시간을 뛰어넘는 영원한 현재(eternal now) 사건이다. 시공간을 포함하며 그걸 뛰어넘는 사건으로 시대를 품으며 넘고 넘어 오늘 우리를 위한 사건이다. 지금 믿고 받아들이는 순간순간에 바로 나를 위한 사건이 되는 것이다. 내 영혼이 초자연적 하나님 나라의 시간과 공간에 들어가 영원한 현재의 시간으로 체험되자마자 나의 죄는 온데간데없어지고 용서와 주님의 사랑으로 뛸 듯이 기뻐하게 된다. 진리가 주는 자유를 체험하게 된 것이다. 십자가의 진리는 깨닫는 것이며, 깨닫는 것이 은혜이다.

우리의 죄와 허물을 용서하시고 심판과 저주를 맡으신 주님! 그 예수님은 영원한 현재, 지금 여기에서 여러분의 죄와 저주와 심판을 친히 대신 담당하시는 만유의 주님이시다. 그분도 한 분이시요 하나님도 한 분이시니 만유 위에 계시고 만유를 통일하시고 만유 가운데 계신 분으로, 만유 안에 계시고, 만유 위에 계시며, 하늘과 땅의 권세를 받으신 분이시다(엡 4:4-6). 그분이 지금 여기 바로 나의 문제와 함께 하시는 살아계신 예수 그리스도! 지금도 살아계신 분이시다.

"네가 만일 네 입으로 예수를 주로 시인하며 또 하나님께서 그를 죽은 자 가운데서 살리신 것을 네 마음에 믿으면 구원을 얻으리니 사람이 마음으로 믿어 의에 이르고 입으로 시인하여 구원에 이르느니라."(롬 10:9-10)

"그가 찔림은 우리의 허물은 인함이요 그가 사함은 우리의 죄악을 인함이라 그가 징계를 받음으로 우리가 평화를 누리고 그가 채찍에 맞음으로 우리가 나음을 입었도다."(사 53:5).

겟세마네에서 인류의 죄를 다 넘겨받으시고 십자가에서 그 죄의 형벌과 저주와 사망을 다 받으신 예수님이 지금 우리가 지은 모든 죄와 허물을 다 해결하시고 깨끗하게 하시고 용서하셨다. 이 진리를 깨닫는 순간 의인으로, 하나님 자녀로 태어난 것이다.

"그러므로 그리스도 예수 안에 있는 자에게는 결코 정죄함이 없나니 이는 그리스도 예수 안에 있는 생명의 성령의 법이 죄와 사망의 법에서 너를 해방하였음이라."(롬 8:1)

그 예수님의 사역을 그대로 믿음으로 고백하는 자가 구원에 이른다.

2. 속죄제(贖罪祭: 레 4:1−5:13, 6:24−30)

a. 속죄제의 명칭: 속죄제는 히브리어 hattā'th(חטאת)[74]인데, 원래 죄(Sin)와 죄를 없애는 의식(the rite which does away with sin) 양쪽을 다 의미했다(레 4:1−3).[75] 속죄제로서 hattā'th는 죄를 그만둔다는 의식과 죄를 제거한다는 두 가지 의미를 가지고 있다. 속죄제를 영어로는 Sin Offering이라 한다. 히브리어 속죄(kapar)는 "깨끗하게 닦다"와 어떤 사람의 생명을 구하기 위해 대속물을 주어 "몸값을 지불하다"이다.

이것이 명사로 쓰일 때는 다른 어떤 것을 위한 대속물이라는 뜻이다. 제물의 피를 통해서 죄가 정결하게 씻음 받는 것인데 그걸 위해 대속물로 값을 지불한다는 뜻이다. 즉 죄에 하나님의 진노와 심판으로 죽을 수밖에 없는 죄인의 생명을 구원하기 위해 제물의 생명(피)으로 몸값을 치러서 구원하는 속죄제의 역할을 나타내는 말이다.

b. 속죄제의 목적: 대체로 ①종교적으로 범한 죄, ②배상이 불가능한 죄, ③본의 아닌 무의식적 죄, ④인간이 연약하여, 부지중에 실수로 범한 죄들로 인해, 하나님께 지은 하나님과 인간 사이의 죄를 속죄받기 위해 드리는 제사이다.[76](레 4:2−13,22,27). 즉 속죄제는 모든 인간이 하나님에 대해 부지중에, 실수로, 연약하여 지은 수직적인 죄(10계명의 1−4계명)를 사함을 받기 위해 드리는 제사이다. 악한 의도성이 없이 부지중에 죄를 지은 사람들에게 효과가 있는 제사이다. 속죄제는 인간의 본성적인 죄를 없이하기 위한 목적이다

c. 속죄제를 드리는 경우

① 예를 들면, '정결한 것'과 '부정한 것'을 명확히 구분해야 하는 계명을 부지중

---

74) 이는 동사 חטא의 여성 단수 명사이다. חטא는 ① 실수하다, 기회를 놓치다 (Miss) ② 죄를 범하다(Sin), 과녁을 맞히지 못하다, 목표를 놓치다(Miss the goal) ③ 비행을 저지르다(incur guilt). 죄의 벌금, 벌칙 (penalty by sin, forfeit) 등을 의미하고, 한편으로는 속죄제를 드리다 (make a sin offering), 죄를 청결케 하다 (purify from sin), 심판 (punishment) 등으로 사용되기도 했다. 그래서, hatta'th는 "죄"와 "죄를 없애는 의식" 양쪽을 의미한다.
75) Roland de Vaux, *op. cit.*, p. 418.
76) cf. H.H. Rowley, *op. cit.*, pp. 129f.

II. 의식 II(Ceremonial II): 제사=제의 행위(Actions) 277

(不知中)에 범하여 생긴 부정을 제하는 제사,[77] 그와 같이 율법을 범한 경우, 예배 의식을 범하거나, 사회적 개인적 결함, 전해 내려오는 금령을 어길 경우, 불결할 때,[78] 해야 할 증언을 성실히 하지 못했을 경우를 위해 드리는 제사이다. 특별한 날과 절기들에 성별 예식(출 29장, 민 7-8장)/ 정결 예식(레 12:6-8, 15:14-15)/ 나실인 서약에 시체로 말미암아 얻은 죄를 속할 때(민 6:10-11) 등 범과이다.

② 증인의 속죄제: 증인의 의무를 거부하는 행위로 직·간접적으로 어떤 사실을 알고 있는 자로서 재판의 정확한 판결을 위해 법정에 출두할 자격이 있는 자인데 그가 본 것이나 아는 것을 진술치 않고 숨긴 죄로 도적과 같이 취급된다(잠 29:24).

③ 사체로 인한 부정: 부지중 짐승이나 사람의 부정을 입은 경우. 부정이란 종교의식적으로 자연적 및 건전한 상태에 미치지 못한 상태를 말한다. 부정한 들짐승이나 가축, 곤충, 사람 등 사체에 접하게 되면 부정하게 되었다. 일반적으로 사체란 타락과 부패의 상징이기 때문에 부정한 것으로 간주되어 허물이 되고 속죄를 해야 되었다.

④ 생각 없는 맹세나 서약: 맹세에 관한 것으로 생각 없이 말하는 것을 뜻한다. 경솔한 맹세 등(레 5:1-4), 서투르거나 거칠게 하는 말, 무모하게 맹세한 경우, 무심코 내뱉거나 고함치는 등 분별없이 하는 말이나 무심중에 함부로 서약한다는 뜻이다. 맹세하고 위증죄를 범했을 경우이다. 고대 이스라엘에서 맹세는 모두 하나님의 이름으로 이루어졌기에 하나님과 약속으로 맹세를 지키지 않음은 하나님 이름을 경솔히 취급하는 것이 되어 거룩한 성호를 손상시키는 것이었다.

d. 신분에 따른 제물: 제주의 신분에 따라서 제물을 정해 드렸다.[79]
① 제사장이 범죄로 백성의 허물됨: 최고급 제물, 수송아지(4:3)
② 전체 회중이 계명을 범한 허물: 최고급, 수송아지(4:13-21)
③ 족장이 계명을 범한 허물: 소중간급, 흠 없는 숫염소(4:23)
④ 평민이 계명을 범한 허물: 저급 제물, 흠 없는 암염소(4:28)

---

77) B.W. Anderson, *op. cit.*, p. 206.
78) G.L. Archer, Jr., *op. cit.*, p. 232. 예를 들면, 부정한 들짐승의 시체를 만졌거나 무의식 중에 맘으로 악을 행할 것을 맹세했을 경우 등이다.
79) ① 제사장을 위한 속죄제(4:1-12) ② 회중을 위한 속죄제(4:13-21) ③ 족장을 위한 속죄제(4:22-26) ④ 평민을 위한 속죄제(4:27-5:13)

⑤ 가난한 자가 계명을 범한 허물: 저급 제물, 두 마리 새[80](비둘기, 5:11)

⑥ 아주 가난한 자가 계명을 범한 허물: 최저급, 고운 가루(5:11)

속죄제는 ― 제주가 하나님과의 관계성에서 사명과 직분이 책임과 연관되기 때문이며, 더 나아가 그 신분이 일반 백성들에게 주어지는 영향력이 크기 때문에 ― 제주의 신분에 따라서 제물을 선택하여 드리도록 되어 있다. 또한 너무 가난해서 비둘기도 제물로 준비하기 어려운 자도 자신의 고의적 범죄가 아닌 부지중에, 실수로 범한 죄이기에 누구나 죄를 용서받도록 고운 가루로서 속죄제를 드려 그 죄를 해결할 수 있는 길을 열어 놓았다(사 53:3, 55:1).

⑦ '누구든지'라는 표현은 ⓐ숨 쉬는 모든 사람(호흡하는 모든 생명체)은 속죄의 범인류성을 본다(롬 6:23). ⓑ계급과 성별에 구분 없이 모든 사람이 속죄의 은총을 누려야 함을 말한다. ⓒ지위와 신분에 따라 제물이 다른데, 높은 지위 사람의 죄는 더 많은 사람에게 영향을 미치기 때문에 더욱 엄하고 심하게 다루어진다. 인류의 조상 아담이 죄를 범하자 죄의 결과인 죽음이 모든 인류에게 임하는 결과를 가져왔다(롬 5:12f)

e. 속죄제의 제물 분배: 동물로 드리는 제물의 각 부분에 있는 기름진 부분(fatty portions)은 번제단 위에서 하나님께 화제로 태워 드리고, 그 피는 손가락에 찍어 번제단 뿔들에 바르고, 나머지 피는 번제단 밑에 쏟는다. 나머지 제물은 제사장 몫이 되고 성막 뜰 안에서 먹어야 한다. 그러나 제주의 몫은 전혀 없다.

그러나 제사장과 회중을 위한 속죄제는 기름 부분은 번제단에서 태워 하나님께 드리고, 제사장은 수송아지 피를 가지고 회막에 들어가 휘장 앞에 일곱 번 뿌리고, 향단 뿔들에 바르고, 송아지 피 전부를 번제단 밑에 쏟는다(4:6-7). 나머지 제물 전체는 진 밖, 재버리는 곳에서 전부 태워 불사른다(4:11-12).

f. 속죄제의 방법: ① 먼저 죄를 깨우치고 회개한다(레 5:5-6). ② 제주가 흠 없는 제물을 신분에 따라 가져와서, ③ 제주가 제물로 드릴 짐승의 머리에 안수: ⓐ신성한 목적을 위해 그 짐승을 따로 구별하여, 죄가 그 구별된 제물을 바치는 제주로

---

80) 한 마리는 속죄제의 희생으로, 다른 한 마리는 번제로 드렸다.

부터 희생 제물로 옮겨지는 것을 의미한다. 그것은 ⓑ제주가 그 제물을 전적으로 의지하여 자신과 동일시하는 고백이기도 하다. 동시에 ⓒ속죄 규례를 정하신 하나님께 대한 헌신과 순종을 표현하는 신앙고백의 한 행위이기도 하다.[81]

④ 야웨 앞에 짐승을 잡는다. ⑤ 제사장은 제물의 피를 성소 휘장에 일곱 번 뿌리고 향단 뿔에 바른다.[82] (족장과 평민을 위한 것이면 번제단 뿔에만 바른다). ⑥ 남은 피 전부는 번제단 밑에 쏟고 ⑦ 모든 부분의 기름을 번제단 위에 불사른다. ⑧ 나머지 제물은 제사장의 몫이 된다. 그러나 제사장과 온 회중을 위한 속죄제에서는 남은 송아지 제물 전체는 진 밖의 재 버리는 곳에서 나무로 불태웠다.[83]

g. 속죄제의 특성: ① 번제와 달리 향기로운 냄새의 예물로 규정되지 않고 있다. 속죄제 중에 유일하게 평민을 위한 제물만 향기로운 제물로 언급되었다(레 4:30). ② 신분에 따른 제물 선택 ③ 제사장과 회중을 위한 제물의 몸 전체는 진 밖으로 가져가 맨 땅에서 불사름(번제는 번제단 위에서 불사름). 그러나 족장과 평민을 위한 제사일 경우, 기름진 부분은 하나님께 제단에서 불태워 드리고, 나머지는 제사장 몫이 된다(레 7:7). ④ 속죄제는 인간의 본성적인 죄를 없이 하기 위한 목적[84] ⑤ 제물이 아주 가난한 자를 위해서는 고운 가루(레 5:11)까지 용납이 된 것은 피 있는 제사에서는 특이한 배려이다. ⑥ 속죄제의 강조점은 특별히 '피'이다. 피는 생명을 의미한다. ⑦ 기름을 번제단에서 불사른 것이 강조되고 있다.

h. 속죄제의 의미 : ① 제사장과 회중을 위한 흠 없는 제물의 몸 전체는 진 밖으로 가져가 맨 땅의 나무 위에 올려 불살랐다. 이것은 흠 없으신 예수님께서 예루살렘 성문 밖으로 나가 골고다 언덕 위 십자가 위에 희생된 구속 사역을 연상케 한다(히 13:12). 예수 그리스도는 전 인류를 위한 속죄 제물로 단번에 드려지셨다(히 10:1

---

81) 개역개정굿모닝성경편찬위원회, 「굿모닝 성경」(서울: 아가페출판사) pp. 694—696.
82) 제사장, 온 회중을 위한 속죄제 때는 회막안 성소에 7번 뿌리고 향단 뿔에 바르나, 족장과 평민 위한 속죄제는 성소에 관계없이 번제단 뿔에 바르는 것으로 되어 있다(레4:25, 30).
83) 여기에 대해서 성서에 제사장과 온 회중을 위한 속죄제에만 언급되어 있고, 족장 평민에 관하여는 이런 언급이 없다.
84) 속건제는 죄의 본성에 의한 열매로 나타난 죄를 없이 하기 위한 것. Andres Jukes, *op. cit.*, p. 157.

—22). ② 신분에 따른 제물의 차이처럼, 하나님의 백성들에게는 주어진 직분, 신분, 재산 정도에 따라 봉사, 헌신의 차이가 있다. 많은 것을 갖고 좋은 신분적 축복을 받은 자는 그만큼 많이 드리고 헌신하여야 한다는 뜻이다. ③ 속죄제는 피가 죄를 대신한다는 뜻을 강조한다. 피는 생명을 뜻했기 때문에, 죄의 보상을 위해 사용되었다. 생명이 피 안에 있다는 이유로 피가 죄를 속한다(레 17:11)는 것과, 피흘림이 없은즉 죄사함이 없다(히 9:22)는 말씀이 속죄제 안에서 결합된 의미로 나타난다. ④ 이 속죄제(hattā'th) 이름 자체가 이 제사의 특별한 목적을 분명히 나타낸다. 속죄제에 의해 성소가 다시 더 신성하게 되고(출 29:15,26f., 30:1ff., 레 16:16), 신성화(Consecration)와 정화(Cleansing)가 이뤄지는 것은 특별한 피 의식에 의해 가능하다는 것이다.⑤ 속죄제에서 무엇보다 더 중요한 것은 백성의 죄를 씻는 것이다. 정결케 되어 헌신한 자가 어떤 일로 더럽혀지면, 속죄제에 의해 다시 정결케 된다는 것을 주목해야 한다(민 6:10f.).

이 새로운 정결은 희생제사를 유지해야 할 중요한 면이고, 속죄제의 지배적 기능이다. 예배자의 거룩함이 부지중의 실수로 더럽혀질 수 있으나, 속죄제로 회복될 수 있다.[85] 예수 그리스도가 속죄의 제물로 우리의 죄를 이미 담당하셨기 때문에 어떤 경우건 우리의 죄를 용서하실 수 있다.

레위기 6:24—30은 속죄제에 대한 제사장 규정으로 제사장이 익히 알아야 할 내용으로 속죄제를 드리는 장소, 속죄제물을 처리하는 방식, 제사장 옷, 제사에 쓰는 그릇을 관리하는 문제를 다룬다.

먼저 속죄제는 아무 곳에서 드려서는 안 되고 번제를 드리는 장소, 하나님 앞에서 드려야 한다(25절). 속죄제물은 제사장이 먹어야 한다(26절). 이것은 성소 일을 하는 제사장의 생활원리를 말한다. 제물의 피가 제사장의 옷에 묻으면 옷을 빨아야 하고, 제물을 삶은 그릇이 오지그릇이면 깨뜨리고, 놋그릇이면 문질러 닦고 물로 씻어야 한다(27—28절). 토기에는 피가 스며들어 물로 씻어도 닦을 수가 없기 때문에 깨뜨려야 하고, 놋그릇은 피가 스며들지 않기 때문에 물로 씻으면 된다. 이는 제물에 닿은 것은 물건이든 사람이든 거룩하게 되기 때문이다(6:27). 그리스도인이 일상의 삶을 살다가 구별된 시간과 장소에서 예배하라는 가르침을 준다.

---

85) Hans—Joachim Kraus, *op. cit.*, p. 121.

3. 속건제(贖愆祭 레 6:1-7, 7:1-10)[86]

a. 속건제의 명칭: 속건제는 히브리어로 'āshām(אשם)이다. 그 어근은 'āsham (אשם)으로, ① 어긋난 짓을 하다(Commit an offence), ② 침해(trespass)하다, ③ 과오를 범하다(be guilty, become guilty) 등의 의미를 가지고 있어서 'āsham은 남성명사로서 재산상 피해를 발생시킨 범법, 침해 등을 의미한다. 영어로는 Guilt offering, 혹은 Trespass offering이라 한다.

b. 속건제의 목적: 제2급 속죄제라고도 하는 속건제는 각개 개인이 특별한 잘못을 범한 죄와 관련된 책임과 범과(犯過)로 인한 제사이다. 거기에 무지나 태만으로 배상이 가능한 ① 하나님의 성물(권위) 침해, ② 타인의 소유권 침해와 같은 계획적인 악한 의도가 있는 특별 범죄를 용서받기 위해 드리는 제사이다. 그래서 보상의 희생제(a reparation sacrifice)이라고도 한다.[87] 주로 사람들에게 대한 죄들에 대한 고백과 속죄뿐만 아니라 손해에 대한 보상이 따른다. 속건제는 하나님과 인간, 인간과 인간의 관계에서 양심의 죄, 의도적 범행의 윤리적 범죄를 해결하려는 제사라 볼 수 있다. 이는 고의적인 죄라도 용서받을 수 있음을 보여 주고 있다(민 15:30, 31)

그래서 속건제는 하나님에 대한 사랑계명(수직적 관계)과 이웃에 대한 사랑계명(수평적 관계)에서 고의적으로 스스로 신앙적, 사회적 윤리생활에 어긋난 범과(犯過)로 인해 드리는 제사로, 하나님 말씀에 기록된 구체적인 법에서 떠나 범한 윤리적 죄, 어찌 보면 원죄와 유전죄의 열매로 나타나는 자범죄와 같은 죄를 사유(赦宥)하는 제사이다.[88]

속건제는 배상함으로 관계를 개선하는 한편, 허물에 대한 속죄의 의미를 갖는 제사라 할 수 있다. 특별한 경우, 즉 배상의 성격은 아니지만, 성적으로 범죄했을 때

---

86) 그 외에 레5:14-19, 민5:7-8, 6:12, 18:9 등에 나타나지만, 그리 많은 언급이 되고 있지 않다.
87) Roland de Vaux, *Studies in Old Testament Sacrifice* (1964), p. 98에서 de Vaux는 속건제를 배상의 희생(a reparation sacrifice)라 부르고, Norman H. Snaith는 보상의 희생(a Compensation)이라 불렀다(Cf. *Manson's Companion to the Bible*, 2nd end, p. 531). 이상 H.H. Rowley, *op. cit.*, p. 129에서 중인.
88) 물건을 맡고 전당 잡고, 강도질하고, 늑봉한 걸 부인하는 것, 남의 잃은 물건 취득 부인, 거짓 맹세 등을 말한다.

(레 19:20-22), 나병환자의 정결 예식에서도 속건제를 드렸다(레 14:10-20).

　　c. 성물을 위한 속건제: ① 성물이란 거룩한 목적으로 하나님께 바쳐진 것으로 성전과 제사장의 몫이 된 것을 말한다. ② 즉, 각종 제물, 진설병, 향, 회막, 지성소, 회막 기구들, 십일조, 첫 열매, 각종 제물 등이다. 여기에, 후기 랍비들은 확대 해석해서 헌물, 장신구, 의복, 집, 토지, 소산물, 생축, 헌금도 포함했다. ③ 성물의 범과는 의식적으로 하나님이나 성전에 바쳐진 것을 범하는 행위를 말한다. 예를 들면, 아하스 왕이 예루살렘 성전의 재물을 가져다 앗수르 왕에게 주었고, 성전기구들을 부수고 아람 왕들의 신들에 제사하고 우상을 세우고자 했던 일(대하 28:19-25). 바로 하나님께 바쳐진 것을 범한 아간의 죄(수 7:1). 부지중 나실인 서약 범했을 때(민 6:9-11)에 속죄하기 위한 제사이다. ④ 속건제에 해당하는 타인에 대한 죄는 이웃이 맡긴 물건이나 전당물을 속이거나, 도둑질하거나, 착취하고도 사실을 부인하거나, 잃어버린 물건을 줍고도 부인하는 행위, 거짓 맹세(레 6:2-5), 정혼한 여자 노예와 행음시(레 19:20-22) 같은 범죄에 속건제를 드리도록 했다.

　　d. 속건제의 제물: 속건제 제물로는 흠 없는 수양(Ram)만을 드리도록 되어 있다(레 5:15,18). 빈부귀천(貧富貴賤)에 상관없이 모두가 동일한 제물을 바치도록 했다. 이유는 자신이 친히 의도적으로 지은 죄는 본인이 스스로 죄 속죄의 제물을 마련하도록 하고, 보상도 본인이 책임지도록 했다. 세례 요한이 예수님이 나아오심을 보고 "세상 죄를 지고 가는 하나님의 어린양이로다"(요 1:29)란 외침을 기억나게 한다.

　　e. 속건제의 보상: 성물에 대한 침해의 경우, 그것의 5분의 1을 더하여 제사장에게 주어야 한다. 사람들에게 피해를 준 행위에 대해서는 주인에게 물건과 피해 내용을 갚아야 하는데, 본래 것에 5분의 1을 더하여 돌려보내도록 규정하고 있다(레 6:1-6). 피해자에게 갚도록 했다(5:16). 남에 끼친 손해, 피해에 대해 응분의 속죄와 그에 따른 보상의 정신이 중요하다. 이웃 권리와 재산에 피해를 끼쳤을 뿐만 아니라 거짓맹세가 추가되어 이웃 재산이나 권리에 피해를 준 것에 대해서는 이웃 소

유물과 더불어 피해액의 20%(1/5)를 변상해 주어야 한다. 여기의 변상액은 실물이나 금전으로도 가능했다.

사실은 다른 규정에 비하면, 그 20%의 보상액은 작은 편이다. 소를 도둑질하여 잡거나 팔면 그는 소 한 마리에 소 5마리로 갚아야 하고, 양은 한 마리에 4마리로 갚아야 했다(출 22:1). 만약 도적질한 짐승이 살아 있으면 그는 배나 갚아야 했다(출 22:4)

f. 속건제의 제물 분배: 속건제의 제물 분배는, 먼저 보상의 행위를 하게 되어 있다. 그리고 제사장이 숫양의 피를 단 사면에 뿌리고, 제물의 모든 기름: 꼬리와 내장에 덮인 기름과 두 콩팥과 그 위의 기름 간에 덮인 꺼풀을 단 위에서 화제로 드렸다. 제물의 남은 부위는 속죄제와 같이 제사장의 몫으로 제사장이 취하여 거룩한 곳에서 먹었다(레 7:1-7).

g. 속건제의 방법: ① 먼저 자기의 죄를 고백해야 함. ② 보상의 갚음: 그 당사자에게 찾아가 잘못을 고하고 보상하여야 하며(민 5:6-7) ③ 제주가 흠 없는 숫양을 끌고 제사장에게 가져옴. ④ 번제물 잡는 곳에서 제물을 잡고, 제사장은 제물을 받아 단 사면에 그 피를 뿌린다. 각 지체의 기름은 콩팥과 함께 번제단 위에 불살라 야웨께 드린다. ⑤ 나머지는 제사장의 몫이 되나 거룩한 곳에서 먹어야 한다.(레 6:1-19). 여기에 근거로, 예수님이 "너희가 하나님께 예물을 드리려고 할 때 잘못한 일이 생각나거든 예물을 놓고 가서 그 형제와 먼저 화친한 후에 다시 와서 예물을 드리라" 말씀하셨다(마 5:23-24).

h. 속건제의 특성: 속건제는 피를 제단에 쏟지 않고 단 사면에 뿌린다.[89](레 7:2). 피는 생명 그 자체이다. 죄를 지은 사람의 피는 죄를 속하는 힘이 없다. 그래서 죄를 한 번도 지은 적이 없는 예수 그리스도의 피는 대속의 보혈이 되어 우리의 모든 죄를 씻는 샘물이 되는 것이다.

속건제는 죄 없는 어린 양의 피가 죄를 속하는 사실을 분명하게 실제로 죄인에

---

[89] H.H. Rowley, *op. cit.*, p. 129. 속죄제는 단 밑에 쏟는다. 이 점만 다르고 속건제는 방법이 평민 위한 속죄제와 비슷하다.

게 실감시키는 제사이다. 인간의 육체를 입으신 성자 하나님의 죄 없으신 피가 우리 죄를 대신하여 흘려짐으로 우리가 다시 새로운 생명 가운데 살게 되었다. 그래서 그 제물이 여인의 후손(씨), 아들을 의미하는 숫양으로 제한되었다.[90]

i. 속건제의 의미: 속건제는 하나님과 인간, 인간과 인간의 관계에서 양심의 죄, 의도적 범행의 윤리적 범죄를 해결하려는 제사[91]라고 볼 수 있다. 이웃에 행한 잘못은 이웃에게만 보상과 용서를 구할 뿐 아니라 하나님께도 속건제를 드린다. 인간에 대한 범죄는 하나님께 대한 죄와 관련이 있다는 사실을 보여준다. 이는 사랑의 대강령인 십계명의 원칙에서와 같이 [하나님 사랑 = 이웃 사람 사랑]의 관계이다.

고의적인 죄라도 용서받을 수 있음을 보여주고 있다(민 5:30,31). 속건제의 심오한 진리는 예수 그리스도의 대속적 희생이다. 사악한 인간이 하나님을 향해 그리고 인간을 대해서 범한 모든 죄에 대한 죄값을 예수님께서 대신 지불하신 것이다.

요약하면, 번제는 인간의 원죄의 문제를, 속죄제는 인간의 죄의 본성의 문제를, 속건제는 죄의 본성의 열매로 나타난 스스로 지은 자범죄(다분히 의도적이고, 그래서 비밀스런 범행이 됨)와 양심의 죄 문제를 해결하기 위한 제사라고 볼 수 있다.[92]

속건제는 성소의 거룩한 성물을 범하였거나 남의 물건을 맡거나, 전당 잡히거나, 강도질 하거나, 늑봉하고도 사실을 부인하거나, 남의 잃은 물건을 얻고도 사실을 부인하여 거짓 맹세하는 등 사람이 이 모든 일 중의 하나라도 범하여 범죄 하면, 그 물건을 변상하고 오분의 일을 더하여 주었어야 하며, 또 희생제물을 가져와 제사를 드리게 되어 있다(레 5:14−19, 6:1~7).

속건제의 수양을 생각하면, 세례 요한이 예수께서 나아오심을 보고 "세상 죄를 지고 가는 하나님의 어린 양이로다"(요 1:29)라고 한 외침의 의미를 엿볼 수 있다. 즉, 아담 안에서 인간이 잃어버리고 침해당한 모든 것이, 둘째 아담인 예수 그리스도 안에서 완전히 회복되었다.[93]

---

90) 대개 다른 제사는 제물의 종류가 다양하다.
91) W.P. Paterson, *Hastings Dictionary of the Bible* 4권 (1902), p. 338.
92) 원죄나 본죄는 모든 인간에게 공통적으로, 일반적으로 나타나는 범죄 행위의 근원적 죄성이라 보겠다. Andrew Jukes, *op. cit.*, p. 157.
93) *Ibid.*, p. 190.

j. 속죄제와 속건제의 차이점: 특별히 속죄제와 속건제의 차이점을 요약하여 특성을 살펴보면 다음과 같다. 각각 다르게 구별된 두 종류의 희생 제사를 정확하게 구분하기는 어려운 면도 있다.

① 속죄제는 다른 사람에 대하여 본의 아니게(무의식중) 저지른 과실을 위해 드려졌고, 속건제는 하나님을 향한 본의 아닌 실수, 혹은 모든 계획적인 과실을 위해 드려졌다고 보았다(Philo, De Victimis, I).[94]
② 속죄제는 태만의 죄(sin of ommission)를 위해, 속건제는 작위적 범죄 행위의 죄(sin of Commission)를 위한 것이며,
③ 속죄제는 형벌을 옮기려는 것이라면, 속건제는 양심의 가책을 해결하려는 것이고,
④ 속죄제는 공개된 죄(open sins)를 위해, 속건제는 감추어진 비밀스런 죄들(secret sins)을 위한 것이라 주장한다. 여기서 감추어진 죄라는 것이 법법자의 의도적이고 비양심적 목적이 있기 때문에 비밀로 범한 죄라고 할 때 타당성이 있다고 보겠다.[95]
⑤ 이 구별은 입증할 수 없이 범한 죄와 입증이 가능한 범죄의 차이라고 주장한다(Josephus, Antiguities I ix 3).[96]
⑥ 레위기 4, 5장에 언급된 예를 살펴보면, 속죄제는 보다 광범위한 범죄들을 다루고 있다면, 속건제는 하나님과 동료 인간의 권리를 침해한 과실과 관련되었다는 암시가 있다고 드보(R. de Vaux)는 보고 있다. 이것은 바로 속건제가 왜 기본적으로 보상의 희생(a sacrifice of reparation)이라 하는지를 설명해 준다.
⑦ 속죄제는 인간이 하나님의 계명에 대하여 고의가 아니게 무심코 죄를 저질렀을 때 드려졌고, 속건제는 야웨의 계명으로 금한 어떤 일을 잘못 행했을 때 드려진다. 어느 때는 이 두 희생이 똑같이 같은 범죄에 드려지기도 했다.[97] 서로가 비슷해서 속건제를 제2급 속죄제라 한다.

---

94) Roland de Vaux, *op. cit.*, p. 420.
95) W.P. Paterson, op.cit., p.338. Paterson은
96) Roland de Vaux, *op. cit.*, p. 420.
97) *Ibid.*, p. 421. 나환자를 위해서 속건제, 속죄제, 번제가 드려짐(레14:10—32). 죽은 시체를 만진 나실인도 속죄제와 속건제를 드렸다(민6:9—12). 인간이 무의식적 죄를 저지른 경우, 속죄제와 속건제가 드려진 경우가 레4:13, 22, 27. 5:15;,민 15:22—31에 있다.

⑧ 제물이 달랐다. 속죄제는 제사 드리는 죄인의 신분과 지위에 따라 제물이 달랐다. 제물도 제물 드리는 자의 능력에 따라 달라서, 아무리 가난한 자라도 속죄 제물을 드릴 수 있도록 하나님이 배려하셨다. 그러나 속건제는 죄인의 신분이나 형편을 상관하지 않고 불법 침해죄에 대해 보상을 하도록 하고, 오직 수양(Ram)만을 제사 제물로 드리도록 되어 있다. 어떤 사람이 크건 작건 간에 그 이웃의 물건을 도적질하면, 그가 배상하기 전에는 하나님 앞에 빚진 자이다. 그러므로 속건제를 드릴 때는 부자나 궁핍한 자나 동일한 오직 숫양(Ram)만 희생 제물로 드리는 것이다.[98]

⑨ 속건제에는 보상을 지불해야 했다. 배상은 약탈한 물품이나 습득한 바를 자기 것으로 했다가 소유주에게 '돌려주는 것' 즉, '보상'을 의미한다. 어떤 사람이 크건 작건 간에 그 이웃의 물건을 도적질하면 그가 배상하기 전에는 하나님 앞에 빚진 자이다. 속죄제에는 이런 절차가 전혀 없다.

레위기 7:1-10은 속건제에 대한 제사장 규정으로, 예배하는 장소와 제물을 처리하는 방식에 대한 지침이다. 2절은 속건제 역시 번제를 드리는 장소, 정해진 곳에서 드려야 한다. 3-7절은 속건 제물에 대한 처리 문제로, 피와 기름은 절대로 먹어서는 안 된다. 일반적으로, 피에는 생명이 담겨 있고, 기름은 힘의 원천이라고 생각되었기 때문이다. 그래서 피와 기름은 하나님께만 드릴 수 있었다. 피와 기름은 오직 하나님께 속한다는 것은 생명의 주인이 하나님이시라는 신앙고백이다. 제물 중에서 생명과 같은 최고로 귀한 것은 오직 하나님께만 속한 것이라고 여겼기 때문이다. 이스라엘 백성은 늘 하나님 앞에서 하나님의 기쁘신 뜻을 의식하였고, 더 나아가 하나님의 영역을 침해하지 않는 것에 주의를 기울였다.

구약 종교 제사들 가운데 드리는 사람이 가장 많은 경제적 지출을 하면서 드리는것이 속건제다. 왜냐하면 자신의 죄를 다른 사람에게 고백하고 피해액의 1/5을 더해서 경제적인 보상을 해줘야 하고, 다시 성전에 와서 정해진 흠없는 수양(Ram)만을 재산정도에 상관 없이 하나님께도 제물로 드려야 했기 때문이다.

---

98) 마두원, 「레위기 강해」(서울: 성청사, 1978), p. 101.

4. 화목제(和睦祭 레 3:1-17, 7:11-38)

a. 화목제의 명칭: 죄를 없이한 자가 하나님과 화목할 수 있어 화목제, 하나님과 화목한 자가 평안을 얻기에 평안제(平安祭),[99] 평안함을 얻은 자가 은혜를 입을 수가 있어 수은제(受恩祭)라 한다.[100] 히브리어 zebah shelāmim(~ymlv xbz)[101]이라 하여, 이를 영어로는 평화(화평)의 희생을 의미하는 Peace Offering나 Welcome—Offerings로 나타낸다. 제바흐(xbz)와 셸라밈(~ymlv)은 각각 단독으로 화목제를 뜻하기도 한다. 제바흐(xbz)는 '짐승을 도륙하다, 도살하다'의 자바흐(xbz) 동사에서 파생된 명사로 희생물을 의미한다. Shelāmîm(~ymlv)은 '완전한, 공평한, 평화로운'에서 파생하여 친교(Friendship), 평화(peace), 행복, 안녕(well-being)을 뜻하는 샬롬(Shalom: ~lv)과 어원을 같이한다.

쾰러(L. Koeler)는, Shelamim의 의미를 '빚을 되갚다', 혹은 '맹세'[102]의 뜻과 연관시켜 '피장파장으로 청산된다'는 의미(sense of being quits)를 나타낸다고 본다.[103] 그러나 모든 경우에 적용된다고 보기는 어렵다.[104] 페더슨(W.P. Petersen)은 화목제의 제사들을 '계약의 제사'(Covenant Offering)라 부른다.[105]

b. 화목제의 목적: 번제, 속죄제, 속건제의 제사를 통해 죄의 속함을 얻은 자가 하나님과의 교제, 화목, 영교(靈交)을 도모하는 뜻으로 드리는 제사이다. 먼저 하나님과 화목을 위하고, 다음은 이웃 간의 교제와 친교를 위한 제사다.

화목제는 이미 이루어진 과거, 현재, 구원에 대한 감사와 그 축복에 대한 보은의

---

99) B.W. Anderson, op.cit., p.206. Jacob Milgrom, liviticus I-16, AB3(New York: Eoubleday, 1991) 참고.
100) 김웅조, op. cit., p. 301.
101) 이는 감사제(thank—offering), 구원제(saving offering)라 불리는데, shelāmîm은 shalem(שלם)에서 유래한 "완전한 축복과 능력"을 뜻하는 말이다. 드보는 교통의 제사 (Communion offerings), 혹은 나눔의 제사 (shared offerings)라고도 소개했다(op. cit., p. 118).
102) shelāmîn과 Shalom의 어원 동사의 Pi'el형이 빚을 갚다, 서약의 의미로 사용됨.
103) Ludwig Köhler, Old Testament Theology, tran. A.S. Todd (Philadelphia: Westminster Press, 1958), p. 188.
104) H.H. Rowley, op. cit., p. 122.
105) Johannes Pedersen, Israel: Its Life and Culture I-N (Copenhagen: Paul Branner, 1940), p. 335. 화목제는 여러 종류의 경우에 독립적으로 나타난다. 큰 승리나 왕의 선출 때(삼상11:13), 전쟁 전(삼상10:8; 13:9), 신명기에서 특별히 기쁨과 즐거움으로 표시되었다(신2:7, 27:7).

자세로 드리며, 하나님의 변함없는 미래의 구원과 축복을 바라며, 사람이 자기 입장에서 그 제사를 드리고 싶을 때, 자원하는 마음으로 드리는 선택적 제사이다.[106]

화목제는 하나님과 언약의 체결을 표시하는 한편, 언약 관계의 재 강화를 확인하는 계약갱신 축제의 목적도 있다. 이미 존재하는 화목된 관계를 기념하는 것이다.

하나님과의 화평을 누리는 것이며 또한 상호 간의 친교를 위한 제사였다. 주로 번제와 속죄제, 속건제로 속죄가 이뤄지고, 죄 용서가 확증되고, 칭의가 확대되는 것의 기념으로 이루어졌다.

c. 화목제의 종류: 화목제는 제주의 목적에 따라 다음과 같이 분류하여 선택하여 드린다.

① 감사제(tôdâ: Thank—Offering): 가장 일반적 제사로 예기치 않은 축복이나, 기도에 대한 응답으로 주신 하나님의 축복이나, 이미 받은 구원과 은총에 대하여 드리는 감사의 제사이다(7:12-15).[107]

② 서원제(neder: Vow—Offering): 서약과 맹서의 성취와 이행을 위하여, 혹은 바라는 구원과 은총에 대하여 드리는 제사이다(레 7:16 참조, 삼상 1:21). 나실인의 서약할 때와 서약 만료의 경우에도 드렸다(민 6:14,17-18)

③ 낙헌제(nedābâ: Freewill Offering): 제주가 특별한 축복이나 은총에 대한 기대나 특별 탄원 같은 것은 고려치 않고, 하나님의 축복과 도움에 대한 헌신과 찬양에 대하여 맨 처음에 비유적으로 드리는 예물이요, 하나님께 대하여 감사와 사랑을 표현하기 위해 기쁜 마음으로 하나님께 드리는 가장 성숙한 믿음의 제사이다(레 7:16).

d. 화목제의 제물: 화목제 제물로는 ① 흠 없는 수컷, 혹은 암컷의 소, 염소(unblemished male or female ox/goat)를 제물로 선택하여, 내장에 덮인 모든 기름과 두 콩팥과 그 의의 기름과 가에 덮인 꺼풀을 함께하여 하나님께 화제로 드렸다(레 3:1-5, 12-15). ② 흠 없는 암·수 양(male or female sheep)을 드릴

---

106) Gordon J. Wenham, *op. cit.*, p. 74.
107) G.L. Archer, Jr., *op. cit.*, p. 232.

수 있었고, 어린 양도 택하여 드릴 수 있었다.[108] 양을 제물로 드릴 때는 미골(척추의 맨 아랫부분 뼈)에서 벤 기름진 꼬리와 내장의 모든 기름과 두 콩팥과 간에 덮인 기름과 꺼풀만을 화제로 하나님께 드렸다. 제주의 마음에 의해서 결정된다(레 3:6-11). ③ 일반 희생제물은 흠이 없어야 되었지만, 화목제물은 지체가 더하거나 덜한 것도 가능하다(레 22:21-24). ④ 새 종류는 제물이 될 수 없었다. 이는 제물 분배가 다양하게 나눠지기 때문에 비둘기로는 감당이 되지 않았기 때문이다.

e. 화목제의 제물 분배: 화목제의 특징 중의 하나가 제물 분배에 나타난다. 즉, 제물 분배에서 ① 하나님의 몫으로 기름 부분을 화제로 하나님께 드리고, ② 제사장의 몫으로 제물의 가슴을 요제로 하나님께 흔들어 보인 후 제사장에 주고, 우편 뒷다리는 거제로 하나님께 보인 후 제사장의 소득으로 주어진다. ③ 제물의 나머지는 제주(Offerer)를 비롯한 계약 공동체의 몫이 된다. 감사제는 제물을 드리는 당일에 먹어야 했고, 서원제와 낙헌제는 그 다음날까지 먹어야 했다. 먹다 남은 것은 불에 태워야 했다(레 7:15-18).

그래서 화목제에서는 언약의 회식을 가지게 되어 언약의 종적 멤버(하나님→제사장→제주)와 횡적 멤버(제사장→제주→그 가족→친구→가난한 자)간의 조화와 행복, 교제를 즐겼다. 횡적 멤버에 가족(삼상 1:4,21), 씨족(Clan), 부족, 순례자들, 가난한 자, 더 나아가 지파 연합체의 구성원들도 참여하여 제물을 함께 나누어 먹을 때가 있다.[109]

이런 공동식사는 '나'와 '너'의 계약 관계인 '하나님'과 '그의 백성'과의 소통과 교통을 이루고, '나'와 '너, 당신, 그들'의 계약관계를 찬양하며, 그 계약 공동체인 제사장과 그 자녀들, 그리고 제사 드리는 제주, 친척, 가난한 자들도 그 제물을 함께 먹는 것으로 되어 있다(레 7:31,32. 민 17:9-11).[110] 화목제 큰 공통점은 제주와 그의 가족 및 참여자들이 하나님 앞에 기뻐하는 것이다.(신 12:7,12,18)

f. 화목제의 방법: ① 제주가 제물로 드릴 짐승을 번제단 앞(야웨 앞)으로 끌고 온

---

108) 새는 화목제물이 되지 못했다. 아마도 새는 너무 적기 때문에, 먹을 만한 음식으로 사용되기 곤란해서 그런 것 같다.
109) Hans—Joachim Kraus, *op. cit.*, p. 118.
110) B.W. Anderson, *op.cit.*,p.206.

다(레 3:1, 2. 3:7, 8, 12-13). ② 제주가 동물의 머리에 손을 얹고 안수한다[111](레 3:2, 8, 13). ③ 제주가 동물을 죽이고 피를 받아 제사장에게 주면 그 피를 번제단 사방에 뿌린다. ④ 제주가 가죽을 벗기고 각을 뜬다. ⑤ 내장의 덮인 기름, 내장에 붙은 기름, 허리 근방의 기름, 간에 덮인 기름, 양의 경우는 '기름진 꼬리'를 화제로 불태워 하나님께 드린다. ⑥ 제물의 가슴은 야웨 앞에 흔들어 요제로, 우편 뒷다리는 거제로 보이고, 그 제물의 가슴과 우편 뒷다리는 제사장에게 주어져 먹도록 한다. ⑦ 제물의 나머지는 제주의 친구와 가족들이 함께 나눠 그 날에 먹어야 하고 남은 것은 불태우며 축제가 끝난다.[112](레 7:15-21). 이때 참가자의 전제 조건은 깨끗함, 즉 속죄와 청결함을 요구하는 것이다(레 7:27).

화목제물은 항상 번제물 위에 드려졌다. 이는 아침의 번제 뒤에 드려졌다는 것이다. 혹은 제주가 먼저 번제를 드리고 이것을 드릴 수도 있었다. 이 화목제 경우는 먼저 속죄의 공로를 상징하는 번제가 공동 회식 또는 교제를 상징하는 화목제의 기초가 된다는 것이다.

g. 화목제의 특성: 화목제는 공동체적 잔치였고, 성소 구내에서 제사장, 레위인, 제주의 가족 친척 나그네와 종들이 함께 하는 공동 축제이었다.

① 번제, 속죄제, 속건제와는 다르게, 화목제는 의무적인 제사가 아니라 감사함으로, 서원함으로, 자원함으로 드리는 선택적 제사였다(레 7:16).

② 화목제도 번제처럼 '향기로운 냄새'[113]의 예물(레 3:5, 16)이었다. 예물 분배에서 전혀 다른 점이 있다. 화목제는 하나님, 제사장, 제주와 제주의 이웃과 함께 음식을 나눈다.[114]

③ 그래서 다른 제사에서는 허용되지 않는 무교병과 함께 유교병이 사용될 수 있었다(레 7:13).

---

111) 안수는 ① 자기 대신 동물이 죽는 것 의미, ② 제주의 죄를 동물에게 넘기는 것, ③ 자기 소원, 입장을 하나님께 기도하는 의미, ④ 안수하는 자와 그 제물과의 깊은 관계를 의미한다. A. Noordtzii, *Leviticus: Bible Student's Commentary*, trans. Raymond Togtman (Grand Rapids: Zondervan publishing House, 1982), p. 17.
112) 감사제는 제사 드리는 날에 다 먹고(레 7:15), 서원제나 낙헌제의 제물은 제사 당일과 그 다음날까지 먹는다. 그래도 남는 것은 3일에는 불살라 버린다(레 7 : 16, 17).
113) 번제, 소제, 화목제는 향기로운 냄새였으나, 속죄제, 속건제는 향기로운 냄새로 인정되지 않는다.
114) 감사 제품은, 누룩 없는 빵과 누룩 없는 바자, 파자(笆子·把子)가 동반된다.

④ 번제와 속건제는 오직 수컷 짐승으로만 제물을 삼고, 속죄제도 평민 외에는 수송아지를 드렸는데, 화목제는 수컷, 암컷 구별치 않고 드렸고, 새 종류는 제물이 될 수 없었다. 제사에서 흠없는 수컷을 제물로 드리는 것은 바로 장차 나타날 메시야, 예수님을 상징하는 것이다.

⑤ 제사의 목적이 각기 다른 동기에 따라 달라진다. 그래서 감사제, 서원제, 낙헌제의 3가지로 구분된다(레 7:11-14). 감사제는 은혜에 대해 하나님께 감사를 표시하는 것이다.[115] 서원제는 이미 행한 약속의 조건을 이행한다는 의미와, 그 조건을 이행했다는 의미가 담겨 있다.[116]

h. 화목제의 의미: ① 화목제의 언약의 회식은 신약의 예수 그리스도가 피를 흘리고 살이 찢겨 인류를 구원하신 일과 그 속죄로 하나님과 화목하여 친교를 가짐을 기념하는 성만찬과 유사하다.

② 화목제는 하나님과 죄인 된 인간을 화목케 하는 화목제물이신 예수 그리스도를 상징한다(롬 3:25). 요한1서 2:2은 "예수 그리스도는 우리 죄를 위한 화목 제물이나 우리만 위할 뿐 아니요. 온 세상의 죄를 위하심이라" 하였고, "하나님이 우리를 사랑하사 우리 죄를 속하기 위하여 화목제물로 그 아들을 보내셨음이라"고 말한다(요일 4:10). ③ 화목제의 큰 공통점은 제주와 그의 가족 및 참여자들이 하나님 앞에 기뻐하는 것이다(신 12:7,12,18). 음식을 서로 나누는 것이 교제를 창출해 낸다는 생각과 기대가 이 제사의 기본이 된다. 그런데 그 공동 식사는 하나님께 드려진 기름이 완전히 타고 난 다음에야 식사가 시작된다. 이 공동 식사를 통한 교제는 두 가지, 즉 첫째는 음식을 함께 나누는 사람들끼리의 수평적인 교제이고, 둘째는 제사 드리는 자와 하나님과의 수직적인 교제이다. ④ 제물로 선택된 소는 일반적으로 인내심과 충성심을 상징하고, 양은 순종과 겸손을 뜻하고, 염소는 배척과 멸시를 받으며 마침내 버림을 당하는 것을 상징하여 메시야를 예표하는 것이다(사 53:1-9). ⑤ 화목 제물은 인간의 행위, 사상, 힘, 감정 등을 가지신 인간이신 '예수 그리스도'(히 10:5-10)를 상징한다.[117] 그래서 하나님의 사랑은 하나님의 독생자를 화

---

115) H.H. Rowley, *op. cit.*, p. 123.
116) *Ibid.*,
117) Andrew Jukes, *op. cit.*, p. 118.

목 제물로 보내심으로 나타났다(요 14:10). 요한1서는 예수 그리스도는 우리 죄를 위한 화목 제물이니 우리만 위할 뿐 아니요 온 세상의 죄를 위하심이라(요일 2:2, 4:10) 했다. ⑥ 화목제에서 제주의 식사는 하나님께 피와 기름이 다 드려진 다음에 시작되듯, 하나님의 백성은 하나님을 우선한 삶이 중심이 되어야 한다.

이 공동 잔치에 참여함으로써 참여자들은 하나님의 축복을 누리고, 위험으로부터 가족들을 보호하고, 그들의 수고를 축복해 주실 것이라는 사실을 확인했다

지금까지 피 있는 제사를 논했다. 이 모든 제사는 예수 그리스도의 구속적 사역에 대한 예언이요, 상징이기에 우리 기독교인에게 의미가 있어 연구하는 것이다. 그리스도의 대제사장직은 더 나은 값을 지불하고 성취한 사역이다. 즉, 구약 제사 제도는 '짐승의 피'로 제사적 효과를 기대했다면, 그리스도는 자신의 피로 제사를 드렸다. 구약제사 효과는 일시적인 것이라면, 그리스도의 속죄 사역은 영원한 것이다. 지상성소는 대제사장이 매년 한차례씩 제사 드리기 위해 들어가지만, 그리스도는 하늘의 성소에 단번에 들어가심으로 온전히 이루신다.(히 11-15, 8:1-13, 10:1-14)

히브리서 저자는 구약시대의 제사의식의 불완전성을 설명하고 신약시대에 그리스도가 완전한 속죄를 드림으로 새 언약의 중보가 되셨다고 설명한다. 옛 언약은 예배자 행위에 의존하고, 새 언약 시대에는 우리를 대신한 그리스도의 행위에 의존한다.

더 크고 온전한 속죄(히 9:11-14): 레위기에서 제시된 이런 희생의식(제사)들은 유대인이나 기독교인이든 간에 성전에서 더 이상 거행되지 않는다. 예배의 형태들은 바뀌었으나, 그들이 한때 표현했던 의미 혹은 신앙은 신앙공동체 안에서 계속해서 남아 있다. 이것은 히브리서에서처럼 십자가상에서 그리스도의 희생이 구약의 희생제도의 의미를 이루고 완성했다고 확신하는 기독교 공동체 안에서 분명한 사실이다.

5. 곡물제사인 소제(素祭 레 2:1−16, 6:14−23)

지금까지는 동물제사인 피 있는 제사를 살펴보았다. 소제는 곡물 제사이다. 곡물 제사이기에 당연히 '피 없는 제사'이다. 소제는 짐승을 잡지 않으니 짐승의 피를 뿌리지 않을 뿐 아니라, 다른 피의 제사를 드린 후에 대개 드리는 제사이기 때문에 후속 제사라 부르기도 한다.

이 소제는 피의 제사가 아니라서 죄 문제를 해결하는 제사로는 적절하지 않았다. 그래서 곡물 중에 충실한 이삭을 고운 가루로 만들어 그것에 기름을 붓고, 그 위에 유향을 놓아 아론의 자손 제사장에게 주어 단 위에 불을 살라 하나님께 향기롭게 드리는 것이다.

a. 소제의 명칭: 소제(素祭)는 선물, 예물을 뜻하는 히브리어 '민하'(מנחה)인데, 하나님께 곡물로 드리기 때문에 피 없는 제사이다. 그래서 영어로는 'Meal Offering' 'The Cereal Offering' 'The Vegetable Offering' 등으로 불린다. minhâ(מנחה)는 강대국이 약소국을 점령하면 봉신국으로 만들어 충성심의 표시로 공물을 바치는 것이나, 자기보다 높은 사람의 호의를 위해 밑의 사람이 올렸던 '예물'로 쓰이기도 했다(왕상 10:23, 창 32:13).

b. 소제의 목적: 소제도 번제와 화목제의 희생제사와 같이, "야웨께 향기로운 냄새"로 드리기 위한 목적으로 나타난다. "제사장은 그 고운 가루 한 움큼과 기름과 그 모든 유향을 가져다가 기념물로 제단 위에서 불사르지니 이는 화제라 야웨께 향기로운 냄새니라"(2:2, 9:12). 선한 뜻을 굳게 지키고 유지해 가려는 노력의 제사이다.[118] 극빈자를 위해서는 속죄의 제사(레 5:11−13)로 인정되기도 했다. 소제는 믿는 자들이 그의 창조주 하나님께 드리는 일종의 조공의 뜻이 있다.[119] 이스라엘은 계약 백성으로서, 하나님께 충성심의 표시로 소제를 드린다. 여기서 기념물로 불태워져 하나님께 드려지는 것은 제물뿐 아니라, 드리는 자의 충성, 봉사, 구제, 선행

---

118) Wm. S. Lasor, D.A. Hubbard and F. Wm. Bush, *op. cit.*, p. 154.
119) Gordon J. Wenham, *op. cit.*, p. 69. minhâ는 밑의 사람이 위의 사람(창 32 : 19 이하, 야곱이 에서에 민하 보냄)의 비위를 맞추려는 선물이나, 작은 나라가 대군주에게 충성심의 표시로 바치는 조공(삿3:15,17. 삼하8:6. 왕상5:1. 10:25. 왕하17:3)을 가리키기도 한다.

및 인간 전 존재를 포함하게 된다(신 10:12).

　공적인 소제는 의무적이고 규정되어 있었지만, 개인적인 소제는 자원하는 것이고 어느 때든지 가능했다. 가장 대표적인 공적 소제는 매 안식일마다 성소에 놓여지던 '임재의 떡'이란 진설병이었다(출 25:30, 대하 4:19). 진설병(진설(陳設)의 떡: 빵)은 얼굴(face)도 의미하여 '임재의 떡', 곧 하나님의 얼굴을 대면한다는 뜻이다(대상 9:32). '임재의 떡'은 항상 살아서 중보하시는 '하늘로서 온 산 떡'이신 예수님 상징한다(요 2:51).

c. 소제의 제물: 소제의 제물은 다음의 4가지가 있다.

① 고운 가루 한 줌을 그냥 바치는 소제(레 2:2)

② 무교병을 만들어 바치는 소제(2:4): 고운 가루에 기름을 섞어 반죽하여 떡(빵)을 만들어 드리는데, 그 만드는 방법은; ⓐ화덕에 구워 만드는 방법(레 2:4) ⓑ번철(燔鐵: flypan)에 부치는 방법(레 2:5) ⓒ솥에 삶는 방법(레 2:7)이 있다.

③처음 익은 곡식으로 드리는 소제(레 2:12): 향기로운 냄새를 위해 야웨께 요제로 보이고 제단에 올리지 않는다. 제사장들의 음식으로만 사용했다(레 23:20).

④첫 이삭을 볶아 찧은 것으로 드리는 소제(레 2:14): 첫 이삭을 볶아 찧은 것에 기름과 유향을 부어 드렸다. 가장 기본적인 것은 곡식 가루로 드리는 것이었다. 이 곡물의 제물들에는: ⓐ모든 소제에 소금을 넣을 것(레 2:13), ⓑ유향을 가미하고(레 2:15,16), ⓒ누룩과 꿀은 넣지 않도록 되어 있다(레 2:11). ⓓ포도주가 전제로 같이 드려졌다(출 29:30, 레 23:13, 민 15:1-12).

d. 소제의 제물 분배: 소제물 중에서 기념할 것을 한 움큼 취하여 기념물로 단 위에서 불살라 화제로 하나님께 드리고, 남은 제물은 제사장(아론과 그 자손)에게 주어 성전에서 먹도록 했다(레 2:3,10). 기념물이란, 하나님을 향하여는, 하나님께 상달되어 하나님이 기억하실 만한 제물을 의미한다면, 인간으로는 농사일에 풍성한 소산을 허락하신 하나님의 축복을 기억하여 드리는 제물이란 뜻이다(창 27:27-28. 시 23:3-4).

e. 소제의 방법: ① 제주가 제물을 준비하여 가져 온다.[120] ② 준비된 소제물을 제사장에게 준다. ③ 제사장은 그것을 소제물 중에서 기념할 것을 취하여(예를 들면, 고운 가루면 한 줌의 고운 가루와 유향을) 단위에서 화제로 하나님께 드리는 일을 한다. ④ 남은 제물은 제사장의 몫이 된다(레 2:3,10).

공식적인 번제와 화목제에는 항상 소제가 함께 드려졌다(레 1:9,17. 2:2,12. 3:5,16). 그러다가 후세의 제사법에서는 전적으로 번제의 부속물이 되었다(민 28:27-29).

크라우스(Hans-Joachim Kraus)에 의하면, 초기 구약전통에서 소제는 피 있는, 그리고 피 없는 제사(bloody and unbloody sacrifices)를 함께 포함해서 드리는 제사였고, 그걸 본질적으로 온전한 번제(a whole burnt offering)라 불렀다(삼상 7:9). 기드온은 야웨를 위하여 무교전병(無煎餅: Unleavened Cakes)과 고기를 준비하여 함께 태워드렸다. 그 장소는 '하나님의 현현(Theophany)'이 있었던 상수리나무 아래 반석이었고, 그 뜻은 예배자의 하나님께 대한 숭배와 복종, 그리고 전적인 헌신을 의미했다.[121]

그러나 예배의 역사적 변천 과정에서, 소제(minhâ)의 개념은 점점 축소되었고, 더 이상 피의 제물과 피 없는 제물을 함께 하는 전체적인 희생의 식사(whole sacrificial meal)가 되지 못했다. 그래서 소제(minhâ)는 단순히 식물성 제사(Vegetable offering)로 되어 곡식, 열매, 식물성 기름, 포도주 등만 제물로 드리고, 동물성의 고기 등은 제외되었다.[122] 소제(minhâ)는 식물성 제사로 더욱 굳혀지고, 동물성 제사는 번제로 적용되었다.[123]

레위기 24:5-9에 의하면, 순전하고 고운 밀가루 떡(진설병: The Shewbread, lehem hamm 'areketh) 12개를 야웨의 순결한 상 위에 두 줄로 한 줄에 6개씩 진설하고, 정결한 유향을 그 매 줄 위에 두었다. 그것들은 매 안식일 날에 되풀이되었다. 그것들은 12지파와 야웨 사이의 언약의 표시였다. 이 떡덩이는 그 주간의 마지

---

120) 제물이 고운 가루이거나 볶은 곡식이면 기름과 유향으로 섞고(레 2:1, 2, 14, 15), 요리된 제물은 고운 가루를 누룩과 꿀을 넣지 않고 기름과 섞어 구운 후, 조각으로 나누고 그 위에 기름을 붓는다(레2:5,6).
121) Hans—Joachim Kraus, *op. cit.*, p. 115.
122) *Ibid.*
123) *Ibid.* Kraus는 이런 습관은 이스라엘 주위의 가나안에서 채용한 것으로 우가릿 본문에 많은 예가 있다고 주장한다. cf. C.H. Gordon, *Ugritic Handbook, III*, No. 1585.

막 날에 제사장이 먹는다.[124]

향단의 향(offerings of incense)도 식물성 제물의 한 요소로 드려진다. 유향(frankincense)에 소합향(Storax or stacte), 나감향(onyx or onycha), 풍자향(galbanum)의 향품을 섞어 향을 만들어 증거궤 앞에 놓고, 향단에서 피우고, 또한 번제단에서 제물에 같이 사용되기도 하여(삼상 2:28, 사 1:13) 예배의식의 용어로는 분향이라 했다.[125]

f. 소제의 특성: ① 피 없는 제사로서, 곡물 등 식물성 예물을 드렸다. 로울리(H.H. Rowley)는 피 없는 제물로 십일조를 말한다.[126] ② 향기로운 냄새(레 2:2, 9)였다. ③ 소제에는 곡물과 더불어 기름, 유향, 소금이 반드시 있어야 했다(레 2:13). ④ 소제는 번제와는 달리 전부 태워버리는 것이 아니라, 제사장들의 식물로 돌려졌다(레 2:3).

소제물을 드릴 때: ① 속건제와 화목제를 드릴 때(레 7:9-10, 7:12-14) ② 제사장들과 레위인들을 위임할 때(민 8:8) ③ 성막과 성전 봉헌 때(민 7:13,19,25ff. 왕상 8:64) ④ 문둥병자의 정결의식 때(레 14:10, 20-21) ⑤ 나실인의 서원이 끝났을 때(민 6:15-19) 소제를 드렸다.

g. 소제의 의미: ① 소제는 제주가 자기가 섬기는 하나님께 드리는 선물이다.[127] 그 이름의 뜻이 그것을 나타낸다(minhâ: 예물, 선물). 소제의 제물에는 속죄의 관념 보다는 하나님을 위한 예물의 관념에 전체가 집중되어 있다.[128]

② 번제의 부속물로 드림은 죄의 용서에 대한 답례로 하나님께 감사의 표시와

---

124) Roland de Vaux, *op. cit.*, p. 422.
125) *Ibid.*, p. 423. 랍비 문서에는 16가지 이상의 향들을 정교히 섞어서 만드는 조리법이 나타난다.
126) H.H. Rowley, *op. cit.*, p. 136. 아브라함이 멜기세덱에 십일조를 드렸고, 야곱도 벧엘에서 십일조 약속을 하고 있으나, 신명기 법전 이전에는 십일조에 관한 법이 규정되어 있지는 않다. 신명기 법전에 의하면, 십일조는 성전에 가져와야 하며, 레위인들에게 나누어 주고, 혹은 구제하는데 사용했다(신 14:22-9). 레위인들은 그것의 십일조를 제사장들에게 드려야 한다(제사법전 : 민18:21-32).
127) Gordon J. Wenham, *op. cit.*, p. 72.
128) Geehardus Vos, *Biblical Theology* (Michigan: Eerdmanns, 1977).

II. 의식 II(Ceremonial II): 제사=제의 행위(Actions)   297

하나님의 명령에 복종할 것을 다짐하는 제사이다.[129] 특별히 상번제 번제에는 소제도 함께 매일 아침—저녁에 드리는 제사였던 것 같다. 레위기 6:14—19이 소제를 설명하는 데, 특별히 19—20절에서는 "항상 드리는 소제물로 삼아 그 절반은 아침에, 절반은 저녁에 드리되 그것을 기름으로 반죽하여 소제로 야웨께 드려 향기로운 냄새가 되게 하라"고 번제와 동일한 향기로운 냄새로 효과가 있다(레 1:9). 또 소제는 번제를 드릴 때에 겸하여 드리게 되어 있다(레 9:17). 그러나 주목할 것은 제사장 족속에게는 매일 소제를 드리게 되어 있어 매일 제사가 의무적이었으나, (6:14—22), 이스라엘 백성에게는 자기가 원할 때에 드리게 되었던 같다(2:1).

③ 소제의 제물인 고운 가루로 만든 떡과 기름과 유향과 소금은 사람의 생명을 유지시키는 것이기 때문에, 역시 생명의 의미도 포함하고 있다.[130] 소제는 제사장들에게 생명을 유지하는 먹을 음식을 공급하는 실제적 의미도 있었다.[131]

제사장의 몫으로 의미: 제사장들에게는 하나님이 그의 분깃이며 기업이었다. 그 하나님이 그 제사장들에게 분깃으로 ⓐ첫 아들과 짐승의 첫 새끼, 첫 수확물 대신 바친 돈(출 22:29, 민 18:15—16), ⓑ제사 때의 희생 제물 즉 제사 때의 요제물, 거제물(민 18:8,11,19), ⓒ소제물의 남은 것(레위 2:3), ⓓ레위인이 백성들로부터 받은 십일조의 일부(민 18:26—28) 등을 받았다. ⓔ48개의 레위인의 성읍 중에서 13개가 제사장들에게 주어졌다(수 21:4,13—19).

④ 이 제사는 모든 좋은 것을 주신 하나님께 사랑, 감사, 고마움을 표현하기 위한 선물이었다.[132] 그래서 화목제와 함께 드려졌었다(레 1:9, 17, 2:2,12).

⑤ 곡식은 생명을 유지하는 것이며, 곡식이 가루로 부서짐은 아주 깊은 고통의 상징이다. 우리 생명의 지팡이 되시는 그리스도께서, 부서짐을 당하신 그의 생애와 십자가의 고난에 비유할 수 있다.[133]

---

129) *Ibid.*, 소제는 하나님께 자기 자신을 드리고, 하나님의 율법대로 살겠다는 것을 상징한다.
130) *Ibid.* 제사장들은 세상의 기업이 없어 백성들의 십일조와 제물에 의지 하여 살았다.
131) 원용국,「오경의 기독론」(서울: 한국기독교 교육연구원, 1984), p. 106.
132) *op. cit.*, p. 119.
133) Andrew Jukes, *op. cit.*, p. 82.

⑥ 기름은 영양을 공급, 치료해 주는 속성이 있는 것으로, 성령의 사역을 나타내는 상징이다. 그래서 순종의 인간이신 예수님께서는 성령으로 충만하셔서, 소제로서 자신을 드린 그의 예물은 성령의 기름 부음과 능력 속에 있었다.[134]

⑦ 소제는 사람이 노력해서 얻은 산물을 드리는 제사로서, 그리스도께서 인간적 모든 노력을 바치신데 대한 감사의 예표이다.[135] 즉, 인간의 식물로써 하나님에게 자신을 드리는 그리스도를 상징한다(요 6:48-59). 유향은 값비싼 향품으로, 지속적이며 기분 좋은 향기이다. 이는 신성하신 그리스도의 감미롭고 향기로운 예물에 대한 상징이다.[136]

⑧ 소제에는 반드시 소금이 있어야 했고, 누룩은 전혀 용납이 안 되었다. 방부제인 소금은 영원, 진실, 그리고 성화의 상징이며, 누룩은 부패와 타락을 상징한다.[137]

⑨ 소제를 야웨께 제단 위에서 불에 태워드린 것은 존경의 표시였다.

⑩ 그러나 소제에는 간구(Petitions)의 의미가 함축되어 있다. 금식으로 무엇을 간구하는 것과 소제가 평행을 이루고(렘 14:12), 하나님과의 긴밀한 교제 속에서 어떤 요구(응답을 기다리며)를 할 때도 소제를 드린 것으로 나타난다.[138](시 20:3f.).

⑪ 밀가루에 섞은 기름은 옛적부터 성령의 은혜를 상징했으며 복음 사업은 성령의 은혜로 이루어져야 한다는 것이다. 밀가루는 하나님과 사람의 협력의 선물이다. 하나님은 씨앗에 생명의 원칙을 심으셨고 햇빛과 비를 주시어 자라게 하시고, 사람은 씨를 심고 가꾸고 수확하여 가루로 만들어 하나님께 드렸다. 우리에게 주어진 재능들을 소제물처럼 청지기로서 계발하고 정결하고 고상하게 하여 주님께 드려져야 한다.

---

134) *Ibid.*, p. 88.
135) J. Barton Payne, *The Theology of the Older Testament* (Grand Rapids : Zondervan Publishing House, 1976), pp. 350—410.
136) Andrew Jukes, *op. cit.*, p. 91.
137) *Ibid.*, p. 93.
138) Hans—Joacim Kraus, *op. cit.*, p. 116.

6. 제사제도의 중요성

폰 라트의 "야웨께서는 하나님 자신과 생생한 영적 교제(靈交)의 일정한 양식을 나타내는 제도를 희생제사 의식에서 창설하셨다"[139]는 말은 제사의 의의를 적절하게 설명한 것이다. 제의 공동체(The Cultic Community)는 속죄의 목적을 위한 신성한 제도 안에서, 바꿔 말하면 하나님과 그의 백성간의 관계를 이간시키고 파괴하는 모든 것은 피의 기적을 통해 제거되어야 한다는 확신으로 야웨와의 친교를 추구한다.[140]

그러나 예배의 중요성은 의식 자체에 있는 것이 아니라, 그 의식을 명령하신 하나님의 인격과 예배드리는 자의 태도에 달려 있다고 로울리(H.H. Rowley)는 말했다. 시편 51편에 나타나듯이 깊은 영혼에서 울부짖는 참된 참회의 제사야말로 하나님께 나아가는 수단이며, 하나님께서 그에게 은혜로 다가오시는 방법이라고 했다.[141]

여기서 우리가 꼭 알아야 할 것은 성전예배는 권위적 능력을 가지고 있다고 믿었다는 것이다. 즉, 축복을 빌면 그 말은 돌이킬 수가 없다는 예와 같다. 축복과 저주가 예배자들의 미래를 결정하는 능력을 가지고 있다고 믿었다는 것이다.[142] 즉, 미래의 성취를 이루게 하는 능력을 가지고 있다고 보았다. 이와 같이 예배자들이 올바른 형식과 정신을 가지고 예배의 제의 행위를 수행했을 때는 크나큰 효과적 능력을 발휘한다고 믿었다는 것이다. 제의 행위는 하나님으로 말미암는 능력을 채우게 된다고 믿었다.

그러나 구약적 제사의식은 보다 더 그 정신과 내면적 자세를 중요시 했다. 잘못한 것에 대한 깨달음이 있고, 죄책과 더불어 죄를 뉘우치는 마음이 있어 그것을 고백하면서 드리는 제사가 효과가 있다.[143] 이 사상은 후에 예언자 사상에서 더 두드러지게 나타난다. 감사제의 경우, 그 제사를 드린다고 해서 드린 자에게 무엇이 기계적으로 이루어지는 것이 아니다. 단지, 하나님께서 주신 은혜에 감사를 표시할

---

139) Gerhard von Rad, *Old Testament Theology Vol.* I, tran. D.M.G. Stalker (New York: Harper & Row, Publishers, 1963), p. 260.
140) Hans—Joachim Kraus, *op. cit.*, p. 123.
141) H.H. Rowley, *op. cit.*, p. 138. *J.B.L.* XXIX (1945—6), pp. 29f. cf. A.C. Welch, *Prophet and Priest in Old Israel*(1936), p. 133.
142) H.H. Rowley, Ibid., p. 139. cf. J. Pedersen, *op. cit.*, p. 200.
143) *Ibid.*, p. 140f.

뿐이다. 서원제를 드릴 경우는 하나님과의 의로운 관계에 대한 자신의 진실을 서약으로 표현하거나, 하나님의 축복을 기대할 때 드려졌다.

모든 제사 의식은 죄를 깊이 깨닫고 하나님께 죄를 고백하며, 감사와 경배, 복종, 겸손한 항복, 헌신의 목적이 있었다. 그래서 그 제사 의식은 율법서와 예언서와 시편을 자연스럽게 하나로 통합시킨다.

구약 종교의 최고 절정인 이사야 53장의 야웨의 종의 묘사에서 제사 종교와 예언 종교가 만나는 정점이 잘 드러난다.[144] 여기에 의하면, 제의에서 중요한 모든 내용이 하나의 인물에게 집중이 되는데, 그는 희생제사의 구속을 이루면서 인간의 중심에서 나오는 사랑과 충성을 온전히 바치고 있다. 바로 예수 그리스도의 십자가의 사건에서 이사야 53장의 고난의 종을 보면, 그 고난의 모습과 의미는 구약의 제사 사건들에서 해석, 이해될 수가 있겠다. 이러한 종(Servant)—예수(Jesus Christ)의 희생의 효력은 속죄함을 받아 하나님께 나아가는 자 모두에게 나타난다.[145]

앤드류 죽스(Andrew Jukes)에 의하면, 구약 제사의 모든 예물에서 그리스도는 예물을 드리는 자로서 우리의 대표가 되신다. 그 예물이 번제, 속죄제, 속건제, 화목제, 소제의 어느 것에서건 그는 '우리를 위하여' 자신을 바치신 인간 예수이시다. 그는 '우리를 위하여' 번제단 위에도, 진 밖에도 놓여 지시며, '우리를 위하여' 우리의 죄를 짊어지시고, 제물로 바쳐지고, 열납되시고, 하나님을 만족시켜 드렸다.[146] 여기에서 바로 씨 신학(Zera' Theology)의 정점을 보게 된다.

---

144) *Ibid.*, p. 142. cf. R.J. Thompson, *New Bible Dictionary*, ed. by J.D. Douglas, 1962, p. 1122.
145) *Ibid.*
146) Andrew Jukes, *op. cit.*, p. 114.

C. 제사장 직무

여기서 논하려고 하는 제사장 직무는 오경에 나타난 규례를 중심하여 일반적인 것들을 찾아보려고 한다. 구약의 전체적인 제사장 직을 다루려면 한 권의 책으로 다루어야 할 만큼 많은 분량이 될 것이다. 이런 점은 제사제도에 관하여도 마찬가지이다. 여기서는 필요한 범위 내에서 중요점만 다루려고 했다.

족장시대에는 공식적인 제사장 계급이 없었다. 공적인 예배 행위들은 그 가족의 제일 어른에 의해 행해졌다. 그래서 초기에는 예배와 종교의식들을 수행하는 것이 제사장의 특권에 속하는 특별한 것이 아니었다.

1. 제사장 명칭

구약성서에서 야웨 제사장은 히브리어로 kōhēn(כהן)이라 불렸다. 이 같은 이름은 이집트(창 41:45, 47:22) 블레셋(삼상 5:5, 6:2), 모압족(렘 48:7), 혹은 암몬족(렘 49:3) 같은 나라의 이방신의 사제들에게도 사용되었다. 어근 kmr에서 파생된 다른 명칭이 있는데, 기원전 2000년경부터 갑바도기아(Cappadocia)의 앗수르 식민지인들이 사용했고, 다음에 고대 아람어에서, 그 후대에는 수리아어에서 사용되었다. 그것과 상응하는 히브리어 단어는 복수형인 kemarim으로 성서에 단지 3번 나타나는데, 항상 거짓 신들의 사제들을 가리킬 때 사용된다(왕상 23:5, 호 10:5; 습 1:4).[147]

kōhēn의 어원은 불분명하다. 대체로 알려지기는 아카드어 동사인 k'n어근에서 유래한 동사 kanu와 관련되었고, 그 동사는 '구부리다(bend down)', '(신하의) 맹세를 하다(to do homage)'를 뜻한다. 더욱 일반적 견해로는 '똑바로 서 있다(stand upright)'를 뜻하는 단어 kwn과 kōhēn을 관련시켜 제사장은 종(a servant)과 같이 하나님 앞에 서 있는 사람이라고 보고 있다(신 10:8).[148]

2. 제사장들의 임직(任職)

이스라엘의 제사직은 직업이 아니라 공직이었다. 왕이나 예언자는 하나님의 부

---

147) Roland de Vaux, *op. cit.*, p. 345—346.
148) *Ibid.*

르심과 선택으로 되지만, 제사장직은 상속이 되었다.[149] 대체로 아론으로 시작된 제사직은 그의 아들들에게 상속되어 갔다. 초기에는 그 아들 중에 장남이 대제사장(엘르아셀→비느하스)의 역할을 담당했다.[150] 아론과 그 아들들을 위한 위임식이 레위기 8장에 자세히 기록되어 있다.[151] 제사장의 자격과 금해야 할 사항은 레위기 21장에 나타나고 있다.[152]

제사장 위임식 규례(레 8장)

ⓐ 물로 씻김

ⓑ 제사장복 입힘(에봇, 흉패, 우림, 관, 금패 등으로 장식)

ⓒ 성막 안을 정하게 하는 의식

ⓓ 관유로 제사장의 머리에 붓고 발라서 거룩케 함

ⓔ 위임식 제사를 드리고 그 피를 제사장들에게 바름

ⓕ 회막문에서 음식을 나눠 먹음 → 위임식은 7일간 계속됨

3. 제사장의 직무

모세가 죽기 전에 이스라엘 지파들에게 주어진 축복 중에 레위에 대한 축복 속에 나타난 제사장이 담당해야 할 두 가지 중요한 직무로 요약된다(신 33:10).

a. 하나님의 율법 교육: "주의 법도를 야곱에게, 주의 율법을 이스라엘에게 가르치며"(신 33:10a). 이스라엘 백성에게 하나님의 말씀과 율법을 읽고 해석하고 가르치는 것은 어느 시대에나 계속되었던 중요한 사역이다(느 8:7-9). 제사장들은 율

---

149) 초기에 아론과 그 아들들을 하나님이 선택해서 제사장들로 세웠다(출 6:18, 20. 28:1).
150) 아론과 그 아들, 자손들은 제사장이 되었고, 그들의 출신 지파인 레위인들은 성막과 하나님 섬기는 일들을 담당하여 제사장을 돕고 율법을 해설하기도 했다. 그렇기 때문에, 레위 지파라고 해서 누구나 제사장으로 일한 것은 아니다.
151) 아론과 아들들을 물로 씻기고 에봇, 흉패, 우림, 둠밈, 관, 금패로 장식된 제사장 복을 입히고, 모세가 성막 안을 정하게 하는 의식을 취한다. 모세가 속죄제, 번제를 드리고, 수양으로 위임식 제사로 또 드리되 그 피로 그들에 바른다. 번제단 위의 피로 그들의 옷에 뿌려 거룩하게 하고, 회막 문에서 음식을 나눠 먹는다. 위임식은 7일 동안 계속되었다.
152) 자격은 아론의 자손으로 육체에 흠이 없는 자로 한다. ① 소경 ② 절뚝발이 ③ 코가 불안한 자 ④ 지체가 더한 자 ⑤ 발 부러진 자 ⑥ 손 부러진 자 ⑦ 곱사등이 ⑧ 난장이 ⑨ 눈에 백막이 있는 자 ⑩ 괴혈병이 있는 자 ⑪ 버짐이 있는 자 ⑫ 불알이 상한 자 등은 제외되었다. 금하는 내용 ① 근친상간의 범죄 ② 대머리 ③ 수염 양편 깎는 것 ④ 살을 베는 것 ⑤ 기생, 부정한 여인, 이혼당한 여인 취함 ⑥ 머리를 푸는 일(대제사장) ⑦ 옷을 찢는 일(대제사장) ⑧ 시체 가까이 함 등을 금하고 있다.

법에 근거하여 백성이 거룩한 것과 속된 것, 부정한 것과 정한 것을 분별하도록 야웨께서 모세를 통하여 주신 모든 규례를 이스라엘 백성에게 가르쳤다(레 10:8-11).

그래서 제사장은 하나님의 교훈과 뜻을 간직한 하나님의 율법을 다루고 해설하는 교사의 직무를 담당했다. 선생으로서 백성들을 가르치고, 이스라엘에 교훈을 주었다. 율법에 제시된 여러 가지 부정한 일과 질병에 관한 판단은 제사장의 고유 임무이기도 했다. 현자에게는 지혜가, 예언자에게는 환상이 연계되어 있는 것처럼, 율법은 제사장에게 속하는 것이었다.[153] 이스라엘에 야웨의 율법을 가르치는 교사로서, 제사장은 만군의 야웨의 사자(使者: messenger)이었다: "제사장의 입술은 지식을 지켜야 하겠고 사람들은 그의 입에서 율법을 구하게 되어야 할 것이니 제사장은 만군의 야웨의 사자가 됨이거늘"(말 2:7).

b. 번제단에서 제사 드리는 제사의식 집행: "주 앞에 분향하고 온전한 번제를 주의 단 위에 드리리로다."(신 33:10b)

제사 업무는 오직 제사장에게만 위임된 거룩한 직분이며(출 29:1, 9, 29, 44), 그 제사는 백성의 죄와 허물, 제사장 자신의 죄와 허물을 대속, 속죄, 구속하고 나아가 지성소와 성소와 회막의 부정의 문제를 해결하기 위함이었다(레 1:15-19, 16:6, 11).

제사장들은 제사 직무를 중심한 전반적 종교행사의 감독자들이었다. 야웨에게 합당한 제사를 드리는 일을 관장하여, 특히 성막 안에서의 하나님께 드리는 제사의식을 주관했다. 제사장이 없이는 모든 종류의 제사 진행이 불가능했다. 희생제물의 봉헌은 제사장의 특권이었다. 제사장의 역할은 그들이 피를 다룰 때 더욱 중요성을 띠었다. 왜냐하면, 피는 희생 제물 중에서 가장 거룩한 부분이기 때문이다. 실제로 제단과 직접 접촉하게 하는 것이 피였다. 하나님께 바쳐진 제물을 제단에 내보이고, 번제로 올려놓는 자는 제사장뿐이었다. 제사장의 핵심직무가 바로 이 제사집례이었다.

---

153) *Ibid.*, pp. 353f.

c. 성막 안에서 관리 업무: 초기 이스라엘 제사장들은 성소를 지키어 보호하는 자들이었다. 성소의 기구와 사독의 경우처럼 법궤를 지키고, 돌보며, 성소를 보살폈다. 제사장들은 성소 안에서 여러 가지 일을 담당하였다.[154]

① 성소 안의 일곱 등잔에 등잔불을 켜고 끄며 정리하는 일(출 27:20-21, 레 24:1-4)

② 등잔을 관리(정리)하여 등불이 꺼지지 않게 보살피는 일(출 27:21, 레 24:3-4)

③ 분향단에 향기로운 향을 끊이지 않게 사르는 일(출 30:7-8)

④ 안식일마다 떡상 위에 2줄로 1줄에 여섯씩, 12개떡을 진설하는 일(레 24:5-6, 8)

⑤ 성막을 이동할 때 법궤와 성소의 기구들을 정리하는 일(민 4:5-16) 등이었다.

하나님의 현현이 백성과 연관되도록 성소를 보살피는 임무가 주어졌다. 제사장들은 성소 안에서 봉사하도록 선택된 자들이다. 이것은 이슬람 이전의 아랍인들에게도 지배적 현상이었는데, 그들에게도 'sadin'이란 신전 수호자(a guardian of the temple)가 있었다.[155]

④ 제사장들은 성막을 보살피고 방문객을 영접하였다: 고대근동에서는 제사장들이 성소와 밀접한 결속 관계에 있어서 부족이 딴 곳으로 이주한다 해도, 뒤에 남아서 나그네들 사이에서 계속 그 성소에서 공직을 수행해 나갔다. 이와 같은 것은 이스라엘에서도 나타난다.

광야 방랑 생활에서 레위지파의 므라리 족속, 고핫 족속, 게르손 족속들은 성막의 울타리 3면 가까이에 나눠 야영했고(민 1:53), 모세, 아론, 제사장들과 그 가족들과 아들들은 성막 정문 앞에 거하였다(민 3:38). 이스라엘 백성이 아닌 자들은 성막 안에 들어갈 수 없기에, 제사장들이 외부 인사들과 접촉하는 일을 했다. 이스라엘 성막은 이동하는 움직이는 성소였다. 그래서 그 성막과 함께 이동하며 제사장들이 성막을 돌보았다. 이와 같이 이스라엘에서의 제사장 계급의 운명은 성소의 운명과 직결되었다.[156] 그러나 성전 파괴로 말미암아 성전의식은 율법의 종교로 대체되고,

---

154) Walter Harrelson, 「구약성서의 예배」, 장일선 역(서울: 기독교출판사, 1980), p. 61.
155) *Ibid*.
156) Roland de Vaux, *op. cit.*, p. 348—349. 사독과 아비아달의 사건에서 분명하게 나타난다. 압살롬 반란 때 다윗은 사독과 아비아달로 성소와 법궤를 지키도록 했다.

제사장들은 랍비들로 대체되었다.[157]

⑤ 제사장은 하나님과 백성간의 중재자로서 역할: 중재자로서의 제사장의 직무를 소홀히 할 수 없었다. 제사장은 하나님의 신탁을 백성에게 전하고, 백성을 대신해서 하나님께 기도와 제사로 소통했다. 제사장이 신탁(神託)을 전할 때는 그가 하나님으로부터 오는 대답을 전하는 것이다. 제사장이 율법을 설명할 때, 그는 하나님으로부터 말미암은 교훈(율법의 뜻은 바로 하나님의 교훈이다)을 전하고 해석하였다.

그리고 그가 번제단에 제물의 피와 고기를 취하여 놓고 유향을 번제단에 태울 때, 백성들의 기도와 탄원을 대신 하나님께 드렸다. 그래서 신탁을 전하고, 하나님의 율법을 해석하고 가르치는 것은 사람 앞에서 하나님을 나타내는 것이고, 백성을 위한 기도와 탄원을 드리는 것은 하나님 앞에서 인간을 대표하는 것이었다. 이와 같이 제사장은 항상 중재인의 역할을 감당했다[158](히 5:1).

⑥ 제사장의 예언 임무: 제사장은 하나님으로부터 오는 신탁이나 예언을 받아 백성들에게 전달하고, 꿈이나 징조를 해석해 주었다. 고대 이스라엘에서는 사람들이 '하나님께 자문을 구하러' 성소에 갔다. 그때 제사장은 하나님의 뜻을 전하기도 하고, 둠밈과 우림을 통해 신탁을 전하기도 했다[159](신 33:8-10). 광야에서 이스라엘인들은 하나님께 물어보기 위해 모세에게 갔다. 이러한 예언과 신탁 임무에서 연장하여 백성의 문제를 맡아 일하는 상담 역할도 제사장이 담당했다.

⑦ 제사장은 성소의 전승을 보전, 관장의 임무: 더 나아가, 제사장은 성소에서 신성한 신앙고백: 여러 전승을 보존하고, 해석하며, 관장하는 전승 보전 업무를 담당해 왔다.[160] 이 외에도 위생관의 역할(레 13-14장)도, 재판 업무를 담당하기도 했고(신 17:8-9), 공동체와 개인을 축복하였으며(민 6:22-27), 나팔을 불어 전쟁을 경고하거나 군인들을 격려하기도 하였다(민 10:8-9, 신 20:2-4).

---

157) *Ibid.*, p. 356.
158) *Ibid.*, p. 357.
159) 이때 제사장들은 에봇, 우림, 둠밈 등을 통해 신탁을 해석하기도 했다.
160) Walther Harrelson, *op. cit.*, p. 65.

⑧ **제사장의 24반열 조직**: 아론 계통의 제사장 그룹이 숫자가 많아지자 통일왕국 시대에 와서는 급기야 너무 많아진 인원수 때문에 이를 정리해야할 상황이 되었던 것 같다. 그래서 다윗은 성전 건축 준비와 함께 성직에 임할 레위 사람들을 24그룹으로 분류하면서, 제사장들을 24반열로 조직하였다. 역대기상 24장에 의하면, 아론의 아들들은 나답과 아비후와 엘르아살과 이다말로 나온다. 그런데 분향단에 분향할 때 번제단의 불을 사용해야 하는 규례를 어기고 제사장인 아론의 두 아들 나답과 아비후가 다른 불로 분향하다가 죽는 사건이 일어난다(레 10:1-2).

이렇게 나답과 아비후가 아들이 없이 아론 보다 먼저 죽자, 엘르이살과 이다말이 제사장의 직분을 행하게 된다. 다윗은 엘르아살의 자손인 사독과 이다말의 자손 아히멜렉과 더불어 그들의 번성한 아들들을 그룹화하는 걸 논하게 된다(대상 24:1-4). 그 결과로 엘르아살 자손이 이다말의 자손보다 많으므로 나눈 것이 엘르아살 가문에서 16족장, 이다말 가문에서 8족장이 뽑혀 도합 24족장으로 24반열의 우두머리가 되게 하였다. 이들을 대상으로 제비 뽑아서 피차에 차등이 없이, 차별 없이 똑같이, 전체적으로 나눠 첫째 사역인 성전의 일을 다스리는 자로 성전관리 일(예를 들면, 직무 중에 ③, ④, ⑥. ⑦번)들을 하도록 한다, 둘째는 하나님의 일을 다스리는 자로 직접 희생 제사를 집례하는 것(①②⑤으로 나눌 수 있겠다)을 하도록 했다. 어느 사람들은 5절의 이 두 가지 업무를 동의적 반복형식 문장으로 봐서 동일 내용이라 본다(C.F. Keil). 엘르아살의 자손도, 이다말의 자손도 서로 24반열로 이런 일들을 돌아가며 담당하도록 했다(대상 24:4-5). 다윗시대에 와서 엘르아살 자손들에서 한 명, 이다말 자손들에서 한 명씩의 대제사장이 있었던 것 같다(대상 24:6-19)

그러다 솔로몬 때에 이다말의 후손인 아비아달이 솔로몬의 반대세력인 아도니아편에 합류하였다가 솔로몬이 정치적 승리를 이루어 왕이 되자 아도니아와 요압 장군은 죽게 되지만, 아비아달은 제사장이라 살려주기는 하지만 아비아달 가문의 제사장직이 박탈, 폐위당하여 그 후 제사장직이 끊어지고 엘르에셀의 자손인 사독 계통이 제사장직을 이어가게 된다. 이 24반차의 제도에 관한 언급이 없다가 포로기에서 귀환한 회복 유다공동체 때, 제사장 그룹이 다시 언급되고 있다(느 10:1-8, 12:1-7, 12-21).

II. 의식 II(Ceremonial II): 제사=제의 행위(Actions)   307

누가복음 1:8의 "마침 사가랴가 그 반열의 차례대로 하나님 앞에서 제사장의 직무를 행할새, 제사장의 전례를 따라 제비를 뽑아 주의 성전에 들어가 분향하고"에 의하면, 24반차가 되건, 22반차가 되건 계속되기는 하였으나 다소 변화가 있었던 것으로 보인다. 요사이 이스라엘 정부에서 성전재건을 위하여, 유전자 방법으로 사독의 후예들을 찾고 점검하여 제사장 그룹을 조직한다는 얘기를 들었다. 이건 예루살렘 성전 재건을 위해 거의 준비된 상태에서, 상당히 중요한 이스라엘 종교의 완전 회복의 징조가 될 것이다.

4. 제사장 직무의 역사

a. 광야 시대

시내산 계시로 성막을 건립한 모세에게 하나님은 희생 제사를 집례할 제사장 제도를 명하신다. 모세는 하나님의 명령에 따라 아론과 그 아들들(나답, 아비후, 엘르아살, 이다말)에게 하나님을 섬기는 제사장의 직분을 부여한다. 그들에게 제사장 예복을 만들어 입히고 제사장 위임식을 치러(출 28:1-29:37) 광야 기간 동안 공식적인 임무를 수행하게 한다.

b. 가나안 정착 시대

여호수아 지휘 하에 가나안을 침공할 때 제사장들이 야웨의 언약궤를 메고 백성 앞서 가서, 제사장들의 발이 언덕에 넘치는 요단강 물에 잠기자 흐르던 물이 바로 그치며 흐르지 않고, 마른 육지가 드러난다. 언약궤를 멘 제사장들은 모든 백성이 전부 건너간 후에 제사장들이 맨 나중에 요단강에서 나와 그들의 발이 육지를 밟는 순간에 요단 물이 본 곳으로 도로 흐르기 시작하여 전과 같이 언덕에 넘쳤다(수 3-4장) 그리고 가나안 땅 길갈에 진을 치게 된다. 이스라엘이 가나안에 정착하게 된 후에는 각 지파 기업에서 레위인들에게 성읍들과 목초지들을 주었다. 그러나 아론의 자손들인 제사장들에게는 유다 지파와 시므온 지파와 베냐민 지파 중에서 제비 뽑은 대로 13 성읍을 받아서 레위지파와 구별되게 하였다(수 21:3-7).

사사시대는 이스라엘에 왕이 없으므로 사람이 각각 자기의 소견에 옳은 대로 행하던 신앙과 사회의 무질서로 제사장의 규례가 깨어지고, 제사장이 아닌 레위인이 어느 개인(미가) 집의 제사장 노릇을 하고, 단 지파는 그 제사장이라는 자와 그 신상을 빼앗기도 하고, 게르솜의 아들인 요나단과 그의 자손을 단 지파의 제사장을 삼기도 하는 등 타락한 시대였다(삿 17-18장). 사사시대 말기, 대제사장 엘리의 아들 홉니와 비느하스가 행실이 나빠서 야웨를 알지 못하였다. 하나님께 드리는 제사제물을 중간에 자기 것으로 빼앗기도 하는 등(삼상 2:12-17) 죄악으로 저주를 받아 블레셋과의 전쟁에서 죽임을 당하고, 언약궤를 빼앗겼다가 돌아오기도 한다(삼상 1:3, 2:12-17,22. 4:17-18, 6:1-18). 블레셋 사람들이 자기들에게 내려진 재앙으로 하나님의 언약궤를 돌려보낸 언약궤(법궤)는 기럇여아림 아비나답의 집에 들여놓고 이십 년 동안을 있게 된다(삼상 7:1-2).

c. 통일왕국시대

사울왕은 놉 땅의 제사장 아히멜렉이 다윗을 도와줬다는 일로 아히멜렉과 제사장 85명을 처절하게 죽인다(삼상 21:1-6, 22:17-18). 다윗시대에 제사장 중 이다말 후손의 아비아달과 엘르아살 후손의 사독은 압살롬의 반역 때 다윗을 도왔다(삼하 15:24, 35). 앞에서 잠깐 언급했지만, 솔로몬이 왕위쟁탈전을 가질 때, 아비아달이 다윗의 넷째아들 아도니야의 반역에 합류하여 솔로몬 왕에 의해 폐위되고(왕상 1:7, 2:27, 2:35). 그 후에는 대제사장직은 엘르아살 계열인 사독의 후손들이 독점하게 된다(겔 44:15). 솔로몬 시대에 성전이 완성되자 제사장들이 언약궤를 메고, 회막과 성막 안의 모든 거룩한 기구들을 메고 건축된 성전 안의 처소에 안치를 하고, 고정되고 온전한 성전에서 안전한 제사장 직무를 담당하게 된다(왕상 8:1-11).

d. 분열왕국 시대

남북 왕국으로 분열된 후에는 북 이스라엘의 여로보암 왕은 최남단 벧엘과 최북단의 단에 산당을 짓고 금송아지를 올려놓고, 예루살렘 성전과 법궤를 대항한다(왕상 12:26-30). 이런 종교분위기에 반기를 든 제사장들이 여로보암의 학대를 피해 남왕국으로 피해 오자, 아론 자손이 아닌 보통 백성으로 제사장을 삼았으며(대하 13:9, 13:33), 절기 일자를 바꾸어서 절기에 정통성이 없었다(왕상 12:32-33).

남왕국 유다의 정통성은 완벽했다. 정치적 중심지인 예루살렘 성이 있고, 종교적 중심지 예루살렘 성전이 있고, 아론의 자손 제사장 그룹이 장악하고 있었고, 절기도 율법에 따라 정상적으로 운영되고 있었다.

히스기야는 성전 제사제도와 제사장 및 레위인의 조직을 재정비하는 종교개혁을 단행하며, 제사장과 레위인들이 직무에 충실하게 지성물로 생계를 보장했다(대하 31:4-19). 요시야 시대에는 예루살렘 성전 수리를 하다가 두루마리 언약책을 발견하고, 그 율법책을 읽어 백성들에게 들리고, 왕이 단 위에 서서 야웨 앞에서 언약을 세우며, 마음을 다하고 뜻을 다하여 야웨께 순종하고, 그 두루마리에 기록된 언약의 말씀을 이루게 하리라 하니 백성들이 모두 그 언약을 따르기로 하며 언약을 세우게 된다(왕하 22:3-5). 그리고 요시야왕의 과감한 종교개혁이 단행된다(23:1-3). 특히, 야웨의 성전에 있던 바알과 아세라와 일월성신(日月星辰)의 모든 그릇들을 끄집어내어 예루살렘 바깥 기드론 밭에서 불살라 버렸다. 유다 모든 성읍과 예루살렘 주위의 산당들에서 분향하며 우상을 숭배케 한 제사장들을 파면하고 징계했다(왕하 23:4-23). 유월절을 율법서에 있는 대로 지키게 했다. 성서는 사사시대에서 그 당시까지 이렇게 유월절을 지킨 일이 없었다고 기록하고 있다(대하 35:1-19). 그러나 요시야는 당시 애굽의 파라오 느고가 앗시리아 왕을 치고자 하여 올라가는 중에 요시야 왕이 맞서 나갔다가 므깃도에 느고가 요시야를 죽인지라 종교개혁은 결말을 못보고 끝나게 된다(왕상 23:28-30).

e. 바벨론 포로 귀환 이후

바벨론 침공으로 3차에 걸쳐 유다인들이 포로로 잡혀간 중에는 성전파괴와 함께 당연히 제사장 제도는 심각하게 무너졌다. 포로 귀환 후 빈약하지만 성전 재건으로 이스라엘 자손과 제사장들과 사로잡혔던 자의 자손들이 즐거이 성전 봉헌식을 행한다. 수많은 짐승들로 속죄제를 드리며 제사장들을 그 반열대로, 레위 사람을 그 순차대로 세워 예루살렘에서 하나님을 섬기게 한다(스 6:16-18). 제사장의 후손 중 족보에 명단이 없는 자들은 제사장 직분을 행하지 못하게 하고, 지성물도 못 먹게 하였다(느 7:63-65).

특별히 2차 포로귀환 후 에스라의 종교개혁에 의해 이방 여인과 결혼한 제사장 명단을 공개하며 이방여인을 내쫓게 하고 제사장 족보를 성별시켰다(스 10:18-22). 그러나 세월이 지나면서 유다백성과 제사장들은 솔로몬이 말년에 이르러 타락했던 것처럼 이방여인들을 아내로 삼았고 각 족속의 방언을 하며 유다 말은 못하게 되고, 심각하게 타락에 빠져든다(느 13:22-29). 이게 구약 율법시대의 한계이었다.

5. 제사장의 성별성(聖別性)

제사장은 처음부터 존재하지 않았다. 모세가 출애굽을 한 후에 시내산 계약과 더불어 계약의 법, 율법이 주어지면서 성막제도와 제사제도와 절기제도와 함께 제사장 제도가 주어졌다. 그 후 제사장은 이스라엘의 지도자로 많은 백성들을 이끌었다. 구약시대의 성결, 거룩은 하나님께 구별된 삶을 말한다. 안식일이 거룩한 날이 되는 건 바로 하나님께 구별되어 하나님께 소속된 날이라 그렇고, 가나안 땅을 성지(聖地)라는 이유는 하나님께 구별되어 하나님께 속한 땅이라 그렇다. 그와 같이 제사장이 거룩한 건 하나님께 구별되어 하나님께 속한 인물로 하나님의 일을 전담하였기 때문이다. 그래서 거룩을 유지해야 했다.

a. 제사장의 성별 당위성

레위기 20:26에 "너희는 내게 거룩할지어다. 이는 나 야웨가 거룩하고 내가 또 너희로 나의 소유를 삼으려고 너희를 만민 중에서 구별하였음이니라"의 말씀에 의거하여 제사장 그룹은 하나님을 섬기며 제사의식을 집행하는 신분이라 일반백성들과는 차원이 다른 성별된 삶이 요구되었다(레 11:44, 19:2). 제사장은 혈통적으로 레위인, 그 중 아론의 후손들만 될 수 있었다(출 28:1, 29:9). 제사장으로 위임받은 자들에게는 특별한 성결이 요구되었다.

b. 제사장의 거룩성

① **제사장들의 혈통적 성별**: 구약의 제사장 제도가 공식화되기 전에는 가인과 아벨(창 4장)처럼 개인이나, 아브라함처럼 족장들이나, 여호수아 사무엘같이 백성의 대표가 제사를 주관하였다. 그래서 공식적인 제사장 직책이 생겨난 것은 모세 시대

에 성막이 완공된 이후였다. 제사장은 혈통적으로 레위 지파 중에서 구별되어, 레위의 자손인 그핫 자손 중 아론의 후손들만 될 수 있었다(출 28:1). 모세의 형 아론이 처음으로 제사장의 직책을 받았고, 율법상 결격 사유가 없으면 아론의 후손들로 대대로 이어서 종신토록 사역하는 세습직이 되었다(출 40:12-16, 29:29-30, 민 25:11-13). 제사장은 제사와 관계된 일을 담당했던 사람들로서, 제사장들 중의 우두머리인 대제사장은 이스라엘 백성의 대표자였다. '제사장(코헨)'이라는 단어가 성경에 처음 등장한 것은 멜기세덱을 지극히 높으신 하나님의 제사장이라고 소개한 창세기 14:18이다. 여기 멜기세덱은 구약에 나타난 성자 하나님인 그리스도이시다(Christophany). 이는 바로 구약의 대제사장은 훗날 그리스도, 메시야의 역할과 신분을 예표하고 있다.

② **제사장들의 결혼 성별**: 하나님께서는 제사장들의 혈통을 최대한 순결하게 보존하기 위해 결혼 규정을 엄격하게 하셨다(레 21:7-8). 제사장들은 오직 이스라엘 백성 중 순결한 처녀를 아내로 삼아야 했다(레 21:14). 제사장이 결혼해서는 안 되는 대상은 기생이나 창녀, 근친상간 등 잘못된 성관계로 더럽혀진 부정한 여인, 남편으로부터 쫓겨난 이혼 당한 여인이다(레 21:7,14, 겔 44:22). 단, 제사장의 과부와는 혼인할 수 있었는데, 대제사장의 경우는 제외되었다(겔 44:22).

③ **제사장의 성별된 삶**: 거룩한 제사예식을 집례하는 제사장은 자신이 정결해야 하기 때문에 성별된 삶이 요구되었다. 부정을 정결케 할 사명이 있는 제사장에게 부정이 있어서는 안 되기에, 나실인들처럼 제사장들도 시체를 만지지 않도록 장례식 참여를 금하고 있다. 그러나 제사장들의 부모, 자녀, 형제, 출가하지 아니한 처녀인 친자매들에 대해서만 예외적으로 허용이 되었다(레 21:1-4, 겔 44:25-27). 대제사장의 경우는 친부모의 시신조차 가까이하는 걸 금했고(레 21:10-12), 친자식이 죽어도 슬퍼하면 안 되었다(레 10:1-7). 또한 이방 풍습처럼 죽은 자를 애도하기 위해 삭발하거나 수염을 깎아서도 안 되었다(레 19:27-28, 사 50:6).

제사장이 직무를 수행 때 금해야 하는 경우(레 22:4-9)는 나병이나 유출 병에 걸렸을 때, 시체의 부정에 접촉하였을 때, 부부 관계 이외에 설정하였을 때, 사람을 부정하게 하는 벌레에 접촉되었을 때, 사람을 더럽힐 만한 부정한 것에 접촉되었을 때, 시체나 찢겨 죽은 짐승을 먹었을 때이다. 이런 부정이 있는 제사장이 직무를 이행하면 하나님의 성호를 욕되게 하므로 그를 없이 하고 하나님 앞에서 끊어지게 될 것이라고 했다(레 22:2-3).

④ **제사장 선별의 신체 규정**: 제사장은 몸에 어떤 흠이라도 있으면 제사직무를 수행할 수 없고, 휘장 안에 들어가지 못하고, 제단에 가까이하지 못했다(레 21:21-22). 그 육체적 흠이 있는 맹인, 다리 저는 자, 코가 불완전한 자, 지체가 더한 자, 발이나 손 부러진 자, 등 굽은 자, 키 못 자란 자, 눈에 백막이 있는 자, 습진이이나 버짐이 있는 자, 고환 상한 자들로 12가지가 제시되고 있다(레 21:16-20). 신체적 결함 때문에 제사장직을 행하지 못하지만, 여전히 지성물이나 성물을 나누어 가질 수 있는 권리는 유지되어 제사장 몫으로 먹고 살아가게 했다(레 21:22-23).

⑤ **제사장의 구별된 음식**: 성별된 제사장은 거룩한 성소에서 먹는 거룩하게 드려진 제물음식을 먹도록 했다(레 14:13 10:17). 제사장이 먹도록 한 음식을 지극히 거룩한 지성물이라 한다(레 21:22, 겔 42:13), 그 지성물은 속죄제, 속건제, 소제 중에 제사장의 몫과 진설병이었다(레 2:10, 6:16-18, 7:6-10, 24:8-9). 제사장 자신뿐 아니라 그 자손들과 같이 먹을 수 있는 지성물 외에도 화목제물 중 거제물, 요제물 그리고 소제와 속죄제와 속건제에서 하나님께 드리는 부분을 빼고 나머지 성물들이 있었다(레 7:29-33, 민 18:8-13). 이런 것은 역시 제사장 가족의 음식을 조달하는 배려가 되기도 했다(레 7:34).

III. 의식 III(Ceremonial III): 절기=제의의 때(Times)

이미 살펴본 대로, 이스라엘 종교 의식의 3가지 부분을 요약하면 다음과 같다.161) 이스라엘은 성소(성전)에 절기 때마다 모여서, 율법에 정하는 바에 의하여 제사장 주관 하에 갖가지 제사를 드리는 것이 그들의 종교 생활이었다.
· 의식 I (Ceremonial I): 거룩한 장소(Places) → 성소, 혹은 성전
· 의식 II (Ceremonial II): 행위(Actions) → 희생 제사와 제사직
· 의식 III (Ceremonial III): 때(Times) → 절기들, 축제들

"야웨께서 모세에게 말씀하여 이르시되 이스라엘 자손에게 말하여 이르라 이것이 나의 절기들이니 너희가 성회로 공포할 야웨의 절기들이니라."(레 23:1-2)

절기(מוֹעֵד)(레 23:2)의 '모에드(מוֹעֵד)'는 '임명', '지정', '설정하다', '만나다'라는 동사 '야아드(יָעַד)'에서 파생된 명사로, '특별한 목적으로 합의하에 만나는 어느 정해진 기간'을 말해서 어느 고정된 장소(성전)에 종교적 목적(제사)으로 모이는 어느 정해진 날(절기)을 의미한다.

하나님의 백성으로 이스라엘은 율법이 정하는 규례에 따라 이 절기들을 지킬 때마다 계약의 하나님을 기억하고, 계약백성으로 자신들의 정체성을 확인하며, 그 하나님에 대한 계약백성으로 충성을 입증하는 것이다. 그러면서 계약 백성으로 이스라엘의 죄를 용서하시는 구속주로, 삶을 주관하시는 창조와 역사의 하나님을 고백하는 의식이다.

레위기 23장과 민수기 28-29장에서 히브리인들이 절기를 지키는 제도와 절차 방법에 대해 기록하고 있다. 레위기 25장에는 거룩한 절기와 여기에 관계되는 안식년, 희년 등에 관한 규례를 정하고 있다. 이스라엘 절기에 대해 의견이 많으나, 레위

---

161) J. Barton Payne, *The Theology of the Older Testament* (Grand Rapids: Zondervan Publishing House, 1976), pp. 350-410.

기 23장에 있는 '유월절', '오순절', '나팔절', '속죄절', '장막절'을 지칭하여 5대 절이라 말하고, 안식일' '초수절'을 합해서 7대 절이라 하기도 한다. 이스라엘은 절기가 많아서 계약백성으로서 그들의 민족적 단합과 종교적 훈련을 가져오는데 크게 기여했다.

유대인들이 A.D. 70년 예루살렘성과 성전이 훼파된 뒤 2천여 년 동안 가나안 땅을 떠나 세계 각지에 흩어져, 그들의 성전도, 제사도 없이 디아스포라(Diaspora)로 살면서 유대교의 규범과 생활 관습을 유지할 수 있었던 것이 무엇일까? 그건 바로 그들이 어디에 있건 그들은 절기를 끝까지 지키며 살아왔다. 그 이유는 바로 절기에는 3가지 의미가 있었기 때문이다. 바로 '역사적 의미', '종교적 의미', '농경적 의미'가 깊이 간직되어 있기 때문이었다.

즉 절기를 지키는 한, 유대인들은 그들의 역사를 기억하며 하나님의 구원역사를 고백하며 잊지 않았다. 절기를 지키면서 유대인들은 그들의 하나님과 구약성서(책)를 여전히 고백하고 믿었다. 절기를 지키는 한, 그들은 그들의 고향땅, 하나님의 주신 언약의 땅, 젖과 꿀이 흐른다는, 언제가 돌아갈 가나안 땅을 잊지 않고, 희망으로 어느 곳에 있든지 유대인으로 살아갔다. 그래서 시온산 예루살렘을 향한 시온주의 운동(Zionism Movement)으로 시작하여 그 가나안 땅에 이스라엘 나라를 건설하여 오늘에 이르렀다. 그리고 유대인들은 종교적 완전회복은 성전을 건축하여, 절기 때마다 희생 제사를 그 예루살렘 성전에서 드리는 것으로 완성된다고 기대한다.

구약성서의 [토지(땅) 신학]과 [시온신학]에 유대인이 조상의 땅, 팔레스타인에 자신들의 국가를 건국하려는 유대민족주의 운동인 현대의 [시온주의(Zionism) 신학]를 연결하며 오늘의 신학으로 확장할 수 있다. 4,000년이라는 긴 시간 간격에 이 3가지 신학들은 마지막 결론인 이스라엘 독립을 향하여 한 방향으로 흘러 내려간 한 주제의 역사 이야기이다. 1,900여 년 동안 로마, 비잔틴, 아랍, 십자군, 마믈룩, 오스만, 영국의 7개국에 의해 통치되었다. 1948년 이스라엘 독립과 1967년 6일 전쟁에서 승리로 획득한 이스라엘의 회복은 정치적으로 이방인의 때가 종식되었다(눅 21:24)고 봐서, 성전재건으로 인한 종교적 완성을 향한 오늘의 종말론적 의미로 해석할 수 있다.

1. 안식일 (安息日: 샤바트: שבת)

"하나님이 하시던 일을 일곱째 날에 마치시니 그가 하시던 모든 일을 그치고 일곱째 날에 안식하시니라. 엿새 동안은 일할 것이요 일곱째 날은 쉴 안식일이니 성회의 날이라 너희는 아무 일도 하지 말라 이는 너희가 거주하는 각처에서 지킬 야웨 안식일이니라."(레 23:3)

레위기 23장에는 하나님이 일곱 개의 야웨 절기들을 모세에게 명령하면서 첫 번째로 안식일을 언급하신다. 히브리어 '샤바트(שבת: 안식)'는 '일을 중단하다', '쉬다'는 뜻이다.

안식일은 거대한 우주만물을 말씀으로 창조하신 하나님의 6일 동안 사역이 완성되고, 제 7일째에 하나님이 안식하신 날이다. 창세기 1장의 창조기사는 2:3의 안식일로 끝맺는다. 창조사역의 구조가 안식일을 향하고 안식에 초점을 맺고 있다. 어찌 보면, 우주만물과 인류의 역사가 끝난 후 전개될 영원한 하나님 나라 안에서의 안식을 예표하고 있다고 보겠다.

a. "엿새 동안은 일할 것이요": 안식일의 전제는 6일 동안의 노동이며, 우리 삶의 현장에서 열심히 일하는 최선의 자세를 지시한다는 것을 주목해야 한다. 최선의 노동이 안식일을 진정 쉬게 하고 보람 있게 한다.

"하나님이 하시던 일을 일곱째 날에 마치시니 그가 하시던 모든 일을 그치고 일곱째 날에 안식하시니라"(창 2:2-3) 여기서 "하시던 모든 일을 그치고"(2절), "만드시던 모든 일을 마치시고"가 2번 나오고, "안식하시니라"가 1번 나온다. 깊이 음미하면 안식일은 '일을 그치고', '마치고', '안식하는 것'이다.

b. 창조사역에 동참이며 연장이다. 여기의 2절의 하나님 하시던 '일'은 히브리어 멜라카(מְלָאכָה)로 일, 직분, 사역, 사업 등을 뜻하는데 하나님의 창조의 '일'이다. 그런데 레위기 23:3에 나타나는 "엿새 동안은 일할 것이요"에 나오는 인간의 '일'도 히브리어 멜라카(מְלָאכָה)로 똑같은 단어를 쓰고 있다. 하나님의 일과 인간의 일반적으로 행하는 일이 동일한 단어로 쓰인다는 게 상당히 의미가 있다.

하나님은 창조하신 우주와 지구 안에서 활동하는 인간의 노동을 그만큼 소중하게 인정하신다는 것이다. 우리의 일상적인 일, 노동은 하나님의 창조사역에 동참하는 것이다. 그래서 하나님이 일곱째 날에 쉬셨던 것처럼, 인간도 일을 마치고, 그치고 쉬도록 명하신다.

안식일에는 어떤 노동도 해서는 안 된다. 일상적 노동으로부터 해방으로, 이는 일반적이고 통상적인 노동 활동인 일을 일단 그치고, 마치고 쉬라는 것이다. 이건 인간을 위한 하나님의 배려이며 사랑의 권고이다. 그러나 "엿새 동안은 일할 것이요"는 성실한 노동에의 명령이 강조된 것이다. 안식일의 참된 안식은 6일 동안의 최선을 다하는 노동을 통하여 이루어진다. 만약 6일간의 노동이 허술하고, 최선을 다하지 못하다면 진정한 안식은 이루어질 수 없다는 것이다. 인간의 일상 활동과 일에서 잠시 쉼으로 이 날을 거룩히 지키는 것은 그 인간의 거룩한 시간을 외면하는 개인적, 사회적 축제일만으로 채우는 세속화를 막는 의도도 있다.

c. "일곱째 날은 쉴 안식일이니 성회의 날이라."(출 20:8) 여기에 또 다른 의미의 날로 안식일을 정의한다. 안식일은 일을 쉰다는 것에 강조점을 두고 있다. 그런데 '쉼'이 '성회'와 동격으로 연결시키고 있다. "성회의 날이라"는 말씀은 안식일을 통한 하나님과 관계를 말하는 것이다. 즉, 안식일은 계약백성인 이스라엘이 계약의 주체이신 하나님을 기억하고, 그 계약당사자로 정체성을 확인하고, 하나님을 경배하고 고백하는 시간으로 성별된 것이다. 바로 하나님을 기억하며 그 분 앞에 모여 그 분에게 소통을 하라는 것이다. 그래서 십계명에는 "안식일을 기억하여 거룩하게 하라"(출 20:8)는 것이다. 이는 안식일이 전적인 휴식의 날이면서도, 공동체가 하나님께 예배에 집중하는 날을 의미한다. 야웨에 대한 경외심의 표현이며 하나님의 창조질서에 부합하는 날이기도 하다. 안식일은 노동에서 쉼을 얻는 날이면서 또한 기쁨과 찬양의 날이다.

안식일은 이스라엘 백성에게는 언약의 준수의 징표 날이다. 단순히 인간의 쉼을 넘어 하나님의 언약을 지키는 것과 연관되었다. 창조와 나의 삶을 인도 섭리하시며 축복되게 하시는 그 분을 기억하고 경배하는 시간을 가지라는 것이다. 바쁘게 일하다가 안식일이 되어 쉬게 될 때, 계약의 하나님 앞에 계약백성으로 자기 정체성을 확인하며 하나님의 임재와 도우심과 사랑을 고백하며 하나님과 먼저 소통하며 쉼을 가질 때 진정된 안식을 얻게 된다는 것이다.

안식일은 창조주(출 20:11)이며 이스라엘을 노예된 애굽에서 구출해 내신 구속주(신 5:15)이신 하나님께 속한 시간의 한 부분으로 다른 날들과 구별된다. 그래서 안식일을 맞이할 때마다, 하나님을 기억하며, 지나간 날들의 하나님 구원과 축복을 감사하며, 하나님의 계약 공동체로서 자신과 가족과 이웃을 인지하는 중요한 기회가 되었다. 하나님의 백성은 안식일을 지키며, 물질이 아닌 하나님을 삶의 중심으로 깨닫고, 하나님의 주권을 선포하였다.

d. **'안식하니라'**의 '안식'은 일중독에 빠져 피곤으로 찌들어 있는 상태가 아니라, 보람 있고 의미 있게 일한 다음에 새로운 기대와 희망을 가지고 새로운 내일 위해 잠시 휴식을 취하는 걸 의미한다.

e. **이신론을 배격한다.** 안식일이 천지를 창조하신 하나님이 창조사역을 완성하신 후에는 그 피조물에서 벗어나 우주만물과 인간세계에 자의적 개입을 중지하고, 피조물에 내재하는 합리적 자연법칙에 의해서만 우주를 통치한다는 이신론(理神論: deism)을 절대로 말하는 게 아니다. 이 안식은 하나님의 천지만물 창조완성을 강조한 것으로, 안식과 더불어, 여전히 창조하신 천지만물의 보존, 유지, 운행하신다는 여운(餘韻)을 남긴다. 더욱 그 지으신 모든 것을 보시며 축복하시며 심히 기뻐하신다(창 1:31). 인간을 사랑의 대상으로 구원, 영생으로 인도하시며, 사랑을 주고받는, 그분의 영광의 찬송이 되고, 영광을 찬미하게 하기 위함이다(엡 1:6,12,14. 사 43:7).

f. **하나님이 시간을 거룩하게 하시고 축복하신 날이다.** 하나님은 창조세계의 어느 공간도 거룩하다고 하신 적이 별로 없다. 대단한 하나님 활동의 공간이었던 시내산도 이스라엘 백성이 후대에 그곳을 신성시하여 다시 찾은 적이 없다. 하나님이 임재하시는 그 대상이 신성하게 인정되었다가도, 하나님이 떠나시면 그 공간은 별다른 의미가 없다. 성막이나 성전의 지성소가 거룩한 것도 하나님의 임재를 의미하는

법궤가 있을 때 거룩으로 인정했다. 그러나 하나님이 떠난 다음에는 그냥 장소, 그 물건으로 전락하고 만다. 그러나 하나님은 안식일이란 시간에 '거룩(카도쉬)'을 언급하셨다.

바로 창조사역을 끝낸 후 일곱째 날, 안식일을 거룩하게 하시고 축복이 선언된 것이 특이하다. 구약의 '거룩하다'(가다쉬: קדש)는 강의형 동사(piel)는 선언적 의미가 강해서, 거룩(קדוש)은 그 대상의 특성 때문이 아니라 거룩을 선언하시는 거룩하신 하나님의 주권에 달려 있다. 야웨 하나님이 거룩하시기 때문에 그분이 임재하는 곳, 그분에게 구별되고 그분에게 속한 시간이기에 거룩한 것이다. 그래서 일곱째 날, 안식일이 거룩한 것은 거룩하게 하시고 축복하셨다는 그 선언에 근거한다.

g. 인간타락의 결과를 의미로 바꾸시는 하나님의 구원을 예고한다.
하나님이 안식일을 지키게 하신 것은 타락한 인간에게 내려진 "너로 네 평생에 수고하여야 그 소산을 먹으리라. 땅이 네게 가시덤불과 엉겅퀴를 낼 것이라 네가 먹을 것은 밭의 채소인즉 네가 흙으로 돌아갈 때까지 얼굴에 땀을 흘려야 먹을 것을 먹으리라"(창 3:17-19)의 인간본질에 희망의 빛이 되는 게 안식일이다. 인간의 수고와 땀을 흘려야 하는 노동을 저주가 아닌 의미와 보람으로 바꾸려면 쉼이 있는 안식일을 지켜야 함을 교훈하고 있다. 하나님이 주시는 휴식을 안식일로 경험함으로 새로운 시작을 하고, 시작한 그 일을 쉼을 기대하며 최선을 다해 일하고, 또 안식일의 휴식을 하는, 순환적 삶의 리듬을 갖도록 한 제도이다.

h. 안식일 완성은 그리스도 안에 성취되는 하나님 나라의 예표이다. 우주만물과 인류와 모든 생명체의 하나님 창조사역의 결론은 안식을 예비하시는 것이다. 타락한 인류의 죄로 땅이 저주받고 만물이 탄식하며(창 3:17, 롬 8:22), 땀을 흘려 수고하여야 하는 인간에게 예수 그리스도를 통하여, 바로 천년왕국과 영원한 하늘나라의 진정된 안식의 세계를 준비하시는 섭리가 안식일 속에 서려있다(롬 8:18-25, 계 21:1-7).

야웨의 절기에는 거룩한 모임을 갖고 지켜야 함을 말한다. 실제로 이스라엘 종교의 절기들은 이스라엘 민족이 함께 하는 계약 공동체가 하나 되는 날이었다.

2. 유월절 (逾越節: 출 12:1-14, 21-51)

a. 유월절의 명칭

봄철에 지키는 제의인 유월절로 번역된 'pesāh'는 총괄적으로는 축제에 대하여(출 12:48), 특수하게는 제사에 대하여(출 12:11, 27) 사용되었다.[162] 이 오래 된 'pesāh'의 어의에 대한 분명한 이해는 쉽지 않지만, 가능한 해석의 예(例)가 몇 가지 있다.

① 열왕기상 18:21에 따르면, 'pesāh'의 근원을 '껑충껑충 뛰는', '절뚝거리는' 등의 개념에 연관시킨다. 그것은 'pesāh'가 특별한 제의적 춤을 묘사한다고 제시하고 있기 때문이다.[163] 어떤 학자들은 이 유월절 축제가 춤을 추는 관습과 관련이 있다고 주장하며, 이러한 춤은 해마다 반복되는 주기와 관련하여 죽은 신을 위한 애곡의 표시였다고 말한다.[164] 그러나 이러한 견해는 단지 하나의 추측에 불과하다.

② 'pesāh(פסח)'와 아카드어 'pešāh'는 근원적인 면에서 '달래다, 진정시키다' 등의 의미로 해석이 가능하다. 이것은 제의적 행동으로부터 유래를 찾을 수 있는 것이다. 그러나 이러한 해석은 역시 난제를 불러일으킨다. 이는 메소포타미아에 널리 보급된 유목 내지는 반유목 생활을 반영시킬 수 없기 때문이다.[165]

③ 가장 고려될 만한 해석은, 출애굽기 12:13,23의 파괴적 능력에서 '자비로운 넘어감(merciful passing over)'의 개념으로서 'pesāh'를 해석하기도 한다. 이것이 유월절 제의를 만들었다.[166] 이는 '지나가다', '넘어뛰다', '용서하다', '통과하다' 등의 뜻에서 유래되었다.[167]

이러한 여러 견해를 종합해 볼 때에, 유월절 규례가 규정된 출애굽기 12장의 내용에서 "내가 피를 볼 때에 너희를 넘어가리니", "문 인방과 좌우 설주의 피를 보시면 그 문을 넘으시고" 등의 구절로 'pesāh'가 '넘어간다'는 기본적 의미를 내포한다

---

162) Hans—Joachim Kraus, *Worship in Israel*, trans. G. Buswell, (Oxford: Basil Blackwell, 1966), p. 45. 前申命記(Pre—Deuteronomic)적 전통에서 발견된다.
163) Ibid.
164)「기독교대백과」vol. 12. (서울: 교문사, 1982), p. 688.
165) Hans—Joachim Kraus, *op. cit.*, pp. 45-46.
166) *Ibid.*
167) J. Wellhausen, *Prolegomena to the History of Israel* (New York: Meridian Library, 1957). p. 83.

는 데에는 의심이 없다(출 12 : 13, 23).

b. 유월절의 기원

유월절의 배경은 이집트에 마지막 10번째 재앙이 임하여 맏아들과 짐승의 처음 난 것들의 죽음에서 이스라엘 백성이 구원받은 것에서 시작되었다. 6개월간 모세가 중보자적 자격으로 파라오 왕과 9번 재앙이 동반하는 협상을 시도했으나 결국 장자 죽음의 재앙을 마지막으로 선언하며 완전히 결렬된다

"한밤중에 야웨께서 애굽 땅에서 모든 처음 난 것 임금 자리에 앉은 파라오의 장자로부터 옥에 갇힌 사람의 장자까지와 가축의 처음 난 것을 다 치시매 그 밤에 파라오와 그의 신하와 모든 애굽 사람이 일어나고 애굽에 큰 부르짖음이 있었으니 이는 그 나라에 죽임을 당하지 아니한 집이 하나도 없었음이었더라."(출 12:29-30).

유월절의 기원은 이 출애굽 사건과 관련되어 이해되며, 그 규정은 출애굽기 12장에 처음으로 나타난다. 이것이, 이스라엘이 이집트에서 자유를 얻어 탈출한 역사적 사건을 기념하기 위해 베풀어졌던 고대 이스라엘의 '봄축제'이다.[168] 유월절은 하나님의 소명을 받은 모세가 애굽에 들어가 바로 앞에서 고난 가운데 있는 이스라엘을 구원하는데서 그 기원을 찾는다. 출애굽 사건 때의 애굽에 내려졌던 10가지 재앙 중 마지막인 '장자를 죽이는 재앙'에서, 이스라엘이 구원받은 사건을 기념하는 의미의 절기이다(출12:22-23).

유월절은 애굽 땅의 모든 장자를 죽이는 재앙의 때에, 피를 뿌린 이스라엘 백성의 집은 그 장자를 치시는 천사가 그 피를 보고 그냥 넘어가고 애굽인의 장자는 죽었다는 애굽에서 마지막 밤에 일어난 사건에 기원을 둔 절기이다. 그래서 유월절은 이스라엘 백성들이 자신들의 구원이 전적으로 어린 양의 죽음과 그 피로 이뤄졌음을 항상 기억하게 하였다. 유월절의 구약적 의의는 장자 죽음에서 구원이며 애굽 탈출 기념일이요, 국가적 구원과 자유 독립기념일이다.[169]

---

168)「기독교 대백과 사전」, vol. 12(서울: 기독교문사, 1982), p. 688.
169) Walter Harrelson, *op. cit.*, p. 35. 일부 학자들은, 유월절의 의식이 목자들 사이에서 행해진 하나의 의식에서 유래 되었다고 보기도 한다.

c. 유월절의 때

유월절은 원래 아빕월(Abib, 양력 3-4월)이고(출 13:4, 23:15, 34:18. 신 16:1), 바벨론 포로기 이후 사용된 바벨론 월력으로는 니산월(Nisan: '움직이다', '출발하다' 뜻)의 14일 해 질 때에 지킨다(느 2:1, 에 3:7).[170] 이 유월절로 기점으로 히브리 월력(종교력)의 첫 번째 달(니산월)로 삼았다(출 12:6, 레 23:5).

여기의 저녁은 저녁의 시작에서, 유대인들의 시간개념으로 보면 14일이 끝나는 황혼녘으로 마무리 짓는 기간과 15일 시작의 때 사이로 볼 수 있겠다. 그래서 랍비들은 오후 3시에서 어둠의 밤까지의 시간으로 보기도 했다. 그래서 14일 유월절에 바로 이어지는 15일의 무교절로 연계되는 것이다.[171]

히브리어 '아빕(Abib)'은 '곡식의 어린 이삭'을 의미라서, 이삭이 나오기 시작하는 '봄'의 명칭이기도 하다. 그래서 유대인들은 유월절을 '하그 헤아비브(hag he-Abib: the Feast of the Spring, 봄의 절기)'라 부른다. 유월절을 봄의 아빕월과 관련시킨 것은, 봄 곧 이삭이 나오는 계절인 것도 있지만, 유월절과 함께 그 해의 시작이라는 걸 강조하는 것이다

d. 출애굽기 12장 1-20절에 유월절 제도와 신약적 상징 비교

① '이 달 열흘에'(3절): 니산월 1월 10일 어린 양을 성별하였다가 그 택하여 구별된 그 어린 양을 14일 밤에 잡아서 유월절을 거행한다.

인류의 메시야도 아무나 되는 것이 아니라 미리 정하신 자로 구약에 예언되고 약속된 그 분만이 되는 상징이다. "때가 차매 하나님이 그 아들을 보내사 여자에게서 나게 하시고 율법 아래 나게 하신 것은 율법 아래 있는 자들을 속량하시고 우리로 아들의 명분을 얻게 하려 하심이라. 너희가 아들인고로 하나님이 그 아들의 영을 우리마음 가운데 보내사 아바 아버지라 부르게 하셨느니라,"(갈 4:4-6). 십자가의 제물로 드려지는 메시야도 창세기 3:15에서부터 하나님의 경륜으로 시작하여 구약역사 속에 계속해서 예언되며 준비된 하나님의 어린양이었다.

---

170) "아닥사스다 왕 제이십년 니산월에 왕 앞에 포도주가 있기로 내가 그 포도주를 왕에게 드렸는데 이전에는 내가 왕 앞에서 수심이 없었더니(느 2:1)"
171) Leon Wood, 「이스라엘의 역사」, 김의원 역(서울: 기독교문서선교회, 1985), p. 141. 그는 히브리말로는 "저녁 사이"(between the evenings, ben ha'arbayim)라 하기에 해가 진 후 완전한 어둠 사이를 의미하는 것으로 본다. .

② '가족 수에 따라서 어린 양을 취해야 했고'(3－4절): 유월절의 죽음의 재앙에서 구원받는 것은 철저하게 죽임당한 어린양과 그 피에 전적으로 의지하고 신뢰해서 그 어린양으로 전체 가족이 구원받는다. 한 사람 예수님으로 모든 믿는 자가 구원을 얻게 된다(롬 5:12－21).

③ "저녁 해질 무렵 양을 잡아 불에 구워 무교병과 쓴 나물과 아울러 먹는다."(6－8절) 어린 양을 죽여 누룩이 없는 떡(빵)과 이집트의 고난을 상징하는 쓴 나물을 함께 먹는다. 그 무교병은 흠과 티가 없는 어린 양되신 그리스도의 몸을 상징하며, 흠과 티가 없는 예수님이 고난의 종으로 인류의 죄를 대속하여 죽으심을 이사야 53장에 생생하게 예언하고 있고, 그 말씀대로 십자가에 처절하게 죽으셨다(사 53:4－6)

"그는 실로 우리의 질고를 지고 우리의 슬픔을 당하였거늘 우리는 생각하기를 그는 징벌을 당하였거늘 우리는 생각하기를 그는 징벌을 받아 하나님께 맞으며 고난을 당한다 하였노라."(4절)

④ "피는 좌우 설주와 인방에 바르고 아침까지 남은 것은 불에 살라 버린다."(7－10절)

"그가 찔림은 우리의 허물 때문이요 그가 상함은 우리의 죄악 때문이라 그가 징계를 받으므로 우리는 평화를 누리고 그가 채찍에 맞으므로 우리는 나음을 받았도다. 우리는 다 양 같아서 그릇 행하여 각기 제 길로 갔거늘 여호와께서는 우리 모두의 죄악을 그에게 담당시키셨도다"(사 53:5－6)

⑤ "먹을 때에는 허리에 띠를 띠고 발에 신을 신고 손에 지팡이를 잡고 급히 먹으라 이것이 야웨의 유월절이니라."(11절) 출애굽 당시의 급박한 상황을 설명하고 있다. 이는 성도들의 신앙생활의 긴장감과 선한 싸움의 모습이다."(엡 6:10－18, 벧전 5:8－9)

⑥ 구원의 방법: 피의 역할(출 12:13) "내가 애굽 땅을 칠 때에 그 피가 너희의 거하는 집에 있어서 너희를 위하여 표적이 될지라. 내가 피를 볼 때에 너희를 넘어가리니 재

앙이 너희에게 내려 멸하지 아니하리라." 피는 생명이며 죽음을 의미한다. 이 피는 하나의 어린양이 희생이 되어 죽음으로 얻어진 것이다. 그 죽음의 피 있는 집은 이미 죽음 심판이 내려진 것으로 간주하고 죽음의 심판이 넘어가는데 바로 하나님의 구원의 명령에 순종한 집안사람들의 신앙고백의 표징으로 안전한 것이다.

"너희가 알거니와 너희 조상이 물려 준 헛된 행실에서 대속함을 받은 것은 은이나 금 같이 없어질 것으로 된 것이 아니요 오직 흠 없고 점 없는 어린 양 같은 그리스도이 보배로운 피로 된 것이니라. 그는 창세전부터 미리 알린바 되신 이나 이 말세에 너희를 위하여 나타내신바 되었느니라."(벧전 1:18-20)

e. 유월절의 의식 내용

유월절 의식의 첫 규례는 출애굽기 12:1-28, 43-51, 34:25에 나타나며, 레위기 23:4-5과 민수기 9:1-14, 28:16-24, 신명기 16:1-8 에스겔 45:21-25 등에 자세하게 규정되어 있다. 유월절은 매우 다양한 특색을 지니고 있다. 피를 바르는 의식과 뛰어넘는다는 의미, 경계의 밤과 어린 양의 희생, 그리고 무교절과의 연이은 행사가 특징적이다.[172] 유월절은 어린 양의 고기를 믿음으로 나누어 먹음으로 그 절정에 이르게 된다.

니산(Nisan: Abib)월 10일(출 12:3,4)에, 흠 없는 1년 된 수컷 양이나 염소를 택하여(출 12:5), 14일 저녁까지 구분 간직했다가, 니산월 14일 저녁 그 양을 잡아(출 12:6), 그 피를 우슬초 가지로 피를 적셔 집문 좌우 설주와 인방에 바른다(출 12:7). 고기는 그날 밤 구워 무교병과 쓴 나물과 함께 온 가족이 먹어야 했다. 먹는 동안 가족은 급히 떠날 준비를 갖추고 명령을 기다린다(출 12:11).

출애굽기 12장의 유월절 규정을 요약하면 다음과 같다.[173]

① 전체 공동체의 의식 참여 (21a): '너희 가족대로'
② 짐승 중 한 동물의 선택과 희생 (21b): '어린 양을 택하여 잡고'
③ 동물의 피를 문설주에 바름(22a): '우슬초 묶음으로 피를 적셔'
④ 아침까지 한 사람도 자기 집 문 밖에 나가지 말라(22b)
⑤ 멸하는 자의 위협과 이스라엘 구원(23): '이집트인에게 재앙을'

---

172)「기독교 백과사전」, *op. cit.*, p. 688.
173) Foster R. McCurely, *Proclamation Commentaries* (New York: Fortress, 1979), p. 72.

⑥ 공동체의 급한 출발 준비(33—34) 출발할 때, 발효되지 못한 반죽을 담은 그릇을 옷에 싸서 어깨에 메고, 이집트 사람에게 금은 패물과 의복을 구하여 애굽 사람의 물품을 취하였다.(34—36절)[174]

율법에 의하면, 어린 양은 날이 밝기 전에 전부 먹어야 되므로, 가족이 적은 집은 두세 집이 합해서 한 마리를 잡았다. 유월절은, 먼저는 집에서 기념되었고, 동시에 순례 축제로 드려지게 된 것이다.

f. 어린양에 대한 규정

유월절에 드려지는 어린 양은 선별되어져야 했다. 그 기준이 성경에 몇 가지 제시된다(출 12:5).

① 흠 없고 온전한 것이어야 한다. 눈이 멀었거나, 병든 것, 다리를 저는 것, 혹은 신낭(腎囊)이 상한 것 등은 안 되었다.
② 니산월 10일에 각 식구를 위하여 어린 양을 양떼에서 미리 선택하여 유월절 14일까지 간직했다가 잡는다.
③ 1년 된 양이나 염소여야 한다. 아직 아무 일에도 사용되지 않은 순결한 것이다. 가장 연하고 좋은 고기를 갖고 있음으로 극상품의 것을 하나님께 우선적으로 드림이다.
④ 수컷이었다. 수컷은 수가 드물고 종자의 근원이 되어, 소득의 근원이 되는 것이므로 감사하여 하나님께 드린다.

이러한 양을 먹을 때는, 불에 구워 무교병과 쓴나물과 함께 먹되 지킬 사항들이 있다.(출 12:8—10).

―날로 먹어도 안 된다.
―물에 삶아 먹어도 안 된다.
―아침까지 남겨두어도 안 된다(남은 것은 불에 태운다).
―뼈를 꺾어서도 안 된다.
―머리뿐만 아니라, 정강이와 내장도 다 구워먹게 되어 있다.

---

174) 오늘날 유대인들의 유월절 풍습 요약은 필자의 「구약성서 개론」 p.220 참고할 것

g. 유월절 의식의 참가 자격(출 12:43−51; 민 9:8−14)

① 이스라엘 회중은 당연히 모두 다 유월절을 지켜야 한다(출 12:47).
② 이방 사람들은 유월절을 먹지 못하나, 각 사람이 돈으로 산 종은 할례를 받은 후에 먹는다(출 12:44).
③ 그러나 잠시 거하는 거류인들과 타국 품군은 먹을 수 없었다(출 12:45).
④ 함께 거하는 타국인들이 야웨의 유월절을 지키고자 할 때에는, 모든 남자는 할례를 받은 다음 본토인 같이 될 것이나, 할례를 받지 못한 사람은 먹지 못하였다.(출 12:48, 민 9:14)
⑤ 시체를 만져 부정케 된 사람과 먼 여행길의 사람은, 2월 14일 해질 때에 마땅히 유월절을 지켜야 한다(민 9:9—12).
⑥ 그러나 정결하고도 여행 중에 있지 않은 자가 유월절을 지키지 않으면, 그는 백성 중에서 끊어질 것이다. 이는 그 절기에 야웨께 예물을 드리지 않았은즉 그 죄의 대가를 받는 것이다(민 9:13).

h. 유월절의 의미

첫째는, 유월절의 어린양의 피로 구원받은 이스라엘 백성이 구원받은 사건이 중심이다(출 12:5−7). 문설주에 바른 피는 구원에 대한 언약의 징표로 무지개와 할례가 언약의 표였던 것처럼, 하나님의 '넘어감', '지나가는(passing by)'의 언약이었다.[175] 어린양의 죽음과 피 흘림(생명)으로 구원받는 것은 바로 유월절 날에 십자가에 못 박혀 죽으시며 흘리신 예수님의 피를 상징하고 예표하는 큰 의미가 있다. 'pesāh'로 불리는 유월절 축제는 하나님 심판으로부터의 '넘어가다(to pass by, to spare)' 등의 의미를 갖고 있다. 이것은 사단의 공격으로부터 사람과 짐승을 보호하는 방어이기도 하다.[176]

"내가 애굽을 칠 때에 그 피가 너희의 거하는 집에 있어서 너희를 위하여 표적이 될지라. 내가 피를 볼 때에 너희를 넘어가리니 재앙이 너희에게 내려 멸하지 아니하리라."(출 12:13)

---

175) *Ibid.*
176) Werner H. Schmidt, *op. cit.*, p. 122.

"너희는 누룩 없는 자인데 새 덩어리가 되기 위하여 묵은 누룩을 내어버리라. 우리의 유월절 양 곧 그리스도께서 희생이 되셨느니라. 이러므로 우리가 명절을 지키되 묵은 누룩도 말고 괴악하고 악독한 누룩도 말고 오직 순전함과 진실함의 누룩 없는 떡으로 하자."(고전 5:7-8)

둘째로, 유월절의 어린 양의 고기를 가족이 함께 먹는다(출 12:8- 10). 이것은 예수님의 십자가에 못 박히시고, 몸이 찢기신 것을 상징하는 것이다. 그 예수님의 육체는, "말씀이 육신이 되어 우리 가운데 거하시니 우리가 그의 영광을 보니 아버지의 독생자의 영광이요 은혜와 진리가 충만하더라."(요 1:14) 바로 말씀을 의미한다. 생명과 말씀 곧 물(말씀)과 성령으로 거듭나 하나님의 자녀가 되고 하나님 나라에 들어갈 수 있는 것이다.(요 3:3-6) 성만찬의 예표일 수 있다.

셋째로, 유월절과 무교절에는 애굽의 낡은 관습과 죄악의 상징인 누룩을 철저하게 제거하는 의식도 주목해야 한다. 이는 애굽의 죄악된 생활과 습관을 벗어버리고 새로운 삶으로의 시작을 의미한다. 유월절은 이렇게 오랜 기간을 노예 생활에서 벗어나 이스라엘 민족이 해방된 기쁨의 날이다.

예수 그리스도를 통하여 구원받은 자는 과거의 죄악된 생활을 벗어버리고, 순수한 복음과 진리로 살아야 한다는 것이다. 복음 외에 다른 어떤 것도 전부 누룩이기에 경계해야 한다. 이는 예수 그리스도의 십자가 피로 구속받은 성도들의 새로운 믿음의 삶과 하나님 자녀로 생활을 의미한다. "그런즉 누구든지 그리스도 안에 있으면 새로운 피조물이라. 이전 것은 지나갔으니 보라 새것이 되었도다"(고후 5:17)고 선언하게 된다.

넷째로, 유월절에 무교병과 쓴 나물은 중요 먹거리이다(출 12:8).
무교병은 누룩 없이 만든 떡이라 맛이 없고, 먹기에 힘든 쓴 나물을 먹었다는 것이 강조된다.[177] 노예 시절을 회상하라는 것이다. 이는 애굽에서의 노예생활과 학대

---

177) 윤두혁 편저, 「팔레스틴 풍습 이모저모」,(서울: 기독교문사, 1982), pp.83—84. 유대인들은 유월절 날에 마쪼(Matzo: 무교병: '고난의 빵')을 먹는 유월절 만찬(Seder 세데르: 순서, 질서)을 행한다. 세데르에는 무교병 외에 과거 조상들의 고난의 행적을 기억하며. 다음 음식들을 먹는다. ①쓴 맛 나는 뿌리채소(혹은 나물): 노예생활 기념, ②진흙 색이 나는 하로셋(haroseth: 사과, 호두, 잣 아몬드로 으깨어 꿀이나 포도주, 계피로 만든 음

의 고난과 망국의 한을 가진 포로민 같은 고통을 잊지 않고 기억하는 의식이다. 우리 믿는 자들의 불신앙의 생활에서 가졌던 허무와 허탈과 무의미, 좌절, 원망, 불평, 죄의 종으로, 그리고 소망도 없이 어둠에 있던 삶(엡 5:8, 요 8:44, 엡 2:12)에서의 후회와 참회를 기억해야 한다.

다섯째, 유월절은 무교절과 함께 유대력의 종교력에서 첫 번째 달로 삼았다. 즉 유월절은 애굽으로부터 탈출할 때의 첫 번째 달에 위치한다. "야웨께서 애굽 땅에서 모세와 아론에게 일러 말씀하시되 이 달을 너희에게 달의 시작 곧 해의 첫 달이 되게 하고"(출 12:1-2). 출애굽한 그 달을 유대력의 첫째 달로 삼으라는 것이다. 봄으로 시작하는 종교력(宗敎歷)의 새해는 출애굽한 달을 첫째 달(Nisan; 양력 3-4월)로 삼았다. 그러나 행정력(行政歷)은 가을로 신년이 시작되는 Tishri(9-10월 태양력)월 1일이 바로 신년원단(新年元旦)로 삼았다. 유월절의 용도는 마지막 재앙을 방어하기 위한 것으로, 무교절과 함께 출애굽 사건 속으로 병합된 것이다.[178] 이것은 구원을 기념하기 위하여 제정된 이스라엘의 역사적 사건인 것이다.[179]

여섯째, 유월절의 어린양의 제물에서 뼈를 꺾지 않았다. "한 집에서 먹되 그 고기를 조금도 집 밖으로 내지 말고 뼈도 꺾지 말지며"(출 12:46). "아침까지 그것을 조금도 남겨두지 말며 그 뼈를 하나도 꺾지 말아서 유월절 모든 율례대로 지킬 것이니라."(민 9:12). 유월절 어린양의 뼈를 꺾지 않는 것이 관례였다. 그래서 예수님께서 친히 유월절 양이 되시기 때문에 그 뼈가 꺾이면 안 되는 것이기에, 십자가에서 예수님의 다리를 꺾지 않았다고 강조하며 기록되고 있다. 십자가에 매달리면 횡격막(橫膈膜)이 조여 와서 숨이 막힘으로 숨을 몰아시며 발버둥 치게 된다. 그래서 십자가에 매달린 사형수의 고통을 단축하기 위해 다리뼈를 꺾어 수명을 단축시켰다. 예수님께서 십자가에 처형될 때 양쪽의 죄수들의 다리뼈를 꺾고 난 다음에 예수님에 이르러 다리뼈를 꺾으려고 보니 이미 주님은 운명하시어 그 다리뼈를 꺾지 않았다고 기록하고 있다. "군인들이 가서 예수와 함께 못 박힌 첫째 사람과 또 그 다른 사람의 다리

식)은 애굽의 진흙 벽돌을 상징. ③삶은 계란 ④소금물에 담근 양파: 노예로 이집트에서 흘렸던 눈물. ⑤불에 구운 유월절 어린양 ⑥상추: 봄의 활기찬 생명을 상징한다.
178) Ibid.
179) H.H. Rowley, *Worship in Ancient Israel*, (London: S.P.C.K., 1967), p. 88.

를 꺾고 예수께 이르러서는 이미 죽으신 것을 보고 다리를 꺾지 아니하고 그 중 한 군인이 창으로 옆구리를 찌르니 곧 피와 물이 나오더라. 이 일이 일어난 것은 그 뼈가 하나도 꺾이지 아니하리라 한 성경을 응하게 하려 함이라."(요 19:32-34. 36). 여기 성경 예언은 바로 출애굽기 12:46, 민수기 9:12 그리고 "그의 모든 뼈를 보호하심이여 그 중에서 하나도 꺾이지 아니하도다.(시편 34:20)"의 말씀들을 말하고 있는 것이다. 예수님의 뼈가 꺾이지 않아야 하는 것은 3일 후에 부활하셔야 할 몸이기 때문으로 부활의 아침을 준비하는 것이었다.

일곱째, 유월절의 종합적 의미를 정리하면 다음과 같다.
애굽에 내린 마지막 장자를 죽이는 재앙에서 이스라엘이 구원받은 사건을 기념하는 절기(출 12:21-23)로 이집트 탈출 기념일이다
① 역사적 의미: 역사는 하나님께서 활동하시는 가장 중요한 영역이다. 바로 유월절은 이스라엘의 이집트에서 탈출, 자유해방 기념일이요, 국가적 독립 기념일이다. 이스라엘의 기념일은 대부분 이스라엘의 역사와 종교와 풍습과 관련되어 제정됐다. 시간을 창조하신 하나님께서는 그 시간과 연월일시(年月日時)의 제한을 받고 있는 이스라엘을 위하여, 그 시간 속에서 활동하시고, 자신을 계시하셨다. 오늘날 우리를 위해서도 그렇게 섭리하신다.

② 종교적 의미: 하나님의 10가지 재앙은 이집트의 모든 신들과 그 우상 종교에 대한 심판이었다. 거기에 야웨 하나님이 어떤 분인가를 천하에 알리는 사건이다. 또한 유월절은 그 10가지 재양에서 고센땅의 이스라엘 백성을 보호하시고 구원하시고, 특별히 마지막 심판인 장자들을 치시는 재앙에서 어린양의 피를 보시고 넘어가신 그 밤의 하나님 구원사건을 기억하는 신앙고백적 기념일이다. 이 출애굽 사건은 아브라함 계약(창15장)의 성취이다. 구약 최대 사건은 출애굽 사건과 하나님과 이스라엘 백성의 시내산 옛 계약사건(Old Testament)이라면, 신약의 최대 사건은 골고다의 십자가 사건으로 하나님과 인류와의 새 계약사건(New Testament)이다.

③ 농경적 의미: 초봄의 보리추수 시작을 알리는 전야제, 초봄 축제를 여는 기념일이다. 유월절과 무교절의 기원은 유목민 제의와 가나안의 농경 축제의 혼합적 반영에 기초한다.[180]

이 유월절 사건(출 12장)을 모세 오경이라는 큰 틀(숲)에서 보면,
- 창세기 12장에서 아브라함 순종으로 '신앙 **가족** 공동체'를,
- 출애굽기 12장에서 이스라엘 순종으로 '신앙 **민족** 공동체'를,
- 예수 그리스도 구속의 은총으로 '하나님 **나라** 공동체'를 이룬다.
십자가 사건으로 말미암아 그리스도인의 영적 출애굽이 이뤄진다.

여덟째, 유월절의 신약적 의미

유월절은 신약시대와 흩어진 디아스포라 유대인의 축제 중 가장 중요한 것이다.[181] 유월절 사건의 결과는 이집트에서의 탈출을 이루었고, 그 결과 이스라엘 민족의 봄 축제로 정착하게 되었다. 이것은 가나안 종교의 자연숭배를 부정하는 것이며, 하나님의 희생적 사랑을 나타낸 것이다. 유월절 희생의 어린양은 최후의 만찬과 십자가 사건, 그리고 일련의 부활 사건의 의미를 가져다준다.[182]

사도 베드로는, 우리가 구속된 것은 오직 흠 없고 점 없는 어린양 같은 그리스도의 보배로운 피로 한 것이라고 했고(벧전 1:19), 사도 바울은 우리의 유월절 양, 곧 그리스도께서 희생되셨다고 하여 직접적 가르침을 우리에게 주고 있다(고전 5:7).[183] 세례 요한은 "보라 세상 죄를 지고 가는 하나님의 어린 양이로다"해서 희생의 제물로서의 어린 양과, 이사야 53장의 야웨의 종으로서 어린 양으로 연결이 된다.[184]

유월절의 식사는 성만찬의 전신(前身)으로 이해가 되기도 한다.

---

180) Werner H. Schmidt, *The Faith of the Old Testament*, trans. Johr Sturdy. (Philadelphia: The Westminster Press, 1983), p. 121.
181) *Ibid.*, p. 119.
182) George A.F. Knight, *Theology As Narration* (Michigan: Wm. B. Eerdmans Publishing Co., 1976), p. 88.
183) George Eldon Ladd, *A Theology of the New Testament* (Michigan: Wm. B. Eerdmans Publishing Co., 1977), p. 425.
184) Geerhardus Vos, *Biblical Theology* (Michigan: Wm. B. Eerdmans Publishing Co., 1977), p. 324.

출애굽의 구속이 유대인들의 모든 것의 기초가 되듯이, 그리스도의 구속은 믿음의 후손들에 모든 것의 기초이며, 유월절이 새 월력의 시작이듯, 우리에게 새로운 피조물로서의 시작이 그리스도 안에서 있어지는 의미가 있다.[185] 결론으로, 유월절은 신약의 그리스도와 그의 죽으심의 예표이며, 우리를 구속하심의 예표가 된다.

십자가는 야웨께 드려진 한 절기이다. 이 사건은 하나님의 모든 계획을 만족시켰고, 백성들에게 영원한 구원을 가져다주었다.[186] 어린 양의 선택, 10일에서부터 14일까지 그것을 간직하는 것, 양을 죽이는 방법과 시간, 그 피의 사용 등은 그리스도의 본체와 사역 안에서 유월절의 실체를 찾을 수 있다.[187]

i. 유월절의 역사적 시행

구약성경에는 ①출애굽시 최초 유월절(출12:27-28) ②출애굽 1년 후 시내광야에서의 유월절(민 9:5) ③출애굽 40년 후 요단강 건너 할례 후 길갈, 여리고 평지에서 지킨 유월절 (수 5:9-10) ④히스기야의 종교개혁, 이 후, 한 달 늦은 유월절(대하 30:1-27) ⑤요시야 왕 18년 예루살렘에서 지킨 유월절(대하 35:1-19). ⑥바벨론 포로에서 귀환 후 성전재건하고 지킨 유월절(스 6:19-22)에 대한 기록이 있다.

(1) 히스기야 왕 때의 유월절(대하 30장)

율법서에 기록된 유월절이 광야 생활 이후 여호수아 5:11 이하에서 모든 이스라엘에 의해 기념된 것을 알 수 있다. 이는 유월절이 역사적으로 시행되었음을 제시하는 귀한 자료이다. 역대기 기자는 모든 이스라엘에게 예루살렘 야웨의 전에서 유월절을 기념하여 지키자고 초청장을 보낸 것이 거절되었음을 말한다(대하 35:19, 왕하 23:21).

히스기야는 온 회중과 더불어 의논하여 유월절을 2월 14일에 지키려 하였다. 이는 성결한 제사장이 부족하고, 백성이 예루살렘에 모이지 못한 연고로 날짜를 1개월 연기한 것이다(대하 30:2-3). 히스기야 왕은 북 이스라엘의 회개를 촉구했다. 그러나 그의 회개 촉구의 본질은 야웨께로 돌아가는 것이 예루살렘 성전으로 돌아

---

185) G.C. Willis, *The Seven Feasts of Jehovah* (Illinois: Bible Truth Publishing Co., 1980), p. 28.
186) John Ritchie, 「여호와의 절기」, 김병희 역(서울: 전도출판사, 1986), p. 36.
187) *Ibid.*, p. 35.

가는 것을 의미했다. 역대기 기자의 눈에 비친 회개의 촉구는 그 시대의 사마리아 인에게도 적용되었다. 당시 참 야웨 성소인 예루살렘에서의 외침은 대부분의 사람들에게 조롱과 비웃음거리였다.(대하 30:9-10)

"너의 하나님 야웨는 은혜로우시고 자비하신지라 너희가 그에게 돌아오면 그의 얼굴을 너희에게서 돌이키지 아니하시리라 하였더라. 보발꾼이 에브라임과 므낫세 지방 각 성읍으로 두루 다녀서 스불론까지 이르렀으나 사람들이 그들을 조롱하며 비웃었더라."

그러나 아셀과 므낫세와 스불론 중에서 몇 사람이 스스로 겸손한 마음으로 예루살렘에 이르러 유월절을 지키는 정도였다.(대하 30:11-12)

(2) 요시야 왕 때의 유월절(왕상 23:31ff., 대하 35장)

우리는 요시야 왕 시대의 예배 행위에 대해 신명기적 율법이 어떻게 채택되고 준수되는지 알게 된다. 요시야 왕은 모든 백성들에게, "약속의 책에 기록된 것처럼 주 너희 하나님 앞에 유월절을 지키라" 명하였다. 분명히 유다와 이스라엘의 열왕들이 유월절을 지키지 않아 심판을 받았다는 것이다.

그러나 요시야 왕은 재위 18년에 예루살렘에서 하나님 앞에 유월절을 지켰다.[188] 그러나 요시야 왕의 개혁은 왕국 이전 시대로부터 전해진 옛 풍습을 다시 소개하면서 개혁을 이뤄갔다. 역사적 기초가 약했던 사사시대의 제의적 전통과 보수적인 의식 운동의 선언으로서 요시야의 개혁은 중요한 가치가 있었다.[189]

왕국시대의 혁명적 변화를 의미하는 순례적이고 성소 중심의 유월절 축제를 포함한 절기가 요시야 왕에 의해 실행되었다는 점은 전혀 의심의 여지가 없다. 수천의 소, 양, 염소로 드려진 이 날의 유월절은 선지자 사무엘 이후 가장 성대한 축제였다.[190] 이러한 요시야 왕의 유월절은 유다와 이스라엘 어느 열왕시대에도 없었던 축제로 기념되는 것이다. 이런 요시야왕의 종교개혁도 그의 죽음과 함께 물거품이 되어 왕국의 멸망이 가속화된다.

---

188) 열왕기상 23:21; 역대하 35:19.
189) Hans—Joachim Kraus, *op. cit.*, p. 50.
190) 열왕기상 23:22; 역대하 35:18.

(3) 바벨론 포로기 이후의 유월절

에스라서 6:16 이하에서 우리는 이 시기에 얼마나 많은 유월절 요소가 나타나 있는지 알 수 있다.

"포로되었던 자의 자녀들이 정월 14일에 유월절을 지켰다. 제사장들과 레위인들이 모두 자신을 정결케 하였으며 포로되었던 자의 자녀들과, 자기 제사장 형제들과 자신을 위해 유월절 양을 잡았다…… 이스라엘의 하나님 야웨를 구하는 자가 다 먹었고 7일 동안 즐거워하여 유월절을 지쳤다."(스 6:19-22).[191]

포로기 이후 기간에 유월절은 예루살렘 제의 공동체(Cultic Community)의 축제 원리로 지위와 존엄을 가졌다. 이 유월절은 바벨론 달력의 순서에 영향을 받았고, 특히 포로기로 인하여 해외로 알려지게 된 신년 대축제와 대조해서 유월절 전통은 중요하게 성장하였음을 보여준다.[192]

특별히 A.D. 70년 로마에 의해 예루살렘 성전이 완전 훼파되고[193] 가나안 땅을 떠나 전 세계로 흩어진 유대인들은 성전도 없고, 그러니 제단도 없어 희생 제사를 드릴 수 없고, 농사지었던 땅을 떠났고, 이방인의 땅에서 살아가던 그들은 절기만은 붙들 수 있고, 지킬 수 있었다. 그래서 오히려 유대인들이 어디에 있던 유월절을 더욱 잘 지켜나갔던 같다.

지금도 흩어진 유대인들은 더욱 철저히 유월절을 지키는 걸 볼 수 있다. 그래서 그들은 그들의 역사도, 종교도, 가나안 땅도 잊지 않았고, 그들의 정체성을 끝까지 지켜와 2천여년 만에 이스라엘 나라를 세우고 유대인으로 분명하게 존재하게 되었다.

---

191) Hans—Joachim Kraus, *op. cit.*, p. 53.
192) *Ibid.*, p. 54.
193) 제2차 성전시대(B.C.515~A.D. 70) 예언자들의 격려와 스룹바벨, 에스라의 노력으로 성전을 재건, 봉헌한 것은 BC 515년이었다(스4장, 6:15). 그 후 헤롯왕이 유대인의 환심을 사기위해 성전을 재건하였고 예수님 당시까지도 짓고 있었다.

3. 무교절[無酵節, the Feast of Unleavened Bread]
(출 12:15—20, 레 23장, 민 28장, 신 26장)

a. 무교절의 명칭

히브리어로 'hag masôth(חג מצות)'로, '누룩을 넣지 않고 발효되지 않은 떡덩이의 축제'라는 뜻이다.[194] 유대인들은 주식으로 빵(떡)을 만들어 먹는데, 대개 효소, 누룩을 넣어서 만든다. 그러나 이 무교절의 축제에는 어떤 종류의 발효 물질도 넣지 않은 빵을 만들어 먹도록 규정하고 있다. 발효되지 않은 누룩 없는 빵을 먹기에 무교절이라 한다.

b. 무교절의 유래

무교절은 유월절에 바로 이어져 7일간 지켜지는 기념 절기로 이 기간에는 모든 이스라엘 백성이 누룩 없는 빵을 먹도록 한 것(출 12:15—16)은 출애굽 전날 밤 무교병을 먹으며 출애굽을 준비한 데서 기원한다. 실제로는 유월절과 무교절은 별도로 구별된 따로따로 지키는 절기라기보다는, 구약역사의 최대 구원인 하나님의 출애굽 사건에 그 동일한 기원을 둔 하나님의 연속된 기념축제이다. 유월절이 초봄의 보리 추수제의 전야제라면 무교절은 7일간 초봄의 보리 추수제이다.[195] 보리 추수기에, 농경지 안의 성소에 농부들이 모여서 헌신적 믿음의 행사로 첫 번째 새 곡식(The first new corn)을 하나님께 드리며 신선한 떡을 먹고 즐겼다.[196]

이때 음식에는 전혀 누룩이 들어가지 않았고, 지난해의 소산물은 하나도 섞이지 않은 새해의 새로운 곡식만을 사용했다. 농경문화 배경에서 보면 유월절은 한 해의 추수 축제를 여는 전야제라면, 무교절은 그 해 농사를 감사하며 그 추수의 시작을 즐거워하는 절기이다. 바로 무교절의 '보리 추수제'로 시작하여 오순절의 '밀 추수제', 그리고 장막절의 '과실 추수제'로 끝을 맺는 일련의 연중 농사 기간에서 첫 추수감사 절기가 무교절이다. 바로 무교절에서 오순절에 이르는 7주간의 시작은 낫으로 곡식을 베기 시작하는 순간에서부터 계산되는 날수이다.[197]

---
194) Roland de Vaux, *op. cit.*, p. 490.
195) Ibid. Walter Harrelson, *op. cit.*, p. 34.
196) Hans—Joachim Kraus, *op. cit.*, p. 48.
197) R. de Vaux, *op. cit.*, p. 490.

그런 추수의 농경적 사건에 구원의 역사적 행위를 함께 첨가하여 해석하는 게 이스라엘 종교의 절기이다. 벨하우젠(J. Wellhausen)은 "땅의 축복은 종교의 절정이다. 하나님의 소유지이며, 인간의 노동의 현장으로서 간주된다. 이렇게 보면, 예배는 땅의 선물에 대한 감사, 그리고 그 땅과 땅의 소산을 주신 하나님께 감사를 드리는 것이다."라고 하였다.[198] 크라우스(H.J. Kraus)는, 무교절은 원래 가나안 농경 축제(Canaanite agricultural festival)였다고 본다. 그것은 보리 추수 때, 아마도 춘분 직후 시작되어 7일 간 계속되었는데, 이스라엘은 가나안의 토착민들로부터 이 무교절을 받아들였다고 본다.[199] 그러나 성서 전승에 의하면, 무교절 규례는 유월절 제정 시 함께 지시된 것이다(출 12: 15—20; 레 23장; 민 28장; 신 16장). 그래서 애굽으로부터 탈출이란 특별한 구원에 부수된 절기이다.[200] 성서는 이스라엘 민족사와 모든 절기를 연관시켜 역사화 시킨다. 무교절이 농경문화의 절기인 것은 틀림없다. 그래서 이스라엘이 가나안에 정착할 때까지는 별로 지켜지지 않았다. 이것을 유월절과 결합하여 출애굽 사건에 접속시킨 것은 출애굽기 12장에서이다.

c. 무교절의 때

유월절 다음날 니산(Nissan)월(정월) 15일부터 21일까지 7일간 지켰다.(민 28:16, 레 23:6)

"첫째 달 열넷째 날은 야웨를 위하여 지킬 유월절이며 또 그 달 열다섯째 날부터는 명절이니 이레 동안 무교병을 먹을 것이며"(민 28:16-17)
"너는 이 달에 이 예식을 지켜 이레 동안 무교병을 먹고 일곱 날에는 야웨께 절기를 지키라 이레 동안에는 무교병을 먹고 유교병을 네게 보이지 아니하게 하며 네 땅에서 누룩을 네게 보이지 아니하게 하라 너는 그 날에 네 아들에게 보여 이르기를 이 예식은 내가 애굽에서 나올 때에 야웨께서 나를 위하여 행하신 일로 말미암음이라 이는 여호와께서 강하신 손으로 너를 애굽에서 인도하여 내셨음이니 해마다 절기가 되면 이 규례를 지킬지니라."(출 13:5-10)

---

198) loc. cit., J. Wellhausen, *Prolegomena to the History of Israel* (New York: Meridian Library, 1957), p. 97.
199) *Ibid.*
200) John J. Davis, *Moses and the Gods of Egypt* (Michigan: Baker Book House, 1976), p. 141.

III. 의식 III(Ceremonial III): 절기=제의의 때(Times) 335

d. 무교절 기간에 없게 할 것

첫째로, 누룩을 자기 집에 없게 하고(출 12:15, 9), 둘째는, 노동을 하지 말도록 했는데, 그 노동이 없는 날은 제한이 되었다. 즉, 무교절 첫날과 제 7일, 마지막 날이다, 그 5일간은 일한다(출 12:16, 레 23:8). 첫날과 끝 날에는 거룩한 성회가 있는데, 성회기간에 노동을 하게 되면 사람의 마음과 생각이 분산되기 때문이다.

e. 무교절 기간에 있어야 할 것

첫째는, 성회로 모이는 것이다(레 23:7-8, 출 12:16). 7일 중에 첫날과 제7일에 성회로 모였다. 3대 제사 '번제', '소제', '속죄제'를 드릴 것을 말씀하신다.

둘째는 무교병만 있게 하는 것이다. 이 절기에 이스라엘은 무교병을 만들어 먹게 되었다. 새해 첫 추수한 순수한 햇곡식을 가지고 정결한 음식물을 만들어 먹는다. 곧 고통의 떡은 이집트에서 구원을 받아 급히 나온 것을 기념한다. 무교병은 이집트의 속박에서 자유과 구원을 기념하는 기념물이기도 하다. 어린양의 희생과 고난의 떡을 먹지 않고는 출애굽 구원의 기쁨은 결코 경험할 수 없다. 이건 십자가 고난을 통하지 않고서는 부활의 구원이 불가능하다는 주장과 서로 상응한다.

셋째는, 일하는 날이다. 일하는 날은 둘째 날부터 제6일까지이다. 하나님의 구원을 잘 기억하며, 하나님 일에 동참함도 뜻한다. 무교병을 먹고 성회에 참여한 후 힘써 일할 것이다.

f. 무교절 의식의 내용과 의의

이스라엘 종교 절기에서는, 특별히 무교절은 누룩 없는 빵을 구워 먹으며 지키는 절기이다.(출 12:15-20, 23:15, 34:18, 레 23:6, 신 6:16, 대하 8:13, 30:13,21. 35:17, 스 6:22). 누룩(효소)이 있어야 빵이 발효하여 맛과 크기가 만들어진다. 그런데 그 누룩의 발효 작용을 악에 대한 비유로 사용되어 왔다. 예수님도 그 누룩을 위선과 악의 표징으로 비유하여 바리새인과 사두개인의 누룩을 조심하라고 말씀하셨다.(마 16:6,11) 무교절에 먹는 무교병은 고난의 떡(신 16:3)을 상징한다. 출애굽 당시 급히 탈출하며 겪은 고난을 기억하기 위해 먹는 빵으로, 뜨거운 돌이나 숯불 위

에서 급하게 구워지는 둥그런 모양의 케이크다.[201]

① 첫날에 이스라엘 백성들은 모든 누룩을 집 밖으로 내어간다. 성전시대에 누룩의 제거단계는, 누룩을 찾고, 찾지 못한 누룩의 무효화를 선언하고. 찾은 누룩을 다음 날 아침에 태우도록 했다. 이스라엘의 하루는 해질 때부터 다음날 해질 때까지이기 때문에, 십사일 저녁이면 십오일이 시작된다. 이스라엘 백성들이 일주일 동안 누룩 없는 빵을 먹는 것이 힘들기 때문에 혹시 몰래 누룩을 넣어 먹지 못하도록 집안에 누룩을 두지 못하게 한다. 그래서 "이레 동안은 누룩이 너희 집에서 발견되지 아니하도록 하라"고 하신 것이다.

② 무교절 첫날과 마지막 날은 그 아무 노동도 하지 않고(출 12:15, 16. 23:6-8, 민 28:17-25), 성회로서 단체 집회나 예식이 있다. 절기 7일 기간에 무교병을 먹고 매일 화제로 드린다.(레 23:8)

③ 이 규정을 어기면, 그는 이스라엘에서 끊어지게 되어. 계약의 권리와 특전을 잃게 된다.[202]

④ 무교절은 초봄의 보리 추수제이다. 유월절은 추수의 시작에 드리는 제사가 되었고, 무교절은 바로 보리 추수의 절기가 되었다.

⑤ 유월절과 무교절은 나중에 동일한 절기로 발전되었다.(겔 45:21, 눅 22:1)

⑥ 무교절의 종합적 의미

-역사적 의미: 출애굽해서 시내산까지 이르는 역사 여정을 기억하는 의미가 있다.

-종교적 의미: 출애굽해서 시내산까지 이르는 기간 동안의 하나님 구원(홍해바다 기적, 구름기둥, 불기둥, 마라 사건, 만나, 반석에서 생수)을 고백하며 기념하다.

-농경적 의미: 초봄의 보리 추수제로 하나님께 감사와 제사로 시작하다.

-무교절의 신약적 의미는 구원 얻은 성도들이 예수님의 순결하신 살과 피가 영적 양식임과, 하나님의 말씀이 영혼의 양식임을 나타낸다. 이 절기는 이집트를 탈출할 때 누룩 없는 빵을 먹은 것에서 연유되었는데 바울은 이것을 깨끗한 생활의 상징으로 말한다(고전 5:7-8).

---

201) Siegfried Herrmann, *Israel in Egypt* (London: SCM Press LTD, 1973), p. 56.
202) John J. Davis, *op. cit.*, p. 142.

III. 의식 III(Ceremonial III): 절기=제의의 때(Times)

"너희는 누룩 없는 자인데 새 덩어리가 되기 위하여 묵은 누룩을 내어 버리라 우리의 유월절 양 곧 그리스도께서 희생이 되셨느니라.(고전 5:7) 이러므로 우리가 명절을 지키되 묵은 누룩도 말고 괴악하고 악독한 누룩도 말고 오직 순전함과 진실함의 누룩 없는 떡으로 하자"(고전 5:8)

유월절(어린양 희생제물)은 '예수님 십자가 죽음, 장사 지냄'으로, 무교절 첫날(성회: 안식일)은 '예수님 무덤 속'으로 비유할 수 있다. 또한, 초실절(무교절 성회 후 첫날: 첫 곡식 추수날)은 '예수님의 부활의 첫 열매', 5일 간 추수일은 '복음의 세계화 추수로', 마지막 성회는 '천년왕국', '영원한 천국 안식'으로 비유할 수 있다.

예수 그리스도는 유월절 낮(오후 3시)에 십자가에 죽으시고, 무교절 첫 날(종교력의 정월 15일: 안식일과 겹침)에는 무덤에 계셨다. 이는 구약 율법의 완성(장사 지냄)을 의미하며, 무교절의 둘째 날, 초실절에 첫 열매의 추수는 부활의 첫 열매이신 예수님 부활을 예표하여 새 시대가 열린 것을 의미한다.

구약율법은 예수 그리스도의 십자가에서 "다 이루었다"는 선언과 함께 안식일이 무덤(토요일)에서 끝이 났기 때문에, 새로운 계약(新約: New Testament)에 의한 새 시대가 초수절과 함께 열린 기독교는 예수님의 부활을 기념하여 구약 안식일 다음인 일요일을 주일로 삼아 성회로 모인다. 즉, 주일[主日]은 주님이 부활하신 날을 기념하는 절기이다. 다시 말해서, 예수님은 유월절 양 잡는 날에 죽으시고, 무교절 첫날[안식일]에 무덤(율법 종식)에 계시다가 초실절에 부활하셨다. 곧 십자가에 죽음 후 '셋째 날'이 된다.

무교절의 영적 의미로는,
—유월절은 그리스도의 십자가를 통한 구원이라면,
—무교절은 구속 뒤에 이어지는 거룩한 삶과 행동을 말한다(고전 5:7—8).
결론은 바로 구별된 삶을 살아야 한다는 것이다.

"너희는 유혹의 욕심을 따라 썩어져 가는 구습을 따르는 옛 사람을 벗어 버리고 오직 너희의 심령이 새롭게 되어 하나님을 따라 의와 진리의 거룩함으로 지으심을 받은 새 사람을 입으라."(엡 4:22—24)

4. 초수절(初穗節: 레 23:9-14)

"너희의 곡물을 거둘 때에 너희의 곡물의 첫 이삭 한 단을 제사장에게로 가져 갈 것이요 제사장은 그 단을 야웨 앞에 기쁘게 받으심이 되도록 흔들되 안식일 이튿날에 흔들 것이며 너희가 그 단을 흔드는 날에 일 년 되고 흠 없는 숫양을 야웨께 번제로 드리고"(레 23:10-12)

초수절은 이스라엘 백성이 홍해바다에서 상륙하고, 뒤따라오던 이집트의 악의 무리들이 전멸되고, 시내산에 이르는 여정을 기념하는 날이다. 무교절의 첫날 성회가 지나고 둘째 날, 곧 니산(Nisan)월 16일에 준수하는 절기로, 유월절과 무교절에 부수적으로 예속된 것이다(레 23:9-14).

이스라엘 백성이 야웨께서 주신 땅에서 낫을 들어 거둔 초봄의 보리추수의 첫 이삭을 곡식단으로 하여 제사장에 가져와서 야웨 하나님께 드리는 절기이다. 누구든지 하나님께 드리기 전에는 떡이든 볶은 곡식이든 생 이삭이든지 먼저 먹지 못하게 했다(레23:14)..

a. 초수절의 행사는 ① 첫 이삭 한 단을 제사장에 가져온다. ② 무교절 성회의 안식일 이튿날 야웨 앞에 기쁘게 받으심이 되도록 요제로 드린다. ③ 일 년 된 수양을 번제로 드리며, ④ 소제로 기름 섞은 고운 가루를 화제로 드린다. ⑤ 포도주를 전제로 드린다.

d. 신약적 의미: 초수절은 무교절 이튿날이고, 유월절로부터는 사흘째 되는 날이다. 무교절 첫날 안식 후 다음날에 곡식에 처음 낫을 대어 첫 번째 추수한 첫 열매를 드리는 절기이다. 예수님은 장사된 지 사흘 만에, 즉 안식일 다음날 새벽녘에 부활하셔서 잠자는 자의 첫 열매가 되셨다.(고전 15:20) 사실 첫 열매는 추수 자체는 아니고, 오히려 추수를 위한 약속이요, 보증과 서약이다. 따라서 여인의 후손(창 3:15)으로 오시는 구약의 구속사적 '씨 흐름(씨신학)'의 열매인 예수님의 부활은 이 세상 끝에 있을 종말론적 부활을 대표하는 첫 열매로 살아나심을 뜻한다.[203]

---
203) George Eldon Ladd, *A Theology of the New Testament* (Michigan : W. B. Eerdmans Publishers, 1977), p.326.

III. 의식 III(Ceremonial III): 절기=제의의 때(Times)

예수님의 공생애 마지막 해의 초실절은 참으로 의미 있는 초실절이었다. 목요일 저녁(유대력으로 하면 유월절 시작 시간) 마가의 다락방에서 제자들과 함께 최후의 만찬을 하시며 떡을 떼고 포도주를 나누시며 성찬을 제정하신 예수님께서는(눅 22:19-20) 겟세마네 동산으로 가서서 땀이 피 방울처럼 변하기까지 기도하신 후 잡히셨다. 밤과 새벽을 지나며 고초를 당하신 예수님은 아침에 십자가에 달리도록 내어준바 되신다.(요 19:14-16, 눅 22:19-20)

금요일(유월절 낮) 오전 9시에 십자가에 달리신 예수님은 오후 3시에 죽임을 당하시어, 인류 구원을 위한 유월절 어린양으로 십자기에 희생의 제물로 드려졌다. 유월절 이튿날이 성회로 모이는 무교절 첫날이다. 바로 일하지 않는 쉬는 날인데 마침 안식일과 겹치는 날이었다. 이 안식일에는 예수님이 무덤에 계시던 때이다. 바로 무덤에 계신 예수님의 시체와 함께 구약의 율법이 마침이 되고, 장사지낸바 되고, 그 이튿날, 초실절에 부활의 첫 열매로 죽은 자 가운데서 다시 살아나시게 된다.

공생애 마지막 해 고난주간의 안식일은 무교절 첫날과 겹친, 일하지 않는 '큰 날' 이었기에 시신을 십자가에 내려 아무도 장사하지 않았던 아리마대 요셉의 새 무덤에 장사했다. 이 안식일이 지난 첫 날(주일)이 초실절로 아침에 하나님께 초실절의 제사를 지내며 감사하는 절기였다.

안식 후 첫 날 아침 많은 유대인들이 초실절 제사를 드리는 성전마당에 모여 하나님께 첫 열매를 드리며 곡식주심에 감사하며 하나님께서 주신 율법, 곧 초실절제사를 지켰다. 그런데 이 날 아침은 요일로 보면 현재의 주일 아침에 해당한다. 성전에서 율법에 명하신 대로 초실절 제사를 드릴 때 골고다 언덕 동굴 무덤에 계시던 예수님께서는 사망의 권세를 깨뜨리시고 잠자는 자들의 첫 열매로 부활하셨다(고전 15:20). 이제 그리스도께서 죽은 자 가운데서 다시 살아나시어 잠자는 자들의 첫 열매가 되셨다(고전 15:20). 예수님께서 그 피조물 중에 우리로 부활의 열매가 되게 하시려고 자기의 뜻을 따라 진리의 말씀과 성령으로 거듭나는 하나님 자녀를 삼으셨다(약 1:18, 요3:5). 그래서 그 예수님을 믿는 자들은 천국의 안식을 누릴 권세를 받은 자가 된다.(요 1:11-12).

5. 오순절[五旬節: חג שבעת :Pentecost]
(레 23:15-21, 민 28:26-31, 신 16:9-12)

오순절, 칠칠절이라고 부르고, 유월절 후 50일 째 날(레 23:15-16)이며, 홍해 도강(渡江) 사건 이후 50일 뒤 시내산에 도달한 날(출 19:1)이며, 광야 이후 50일 째 곡식을 추수 한 날(수 5:12)이고(?), 오순절이 예수님의 부활이후 50일 뒤, 곧 오순절이 성령강림한 날(행 2:1)이기도 하다.

a. 오순절의 명칭과 유래

오순절(五旬節)은 영어로 The Feast of Weeks이다. 이는 히브리어 '샤부옷트(חג שבעת)'가 '주간들(weeks)'을 뜻해서 초실절이 지나고 7주가 지나야 오순절이 되기에 '주간들(샤부옷트)'라고 부르기 때문이다. 오순절은 이집트에서의 구출과 더불어 시내산에서 율법을 수여받은 것에 감사하는 이스라엘의 역사적 신앙고백의 의미와 더불어 밀 추수의 첫 곡식을 하나님께 드리는 목적을 가진다. 이때는 밀 수확을 마칠 때라서 출애굽기 23장 16절에서는 '수확절'이라고도 한다. 오순절은 유월절과 초막절 중간에 있다.

오순절이라 함은 유월절(Nisan월 14일) 후 안식일이 일곱 번 지난 49일 다음인 50일째 성회로 모여 소제를 비롯하여 여러 제사를 드리며 행해지는 절기이기 때문에 오순절이라 한다.[204] 이는 칠칠절이라고도 하는데, 무교절(Nisan월 15일)로부터 안식일이 7번 지난 49(=7X7)일 다음 50일째로 계산되어 붙여진 명칭이다. 한편, 오순절은 원래 밀 추수시기에 단 하루를 지켰던 절기로 밀 추수로 그 한해의 곡식추수가 끝나는 실제적인 추수감사절이었다.

오순절은 이집트에서의 구출과 더불어, 시내 산에서 율법을 수여받은 것에 감사하는 이스라엘의 역사적 신앙 고백의 의미와, 더불어 밀 추수의 첫 곡식을 하나님께 드리는 목적을 가진다.[205].

b. 오순절의 때

---

204) 그래서 헬라어에서는 Pentecost(50일째)라 부른다.
205) Gleason L. Archer, Jr., o;p. cit., p. 231.

유월절 후 50일째인 오순절은 양력으로 약 5~6월경이며, 유대 종교력으로 셋째 달, 3월(Siwan) 6일에 드린다. 특히 이때가, 비를 내려주시고 농작물의 풍요와 다산을 마련해주시는 분이 하나님이심과 그분께서 자연의 주님이심을 고백하며 그분께 합당한 예를 갖추는 시기인 것이다.

일부 학자들은 시내 산 사건들은 셋째 달(Siwan월)로 잡고 있는 출애굽기 19장 1절의 연대 기록에 주의를 기울여, 시내산에서 토라(율법)를 받은 사건과 오순절 축제를 연결시키고 있음을 말한다.206) 그리고, 역대하 15장 10—14절에는 '셋째' 달(Siwan월)에 계약 갱신 축제가 열리고 있음을 알 수 있어서207) 유대인들은 시내산 계약(율법)과의 연관을 가지고 오순절을 지켰음을 알 수 있다.

c. 오순절 의식의 내용 (레23:17—20)

① 성회로 보여 안식일로 계산한다. ② 아무 노동도 하지 말 것, ③ 두 개의 떡으로 요제를 드릴 것, ④ 어린 양 7마리와 숫양 2마리로 번제를 드릴 것, ⑤ 숫염소 1마리로 속죄제를 드릴 것, ⑥ 어린 수양 2마리로 화목제를 드릴 것, ⑦ 첫 이삭의 떡과 함께 두 어린 양을 요제로 드릴 것 등이다. ⑧ 성회를 공포하고 어떤 노동도 하지 말 것이다.

d. 오순절의 의미

① 역사적 의미: 출애굽 후에 삼 개월이 되던 날 시내 광야에 이르러 시내산 앞에 장막을 치고, 둘째 해 둘째 달 스무날에 그 시내 광야에서 출발하여 떠날 때까지의 약 1년여 기간의 이스라엘 백성의 삶을 기억하며 기리는 의미이다(출 19:1—2, 민10:11—12)
② 종교적 의미: 모세가 시내산에 올라가 하나님의 영광을 보고, 모세를 중재로 하나님과 이스라엘 백성과 맺은 시내산 계약(야웨는 이스라엘의 하나님이요 이스라엘은 야웨의 백성이다)를 맺고, 계약의 법, 율법을 수여받은 사실을 기

---

206) Hans—Joachim Kraus, *Worship in Israel* (Richmond: John Knox Press, 1966), pp. 45ff.
207) *Ibid.*

억하고 기념하는, 계약갱신 축제의 의미가 있다.[208] 시내산 계약은 아브라함 계약의 성취의 한 중요한 과정이며 출애굽 사건을 핵으로 하는 하나님 계시의 절정이다. "시내산에 연기가 자욱하니 여호와께서 불 가운데서 거기 강림하심이라. 그 연기가 옹기 가마연기 같이 떠오르고 온 산이 크게 진동하며 나팔소리가 점점 커질 때에 모세가 말한즉 하나님이 음성으로 대답하시더라."(출 19:18-19). 하나님과 모세의 시내산 정상회담으로 이뤄진 계약이다.

③ 농경적 의미: 그 해의 밀의 첫 수확에 대해 첫 곡식을 하나님께 감사하여 드리는 절기로 한 해의 곡식추수를 마지막으로 하는 추수감사절이다.

④ 사회적 의미: 사회적 관심을 가지라는 것이다. "너와 네 자녀와 노비와 네 성중에 있는 레위인과 및 너희 중에 있는 객과 고아와 과부가 함께 네 하나님 여호와께서 자기의 이름을 두시려고 택하신 곳에서 네 하나님 여호와 앞에서 즐거워할지니라."(신 16:11) 그 당시 사회적 약자인 가장 가난한 계층(고아, 과부, 객들)까지 배려하여 함께하라는 것이다.

⑤ 신약적 의의: 신약에서는 오순절 날 성령이 강림하심으로 그리스도 교회가 탄생되어진 날로 본다(행 2:1-4, 20:16, 고전 16:8).

"오순절 날이 이미 이르매 그들이 다같이 한 곳에 모였더니 홀연히 하늘로부터 급하고 강한 바람 같은 소리가 있어 그들이 앉은 온 집에 가득하며 마치 불의 혀처럼 갈라지는 것들이 그들에게 보여 각 사람 위에 하나씩 임하여 있더니 그들이 다 성령의 충만함을 받고 성령이 말하게 하심을 따라 다른 언어들로 말하기를 시작하니라"(행 2:1-4)

위 본문의 오순절 성령강림은 '신약교회의 시작'이라는 점에 중요한 의미를 갖는다. 성령이 강림하셔서 신약교회가 탄생하자 예루살렘은 요란해졌다. 예루살렘에 처음으로 이상적인 기독교 신앙공동체가 이뤄지고(행 2:43—47), 수많은 기적들이 일어나고(행 5:12—16), 복음이 전파되자 말씀을 듣는 사람 중에 믿는 자들이 남자만 약 오천명이나 되었다(행 4:4). 이어서 유다 종교 당국의 핍박이 시작되었다(행 5:17ff.). 그리고 그 후로, 유대와 사마리아와 땅 끝까지 온 세계에 다양하게 복음이 확산되어 왔고, 전파되어 가고 있다.

---

208) 여기에 대해서는 모세의 종교 부분을 참고하라

6. 나팔절(喇叭節: feast of trumpets: Seventh New Moon)

a. 나팔절의 유래

나팔을 불고 안식일로 삼아 '신년 성회'로 모여 1년 중 첫날을 하나님께 드림으로써 1년을 하나님께 예배로 시작하는 것을 의미했다. "칠월 곧 그 달 일일로 안식일을 삼을지니 이는 나팔을 불어 기념할 날이요 성회라."(레 23:24). 이 새해를 기억하기 위한 소리를 내는 나팔을 불어 기념한다. 그래서 나팔절이라 한다.(레 23:24) 무엇을 기념하는 것인지는 분명하게 제시되지 않고 있지만, 애굽에서 고역으로 이스라엘 백성이 부르짖음을 듣고 그 근심을 알고 하나님이 그들을 애굽땅에서 인도하여 젖과 꿀이 흐르는 언약의 땅, 가나안으로 인도하심을 기념하는 것이라 보인다.(출 3:7—10) 나팔절은 유대의 행정력으로, 종교력의 일곱 번째 달인 티쉬리(Tishri, 양력 9~10월)월 첫째 날(1일)이며, 이 날(유대력으로 7월 1일)을 안식일로 삼아 신년 성회로 모여 신년새해로 삼기 때문에 일곱번째 새 달(Seventh New Moon)이라고도 한다.

b. 나팔절의 때

유대인들에게는 이 나팔절이 바로 새해(New Year)로 지켜졌다. 바로, 새해의 첫날을 기념하는 원단절(元旦節)이다. 유대인에게는 새해가 3개가 있다. 종교력(유대력) 새해는 니산(Nisan)월 1일이고, 행정력으로 새해는 티쉬리(Tishri) 1일이며, 양력으로 세계적인 새해인 1월 1일이 있다. 대한민국의 새해가 양력의 1월 1일과 음력(the lunar calender)의 1월 1일의 구정이 있는 것과 비교가 된다.

c. 나팔절의 행사

① 성회로 모여 안식일을 삼고, ② 아무 노동도 하지 말 것, ③ 나팔을 불고, ④ 동물성 희생(수송아지 하나, 수양하나, 일 년 되고 흠 없는 수양 일곱)으로 번제를 드리고, ⑤ 식물성 곡물로 소제를 드린다. ⑥ 만약 죄를 속하기 위한다면, 숫염소로 속죄제를 드린다(민 29:1—5).

d. 나팔절의 의미

이 날(7월 1일)[209]을 안식일로 삼아 신년 성회로 모였다. 1년 중 첫 날을 하나님께 드림으로써, 하나님께 예배로 1년을 시작하는 것을 의미했다.

① 하나님과의 새로운 갱신의 의미: 이스라엘 백성은 나팔절부터 새로운 한 해가 가을로부터 시작했다. 그 한해를 하나님과의 계약을 재확인하고, 하나님께 예배로 새롭게 시작한다. 그래서 새로운 곡식, 햇곡식으로 하나님께 먼저 감사의 예물을 드린다. 이 유대력의 영향인지 모르나, 우리 동양권과 다르게, 유럽과 미국은 모든 새로운 학기가 가을에 시작한다. 그래서 신입생, 새 학년, 새 교과서 등 새로운 시작의 의미가 있다. 이 날이 되면, 곳곳에서 나팔을 분다. 나팔은 새 출발을 알리는 신호이다. 우리나라에서도 설날에 마음과 생활을 새롭게 하는 의미로 대청소를 하고, 새 옷을 입는다.

② 재림의 의미가 있지 않을까?: 구약 성경은 모두 예수 그리스도에 대한 예표이다. "너희가 성경에서 영생을 얻는 줄 생각하고 성경을 상고하거니와 이 성경이 곧 내게 대하여 증거하는 것이니라."(요 5:39)

첫째, 유월절은 예수 그리스도의 십자가의 죽음. 둘째, 무교절은 그리스도와의 친교에 의한 하나님 백성의 삶. 셋째, 초실절은 그리스도의 부활. 넷째, 오순절은 그리스도의 승천과 성령강림이라면, 다섯째, 나팔절은 그리스도의 재림(성도 부름)을 예표하는 것일 수 있다(?).

"주께서 호령과 천사장의 소리와 하나님의 나팔 소리로 친히 하늘로부터 강림하시리니 그리스도 안에서 죽은 자들이 먼저 일어나고, 그 후에 우리 살아남은 자들도 그들과 함께 구름 속으로 끌어 올려 공중에서 주를 영접하게 하시리니, 그리하여 우리가 항상 주와 함께 있으리라."(살전 4:16-17)

여섯째, 속죄절은 예수 그리스도께서 인류의 죄를 담당하시고 골고다 길을 십자가를 지시고 가시어 그 십자가에 처절히 죽으심으로 우리 죄를 대속하시고 속죄하신 예표이다. 마지막 일곱째, 장막절은 광야 같은 세상을 마치고 가나안 땅에 들어

---

209) Tishri 1일은 유대 종교력으로 보면 Nisan월 첫째 달 후 일곱번째 달이 Tishri월이다. 그래서 Tishri월은 7월이 된다.

가는 소망과 실행을 바라보는 것처럼, 하늘나라 소망과 입성인 그리스도의 성도들 추수(구원)를 상징한다고 볼 수 있다.

③ 이웃과의 친교를 통한 선제적(先制的) 명령인 구제이다.

이날도 아무 것도 하지 않고 성회로 모여 화제로 드린다는 것은 바로 화목제를 의미한다. 그 화목제는 예배 공동체로 하나님과 이웃과의 소통과 화목과 친교를 의미한다(레 23:24).

나팔절에 관한 기록(레 23:23-25) 바로 앞 절(22절)에 "너희 땅의 곡물을 벨 때에 밭모퉁이까지 다 베지 말며 떨어진 것을 줍지 말고 너는 그것을 가난한 자와 객을 위하여 버려두라."라는 재산분배의 원칙명령이 먼저 나온다. 바로 구제의 삶을 확인한 후에 신년새해의 나팔절을 맞이하라는 것이다. 사실은 화목제의 제사에는 제사 제물 중에 기름진 것은 하나님께 드리고, 나머지 제물들은 제사장과 제주와 가족과 친척 그리고 나그네와 가난한 이웃과 함께하는 공동식사가 행해진다. 새해 설을 맞을 때 구제를 생각하며 가난한 사람과 같이 지내라는 하나님의 명령이다.

④ 나팔절의 영적 의미: 새해 첫 날을 맞이하여 그 동안 지켜주신 야웨의 은혜에 감사하면서 그 날을 온전히 야웨께 헌신하기 위함이다. 나팔절에 드리는 제물은 그리스도를 상징하며 그 날 부는 나팔소리는 예수 그리스도의 복음을 상징한다. 앞에서도 언급했지만, 신약 시대에 와서 나팔 소리는 예수 그리스도의 재림과 깊은 연관이 있다.(마 24:30-31)

한편 나팔절에는 동네 이곳저곳에서 숫양의 뿔로 된 나팔을 불어 절기의 시작을 알렸다. 이 나팔은 전쟁의 신호나 위기를 알리는 소리가 아니라, 새로운 시작과 즐거운 소리를 발하는 것이었다. 이날 이스라엘 백성은 하루 동안 노동을 하지 않고 쉬는 날이면서 성회를 모여 희생제사를 하나님께 드렸다(민 29:1-6; 레 23:24-25). 이 날은 종교력 7월이고 행정력으로는 새해 1월 1일이 시작되는 날로, 후대에는 나팔절이, 우리나라의 정월 초하룻날처럼, 신년 첫날로서 더 큰 의미를 갖게 되었다.

7. 속죄일 (贖罪日: Yom Kippur[210]: Day of Atonement)

일명 '대속죄일'이라고도 하는 이 의식은 고대 이스라엘에서 가장 엄숙한 종교예식이었다. 신년 원단절과 함께 '야웨 하나님 경외'의 날로 고대 이스라엘의 종교의식 핵심인 지성소와 광야에서 이루어진다. 이 날은 1년에 한 차례씩 대제사장이 자신과 그 가족 그리고 백성들의 죄를 대신해서 지성소에서 속죄하는 날이었다. 이것은 이스라엘 백성에게 심판의 날로, 운명이 좌우되는 날이었다.

a. 속죄일의 때

유대 종교력으로 7월(Tishri: 양력 9—10월) 10일을 대속죄일로 정해 성회로 모여 큰 안식일로 지킨다(레16:31): "일곱째 달 열흘날은 속죄일이니 너희가 성회를 열고 스스로 괴롭게 하며 야웨께 화제로 드리고 이 날에는 어떤 일도 하지 말 것은 너희를 위하여 너희 하나님 야웨 앞에 속죄할 속죄일이 됨이니라."(레 23:26—28).

b. 속죄일의 정의

7월 10일은 대속죄일(大贖罪日)로서 대제사장이 1년에 대속죄일에 '자신과 온 백성 및 성소의 죄'를 속하기 위해 속죄제의 피를 가지고 지성소에 들어가 속죄의식을 드리는 날이다. 이 날은 전 국민적 대속죄일로, 1년에 한 번씩 전 국민의 죄를 속하는 날이다(레 16:29—34). 이는 지난 1년을 지나면서 있을 수 있는 성소의 부정을 정결하게 하고, 이스라엘 백성의 1년 동안의 부정과 허물을 정결하게 하는 대속죄일 예식으로 말미암아 백성들의 죄가 도말되는 의식으로 인식되었다.

c. 속죄일 의식의 내용

속죄일에는 수송아지(제사장과 집안 위해)와 두 염소(야웨와 백성 위해)가 필요했다.

①대속죄일 행사로 먼저 나팔을 불며 일상의 아침 번제를 드린다.

②누구든지 아무 일도 하지 말 것(16:29).

---

210) Yôm hakkippurim이다.

III. 의식 III(Ceremonial III): 절기=제의의 때(Times)

③스스로 마음을 괴롭게 하라[211](16:29).

④수송아지 하나, 수양 하나, 그리고 일년 된 수양 일곱을 향기로운 번제로 드리고(민 29:8), 고운 가루의 소제를 함께 드린다(민 29:9,10).

⑤대제사장은 속죄제의 피를 가지고 이 대속죄일에 지성소에 들어가서 그 피를 뿌린다. 대제사장은 이 날에 적어도 2~3번은 지성소에 들어가는 것으로 보인다.

향로에 번제단의 불로 채우고 향을 피워 휘장 안 법궤 위 속죄소를 향연으로 가득하도록 하기 위해 지성소에 들어간다(레 16:12-13)

자신과 자신의 가족의 속죄를 위해 수송아지 피를 속죄소 위에 뿌리기 위해 들어간다(레 16:6, 11, 14-15)

구약의 대제사장은 매년 제사를 반복해야 되었지만, 구약 예언과 예표의 성취로서 참 제물되신 예수님은 자신의 죽음으로 단번에 영원한 속죄를 이루셨다(히 7:27 9:12,25-27)

⑥대속죄일 제사에 특이한 것은 아론(대제사장)이 회중을 위해 두 염소를 끌고 와서 야웨와 아사셀(Azazel)[212]을 위하여 각각 제비를 뽑는다.

염소 하나는 야웨께 드릴 제물이다. 이 야웨께 드릴 염소를 바침으로 대제사장은 '백성을 위하여'(레 16:15) 그리고 '그 지성소와 회막(성소)과 단(뜰의)'을 위하여 속죄했다(레 16:20, 16:16-18). 이 피를, 분향단과 번제단에도 뿌렸다. 그렇게 함으로 대제사장은, 백성은 물론이요 성소를 위한 속죄를 이루어 다 정결케 했다(레 16:16-20, 20-33). 대제사장은 속죄제의 피[213]를 가지고, 이 속죄일에 자기와 그의 집안과 이스라엘의 온 회중을 위하여, 지성소에 들어가서 속죄하는, 그 피로 속

---

211) 이것은 다른 절기에는 주어지지 아니한 규례인데, 바로 속죄가 목적이기 때문에 죄를 깨닫고 통회, 자복함을 말한다.
212) Roland de Vaux, *Ancient Israel Vol.2* (New York: McGraw—Hill Book Company, 1961), pp. 508f. Azazel은 영어로는 Scapegoat(속죄 염소)로 번역하여 사람의 죄를 지고 황야에 추방당한 염소를 말한다. 70인역과 벌게이트역에서는 내보내어진 염소(the goat sent out)로 불렀다. 어느 사람은 azazel이 절벽, 위기(precipice)를 뜻하여 염소가 놓여지는 장소 명칭이라고 주장하기도 한다. 어느 때는 악신이라고 해석하기도 하나 분명치가 않다. 그리스도가 십자가를 지고 영문 밖으로 나가신 모습을 보는 듯하다.
213) 백성의 죄를 대속하기 위하여 피를 가지고 간다. 그래서 백성과 자신의 죄를 고백해야 한다.

죄소(施恩座: 은혜의 자리) 위에와 앞에 뿌린다(레 16:15- 19). 이 피의 행동은 그리스도께서 우리의 죄를 위하여 지불하셔야 했던 무한한 값을 예표(豫表)했다(고후5:19).

다른 하나는 아사셀(히브리어로 Azazel)을 위한 것이었다. 대제사장은 안수하여 살아 있는 아사셀을 위한 그 염소에게로 그 이스라엘 백성의 죄들을 옮겼으며, 그 염소는 하나님 백성의 진영에서 떠나보내졌다. "아론은 그의 두 손으로 살아있는 염소의 머리에 안수하여 이스라엘 자손의 모든 불의와 그 범한 모든 죄를 아뢰고 그 죄를 염소의 머리에 두어 미리 정한 사람에게 맡겨 광야로 보낼지니 염소가 그들의 모든 불의를 지고 접근하기 어려운 땅에 이르거든 그는 그 염소를 광야에 놓을지니라."(레 16:21-22). 이리하여 하나님과 그분의 백성 사이의 관계는 새해를 맞이하여 모두 새롭게 바로 잡히게 되었다.

아사셀이란 영어로 scapegoat(희생양, 정확히는 희생염소: 속죄양)으로서, 죄인의 죄를 대신 지고 '버림받는 염소'라는 뜻이다. 빨간 머리띠를 하고 아무 먹을 것도 없는 황량한 광야에 버려진 아사셀을 보며 우리의 죄를 없이하기 위하여 하나님께 버림받은 우리 주 예수 그리스도를 생각하게 한다.

이 내용을 좀 더 설명하면, 아사셀을 위한 염소는 대제사장이 자신과 그의 가족을 포함한 이스라엘 민족 전체의 죄를 염소에게 전가시킨다는 의미로 두 손으로 염소 머리에 안수하고, 이스라엘 자손의 모든 불의와 범죄를 고백하고, 그 죄를 염소의 머리에 두어 미리 정한 사람에게 맡겨 산 채로 광야로 추방하는 의식을 행한다.

그 정해진 사람이 그 백성의 죄를 뒤집어 쓴 염소를 끌고 예루살렘 거리를 지나갈 때 사람들이 자기의 불행과 욕설로 그 염소에게 소리를 지르며, 저주를 퍼붓고, 그 한해의 액운(厄運)을 그 염소에 뒤집어씌우는 행동을 한다. 그리고 아무도 접근하기 힘든, 황량한 광야에 이르러 뜨거운 햇빛이 작렬하는 곳에 내던진다. 그 염소는 목이 타서 물을 찾아 달구어진 뜨거운 모래밭을 빙빙 돌다가 죽어간다. 즉, 광야로 추방되는 염소는 사람에 의해 죽임을 당하지도 않고, 피를 흘리지도 않고, 불태워지지도 않고, 태양 볕에 목말라 죽게 된다. 그 염소의 죽음을 확인하고 그 담당자는 그의 옷을 빨고 물로 그의 몸을 씻은 후에 진영에 돌아올 수 있었다(레 16:21-26).

예수님의 사형 집행일에 사형 집행자들이 예루살렘 성 밖으로 십자가를 지신 예수님을 끌고 갈 때, 증오에 찬 유대인들은 저주와 욕설을 퍼부었고, 골고다 언덕에 이르러서 인류의 죄를 뒤집어쓰신 예수님을 십자가에 못 박는다. 그 때 예수님의 유일한 육체적 고통의 절규는 '내가 목마르다'는 부르짖음이었다. 이는 나사로와 부자 이야기에서 지옥에 떨어진 부자가 '나사로의 손가락 끝에 물 한 방울만 찍어 자기 혀에 묻혀 달라'고 절규였던 것처럼(눅 16:19-31), 예수님이 지옥의 처절한 고통을 우리 대신 겪으시며 감수하시는 모습이었다. 지옥의 고통까지 담당하시며 철저히 죽임 당하심에 대한 상징이다. 그러므로 대속죄일은 죄의 박멸을 취급하는 심판 과정을 예시한다. 그날에 이루어진 속죄는, '죄의 존재'를 영원히 도말하고 우주가 하나님의 조화로운 지배 아래 완전한 화목을 이루게 하는 그리스도의 공로의 최종 적용을 예표했다.

d. 속죄일의 행위

① 이때, 백성들은 나팔절의 신년원단(新年元旦)이후, 10일의 대속죄일까지 9일 동안은 지난해를 점검하며 살피고, 새로운 한 해를 어떻게 지낼 것인가 하며, 준비하는 기회로 삼았을 것이다. 즉 운명이 선고되는 날인 7월 10일을 마음가짐으로 진지하게 예비하였을 것이다.

새해를 맞이하며 인간은 무엇인가 지난날을 성찰하며 한 해에 대한 성스런 다짐을 하는 건 동양이나 고대근동이나 구약백성들에게도 유사한 모습들이 나타났다. 새해를 맞이한 이 대속죄일은 일반 절기나 상번제에 행해지는 속죄의식과 구별되는 가장 엄숙한 날로 지켜졌다.

② 안식함으로 아무 노동도 하지 말아야 했다. 안식일 등 일반절기 때보다, 어떤 형태의 노동일지라도 더욱 철저히 금지되었다. 육체노동만 아니라, 일상의 직업적 일, 자아 부정으로 오락, 사사로운 말, 음식, 음료, 목욕, 성관계, 불 피우는, 무거운 짐을 지는 것 등을 금했다(레 23:36, 사 58:13, 출 35:3, 렘 17:24).

③ 죄를 회개: 이런 절대적 노동 금지 조항은 이 날만은 오직 자신의 죄를 토해내는 회개에만 전념하게 하도록 하려는 조치였다. 이는 하나님과의 더 철저한 회복을 기하는 것이다.

④ 금식의 의미: 이 7월 10일 대속죄일에는 스스로 괴롭게 하고 아무 일도 하지 않는 큰 안식일로 온전히 헌신적으로 지켜지는 축제와 예배일로 언급된다. 베옷을 입고 죄에 대한 통곡, 금식하며 기도하는 날이다(시35:13).
― 이 날에 '자기의 영혼을 괴롭게 하지 아니하는 자는 그 백성 중에서 끊어지는 날'로 여겼다(레 23:27,29).
― 누구든지 아무 일이나 하는 자는 내가 백성 중에서 멸절시키리니 너희는 아무 일이든지 하지 말라 이는 너희가 그 거하는 각처에서 대대로 지킬 영원한 규례니라"로 선포된 제도였다(레 23:29,31).

⑤ 속죄를 위한 속죄일의 죄의 성격
― 이스라엘 백성들이 범죄한 것을 깨달았을 때 속죄제를 드려 바로 죄사함을 받는다.
― 부지중에 범한 경우나 범죄하고도 깨닫지 못한 경우에는 죄의 잔재들이 남아있다. 1년 동안에 이스라엘의 백성의 무의식적이고 인식하지 못한 백성들의 허물과 부정의 죄를 대제사장이 속죄의 피를 가지고 지성소에 들어가 대신 속죄의식을 갖는다.(히 7:27, 레 16:16―21)
― 제사장 및 그 집안을 위한(속죄제: 수송아지로 레 16:11―14) 속죄와 백성들의 이런 부지중에 범한 허물을 깨끗하게 속죄하기 위한 제사행위로 염소의 피를 가지고 속죄소 위와 속죄소 앞에 일곱 번 뿌린다.

e. 속죄일 규례의 영적 의미

① 하나님께서는 성도들이 부지중에 범죄한 것에 대해서도 그대로 용납지 않으시고 반드시 회개하도록 만드신다. 지금도 하늘의 지성소에 들어가시어 하나님 우편에서 우리를 위해 대속, 속죄의 기도를 드리시는 주님을 기억하게 한다: "누가 정죄하리요 죽으실 뿐 아니라 다시 살아나신 이는 그리스도 예수시니 그는 하나님 우편에 계신 자요 우리를 위하여 간구하시는 자시니라."(롬 8:34)

② 이 속죄일 사건은 예수 그리스도의 십자가 사건에 대한 가장 뚜렷한 예표로서 속죄일의 궁극적 완성은 그리스도의 대속 사역에서 성취된다.

③ 속죄는 구원의 전제조건으로서 참된 회개만이 하나님의 은총을 받아 누릴 수 있는 첩경이다.

8. 장막절 (草幕節: חג הסכות: The Feast of Tabernacles)

a. 장막절의 명칭과 유래

장막절(帳幕節)은 이스라엘 백성들이 광야 방랑생활을 할 때, 햇볕이나 비바람을 피할 수 있도록 둘러치는 천막, 텐트를 치고 살았던 걸 기념하는 절기를 뜻한다. 초막절(草幕節)은 풀이나 나뭇가지로 지붕을 이어 집을 지어 살아간 것을 뜻한다면, 수장절(收藏節)은 가을의 추수를 한 것들을 거두어서 간직하는 절기를 말한다. 히브리어로 '하그 하수코트(חג הסכות)'인데, '하그(חג)'는 즐겁고 기쁘고 감사해서 '춤을 춘다'는 동사에서 파생된 연계형 명사로 '절기'를 뜻한다. '하수코트(הסכות)'는 천막, 장막, 초막을 뜻한다. 영어로는 The Feast of Tabernacles[214]라 한다. 이는 이스라엘의 선조들이 광야에서 유목 생활을 하며 집을 짓지 못하고 초막·장막에 거하며 살던 40년의 광야 생활을 기념하는 절기이다.

그러나 농경적 입장에서 보면, 이 절기는 가을 실과 추수기에 지키는 '과실제(果實祭)'로 기름과 포도주를 함께 바친다. 유대인의 신앙적 역사 회고에서 보면 하나님과 백성 사이의 계약갱신 시기로 볼 수 있다.[215] 고대에는 가장 큰 명절이었다. 절기 중의 절기였기 때문이다. 그래서 특별히 제8일째의 절기 '끝 날'을 요한 사도는 '큰 날' 이라 했다(요 7:37).

b. 장막절의 때

"이스라엘 자손에게 말하여 이르라 일곱째 달 열닷샛날은 초막절이니 야웨를 위하여 이레 동안 지킬 것이라. 너희가 토지소산 거두기를 마치거든 일곱째 달 열다섯날부터 이레 동안 야웨의 절기를 지키되 첫 날에도 안식하고 여덟째 날에도 안식할 것이요."(레 23:34,39).

오경에 나타나는 이스라엘 종교의 마지막 절기이다. 장막절은 태양력으로 약 9-10월경에 해당하며, 유대력으로 7월(Tishri, 티쉬리월 15-22일)에 행해지는 가을 축제이다. 속죄일(Yom Kippur)이후 5일째에 시작되며, 7일간 계속되고 8일째도 초막절기의 마지막으로 드리는 날에는 번제물로 드려지는 첫날의 13마리 수송

---

214) 혹은, Feast of Booths / Booths Ingathering이라고도 한다.
215) Walter Harrelson, 「구약성서의 예배」, 장일선 역(서울: 대한기독교출판사, 1980), p. 40.

아지가 하나(1)로, 2마리의 수양이 하나(1)로, 14마리의 수양이 첫날에 비해 7마리 줄어 7마리가 되었다.

그러나 나머지 희생 제물의 숫자는 첫날과 변함이 없다. 이스라엘 백성들이 애굽을 떠나 40년간 약속의 땅 가나안(현재 이스라엘과 팔레스타인)으로 가기 위해 광야를 떠돌던 여정을 상징하며, 하나님의 은총으로 살아남아 결국 가나안에 오게 된 것에 감사하는 의미를 지닌다.

유대인 종교력의 일곱째 달(Tishri월) 15—22일에 지키는 절기이다. 사실은 광야 방랑 생활을 기억하고 모든 추수를, 즉 한 해의 곡식 추수도 이미 다 지나고, 마지막 과일 추수까지 모두 마침을 기뻐하여 감사로 드리는 절기가 되었다.

c. 장막절 의식의 내용

"칠월 십오일에는 너희가 성회로 모일 것이요 아무 노동도 하지 말 것이며 칠일 동안 야웨 앞에 절기를 지킬 것이라. 너희 번제로 야웨께 향기로운 화제를 드리되 수송아지 열셋과 수양 둘과 일 년 된 수양 열넷을 다 흠 없는 것으로 드릴 것이며 그 소제로는 고운 가루에 기름을 섞어서 수송아지 열셋에는 각기 에바 십분의 삼이요 숫양 둘에는 각기 에바 십분의 이요 어린양 열넷에는 각기 에바 십분의 일을 드릴 것이며 또 숫염소 하나를 속죄제로 드릴찌니 상번제와 그 소제와 그 전제 외에니라."(민 29:12—38)

① 8일 간 집을 떠나서 초막에 거하는 것으로 행사를 시작했다. 종려 가지와 나무 가지들과 시내 버들가지를 취하여 초막을 짓는다.

② 나뭇가지들을 흔들며 즐거워하다. "너희가 아름다운 나무실과(etrog)와 종려 가지(lulav)와 무성한 가지(hadas)와 시내버들(lulav)을 취해 너희 하나님 야웨 앞에서 칠일 동안 즐거워 할찌니."(레 23:40) 이 모든 식물들은 이스라엘이 광야를 지나오면서 서로 다른 장소에서 자라는 대표적인 식물들이었다. 흔히 종려나무가 있는 곳에 장막을 세웠다. 물 가까이의 버들나무는 물을 공급하는 지역을 말하고, 무성한 가지는 그늘을 제공하여 안식을 주었고, 아름다운 나무 실과는 약속의 땅에서

III. 의식 III(Ceremonial III): 절기=제의의 때(Times)   353

들어와 추수의 소산을 뜻하였다.

③초막절이 진행되는 매일 아침에 대추야자, 버들, 머틀허브(은매화) 나무의 가지를 묶어 만든 나뭇가지 다발을 오른손에, 노란 레몬(citron) 같은 이스라엘 유자(Etrog אֶתְרוֹג)를 왼손에 들고 동서남북 네 방향으로 흔드는 축복 의식을 진행한다. 각 식물들은 광야시절에 초막을 만들 때 사용했던 것들을 흔들면서 야웨 하나님께 대한 감사를 표했다.

④ 첫날에는 성회로 모여, 수송아지 13, 수양 2, 일 년 된 수양 14마리를 번제, 화목제, 속죄제로 드리고, 소제로 기름 섞은 가루를 드린다.

⑤ 8일 간 일반적인 노동을 엄금했다. "너희가 토지소산 거두기를 마치거든 칠월 십오일부터 칠일 동안 야웨의 절기를 지키되"(레 23:39). 여기서 주목되는 말은 노동을 금하되, 이미 농사의 모든 추수, 수확이 다 마친 다음이기에 노동을 금하고 쉬는 축제이기도 하다는 것이다.

⑥ 장막절에 번제, 속죄제, 소제, 그리고 전제를 하나님께 드렸다. 번제에는 수송아지 13과 수양 2과 일년 된 수양 14을 다 흠이 없는 것으로 준비하였다. 또 수염소 하나를 속건죄로 드렸다.

소제로는 송아지 한 마리당 고운 가루에 기름을 섞어서 에바 3/10이요, 수양 1마리당 에바 2/10요, 그리고 어린양 한 마리당 에바 1/10을 드렸다. 전제는 송아지 한 마리당 고운 가루 한 에바 3/10에 기름 반 힌을 섞어 그 수송아지와 함께 드렸으며 수양 한 마리당 소제로 고운 가루 한 에바 2/10에 기름 한 힌의 1/10을 섞어 예비하였다. 그리고 어린양 한 마리당 포도주 한 힌의 1/4을 예비하였다.(민 15:2-11, 28:12-14).

8일 간의 제사 의식이 똑같으나, 다만 날마다 수송아지 하나씩을 감해서 드리기 때문에 7일에는 수송아지가 일곱 마리로 줄고 8일에는 1로 줄어졌다.(민 29:12-38)

첫째 날. 수송아지 13.	수양 2.	흠없는 일년된 수양 14.	수염소 1.
둘째 날. 수송아지 12.	수양 2.	흠없는 일년된 수양 14.	수염소 1.
셋째 날. 수송아지 11.	수양 2.	흠없는 일년된 수양 14.	수염소 1.
넷째 날. 수송아지 10.	수양 2.	흠없는 일년된 수양 14.	수염소 1.
다섯 날. 수송아지 9.	수양 2.	흠없는 일년된 수양 14.	수염소 1.
여섯 날. 수송아지 8.	수양 2.	흠없는 일년된 수양 14.	수염소 1.
일곱 날. 수송아지 7.	수양 2.	흠없는 일년된 수양 14.	수염소 1.
여덟 날. 수송아지 1.	수양 1.	흠없는 일년된 수양 7.	수염소 1.
(번제)	(번제)	(번제) (화목제)	(속죄제)

이처럼 일곱째 날 수송아지를 7마리로, 제 8일째에 흠 없고 1년 된 숫양의 수를 7마리가 되게 한 것은 거룩한 숫자인 '7'을 맞추기 위한 것으로, 모든 제사와 제물에 대한 거룩함과 완전함을 나타낸다. 한편 초막절 제 7일째에 드려진 짐승은 24마리로 7일 동안 바쳐진 모든 짐승의 숫자는 도합 199+16(상번제)=215(?!)마리가 된다.

장막절은 7월(Tishri월) 15일에서 22일까지 계속된다. 이때는 계절이 바뀌어 겨울로 접어드는 늦가을 시기이다. 그 해의 각종 실과들(밭의 소산, 포도주 그리고 기름)을 추수하는 절기로써(출 23:16, 레 23:39, 신 16:13-15) 속죄일로부터 5일 후이다. 장막절은 정확히 7일동안 계속되었으나(신 16:13, 겔 45:25), 8일째 되는 마지막 날은 성회로 모여 여전히 희생 제사를 드리고 큰 날로 기록되고 있다(레23:36, 느8:18).

d. 장막절의 의미

① 역사적 의미: 출애굽 이후 가나안 입국 이전까지의 40년간의 광야 생활의 역사적 사건들을 기념하는 절기이다. 이스라엘 조상들이 출애굽 과정에 40여년간 장막, 초막에서 살았던 기억을 잊지 않고 그 정신을 후대에 전하기 위한 풍습이다. 그래서 유대인들은 집 정원이나 앞에 숙카(sukkah)라 불리는 초막(풀로 만든 임시 움막 또는 장막)을 짓고 7일간 그 안에서 생활하기도 한다. 그래서 Feast of Booths라 하기도 한다.

대부분 아파트나 단독주택에서 생활하는 오늘날의 유대인들은 아파트 옥상 혹은 집 정원이나, 주변 공터에 간단한 텐트나 가림막에 여러 가지 나무가지들과 잎사귀를 설치하거나, 유대교 회당(Synagogue)에 공동 초막을 함께 만들기도 한다. 초막 내부나 집안 거실에는 가을에 수확하는 여러 과일로 아름답게 장식하기도 한다. 초막절이 진행되는 7일 동안 각 가정에서는 초막에 둘러앉아 촛불을 켜고 절기의 음식을 먹는 만찬을 행하며, 함께 노래를 부르거나, 대화를 나누다가, 별을 보며 잠을 청하기도 한다.

② 종교적 의미: 출애굽 후에 40년간 광야생활 중 하나님 보호. 인도. 축복을 기억하여 감사하며 성회로 모인다. 이는 하나님께 제사(예배)를 드린다는 의미이다. 이 마지막 날에도 각종 제물이 나팔절(7월 1일) 및 속죄일(7월 10일) 때와 같이 야웨께 드려졌다. 초막절 전 기간(8일간)에 드려진 제물의 총수는 만만치 않은 숫자였다. 다른 어떤 절기에서도 볼 수 없는 많은 제물을 드려 야웨께 한 해의 삶을 감사하였다.

③ 농경적 의미: 가을의 각종 실과들의 수확에 대한 감사이다. 추수한 음식을 봄까지 보관해서 먹는 걸 야웨께 감사를 드리기 위한 명절로 "열매를 거두어 곳간에 저장한다"는 의미에서 수장절(收藏節)이다. 이스라엘의 추수는 일 년에 크게 세 번으로 나뉘는데 데, 봄에는 초봄의 보리추수(유월절; 무교절)와 늦봄의 밀 추수(오순절), 가을에는 포도, 무화과, 석류, 올리브 등을 과일수확을 한다(장막절: 수장절).

④ 사회적 의미: 사회적 약자들에 관심을 가진다. "너희 타작마당과 포도주 틀의 소출을 거두어들인 후에 이레 동안 초막절을 지킬 것이요 절기를 지킬 때에는 너와 네 자녀와 노비와 네 성중에 거주하는 레위인과 객과 고아와 과부가 함께 즐거워하되"(신 16:13-14). 이 기간 동안, 사회적 약자인 나그네와 고아와 과부 그리고 종교적 봉사자인 레위인들과 함께 모두 다 동일하게 지은 초막에 함께 거함으로 빈부귀천(貧富貴賤)이 없는 동질성을 같게 하며, 그들을 돌보라는 것이다.

⑤ 신약적 의의: 광야 생활은 대체로 천국에 들어가기 전, 이 세상의 광야 같은 인생살이, 또는 성도의 신앙생활에 비유하기도 하고, 교회 생활로 비유된다.(행 7:38, 히 11:16) 특별히 제8일의 끝 날은 큰 날이라 하였다(요 7:37). 장막절은 그리스도의 재림으로 성취될 성도들의 구원의 완성에 대한 대망이며, 평화의 통치와 참된 번영을 희망하며 그리스도의 나라를 소망하게 한다.

이스라엘 종교는 모든 이스라엘의 남자들이 예물을 준비하여 3대 절기(유월절, 오순절, 장막절)에 예루살렘 성전에서 모여서 절기를 지키도록 했다. "너의 가운데 모든 남자는 일 년에 세 번 곧 무교절과 칠칠절(오순절)과 초막절에 네 하나님 야웨께서 택하신 곳에서 야웨를 뵈옵되 빈손으로 여호와를 뵈옵지 말고, 각 사람이 네 하나님 야웨께서 주신 복을 따라 그 힘대로 드릴지니라."(신 16:16-17)

하나님의 구원과 보호와 도우심으로 살아온 하나님의 백성들은 예물을 준비하여 예루살렘 성전으로 나아가 야웨 하나님을 뵙도록 했다. 그 예물은 야웨께서 주신 복을 받은 만큼 그 힘이 되는 대로 가져 오라는 것이다. 하나님께서 이스라엘에게 절기들을 통하여 예물을 요구하신 내용은 계약 백성으로서 야웨 하나님께 대한 충성심과 소통의 의미를 가진다.

구약성서에 나타난 유대인의 절기들을 요약하면 유월절(4월경), 오순절(6월경), 초막절(9월경)의 3대 절기가 있고 그 외에 초실절, 나팔절(신년원단절), 대속죄일, 부림절들을 들 수 있다. 이 절기들은 가정 중심의 예배가 강조되다가, 그 이후에 회당을 통하여 공동체적 예배가 진행된다. 그러나 A.D. 70년 예루살렘 성전 파괴와 유대인들의 세계로 흩어지면서 세계도처의 유대인 가족 중심의 절기 준수가 계속되면서 정착한 곳에 회당들이 생기면서 공동체적 예배와 절기기념이 되었을 것이다. 그래서 이 절기는 어느 곳에 있던 유대인들에게는 부모와 자녀들이 전통적 관습들을 지켜나가는 민족역사의 훈련장이 되었다. 기본적인 일주일 주기의 안식일과 매년마다 반복되는 절기들을 통하여 가정과 회당의 예배가 자연스럽게 연결되어 있는 것이 유대인 신앙교육의 구조적 특징이 된다.

9. 부림절

구약성서에 오경에 나타나는 절기는 앞에서 이미 다룬 것들이지만, 후대에, 포로에서 돌아온 제 1차 귀환과 2차 귀환 사이에 페르시야 궁정안에서 시작된 유다인들의 위기와 구원의 내용으로 빚어진 에스더서에 나오는 부림절을 요약해 본다. 이 부림절은 지금까지 유대인들이 지키는 유대인 절기 중에서 작은 축제(a minor festival)에 속한 것이다. 그러나 유대인 사회에서는 하나님이 자기 백성을 보호하셨음을 생각나게 하는 축제로 아주 기쁘게 축하하는 절기이다.

a. 부림절 배경

에스더서는 에스라—느헤미야—역대기의 바벨론 포로에서 페르시아 시대에 이어지는 포로귀환 후까지 이르는 연속적 역사에서 중요한 사실을 보완하는 자료이다.[216] 즉, 포로에서 제1차 귀환 후, 2차 귀환이 이뤄지는 사이에 페르시아 궁정안과 수산성, 그리고 페르시아 지배통치 영역 내에서 있었던 심각한 사건을 기록하고 있다. 그러나 에스더서의 모든 사건은 왕궁을 배경으로 일어난 사건들이 그 대부분을 차지하고 있어 중요하다. 그 이유는 왕궁 내에서 일어난 사건들은 왕의 허락에서만 일어날 수 있기 때문이다.

① 위기의 유다인: 대개는 우리가 성경을 읽을 때, 유다인들의 1차—3차 귀환에만 관심을 가지기 쉬우나, 사실은 이 에스더서에 유다인 학살계획과 이 위기에서의 유다인 구원사건은 모든 유다민족의 생존과 밀접 되면서도 바로 여인의 후손으로 오실 메시아에 이르는 구원사적 씨흐름의 단절이라는 위기에서 역전승하여 존속되는 것을 보여주는 신학적 핵심을 놓쳐서는 안 된다

페르시아 제국 내에서 총리로 있던 아말렉 후손 하만의 계교에 아하수에로 왕의 조서로 '아달월 십삼일 하루 동안에 모든 유다인을 젊은이 늙은이 어린이 여인들을 막론하고 죽이고, 도륙(屠戮)하고, 진멸(殄滅)하고, 또 그 재산을 탈취(奪取)하라는 어명이 내려져, 예루살렘에 1차로 귀환한 유다인은 물론이고 페르시아 127도에 흩어진 모든 유다인들이 몰살당하는 위기에 처하게 된다. 이건 구약역사의 마지막 시

---

216) Edward J. Young, *An Introduction to the Old Testament* (London: Tyndale Press, 1960) pp.354—357.

점에서 하나님의 구속사의 씨흐름을 차단하려는 사단의 끈질긴 악의 찬 시도가 페르시아 당국을 충동하여 진행되는 무서운 음모라 볼 수 있다. 이집트 파라오에 의해 시도되었던 이스라엘 백성을 단절시키려던 아들이 낳으면 죽이라던 시도와 같은 맥락의 민족말살 정책이었다.

② 상황의 역전: 이 절박한 위기에서 에스더란 유다 여인을 통해 하나님이 구출하고 오히려 유다인의 원수를 갚았다는 사건을 기념하는 날이 부림절이다.

황후로 있던 '에스더'와 후에 '하만' 대신에 총리가 된 '모르드개'에 의해서 결정적 반전(反轉)이 이뤄진다. 에스더 9장 15절과 관련된 내용으로, 유다인들이 스스로 생명을 보호하며 자기를 해하려는 자들을 13일에는 500명과 하만의 아들을 죽이고, 14일에는 하만의 열두 아들의 시체를 매달고 300명을 도륙하는 대 승리를 이루고, 각 지방에 거주하는 중소도시인 페르시아 왕의 127지방에 있는 유다인들이 새로이 내려진 왕의 조서에 따라 13일에 스스로 생명을 보호하며 자기를 미워하는 자들 75000명을 도륙하는 대 승리를 이룬 것(9:5-16)을 기념하는 절기가 된다.

에스더서 저자는 지역적으로 유다인들을 세 부분으로 구분하여 부림절이 규정되기 전에 절기로 지킨 사실을 기록하고 있다. 수산성에서는 모르드개가 작성한 첫번째 왕의 조서에 의하여 모든 유다인들이 전체적으로 13일에 행동화를 하였고, 에스더가 또 한번 간청하여 14일까지 하루 연장하여 보복을 감행한다. 그래서 수산성 사람들은 지방의 유다인들과 다르게 15일에 쉬며 절기로 지킨다. 그러나 중소도시와 시골의 유다인들은 하루 동안(13일)에 대적들을 도륙하고 바로 그 이튿 날(14일)에 쉬면서 축제로 삼았다. 이 것을 근거로 14일과 15일을 절기로 삼아 행했던 것이 바로 부림절로 규정되어 대대로 지키게 된다는 것이다(9:21-22).

b. 부림절의 때

모르드개는 규례를 내려 모든 유다인들로 하여금 원근을 막론하고 유월절을 지키도록 지시를 내린다. '부림절'은 유월절의 바로 앞 달이고, 유대력의 마지막 달인 '아달월', 즉 12월 14일과 15일 이틀간에 해마다 지키도록 한 절기이다.(9:20-21) "모르드개가 이 일을 기록하고 아하수에로 왕의 각 지방에 있는 모든 유다인에게 원근을 막론하고 글을 보내어 이르기를 한 규례를 세워 해마다 아달월 십사일과 십오일을 지키라."(9:20-21).

이 절기가 하스모니안 왕조(Hasmonean dynasty : B.C. 142-63년)시대에는 '모르드개의 날'로 알려졌었다(II Macc. 15:36). 유대월력 아달월 14일에 행해지는 절기이나 수산성의 유대인들은 아달월 15일에 그들의 구원을 축하하여 지켰기 때문에 이 날이 수산의 부림절로 알려졌다(에 9:18).[217] 그래서 지금도 이스라엘 부림절은 예루살렘에서는 15일에, 그리고 텔 아비브에서는 14일에 축제가 행해지고 있다. 윤년에는 부림절을 아달월 둘째 달에 행하고 있다(Judaica, 1390). 아달월 13일은 에스더의 금식일이다. 유대인들은, 오경의 절기에 포함되지 않은 후기의, 이 새로운 축제를 영원한 의무규정으로 삼아 지키고 있다(9:27-32).

c. 부림절 풍습[218]

실제로, 옛 유다인들이 구원받은 날인 13일을 준비로 금식하도록 하는 절기이다. 1)기간: 이틀 동안을 명절로 정하여 쉬며 지키는데, 2)잔치를 벌이면서, 3)기뻐하며 즐기고, 4)서로 음식을 나누어 먹고, 5)서로(원어에는 절친한 친구들) 선물(몫)을 주고받으며(풀어놓음) 5)가난한 사람들에게 따뜻한 손길(선물)을 뻗는 날로 삼으라 하였다. 후대에는 먹고 마시는 날로 이웃끼리 음식을 나눠 먹고 불쌍한 사람을 돕는 날이 되었다. 나중에는 음식과 선물까지도 포함시키는 축제로 발전한 것 같다. 현대의 부림절의 가장 중요한 의식 중에 하나로 에스더서를 읽는 것이 첨가되었다. 이 부림절을 지켜지면서 시가행진을 하고, 하만의 인형을 만들어 불사르고 떠든다든가, 부림극을 연출하는 행사 등이 더욱 첨가되었다.

d. 부림절의 의미

① 누가: 유다인들이, ② 무엇: 대적에게서 벗어나서 평안을 얻어, ③ 왜: 슬픔이 변하여 기쁨이 되고, 애통이 기분좋은 날로 바뀌었으므로 ④ 어떻게: 이 날을 명절로 삼는다는 것이다.

---

[217] *Ibid.*, p.123.
[218] 최종진, 「에스더, 대한기독교서회 창립 100주년 기념성서주석 15」(서울: 대한기독교서회, 2005), pp.573-58과 서론에 부림절의 풍습이 자세히 기록되었으니 참고할 수 있다.

유대인들이 경축하려는 것은 승리 자체가 아니라 오히려 그들의 대적들에서 구원받은 것을 축하하려는 것이다(9:22). 이는 출애굽 사건을 기념하는 유월절이 이집트 사람들에게 내려진 재앙으로 인한 승리 자체가 아니라 종되었던 자리에서 구출하신 하나님의 구원을 기념하려는 것과 같다.

이런 맥락에서 부림절 배후에는 하나님의 구원에 대한 인식이 있는 것이다. 그래서, 하나님의 구원과 은혜에 대한 사상이 철저했다. 부림절은 유대인 해방 축제일이요 종교적 자유를 쟁취한 기념일이다. 유대인의 생존보존 기념이다. 그래서 부림절은 구원과 해방의 상징적 이름이 되었다.

⑤ 에스더서에도 구약성서 전체에 흐르는 구속사적 씨흐름의 중요한 의도가 숨겨져 있다. 여인의 후손(메시야)으로 인류 구원을 향한 생명의 줄기찬 역사의 한 단락에서 페르시아가 다스리는 127도에 흩어진 유대인들을 "죽이고 도륙하고 진멸하라"는 조서로 구속사적 씨흐름이 단절될 위기에 처하게 된다.

바로 스룹바벨 이후의 예수님의 족보에 들어갈 씨흐름을 멸절시킬뻔한, 아말렉의 후손 하만의 계획이 페르시아 왕의 조서로 절망적 위기에서 에스더와 모르드개에 의해 반전되어 유대인이 살아나고 원수를 갚아서 메시야의 길이 계속 열리게 되고, 구원자 여인의 후손까지 차질 없이 구속사적 씨흐름이 계속되는 신학적 의도가 에스더서의 핵심 메시지로 숨겨져 있다.

그래서 이 에스더서의 승리의 역전승이 있었기에 마태복음 1장과 누가복음의 3장의 족보에 스룹바벨 이후의 족보목록이 계속될 수 있었고, 예수 그리스도의 탄생 기사가 쓰여질 수 있었다.

III. 의식 III(Ceremonial III): 절기=제의의 때(Times)

유대인의 성일 (Holy Days)과 절기(Holy Seasons)[219]

명 칭	날 짜	성경 구절
월삭 New Moon	매 달의 초하룻날	민 10:10, 28:11—15
안식일 Sabbath (šabbāt)	매 일곱째날 (달의 순환에 관계없이)	출 16:22—30, 20:8—11. 레 19:3, 23:2f. 신 5:12—15
유월절 Pass over 무교절 Unleavened Bread	Nisan월 14—21일	출 12:1—13:16, 23:15. 레 23:4—14. 민 28:16—25
오순절 Weeks (šābŭ'ot) Pentecost	Siwan 6일	레 23:15—21. 민 28:26—31
(Ninth of 'Abh)	'Abh월 9일 (다섯째 달)	슥 7:3—5
나팔절 7th New Moon (Ros Hashanah)	'Tishri 1일	레 23:24f
속죄일 Yom Kippur (Yom hakkippûrim)	Tishri 10일	레 16장, 23:26—32, 25:9
장막절 Booths Ingathering (haq hassukot)	Tishri 15—22일	레 23:33—36, 39—43.
śimhat Tôrâh	Tishri 23일	느 8:9, 에스드라1서 9:50
Hanukkah	Kislev(9째달) 23일	마카베오1서 4:52—59 요 10:22
부림절 Purim	Adar(12째달) 23일	애 9:24—28
안식년 Sabbatical year	7년째	레 26:32—35 신 15:1—6
희년 Jubilee	매 50년째 (7×7년)	레 25:8—58 레 27:17—24

---

[219] Wm. S. Lasor, David A. Hubbard and Frederic W. Bush, *Old Testament Survey*, pp. 526-527.

명 칭	기원 및 의의	의식 내용 요약
월삭 New Moon	새로운 달의 시작을 하나님 기억함으로 하도록 하는 것이다.	나팔을 분다. 번제를 소제와 함께 드리고, 수염소로 속죄제를 드린다.
안식일 Sabbath (šabbāt)	하나님이 창조사역 후 안식을 취하심(출 20:8—11). 애굽 노예 생활에서 구원(신 5:12—15) 계약의 표시 (Covenant—Sign)	모든 일을 쉰다. 성회로 모이고(사 1:13), 즐겁고 존귀한 날로 지킨다(사 58:13).
유월절 Pass over 무교절 Unleavened Bread	애굽 압박에서 구원 (보리 추수제)	성회로 모이고(첫날과 마지막), 모든 누룩을 제하도록 한다. 무교병, 쓴 나물을 먹는다. 짐승 피 문설주에 바른다.
오순절 Weeks (šābŭ'ot) Pentecost	곡식 추수의 마침 (시내산 율법 수여 기념) (밀 추수제)	성회로 모여 아무 노동도 하지 말것, 두 개의 떡으로 요제, 우양으로 번제, 수염소로 속죄제, 수양으로 화목제, 첫 이삭의 떡과 두 어린 양으로 요제를 드린다.
(Ninth of 'Abh)	바벨론에 의해 성전이 불탄 것과 로마에 의해 제2성전이 불탄 것 기념	금식과 깊은 슬픔
나팔절 7th New Moon (Ros Hashanah)	신년 새해	성회, 노동 금지, 나팔불다, 동물성 희생으로 번제, 식물성 곡물로 소제, 수염소로 속죄제.
속죄일 Yom Kippur (Yom hakkippûrim)	개인과 국가의 죄를 속죄하기 위함	노동 금지, 마음 괴롭게, 동물성 희생으로 번제, 가루로 소제, 두 염소 택하여 하나는 하나님께 하나는 Azazel을 위하여, 대제사장 피 가지고 지성소 들어감.
장막절 Booths Ingathering (haq hassukot)	과실 추수제 (광야 방랑생활 회상)	초막 짓고 거처, 7일간 노동 금함. 동물성 희생으로 속죄제를 소제와 함께 드림, 첫째와 마지막 날은 성회로 모임.
śimhat Tôrâh	율법 완독, 새로이 읽기 시작	즐거운 모임
Hanukkah	유다마카베오(Judas Maccabeus, B.C. 164)가 성전 회복과 정결	8일간 축제로 선물 주고 받음
부림절 Purim	하만의 모함에서 구원받은 것 기념	매우 기뻐한다.
안식년 Sabbatical year	땅의 안식	축제, 노예 해방, 빚 탕감, 가난한 자 자유롭게 먹도록 한다.
희년 Jubilee	땅의 안식	노예 해방, 원소유자에 땅이 돌아감, 종말론적 의미

VI. 모세 시대의 '씨'신학 (Zera` Theology)

족장시대에서 모세시대로 넘어가는 창세기와 출애굽기 사이의 400여년의 침묵 기간이 출애굽기 1:7에 간략히 요약되고 있다. 기록이 생략된 400년 동안에도, 결코 '씨'신학의 맥박은 멈추지 않고 계속되었다. 그것이, '이스라엘 자손의 생육이 중다(衆多)하고' '번식하고' '창성하고' '심히 강대하여' '온 땅에 가득'하게 되었다는 말로 요약되었다.

이것은 씨 흐름의 요약이다. 하나님의 언약이 성취된 것을 확인하는 것이다(창 1:28, 35:11 등).

이스라엘 자손은 모세 시대에 이르러 한 가족단위가 아닌 한 민족이 되었다. 아브라함과의 계약의 연장으로서 시내 산 계약은 이제 가정 · 족장과 엘샤다이(El Shaddai)와의 관계에서, 그 가정에서 확산된 이스라엘 민족과 야웨 하나님(Yahweh)과의 특별한 관계성으로 발전해 갔다. 이 이스라엘이 하나님의 아들인 장자로 확인된다(출 4:22). 하나님은 이스라엘 백성의 아버지로 나타나신다(신 32:6). 이것은 하나님과 이스라엘의 관계성을 표현하는 것이다. 그 관계성이란 이스라엘은 야웨의 자녀라는 것이다. 단순한 한 국가의 시민(a citizen), 기능공 동업조합의 한 회원(a member), 교사의 한 제자(a disciple)의 의미가 아닌 가족적인 관계성(a familial relationship), 즉 하나님의 가족을 구성하는 백성이었다. 이 가족의 아버지 되신 야웨에 의해 이 가족이 이뤄지고, 구원되고, 보호받았다.

장자(bekôr)는 제일 먼저 태어난 아들(창 25:25)을 의미하거나, 초태생(初胎生: 출 13:2)을 의미했다. 이것은 '첫째 위치'(first in rank), '최고로 탁월함'(first in preeminence)을 의미하여, 그에게 유산의 특별한 권리와 영예, 그리고 호의를 주는 것이다. 자손(씨: seed)이 창세기 3:15에 집합적 용어로 처음 나타나는데, 장차 올 궁극적이며, 혹은 최종적인 대표적 인물과, 또 그와 동일시되는 전체 집단을 나타내는 자손(씨)으로 사용되고 있다. 이와 같이 '나의 장자'는 이중적 자격(입장)으로 나타난다. 즉, 장차 올 한 인물(one who was to come)과, 이미 그를 믿는 많은 사람들을 대표하고 포함하는 집합 용어였다. 신약성서 기자들은 그와 똑같은 용어를 메시야 예수에 적용시켜 사용하고 있음을 볼 수 있다(마 2:15, 호 11:1). 예수 그리스도는 하나님의 장자(prōtotokos)였다(롬 8:29, 골 1:15, 18, 히 1:6, 계 1:5). 그를 믿는 자는 다 아브라함의 자손이요, 하나님의 백성이며, 자녀이다.

이 이스라엘은 하나님의 백성으로서, 하나님의 선택된 소유(segûllâh, 출 19:5)로 독특한 지위를 갖게 된다. 이 지위는 이스라엘의 가치를 의미한다. 그 가치의 고귀성은 이스라엘에 쏟는 하나님의 사랑과 애정에 근거한다. 야웨는 이스라엘의 하나님이 되고, 이스라엘은 야웨의 백성이 된다는 관계성에서 이스라엘의 신분이 드러난다.

모세시대에 씨 신학은 왕 같은 제사장에서 찾을 수 있다. 이것은 '씨'신학을 이루는 씨의 사명과 관계 된다. 이스라엘은 하나님의 소유가 되는데, 제사장 나라가 되는 사명이 동반된다. 이는 이스라엘의 제사장 직무와 그에 대한 충성을 의미한다. 이스라엘은 제사장의 나라이다. 한 나라(a Kingdom)와 한 제사직(a Priesthood)이 왕 같은 제사장(Royal Priests), 혹은 제사장 왕(Priest Kings)이란 통일된 개념 속에 결합되었다. 그래서 이스라엘은 제사장직 왕(priest—kings)과 왕 같은 제사장(royal priests)이 되어야 했다.

이 '씨'신학의 이해는 이스라엘의 일련의 종교의식에서 나타난 상징과 예표에 집중되어야 한다. 하나님의 현존이 인간 가운데 거하시는 성막 사건, 여러 가지 제사 제도에서 드려지는 흠 없는 피 있는 제사의 희생, 인간의 노력이 집약된 곡물 제사 등에서 그리스도와 예수의 구속적 행위를 찾을 수 있다.

구약의 절기는 과거의 역사적 사건과 거기에 나타난 하나님과 이스라엘과의 계약을 다시 확인하는 회상과 확증의 기회를 제공한다. 동시에, 구약의 절기는 미래지향적인 예표적 의미와 기대를 가지고 있다. 안식일은 가나안 땅에서의 안식(수 11:23)의 성취를 내다보면서, 그리스도 안에서의 영원한 안식에까지 약속을 이끌어 간다(히 3:7—4:10). 동시에 대속죄일은 대제사장 되신 그리스도 예수께서 대제사장으로서 인류의 죄를 대속하신 십자가의 구속을 구체적으로 예시하고 바라보고 있다. 이와 같이 구약의 제사 의식은 바로 '씨' 신학의 중심이 되는 '한 자손' '한 아들'인 예수 그리스도가 오셔야 할 이유와, 그가 이루시는 인류 구원의 방법을 구체적으로 표현한 내용을 포함하고 있다고 보겠다.

제 7 장

지파 동맹체의 배경과 신앙

　이스라엘 민족 형성은 독특한 면이 있다. 하나님의 선택과 함께 한 사람의 신앙적 순종에서 비롯되고, 신화적 배경이 아닌 역사적 사건[1]에 근거한 민족의식의 형성, 민족적 압박과 광야 방랑 같은 수난의 현장에서 하나님의 구원을 체험한 사실, 어느 위대한 개인 인물이라도 하나님 신앙보다 돋보이지 않고, 뚜렷한 비전(Vision)을 항상 내다보고 있는 역사를 가지고 있다는 점이 그것이다.

　이스라엘의 역사 시작이 어디서부터냐는 문제에 대하여 학자들의 의견은 다양하다. 창세기의 족장 기원설은 신앙의 역사라는 면에서 그 시작을 찾아보는 견해이다.[2] 한편 출애굽 사건에서 모세와 함께 한 이스라엘 백성이 시내 산과 가데스 등에서 야웨와 계약을 맺음으로 공동체로 구체화되었다[3]고 보기도 하고, 팔레스타인 정복 과정에서 이스라엘은 역사적 실체로 뭉치게 되고 팔레스타인 땅에서 이스

---
1) 족장 선택 사건, 출애굽 사건, 광야 방랑 사건, 가나안 정복 사건.
2) W.F. Albright, *Archaeology and the Religion of Israel* (Baltimore: The Johns Hopkins Press, 1948), pp. 99-102. John Bright, *Early Israel in Recent History Writing* (London: S.C.M. Press, 1956), p. 120.
3) Robert Claude Dentan, *The Knowledges of God in Ancient Israel* (New York: The Seabury Press, 1968), p. 12. R.H. Pfeiffer, *Religion in the Old Testament*, ed. C. Forman (New York: Harper & Brothers, 1961), p. 12.

라엘 역사가 시작됐다고 보기도 한다.[4] 그러나 이스라엘 역사의 근원적 시작은 아브라함 전승에서 찾아야 하는 한편, 구체적 역사의 실체는 출애굽 사건에서 세상에 드러나게 되었을 것이라고 보아야 한다.

본 장에서 지파 동맹체를 따로 구분해서 논하는 것은 역사 구분의 측면에서 이스라엘이 새로운 국면에 접어든 때가 있음을 인정하는 입장에서 시도한 것이다. 그러나 종교적인 면에서 모세시대와 지파 동맹체간에 서로 구분되는 종교 현상과 내용을 찾아보기는 극히 어렵다. 실제로 모세 종교의 야웨 예배와 제도는 계속하여 세대를 이끌어 갔고 그 영향을 미쳤기 때문이다. 모세시대에는 구체적인 제도를 규정했다면, 후세대들에서는 그것을 구체적으로 수행하는 과정이라고 보겠다.

지파 동맹체라면 모세시대에도 모세를 중심한 강력한 지도력 하에 이미 각 지파가 결속되어 있었다는 것이 사실이다. 그러나 모세의 위대성과 절대적 권위 때문에 그 지파 동맹체가 일사불란한 기구의 한 부분으로 가려져 있다가, 모세가 죽고 새로운 지도 체제와 새로운 팔레스타인 땅에 정착하면서 지파 동맹체의 역할이 크게 부상이 되고, 동시에 문제성도 노출되기 시작했다. 바로, 그런 면에서 따로 이 장을 마련하여 논하려고 한다. 왓츠(J.D. W. Watts)는 구약종교의 기본 양식(Basic Patterns in O.T. Religion)을 ① 족장시대의 양식(The Patriachal Pattern), ② 암픽티오니 양식(The Amphictyony Pattern), ③ 군주시대의 양식(The Monarchical Pattern)으로 구분한다. 그는 모세 종교와 지파 동맹체 시대의 종교를 하나로 묶어 설명하고 있다.[5] 이와 같은 입장에서 본서는 성서에 충실하게 근거하여 연구해 나가면서 오경에서 족장과 모세시대의 양식, 그리고 군주 국가 이전 단계의 과도기적 상태에서의 역사와 신앙을 다루고, 군주 국가의 예언 운동을 약술하려고 한다.

모세시대의 종교 형식과 지파 동맹체의 종교 형식을 구분 짓는 것은 어렵기 때문에, 이미 모세종교에서 다룬 내용을 전제로, 보다 같은 맥락을 인정하는 입장에서 지파 동맹체의 역사적 조명과 더불어 종교생활 상황을 개괄적으로 다루려 한다.

---

4) Martin Noth, *The History of Israel* (New York: Harper & Row, 1960), pp. 53—138. G. von Rad, *Problem of Herateuch and other Essays,* tran. E.D.T. Dicker (Edinburgh: Olive & Boyd, 1965).
5) John D.W. watts, *Basic Patterns in Old Testament Religion* (South Pasadena: Jameson Press, 1971), pp. 39ff.

I. 지파 동맹체의 배경

1. 지파동맹체의 자료와 기원

12지파 동맹체의 생활과 신앙의 실제 내용을 전달할 수 있는 자료로서는 여호수아서, 사사기, 사무엘상을 들 수 있다. 그리고 특별히 이스라엘의 12지파 동맹체의 신앙들에 한 섬광을 제시하고 보존하고 있는 것이 신명기 6:20—25, 26:5—10과 여호수아 24:2—13이다.

이스라엘 초기에는 왕이나 중앙 통치기관이 없이 각 지파들 자체대로 살았다. 이는 신정제도(神政制度: Theocracy)의 형태로, 카리스마적 지도자에 의해 하나님이 지배하는 제도였다. 그러나 가나안 땅을 점령하는 과정과 정착 후 땅을 분배하고 살아가는 과정에서, 이스라엘은 지파 동맹체라는 공동체에 의존한 서로 공동 보조를 맞춰갈 필요가 절실해졌다.

조상 대대로 내려오던 가나안 땅의 소유 약속이 성취가 되었으며, 노예 생활과 광야의 불안한 방랑객이 이제는 정착된 땅의 소유자로 바뀌게 되었다. 여기서 새로운 존재 양식을 구축해 갈 필요를 느끼게 되었을 것이다. 이때 그들을 하나로 묶고 주위 국가와의 분쟁에 대처하던 조직체가 12지파 동맹체이다. 이런 구조는 실제적으로는 창세기의 족장시대부터 형성되어 있었던 것으로 보인다.[6] 야곱이 압복 강변에서 야곱에서 이스라엘이란 이름으로 개명(改名)된 후에, 12지파의 시조가 되는 12아들의 아버지로 나타난다. '12'라는 숫자를 고수하면서 이스라엘은 지파 조직을 유지해 왔다. 그러나 가나안에 정착하게 되자 이스라엘 계약 공동체 안으로 개종자(改宗者)들이 들어오게 되어, 세겜의 계약 집회에서 지파 동맹이 구체적으로, 규범적으로 구성되었다고 보겠다.

---

6) Bernhard W. Anderson, *Understanding the Old Testament* (Englewood Cliffs: Prentice—Hall, 1986), p. 145. Anderson은 창세기 족장시대로 보나, John Bright는 계약 동맹의 기원을 시내 산 계약에서 찾는다. 계약 동맹체도 야웨 신앙의 기원인 시나이 사막에 그 기원을 인정해야 한다고 본다. John Bright, *A History of Israel* (Philadelphia: Westminster Press, 1981), p. 168.

2. 지파동맹체의 세겜[7] 집회 중요성

이스라엘 지파 동맹의 초점은 야웨의 임재를 뜻하는 계약의 궤(법궤)가 안치되어 있는 [성소]였다. 사막에서 제조한 천막 성소가 가나안의 지역 성소에 정착하면서 이스라엘의 중앙 성소를 이룬다. 그래서 이스라엘의 종교와 지파 동맹체의 중심을 이루었다. 대체로 성막은 세겜, 벧엘, 길갈, 실로 등으로 옮겨갔다고 본다.

여호수아 24장에 의하면, 지파 동맹을 구체적으로 구성한 의식이 세겜에서 거행되었다. 여기에서 지파 동맹체의 옛 모습을 볼 수 있다는 것이 지배적인 견해이다. 그 의식을 살펴보면, 다음과 같이 요약될 수 있다.[8] 이것은 일명 계약 갱신 축제라고도 한다.

3. 지파동맹체의 계약갱신 축제 의식

a. 지파의 대표[9]들이 계약의 궤(법궤) 앞에 나와 보인다.[10]

이는 하나님 앞에 보이는 상징이다. 야웨께서 이스라엘 백성에 머문다는 증거로 두 가지 성물(聖物)이 있는데, 첫째는 만남의 장막(회막)으로, 하나님과 만나는 장소로 하나님의 명령을 받기도 하고, 신탁을 선언하기도 한다. 바로 야웨의 현시 신학(顯示神學)이 가능하다고 볼 수 있다.

둘째로, 계약의 궤(법궤)로서 들고 다닐 수 있는, 야웨께서 좌정하는 옥좌(玉座)이다. 현존(야웨께서 백성들 사이에 현존함)에 대한 신학이 성립된다. 그래서 법궤는 하나님 현현의 극적 재현의 초점이 되었다. 시내 산에 야웨의 강림을 천둥소리가 강하게 표현했듯이, 이제 법궤를 중심한 의식에서는 나팔 소리가 야웨의 목소리를 상징하고, 법궤 위에 야웨께서 강림하여 좌정하심을 선포했다(출 1:16,19. 20:18).

---

7) 요셉의 무덤(수 24:32)과 야곱의 우물(요 4:6)이 있는 곳으로 기원전 2천년기 초에 세워진 가나안의 성읍 국가였다. 그리심 산과 에발 산 사이로 뻗은 도로에 위치한 전략상 중요했다.
8) cf. John D.W. Watts, *op. cit.*, pp. 84—86. B.W. Anderson, *op. cit.*, p. 147—148을 종합 요약한다.
9) 이스라엘 장로들, 지파의 두령들, 재판장들, 유사들을 포함한다.
10) Murray Newman, *The People of the Covenant* (Nashville: Abingdon Press, 1962), p. 113. 수 8:3에서 법궤가 세겜과 결정적으로 관련되어 있음을 볼 수 있다.

b. 야웨 하나님의 명칭 선포이다[11]: 계약의 확대 의식

이스라엘 백성들이 가나안 입국 때 가나안 땅에 있던 자들과, 이방 개종자들은 시내 산 계약 당시 참석하지 못했었다. 그들은 출애굽 사건, 시내 산 계약, 광야 방랑 생활 등의 역사에 참석하지 못한 자들을 시내 산 계약에 결합시켜 계약 공동체를 형성했다. 그들 모두가 야웨 하나님 이름 아래 다 뭉쳐야 했다.

하나님의 이름은 하나님의 존재 자체와 아주 밀접한 관계가 있기 때문에, 이름 선포는 가장 의미 있고 효과적인 내용이었다.[12] 야웨 이름은 하나님의 계약 명칭으로 특별한 의미를 가진다.

c. 야웨 이름 선포 후, 야웨의 전능한 행위에 대한 회상이 뒤따랐다.

족장 전승, 출애굽 전승, 가나안 정복 전승에 나타난, 야웨께서 이스라엘에 베푼 호의적 행동, 구원사건들을 강조하며 백성들의 감사와 계약의무 수행의 반응을 촉구한다.

d. 야웨의 율법 선포가 있었다: 모세적 신앙의 재확인 축제

정착생활에 젖어 계약 의무에 게을러, 가나안 종교 풍습에 유혹되는 현실에서 시내 산 계약의 재확인이 필요했다. 출애굽기 20장—23장과 신명기 12장—26:15에 있는 필연법적, 조건법적 규례와 법률들이 모든 율법에 의한 이스라엘 생활의 근거로서, 그것을 통해 야웨는 이스라엘의 모든 삶을 지배했다.[13] 여호수아의 결단도 이 율법에 근거한 것이었다: "오직 나와 내 집은 야웨를 섬기겠노라"(수 24:15). 지도자 여호수아는 계약 갱신 축제를 성대히 행하여 야웨께 전적인 헌신을 촉구했다.

e. 이방인의 신들(우상)을 폐기하는 의식: 시내산 계약의 재확인 축제

이스라엘의 모세적 신앙은 가나안 종교의 신앙과는 근본적으로 달랐다. 가나안

---

11) cf. B. W. Anderson, *op. cit.*, p. 144ff.
12) G. von Rad, *Studies in Deuteronomy, Studies in Biblical Theology*, 9 (London: S.C.M. Press, 1953), pp. 38ff 그는 성명신학(Name Theology)을 연구했다.
13) M. Newman, *op. cit.*, p. 115.

풍습에 젖어 있던 개종자들과 유혹에 빠져있는 이스라엘 사람들에게 모세 율법 신앙을 재확인하고, 한 분이신 야웨 하나님만이 신앙의 대상임을 강조 확인했다. 그래서 이방신과 그 우상을 폐기하는 의식은 이 초기 의식에 중요한 조항이었다. 이 계약 동맹체에 이제 막 새로 개종하여 가입한 자들과, 우상숭배에 빠진 이스라엘 백성들에게 첫 계명과 둘째 계명을 논리적으로 적용시키는 것이다. 더구나 가나안 정착 후, 더욱 농경문화에 적합한 바알종교와 그 우상은 항상 이스라엘 백성에 유혹의 요소이었다.

f. 이스라엘 백성의 야웨께 충성 서약

이스라엘이 야웨만 섬기기로 하는 순종의 서약은 축제 의식의 절정을 이룬다(출 24:3,7. 수 24:24). 야웨와 그의 계약에 대한 헌신의 재다짐을 확인한다: "우리가 야웨를 섬기고 그의 목소리를 우리가 청종하리이다"(수 24:24).

g. 계약의 법조문에 있는 축복 조항과 저주 조항을 낭독

지파들이 세겜에서 그리심 산과 에발 산 쪽으로 반반씩 나누어 서서 계약의 법조문에 있는 축복 조항과 저주 조항을 낭독하는 의식을 거행한다(신 27:11-26, 출 23:20ff). 시므온, 레위, 유다, 잇사갈, 요셉, 베냐민 지파는 백성을 축복하기 위해 그리심 산에 서고, 르우벤, 갓, 아셀, 스불론, 단, 납달리는 저주하기 위하여 에발 산에 서서, 레위사람들이 축복과 저주를 선포할 때 마다 아멘으로 응답하였다.

h. 계약 갱신은 대속적 희생제사와 의식들에 의해 확증되었다.

번제와 화목제가 드려지고, 공동 식사가 수반되었다. 계약 의식은 계약 중재자인 어느 누군가가 활동하였기 때문에 가능했다. 모세가 중재자의 효시였고, 여호수아, 사사들, 사무엘이 이런 역할을 담당했었다. 그러나 그러한 카리스마적 지도자들은 언약궤를 간수하여 정규적 제사 의식 직무를 전담한 레위 지파 제사장들로 대체되어 갔다.

4. 히브리인과 이스라엘과 지파 동맹체

I. 지파 동맹체의 배경   371

　구약성서에서는 이스라엘 기원을 창세기 10장과 11장의 족보에 이미 다루면서 아브라함의 계보를 소개한다. 거기에는 셈(Shem)과 에벨(Eber)의 후손이 함(Ham)과 가나안(Canaan)의 후손에 대조를 이루며 소개된다.[14] 이 셈과 에벨의 후손으로 강조되는 것이 바로 히브리인이다. 구약에서 히브리인('ibri)으로 불려진 첫 번째 인물은 아브라함(창 14:13)이다. 이삭, 야곱에 이어 나타나는 아브라함의 후손들이 히브리인들로 알려졌다(창 40:15, 43:32, 출 2:11).

　창세기 14:13에서 '히브리인'이란 단어는 분명히 인종적 용어가 아니라 호칭적 용어(Appellative term)로 사용되었다. 70인역(LXX)도 그것을 'ο περατης'라 번역해서, 헬라어와 히브리어 모두가 '(강을) 건너가는 자, 잠시 머무는 자, 유목민(방랑자)'을 의미한다.[15] '히브리 사람 아브람'(창 14:13)은 '강을 걷는 아브람'이라 해석할 수 있다.[16] 히브리인들은 가나안 원주민과는 지역적으로 엄격히 구별된다. 그러나 창세기에 의하면, 이스라엘과 가깝게 연관된 에돔족(Edomite), 모압족(Moabites), 그리고 암몬족(Ammonites)들은 히브리인에 속한다. 히브리인들은 원래 한 지파, 혹은 한 백성이었으나, 4개의 더 작은 지파(four smaller tribe)로 흩어져서 각각 하나의 나라(a nation)로 발전되어 야곱의 후손인 이스라엘, 에서의 후예인 에돔족속, 롯의 후손인 모압족속, 암몬족속의 각각 나라가 되었다고 본다.[17] 결국 이들은 모두가 아브라함과 롯의 후손들로 말미암는 족속들이기 때문에 히브리인이다. 그래서 모든 히브리인들은 모두가 이스라엘인이 아니다. 그러나 모든 이스라엘인들은 모두가 히브리인이다.[18]

　사사시대 이후에는 '히브리인'이란 용어를 대신하여 하나님의 구속사적 씨흐름을 주도적으로 이끌어 가는 '이스라엘(혹은, 이스라엘 족속)'이란 용어로 바뀌게 되었다. 즉, '이스라엘 사람들(Israelites)'이 바벨론 포로 후 '유다인들(Judeans)'과

---

14) C.H.J. de Geus, *The Tribes of Israel* (Amsterdam: Van Gorcum, Assen, 1976), P. 1.
15) Theophile James Meek, *Hebrew Origins* (New York: Harper & Row, Publishing, 1960), p. 7.
16) Merrill F. Unger, *Unger's Bible Dictionary* (Chicago: Moody Press, 1980), p. 465. 바로 유프라테스 강을 건넌 아브람이라 보았다. Habiru와의 연관성은 학자들의 연구에서 소개하겠다.
17) C.H.J. de Geus, *op. cit.*, p.1.
18) F.M. Th. Böhl, "Kanaanär und Hebræer. Untersuchungen zur Vorgeschichte des Volkstums und der Religion Israels auf dem Boder Kanaans," BWAT 9 (Leipzig, 1911), p. 67. de Geus, *op. cit.*, p. 16에서 재인용.

'유대인들(Jews)'로 바뀐 것과 같다.[19] 성서적으로 보면, '히브리'란 말이 '이스라엘' 보다 더 오래된 것이다. '이스라엘'은 야곱이 초인간적 존재와 밤새도록 씨름하여 얻은 이름이다(창 32:23—33).

이 이스라엘이란 명칭이 구약에서 3가지 경우로 구분하여 사용되었다.[20] 첫째로, 족장(야곱)의 이름, 둘째는, 백성의 이름, 셋째로 왕정수립에서 이루게 되는 나라의 이름이다. 이 3가지 중에서 백성의 명칭으로 불린 것은 바로 출애굽 사건과 광야 방랑을 거쳐 가나안 땅을 정복하여 야웨의 백성(the people of Yahweh)으로 나타난 이스라엘을 말한다. 이들은 하나의 백성이다(a people). 이는 국가(Nation)라는 말과는 다르다. 백성이란 반드시 국가가 가지는 영토와 권력 구조(정부), 그리고 정체(政體)로 칭해지는 정치적 실체를 꼭 말하는 것이 아니다. 오히려 야웨의 '백성'은 종교 의식, 심판 이행, 그리고 전쟁에 참여할 수 있는 '남자들의 총회'로 구성된 모임이었다.[21]

이 '야웨의 백성'은 이스라엘이란 명칭으로 불려졌다.[22] 이 모임의 구성원들은 가나안에 살면서 12지파의 대표자들로 구성되었다. 각 지파는 그들의 독립된 존재로 계속 유지하면서, 지파 동맹체의 훈령에 직접 위배되지 않는 영역에서 자신들의 직무를 계속 수행했다. 이 지파 동맹체는 계약으로 맺어진 모임으로, 이스라엘 명칭에서 볼 수 있듯 신정적인 공동체(神政的 共同體 : Theocratic Community)였다.[23] 이 초기 이스라엘의 역사 연구가 관심의 대상이 되어 왔다.

5. 사사시대의 역사적 특징과 연대문제

a. 사사시대의 역사적 특성

---

19) Harry M. Orlinsky, *Ancient Israel* (New York: Cornell University Press, 1970), pp. 51—52.
20) Eduard Sachsse, *Die Bedeutung des Namens Israel* (Bonn, 1910), p. 73. de Geus, p. 22.
21) John D.W. Watts, *Basic Patterns in Old Testament Religion* (South Pasadena: Jameson Press, 1970), pp. 72—73.
22) *Ibid.*, G.A. Danell, *Studies in the Name of Israel in the Old Testament* (Uppsala: 1964), A.R. Hulst, "Der Name 'Israel' im Denteronomium", *OTS IX* (1951), G. von Rad, "Israel, Juda, Hebräer im A.T." *TWNT III*, pp. 357—359.
23) Bernhard W. Anderson, *Understanding the Old Testament* (Englewood Cliffs: Prentice—Hall, Inc., 1975), p. 11. 하나님이 직접 다스리시는 공동체

모세의 사후(死後)에서 사울 통치 초기까지의 이스라엘 역사는 이전 역사와도 다르고, 그 이후 역사와도 뚜렷하게 다르다. 유목민 생활에서 농경민 생활로, 유일신 사상에서 다신론적 가나안 토착 종교와의 마찰, 방랑 생활에서 정착 도시 생활로 바뀌는 새로운 환경에 적응해 나가는 시기였다.[24]

가나안 정착 생활에서 이스라엘이 직면한 두 가지 중요한 문제는 다음과 같다. 첫째로, 사회적·국가적 문제로, 이스라엘 백성과 가나안 원주민 사이의 관계였다. 이스라엘의 가나안 점령 과정은 토착민의 연합군으로 형성된 남방 동맹군[25]과 북방 동맹군[26]과의 싸움, 그리고 이보다 앞서 여리고성, 아이 성과의 싸움을 겪었지만, 이런 전쟁 외에는 대개 평화적 방법으로 가나안 원주민과의 공존을 유지하며 점진적으로 이뤄져 갔다. 그래서 청동기 후기에 가나안의 인구 희박 지역에서부터 정착해 나갔다고 본다. 가급적 원주민 가나안 도시 국가들과 무력 충돌을 피하고 있다가, 다윗시대에 와서야 도시 국가들을 정복했을 것이라 보기도 한다.[27] 그래서 이스라엘은 원주민에 대한 대규모 학살 정책보다는, 전쟁과 학살이 뒤섞인 채 점차로 토착민들과 동화와 잡혼으로 융합되어 갔다(삿 9장).[28] 정착 생활에는 외국의 침입(모압, 에돔 등 주위 나라들)이 자주 있게 되었다.

둘째는, 종교적인 문제였다. 이스라엘은 십계명(율법)을 중심한 유일신 사상에 우상이 없는 예배와 높은 도덕적 표준을 가진 백성이었다. 그러나 가나안인의 종교는 농경적 배경에 맞는 자연 종교로, 땅을 비옥하게 유지하고 자연 순환에 관련된 다신론 사상이었다. 남신(男神)과 여신(女神)의 성적(性的)인 관계에 의해 계절의 순환 작용을 설명하는 신화에 근거하여, 예배가 색욕적인 주연과 관련된 부도덕한 특성을 가진 종교였다.[29] 주변의 여러 종교로부터 영향을 거리낌 없이 받아들이는 개방 종교였다.[30] 이런 종교적 차이는 이스라엘 종교에 위협적 요소로, 마찰과 유혹으

---

24) G.W. Anderson, 「이스라엘 역사와 종교」 김찬국 역 (서울: 기독교서회, 1970), p. 59.
25) 예루살렘, 헤브론, 야르붓, 라기스, 에글론이 합세하여 저항했으나, 하나님의 간섭으로 여호수아 군대가 이김. 남방 지역을 일단락하는 전쟁이 될 수 있었다.
26) 하솔을 중심한 가나안인, 아모리, 헷 사람, 브리스 사람, 여부스 사람 히위 사람들이 연합하여 저항했으나 이기었다. 그래서 북방 지역에서 일단 싸움의 주도권을 잡았다.
27) Manfred Weippert, *The Settlement of the Israelite Tribes in Palestine* (London: SCM Press, 1971), p. 6.
28) G. W. Anderson, *op. cit.*, p. 60.
29) 풍부한 생산력(fertility)과 사회의 안녕 질서를 추구해서, 농경사회와 도시사회에 알맞은 종교였다.
30) G.W. Anderson, *op. cit.*, p. 82.

로 부딪치게 되었다. 이 가나안 종교와 야웨 종교와의 대립 속에서 아직도 안정을 확보하지 못하는 과도기적 현상이 나타난다.

b. 사사들의 통치 연대

사사기가 제시하는 각 사사들의 통치 연대를 구체적으로 구분하면 다음의 도표와 같다. 이 도표에서 보면, 엘론(스불론 지파)과 압돈(비라돈 사람, 베냐민 지파: 역대상 8:23)은 특별한 민족적 죄와 징계가 언급되지 않고 평화시의 사사로 나타나고, 그 외는 주기적인 이스라엘의 범죄와 징계, 그리고 구원이라는 순환이 있다. 즉, 7반역, 7징계(예속), 7구원(해방)이 기록되어 있다.

성서 범위	3:7—11	3:12—31	4장—5장	6장—8:32	8:33—10:5	10:6—12장	13—16장	12:10—15
죄 (배신)	우상숭배	부도덕, 우상숭배	하나님을 저버림	하나님을 저버림	하나님을 저버림	우상숭배	하나님을 저버림	엘론과 압돈은 평화시의 사사임
징계 (예속)	8년간	18년간	20년간	7년간	내란	18년간	40년간	
적	메소포타미아	모압, 블레셋	가나안	미디안인		블레셋, 암몬	블레셋	
구원 사사	옷니엘	에훗, 삼갈	드보라, 발락	기드온	돌라, 야일	입다	삼손	
사사 출신	유다	베냐민, 납달리	에브라임	므낫세	잇사갈, 길르앗	길르앗	단	
평화 기간	40년간	80년간	40년간	40년간	23+22년	6년간	20년간	

또 한 가지 언급할 것은, 이스라엘 백성들이 적들로부터 압제받은 기간과 사사들의 통치 기간을 합하면 410년간이나 된다는 사실이다.[31] 이 410년간을 사사시대의 기간이라 함에는 무리가 있다고 본다. 왜냐하면, 열왕기상 6장 1절에 솔로몬 왕 즉위 4년에 성전 건축을 시작했는데, 그것은 이스라엘이 애굽 땅에서 나온 지 480년 되는 해라고 말하기 때문이다. 그러면, 이 열왕기상 6장 1절에 의하면 광야 방랑 기간이 40년(민 32:13), 가나안 땅에서 여호수아의 통치 연대가 25년, 엘리 제사장의 기간이 40년, 사무엘과 사울의 연대가 40년 가량이고, 다윗 통치가 40년(삼하 5:4), 그리고 솔로몬 즉위에서 성전 건축 시작 연도까지가 4년 등 도합 189년이란 결과가 나온다. 이 계산에 의하면 사사들의 통치 연대는 480—189=291년에 해당

---

31) Merrill F. Unger, *Introductory Guide to the Old Testament* (Grand Rapids: Zondervan Publishing House, 1976), p. 228.

된다.³²⁾ 결과적으로, 사사기에 의한 410년과 열왕기상 6:1에 의한 291년이라는 엄청난 차이가 생기게 된다. 이 차이를 어떻게 해석할 것이냐에 대해 학자들은 다음과 같이 해결점을 제시한다.

첫째, 가나안 땅에 들어간 이스라엘은 지파적으로 분산하여 토지를 소유하여 살았기 때문에, 적으로부터의 침략과 사사의 구출 사건은 이스라엘 민족 전체 사건보다는 부분적 사건으로 일어난 것이 많았다고 본다.³³⁾

둘째, 그렇기 때문에 사사들 중에 여러 명이 동시대에 나타나서 중복하여 이스라엘을 구원 통치하였다고 본다. 각 지파별로 일어난 동시대의 사건을 기록하고 있는 것이 있기 때문에, 사사기에 나타난 사사들의 활동이 연대적인 순서를 따라 기록된 것이라기보다는 일어난 사건들을 소개하는 것이라 본다. 예를 들면, 사사기 10장 7절에 "야웨께서 진노하사 블레셋 사람의 손과 암몬 자손의 손에 파시매……" 하였다. 이것은 삼손과 입다가 거의 동시대적인 활동을 했음을 나타낸다. 왜냐하면, 암몬족과 블레셋족의 압제가 거의 동시에 지역적으로 있었기 때문이다.

II. 고대 이스라엘의 연구사³⁴⁾

18세기 이전, 즉 성서비평학이 나오기 전에는 구약성서 연구는 '교의신학'에 포함되어 교회 지상주의의 교리를 변호하는 목적과 수단에 이용되었을 뿐이다. 구약성서의 권위 문제에 대해서 신약성서와 동일한 성서적 권위를 부여했다. 대체로 중세 카도릭 교회에서 사용한 성서 해석법은 문자적 해석(Literal interpretation), 은유적 해석(Allegorical method), 교훈적 해석(Tropological method), 신비적 해석(Anagogical method) 방법들이었다.

그러나 18세기에 들어서면서 구약성서에 대해 본격적인 본문비평, 문서비명, 문

---

32) *Ibid.*, pp. 288—289.
33) L. Herzfeld, *Geschichte des Volkes Isreal* (1847)을 홍반식「구약총론」(서울: 성암사, 1978), p. 137 에서 재인용.
34) 필자의 "古代 이스라엘 支派同盟體에 關한 硏究史" 神學과 宣敎. 제12집. (1987).의 내용을 요약함을 밝힌다.

학비평, 역사비평이 시작되었다.35) 이러한 비평적 연구 경향은 구약성서 연구 방법을 다양하게 발전시키면서 구약 연구에 새로운 전기를 이루었다.

슈미트(Werner H. Schmidt)는 구약성서 연구에서 대체로 이미 분명한 위치를 확보하고 논란의 여지가 없었던 것으로 받아들여졌던 주제들이, 당시에 강하게 도전을 받아 비판적 쟁점으로 부각되는 문제 몇 가지를 제시했다.36) 첫째, '짤막한 신앙고백(the short credo)'에 의한 오경 해석(G. von Rad). 둘째, 암픽티오니(the Amphictyony)의 관점에 의한 이스라엘의 초기 역사 이해(M. Noth). 셋째, 필연법(Apodictic Law)과 결의론법 (Cauistic Law: 조건법)의 구별(A. Alt), 넷째, '조상의 하나님(God of the Fathers)'에 관한 신앙의 재구성(A. Alt). 다섯째, 신명기와 요시야 왕의 종교개혁의 관계. 여섯째, 야웨 기자(Yahwist)의 초기 편집설 등의 도전을 받고 있고, 일곱째로 오경의 자료 구분(J.E.D.P. 등)의 합법성 문제가 논쟁거리로 대두되고 있다는 것이다.

본장에서는 이들 중에서 사사시대의 역사 즉 이스라엘 초기 역사에 관한 연구를 중심으로 학자들의 주장을 소개하고, 당시의 이스라엘 조직을 개괄하고자 한다. 이스라엘 역사에 대한 지식은 구약성서의 메시지를 이해하는데 필수적인 것이다. 왜냐하면, 구약의 메시지와 역사는 불가분리의 관계이기 때문이다.37)

여기서는 고대 이스라엘 민족 형성은 바로 지파 동맹체의 현상으로 봐서, 여기에 대한 학자들의 연구를 개괄하고 정리해 보려고 한다.

1. 벨하우젠에서 스토이에르나겔

---

35) J. Barton Payne, *The Theology of the Older Testament* (Grand Rapids: Zondervan Publishing House, 1962), pp. 25—28. 1787년 John Philip Gabler가 "성서신학과 교리신학의 정확한 구별에 관한" 연설에서, 성서신학을 교리 신학에서 떼어 놓아 구약성서 신학의 다양한 발전의 계기를 만들었다. 한편 Lorenz Bauer, De Wette 등은 합리주의적 영향을 받아서 고대 히브리 종교의 사상을 성서 자료뿐 아니라, 외경, 유대인 문서 등 다른 자료까지 이용하여 성서신학의 본질적 내용을 역사적으로 통찰했다. 더욱 구약신학을 역사철학적 관점에서 연구한 것은 Schleiermacher (1768~1834)와 Hegel(1770~1831)에서 발견되고, 헤겔의 방법론에 크게 영향받은 성서 신학자의 대표격은 Wilhelm Vatke(1806~1862) 라고 볼 수 있다.
36) Werner H. Schmidt, *Old Testament Introduction*, trans. Mattew J. O'Connell (New York: The Crossroad Publishing Co., 1984), pp.ix—x. 종교사학적 방법, 양식사적 방법, 전승사학적 방법, 구속사적 방법, 편집 사적 방법, 고고학적 방법, 경전 방법, 구조적 방법 등 구약성서 연구 방법이 다양하다.
37) Leon Wood, 「이스라엘의 역사」, 김의원 역 (서울: 기독교문서선교회, 1985), p. 3.

이스라엘이란 용어의 기원과 본래 의미에 관한 현대적 연구는 1880년대부터 시작되었다고 보겠다. 그때 구약성서의 이스라엘에 관한 초기 자료를 연구하는 데에는 벨하우젠(Julius Wellhausen, 1844—1918)이 발전, 적용시킨 문학적, 역사적 방법(The Literary Historical Method)이 실제적인 도구가 되었다.[38]

벨하우젠은 당시에 이스라엘 역사 기술의 선구자로, 그의 영향은 대단했다. 벨하우젠(J. Wellhausen)은 보수적, 스콜라주의적 입장의 스승인 에발트(H. Ewald, 1805—1875)의 견해를 버리고, 구약에 대한 순수한 역사적 연구에만 집중시켰다.[39] 벨하우젠의 구약성서관과 구약연구 방법론은 헤겔의 변증법적 역사철학과 다윈의 진화론에 의거한 역사 비평적 방법이며, 신학적 방법론은 파트케(Wilhelm Vatke)의 영향을 많이 받았다. 즉, 파트케가 성서 속에 들어있는 종교적, 윤리적 개념 등의 성서의 종교 사상들이 일반종교와 같이 역사적으로 발전한다는 '계시의 발전'의 강조가 그에게 큰 영향을 주었다. 벨하우젠은 창세기 1장을 비롯한 P문서의 최고대설을 최후대설로 뒤집고, 구약의 종교사상도 저급 종교에서 제도화된 고급 종교로 발전해 갔다고 본다.

그는 주로 문학적인 분야에 연구를 집중했을 뿐, 이스라엘 역사를 상세하게 재구성하는 것에는 별로 관심을 갖지 않았다. 그렇지만, 그가 발전시킨 역사적 비평 방법(the historio—critical method)은 많은 사람의 호응을 받아 이스라엘에 관한 초기 자료 연구에 도구가 되었다.

이런 역사비평의 방법은 구약성서의 성령의 영감적 성서 기원을 완전히 무시하며 하나님의 계시가 곧 구약종교의 본질인 것과 이성과 계시, 인식과 고백, 역사와 신앙의 한계선을 밝히지 못하면서 구약성서의 특수성을 부정하는 것이었다. 진화론이 가설인 것처럼 벨하우젠의 이런 주장이 가설에 불과하다가 이젠 잘못된 주장이었음이 판명되었다. 그러나 그런 역사비평은 구약성서를 산산조각 내고, 교회와 신학대학들을 갈라놓고, 교회에서 수많은 젊은이들을 몰아내는 막대한 피해를 남겨 놓았다. 가설인 진화론에 과학이 계속 붙잡고 가르치는 것처럼, 가설인 역사비

---

38) C.H.J. de Geus, op. cit., p. 1.
39) Julius Wellhausen, *Geschichte Israel I* (Berlin, 1878). *Prolegomena zur Geschichte Israels* (Berlin, 1883), *Abriss der Geschichte Israels und Juda's* (Berlin, 1884) 등의 그의 책에 나타난 사상은 후대 구약 연구에 큰 영향을 주었다.

평의 문서설에 일부 신학자들이 여전히 묶여가는 현상을 볼 수 있다.[40]

벨하우젠의 방법론에 입각하면서도, 달리 이스라엘 기원에 관한 새로운 이해의 길을 연 학자는 마이어(Eduward Meyer)이다. 그는 1881년 '팔레스타인 정복 기사에 관한 비판'이란 논문에서 "팔레스타인 땅의 고대 상황을 알려주는 정복기사에 역사적으로 신빙성이 있느냐 없느냐에 관해서 아무것도 말할 수 없다. 이는 다만 특정시대의 현상을 반영한 것이며, 또한 그것을 설명하기 위한 것으로 이해되어야 한다"[41]고 말했다. 마이어는, 팔레스타인에 이스라엘이 진입하여 정착하는 고대 이스라엘 역사는 유목민에서 농경민으로 변하는 과도기로, 유목시대의 조직 형태를 점차 해체하면서 지파들은 독립적 경향을 가지고 작은 그룹으로 나눠지기도 하고 다른 지파들과 동화되기 시작했다는 것이다. 시간이 지남에 따라, 정착의 땅에서 새로운 정치적 연합이 이뤄지면서 작은 도시(town)→도시국가(the City-state)→민족 국가(the National state)로 일반적 발전 단계의 정착화 과정이 있었다고 본다.[42] 13세기에 팔레스타인에 있던 이스라엘의 여러 그룹들은 서로 별다른 접촉 없이 새로운 환경 속에서 개별적으로 살았지, 전체가 상호 동맹을 맺고 살지 않았다고 했다.[43]

이상의 벨하우젠, 마이어 등은 대체로 사사시대의 12지파 조직은 실제적인 역사적 존재의 조직체가 아니라, 후대의 창작이요. 후대 시대의 반영이라고 서로의 견해를 일치시키고 있다.

그러나 스토이에르나겔(C. Steuernagel)에 이르러서 위의 주장들을 거부하면서 새로운 입장의 시도를 열어주므로 이스라엘 초기 역사 연구에 새로운 국면을 맞이하게 되었다. 이스라엘 지파의 가나안 진입에 관한 그의 논문[44]은 이스라엘의 기원 문제를 밝히는데 가장 중요한 공헌을 했다. 스토이에르나겔은 이스라엘 지파 조직의 구분을 지파 조상(족장)들의 부인들 이름에 따라 분류할 것을 제안했다. 그것이

---

40) 문서설에 비판은 필자의 「구약성서 개론」(서울: 토판), pp.105—132를 참고할 것
41) Eduward Meyer, *Geschichte des Altertums II*, 2nd ed. (Stüttgart—Berlin, 1907), p. 203. De Geus, *op. cit.*, p. 51.
42) C.H.J. de Geu, *op. cit.*, p. 5.
43) *Ibid.*, p. 7. E. Meyer, *Die Israeliten und ihre Nachbarstämme: Alttestamentliche Untersuchung* (Halle, 1906), p. 507.
44) C. Stuernagel, *Die Einwanderung der Israelitischen Stämme in Kanaan* (Berlin. 1901).

초기 분류법이었다고 본다. 그에 의하면, 라헬 계통(빌하와 함께)의 지파들과 레아 계통(실바와 함께)의 지파들은 각기 독립적으로 땅을 정복하였다가 결국 가나안 땅에서 연합하게 되었다. 사사시대에 이 레아 계통의 지파들과 라헬 계통의 지파들이 연합하여 이스라엘을 형성하였다. 사사시대에는 이들 지파들 사이에는 약간 엉성한 결속이 되었고, 단지 똑같은 종교를 가지고 똑같은 한 하나님께 속해 있다는 사실에 근거한 동맹이었다고 주장한다.[45]

스토이에르나겔에 의하면, 지파간의 연합은 모든 결혼을 통해서 이뤄지고, 지파의 모든 여행 이야기는 지파의 이동을 의미한다. 따라서, 그는 12지파 목록이 후대의 반영이라느니 조작이니 하는 모든 설명을 거부하였다.[46] 그는 12지파 목록의 역사성을 인정하며, 사사시대의 상황과 어떤 연결이 있는 것으로 본다. 또한, 그는 12지파 목록의 기록이 신화를 역사화시킨 것도 아니며, 신화에 근거한 것도 아니라고 주장한다.[47] 스토이에르나겔의 이런 연구 결과로, 지파 목록과 관련된 초기의 이스라엘 조직에 관심을 가지고 연구하는 새로운 방향이 열리게 된다.[48]

2. 빙클러 (H. Winckler): 신화적 해석

20세기에 접어들면서 학자들 연구의 일반적 경향은 이스라엘의 초기 역사를 범바벨론주의(Pan—Babylonism)에 의해 신화적으로 해석하게 된다. 이 방면에서 빙클러의 연구 논문이 대표적이다.[49] 그는 "구약성서는 이스라엘의 기원과 최초 역사에 관한 믿을 만한 정보를 가지고 있지 않다"고 전제하고, 우리가 가지고 있는 것은 역사화된 신화로, 근본적으로 별나라 신화(月神)들이라 한다. 예를 들면, 야곱과 이스라엘을 동일시함은 본래 월신(月神: moon—gods)이고, 요셉은 태양신(日神: a sun—god)이었다는 것이다. 요셉 지파를 에브라임과 므낫세 지파로 나눈 것은

---

45) *Ibid.*, p. 8. C.H.J. de Geus, *op. cit.*, pp. 7—9.
46) C.H.J. de Geus, *Ibid.*, p. 9.
47) *Ibid.*
48) C. Steuernagel은 그의 「구약신학과 구약 종교사」 책에서 Gabler가 교리신학에서 구약신학의 Exodus를 주장했던 것처럼, 구약종교사 연구에서 구약신학의 Exodus를 외쳤다. 그러나, 그는 구약종교사 연구과제와 구약신학의 과제는 공존 병립해야 한다고 보고, 구약 종교의 발전 과정을 밝히기 위해 구약종교사 연구가 절대 필요하고, 구약 자료를 체계있게 종합하여 제시하는 일도 필요하다고 본다.
49) H. Winckler, *Geschichte Israels in Einzeldarstellungen II* (Leibzig, 1900).

월신(月神)의 아들들인 12달(the twelve months)을 따라 12지파의 숫자를 맞추기 위한 인위적인 것이라 보았다.[50]

빙클러는, 이스라엘의 자손들은 단지 방랑 민족인 히브리인의 한 작은 부류였을 뿐이고, 이 히브리인들은 아마르나 편지(Amarna Letter)에 나타나는 하비리, 혹은 하비루(Habiri or Habiru)로 이해한다.[51] 이스라엘 각 지파는 본래 상호 무관한 여러 집단의 히브리인들의 지파로, 지파 동맹으로 결합된 것은 아주 어려운 과정과 정착해가는 진전에 따른 결과였다고 본다. 그리고 지파들의 결정적 연합(동맹)은 사울과 다윗시대에 이뤄진 것으로 본다.[52]

빙클러가 주장한 것처럼, 우리가 다윗 통치 때에 와서야 처음으로 12지파가 통일되었다고 가정한다면, 다윗 이전 시대에는 이 지파 동맹체를 야웨 예배(Yahwism)로 표현된 영적 통일체(spiritual unity)로 보아야 하는 오류에 빠지고 만다. 그런 경우, 분명 제의 예배 장소가 요단강 동편 지역(transjordan)에 있어야 하고, 한편 다윗 이전 시대의 지파 동맹을 영적 통일체로 간주하지 않는다면 제의 예배 장소를 팔레스타인 자체 안에 있었다고 봐야 한다는 것이다.

3. 1차 세계대전 전후 : 모세 인물 연구

벨하우젠과 슈타데 등의 종교사학파의 견해가 19세기 말에서 20세기 초의 시대에로 계속 논란이 되어온 것은 사실이다. 종교사학파의 핵심 문제는, 야웨 예배(Yahwism)의 역사와 이스라엘 백성의 역사와의 관계성의 문제였다. 종교적 실재(a religious entity)로서 이스라엘이 백성으로서 이스라엘 (Israel as a people)이라고 어떻게 주장할 수 있느냐는 결국 모세라는 인물에 집중되어, 모세와 그의 역할을 연구하는 경향이 되었다. 19세기에는 사실 종교의 역사와 백성의 역사를 대체로 같은 수준에서 다루었다.[53]

프록쉬(O. Procksch)는 아이히로트(W. Eichrodt)와 폰 라트(von Rad)에게 신학적 영향을 주었던 자로, 종교사학파와 양식사학파의 학문적 분위기가 지배하던

---

50) *Ibid.*, p. 67. C.H.J. de Geus, *op. cit.*, p. 10.
51) *Ibid.*, pp. 551, 67ff, de Geus, *Ibid.*, pp. 10—11.
52) *Ibid.*
53) C.H.J. de Geus, *op. cit.*, pp. 17—18.

시대에서 자기 자신의 독자성을 가지고 연구했다.[54] 그에 의하면, 모세는 '한 백성의 창건자'이지 '종교의 창건자'는 아니었다. 모세가 전한 신은 그들의 조상의 신이었다 주장한다.[55]

그레스만(H. Gressmann)은 이스라엘을 독립 국가로 형성해가는 출발점을 이룬 새로운 정치적, 사법적 형태를 만들어낸 장본인으로 모세를 본다.[56] 이런 면에서, 그는 이스라엘 율법을 창안하고 제정한 자는 바로 모세였고, 이 율법이 이스라엘 기원에 특출한 요소라고 주장한다. 그레스만은 모세 이전에는 이스라엘인들에게 [야웨]의 신명칭이 알려지지 않았다고 분명히 한다.[57]

베어(G. Beer)는 모세 이전의 야웨는 별로 숭배되지 않았고, 다만 알려져 있기만 하던 전형적인 지고신(High God)이었다고 보았다. 그는 이스라엘인들은 가데스에서 미디안 사람들로부터 야웨의 제의를 전수받았고, 그 가데스는 그리스의 형식을 본딴 암픽티오니의 중심이었다고 주장하였다.[58] 야웨와 미디안(Yahweh—Midian)의 관계와 야웨와 이스라엘(Yahweh—Israel)의 관계 사이의 차이점은, 전자는 '자연적'(natural)이고, 후자는 '윤리적'(moral)관계로 선택과 계약 규정들(conditions)로 묶여지게 되었다는 것이다.[59]

자크제(Eduard Sachsse)는 '이스라엘'이란 현상을 가장 집약적으로 깊이 연구한 학자이다. 그는 이스라엘의 명칭 사용을 구약에서 세 가지로 구분했다. 즉, 족장 이름, 백성의 이름, 나라의 이름으로 본다. 그에 의하면, 가나안에 진입한 지파들은 이스라엘 명칭을 함께 가지고 들어와 가나안 땅에 정착한 후 그 땅의 이름을 이스라엘이라고 했기 때문에, 백성의 이스라엘 명칭이 한 나라로서의 명칭보다 더 오래된 것이다.[60] 가나안 정복 이전에 이미 종교적 지파 동맹체가 존재했었고, 모세가

---

54) 김정준, 「폰 라드의 구약신학」(서울: 기독교서회, 1973), pp. 16—21. 프록쉬는 구약 전체 역사를 계시와 신앙의 역사로 보고, 계시의 내용은 하나님이요, 그 계시의 완성은 그리스도를 통한 계시라고 했다. 그래서, 그의 역사 이해는 철저히 기독론적이다.
55) C.H.J. de Geus, *op. cit.*, p. 18. Otto Procksch, *Das Nordhebräische Sagenbuch; die Elohimquelle* (Leipzig, 1906), p. 368.
56) *Mose und seine Zeit* (Göttingen, 1913), p. 422. de Geus, *Ibid.*, p. 19.
57) *Ibid.* 시내 산 신에서 가데스에 있는 백성의 신으로 야웨 하나님이 옮겨진 것은, 자연의 신에서 역사의 신으로 바뀐 것을 의미한다고 본다.
58) G. Beer, *Mose und sein Werk* (Giessen, 1902), p. 31. de Geus, *Ibid.*, p. 19.
59) *Ibid.*, p. 32. de Geus, *Ibid.*, p. 20. Beer는, 요셉 지파가 우리가 모르는 어떤 이유에 의해 kades를 떠나 Leah지파와 연결되었고, 레아 지파들이 알고 있던 야웨신을 모세를 통해 알게 되었다고 한다.
60) C.H.J. de Geus, *Ibid.* Eduard Sachsse, *op. cit.*, p. 74.

그러한 동맹체를 이룩한 인물로 말하는 성서 기록은 전혀 의심할 이유가 없다고 본다.[61]

4. 제1, 2차 세계대전 기간

구약에 기록된 이스라엘 초기 역사에는 분명한 3대 시대적 구분[62]이 나타난다. 이는 이스라엘 형태를 연구하는데 최대의 중요한 면이다.

첫째로, 족장시대이다. 이스라엘이 이 시대에 기원을 두고 있다고 본다면 이스라엘과 히브리/하비루(Hebrews/habiru)와의 관계가 무엇이냐 하는 것이다. 또, 족장의 종교와 후기 야위즘(Yahwism)의 관계가 무엇이며, 가나안에 대한 공격의 양상을 어떻게 설명해야 하느냐의 질문이 있기 마련이다.

둘째는, 출애굽과 광야 방랑시대로 시내 산에서 야웨와 계약을 맺음으로 절정에 달한다. 여기서는 모세의 인물과 켄족과 미디안족의 관계성이 무어냐는 문제가 제기된다.

셋째로, 여호수아 지도 아래 가나안 진입 후 시대이다. 이스라엘은 그들이 살기 위해 갔던 땅과 그 곳의 원주민과 문화와 접촉하면서 구체적으로 형성되어 갔다. 여기에서는 이 이스라엘은 어떤 형편이었고, 지파의 기구와 조직이 어떠했느냐 하는 문제가 제기된다. 위에서 제기된 이스라엘 초기 역사에 관한 연구가 활발해지면서 제1, 2차 세계대전 기간에 책으로 출간되어 나왔다.[63]

제 1차 세계대전 이래로 특이한 것은 팔레스타인에 대한 고고학적 연구의 급진적 발전이다. 그래서 이스라엘 초기 역사에 관심이 급증하고 연구가 심화되었다. 20세기 초반 40년간에 고고학이 제공한 자료는 상당한 분량이며, 이스라엘 기원에 관한 모든 연구에 절대 필요한 것이다.[64] 어느 경우건, 우리는 구약성서 자체의 역

---

61) C.H.J. de Geus, *Ibid.*, p. 90.
62) C.H.J. de Geus, *op. cit.*, pp. 27—35.
63) C.H.J. de Geus, *Ibid,*, pp. 26-27. H. Guthe, Geschichte des Volkes Israel (Tübingen, 1914), R. Kittel, *Geschichte des Volkes Israel* (Gotha. 1923), A. Lods, "Israél, des origins an milieu du VIIIe siècle", *L'evolution de l'humanite XXVII* (Paris, 1930), A.T. Olmstead, *History of Palestine and Syria to the Macedonian Conquest*(New York, 1931). W.D.E. Desterley and Th. H. Robinson, *A History of Israel Vol. I, I.* (Oxford, 1932). C.F. Burney, *Israel's Settlement in Canaan* (London, 1921). Th. J. Meek, *Hebrew Origin* (New York, 1936).
64) C.H.J. de Geus, *Ibid.*, pp. 29—30. 예를 들면 Umwet, Hammurabi 사본, Nuzi Text,

사기술을 그대로 인정하고 받아들이는 입자에서 이스라엘의 시작을 판단하여야 할 것이다.

5. 노트의 암픽티오니 가설 주변

a. 노트 가설을 위한 분위기 조성

20세기 후반에 들어서면서 초기 이스라엘의 역사적 문제에 새로운 연구 방법이 발전되었다. 19세기의 종교사학파의 역사주의가 도전을 받기 시작했다. 이것은 고고학이 발달되어 그것을 판독하려니 언어학의 발전으로 옛 사람의 모습이 밝혀지면서 인류학이 발전하는 학문적 경향이 종교사학파의 문서설을 흔들어 놓았다.[65] 즉, 벨하우젠 학설의 취약점은 고대 중동 문화에 대한 무지의 결과로 본다.[66] 고고학적 발굴과 판독을 기원전 제2천년기 초기가 소상하게 밝혀짐에 따라, 족장 이야기들은 후대의 시대 상황을 반영하기는커녕 바로 그 이야기들이 배경으로 삼고 있는 시대와 일치하는 게 분명하다고 존.브라이트(John Bright)는 밝히고 있다.[67]

한편 궁켈(Hermann Gunkel)로 시작되는 문학양식 비평적 연구는 소위 '양식사학파'(Formgeschichtliche Schule)를 형성하여, 히브리 종교 사상의 근본을 문화양식의 배경이 되는 '삶의 자리(Sitz—im—Leben)'를 고찰함으로 찾아내려고 했다. 다른 또 하나의 방법론은 전승사학적 방법으로, 알트(Albrecht Alt)와 노트(Martin Noth)의 연구이다. 이 방법들은 이미 논한 여러 학자들의 연구를 계속 유지하면서도 아주 다른 점이 있는데, 종교의 역사와 세속 역사를 더욱 분명하게 구분했고, 방법론적 기반이 아주 훨씬 충실하다는 것이다.

알트(A. Alt)는 이스라엘 기원 문제를 세밀하게 다루지 않는 간접적 노력을 했을 뿐이지만, 그의 공헌은 지대한 것이다.[68] 그는 고대 헬라의 암픽티오니의 공동

Ugaritic Text, Mari Text 등이다.
65) 김이곤, "구약신학사 개관,"「구약성서지침」문희석 편(서울: 대한기독교서회, 1977). p.87.
66) H. Cazelles,「모세의 율법」서인석 역(서울: 성바오로 출판사, 1980), p. 73.
67) John Bright, *A History of Israel*(London: SCM Press), pp. 63, 87.
68) C.H.J. de Geus, *op. cit.*, pp. 36—39. Geus는 다섯 가지 Alt의 공헌을 제시한다. ① 세 가지의 다른 자료를 실제 자료로 사용하는 방법(구약성서, 고대 근동 세계의 기록된 전승, 고고학) ② 선조들의 하나님 발견으로 '족장들의 종교' 개념에 정확한 진의를 분석 ③ 영토의 역사에 대한 연구 ④ 이스라엘 법에 대한 획기적 연구 ⑤ 제의의 삶의 정황 연구 등이다.

성소를 중심한 신성 공동체를 언급하면서, 이스라엘의 12지파조직이 이 암픽티오니에서 유래했다고 봤다.[69] 암픽티오니와 12지파 동맹체의 관계성은 노트가 결정적 가설을 제시했지만, 그 이전에도 암픽티오니 설을 제시하기도 했다. 에발트(H. Ewald)도 이스라엘 12지파의 숫적 개념을 주변 국가와 그리스, 이탈리아 문학에서 비교 연구하려 했다.[70] 그러나 마르틴 노트는 자기가 암픽티오니 설을 알게 된 최초의 주장자가 아니라, 오히려 그의 스승인 알트가 선구자라고 분명히 주장한다.[71]

b. 노트의 암픽티오니 가설

마르틴 노트(Martin Noth)는 초기 이스라엘 역사의 12지파 동맹체에 대해 집중적 연구를 하여 구약 연구에 획기적인 장을 만들었다. 노트에 의하면, 이스라엘은 왕국 건설 이전 시대에 이미 팔레스타인에 12지파 동맹체로 존재해 있었다. 12지파의 동맹체로 형성되기까지는 아주 점진적 과정을 겪었다. 즉, 사막 주변을 방랑하던 씨족(clans)이나 가정 단위의 무리들이 팔레스타인에 정착한 후 다른 무리들과 합쳐 지파(tribes)를 형성하고, 그 지파들이 모여 하나의 연합 지파 동맹체를 이루었다고 본다.[72]

노트는 이 이스라엘의 12지파조직의 성립시기에 관하여 왕국 건설 이전의 사사시대로 보고, 그 기간 동안에 이 지파동맹 제도가 실제로 존재하였다고 주장한다.[73] 그는 이스라엘 12지파의 역사적 실재를 밝히기 위해 12지파 조직의 역사적 근거를 찾으려 했다.

노트는 먼저 구약성서 자체에서 12, 혹은 6으로 구분되어 나타나는 지파 그룹에 관한 언급을 찾아 소개한다.[74] 창세기 22:20—24에는 나홀의 아들이 12아람인

---

69) A. Alt. *Die Religion in Geschichte und Gegenwart* (Tübingen, 1926), pp. 437—447.
70) H. Ewald, *Geschichte des Volkes Israel I* (Göttingen, 1864).
71) C.H.J. de Geus, *op. cit.*, p. 39. Cf. Martin Noth, *Das System der Zwölf Stämme Israels* (Darmstadt: Wissenschaftliche Buchgesellschaft, 1980), p. 47. 01 801) System으로 약칭하겠음. 암픽티오니와의 유비로 이스라엘 지파 동맹체를 연관시킨 학자로는 Szanto와 H. Gunkel, 그리고 A.H. Sayce도 들 수 있다.
72) A.D. Mayes, *Israel in the Period of the Judges* (London: SCM Press LTD, 1974), p. 7. Martin Noth, *The History of Israel* (London: Harper & Row Publishers, 1960), pp. iff, 53ff, 68ff.
73) M. Noth, *Das System der zwölf Stämme Israels*(Stuttgart: W. Kohlhammer, 1930) pp. 122—132.
74) *Ibid.*, pp. 43—44. 사실은 E. Ewald가 지적한 내용을 소개한다. A.D. Mayes, *op. cit.*,

II. 고대 이스라엘의 연구사   385

의 지파로 언급이 되는데, 나홀의 처는 8명의 아들을 낳고 첩은 4명의 아들을 낳아 12의 숫자가 된다.[75] 창세기 25:13-16에는 이스마엘의 12아들이 나와 분명히 지파 명칭의 유래가 된다.[76] 창세기 36:10-14에 에돔 부족이 에서의 후손 이름을 따라 12부족으로 나타난다. 창세기 25:2은, 아브라함이 그두라로 얻어지는 아들들이 6명의 아람인의 지파 명칭으로 나타난다. 창세기 36:20-28에는 호리 족속 세일의 자손이 6지파로 언급되어 나온다. 노트는, 이러한 목록들은 이스라엘 전승의 창작물이라고 보기 보다는 그 목록에 해당한 지파의 실제적 전승에 근거한 것으로, 이 지파들이 나라를 형성했다고까지는 볼 수 없다고 한다.[77]

노트는 이 이스라엘의 지파 동맹체에 고대 희랍의 역사와 고대 이탈리아 역사에 나오는 '암픽티오니(Amphictyony)'란 말을 기술적 용어로 적용시켜 설명한다. 노트는 이스라엘 12지파 동맹체에 대한 불분명한 전승을 규명하는데, 이들 암픽티오니와의 비교에서 밝히려고 했다.[78]

그래서 노트는 고대 희랍의 필레의 데메테르(Demeter at Pylae)와, 델피의 아폴로(Apollo at Delphi)의 두 신전을 중심한 암픽티오니(Amphictyony)[79]와, 고대 이태리의 볼툼나의 에트루스카의 12개 종족 동맹체(Etruscan League of Voltumna)를 소개했다.[80]

---

pp. 8-11에도 잘 설명되어 있다.
75) 처의 아들들 : 우스, 부스, 그무엘, 게셋, 하소, 빌다스, 이들랍, 브두엘(8명), 첩의 아들들 : 데바, 가함, 다하스, 마아가 (4명).
76) 느바, 게달, 앗브엘, 밉삼, 미스바, 두마, 맛사, 하닷, 데마, 여둘, 나비스, 게드마(이상 12명) 이들 족속을 이뤄 12방백이 되었다고 한다.
77) A.D. Mayes, *op. cit.*, p. 7. M. Noth, *op. cit.*, pp. 43-44.
78) M. Noth, *Ibid.*, pp. 36ff. Amphictyony 제도는 한 중앙 성소를 중심으로 그 주위에 있는 부족, 또는 도시들이 함께 동맹을 맺는 고대 사회적 형태로 6, 또는 12개로 뭉쳐진 동맹체이다. 이 조직은 제의 공동체로 만나고, 공동 중앙 성소를 1개월, 또는 2개월씩 교대로 지키고 보살폈다. 공동 중앙 성소에서 어느 절기 때마다 제의 축제로 모여 함께 제사를 드리고, 그것을 통해 모든 집단이 연합하는 신성한 결합체로서 종교와 정치적으로 부족, 혹은 도시들이 연합했다.
79) M. Noth, *Ibid.*, pp. 46-51. 노트는 희랍의 가장 유명한 필레 델피 암픽티오나를 소개한다. 이 동맹체에는 두 개의 중앙 신전인 데메데르 신전과 아폴로 신전이 있어 각 회원국이 부양하였고, 이 두 개의 축을 중심으로 필레-델피 동맹이 형성되었다고 한다.
80) *Ibid.*, pp. 51-53. 이런 현상은 중동의 Sumerian과 소아시아 등에도 있었다. H. Ringgren, *Israelite Religion*, tran. D.E. Green (Philadelphia: Fortress, 1966), p.42. J.S. Chesnut, *The Old Testament Understanding of God* (Philadelphia: The Westminster Press, 1952), p. 58. M.L. Newmann, *The People of the Covenant: a Study of Israel from Moses to the Monarchy.* (New York: Abingdon Press, 1962), p. 110. 고대 이태리에도 희랍 것과 같은 유형의 동맹체로서, 여성의 신전을 중심한 에트루

마르틴 노트가 본 이 암픽티오니의 삶의 양식을 요약해 보면;
- 중앙 신전(혹은, 성소)이 그들 동맹의 핵심적 요소가 되었고,
- 회원국간에 중앙신전을 관리 보존하는 정기적인 의무가 윤번제로 주어졌다.
- 회원국간에 발생하는 문제해결을 위해 회원국의 대표자 회의가 중앙 신전에서 있었다.,
- 정기적인 축제가 중앙신전에서 열려 제의 공동체로 만났다.[81]
- 회원국간의 합의로 제정된 암픽티오니 법규가 있어 신전 유지와 회원국들의 거주지 방위, 예배의식 때, 적의 공격에 방어 규범 및 법을 위반한 경우에 대한 징벌 등에 관한 문제를 다루었다.
- 거룩한 전쟁이 상호결속의 의무가 어긋날 때 선포되었다.

노트는 "이런 고대 희랍이나 이태리의 암픽티오니가 국가 형성 이전 상태의 산물이며, 이는 연대기적 차원이 아닌 실질적인 차원에서 전국가적 산물(前國家的 產物)이다"[82]고 규정했다. 여기서 이런 암픽티오니가 12, 혹 6지파(혹은, 부족, 도시들)들로 형성되었다는 것을 특별히 강조하여 이스라엘 12지파와의 연관을 지으려고 한다.[83]

노트는 구약성서 12지파 동맹체 조직이 고대 희랍과 이태리의 암픽티오니와 유사했던, 고대 이스라엘 암픽티오니에서 유래했다고 추정한 것이 그의 유명한 가설이다.[84] 그래서 이스라엘의 지파 조직 역시 전국가적 산물(前國家的 產物)로서 희랍과 이태리의 암픽티오니와 유사하다고 봐서, 구약의 다양한 12지파 조직 목록은 국가 형성 이전 시대에 형성된 고대 이스라엘의 암픽티오니(Amphictyony) 제도에서 유래한 것이라 판정하여, 그는 이스라엘의 12지파 동맹체를 '암픽티오니'라 명명했다. 이 동맹체의 형성이 구체화된 중심지를 세겜으로 보았고, 그 형성 과정도 점진적이었다고 본다.[85]

스크의 12종족 동맹체가 매년 초에 열리는 축제 때 회원국 대표가 함께 모였었다고 한다.
81) M. Noth, *Ibid.*, p. 54.
82) *Ibid.*, p. 57.
83) *Ibid*, p. 59.
84) *Ibid.*, pp. 65—85.
85) *Ibid.*, pp. 83—94. 그는 세겜(수 24장)은 원래 레아 계통의 6지파가 형성한 6지파 암픽티오니의 중심지였고, 후에 12지파 암픽티오니의 모태가 되었다고 본다. 레아 계통의 6지파가 가나안에 먼저 정착했고, '이스라엘' 이란 최초의 암픽티오니를 세겜에 결성했고,

이런 주장들은 개인들의 주장에 의한 가설에 불과하고 확실하게 증명될 수 없는 것들이다.

미국의 올브라이트(W.F. Albright) 학파는 학적 방법론과 역사 자료의 평가에서는 노트 학파를 비판하고, 주장이 다르지만 노트 학설을 받아들인다. 그러나 올브라이트학파의 존 브라이트(John Bright)는 알트와 노트의 학문적 방법론을 비판한다.[86] 그는 의심할 수 없는 역사적 실체로서 암픽티오니를 이해했다. 그에 의하면, 이스라엘 12지파 동맹체는 계약신앙(Covenant Faith)의 한 국면으로, 그 신앙의 외형적 표현(external expression)이다.[87]

초기 이스라엘은 인종적 통일체도, 국가적 통일체도 아니고, 오직 야웨와의 계약으로 결합된 지파 동맹체였다. 이 계약은 이스라엘의 민족 공동체를 창조했고 결속시켜 나가는 원동력이었다. 각 지파의 지파 공동체 조직은 족장 중심이고, 가나안 봉건제도의 계층적 요소는 없었다. 지파동맹의 핵심은 언약궤가 안치된 성소였고, 축제 때 각 지파 사람들이 모여 예배를 드리고 지파간의 공동 관심사를 의논했다는 것이다.[88] 브라이트는 옛 희랍과 이태리의 암픽티오니와의 유사성에 의한 연관성을 언급하면서도, 이스라엘 민족을 형성케 한 야웨신의 특성에서 중요한 차이점을 찾는다.[89]

c. 암픽티오니설에 비판적 입장

노트의 가설은 많은 지지자들을 얻어서 논란의 여지가 없는 굳어진 학설처럼 받아들여지는 형편이었다. 그런 가운데서도 간혹 비판이 없지 않았으나,[90] 1960년대

베냐민 지파 그리고 요셉 지파가 차례로 도착하여 12지파의 암픽티오니를 형성하였다고 본다. 그들은 세겜, 벧엘, 길갈, 실로 등에 중앙 성소를 정하고, 각 지파가 윤번제로 중앙 성소를 돌보고 거기서 공동 관심사를 논의하는 대표자 회의가 있었다고 본다. 매년, 혹은 특별 절기 때 매년 축제로 제의가 드려지고, 그때 사사들의 역할이 돋보였다고 한다.

86) John Bright, *Early Israel in Recent History Writing* (London: SCM Press, 1956), pp. 89ff. 고고학적 자료에 의한 해결의 결과를 학문에 진지하게 받아들이지 못했다는 것이다.
87) John Bright, *A History of Israel* (London: SCM Press LTD, 1966), p. 142.
88) *Ibid.*, p. 143.
89) *Ibid.*, p. 144.
90) E. Auerbach는 희랍의 Amphictyony가 국가 형성의 요소가 결코 아니었다고 봐서 이스라엘 지파 동맹과 중요 차이점을 지적하며 노트 가설을 '상상의 산물'이라 단정했다. *Wiste und Gelobtes Land I* (1938), p. 78. D. Eissfeldt는, 암픽티오니가 증명되지 않고 이스라엘이 사사시대에 12지파 구성에 대한 실제 증거가 없다고 주장, C.H.J. de Geus,

에 들어서면서 비판이 구체적으로 나타나게 된다.

포러(G. Fohrer)는 노트의 암픽티오니 가설에 본격적으로 비판을 가한 학자이다.[91] 그는 노트의 가설을 '증명되지 않은 가설의 집합체'라 비판한다.[92] 그는 이스라엘 12지파 조직을 조직체의 존재에 대한 암시의 문제가 아니라 족보식 조직으로서, 이스라엘의 전체성을 표현코자 한 것으로 본다.[93]

최근에 암픽티오니 가설에 아주 직접적으로 공격하는 학자는 앤더슨(G. W. Anderson)과 드보(R. de Vaux)이다. 앤더슨은 포러의 비판을 근거로 하여, 어떻게 그 정도의 허술한 증명과 그런 심한 억측을 받아들일 수 있는가에 놀란다. 암픽티오니에 대한 히브리어 용어가 없음을 의아하게 생각한다. 그는 암픽티오니를 이스라엘이라 부르는 것 자체가 불가능하다고 본다. 이스라엘 12지파 동맹체(수 24장)는 결코 암픽티오니가 아니라고 단정한다. 앤더슨에 의하면, 노트는 중앙 성소를 증명할 수 없다. 그리고 노트가 고대 암픽티오니와 유비하면서 지파가 12이라는 숫자를 가지고 강하게 주장하는데, 12이라는 숫자 개념은 전혀 기본적 요소가 될 수 없다는 것이다. 5, 6, 7, 10, 11, 12, 15개로 된 암픽티오니도 있다고 본다.[94] 앤더슨은 이스라엘인들의 연합체 기원을 시내산 계약에서 찾아야 한다고 본다.

보다 철저한 비판을 가한 학자는 메이즈(A.D.H. Mayes)로, '12'라는 지파 목록의 숫자가 지파 조직의 존재를 구체적으로 증거하는 것으로 볼 수 있겠는가 반문을 제기했다. 또한 희랍 암픽티오니에서는, 중앙 신전이 가장 중요하고, 오히려 회원국의 숫자는 부차적 기능으로 다양한 숫자로 존재했으나, 이스라엘 지파동맹은 '12'라는 숫자가 가장 중요하게 고수되고 중앙성소는 부차적 기능으로 이해되었다는 점에서 서로의 유비에 문제가 있다고 보았다.[95]

---

pp. 55ff.
91) C.H.J. de Geus, *op. cit.*, p. 61. G. Fohrer, "Altes Testament—Amphiktyonie und Bund?" *ThLZ XCK* (1966), pp. 801—806, 893—904, *Geschichte der Israelitischen Religion* (Berlin, 1969), pp. 75—91.
92) G. Fohrer, *Geschichte der Israelitischen Religion*, pp. 75f. 셈족 세계를 인도—게르만 민족 세계 제도와 비교가 가능한가. '12'란 숫자의 의미상 문제, 중앙 성소의 존재와 법궤 문제 등.
93) *Ibid.*, p. 79.
94) C.H.J. de Geus, *op. cit.*, p. 64.
95) A.D. Mayes, "The Period of the Judges and the Rise of Monarchy", *Israelite & Judaean History*, ed. J.H. Hayes and J. Maxwell Miller (London: SCM Press, 1977), pp. 297—308. 그는, 지파 목록은 왕국 시대를 배경으로 하는 것이며, 암픽티오니 회의와 지파 대표자 회의의 존재에 대해 비판했다. 그의 *Israel in the Period of the*

고대 이스라엘에 관한 연구는 계속 학자들의 관심이 되어 왔으나, 특별히 마르틴 노트의 암픽티오니 가설이 가장 대표적인 것이었다. 거기에 대한 학자들의 입장은 대부분 수용적 입장이었으나, 시간이 흐름에 따라 비판적 견해가 많아지기 시작했다.[96]

초기 이스라엘 역사, 즉 군주국가가 건설되기 전에는 이스라엘의 각 지파를 상호 결속시키며, 그들의 동일성과 일체감을 갖게 했던 지파 연합체의 조직이 있었다는 것을 우리는 인정해야 한다. 그리고 그 이스라엘의 지파 동맹체는 다른 나라의 어느 집단이 가지는 요소와는 전혀 특이한 특성을 가지고 있다. 구태여 꼭 어느 다른 나라의 조직의 모방이거나 영향을 받았다는 결론을 쉽게 내리기에는 이스라엘의 나름대로의 특수성이 있다. 그래서 학자들의 의견이 완전히 일치되지 않는 한에서는 구약성서 자체의 기록에 권위의 우선권을 주어 연구해야 할 것이다.

이스라엘의 지파 동맹체는 야웨 유일신 신앙에 기반한 야웨 백성으로의 이스라엘이었고, 하나님의 법에 자신들을 예속시켰다는 점이 특별히 다르다.

III. 이스라엘 지파 동맹체의 신앙

이스라엘 지파 동맹체의 신앙과 종교 의식은 모세의 야웨 예배(Yahwism)의 연속이었다. 그러나 여기서는 새로운 팔레스타인의 정착 환경과 사사들로 불려지는 새로운 지도자들,[97] 가나안 원주민의 종교와 주위 국가들로부터 오는 정치적, 경제적, 종교적 위협 속에서 지파 동맹체는 어떻게 적응 대체해 나갔는가를 살펴보고자 한다.

Judges, pp. 54ff.
96) 대표적 학자들의 명단을 소개하면 Otto Eissfeldt, S. Herrmann, G. Fohrer, G.W. Anderson, R. de Vaux, A.D.H. Mayes, C.H.J. de Geus, N.K. Gottwald, J. Weingreen, A.J. Hauser, H. Jagersma, B. Lindars, J.A. Soggin 등을 돌 수 있다.
97) B.W. Anderson, *Understanding the Old Testament* (Englewood Cliffs: Prentice—Hall, 1986), p. 195. 사사는 ① 지파 내 중재자 역할 ② 계약의 중재자 ③ 비세습적 ④ 야웨의 영이 임한 자 ⑤ 카리스마적 지도자 ⑥ 영적 능력으로 지파 동맹의 지도자 자질 갖춘 자 ⑦ 전쟁의 승리로 구원자 ⑧ 백성들의 송사에 재판관 역할 등을 한다.

1. 이스라엘 지파 동맹체의 특성

앞장에서 이스라엘의 지파 동맹체를 암픽티오니(Amphictyony)로 규정한 가설을 논했었다. 즉, 노트(M. Noth)는 고대 희랍이나 이태리의 암픽티오니[98]가 "국가 형성 이전 상태의 산물이며 이는 연대기적 차원이 아닌 실질적인 차원에서 전국가적 산물(前國家的 産物)이다"고 규정한다.[99] 즉, 군주국가 형성 이전에는 이런 정치제도가 있었다는 것이다.

초기 이스라엘 역사, 즉 군주국가가 건설되기 전에는 이스라엘의 각 지파를 상호 결속시키며, 동일성과 입체감을 갖게 했던 지파 연합체 조직이 있었다는 것을 우리는 인정해야 한다. 그러나 이스라엘 지파 동맹체는 고대 희랍이나 이태리의 암픽티오니와는 다른 자체의 독특성을 가지고 있다고 봐서 다음에 요약한다.

a. 이스라엘은 한 조상을 통한 혈연적 통일성을 강조하여 족장 전승에 깊은 관심을 가진다. 더 나아가 이스라엘 지파 동맹체는 하나님과의 특별한 관계와 하나님의 계약적 명령에 우선하고 있다는 것이다.[100]

b. 고대 희랍이나 이태리의 암픽티오니는 고정된 중앙 신전을 축으로 주위의 도시국가가 동맹을 형성했다. 그러나 이스라엘은 한 곳에 고정된 성소가 아니라, 원래 광야에서는 움직이는 성소였고, 가나안에서도 세겜, 엘, 길갈, 실로 등으로 법궤가 옮겨 갔다. 이스라엘은 법궤가 있는 곳에는 야웨 하나님이 현존하신다고 보기 때문이다. 법궤의 다른 명칭이 증거와 계약의 궤이듯이, 이스라엘의 신앙은 단순한 건물의 성소가 아닌 계약관계에서 하나님을 믿었다. 그 법궤가 있는 곳에 그 계약의 하나님이 임재하시고, 그들을 인도하신다고 믿었다. 법궤가 옮겨간 곳은 지파들

---

98) *Ibid.*, pp. 51f. 고대 이태리에도 희랍의 것과 같은 유형의 동맹체가 존재했는데, 여신의 신전을 중심으로 한 에트루스크의 열 두 종족(duodecim populi) 동맹체로 매년 초에 열리는 축제 때 회원국 대표가 함께 보였었다고 한다.
99) *Ibid.*, p. 57.
100) Martin Noth는 이스라엘 Amphictyony의 기원을 여호수아 24장에 나타나는 팔레스타인 땅에서의 세겜 계약 축제 행위 이전으로는 그 기원을 소급하지 않으나(*Ibid.*, pp. 91—94), John Bright는, 지파동맹은 정복 이전으로 야웨 신앙(Yahwism)과 같이 시내산의 '야웨' 계약 안에서 형성된 거룩한 동맹에 돌아가야 한다고 주장한다. John Bright, A History of Israel (London: SCM Press LTD, 1966), Pp. 145-146.

의 중심지로 선정되었다[101]고 보겠다. 이것이 큰 특징이었다.

c. 이스라엘의 지파 동맹체는 정치 공동체 보다는 계약 관계에서 종교적, 도덕적 성격이 더 강한 제의, 예배 공동체로서 더 인식되어진 모임이었다. 그러나 다른 나라의 앰픽티오니는 제의 공동체 보다는 정치 공동체의 성격이 더 강하게 나타난다.[102]

d. 성소에서 이스라엘의 예배 목적은 지파들과의 결속이 아니라, 그들의 하나님 야웨와 인격적, 영적 결속을 새롭게 하는 것이었다. 즉, 야웨 하나님과 이스라엘과의 새로운 관계를 맺고 다짐하는 종교적인 것으로, 신앙이 지파 동맹체의 구성 요소였다. 그러나 앰픽티오니는 도시 국가들 간의 결속이 최우선인 정치적 목적이 중심이었다.

e. 고대 희랍이나 이태리의 암픽티오니는 신전이 제일 중요한 관심사로 결속되었으나, 이스라엘 지파 동맹체는 성소는 이차적 관심이고, '12'라는 숫자를 지키는 집요한 관심을 볼 수 있다. 어떻게 해서라도 '12' 숫자를 유지시켜 나가기 위해 노력했다. 성소는 움직이는 것이고, 어느 때는 법궤만을 간직한 적도 있고, 또 법궤도 빼앗긴 적도 있다. 그러나 성서 자체에서는 '12'라는 숫자를 지켜 나가고 있었다.

f. 일반 앰픽티오니에서는 각 도시국가의 연합을 도모하는 정치적 목적에서 모였기 때문에, 각 도시 국가의 신들을 인정했었다. 그래서 다신론적 예배였다. 그러나 이스라엘 지파 동맹체의 예배에서는 다른 신(神)뿐 아니라, 어떤 형태의 우상도 용납지 않았다. 오직 이스라엘에게는 야웨 유일신 하나님만이 숭배되었다. 그래서 이스라엘은 야웨 한 분만의 유일신 신앙에 기반한(십계명 1, 2계명) 동맹체였고, 그 하나님과의 계약법에 그들 자신들을 예속시켰음이 특성이라 하겠다.[103]

---

101) John Bright, *op. cit.*, (1981), p. 169.
102) Albrecht Alt, *Essays on Old Testament History and Religion*, tran. R.A. Wilson (Oxford: Blackwell, 1966), p. 234. W.F. Albright, *Biblical Period From Abraham to Ezra* (New York: Harper & Row Press. 1966), pp. 36—37.
103) John Bright, *op. cit.*, p. 144. M. Noth, *op. cit.*, p. 101.

2. 여호수아와 사사시대의 지파 동맹체의 신앙

이스라엘의 신앙은 그들의 종교의식을 통해 표현되기 마련이었다. 그것은 하나님과의 관계 결속을 최우선으로 목적했다. 그러나 이스라엘의 12지파가 결속되는 근본적 힘도 이 종교 행위에 근거하고 있다. 이스라엘을 팔레스타인 땅에서 다시 하나님과 결속시키고, 지파와 지파를 결속시켰던 세겜 집회의 예배 양식을 중심으로 여러 모임들을 분석해 보면 다음과 같이 요약할 수 있다.

a. 지파 동맹체의 종교 의식의 3요소
이 시대에도, 모세시대의 종교의식의 내용을 그대로 이어받아 이스라엘 백성들이, 절기의 때, 성소에 모여, 제사행위를 실행에 옮기는 것이었다.

① 한 장소 – 한 성소 – 공동 성소

이스라엘 지파의 각계 대표자들이 법궤가 있는 한 장소, 한 자리에 함께 모였다(수24:1). 여기서 하나님과 이스라엘 계약 공동체이기에 하나로 묶여지고, 지파간의 결속이 가능했다. 이스라엘 지파동맹의 장막 성소는 경우에 따라서 세겜(Schechem)→ 벧엘(Bethel)→ 길갈(Gilgal)→ 다볼산(Mount Tabor)→ 브엘세바(Beersheba)→ 미스바(Mizpah)→ 실로(Shiloh)→ 예루살렘 등으로 옮겨 갔다.[104] 이러한 장소에 큰 뜻이 있는 것이 아니라, 거기에 법궤를 안치한 성막이 중요했다. 성막보다 언약궤인 법궤가 더 중요했다.

신정정치(神政政治) 제도에 의해 하나님을 통치자로 하고, 각 지파들을 통합하는 곳이 바로 성막이 있는 중앙 성소였다. 광야에서와 같이 성막은 하나님의 임재를 상징했다. 예를 들면, 실로의 중앙 성소는 에브라임 지파의 땅에 위치했었다. 그렇다고 에브라임 지파가 멀리 있는 지파들을 지배하는 우월성을 가진 것이 아니었다. 어느 지파의 누구나 성막에 와서 종교행사에 참석하고, 신앙의 표현을 했다.[105]

이 성소의 핵심은 법궤였다. 법궤는 야웨 현존의 증거(Sign)였고, 거기에 예배와

---

104) Hans—Joachim Kraus, *op. cit.*, pp. 134—177에 자세히 설명되어 있다.
105) Leon Wood, *A Survey of Israel's History* (Grand Rapids: Zonder van. Publishing House, 1970), p. 193.

탄원이 드려졌다(삼상 1:31). 그 성소 안의 법궤로부터 예언적 은사를 가진 자만이 이해할 수 있는 신비한 소명과 말씀이 나타나기도 했다(삼상 3:3ff). 이 거룩한 법궤는 하나님 현존의 왕좌일 뿐 아니라, 성전(聖戰)이 발발했을 때는 싸움터에서 구원케 하는 보호와 승리의 상징(Palladium)이기도 했다(삼상 4:3). 그래서 법궤는 성소를 중심한 모든 예배의 중앙화를 이룩하였다.[106]

② 절기 때 : 한 제도(기구)— 공통 시간 : 한 제사— 공동 제의

각 지파의 대표자들이 절기 때 마다, 중앙 성소에 모여서, 사사들이나 제사장들의 주관 하에 함께 하나의 의식에 참석하여 제사를 드렸다. 제사의 종류는 모세 제사제도에 따라 번제, 속죄제, 속건제, 화목제, 소제 등을 드렸다. 이 제사는 이스라엘 축제 중에 행해졌다. 대체로 유월절, 무교절, 오순절, 장막절[107] 등이 중요 절기로 지켜졌다. 여기에 더하여 안식일, 월삭, 나팔절, 속죄일, 안식년, 희년을 지켰다. 초기 이스라엘의 제의는 제사제도가 중심이 아니라, 이러한 연례적인 대축제가 중심이 되었었다고 브라이트(J. Bright)는 말한다. 축제 때 제사를 드리며, 각 지방에서 오는 순례자들이 모여 추수의 기쁨과 함께 드리는 예배야말로 즐거움의 축제였다. 이스라엘은 그들의 축제에 역사적 내용을 부여해서 그들의 새롭고 독특한 축제로 이론적 설명을 붙였다.[108]

③ 한 케리그마 — 한 하나님 - 공동 신앙

이스라엘 축제에는 그들의 역사에 나타난 하나님의 구원 행위를 상기시키는 설교가 있었다. 그래서 온 회중을 한 분 하나님께로 충성을 다짐시키는 메세지 선포가 있었다. 그 하나님은 이스라엘의 조상 공동 조상과 특별한 관계가 있는 것을 선언하여 이스라엘의 연대성을 강조한다(수 24:1—15).

나아가서 족장 전승, 출애굽 전승, 광야 방랑 전승, 가나안 정복 전승 등을 내용으로 하는 이스라엘을 위한 하나님의 역사적 구원행위에 대한 신앙고백적 역사 회

---

106) Martin Noth, *The Hirtory of Israel* (New York: Harper & Row, Publishers, 1960), p. 91.
107) 장막절에 드리는 예물이 많았는데 숫소 71마리, 수양 15마리, 양 105마리, 염소 8마리나 드렸다.
108) John Bright, *op. cit.*, p. 171.

고가 선포되어진다(신 6:20-24, 26:5-9). 바로 이스라엘 역사에서 하나님이 그들을 위해 어떻게 행하셨고, 행하고 계시고, 행하실 것이라는 신앙고백이 바로 이스라엘을 하나님께 밀착시켰고, 지파간의 결속을 견고히 했다. 즉, 이것은 이스라엘의 전 역사를 지배했던 '케리그마(Kerygma)'였다.[109]

3. 지파 동맹체의 신앙 내용의 3대 주제[110]

지파 동맹체의 예배의 중심 목적은, 야웨 하나님과의 개인적인 결속을 확고히 하며 갱신하는 것이었다. 그 방법은 개인적 만남, 전승들의 재현, 하나님의 명령에 신실할 것과 충성에 대한 서약 등을 통해 이뤄졌다.

이 시대의 이러한 일련의 신앙 행위의 내용을 이루는 핵이 무엇이냐를 찾아보려고 한다. 왓츠(J.D. W. Watts)에 의하면, 이 지파 동맹체 기간의 이스라엘 신앙은 다음의 세 가지 기본 신조(信條)에 중점이 두어졌다.[111]

a. 야웨의 계시(The Revelation of Yahweh)

이스라엘 백성들은 야웨 하나님이 그의 백성으로 자신들을 선택 하셨다고 알았고, 야웨의 땅인 가나안을 차지할 특권을 가지고 있음을 고백했다. 바로 그 야웨께서 자신의 이름과 속성, 자신의 구원행위, 자신의 뜻을 이스라엘에게 계시하셨다고 믿었다.

①야웨의 이름과 속성은 함께 계시되었다. 야웨 이름은 네 개로 된 자음인 יהוה으로 특별한 의미를 가지고 하나님의 속성을 함축한 것이며, 이미 5장에서 다뤘다. 이 야웨의 명칭이 이스라엘에게만 계시된 것은 특별한 특권이었다. 이 야웨의 이름 계시는, 야웨의 현현과 임재의 체험과 밀접하게 관계되어 있다.[112] 특별히 지파 동맹

---
109) G. Von Rad, *Old Testament Theology*, Vol. I, Trans. D.M.G. Stalker (New York: Harper & Row, Publishers, 1967), p. 119. Martin Noth는 공통 언어, 공통 습관, 공통적 역사 경험, John Bright는 공통 종교, 공통 언어, 공통 역사적 경험, 공통 상업적 관심, W. Eichrodt는 공통 종교, 공통 제의, 공통 역사적 자의식, 공통적인 법, R. de Vaux는 한 하나님, 한 땅, 한 백성의 요소가 이스라엘 모든 지파를 묶어서 역사적 실체로 만들었다고 본다.
110) John D.W. Watts, *op. cit.*, pp. 88-96.
111) *Ibid.*
112) H.W. Robinson, *Inspiration and Revelation in the Old Testament* (Oxford: Clarendon Press, 1956), pp. 39f.

체와 관련되어 불려지는 이름 중 하나가 '만군의 야웨(Jahweh Sebaoth)'[113]로서, 군주국가 이전 시대에 언약궤와 함께 같이 나타난다. 이러한 야웨 이름의 계시가 전달하는 전반적 속성은 성결이다. 야웨는 거룩하시고 성별되고 독특하다.

②야웨는 독단적이고, 배타적이며, 성이 없는(Sexless) 분으로 계시되었다. 이방신을 용납하지 않고, 질투의 하나님으로 하나님만 섬기기를 요구하신다. 야웨는 인격적 속성을 가지고 있음이 강조된다. 지파 동맹체의 예배는 당시에 일반적이었던 의식의 마술적 경향을 피하며 거부했다. 왜냐하면, 하나님의 인격적 본성에 대한 강조 때문이다.[114]

③**야웨 행위**는, 출애굽 사건에서 보여준 구원 행위와 가나안을 이스라엘에게 선물로 허락하심에 강조되고 있으며, 또 한편으로 야웨의 역사개입을 믿었다.

④**야웨의 뜻**은, 계약 의식 가운데 선포되고, 전적으로 윤리적(Ethical)이다. 야웨의 뜻은 계약법인 율법에 구체적으로 나타나고 있다.

b. 야웨의 백성인 이스라엘[115](Israel as the People of Yahweh)

①이스라엘은 선택받은 백성이다(the Chosen People). 족장에게 주어진 초기 언약과 더불어 백성을 제사장 국가로 택하셨다(출19:6). 이스라엘은 하나님께서 그의 백성으로 이스라엘을 선택했다는 사실에 철저했다. 하나님께서는 역사에 개입하셔서 한 백성을 선택하여 세우시고, 하나님의 목적을 위해 사용하신다. 하나님은 하나님의 일을 성취시킬 남은 자(Remnant)를 택하여 하나님의 뜻을 백성 가운데 성취해 가신다.

②이스라엘은 구원받은 백성(a saved people)이다. 이스라엘은 외국 땅에서 노예로 압박받은 사실을 알고 있다. 야웨께서 애굽 속박에서 이스라엘을 구속하신 것도 안다. 이 출애굽 구원 사건에 대한 신앙이 '하나님 백성'으로서 이스라엘 사상을 형성하는 근본이 된다. 족장들과 마찬가지로 지파 동맹체도 야웨에 의해 인도받는 백성임을 알고 믿었다. 야웨는 자기 백성을 광야에서 만나와 메추라기로 먹이시고, 방랑의 생활을 보호 인도하셨다.

---

113) '만군의'는 '하늘의 별들', 혹은 '천사들'을 의미한다고는 하나 분명치 못하다.
114) 하나님의 인격성은 신인 동형동정설(神人同形同情說)로 확인된다. 또, 우상 금지에서도 나타난다.
115) John D.W, Watts, *op. cit.*, pp. 92ff.

③이스라엘은 가나안에 정착한 백성이었다. 땅에 관한 개념은 백성에 관한 개념과 매우 밀접한 것이다. 가나안은 야웨 백성에게 주어진 땅으로 야웨의 은혜스런 행위로 허락된 것이다. 광야 방랑 기간과 족장시대에, 가나안은 기대와 목표의 대상이었으나, 이제는 그 땅의 소유자로 그 땅에 정착한 백성이라는 신앙을 가졌다.

④이스라엘은 계약 백성(a covenant people)이었다. 이스라엘은 이 하나님과의 계약에 의해, 그 계약법에 의해 야웨 백성의 신분과 특권을 알게 되었다.

c. 이스라엘에 허락된 야웨의 땅, 가나안(Canaan as Yahweh's Land assigned to Israel)

이미 족장 아브라함에게 언약되어(창 15:18−21) 출애굽 사건으로 성취되어(수 14:15), 정착하여 사는 가나안은 하나님의 은총이고 선물의 땅이었다. "야웨께서 이스라엘의 열조에게 맹세하사 주마하신 온 땅을 이와 같이 이스라엘에게 다 주셨으므로"(수 21:43), "야웨께서 이스라엘 족속에게 말씀하신 선한 일이 하나도 남음이 없이 다 응하였더라"(21:45). 하나님이 땅에 대한 언약의 성취를 이루시는 신실하신 하나님으로 믿었다. 이렇게 족장들에게 맺은 약속들의 성취로서 주어진 것이다. 가나안은 계속해서 야웨의 주목과 관심을 받아왔다(신 11:12): "나는 애굽 사람의 무거운 짐 밑에서 너희를 빼어낸 너희 하나님 여호와인 줄 너희가 알지라. 내가 아브라함과 이삭과 야곱에게 주기로 맹세한 땅으로 너희를 인도하고 그 땅을 너희에게 주어 기업을 삼게 하리라!"(출 6:2−8절).

그래서 그 땅은 야웨의 선물이었다. 하나님은 "내가 아브라함과 이삭과 야곱에게 주기로 맹세한 땅으로 너희를 인도하고 그 땅을 너희에게 주어 기업을 감게 하리라"(출 6:8) "가서 그 땅을 얻으라"(신 3:12) 하셨다. "야웨께서 여호수아에게 이제 너는 이 모든 백성과 더불어 일어나 이스라엘 자손에게 주는 그 땅으로 가라. 너희 발바닥을 밟는 곳은 모두 내가 너희에게 주었노니 너희의 영토가 되리라"(수 1:2,3,4) 말씀하였다. 이스라엘은 그것을 소유하여야만 했다. 그런데 그 선물을 받기 위해서는 군사적인 행위를 수반하게 된 것이다(신 3:19, 5:31, 12:1, 15:4). 하나님은 언제나 이 싸움에서 함께 하시는 전쟁이며, 죄에 대한 심판(창 15:16)이기에 거룩한 전쟁(聖戰)으로 가나안 땅을 점령하는 하나님이 함께 하시며(신 23:14), 이스라엘을 대신하여 싸우는 전쟁에(신 1:30) 힘입어 이스라엘은 싸웠기에 약속의 성취를 이루어 나갔다.

이 가나안 땅, 여기에서 모든 하나님의 약속이 성취되고 하나님의 인류 구원을 위한 구속사건이 전부 이뤄지는 곳이었다. 바로 메시야이신 예수 그리스도께서 이 가나안 땅에서 출생하여 자라나셨고, 공생애의 모든 사역이 여기서 행하셨고, 결국 십자가 사건의 절정을 이루고 결국 재림의 날에 주님의 발이 예루살렘 앞 곧 동쪽 감람산에 서실 것이다(슥 14:4).

4. 언약의 상속체(相續體)로서 지파동맹체

하나님의 선택백성으로서 이스라엘 지파 동맹체는 전능의 하나님과 맺은 아브라함 계약(창 15장)과 야웨 하나님과 모세를 중재로 이스라엘 백성과 맺은 시내산 계약(출 19장)의 전통에서 자신들의 정체성을 확인하며, 한 백성, 곧 야웨의 백성(a people, the people of Yahweh)으로 모세와 여호수아의 신앙을 이어받은 공동체이었다.

그래서 구약성서 역사에 맥으로 계속 이어 내려오는 선택, 계약, 축복, 사명의 사상을 계승, 유지해 가는 언약의 상속체이다. 이스라엘이 가나안 땅에 들어감으로 기대와 언약 속에 있던 '안식(rest)'과 '가나안 땅의 기업'이 이스라엘의 소유가 된다.[116] 이들 언약은 오로지 그 언약을 받은 자들의 후손들의 신앙에 달려 있었다. 이러한 안식과 기업은 오로지 그리스도의 강림에서 그 신앙과 이상을 가지고 기대하는 자들에게 다가오는 영원한 안식일의 안식에 대한 징조요. 보증이다.[117]

하나님은 모든 인류 중에서 한 사람 즉 아브라함을 선택하셨고, 야곱의 12아들의 지파 중 한 지파, 즉 유다 지파를 선택하셨던 것처럼, 하나님은 그의 이름을 두실 장소를 한 지파 안에서 택하시려 하셨다. "너희 지파들 중 어떤 지파에서 야웨

---

116) 신명기 저자는 69회에 걸쳐서 이스라엘이 그들에게 언약된 땅을 소유하고 상속하게 될 것이라고 반복했다(신 1:8, 6:10, 7:8, 34:4 등). Walter C. Kaiser, Jr., Toward an Old Testament Theology (Grand Rapids: Zondervan Publishing House, 1978), p. 125.
117) Walter C. Kaiser, Jr., op. cit., p. 130. W.C. Kaiser의 "언약주제" pp. 142—43, 145—49에 논하고 있다.

께서 택하실 모든 장소에서"(신 12:14).[118] 미래의 구속을 여인의 '씨'(후손), 셈의 종족, 아브라함의 '씨'(자손), 유다 지파, 그리고 이스라엘 왕국으로 묘사하였다. 그러나 모세가 신명기 18:15—19에서 "네 하나님 야웨께서 너희 가운데 네 형제 중에서 나와 같은 선지자 하나를 너를 위하여 일으키시리니"라고 예언한 내용은 베드로(행 3:22—26), 스테반(행 7:37), 그리고 예수님 자신에 의해, 여기의 '선지자 하나'가 예수님께 적용되어졌다(요 1:1—45, 4:19,29).[119]

결론적으로, 이 지파 동맹체 시대의 핵심 신학은 땅의 기업과 이스라엘이 믿음으로 들어간 안식에 대한 개념과 그 성취이다. 그리고 이 시대는 모세와 같은 한 선지자를 기대하는 기간이기도 했으며,[120] 이러한 대망은 씨 신학의 정점인 예수 그리스도의 출현을 지향하여 역사의 지평선 너머로 우리를 인도한다.

지파동맹체의 신앙과 종교의식은 모세종교의 신앙과 종교의식을 보존 유지해 나갔지만 온전하지는 못하고 왕국시대로 가는 연결고리 역할을 했다. 아직 국가로 완전한 체제정비가 되지 못한 과도기적 정체인 지파동맹체 양식이었기 때문에 종교적 안정이나 정착이 미숙한 단계이었다.

이는 유랑의 백성이 가나안 농경문화 배경의 정착민으로 자리 잡아가는 형편에서 갈등이 많았기 때문이기도 하다. 각 지파별로 땅을 분배받아 자신들의 정체성과 가나안땅 정착 그리고 지리적 거리와 환경의 차이, 지파간의 이해관계 등, 원만한 신앙적 통일과 민족적 결속에 한계가 있던 시대는 어쩔 수 없이 군주국가로의 역사 방향이 진행되고 있었고, 종교적인 것도 성숙을 향해 가고 있었다. 그 정점을 세운 자는 다윗의 정치적, 종교적 제도 확립과 솔로몬의 예루살렘 성전건축이었다(대상 22장).[121]

---

118) W.C. Kaiser, Jr. *Ibid.*, pp. 132—133.
119) *Ibid.*, p. 141.
120) *Ibid.*
121) B.W. Anderson, *op. cit.*, p.359.

III. 이스라엘 지파 동맹체의 신앙   399

가나안에서 지파 동맹체의 위치[122]

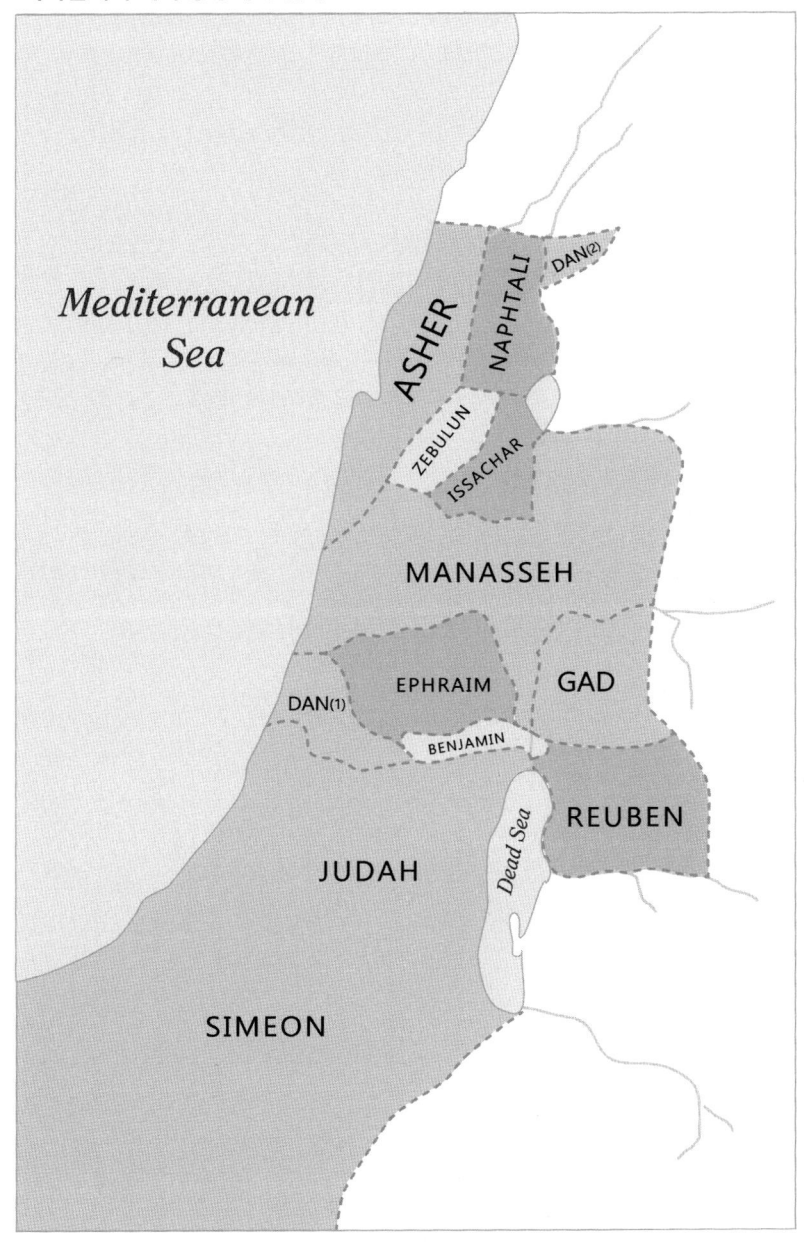

---

122) David F. Hinson, 「이스라엘의 역사」, 이후정 역(서울: 컨콜디아사, 1985), p. 101.

제 8 장

왕국 시대의 종교

　우리는 족장시대를 지나 모세 시대를 거쳐서 과도기적 지파동맹체제의 시대를 지나왔다. 특별히 지파동맹체라는 불완전한 체제에서의 사사시대를 성서기록은 "그 때에 이스라엘에 왕이 없으므로 사람이 각기 자기의 소견에 옳은 대로 행하였더라"(삿 21:25)고 마무리짓고 있다. 이 구절은 지파동맹체제의 한계를 언급하며, 왕정체제에로의 기대로 마무리하고 있다. 그래서 자연스럽게 이스라엘 역사는 우여곡절(迂餘曲折) 끝에 다윗왕조의 세계를 열어가며 이스라엘 종교의 꽃을 피우게 된다.
　역대기상 22장에서 성전건축 준비를 다 준비한 후, 다윗이 솔로몬에 유언적 과제를 전한다. "네가 만일 야웨께서 모세를 통하여 이스라엘에 명령하신 모든 규례와 법도를 삼가 행하면 형통"할 것을 확신시키며(13절), 야웨 하나님의 성전을 건축하고 언약궤를 비롯하여 성전의 기물을 건축한 성전에 들이게 하라고 확신시킨다(19절).
　역대상 23장에서는 다윗이 제사장들과 레위인들을 모아서 각각 조직, 체계정비를 하여 그들에게 업무를 부과한다. 레위인은 30세 이상으로 계수하여 24,000명은 성전의 일을 보살피게 하고, 6,000명은 관원과 재판관을 삼고, 4,000명은 문지기로, 또 4,000명은 악기로 찬송하는 자들로 세운다(3-5절). 이어서 24장에서는 사독 계열의 아론의 제사장들, 음악인들(25장), 다른 직원들(26장), 마지막에 민사와 군대 문제를 다루는 사람들(27-28장)의 업무를 부과하여 체계를 세운다.[1]

이스라엘 백성의 왕국시대 종교는 [예언자 종교]라고 단도직입적으로 말할 수 있겠다. 그러나 모세 종교에서 지켜온 제의 규례를 더욱 확대하여 구체적으로 지켰던 시대이기도 하다. 성막 성소가 예루살렘에 고정된 성전(Temple)으로 대치되고, 축제일 혹은 절기도 기본적인 것에 몇 가지 역사적 사건과 관련하여 첨가된 절기들을 지켰다. 제사는 율법에 규정된 의식을 가지고 더욱 전문화되고 거대해진 제사장 계급에 의해 준행되었다. 그러나 당시의 왕이 어떠한 야웨 신앙을 가지느냐에 따라 이스라엘 종교는 상당한 영향을 받아 운명이 좌우되었다.[2]

I. 왕국 시대의 역사적 배경

A. 왕조 형성의 배경

이스라엘의 지파동맹으로 종말을 고하게 한 위기는 주전 11세기 후반기에 닥쳤다. 이 시기에 이스라엘은 전면적 개혁과 더불어 당시 세계의 강국 중에 하나로 부상하였다. 그래서 이 시기는 이스라엘의 전 역사에 걸쳐 가장 뜻있는 시대 중 하나가 되었다.[3] 이스라엘 지파 동맹체는 약 200여년[4]간 존속하다가, 다음과 같은 이유와 상황에 따라 쇠퇴하고 왕정으로의 전환을 가져오게 된다.

---

1) B.W. Anderson, 「구약신학」 최종진 역(서울: 한들출판사, 2001), p. 359.
2) 본서는 이 왕국 시대의 종교에 대해서는 간략하게 하며, 예언자와 그들의 예언 형태에 대해 논하는 것으로 끝내려고 한다. 왕국시대의 종교와 예언자 연구는 하나의 책으로 다시 써서 출판하여야 할 분량의 것이다.
3) John Bright, *A History of Israel* (Philadelphia: Westminster Press, 1981), p. 184.
4) 사사들의 개인적 통치기간을 전부 합치면 410년이나 된다. 그러나 사사들은 이스라엘 전체 지도자인 사사보다도, 대개 개별 지파의 우두머리인 사사들이었다. 그래서 동시대에 사사가 몇 명일 수도 있어서 대개 열왕기상 6:1에 의거, 약 200여 년 기간 동안 사사가 이스라엘을 통치했다고 본다.

1. 지파동맹 체제의 쇠퇴(衰頹)

a. 주위의 정치적 압력 증대와 동맹체의 취약점

가나안 땅에 정착이 구체화되면서, 국제적 외교관계와 국내적 상호관계에 여러 가지 문제가 변수로 작용하면서 정치적 압력이 증대되었다. 원주민들과 관계와 주위의 왕조국가들과의 외교적, 군사적, 지리적, 경제적 민감한 문제들이 나타나기 시작했다. 이러한 압력이 점증될수록 지파 동맹체의 취약점이 드러나기 시작했다. 예를 들면, 가나안 왕 야빈의 군대장관 시스라가 군대를 이끌고 대거 침입하려는 위기에 처하여 드보라가 각 지파에 전쟁병력의 소집 요구하지만 거기에 응한 지파는 납달리 자손과 스불론 자손만 출병한다(삿 4:6,10). 이런 외세의 침략 앞에 전체적 결속의 취약점이 노출되었다.[5] 입다가 암몬 사람을 대적하려 할 때 에브라임 사람들은 힘을 합하지 않았다. 분쟁으로 지파끼리 싸우는 일이 있기도 했다(삿 12장, 17장) 결국 카리스마적 지도자에 의한 신정제도의 한계성이 드러났다. 각 지파는 그 성격상 독립성이 강했다.

b. 지파간의 이해(利害) 충돌

절대 권위의 사사들이 살아있는 동안에는 안정이 있는 듯했으나, 지속적 평화가 보장되지 못했다. 실제로, 사사들의 지도력은 대개 자기 지파에 한하는 부분적인 것에 그치는 수가 많았다. 지파간의 갈등의 이유는 경제적 이익과 영향력 확보 등 문제들이 자연히 드러나게 되었다. 지리적 차이에서 오는 것도 있었다. 요단 동편의 문제와 팔레스타인 안의 문제의 관심사가 다를 수 있었고, 북쪽에서 남쪽으로의 여행이 높은 산맥에 의해 제한되기도 하였다. 그래서 지방적인 방언이 나타나고, 풍습과 정치적 견해가 달랐다. 가장 큰 지파간의 불화는, 베냐민 자손의 불량배들이 레위인의 첩을 살해한 사건이 확대되어 베냐민 지파 외의 지파들이 베냐민 남자들을 거의 몰살하다시피 했던 사건이다(삿 19-21장). 사사기는 이렇게 한 지파가 거의 몰살하는 비극적 사건으로 끝을 마무리하고 있다.

---

5) Bernhard W. Anderson, *Understanding the Old Testament* (Englewood Cliffs: Prentice—Hall, 1986), p. 201.

c. 지도자의 빈곤

사무엘 같은 위대한 지도자를 뒤따르는 정치, 종교적 지도자가 나타나지 않았다. 그의 아들들조차 사무엘의 길을 따르지 않아서 대중들에게 실망을 주었다.[6] 오히려 다른 나라의 왕이 더 좋을 것 같이 보일 정도로 이스라엘의 지도자들의 빈곤이 심각했다. 결국 이스라엘 백성은 왕을 세워달라고 사무엘에게 요구하게 된다(삼상 8장).

d. 제사장 계급(종교 지도자)의 타락

사사 시대의 말기 시대상이 사무엘상 2, 3장에 기록되고 있다. 제사장 엘리는 늙고 눈이 어둡고, 그의 아들들은 불량자로 언급된다(삼상 2:12). 그 때에는 야웨의 말씀이 희귀하고, 이상이 흔히 보이지 않았다(삼상 3:1). 결국 블레셋과의 전투 때에 법궤를 실로로부터 전장(戰場)에 모셔 왔다가 할례 받지 못한 블레셋에게 빼앗기고, 엘리가 목이 부러져 죽음으로, 지파동맹체의 핵심근거인 중앙 성소, 실로가 망하고 만다. 이때부터 실로에 대한 언급이 사라져 버린다.[7]

e. 블레셋의 빈번한 침략

블레셋인은 에게해(海)지역에서 와서, 가사(Gasa), 가드(Gath), 이스글론(Ashkelon), 아스돗(Ashdod) 엘글론(Ekron)에 정착했다.[8] 당시 아주 오랜 기간 팔레스타인 남부 해안 평야에 정착했던 블레셋은 왕조국가로 막강한 군사력을 가지고 이스라엘을 계속 위협해 왔다. 블레셋 사람들은 헷족속에게서 철 제련(製鍊) 기술을 배워 수백년 동안 금속에 있어 독점권을 장악해 철무기로 무장했다.[9] 그들의 주신(主神)은 다곤(Dagon)이었다. 블레셋은 실로를 대파(大破)하고, 이스라엘 백성을 보호, 인도한다는 상징이던 언약궤인 법궤를 탈취했다. 블레셋은 가나안에 그들의 왕국을 건설하는데 더욱 박차를 가했을 것이다. 이 왕정국가인 블레셋의 계

---

6) 사무엘상 8:1—3에 보면, 사무엘이 늙으매 아들들을 사사로 삼았으나, 그들이 뇌물을 취하고, 판결을 굽게 하며, 사무엘의 행위를 따르지 아니하고, 도덕적 타락을 했다.
7) B. W. Anderson, *loc. cit.*, pp. 204—205.
8) G. Herbert Livingston, 「모세요경의 문화적 배경」 김의원 역(서울: 기독교문서선교회, 19990), p.57.
9) *Ibid*.

속적인 위협이 이스라엘의 왕정 요구의 직접적 원인이 되었다.

이런 사사시대의 체제의 헛점, 모세신앙의 흔들림, 사회적 불안정, 이스라엘 백성들의 타락은 "왕이 없으므로 사람이 각기 자기의 소견에 옳은 대로 행하였더라"로 기록하여 왕조국가로의 기대로 끝을 맺는다.

결국 유목민의 침입과 미디안족의 침입에 카리스마적 영도력을 발휘하여 이스라엘을 구원한 기드온은 사사 중에서도 영웅적 인기가 있었다. 이스라엘 사람들이 전쟁에서 승리하고 돌아온 기드온에게 "당신이 우리를 미디안의 손에서 구원하셨으니 당신과 당신의 자자손손이 우리를 다스려 주옵소서"(삿 8:22)라는 세습적 왕권 수락을 요구한다.

진보주의자들의 군주제도의 왕정제도의 요청을 거절한 기드온은 보수주의자로 전통적 신정제도(Theocracy)를 천명했다.[10] "내가 너희를 다스리지 아니하겠고 나의 아들은 너희를 다스리지 아니할 것이요(世襲王政 거절). 야웨께서 너희를 다스리시리라(神政)."(삿 8:23)

당시의 이런 지파동맹체의 쇠퇴와 주위 군주국가들의 위협과 국제정세와 이스라엘 백성들의 야웨신앙에 절대성의 약화와 더불어 지파동맹의 막이 내리고, 강력한 중앙집권 왕정체제의 필요성을 느끼게 했다.

2. 사무엘의 역할

이스라엘 종교와 역사에 아브라함, 모세, 다윗과 맞먹는 위치를 점하는 인물이 바로 사무엘이다. 사무엘('하나님의 이름'이라는 뜻)은 에브라임 산지에 살던 레위지파의 아버지 엘가나와 어머니 한나의 기도로 얻은 아들[11]로서, 이스라엘의 마지막 사사이면서 왕국 건설에 결정적 역할을 했던 인물이다. 또한 왕국 시대의 예언자, 종교의 효시를 이루는 인물이기도 했다.

---
10) 기드온이 왕이 되는 것은 거절했으나, 대제사장의 특권 계급에는 들어가려는 것처럼, 에봇을 만들기 위해 금귀걸이를 받았다. 그것이 후에 백성들의 숭배의 대상이 된다(삿 8:24—27).
11) 사무엘상 1:1에는 사무엘의 부친이 에브라임 사람 엘가나로 되어 있고, 역대상 6:28, 33에는 레위 지파에 속한 것으로 되어 있다. 레위 지파는 기업을 분배받지 못하고 각 지파의 땅에 성을 얻어 거했다(민 35:1—8). 사무엘의 조상들이 살던 곳이 에브라임 지파가 소유했던 기업의 땅으로, 거기에 레위 지파 성읍이 있었던 것으로 보아야 할 것이다.

신정국가 체제에서 왕정국가 체제로 바뀌는 과정에서 결정적 역할을 했던 사무엘은 당시 사사들의 역할을 하면서도, 과도기적 기간을 이끌어 가면서 왕정제도를 확립하여 사울과 다윗을 왕으로 세워 군주국가를 확립하게 한다. 당시 사사들과 이스라엘 지도자들의 지도자들은 통합적 역할을 감당하고 있었다: ①군사 지도자적 직능(Military Function), ②재판적—사법적 직능(Judicial Function), ③제의적 직능(Ritual Function)을 수행하고 있었다.

이런 직능을 종합하여(Combined functions) 가졌던 모세, 여호수아, 사사들과 사무엘은 이스라엘의 신정국가(神政國家)를 이끌어 갔다. 이 직능들은 나중에 군주국가(君主國家)가 형성되자, 재능과 직분에 따라 다음의 3가지 역할로 각각 나눠진다.[12]

①군사 지도자의 정치 분야→왕(다윗계약: 영원한 왕조 계약으로 발전)
②사법적 재판기능의 분야에서 예언자 직능(모세계약으로 복귀 시도)
③제의적 기능은 전적으로 제사장(레위지파 계약: 레 8장—10장)

이같이 왕국시대에는 이스라엘 지도자 그룹이 3가지 기능의 활성화로 분산되었다. 그러다가 왕정제도가 확립되면서 예언자 기능은 더욱 구체적이고 독특한 운동으로 발전했다.

이스라엘 역사의 전환점에서 예언자요 제사장이며, 사사였던 사무엘은 모세 이후, 이스라엘의 최고 정신적 지도자였다. 그러나 그의 역할로 보아 예언자적 영역에 더욱 강조가 주어지면서, 이때부터 예언자가 이스라엘인들의 생활에 막중한 역할을 하기 시작했다. 그리고 정치적 지도자로서는 왕이 새로운 지도자로 부상되었다.

사울 전승(삼상 9:1—10, 11:1—11,15, 13:2—14)에 의하면, 백성이 왕을 요청하는 것이 야웨의 왕권을 거부하는 것으로 나타난다. 왕을 옹립하는데 하나님께서 싫어하셨다는 암시가 없고, 사무엘도 솔선하여 사울을 왕으로 선택했다.[13] 그러나 **사**

---

12) John D.W. Watts, *Basic Patterns in Old Testament Religion* (South Pasadena: Jameson Press, 1971), pp. 74—75.
13) B. W. Anderson, *op. cit.*, p. 207.

무엘 전승(신정문서: 삼상7:3—8,22, 10:17—27, 12:1—25)[14)]에는 왕을 세우는 것이 하나님께 반역이고, 하나님도 사무엘도 못마땅해 하는 일이었다.

"야웨께서 사무엘에게 이르시되 백성이 네게 한 말을 다 들으라. 그들이 너를 버림이 아니요 나를 버려 자기들의 왕이 되지 못하게 함이니라"(삼상 8:7).

큰 그림에서 보면, 지파동맹가 붕괴되고, 이스라엘 왕정 국가로 출범되는 사건에도 하나님의 점진적 계시가 내포되어 있었다고 보겠다. 즉, 야웨의 계시는 시대적 역사 진전에 따라 성취를 향한 점진적 발전이 있음을 필자는 1—4장에서 거듭 말했다. 야웨의 계시는 인간 생활의 경제, 정치, 사회 활동 등 전체와 연관되어 나타난다. 만일, 하나님이 이스라엘을 통해 이방의 여러 국가에 그분의 메시지를 전하려면, 이스라엘 자체도 국가가 되어야 한다는 논리이다. 그리고 국가 제일주의라는 우상적 세력을 막기 위해, 먼저 국가로서의 체험을 하도록 하는 섭리가 있을 수 있다.[15)] 여기에서, 이스라엘의 왕은 고대 근동의 왕권 개념과는 근본적으로 틀린 개념을 성서는 설정하고 있음을 주지해야 한다.

사무엘은 왕정제도를 수락하여 사울을 왕으로 세운다. 그리고 온 이스라엘에게 이스라엘 왕권에 대한 지침(Guide—lines)을 계약 관계의 맥락에서 선포했다(삼상 12:6—18). 그것을 요약하면;

① 하나님이 이스라엘을 통치하시는 최고 주권자임을 항상 인식할 것.
② 하나님의 도움을 망각하는 인간의 본성이 위험한 것을 인식할 것.
③ 이스라엘의 왕을 선택하신 분은 하나님이시다(왕 선택권은 하나님께).
④ 왕도 백성도 모두 하나님의 계명에 복종해야 한다(그렇지 않으면 징벌).
⑤ 왕은 백성과 똑같이 계약의 통제 아래 백성을 다스려야 한다. 왕도 계약에 대한 의무를 충실히 감당해야 한다.

---

14) B.W. Anderson은 사무엘 전승(Samuel Tradition)이라 하고(*op. cit.*, p. 207), Kaufmann은 신정 본문(Theocratic Version)이라 했다. Yehezkel Kaufmann, *The Religion of Israel*, tran. Moshe Greenberg (Chicago: The Univerity of Chicago Press, 1969), p. 263.
15) *Ibid.*, p. 209. cf. Walter Eichrodt, *Israel in der Weissagung des Alten Testament* (Zürich: Gotthelf—Verlag, 1951) 34 E.A. Speiser "'People' and 'Nation' of Israel", *Jounal of Biblical Literature, 79*(1960), pp. 157—163를 볼 것.

⑥ 이스라엘의 왕은 절대로 "신―왕"(a god―king)이라는 고대 근동의 다른 나라의 개념이 용납될 수 없다. 이스라엘의 왕은 단순히 하나님의 권위와 지배 밑에 백성을 대표하는 위치에 있는 것뿐이다. 그래서 하나님이 허락한 왕정제도에서는 독재 정권은 용납될 수 없다.

⑦ 왕정 요구는 하나님께 최상의 것은 되지 못하나, 수정된 통치 방법으로 허락된 것이다. 왕정제도의 위험성을 예시하며, 이스라엘 견책 내용.

이스라엘의 왕정은 당시 주위 국가들 간의 일반적인 제도였으나, 한편 독특한 것이었다. 처음 시작될 때는 되도록 옛 질서를 벗어나지 않으려고 노력했다. 사울이 왕이 될 때도 사사들과 같이 카리스마적 영웅으로 등장되고 있다. 그렇지 않았으면 백성이 추종했을까 하는 의문이 있다.[16] 그러면서 사무엘은 기름 부은 사울을 왕으로 세워 위의 특색 있는 지침을 새로이 첨가시킨다.

결론적으로 말해서, 이 하나님의 왕정 허락의 깊은 동기에는 메시야 왕권을 향한 다윗의 영원한 왕조 계약에 대한 구속사적 "씨신학"의 섭리가 뿌리 깊이 있다고 하겠다. 다가올 메시야 왕권의 성취와 모형을 왕정제도 안에서 그림자처럼 보여주고 있다.

3. 통일 왕국의 시작과 다윗 왕국

a. 사울 왕조의 단명

하나님의 지시로 사무엘은 베냐민 지파의 사울을 왕으로 기름 부어 세웠다. 그러나 그는 비극적 종말[17]을 고하고, 그의 왕권은 다윗 왕조로 넘어간다. 사울 왕조는 다윗 왕국의 서론적 존재에 불과한 과도기적 통치였다. "씨신학"의 구속사적 씨흐름 구조에 의하면, 유다 지파에서 이스라엘을 다스릴 왕이 나타나야 했다(창

---

16) John Bright, *op. cit.*, p. 190. cf. A. Alt, "The Formation of the Israelite State in Palestine", *Essays on Old Testament History and Religion* (Oxford: Basil Blackwell & Mott, Ltd, 1966), pp. 183―205.

17) 사울의 시작은 훌륭했으나, 사무엘과의 불화에서 시작된 비극적 인물이 되고 만다. ① 사울이 믹마스에서 개인적으로 번제를 드려 제사장 권한을 침범(삼상 13:14). ②사울이 하나님 명령이 있음에도 아각과 양과 소를 다 진멸하지 않음(삼상 15:3). ③사울의 교만, 완고(삼상15:22, 23)하자 사무엘이 버림받는 사실을 선언한다. 사울은 부상하는 다윗을 질투하여 죽이려고 애를 쓰나, 길보아 전투에서 죽는다.

49:10). 그러나 혼란시대의 지파동맹체의 12지파를 하나로 일단 통일하기 위해서 북쪽 지파들과 갈등관계의 남쪽 유다지파보다는 지리적으로 중앙에 위치하며, 예루살렘을 소유하고, 야곱의 12아들 중 막내인 베냐민 지파의 사울을 먼저 왕으로 사용하신다. 그래서 유다지파가 아닌 베냐민 지파의 사울왕조는 단명할 수밖에 없는, 유다지파의 다윗 왕을 위한 임시적 왕조로 끝나버린다. 실은, 과도적 왕조에 불과하였다.

b. 다윗왕국의 번영

사무엘은 다윗을 기름부어 왕으로 세우나, 전체 이스라엘의 왕이 되기 전 7년 동안은 유다의 왕으로 일개 제후(諸侯)정도 밖에 되지 않았다.

① **예루살렘 수도**: 그 후에 다윗은 자기의 개인 군사를 동원하여 예루살렘을 공격한다. 그 곳의 여부스 족속을 멸망시키고, 그 여부스성을 "다윗 성"(삼하 5:9), 또는 "예루살렘 성"이라 불렀다. 다윗의 개인 소유가 된 다윗 성(예루살렘)은 이스라엘과 유다 사이에 위치하고 있어서 이스라엘 민족 전체의 중심으로 적합한 곳이었다.[18] 그 예루살렘을 수도로 정한다. 그 예루살렘은 가나안땅의 중앙경계에 놓였고 기혼(Gihon) 샘에서 좋은 물공급이 되는, 해발 800m의 방어 요충지를 확보하여 방어 공사를 했다. 이 예루살렘은 정치적 중앙집권화와 더불어 사회적, 경제적, 문화적 중심지로 삼았을 뿐 아니라 종교적인 수도 역할을 하도록 하는 꿈을 심었다.[19]

② **법궤의 안치**: 다윗은 블레셋에게 빼앗겼다가 돌려받았던 법궤를 예루살렘으로 가져와서, 예루살렘에 계약의 법궤를 위한 새 집을 만들어 종교의 중앙집권화의, 이스라엘인들의 중심점으로 만들어 버린다.

다윗은 길르앗여아림에 방치되어 있던 하나님의 법궤를 옮겨와 예루살렘 다윗성 장막에 안치한다(삼하 6:1-15). 이것으로 다윗은 이스라엘을 하나님의 백성으로 결속시킨다. 그 왕국은 하나님의 약속위에 세워진 나라였다(삼하 7장). 그리고 다윗왕조의 영속성은 메시아적인 종말사상의 원천이 되었다(사 9:1-7, 11:1-16, 미가 5:2).

---

18) David F. Hinson, 「이스라엘의 역사」 이후정 역(서울: 컨콜디아사, 1983), p. 118.
19) Leon Wood, 「이스라엘의 역사」 김의원 역(서울: 기독교문서선교회), pp. 350—0351.

③ **다윗 제국의 성취**: 다윗은 이스라엘 전체의 왕으로 추앙받아 세력을 잡은 후, 블레셋을 정복하여 그들의 도시국가들을 그의 봉신으로 만들었다. 더 나아가 옛날 애굽의 영토였던 팔레스타인의 영토들을 공격하여 장악하고, 동부 요르단(모압, 에돔, 다메섹, 소바, 하맛)을 봉신국으로 만들고, 암몬을 합병하여 그의 영토에 귀속시켰다. 당시 다윗은 세계에서 강력한 통치자 중의 하나였다.[20]

다윗의 권력은 남쪽의 아카바 만과 애굽 강(나일)으로부터 북쪽의 유프라테스 강까지 퍼졌다. 이 영토의 경계는 창세기 15:18의 아브라함 계약에서의 약속이 이뤄진 것이고, 어떤 면에서는 다윗이 당시에 한 개의 제국을 건설한 것이나 같았다. 그러나 매우 복잡하게 얽힌 구조와 다양한 종족들로 이루어진 나라였다. 사울 통치에서는 민족왕국이 문제였다면, 다윗 치하에서는 총괄적인 팔레스타인 영토 국가의 성격으로 제국을 형성하게 되었다.[21]

④ **다윗의 종교적 조직**: 다윗 시대에 와서 남쪽, 북쪽 지파들을 조화시키며, 구체적인 종교제제를 구체화했다. 종교담당 특별보좌관격의 선지자로 북쪽 출신 갓과 남쪽 출신 나단을 세웠다. 대제사장은 북쪽 출신 아비아달과 남쪽 출신 사독을 세웠다. 율법은 대제사장을 한 명만을 허락했는데 독특한 상황이 되었다. 아비아달은 이다말을 통한 아론의 자손이고, 사독은 엘르아살을 통한 아론의 자손으로 직분에 하자는 없었다.[22] 후대에 가서는 사독계통의 제사장으로 그룹이 형성된다.

제사장의 숫자가 많아지자 24그룹으로 구분하여 교대로 중앙성소에서 1주일씩 봉직하도록 했다. 레위인들을 재능에 따라 가수들, 문지기, 관리와 판관으로 나누고, 제사장 돕는 자들로 구분하여 안정된 종교적 국가체제를 확립했다.[23]

⑤ **성전건축 준비**: 하나님께서 이스라엘 사방의 대적을 파하시고, 다윗의 통치가 안정과 평화가운데 머물게 하신 때에, 다윗은 하나님의 전을 지어야겠다고 본래 하나님 전에 대한 열심이 투철했다.(시 132:1—5, 69:9) 바로 그때가 야웨 경배를 위한 고정되고 영원한 처소가 세워지기에 적절한 때라고 생각한다. 자신은 백향목으로 지은 궁에 평안히 거하는 것에 비해 야웨의 법궤는 장막에 놓인 사실이 그를

---
20) *Ibid.*. pp. 357—358.
21) Georg Fohrer, 「이스라엘 역사」, 방석종 역(서울: 성광문화사, 1986), pp. 124—133.
22) Leon Wood, *op. cit.*, pp. 360. 솔로몬 등극 후에 정적들인 [아도니야]와 [요압], [시므이]를 처형하고 아비아달은 제사장이라서 제사장직을 박탈하여 내쫓는다. 그 후에는 사독 제사장 계통이 성전임무를 담당하게 되었다.
23) *Ibid.*, p.361.

힘들게 했다. 그래서 예루살렘 성전 건립의 열정을 다하게 된다

다윗이 성전건축의 의지를 선지자 나단에게 말하자 이를 좋게 여겼다. 하지만 정작 야웨 하나님께서 이를 거절하셨다.(7:4-7) 성전을 건축하는 일 자체가 아니라, '지금' 그리고 '다윗이' 그 일을 행하는 것을 거절하셨다. 야웨께서는 자신을 존중히 여기는 다윗의 중심을 아시고 받으셨지만, 그에게 그 일을 허락하지 않으신 것에 의미가 있다.

하나님께서 이 성전건축을 다윗에게 허락하지 않으신 이유는 첫째가 아직 때가 아니었다. 하나님은 사람이 정한 곳이나, 좋게 여기는 어떤 곳에 제한되어 계시는 분이 아니시라는 사실을 가르치고자 하셨다.

둘째는, 다윗이 전쟁으로 손에 피를 많이 묻혔다는 것이다. 구약 계시의 차원으로 장차 성전을 허락하시더라도 다윗에게는 이 일이 허락되지 않은 것은 그가 수많은 전쟁과 국가 안정의 과정에서 손에 많은 피를 묻혔기 때문이었다. 이는 약점이기 보다는 다윗이 철저하게 무고한 피를 흘리지 않으려고 했지만(대상 22:8), 그의 사명이 다르다는 의미이다. 곧 그의 사명은 대적들을 무찌름으로 그들로부터 이스라엘을 안정시키고, 백성들에게 야웨의 통치와 보호를 드러내며 번성케 하는 일하지만 성전은 하나님의 임재로 인한 평화와 은혜를 상징하는 것인 만큼 평화의 사람에 의해 세워져야 한다는 것이 하나님의 계획이었다. **"내 아버지 다윗이 사방의 전쟁으로 인하여 그의 하나님 야웨의 이름을 위하여 성전을 건축하지 못하고 야웨께서 그의 원수들을 그의 발바닥 밑에 두시기를 기다렸나이다. 이제 내 하나님 야웨께서 내게 사방의 태평을 주시매 원수도 없고 재앙도 없도다"**(왕상 5:3-4).

사무엘상 7:8-29에 다윗의 사명과 축복을 선언하신다.
- 하나님은 다윗을 이스라엘의 주권자로 삼아 사방의 대적에게서 지키시고(8-11),
- 그의 뒤에 한 '씨'(후손)를 통해 그의 나라를 견고히 하실 것이고(12),
- "그 씨(솔로몬)가 야웨의 이름을 위해 성전을 건축하게 할 것이며"(13): 다윗은, 성전 건축을 허락하시지 않으셨지만, 성령의 영감으로 주어진 성전 건축 설계

도를 완성하고(대상 28장), 수많은 성전건축 자재와 재료를 수집하고 철저히 준비해서 솔로몬에 넘겨주었다(대상 22장).

─구약의 앞선 언약 '아브라함 언약'과 '모세(시내산)언약'과 본질은 같으나 더 점진적으로 심화된 '민족'과 '땅'과 '왕권'이 보존되리라는 약속(다윗의 영원한 왕조계약)이었다. 그러나 무조건적인 것이 아니라, 징계와 경고가 함께 담겨 있다.

─다윗의 '씨'가 가리키는 건 창세기 3:15의 여인의 후손으로부터 이미 대대로 이어져 온 것이다(창 3:15, 15장) 장차 가까이는 성전을 건축할 솔로몬을 가리킨다. 하지만 더 궁극적으로는 성전이 가리키던 실체이시며, 하나님 나라의 왕이신 그리스도를 가리켰다.(사 11:1, 마 1:1)

─"내가 너를 위하여 집을 세우리라"는 말씀을 듣고, 다윗이 하나님께 감사의 기도로 간구한다.(7:18-29): **"이제 청하건대 종의 집에 복을 주사 주앞에 영원히 있게 하옵소서 주 야웨께서 말씀하셨사오니 주의 종의 집이 영원히 복을 받게 하옵소서"**(29절). 야웨께서 약속하신 대로 반드시 이루어 주시기를 간구했다.(25-29) 하나님께서 오히려 다윗을 위하여 "집을 지으시겠다" 약속하신 것(7:11-16)은 다윗이 거할 집이 아니라 다윗의 '왕조'를 의미했다. 그래서 다윗 궁중에서의 [다윗의 영원한 왕조 계약]을 허락하시고 유다지파의 다윗혈통에서 계속해서 왕조가 이어져 갈 것을 약속하신다. 이는 창세기 3:15의 여인의 후손을 향한 구속사의 씨흐름에 구체적 과정인 49:10의 야곱의 축복이 다윗왕조로 성취되는 원대한 하나님의 계획이셨다.

─다윗의 영광스런 삶의 마무리 기록: **"이새의 아들 다윗이 온 이스라엘의 왕이 되어 이스라엘을 치리한 날짜는 사십 년이라 헤브론에서 칠 년을 치리하였고 예루살렘에서 삼십삼 년을 치리하였더라 저가 나이 많아 늙도록 부하고 존귀하다가 죽으매 그 아들 솔로몬이 대신하여 왕이 되니라"**(대상 29:26-28)

I. 왕국 시대의 역사적 배경   413

다윗 왕국의 형편[24]

---

24) David F. Hinson, *op. cit.*, p. 115.

이렇게 다윗이 이뤄놓은 팔레스타인 지경을 망라한 국가는 이스라엘인들과 가나안인들 사이의 긴장 관계, 유다 지파와 중·북부 이스라엘 지파들 사이의 갈등의 고통을 겪었다. 다윗은 이런 상황의 이스라엘을 국법에 의하여 다스릴 수 있었다. 그러나 거기에는 국가 분열의 씨앗이 내포되어 있었다.[25] 다윗과 그의 후계자인 솔로몬이 하나로 통일시켜 왔던 국가는 솔로몬이 죽자 남·북 왕국으로 분열되었다.

B. 남북 분열왕국의 시대

이스라엘 통일왕국에 가장 위대한 다윗왕과 솔로몬왕은 살아온 배경과 성격이 크게 차이가 있었다. 다윗은 시골의 광활한 들판에 양치는 목자이었고, 후에는 사울왕에게 쫓기며 파란만장한 망명생활을 겪었다. 그래서 다윗은 공격적인 행동의 왕으로 자신의 군대를 이끌고 전쟁에 전행(專行)으로 주위의 수많은 나라들을 정복하여 대제국을 이룬다.

1. 솔로몬 왕의 치세(治世)와 난세(亂世)

그러나 솔로몬은 아버지, 최대의 성군 다윗왕이 획득한 국토를 그냥 물려받아 더욱 확장된 환경에, 제한된 궁궐 안에서 부족함이 없는 안락과 부유하게 자라난 평화의 사람이었다. 그래서 성서는 "솔로몬이 사는 동안에 유다와 이스라엘이 단에서부터 브엘세바에 이르기까지 포도나무 아래와 무화과나무 아래에서 평안히 살았더라"고 기록하고 있다(왕상 4:25). 이건 전적으로 아버지 다윗이 물려준 축복의 결과이었다.

왕이 된 솔로몬은 아버지 다윗과는 다르게 화려한 궁정과 사치스런 삶을 영위하기 위한 경비가 필요하자 세금을 인상하고, 외국무역을 장려하고, 하나님으로부터 지혜와 명성과 부유(富裕)를 얻은 왕으로 성공적 사람으로 시작했다.

솔로몬의 재산과 지혜가 세상의 모든 왕들보다 더 많았다. 많은 나라에서 솔로몬의 지혜를 듣고, 그의 얼굴을 보기 위하여 각기 예물을 가지고 찾아 왔다. 이들이 가져온 선물은 금그릇과 그릇과 옷과 갑옷과 향품과 말과 노새가 있었다. 그들은 해마다 정한 수를 드렸다. 예루살렘에 은을 돌같이 흔하게 만들었으며, 백향목을

---
25) *Ibid.*, p. 133.

평지의 뽕 나무같이 흔한 것이 되게 하였습니다. 또 많은 나라들과 무역을 하였는데, 특별히 애굽의 말과 병거를 사서, 북쪽의 여러 나라에게 팔아서 많은 이익을 남겼다(왕상 10장). 솔로몬의 궁정의 호화호식이다음과 같다.

"하루의 음식물은 가는 밀가루가 삼십 고르(6,600L)요 굵은 밀가루가 육십 고르(13,200L)요 살진 소가 10마리요 초장의 소가 20마리요 양이 100 마리이며 그 외에 수사슴과 노루와 암사슴과 살진 새들이었더라."(왕상 4:22-23)

그러나 처음과는 다르게 그는 하나님을 배신하고, 이방여인들이 가져온 우상종교에 빠지며 타락의 길을 가게 된다.[26] 솔로몬은 상당히 방탕하고 사치스러운 삶을 살았다. 1천명이나 되는 부인을 두고, 솔로몬은 이 세상에서 인간이 누릴 수 있는 모든 부귀영화를 다 누리고 살았다. 부족함이 없었고, 대적자도 없었고, 하고자 하는 일을 하지 못하는 경우가 없었다. 그런데 그런 그가 죽기 전에 남긴 마지막 유언은 "헛되고 헛되며 헛되고 헛되니 모든 것이 헛되도다" 였다(전 1:2).

솔로몬이 통치한 B.C. 970-B.C. 931, 약 40년간은 왕조의 최고 전성기였다. 다윗으로 확장된 나라는 솔로몬 치세 동안 내부적으로나 외부적으로나 평화를 누렸다. 솔로몬은 정적 아도니야를 제거한 후 영토를 새로이 분할하여 12구역으로 나누고, 1년에 한 달씩 왕실을 위해 양식을 공급하도록 했으며, 인접 국가와 우호관계를 잘 유지하였다. 이집트 파라오의 딸과 결혼하여 결혼예물로 가져온 게젤 도시를 얻었다.(왕상 2:12-46, 3:4-28. 대하 1:1-17).

솔로몬 왕은 예루살렘 성전을 건축하였고(대하 2-4장), 다윗의 도성이 바라보이는 모리아산 위에 [성전]과 [왕궁]을 나란히 건축하였으며(왕상 7:1-12), 여러 도시를 건설하고, 게젤의 폐허를 새로이 복구하고, 므깃도, 하솔 등의 도시에 요새를 세웠다. 그러나 무리한 국가적 사업으로 과도한 세금부담과 강제 노역동원에 따른 불만과 왕실의 사치 등이 국론분열을 초래하였고, 그가 죽자 그런 것들이 왕국이 분열되는 원인을 제공한다.(왕상 4:22-23, 9:15-19, 12:3-4).

---

26) Leon Wood, *op. cit.*, pp. 377.

2. 남북분열 왕국의 배경

사실 다윗과 솔로몬 왕국은 이스라엘 역사의 정점을 이루어 찬란한 영광의 꽃을 피웠다. 외적으로는 팔레스타인 영토를 장악했고, 예루살렘 수도를 견고히 했고, 다윗은 이스라엘 최고의 성군으로 존경 받았고, 시편의 많은 부분이 그에 의하여 기록되었다. 솔로몬에게는 이스라엘의 부귀와 영광, 그리고 지혜의 왕이라는 전승이 남겨졌다. 그럼에도 불구하고 그 밑에는 정치적, 종교적, 사회적인 심한 긴장들과 대립이 꿈틀거리고 있었다. 결국 솔로몬이 죽자 그 영광스런 통일 왕국은 무너지고, 남북 왕국으로 분열되고 만다.

기원전 931년 솔로몬이 죽고 난 후, 다윗에 의해 세워진 국가 체제는 무너져 내리고, 이스라엘은 르호보암의 남유다와 여로보암의 북이스라엘로 분열되다 국가 이전의 영웅시대도 아니고, 막강한 통일 국가도 아닌 이스라엘은 약 2세기 동안이나 분열 왕국의 형태로 유지되었다.

이스라엘은 왜 분열되었는가? 그 남북 분열의 원인을 몇 가지 요약해 보면 다음과 같다.

a. 내부의 긴장과 갈등의 팽배

앞에서 논한 대로 통일국가의 형체는 가지고 있었지만 지파간, 종족들간의 긴장의 갈등이 계속되었다. 유다 지파 독주의 왕조에 탐탁지 않게 생각하는 지파들도 있었을 것이며, 서로의 이해관계가 복잡하게 얽혀있었다.

다윗 왕조와 예루살렘의 시각에서 볼 때는, 여로보암을 위시한 북왕국 이스라엘은 반역의 무리였다. 그러나 여로보암과 북왕국 이스라엘의 시각에서 볼 때는, 다윗 왕조야말로 사울과 이스보셋 왕국을 찬탈한 반역자였으며, 각 지파의 전통과 독자성을 제한하고 백성들의 재산과 인권을 침해한 달갑지 않은 통치자들이었다(삼상 21-30장, 삼하 2:8-4:12).

b. 솔로몬의 긍정적, 부정적 평가

솔로몬은 초기의 삶에서 성공적인 통치와 신앙을 가졌었다.

다윗의 후계자로 심한 각축 끝에 아도니야 그룹을 물리치고 왕 위에 오른다(1장). 부(富)와 영광을 구하지 않고 하나님께 지혜를 구했다(왕상 3:5-14). 공평한 판단으로 백성의 칭송을 받았다(3:16-28), 하나님의 성전 건축(6:1-36)과 성전 봉헌 (8:1-66)을 이룬다. 여기에 음악과 문학적 예술도 상당히 발전시켰다. 국내 외적 번영을 이룩한 건 솔로몬 치세의 업적이다.[27] 그래서 이스라엘 역사상 물질적 번영의 정점을 이루었다. 그러나 솔로몬 말년의 부정적 평가는 그의 실정(失政)이 크게 작용하여 나라가 쇠퇴하게 된다.

① 솔로몬은 타락과 사치스런 삶으로 이스라엘 여인뿐 아니라, 애굽과 가나안 여인 등을 수많은 처첩(妻妾)으로 삼았다..[28]: "솔로몬 왕이 파라오의 딸 외에 이방의 많은 여인을 사랑하였으니 야웨께서 일찍이 이 여러 백성에 대하여 이스라엘 자손에게 말씀하시기를 너희는 그들과 서로 통혼하지 말며 그들도 너희와 서로 통혼하게 하지 말라 그들이 반드시 너희의 마음을 돌려 그들의 신들을 따르게 하리라 하셨으나 솔로몬이 그들을 사랑하였더라"(대상 11:1-2).

② 귀족 태생(유다지파) 자녀만 교육하고, 인재 등용에 유다 지파의 인척들만 발탁하는 편애주의 정책을 펴서 지역감정을 유발시켰다. 그래서 특수 계급이 발생하여 북쪽 지역을 중심한 소외당한 천민 계층이 생겨 그들은 생계를 걱정하고 원한이 극에 달하게 된다. 그러다 보니 대자본가나 대지주는 유다지파가 독주하게 되어 북쪽 지파들이 불이익을 당하는 현상이 나타났다

③ 다윗이 죽고 갈등 끝에 왕위로 등극한 솔로몬이 취한 개혁 조치들은 매우 편파적이었다. 그가 임명한 국가 고위급 관료들(제사장 사독, 예언자 나단, 왕비 밧세바, 용병대장 브나야 등)은 모두 남쪽 유다 출신들이었다. 그가 제거한 사람들은 경쟁자였던 아도니야를 비롯하여 그를 따랐던 민병대장 요압, 제사장 아비아달 등, 주로 북쪽 사람들이었다. 이러한 지역 간의 편차와 차등 정책은 북쪽사람들로 하여금 불만을 가지고 국가 내에서 지속적으로 저항하고 갈등을 일으키는 세력으로 작용하게 되었다. 이러한 상황 속에서 솔로몬의 아들 르호보암이 그의 부왕 솔로몬과 같이 차등정책을 발표하자, 북쪽 이스라엘의 백성들이 반란을 일으켜 분열되게 된다(왕상 12:11,16).

④ 무리한 억압과 편파주의에 대한 북쪽 사람들의 위험한 불만과 반란을 방지하

---

27) Leon Wood, op. cit., pp. 397.
28) 열왕기상 11:1-3, 후비(後妃)가 700인이고 빈장(Concubine: 첩)이 300인으로 도합 1,000명의 여인을 거느렸는데, 이들 대부분이 이방 여인들이었다.

기 위해, 솔로몬은 강력한 철권 정치적 실정(失政)을 하게 되어, 신정정치(神政政治) 국가는 커녕 견딜 수 없는 독재국가로 백성들은 학정에 시달리는 격이 되었다. 결국 솔로몬을 악의 축으로 보았다.

⑤ 솔로몬은 이기적이고 무모한 사치스런 성격에 독재적인 사람이었다. 솔로몬은 궁정과 수도에 들어 앉아 국민과 멀어져 갔고, 일반 백성은 이해할 수 없는 무모한 결정들을 내리고, 점차로 이스라엘인들은 다만 솔로몬의 노복에 불과한 [29] 신분으로 떨어져 갔다. 12지파가 모여 세운 통일 이스라엘은 지파 간의 이런 이해관계로 인해 언제라도 터질 수 있는 화약고였다

c. 남북 분열에 경제적인 요인(要因)

솔로몬의 과도한 건축 사업 및 군사력 증강은 재정 지출을 확대시켰으며, 이를 위한 과다한 세금 징수와 강제 노동은 국민들의 불만을 일으키는 직접적 원인이 되었다. 솔로몬의 천재적인 모든 재능에도 불구하고, 강제 노역에 불만을 가진 백성들을 선동하여 일으킨 여로보암 저항은 솔로몬의 실정(失政)을 반영하는 사건이라 본다(왕상 11:26-12:33).

사실 북쪽 지파의 사람들은 남쪽 유다 사람들보다 인구도 훨씬 많고 군사력도 더 막강하였으나, 힘이 분산되고 지리적으로 단결되지 못한 이유로 정치적인 헤게모니를 장악하지 못하였다. 그러나 차별적인 대우로 소외되었던 북쪽 사람들은 솔로몬의 과중한 세금과 강제 부역이라는 고통을 계속 당하면서 결집되어 다윗과 솔로몬의 통치로부터 벗어나게 되는 계기가 된 것으로 여겨진다.

솔로몬은 7년에 걸친 찬란한 성전 재건과 13년 동안 지은 자신의 웅대한 궁정과 밀로궁과 성벽을 쌓고 여러 성을 재건했다. 이를 위해 강제 노역꾼을 동원하고 막대한 자금을 지출했다. 이런 정책은 재정적 위기를 심화시켰다. 거대한 궁전과 후궁 건축과 호로운 생활과 불만 백성을 억누르기 위한 군대 유지에 막대한 국가예산을 지출하여 적자 행정(赤字行政)에 시달리게 하였다. 이런 다양한 건축사업과 과도한 세금부담과 왕실의 사치 등이 국론분열을 초래하였고, 그가 죽자 그런 것들이 왕국이 분열되는 원인을 제공한다.

---

29) Georg Fohrer, *op. cit.*, pp. 159-160.

d. 남북분열에는 종교적 문제가 깊이 개입되었다.

① **실로성소 문제**: 북쪽의 실로는 적어도 법궤가 머물던 곳으로서 이스라엘 종교의 중심지였다. 그런데 다윗이 여기 법궤를 남쪽 예루살렘으로 옮겨가자 실로의 성소는 블레셋에게 파괴되었다(cf. 렘 26:9). 솔로몬 시대에는 예루살렘에 성전이 세워지고, 지방 성소들의 중요성이 점차 약화되면서 지방 성소의 종교세력이 불만을 가지게 된다. 이는 남북이 분열된 후 북이스라엘이 취한 정책을 보면 쉽게 이해될 수 있다. 북이스라엘 지도자는 예루살렘 중심적인 종교 권력을 분산시키고자 벧엘과 단에 성소를 건축하여 예루살렘으로 내려가는 순례자들의 행렬을 막고, 레위 제사장들을 쫓아내고, 평민들로 지방성소의 제사장들을 대치하였다(왕상 12:25-33).

② **선지자 아히야의 예언**: 여로보암이 솔로몬왕의 부역 감독관으로 있을 때, 예언자 아히야가 옷을 열두 조각으로 찢어 10조각을 여로보암에게 주면서 장차 이스라엘의 10지파의 왕이 될 것을 예언한 적이 있었다. 솔로몬이 이 사실을 알아채고 여로보암을 죽이려고 하자 그는 애굽으로 피신하였다(왕상 11:29-40). 아히야의 이 발언은 매우 위험한 정치적 언급이면서 종교적 차원의 예언이었으며, 남북왕국 분열의 계기를 정당화시키고 여로보암 반역행위를 조장하는 근거가 되었다. 선지자 아히야는 솔로몬의 종교적 배신에 대한 하나님의 심판의 결과로 남북 분열이 될 것이라 예언한다(왕상 11:33). "이는 그들이 나를 버리고 시돈 사람의 여신 아스다롯과 모압의 신 그모스와 암몬 자손의 신 밀곰을 경배하며 그의 아버지 다윗이 행함 같지 아니하여 내 길로 행하지 아니하며 나 보기에 정직한 일과 내 법도와 내 율례를 행하지 아니 함이니라."

③ **솔로몬의 타락과 배교(背敎)**: 솔로몬의 배교는 수많은 이방여인들과 결혼하여 율법을 위반하는 타락에서 시작한다. [신명기 7:1-11][30]에 의한 언약 백성의

---

[30] "네 하나님 여호와께서 너를 인도하사 네가 가서 차지할 땅으로 들이시고 네 앞에서 너보다 많고 힘이 센 일곱 족속을 쫓아내실 때에 그 때에 너는 그들을 진멸할 것이라 또 그들과 혼인하지도 말지니 네 딸을 그들의 아들에게 주지 말 것이요 그들의 딸도 네 며느리로 삼지 말 것은 그가 네 아들을 유혹하여 그가 여호와를 떠나고 다른 신들을 섬기게 하므로 여호와께서 너희에게 진노하사 갑자기 너희를 멸하실 것임이니라"(신 7:1-4).

정체성과 그것을 위반하여 이방여인과 결혼하면 이방신을 섬기게 된다는 말씀처럼, 솔로몬은 이방여인들이 가져온 우상숭배로 배교하게 된다. "솔로몬이 나이 늙을 때에 왕비들이 그 마음을 돌이켜 다른 신들을 쫓게 하여 시돈의 여신 '아스다롯', 암몬인의 가증한 '밀곰'을 따름이라. 솔로몬이 야웨의 눈앞에서 악을 행하여 그의 아버지 다윗이 야웨를 온전히 따름 같이 따르지 아니하고 모압의 가증한 '그모스' 등의 우상을 섬겨 산당을 지어 분향 제사하였다. 그가 또 그의 이방 여인들을 위하여 다 그와 같이 한지라 그들이 자기의 신들에게 분향하며 제사하였더라"(왕상 11:4—8).

e. 다윗왕조의 계약신학과 시내산 계약신학의 차이

다윗, 솔로몬의 왕조는 유다 지파의 다윗의 자손에 의해 승계되는 다윗 왕조의 계속이었다. 그것은 다윗의 조정(朝廷)에서 발전된, 다윗의 "영원한 왕조계약"(삼하 7:8—17, 23:6)으로 남왕국 유다지파의 정치 이데올로기(ideology)가 되었다. 창세기 40:10의 야곱 축복에서 유다지파에 대한 왕조와 메시야 왕권에 대한 사상과 다윗의 영원한 왕조계약에 대한 절대적 신앙에 의해, 유다지파인 다윗 자손이 아닌 어떠한 왕조도 정당화될 수 없다고 보는 신학적 입장이 다윗, 솔로몬 왕궁을 중심한 유다의 남왕국에서 받아들여졌다.

그래서 역대기의 기록은 다윗의 후손이 아닌 여로보암으로 시작한 북왕국 이스라엘은 이단이요, 정통성이 없는 왕조라고 보고 있다. 그래서 역대기는 북왕국의 역사는 의도적으로 제외시키고, 남왕국을 정통성 있는 정체(政體)로, 유다의 역사를 집중적으로 기술하고 있다. 그래서 다윗 왕을 크게 부각시키며, 아담에서 다윗에 이르는 족보와 후대에 이르는 유다 왕국에 대한 기대로 가득 차 있다: "네 집과 네 나라가 내 앞에서 영원히 보전되고 네 위가 영원히 견고하리라"(삼하 7:16).

그러나 북쪽지파들은 아브라함 계약(창 15장)에 나타난 "아브라함에 주어진 언약은 아브라함 후손인 자신들도 포함되어 유다지파만이 아니다"라고 이해했다. 또한, 동등권적 시내산 계약(출 19장)도 다윗의 왕조만이 아니라, 하나님과 이스라엘 12지파 전체와 맺어진 일반계약으로 보았다. 그래서 다윗 왕조만의 독주를 받아들일 수 없었다. 그것도 자신들을 강제 노역꾼으로 학대하며, 노동력 착취와 인권유

린과 유다지파 중심의 편파적인 정책으로 노예화시킨 솔로몬을 악의 표상으로 적대시 했다. 북왕국 지파 사람들은 시내산 계약신학에 의거하여 유다지파에게 노예화된 차별을 받아야 할 이유가 전혀 없다는 이유로 솔로몬과 그의 아들 르호보암을 따르지 않았다(왕상 12:16).

f. 구속사적 씨흐름의 현실적 성취(창 49:8 – 12)

아담 타락으로 영원한 멸망의 인간을 구원하시는 하나님 방법이 즉시 계시된 창세기 3:15을 일반적으로 원복음(原福音: Protevangelium, 최초의 복음), 원시복음(原始福音)이라 한다: **"내가 너로 여자와 원수가 되게 하고 너희 후손도 여자의 후손과 원수가 되게 하리니 여자의 후손은 네 머리를 상하게 할 것이요 너는 그의 발꿈치를 상하게 할 것이니라"** 이 구원사건이 여자의 후손과 뱀과의 궁극적인 원수('ebah: 증오, 적의)관계의 싸움으로 이뤄진다는 사실에 우리의 주의를 집중해야 할 것이다. 인간 역사가 막 시작되는 시점에, 인류의 범죄사(犯罪史)가 시작되는 바로 그 출발점에, 이 인류 구원의 방법이 제시되면서 하나님의 구원사(救援史)도 동시에 발생되고 있다. 여기서 여인의 후손(씨)를 향한 씨흐름이 역사의 방향설정이 되고 있다. 그런데 그 인류 구원의 방법이 [뱀]과 남자의 후손이 아닌 [여자의 후손]과의 적대적 행동에 의한 서로의 증오와 파괴의 결과로 나타난다.

이 계시는 인간이 하나님처럼 되겠다는 하나님 차원에 이르는 무서운 교만(Hubris)으로 죽게 된 바로 그 인류의 구원을 위해서, 하나님이 인간의 모습으로 오시는 겸손이 바로 하나님 방법이다. 그 하나님이 인간이 되시는 길이 바로 구약 구속사적 씨흐름이고 그것이 문학적으로 기록될 때 족보로 기록되고 있다.

여자의 후손[zera']은 단수 집합 명사로 전체 후손의 계열을 하나의 단위로 전체 집단을 요약하거나 대표하는 한 사람, 약속의 사람을 지칭하여, 구약 역사를 꿰뚫고 내려오는 구속사적 씨흐름의 결과로 나타나는 동정녀 마리아 몸을 통하여 태어난 **예수 그리스도**를 가리킨다. 즉, 아담에서 셋―노아―셈―에벨―아브라함―이삭―야곱―유다―다윗의 자손으로, 동정녀[처녀]에 잉태하여 아기로 오신 예수 그리스도를 말한다. **"임금의 지휘봉이 유다를 떠나지 아니하며 통치자의 지팡이가 자손

만대에까지 이를 것이며 권능으로 그 자리에 앉을 분이 오시기까지 이르리니 그가 오시면 모든 백성이 복종하리로다"(창 49:10)에 의해 유다지파 중심으로 역사가 진행되고, 더 구체적인 것은 다윗에게 주어진 '영원한 왕조 계약'에 의해 왕위가 '세습적'이 되어야 한다는 것이 남왕국 유다 왕국의 지배적 신학이었다: **"네 집과 네 나라가 네 앞에서 영원히 보전되고 네 위가 영원히 견고하리라"**(삼하 7:16). 반면에, 이것은 북왕국의 다른 지파들은 받아들이기 힘든 독단적인 것으로 이해되었다. 이러한 신학적 견해 차이는 남북왕국 분열의 근원적 원인이 되었을 것이다. 나중에는 베냐민 지파도 북쪽지파로 스며든다.

이 다윗 왕권은 그의 후손으로 태어날 메시야 왕권과 직결된다. 그래서 이스마엘, 에서가 구속사적 씨흐름에서 제외되어 밀려난 것처럼, 언약 외의 지파들인 북왕조 이스라엘 지파들이 떨어져 나가 결국에는 역사의 무대에서 사라져 버리고 남왕국 유다만 존속하게 되어 예수님이 오실 때까지 씨흐름이 계속되어 메시야의 길을 준비한다. 그래서 결국 남북분열은 당연시 되어 남왕국 유다로 구속사는 전개되어야 하는 섭리가 깊이 개입되어 있다는 게 씨신학의 전제(前提)이다.

g. 르호보암의 무모한 자세(왕상 12장)

솔로몬이 죽자 르호보암을 왕으로 삼고자 온 이스라엘이 세겜에 모여 국민회의를 열었다. 북쪽 지파사람들이 르호보암에게 통치 자세를 천명해 달라고 조건적 요구를 한다: **"왕의 부친이 우리의 멍에를 무겁게 하였으나 왕은 이제 왕의 부친이 우리에게 시킨 고역과 메운 무거운 멍에를 가볍게 하소서 그리하시면 우리가 왕을 섬기겠나이다."**(왕상 12:4)

이 제안은 르호보암의 자세에 따라 충성을 다하겠다는 다행스런 입장이었다. 여기에 대해 르호보암은 3일 간의 여유를 달라고 한 후, 경험 많은 장로들에게 자문을 청하자 다음과 같은 권고를 받는다: **"왕이 만일 오늘날 이 백성의 자가 되어 그들을 섬기고 좋은 말로 대답하여 이르시면 저희가 영원히 왕의 종이 되리이다."**(왕상 12:7)

그러나 르호보암은 어른들의 말을 듣지 않고, 자기와 함께 자라난 궁월 안에 젊은이들의 단호한 대처 방안을 받아들여 국민회의에서 냉혹한 대답을 한다: **"내 아버지가 너희에게 무거운 멍에를 메웠다. 그러나 나는 이제 그것보다 더 무거운 멍에를 메우겠다. 내 아버지는 너희를 가죽 채찍으로 매질하였지만 나는 너희를 쇠채찍으로 치겠다"(왕상 12:14). 원로들의 충고를 무시하고 르호보암은 강력한 정책을 제시하고 만다. 그는 아버지 솔로몬 왕보다 더 가혹한 억압정치를 하겠다는 그의 무모한 발언은 남북분열을 가속화시킨다. 이 말을 들은 북쪽 10 지파는 르호보암이 보낸 일꾼 감독 아도람을 돌로 쳐 죽이고 애굽 망명에서 돌아온 여로보암을 왕으로 추대해서 북왕국 이스라엘의 개국을 선포했다.[31] 유다지파 외의 일반 지파들은 실망하여 왕국 분열의 결정적 분노를 토한다: **"우리가 다윗과 무슨 관계가 있느뇨. 이새의 아들에게서 업이 없도다. 이스라엘아 너희의 장막으로 돌아가라. 다윗이여, 이제 너는 네 집이나 돌아보라"**(삼상 12:16). 이렇게 건설된 북왕국은 약 200여 년간 계속되었다.[32]

남왕국 유다는 유다 지파와 베냐민 지파가 르호보암 밑에 모여 이뤄졌다. 베냐민 지파는 원래 북쪽 지파에 충성했고(왕상 12:20), 역사적으로도 베냐민은 항상 북쪽 집단에 속했다. 그런데 왕권을 가진 르호보암이 군사력으로 베냐민 지파를 포섭해서, 이제 르호보암을 따르는 남쪽 유다 왕국의 한 부분으로 언급되지만 후에는 북왕국에 스며들어갔다.[33] 그리하여 성서는 유다 지파만 제외하고는 어느 지파도 다윗 가문을 따르지 않았다(왕상 12:20)고 기록하고 있다.

남북 왕조의 역사는 대조적이었다. 북왕국 이스라엘은 아홉 왕조나 바뀌면서 19명의 왕이 집권을 했다. 8명의 왕은 암살 및 자살로 끝나고, 시므리 왕 같은 사람은 단지 7일 간 왕위에 앉았을 뿐이었다. 이들은 금송아지로 예배를 대체하고 바알 제단을 섬기기도 해서 하나님이 인정한 왕이 하나도 없었다.[34] 그러나 남왕국 유다는 단일 왕조에서 위대한 왕과 패역한 왕이 번갈아 나타나 왕국의 역사를 계속 이어나

---

31) 르호보암은 뒤에 아도람(역군 감독)을 통해 새로운 협정을 하려 했으나, 아도람이 돌에 맞아 죽자 르호보암은 급히 예루살렘으로 도망쳐 왔다. 이렇게 하여 남북이 영원히 갈라지고 말았다.
32) B.W. Anderson, *op. cit.*, pp. 646ff.와 John Bright, *op. cit.*, pp. 649ff. 는 연대를 다음과 같이 주장한다. 사울(약 B.C. 1020—1000), 다윗(약 1000—961), 솔로몬(약 961—922) 북왕국 존속 기간(B.C. 922—722/721), 유다 왕국 존속 기간(B.C, 922—587)으로 본다. 그러나 Leon Wood, *op. cit.*, pp.422ff.는 사울(B.C. 1050—1010), 다윗(1010—970), 솔로몬(970—931), 분열왕국 시기는 기원전 931년으로 본다.
33) Leon Wood, *op. cit.*, pp. 335—336. 왕상 12:21—23; 역대하 11:1, 3, 10, 12, 23, 14:8, 15:28, 9 등.
34) *Ibid.*, pp. 373—374.

갔다. **이 남북왕조의 시대에 특별하게 나타난 운동이 종교현상으로 이어지는, 바로 예언자 운동이다.**

h. 국제정세의 변화 요인

국제 정세의 변화는 남북 분열에 한몫 했다. 다윗과 솔로몬 시대의 통일 왕국은 주변의 여러 나라들의 세력 약화를 틈타 군사적 정복과 외교적 우호 관계라는 양면 정책을 효과적으로 수행했다. 그러나 이집트 제22왕조의 시삭 1세는 솔로몬에게서 쫓겨 온 여로보암을 보호하고 환대하였다(왕상 11:40). 또, 시삭은 솔로몬에게 대적하다가 쫓겨난 에돔 왕의 아들 하닷을 보호해 줌으로써 은근히 이스라엘의 분열을 조장하다(왕상 11:14—22).

더욱, 시리아, 두로, 암몬, 모압, 에돔 등의 주변 국가들은 솔로몬의 통치에서 벗어나려 몸부림을 쳤으며, 기회가 있는 대로 이스라엘의 분열을 조장하였다.

i. 타락한 솔로몬에 임한 징벌

하나님의 율법과 다윗의 길을 벗어난 타락한 솔로몬에게 내려진 형벌은 가혹했다. ① 남북 분열의 예고[35](11:11—13), ② 반역자가 일어나 왕을 괴롭혔다: 에돔인 하닷의 반역(11:14—22), 소바인 르손의 반역(11:23—25), 여로보암의 반역(11:26—29), ③ 솔로몬의 죽음(11:43)으로 이어졌다.

죄의 결과가 얼마나 무서운 결과를 초래하는가를 보여주는 엄숙한 기록이 열왕기이다. 인간은 선한 경향성과 악한 타락의 경향성이 같이 있어, 하나님을 사랑할 수도 배신할 수도 있는 모습을 볼 수 있다. 솔로몬은 결국 공생활(公生活)의 성공에 따른 사생활(私生活)의 실패를 막지 못했으며, 지혜 지식이 하나님을 떠날 때에는 도리어 멸망의 요소가 되고, 물질적인 축복이 클 때 유혹이 커서 타락하기 쉽다는 교훈을 주었다.

남북분단의 원인이 무엇이든, 그 결과는 매우 비참하였다. 이스라엘의 번영은 남북의 분단으로 사실상 끝나게 되다. 영토의 대부분을 주변 국가들에게 빼앗겼다.

---

35) 솔로몬에 긍휼을 베푸신다. ① 솔로몬 생전(生前)에는 분열을 행치 않는다(솔로몬이 죽고 나서 남북 분열이 되었다). ② 다윗을 생각하사 다윗 계통을 이을 한 지파를 남겨 두신다.

경제는 심각한 타격을 입었다. 분열 왕국은 각자 자신의 정통성을 옹호하기 위하여 상호 비방을 일삼았으며, 이스라엘의 사상적 분열을 초래하였다. 두 왕국 간이 교류는 어느 정도 계속되었다. 그러나 더 이상 통일에 대한 가능성을 한 번도 시험해 보지 않은 채 분단은 고착화되어 갔다.

특히 종교적인 분열은 두 왕국 간의 갈등을 심화시켰으며, 결국 북(사마리인)과 남(유다인)의 분열을 영속화시켰다. 이스라엘의 분단은 일부 예언자들을 통하여 이스라엘의 통일이라는 새로운 희망을 싹트게 했음에도 불구하고, 다윗 왕조의 회복이 이스라엘의 이상이요 희망이라는 사상은 바벨론 포로 이후에나 나타나게 된다. 그러나 예언자들의 예언 속에는 메시야를 통한 메시야 왕국에서 다윗의 장막(왕국)이 회복될 것을 바라보며, 메시야에 대한 기대가 강하게 대두된다.

아모스 9장에는 선민 회복에 관한 약속이 모두 다섯 가지 요소로 나타나는데, 먼저 [다윗 왕조의 왕권 회복](11절)을 언급한다: **"그 날에 내가 다윗의 무너진 장막을 일으키고 그것들의 틈을 막으며 그 허물어진 것을 일으켜서 옛적과 같이 세우고"** 라고 예언한다. 이어서 만국을 기업으로 주심(12절), 풍요와 번영(13절), 선민의 해방과 본토 귀환(14절), 영원한 평안과 보존(15절)이 약속되어 있다.

이러한 선민 회복 약속은 구약 선민 이스라엘의 바벨론 포로에서의 회복으로 역사상에 이뤄졌듯이, 다윗 왕가의 왕권 회복 약속이나 만국을 기업으로 주시겠다는 약속은 메시야를 통한 다윗왕권의 회복과 함께 예수 그리스도의 재림으로 이뤄질 '그리스도의 왕국'에서 성취될 것이다.

분열 왕국의 모습[36]

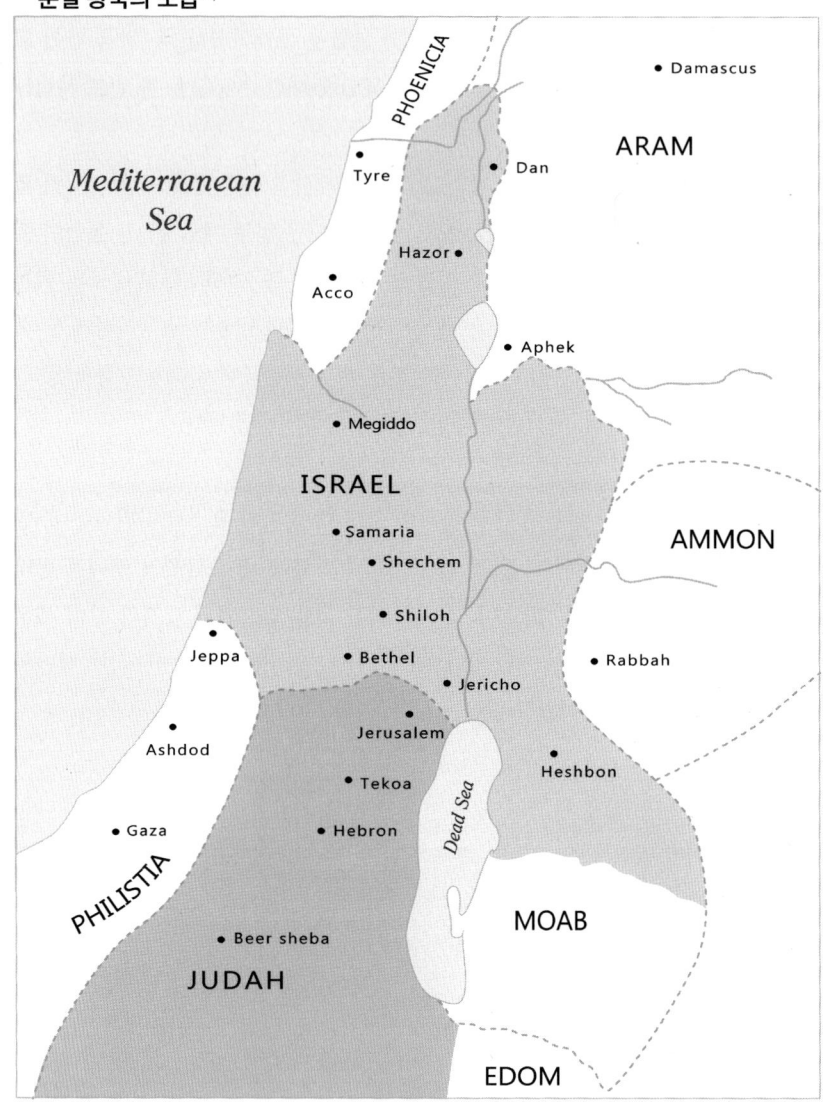

---

36) Willam Sanford Lasor, David Allan Hubbard and Frederic Bush, *Old Testament Survey* (Grand Rapids: Wm. B. Eerdmans Publishing Co., 1982), p. 262.

C. 남·북 왕국의 멸망의 배경

다윗과 솔로몬의 통일왕국은 솔로몬이 죽고 난 후 무너져 내리고, 고대 이스라엘은 르호보암의 남유다와 여로보암의 북이스라엘로 분열되고 말았다. 북이스라엘은 비옥한 영토가 넓고 옛 지파 동맹의 중심지인 실로, 세겜이 위치하고, 10지파의 많은 주민을 포함하고 있었으나, 지리적으로 외세의 영향을 받기 쉬웠으며, 사울왕조의 전통이 비극으로 끝났기 때문에 유다에 비해 상대적으로 취약한 부분이 많았다.

남유다는 영토가 작고 사막이 많은 박토(薄土)로 가난했지만 단일 유다지파라는 동질적 종족이 어울려 살았고, 지리적으로 어느 정도 주변 나라들과 격리되었기 때문에 확고한 왕조 전통을 바탕으로 유지되어 왔다. 한편, 이 남북 분열시대에 활동한 예언자들은 엘리야, 엘리사, 아모스, 호세아, 미가 등이 있었다.

구약 이스라엘의 역사도 결국 고대 근동의 강대국들과 주변 여러 나라들의 흥망성쇠의 소용돌이에 휩싸여 끝을 맺고 사라져 버린다. 그러나 '씨'흐름의 '씨'신학의 맥박은 역사의 암흑기에도 계속되어 결국 역사의 여명을 열고 새 시대를 창조하며, 온 세계와 온 세대를 비추는 빛을 발하기 시작한다.

1. 북왕국의 멸망

앗시리아는 티글랏—필레세르 3세(Tiglath—Pileser III, B.C. 745—727)에 의해 다시 부흥하여 제국을 건설하고 세계의 강대국으로 등장하였다. 이 무렵에 이스라엘은 한 국가로서의 기능이 마비된 상태로, 여로보암 2세가 죽은 후 10년의 짧은 기간 동안에 왕이 다섯 번이나 바뀌면서 쿠데타로 정권을 잡은 자들이 세 명이나 있었다. 여로보암의 아들 스가랴(Zechariah)는 6개월 통치 후 살룸(Shallum)에게 암살당하고, 6대 왕조를 세운 [살룸]은 재위 1개월이 채 안되어, 스가랴의 군대장관이었던 므나헴(Menahem)에게 숙청되었다. 7대 왕조인 [므나헴]은 백성들로부터 거둬들인 은 1,000달란트를 앗시리아(Assyria) 왕에게 조공으로 바치고 앗시리아의 봉신이 된다(왕하 15:19—20).[37] [므나헴]의 아들 브가히야(Pekahiah)가

---

37) Leon Wood, *op. cit.*, pp. 436—437. 왕하 15:8—12, 15:13, 17:41.

즉위한 후, 그의 군관인 베가(Pekah)가 왕을 암살하고 왕권을 장악한다.[38] 그는 앗시리아에 반기를 들어 시리아에 대한 저항 세력을 조직하는 충격적인 국가 정책을 야기시켰다. 그래서 블레셋, 다메섹, 에돔 등과 동맹을 맺었다. 그러나 유다 왕 아하스는 동맹을 완강히 거절했다. 억지로 유다의 동맹을 유도하기 위해 베가와 다메섹 왕 르신이 남왕국 유다를 침공하여 예루살렘을 포위, 공격했다. 이 전쟁의 시도는 이스라엘의 몰락을 가속화시켰다.[39]

유다의 아하스 왕은 앗시리아에 예물을 바쳐 도움을 청하였고, 앗시리아의 티글랏 필레세르는 이스라엘 땅을 공격하여 이스라엘 연합군을 완전히 격파하여 블레셋 지경과 가자(Gaza)까지 굴복시켰다. 그 후, 티글랏 필레세르는 다시 이스라엘을 강타하여 갈릴리와 요르단 동부 지역 영토를 장악하고 많은 백성을 앗시리아로 끌고 갔다. 그때 많은 도성이 파괴되었다[40](B.C. 733년 경).

이 위기의 때에 이스라엘의 마지막 왕이 된 호세아는 베가를 죽이고 즉위하자 마지막 왕조를 세우고, 즉시 앗시리아에 공물을 바치고 항복의 예를 취한다. 그러나 호세야가 다스리게 될 때의 영토는 요단 서쪽의 에브라임 산지만 남았고, 호세아도 하나의 봉신에 불과할 뿐이었다. 그 후에, 호세아는 티글랏 필레세르의 아들 살만에셀 5세(Shalmaneser V, B.C. 726-722)가 즉위하자, 애굽에 후원을 요청하고 조공바치는 일을 미루면서 반 앗시리아파의 세력에 가담하였다. 이에 살만에셀 5세는 이스라엘에 쳐들어와 호세야에 보복하여 그를 사로잡아 가둬 버렸다. 앗시리아군은 사마리아 도성을 제외하고는 이스라엘 땅을 완전히 점령했다. 마지막 저항 요새이던 사마리아는 힘겹게 3년 정도를 버티다가 결국 멸망되고 만다. 그 사이에 살만에셀이 죽고 그의 동생인 사르곤 2세(Sargon II)가 왕이 되었는데, 그는 자신이 사마리아를 점령했다고 자랑하나 성서는 살만에셀의 공격만을 언급하고 있다. 사마리아 도성은 기원전 722년이나 721년 늦여름이나 가을에 함락되었을 것이라 본다.[41] 이로써 북왕국 이스라엘은 역사의 무대에서 영원히 사라져 버렸다. 그래서 고향 땅으로부터 추방되는 것과 함께 10지파의 역사는 종말을 고하고 만다.

---

38) 열왕기하 15:23-26, 27:31.
39) 열왕기하 17 : 1-6, 29:41.
40) John Bright, *op. cit.*, p. 274.
41) *Ibid.*, p. 275. 살곤 2세에 의하면, 27,290명 이끌려가서 그들은 역사의 무대에서 사라져 갔다.

2. 남왕국 유다의 멸망

앗시리아가 북왕국 이스라엘을 공격하여 북왕국 이스라엘이 멸망의 위기에 있을 때, 유다의 아하스(Ahaz or Jehoahaz, 약 B.C 735-715, 왕하 16장, 대하 28장)는 친 앗시리아 정책을 펼쳤다. 북왕국 [베가] 왕이 반 앗시리아 동맹을 맺자는 요구를 완강히 거절했다. 결국 베가와 다메섹(아람: 시리아의 수도)의 르신 왕이 유다를 침공하여 예루살렘을 포위했다. 유다의 아하스는 급히 앗시리아의 티글랏 필레세르에게 도움을 요청하여 예물을 바쳤다. 사실, 이 사건이 북왕국 이스라엘 왕국의 멸망을 독촉했고, 오히려 유다는 앗시리아의 공격을 면할 수 있는 기회도 되었다. 아하스 왕은 앗시리아 수도에 가서 경의를 표하고, 앗시리아의 신전에 있던 우상을 예루살렘 성전에 만들라는 명령을 대제사장 우리아(Urijah)에게 내린다. 아하스는 바알 숭배뿐 아니라, 힌놈의 골짜기(the Valley of Hinnom)에서 몰렉(Molech)에게 어린 아이 희생제를 바칠 정도로 야웨 예배를 위협했다.[42]

히스기야(Hezekiah, 약 B.C. 715-687/6)가 왕위에 오르자, 예언자 이사야의 충고를 받아들여 일대 개혁을 단행했다. 모세 율법에 의해 사당과 우상들을 파괴했다. 히스기야는 성전 회복을 위한 개혁을 단행하여 희생 제사와 유월절 절기를 시행했고, 제사장과 레위인의 조직을 활성화시켰다. 이런 히스기야의 종교개혁 노력은 반 앗시리아 운동이기도 했다.[43] 앗시리아의 우상을 전부 없애고 이교(異敎)의 의식과 상징들을 전부 폐지하였다. 히스기야가 반란에 동참하자, 기원전 701년 사르곤의 아들 산헤립(Sennacherib, B.C. 704-681)[44]이 반란을 진압하기 위해 서부 지역을 공격하고 예루살렘을 포위 약탈했다. 히스기야는 반란 포기의 뜻으로 조공을 바침으로 마지막 위기를 넘기나, 결국 이로 인하여 히스기야의 야웨주의(Yahwism)와 민족주의 운동이 시들어 버리고 만다.[45]

---

42) Leon Wood, op. cit., p. 468.
43) 열왕기하 18:20, 역대하 29:32.
44) 앗시리아 왕, 사르곤 2세(Sargon II)의 아들이며, 에살핫돈(Esarhaddon)의 아버지. 히스기야 14년에 유다를 침공하여 모든 견고한 성읍들을 취했다. 이에 히스기야는 화해의 공물을 바치기 위해 성전 내의 모든 보화를 내주어야 했다(왕하 18:13-16). 얼마 후 산헤립은 랍사게를 보내 선전포고를 하자 히스기야는 성전에서 기도하였고, 이사야 예언대로 그날 밤 하나님에 의해 앗수르 군대 185,000명이 몰살당했고(왕하 19:35) 산헤립은 자기 나라로 퇴각한다(대하 32:21, 사 37:36-37).
45) 대하 32:1-8, 9-21. 왕하 18:13-19:37, 사36:37.

유다의 경건한 왕인 히스기야를 이어서 므낫세(Manasseh, B.C. 687—642)라는 폭악한 왕이 즉위한다. 그는 히스기야를 계승하여 50여년 간을 유다를 다스렸다. 그는 아버지를 본받지 않고, 정치적, 종교적 정책을 친 앗시리아로 일변하여 하나님께 악을 행한다. 앗시리아의 종교의식과 이교 풍습, 점술, 온갖 미신을 도입하였고, 바알 제단을 지방 성소에, 그리고 예루살렘 성전에까지 두고 암몬 신 몰렉(Molech)에 자기의 어린 아들을 제물로 바치기도 했다. 그의 시대에는 앗시리아의 공격을 피할 수 있어서 그의 통치 50여년 간은 유다의 평화가 유지될 수 있었다. 그러나 평화 유지의 댓가로서 야웨 종교의 특성을 잃고 위기를 당하게 되었다(왕하 21:3—7). 그는 예루살렘 성전 안에 앗시리아의 우상과 신들을 위한 제단을 세웠고, 풍요 신앙 예배와 매음(賣淫)의 의식이 바로 성전 안에서 시행되는 판이었다(왕하 21:7, 23:4—7, 습1:4f). 인간을 제물로 드리는 야만적 제사도 나타났다.[46)]

므낫세 후에 그의 아들 아몬(Amon)이 즉위하여 2년을 통치하며, 므낫세의 정책을 반복했다. 이유가 알려지지 않은 왕궁의 음모로 암살당하고, 그의 아들 요시야(Josiah, B.C.640—609)가 30여 년간 정권을 잡는다(왕하 22:1—23:30, 대하 34, 35장). 요시야왕은 므낫세의 모든 정책을 버리고 유다의 개혁파들과 협력하여 모든 악법과 폐습을 청산했다. 이 요시야 통치기간이 유다 역사상 가장 행복한 시기였다. 평화, 번영, 개혁이 이 시대의 특징으로 전쟁이 없었고, 건축 사업이 활발했으며, 모세법에 의한 개혁으로 하나님 중심의 생활화를 꾀했다.[47)]

요시야의 이런 개혁에는 이에 상응하는 계기가 있었다. 첫째는, 바벨론의 부흥으로 앗시리아가 위협을 받아 서쪽에 영향을 미칠 여유가 없었다. 둘째로, 대제사장 힐기야(Hilkiah)가 성전 수리자금을 꺼내다가 헌금계에서 "모세가 전한 야웨의 율법책"을 발견했다. 서기관 사반(Shaphan)이 요시야에게 이 책을 읽어 주자, 현실적 규례와 그 율법책의 내용과 많은 차이가 있는 것을 깨닫고, 요시야는 여선지자 훌다(Huldah)의 도움을 구한다. 훌다 여선지가 하나님의 재앙을 경고하자, 요시야는 백성들에게 이 율법서를 읽혀 주고 개혁을 단행했다. 거기서 개혁된 내용이 열

---

46) John Bright, op. cit., pp. 89ff. 열왕기 기자는 므낫세를 다윗 왕좌를 계승했던 자들 중에서 가장 사악한 왕이라고 낙인을 찍었고, 그의 죄는 너무 무거워서 사람들의 뇌리에서 결코 사라지지 않을 것이라고 했다(왕하 21:9—15, 24:3f, 렘 15:1—4).
47) Leon Wood, op. cit., p. 366.

왕기하 23장에 소개되었다.[48]

이때 앗시리아 제국은 쇠약해져 결국 바벨론, 메데 연합군에 의해 기원전 612년 수도 니느웨 성이 함락되고, 나머지 앗시리아 군대가 하란으로 도망하였다. 이때 동맹관계가 있는 애굽의 바로인 느고(Necho)에게 원군을 요청하여, 그가 앗시리아 패잔병을 도우려고 유다 땅을 통과하려고 할 때 요시야가 거절했다. 그래서 므깃도(Meggido)에서 애굽과 유다의 싸움이 벌어져 거기서 요시야가 치명적 부상을 입고 40세가 채 못 되어 죽었다. 이리하여 그의 개혁도 별로 성과 없이 끝나고, 요시야의 둘째 아들 여호아하스(Jehoahaz, B.C. 609)를 백성들이 왕으로 세웠으나 3개월이 못되어 애굽 왕이 그를 포로로 데려가고, 그의 형인 엘리야김(Eliakim)을 여호야김[49](Jehoia—kim, B.C. 609—598/7)으로 이름을 고쳐 왕으로 세웠다.

무능력한 여호야김은 독재로 백성을 압제하고, 하나님께 악을 행했다. 자기 궁전을 세우기 위해 국고를 낭비하고, 부역에 백성을 동원시켰다. 그는 예레미야가 하나님의 계시로 쓴 두루마리를 불살라 태웠다(렘 36:23).

기원전 605년에 애굽과 바벨론이 유프라테스의 칼게미쉬(Carchemish)에서 맞부딪혀 세계 역사를 변화시키는 대전투가 있었다. 바벨론의 느부갓네살(Nebuchadnezzar, B.C. 605/4—526)에 애굽의 느고(Necho)가 패하자, 팔레스타인이 바벨론의 지배 밑에 들어갔다. 기원전 599년 여호야김이 반란을 일으키자, 기원전 598년 겨울 느부갓네살이 바벨론을 떠나 597년 3월에 예루살렘을 공격하기 시작했다. 그러나 여호야김은 이미 598년 예루살렘에서 죽고, 그의 18살 된 아들 여호야긴(Jehoiachin: Jeconiah, 598—597의 3개월간)이 왕위에 앉아 있었다. 예루살렘을 포위하자, 여호야긴은 즉각 항복했다. 느부갓네살은 여호야긴 왕과 왕족, 지도급 인사들과 기술자들을 포로로 데리고 갔고, 예루살렘의 귀중품들을 약탈해 갔다. 이것이 소위 [제1차 포로] 사건으로, 예언자 에스겔도 이때 포로민의 신세가 되었다(겔 1:1-3).

느부갓네살은 요시야의 셋째 아들이며, 여호야긴의 삼촌인 맛다니야

---

48) 신명기 법전의 핵심 내용과 비슷하여 이 율법서를 신명기 법전이라 보기도 한다. 예루살렘 성전에서 이방 제단 제거, 거짓 선지자 지위 해제, 음란 종교의식 제거, 어린아이 제물 의식 폐지, 태양숭배 금지, 거짓 신들의 산당파괴 등등이다. 이때 예레미야가 협력했을 것으로 본다.
49) 열왕기하 23:34—24:7, 역대하 36:4—8.

(Mattaniah)를 시드기야(Zedekiah, B.C.597－587)로 이름을 고쳐서 왕위에 세웠다. 그러나 백성들은 여호야긴을 합법적인 왕으로 인정했고, 유다 왕국에는 친바벨론파와 친애굽파가 서로 반목하여 왕을 이용하려 했다. 시드기야는 좀 무능력한 사람이었고, 판단 잘못으로 친애굽파에 밀려서 반바벨론 정책을 취하게 되었다. 반바벨론파들은 에돔, 모압, 암몬, 페니키아 등이 동맹을 형성하는데 유다가 동참하도록 강요하고(렘 27:1－3), 시드기야로 애굽의 도움을 구하게 했다. 여기에 거짓 예언자들은 바벨론이 멸망하고 유다의 포로들이 2년 안에 돌아올 것이라고 말한다(렘 28:2－4). 예레미야는 거짓 예언자에 대항하여 바벨론의 멍에를 메고 섬기라고 촉구한다(렘 28:1－22).

그러나 기원전 589년 결국 시드기야는 바벨론에 반란을 일으켰다. 즉, 친애굽파가 득세하게 되어 시드기야는 느부갓네살 왕의 멍에를 내버리고, 도움을 애굽에서 구하라는 압력에 굴복하여 애굽의 호프라(Hophra) 왕에게 도움을 요청하고, 최후의 항거를 시작했다. 바벨론의 느부갓네살은 예루살렘을 공격하여 포위 2년 만에 함락시켰다. 시드기야 왕은 황급히 탈출하려 했으나, 여리고에서 붙잡혔다. 그는 립나(Riblah)의 느부갓네살에게 끌려갔다. 거기서 시드기야의 아들들 전부가, 그가 보는 앞에서 죽임을 당했다. 그 처참한 광경을 본 뒤에 시드기야의 두 눈이 뽑혀버렸다. 그는 장님이 된 상태로 사슬로 묶여 바벨론으로 압송되어 죽을 때까지 감옥에 수감되었다. 예루살렘은 완전히 파괴되고, 정치적 색채의 지도급 제사장, 시민들도 모두 립나(Riblah)로 끌려가 처형되는 비극으로 유다 왕국의 막을 내리고 만다.[50]

3. 바벨론 포로시대의 이스라엘 종교 상황

①제 1차 포로: B.C. 605년, 여호야김 3년에 바벨론 느부갓네살이 갈그미스 전투에서 이집트의 파라오 느고를 격파하고 동맹국 유다까지 완전히 점령하며 유다 왕 여호야김과 왕족 및 다니엘을 위시하여 일부 귀족들을 잡아가고 성전기구의 일부를 약탈해 갔다.(단 1:1－5)

---

50) Charles F. Pfeiffer, 「구약사 개론」, 김영배 역 (서울: 기독교 문서선교회, 1986), pp. 156ff. Leon Wood, *op. cit.*, pp. 366－376.

②**제 2차 포로**: B.C. 597, 여호야긴 1년에 느부갓네살이 그의 심복들과 함께 예루살렘을 포위 침공하여 여호야긴과 왕족들, 대부분의 귀족들과 용사들 그리고 가난하고 연약한 자를 제외한 대부분 유다백성들이 잡혀갔는데, 그 중에 에스겔와 모르드개도 포함(겔 1:1-3, 에 2:6). 성전의 모든 보물과 왕궁 보물을 약탈해 갔다.(왕하 24:10-17)

③**제 3차 포로**: B.C. 586(7), 시드기야 11년에 느부갓네살이 유다왕 여호야긴을 치고 대신 시드기야를 유다 왕위에 세웠으나 시드기야가 반바벨론, 친애굽 정책을 추진하자 배반한 시드기야를 징계하기 위해 예루살렘을 포위 공격하여 성전과 왕궁을 불사르고 예루살렘을 초토화시키다[왕하 25:8-12]. 예루살렘 성에 남은 백성과 항복한 자들 중 빈천한 자를 제외하고 전부 포로로 잡혀갔다.[51]

④**유다 땅에 남겨진 자들의 상황**: 그 후에 유다 땅은 '비천한 사람'들만이 남겨져 땅을 소작인으로 경작했고(왕하 25:12, 렘 39:10), 자식을 잡아먹을 정도의 예루살렘에 심각한 기근이 들었고(애 2:12,20. 4:4,10), 유다는 바벨론의 일개 주(州)가 되고, 더 이상 왕이 없이 지배국이 지명한 총독이 다스렸다. 첫 총독은 그달리야(Gedaliah)로, 파괴된 예루살렘에서 미스바(삼상 7:7-14)로 수도를 옮긴다(왕하 25:22 -24). 그달리야가 다스린 백성들은 '그 땅의 빈천한 사람'들로, 땅을 경작하도록 남겨졌다(왕하 25:12). 남겨진 자들의 숫자는 전쟁과 기근으로 인한 사망과, 포로로 잡혀간 자들로 인해 크게 감소했다. 더구나 많은 사람들이 애굽으로 도망하여 인구가 더욱 줄었다(왕하 25:26).

예를 들면 B.C. 597년의 전쟁으로 많은 사람들이 죽고, 여호야긴과 만 명의 포로들이 잡혀가고 라기스는 황폐하게 되었다.[52] 그달리야 총독은 2개월 다스리다가 왕족의 하나인 이스마엘에 의해 암살된다(왕하 25:25). 반면, 남겨진 빈천한 자들은 바벨론 점령군에 의해 유다의 상류층의 불공평한 재산분배(애 5:5), 강제 노역(5:12

---

51) 제4차 포로: B.C. 582년 국수주의자였던 이스마엘이 느부갓네살 유다총독으로 임명한 그달랴를 살해하자 느부갓네살의 사령관 느부사라단 군대가 예루살렘으로 들어와 남은 유다백성들 중 일부(745명)를 또 한 차례 사로잡아갔다.(렘 52:30)
52) Leon Wood, *op. cit.*, p.494.

-13), 불명예(5:16)등을 다소 공평하게 하는 정책을 받아들이기도 했다.[53]

가난하고 빈천한 남은 자들의 종교생활은 성전이 없으니 하나님 숭배의 모세법이 파괴되고, 야웨께 제사도, 절기도 없어지고(스 3:2-6), 사마리아 사람의 영향을 받고 하나님과 이방신을 섬기기도 하였다(왕하 17:19-41). 예를 들면, 안식일에 일을 하고 사업을 할 뿐 아니라, 그곳에 거하는 두로 사람들에게 물건을 가져와 상행위를 하도록 허락할 정도였다(느 13:15-22). 제사장 제도도 무너져 있었다. 남아있던 유대인들은 아스돗, 암몬, 모압등 주위 이방인들과 결혼하였고, 히브리 말조차 하지 못하는 아이들이 생겨날 정도였다.[54] 심지어 제사장과 레위인, 일반 지도자들도 이웃 나라의 이방여인들과 결혼하는 죄악에 빠져 있었다(스 9장).

⑤**바벨론 포로민들의 상황**: 유다의 많은 고귀한 사람들, 재능을 가진 자들, 유망한 젊은이들은 바벨론의 포로생활을 하게 되었다.

- **비옥한 땅에 정착**: 어쩌면 유다인들이 포로로 가서 정착한 땅은 유다의 땅보다 훨씬 비옥하고 좋은 땅에서 살도록 허락받게 된다. 유다인들은 왕실 소유지를 하사하는 바벨론 정책에 의해 니프루(Nippur) 지역의 여러 고을들에서 가족단위로 살아가게 된다. 유프라데스 강에서 흘러나와 니프루(Nippur)를 통하여 다시 유프라데스로 들어가는 카바리 운하(nari Kabari: 큰 강)로 농경지에 물을 충분하게 공급하는 운하지역이었다. 자신들의 농경지나 다른 사람의 소작농으로 좋은 농경지를 가지고 농사와 목축을 하는 자들도 있었을 것이다.[55]
- **유다 자체의 조직이 유지됨**: 유다의 지방행정에서 일했던 사람들이 백성들의 대표로 활동하며 에스겔에게 조언을 구하기 위하여 찾아오기도 했다.[56] 하나의 민족 집단으로 정착하면서 거기에 속한 가족단위(스 2:59)나 유다 땅에서 살았던 신분을 그대로 유지하며, 그런 역할은 못하지만, 레위인, 제사장, 성전 관리인의 전문 집단 단위로 살았다(스 8:17). 제사장이나 예언자들과 장로들은 제한된 범위에서 공동체 자치 기구를 가지고, 그 집단들의 지도자로서의 역할

---

53) Rainer Albertz, 「이스라엘 종교사 II」, 강성열 역(고양: 크리스챤다이제스트, 2004), p.13.
54) Leon Wood, *op. cit.*, p.530.
55) Leon Wood, *op. cit.*, p.507. *Ibid.*, p.16.
56) Leon Wood, *op. cit.*, p.505.

을 부여받았던 것을 알 수 있다.(렘 29:1, 겔 7:1, 14:1, 20:1).[57]

- **이주의 자유가 있어 서로 왕래**: 유다인들은 바벨론 땅에서 에스겔 같이 자유롭게 왕래하면서 이주의 자유를 누렸다. 에스겔은 자기 집을 소유하기까지 하면서 자유롭게 이동하였고, 장로들이 그 집을 방문했는데 야웨의 권능이 임하며 신탁(神託: divine message)을 발하게 된다(겔 8:1). 포로로 잡혀온 왕, 여호야긴도 옥에서 풀려나 이동의 자유가 주어지고 왕적 권력을 허락받고, 일평생 왕의 앞에서 양식을 먹게 하고, 온 가족을 위한 양식과 기름이 종신토록 공급받았다고 기록하고 있다(왕하 25:27-30).[58]
- **서신의 특권**: 포로민으로 유다인들은 편지를 친구들과 주고받을 수 있었다. 예레미야는 이런 언급을 하며 바벨론에 있는 포로들에게 직접 편지를 썼다고 기록하고 있다(렘 29:1-4, 25)[59].
- **고용과 경제 활동의 기회**: 유다 사람들은 포로에서 각종 거래 행위도 정상적으로 이뤄지고 농부, 목자, 어부로 단순 노동에 종하였지만, 상거래의 대단한 부를 축적하기도 부유한 계급도 형성되고, 페르시아 때는 기술자들은 높은 지위에도 오르고, 스룹바벨, 느헤미야 같이 일부는 고위급 정치 관리로 진출하기도 했다.[60] 이들은 예언자 활동이 계속되는 동안 이스라엘 종교적 열망과 갱신을 더욱 추구하며, 미래의 회복과 구원을 예언하게 되었을 것이다(시 137편, 사 40:27, 50:1f.).

⑥ 포로민의 종교적 상황

유다인들은 그들의 고향에서 잡혀와 포로생활을 하는 원인이 하나님께 범죄로 인한 하나님의 징계로 말미암는다는 인식이 있었다. 예레미야는 남왕국 유다인들이 포로가 되어 70여년(렘 29:10)을 살아가야 할 이유가 유다 백성이 "생수의 근원 되시는 하나님"을 버리고, "스스로 웅덩이"를 파는 것(2:13)으로 이방신을 섬기는 우상숭배에 빠졌기 때문이라는 것이다(렘 1:16-17, 4:22, 5:19, 13:10, 25:6-7,

---

57) Rainer Albertz., *op. cit.*, p.16.
58) *loc. cit.*, pp. 505—506.
59) *Ibid.* p.505.
60) *Ibid.*, p.17. Josephus, Ant. XI. 9에 자신의 재산을 고수하려는 포로민들의 욕심이 귀향 지체의 이유로 작용하고 있었다고 언급

44:5-6 등).

　이 포로기는 이스라엘 종교는 예루살렘이 없고, 유다공동체적 집단 종교 형식이 아닌 흩어진 포로생활이 매우 심각한 위기에 빠져들 수 밖에 없었다. 그러나 가나안 땅에 있던 유다백성 자체가 하나님의 심판을 끌어당기는 타락의 길로 빠져들어 하나님의 진노로 포로생활로 추방되었기 때문에, 오히려 새로운 종교형태로 정리되는 기회가 되기도 했다. 이때부터는 이스라엘 종교라기보다는 초기 유대교의 시작으로 인간 유대교라 말하기 시작한다.

－**종교적 정체성 유지**: 유다인들은 남왕국 유다의 멸망은 심각한 사회적 단절로 인한 집과 땅을 잃었을 뿐만 아니라, 씨족, 가족 집단에서 떨어져나가 주변 사람들에게 영향을 미치는 신분까지도 상실하게 되었다. 자기들의 재산이 박탈 당하는 걸 비통하게 바라볼 수밖에 없었다(겔 11:15, 33:24). 처음에는 바벨론 땅에 적응이 상당히 어려웠고, 처음 가졌던 다시 돌아갈 희망을 포기해야되는 지경에서 그들은 예레미야의 권고에 따라(렘 29장), 자기들의 인종적, 종교적 정체성을 포기하지 않으며, 종교적 열성을 더하며 점차 바벨론 사회에 정착해 나아갔다.[61]

－**개인의 책임과 개인 경건**: 이런 개인의 책임과 개인의 경건을 주장한 에스겔의 신학적 입장처럼, 이방 포로에서 하나님과의 개인 경건과 가족 경건으로 발전된 종교적 생활은 단절되었던 이스라엘과 하나님 사이의 관계를 회복할 수 있게 돕는 역할을 했고, 하나님과의 개인적인 신뢰관계에 의존하는 모습이 보인다(미 7:8-20). 이런 하나님과 개개인 사이의 순전한 인격적 관계는 유다공동체 전체를 위한 희망을 이끌어내며(애 3:26-30), 당시 사람들에게 새로운 방향을 제시하는 기초를 이루었다.[62]

　포로기에 가족경건이 사회 전체에 중요한 의미를 가지게 되면서, 가족 집단 자체가 이스라엘의 공식 종교를 계승하는 시작이 되고, 사회조직의 기본 형태로써 유다민족 전체의 정체성을 대표하는 중요한 기능을 수행하게 되어, 초기의 공식적인

---

61) Rainer Albertz, *op. cit.*, pp.15―16
62) *Ibid.*, pp.69―70. 시 130편, 102:14―23, 69:35―37 등에 나타난다고 본다.

제의 축제들은 가족 의례들로 탈바꿈하게 된다. 할례나 안식일과 유월절을 가족단위로 거룩하게 지키게 되었다.[63]

4. 귀환 유다공동체의 이스라엘 종교 상황

구약성서는 구약역사의 마지막 부분으로 포로생활과 바벨론 포로에서의 귀환까지 다루고 있다. 즉, 바벨론은 페르시야에 패배당하고, 페르시야가 세계주도권을 장악하여 역사 무대에 엄청난 세력으로 등장한다. 특별히 고레스 대왕(Cyrus, B.C. 550-530)은 대제국을 이루고, 고레스 칙령(The Edict of Cyrus)[64]을 선포했다(대하 36:22,23). 즉, 바벨론 통치하의 포로민들이 고향에 돌아가도록 허락하는 조서였다.

a. 포로에서의 귀환: 예레미야의 예언(렘 29:10)대로 세계정세가 바뀌면서 바벨론 포로 잡혀갔던 유다인들이 돌아오게 된다. 유대인 역사(Jewish history)의 실제적 시작을 이루는 귀환이 3번에 걸쳐 이뤄진다.[65]

① 페르시야의 바벨론 정복 직후(B.C. 538-7): 세스바살(Sheshazzar), 스룹바벨(Zerubbabel)이 인도(스 1장). ② 아닥사스다 롱기마누스(Artaxerxes Longimanus, B.C. 465-424)의 7년째인 기원전 458년: 에스라 인도(스 7:7), ③ 아닥사스다 롱기마누스의 20년째인 기원전 444년: 느헤미야 인도(느 2:1). 이들은 귀환하여 성전 재건과 예루살렘 성 재건에 집중적 노력을 가했다.

이스라엘의 수난 역사에서 포로 귀환이라는 광명의 역사를 맞이한 유대인들은 하나님과의 계약 백성으로의 회복 운동을 전개시켰다. 이 회복 운동은 예루살렘 성 재건(외형적 사건)과 예루살렘 성전 재건(율법에 기초한 영적 도덕적 교화와 진리 운동)의 건설적 희망의 역사를 기대했던 에스라와 느헤미야에 의해 주도되었다.

---

63) *Ibid.*, pp.79—84.
64) 에스라 1:2—4, 6:3—5에 기록: ① 야웨께서 세계 만국 통치권 주심, ② 이스라엘 하나님이 참 신이시다, ③ 예루살렘 성전을 고레스 지원으로 건축, ④ 모든 유대인은 원하는 자 본국 귀환 허락, ⑤ 바벨론 잔존자들 경제적으로 도와줄 것, ⑥ 탈취한 예루살렘 성전의 금, 은 기구를 반환, ⑦ 예루살렘 전을 위하여 예물을 즐거이 드릴 것 등이 내용이다.
65) Leon Wood, *op. cit.*, p. 392. 이때부터 "유대인"(Jewish) 역사로 불려진다. 포로생활에서 돌아온 사람들이 대부분 유다지파였기 때문에 생긴 이름이다.

b. 예루살렘 성전과 성 재건: 예루살렘 성전 재건이나 성벽 재건은 무너진 제단이나 부서진 성벽을 다시 쌓는다는 의미에 머물지 않고, 유대인의 모든 삶이 율법 중심화가 되고, 다윗 왕조 계약의 전통으로 다시 뭉쳐야 한다는 의미가 내포되어 있었다.

c. 에스라·느헤미야의 종교개혁: 이스라엘의 신앙과 삶의 기초는 성전(종교: 율법)과 예루살렘 성(사회·정치: 시온의 영광 상징)이다. 총독인 느헤미야는 정치적 권위로 율법을 강요했고, 에스라는 그의 제사장적, 학자적 인격과 종교적 정열로서 백성을 율법으로 인도했다.[66]

에스라 느헤미야의 역할은 출애굽한 이스라엘을 훈련시켜 가나안 주인공을 만든 광야의 모세의 역할과 비슷하다. 애굽의 종교와 풍습에 젖어 있던 이스라엘이 가나안에 직접 들어갔었다면, 그들은 가나안 종교에 흡수되었을지 모른다. 이스라엘의 위대한 신앙의 핵심들이 형성될 수 있었던 것은 광야 40년간의 직접적인 야웨 하나님의 계시와 율법을 통한 지도자 모세의 역할을 통해 가능했다. 그렇게 훈련받은 이스라엘이 가나안의 주인공이 되면서, 이스라엘 종교는 온갖 이방적 유혹과 싸우며 구체적으로 형성되어 갔다.

제2의 출애굽이라는 바벨론 포로에서의 해방과 귀환을 이룩한 이스라엘도 바벨론 종교와 풍습에 접했던 과거와, 앞으로 있을 무서운 신앙적 박해와, 세계로 흩어지는 비극을 앞두고, 에스라 느헤미야는 율법에 기초한 새 생활을 시작하여 히브리인의 뿌리를 강하게 인식시키고, 야웨 종교의 핵을 백성에게 심어 주었다. 이와 같이 하여 그 후에 나타난 유대교의 생명을 발전시켰고, 안티오커스 에피파네스(Antiochus Epiphanes: B.C.175-163)의 박해에서 유대인의 신앙을 유지할 수 있었던 원동력과[67] 세계에 흩어진 유대인을 묶는 정신적 끈을 제공했다.

그런 면에서 에스라 느헤미야의 역할이 이스라엘 신앙과 역사에서 높이 평가 되어야 하고, 그들의 종교 개혁과 정화 운동은 구약 신앙의 한 높은 봉우리로 이스라

---

66) 박대선 외 2인, 「구약성서 개론」(서울: 기독교서회, 1962), pp. 216—217.
67) *Ibid.*, p. 217.

엘의 유구한 역사 속에 잊히지 않을 것이다.[68]

에스라와 느헤미야는 포로 이후 유대인의 재건 공동체가 직면했던 어려운 문제들을 개혁 사업을 통해 잘 해결하였다. 그래서 성전과 성전제의와 율법을 묶어서 유대인 공동체로 하여금 스스로 대단한 자존심을 가지게 했다. 즉, 선민으로서의 자기들의 지위를 깊이 자각하여 자랑스럽게 생각하도록 하였다.[69]

d. 역대기 기자의 신학: 포로기 이후 회복유다 공동체의 역대기 역사가의 신학적 기대와 입장을 요약함으로 이 책을 마무리하려고 한다. 바벨론에 포로되었던 [하나님의 백성된 자들]이 본국으로 귀환하였고(대하 36:23), [거룩한 예루살렘 성전](대상 29:3)과 [하나님의 예루살렘 성](느 11:1)이 재건되었는데도 불구하고, 예언자들이 말한 유다왕국의 비전과 기대가 이루어질 큰 영광의 가능성이 당장은 보이지 않았다.

이 어두운 역사의 현실 속에서, 귀환 유다공동체는 하나님과의 계약은 파기되었는가? 도대체 회복된 유다 공동체는 무엇이란 말인가? 신앙적 국가체제가 사라진 상황에서 야웨 하나님은 계약의 당사자로 무엇하고 계신가? 하는 질문을 하기 시작하였다. 자신들의 정체성에 대한 의문의 질문과 함께 계약신학이 흔들리게 되었다.

역대기 기자는 여기에 대한 대답과 회복 유다공동체의 정제성을 제시하고 희망을 메시지를 전하려고 노력하였다. 역대기 사가의 사고 밑바닥에는 두 가지 관심인 ① 다윗가(家)에 대한 관심과 ②예루살렘 제의(祭儀)에 대한 관심이 흐르고 있다. 이 두 개의 기둥을 감싸고 있는 역사해석의 한 수단으로 인과응보의 교리를 사용하고 있다. 그래서 역대기 기장의 신학적 관점을 요약하면 다음과 같다.[70]

① 남쪽 유다 왕국의 정통성[71]

역대기 저자는 다윗에게 주어진 왕조 계약 신학에 충실하여 이스라엘을 이단으로 보고 남왕국 유다를 정통으로 본다. 다윗 왕조의 영원한 언약(삼하 7:12-13)에 의하면, 다윗 왕의 후손만이 구속에서 정통성을 가지는 왕이기에 다윗 왕통을 중요

---

68) *Ibid.*
69) John Bright, *op. cit.*, pp. 428ff.
70) 최종진,「구약성서의 족보적 연구」(서울: 토판출판사, 2010, 2021), pp.407-493 참고
71) *Ibid.*, pp.476-478.

시하여 이상화한다.[72]

역대기 저자는 유다공동체의 정통성과 정체성의 문제를 확실히 하기 위해
- 혈통적 접근으로서 기나긴 역사서술[족보]과
- 종교적 접근으로서 예루살렘 성전재건과 제사회복과
- 정치적 접근으로서 예루살렘 성벽재건을 통하여 그 심각한 사회적 문제를 화해와 협력으로 해결하려고 한다.[73]

역대기 저자는 셈→…→유다→다윗 가문의 혈통적 전통을 가진
- <u>족보적 공동체</u>와 예루살렘 성전을 중심으로 야웨 하나님을 향한
- <u>예배적 공동체</u>와 예루살렘 성을 중심한 다윗 왕조(남왕국)에 속한
- <u>정치적 공동체</u>가 참 이스라엘의 맥을 잇는 <u>진정한 이스라엘</u>임을 주장한다.[74]

② 하나님 구속사의 연속성: 구속사적 정체성 제시

역대기 역사는 아담으로 아브라함에 이르는 족보(대상 1:1-27)의 서술로 시작하여 다윗과 돌아온 귀환 유다백성에 까지 이어진다. 이는 하나님이 구속사의 연속을 족보를 통해 제시하며 이스라엘의 정체성을 부각하여 포로 후기 공동체가 이스라엘 후예이며 하나님 구속사의 연속선상에 있는 혈통적, 계약적 후계자임을 확신케 하려 하다.[75]

③ 예루살렘 성전/ 제사 중심의 종교관

역대기 저자는 예루살렘 성전과 제사가 기름부음 받은 다윗 왕과 솔로몬 왕에 의해 세워진 것이며, 북왕국 이스라엘백성과 남왕국 유다 백성이 함께 헌당했고 출

---

72) D.J.A Clines, "역대기 기자의 목적과 신학," 윤영탁 역,「구약신학 논문집」(수원 합동신학대학원 출판구, 1999), p. 148.
73) E.H. Merrill,「역대상하」, 이명준, 이종록 역(서울: 두란노, 1989), pp.9—10.
74) W. Breuggemann,「구약신학과의 만남」차준희 역(서울: 프리칭아카데미, 2007), p.604. R. Braun,「역대기 상. *WBC*」김의원 역(서울: 도서출판 솔로몬, 2001), pp. 33—34.
75) D.J.A Clines, *op.cit*., p. 157.

I. 왕국 시대의 역사적 배경 441

입했던 통일 이스라엘의 공동 성전이고 제사이었기 때문이다.[76] 역대기 저자가 포로후기의 회복된 공동체가, 다윗 솔로몬 시대에 통일 왕국을 이룩했던 것과 같이, 다시 하나가 된 통합 공동체요, 통일 국가라는 확인과 기대를 나타내는 것으로 보아야 할 것이다.[77] 그래서 역대기서는 다윗과 솔로몬의 성전건립과 거기서의 제사의식에 많은 지면을 할애하고 있다(대상 23-26장, 대하 2-7장).

당시로서 이미 이 왕정은 한때의 과거 것이었으나 성전은—특히 언약의 땅에 사는 사람들에게—종교적, 공동체적 삶을 위한 핵심 근거이었다.[78]

역대기 저자가 다윗의 왕조가 무너짐으로 중심점을 잃어버린 상황에서, 성전중심의 유다 공동체의 정체성을 정립하려고 하고 있다. 그래서 다윗가문과 아론 계열의 제사장 계급과 레위 가문과 레위인들의 위상이 자연스럽게 부각되고 역할이 강조되면서 제사장 계급과 레위인 계열이 재조직 되고 있다.

포로 전에는 제사장 그룹과 레위그룹이 확실하게 구별되어 사독계열이 세력을 갖고 행세를 했으나 성전이 불타고 제사장들이 포로로 잡혀가게 되자 그 세력이 약화되었다. 포로 후기 사회에서는 아론 계열이 세력을 장악하게 되면서 역대기에서는 대체로 아론 가문도 레위 지파에 속한 것(원래 모두가 레위 지파이지만)으로 아주 자연스럽게 구별없이 사용된다.[79] 그래도 레위인들은 상황에 따라서는 제사장들을 도와서 제사를 준비하기도 하지만(대하 29:34, 30:16-17) 제사를 거행하는 일에는 참여하지 않았다.[80]

역대기서는 종교의 제도적인 면을 강조하여 성전과 그것에서의 예배의식, 제사장 직분, 레위인의 조직 등에 계속적인 관심을 집중시킨다. 전체적 구조가 성전, 예식, 규례, 족보, 통계 등에 더 큰 관심을 가지고 기록했다.

④ **인과응보사상(Retribution) 강조**: 남왕국 정통성 주장의 근거

역대기에는 응보사상이 매우 강하게 나타난다. 북왕국 이스라엘 역사의 기록을

---

76) W. Brueggemann, *op. cit.*, p. 604.
77) R. Braun, *op. cit.*, pp. 33-34.
78) *loc. cit.*
79) 정중호, 「이스라엘 역사」 (서울: 대한 기독교서회, 1994), p. 292.
80) R. Braun, *op. cit.*, pp. 40-41. H. Gese, "Zur Geschichte der Kultsanger am zweiten Tempel" *Abraham unser Vater*. Festschrift Otto Michel. Ed. O. Betz, et al. Leiden: E. J. Brill, 1963의 Gese의 주장을 재인용하여 참고로 함.

묵살한 것은 그들의 반역행위로 하나님의 징계를 받는다는 사상에서 말미암는다.

그러나, 역대기 기자는 열왕기에서 유다의 죄악으로 당하게 된 70년간의 바벨론 포로기간을 안식년을 누림 같이 안식하여 지냈다고 긍정적 결론을 맺고 있다(대하 36:21). 역대기 저자는 인과응보의 엄격한 요구조건들을 초월하며 회개를 통해서 발견되는 하나님의 은혜를 강조하여 역대기 저자의 신학을 훼손시키지 않고 독특성을 간직하고 있다.[81] 이런 율법에 근거한 인과응보적 역대기 저자의 사상은 회복된 유다백성들의 삶에 율법적 운동을 일으키게 되고, 이후의 유대교가 율법공동체가 되게 했다. 즉 율법을 지키는 자가 참된 이스라엘의 구성원이며 바로 거룩한 국가공동체라고 인정하게 된다.[82]

⑤ **다윗과 솔로몬 왕의 이상화**: 다윗의 영원한 왕조신학의 메시야 왕권 예시

역대기는 무엇보다도 언약의 왕 다윗과 솔로몬에 집중하고 그들을 극대화시키려는 의도가 간직된 역사 기록이다. 역대상 11장—역대하 9장을 다윗과 아들 솔로몬에게 할애하여서, 역대기 전체의 1/3에 해당된다. 열왕기와는 달리 다윗의 계열이 독점하고, 다윗 왕통의 영구적 계승을 약속하는 선지자 나단이 전한 계시(대상 17장)가 전적으로 나타난다. 다윗과 솔로몬이란 인물이 이상화되었고, 그들의 약점들과 그들의 궁전내의 추한 내용들은 빗겨간다.

역대기 저자의 역사 목표인 이스라엘의 종말론적 소망들을 전망하는데 다윗의 역할을 강하게 강조하며 다윗 왕권으로 기대하는 메시야 왕권의 표상으로 후대에 길이 기억되고, 이상화되는 신학적 의도가 있다. 예언자들의 기대 속에 "그 날에 다윗의 무너진 장막을 일으키고, 그것들의 틈을 막으며, 그 허물어진 것을 일으켜서, 옛적과 같이 세우고 그들이 내 이름으로 일컫는 만국을 기업으로 얻게 하리라. 이 일을 행하시는 야웨 말씀이니라"(암 9:11-15). 그 날을 메시야 시대와 연결시키고 있다(학 1:8).[83]

포로 후기 그 마지막에 가서는 다윗과 그 후손 그리고 최후에는 유다 지파 계통

---

81) R. Braun, *Ibid.*, p. 51.
82) J. Bright, 「이스라엘의 역사」 박문재 역(서울: 크리스챤다이제스트, 1993), p. 215.
83) R. Braun, *op. cit.*, p. 23.

의 유대인의 존속 양상을 기록함으로 구약의 역사, 즉 씨 흐름의 맥을 설명하고 있다. 남북 왕국 위기에서 예언자들의 메시아 기대(여인의 후손으로 향한 흐름)로 집약된다.

구약성서에서 하나님 나라는 그 안에서 야웨의 왕적 통치가 실현화되는 것을 말한다. 이 통치는 어느 다른 사람이 대신할 수 없고, 오직 아브라함과 다윗의 자손으로 오시는 예수 그리스도를 통해서만이 가능했다.

한편, 에스라·느헤미야의 역할은 출애굽한 이스라엘이 가나안 주인공으로 훈련시킨 광야에서 모세의 역할과 비슷하다. 이스라엘의 위대한 신앙의 핵심들이 형성될 수 있었던 것은 광야 40년의 직접적인 하나님의 계시와, 율법을 통한 지도자 모세의 역할을 통해 가능했다. 그렇게 훈련받은 이스라엘이 가나안의 주인공이 되면서 온갖 이방적 유혹과 싸우며 이스라엘 종교를 구체적으로 형성하여 갔다.

제 2의 출애굽이라는 바벨론 포로에서의 해방과 귀환을 이룩한 이스라엘이 결국은 이후에 있을 무서운 신앙적 박해와 세계로 흩어지는 비극을 앞두고, 에스라·느헤미야는 율법에 기초한 새 생활을 시작하여 히브리인의 뿌리를 강하게 인식시키고, 야웨 종교의 핵을 백성에게 넣어 주었고, 그 후에 나타난 유대교의 생명을 발전시켰고, 히브리 신앙을 안티오쿠스(Antiochus)의 박해에서 구할 수 있었던 원동력이요, 세계에 흩어진 유대인을 묶는 끈을 제공하였다.[84]

그런 면에서 에스라와 느헤미야의 역할이 이스라엘의 신앙과 역사에 높이 평가되어야 하고, 그들의 종교 개혁과 정화 운동은 구약 신앙의 한 높은 봉우리로 이스라엘의 유구한 역사 속에 잊혀지지 않을 것이다.[85] 에스라와 느헤미야는 포로 이후 유대인의 재건 공동체가 직면했던 어려운 문제들을 개혁 사업을 통해 잘 해결해서, 성전과 성전 제의와 율법에 백성를 묶어서 유대인 공동체로 스스로 대단한 자존심을 가지게 했고, 선민으로서의 자기들의 지위를 깊이 자각하여 자랑스럽게 생각하도록 하였다.

우리는 그들의 신앙은 구약성서의 신앙을 전승한 자들이기에 여기서 간단히 정

---

[84] 박대선 외 2인, 「구약성서개론」 (서울: 기독교서회, 1962), p. 217.
[85] Cf. *Ibid.*

리해 본다. 왜냐하면, 포로에서 돌아온 귀환공동체를 인도하고 지도한 자들이 바로 에스라, 느헤미야이며, 학개, 스가랴, 말라기 예언자들이기에 완전히 구약종교의 범주 안에 있기 때문이다.

중요한 것은 이 포로기에 포로민들은 다윗왕국의 국가적 통일성의 상실에도 그런 위기를 오히려 이스라엘 종교의 갱신을 향한 기초석을 세우게 된다. 공식적인 야웨 종교만이 아니라 개인적인 경건이 더욱 심화되어 그 공식 종교를 지탱하는 결정적 역할을 하게 된다.[86]

그래서 포로민 속의 에스겔은 가나안 땅에 고정된 성전예배의 예배공동체가 무너진 상황에서 이국땅에 포로로 살아가는 유다백성들을 향해 새로운 신앙형태를 제시하여 격려한다. 즉, 비록 예루살렘 성전은 파괴되었고 나라가 망했을지라도, 야웨 하나님과 교통하는 개인적 경건생활과 개인적 책임을 강조하여, 이국 땅에 산재한 유대인들에게 개인적 신앙의 길을 여는 중요한 교리를 제시했다.[87]

비슷한 예로, 초창기 미국에 이민간 한국인들이 한인교회 중심으로 한인사회 공동체와 가족단위로 뜨거운 신앙적 결속과 성장을 가져오는 계기를 만들었던 상황과 비교가 된다.

구약성서의 역사 기록은 에스라, 느헤미야 시대까지로 해서 끝을 맺고, 예수 그리스도의 때까지 4세기 동안의 진통 속에 '씨'신학의 결론인 [여인의 후손]으로 오시는 예수 그리스도의 탄생을 기다리게 된다.

---

86) Rainer Albertz, 「이스라엘 종교사 II」, 강성열 역(고양: 크리스챤다이제스트, 2004), p. 9.
87) Willam Sanford Lasor, David Allan Hubbard and Frederic Bush, *op. cit.*, pp. 471—472.

II. 이스라엘의 예언자 운동

이스라엘 종교사에서 예언자들이 차지한 비중은 아주 대단한 것이었다. 구약의 3분의 1이 예언자들에 의해 쓰였고, 이 예언 운동은 이스라엘 역사에 줄기차게 나타났고, 가장 놀라운 현상이었다.[88] 그들은 이스라엘 번영과 위기 때에 이스라엘의 종교를 대표하였으며, 그 시대의 이상적 대변인이었다.[89] 예언자는 어떠한 특별 사명을 수행하기 위해 하나님께 부르심을 받았다는 철저한 소명의식이 있는 자이며, 그 사명은 직접적인 영감으로 그에게 전달되었고, 하나님의 뜻을 따르고 있는 하나님의 대변자로 생각했다.[90] 이렇게 예언자들은 자신의 직무와 영감이 야웨 하나님으로부터 직접 받은 것으로 확신했었기 때문에, 자기 시대의 종교 및 사회상을 고발함에 있어 조금도 두려움이 없었다.[91]

예언자는 왕과 대중에게 호소하나, 돌이킬 수 없는 절망적 상황에서 예루살렘에 영적으로 살려는 소수의 남은 자에게 결국 메시야 사상으로 예언하는 미래의 예언자였다. 예루살렘이 초토화되는 역사적 현실 앞에서 다윗 계약사상은 새로운 이해가 불가피하게 되었으며, 마침내 메시야 기대의 사상으로 발전되었다.

사무엘 시대로부터 말라기 예언에 이르는 이스라엘 예언자들의 활동과 메시지는 인류 정신사에서 그 유례(類例)를 찾아볼 수 없을 정도로 강력하고도 독특한 현상이다.[92]

A. 이스라엘 예언자 운동의 출현

이스라엘 예언은 이스라엘 종교의 특별한 현상인 것만은 사실이다. 그렇다고 다

---

88) C.F. Fritsch, 「예언자의 세계」, 문익환 역(서울: 기독교서회, 1970), p. 13.
89) 박대선 외 2인, 「구약성서 개론」(서울: 대한기독교서회, 1960), p. 162.
90) W.F. Albright, *From the Stone Age to Christianity* (Baltimore: Johns Hopkins Press, 1946), p. 232.
91) C.F. Whitley, 「예언자들의 중심사상」, 양승애 역(서울: 성바오로출판사, 1982), p. 551.
92) 서인석, "예언자들의 소명 체험", 「오늘의 예언서 연구」, 문희석 편(서울: 기독교서회, 1975), p. 112.

른 민족에게서는 전혀 나타나지 않는다고는 할 수 없다. 예언 운동은 그 내용과 형태의 차이는 있다 하더라도 많은 민족에게서 나타나는 현상이다. 인간이 있는 곳에는 어떤 형태이건 종교가 있고, 거기에는 종교현상으로 나타나는 유사한 특징들, 특별히 황홀경의 체험이 어느 형태이건 나타난다.

예언의 기원에 대해서 여러 가지 의견들이 있어 소개하면 다음과 같다. 첫째로, 가나안 기원설이 있다. 휠셔(G. Hölscher)는, 예언자의 특징인 황홀경은 오래 전부터 수리아와 소아시아 지역에 국한되어 있는 반면, 아랍인이나 바벨론인과 앗수리아인에게는 찾아볼 수 없다고 본다. 그래서 오직 이 현상은 이스라엘이 수리아와 소아시아 지역에 정착한 이후에 일어난 것이라는 가나안 기원설을 주장했다.[93] 젭센은 세 가지 이유를 들었다. "① 팔레스타인에는 이스라엘이 입주하기 전에 이미 예언자가 있었다. ② 사무엘 이후에는 이스라엘에 예언자가 계속되었다. ③ 이스라엘의 가나안 정착 이전 시기와 관련된 전통은 예언직을 모르고 있었다"하여 가나안 기원설을 주장했다.[94]

미크(Meek)는, 히브리 예언자는 다른 문명에 영향 받을 필요가 없는 팔레스타인 토착적인 것으로, 이스라엘이 블레셋의 위협 하에 놓인 긴박한 상황에서 발단했다고 하면서, 외부적 영향을 배제한 가나안 기원설만을 제시한다.[95]

둘째로, 고대 근동설이다. 올브라이트(W.F. Albright)는, 특히 우가릿 문헌에 예언 요소가 없음을 지적하면서[96] 구약의 예언자들이 메소포타미아에서 발달된 일반 점장이들의 한 지류라고 본다.[97] 포러(Gehard Forher)는 위 두 가지 기원설을 혼합한 듯, 히브리 예언의 기원을 고대 근동의 유목민 문화의 환상적 예언자와, 가나안 문화 및 종교에서의 나비(Nabi) 예언자에 기원을 둔다.[98]

셋째로, 인류 공동 소유설로 필자가 전적으로 동의하는 주장이다. 린드블롬은 예언하는 일은 일정한 민족, 국가, 혹은 종교의 고유한 소유가 될 수 없는 세계 모든

---

93) M.H. Rowley, ed., *The Old Testament and Morden Study* (Oxford, 1951), p. 134, 138.
94) Alfred Jepson, Nabi (Munich, 1934), p. 144f.
95) T.J. Meek, *Hebrew Origins* (Harper & Row, 1950), p. 156.
96) A. Malamat, "Prophetic Revelations in New Documents from Mari and the Israel" *VTS up* Vol. XV, 1966, p. 209.
97) W.F. Albright, *From Stone Age to Christianity*, op. cit., p. 302.
98) Gehard Fohrer, "예언자들에 관한 새로운 연구 소재「오늘의 예언자 연구」, 문희석 편 (서울: 대한기독교서회, 1975), pp. 308—314.

종교에서 발견되는 공통된 현상이며, 황홀경 현상도 어느 한 민족이 다른 민족으로부터 도입해 온다고 말하는 것은 정확한 것이 아니라며, 모든 종족 자체에서 일어난다고 주장한다.[99]

넷째로, 사회학적 동기에서 예언자 운동이 시작되었다는 주장이 있다. 야웨 종교의 사회질서 체제(공동체적 민족과 법)와 도태된 가나안의 귀족정치 사회에서 야기된 알력에서 예언자 운동이 일어났다고 보는 견해이다.[100] 즉, 원산물에 기초한 원래의 경제 양식은 초기 자본주의로 발전해 나갔으며, 부역 노역을 사용하는 사유지의 형성, 또는 농지 수용의 변화 등을 억제할 수 없었다. 이와 더불어 국가 재정상 필요에 따라 가나안적 귀족정치의 경제조직을 수용하여 야웨 종교에서 보장된 토지 수확권을 포기하게 되었고, 이로 인하여 각 사람의 생존권을 위협하게 되는 사회적 갈등이 생겼다는 것이다.[101]

결론적으로, 이스라엘 예언자의 기원을 살핀다면,[102] 제사장과 예언자는 공통된 기원을 갖는다. 이스라엘 민족의 종교의 중심적 지도자 계급은 제사장이었다. 제사장은 보수적이며, 전통과 규례를 애호하고, 제사와 예배를 주장하며, 후에는 의식적(儀式的) 테두리를 고수하여, 거기에 머물려는 경향이 많이 있게 되었다. 이런 것이 자칫 생명 없는 형식주의, 교권주의 등으로 타락하기 쉬웠으므로, 제사 제도의 근본적 의미가 흐려지게 되었다. 여기에 정치적·사회적 여러 원인과 더불어, 이스라엘의 야웨신앙(Yahwism)의 위기를 가져오게 될 때가 많았다. 그 때마다 다른 종교 지도자층이 나타나 본래의 종교 정신과 생명을 부여하려 노력했다. 그것이 곧 예언자 출현이다.[103] 그렇다고 예언자가 제사적 전통과 규례를 완전히 무시하고, 무조건 공격하여 기존 질서를 뒤엎으려는 것이 아니었다. 다만, 히브리 종교의 본래

---

99) J. Lindblom, *Prophets in Ancient Israel* (Oxford: Basil Blackwell, 1962) p. 32.
100) H. Donner, *Die Soziale Botschaft der Propheten*(1963), pp. 229—45. 김철현, 「예언자 연구」(대구 : 이문출판사, 1983), p. 111.에서 중인.
101) *Ibid.*, 정치학적 (E. Jenni, H. Winckler, K. Koch), 교육, 정신 상담학적 인간학적(H. W, Wolff), 영적 작용(A. Jepsen)의 견지에서 예언자 운동의 동기로 보기도 하고, 제의적 배경에서 보기도 한다는 것이다. 김 철현 교수는 신뢰 관계(하나님과 인간 사이)가 파괴될 때와, 하나님께서 사귐의 목적으로 인간을 초대하실 때 예언자의 출현이 기대된다는 것이다.
102) Theophile J. Meek, *op. cit.*, pp. 148ff.
103) Werner H. Schmidt, *The Faith of the Old Testament* (Philadelphia: The Westminster Press, 1983), p. 186. Schmidt는 이스라엘 왕권에 대한 도전으로 예언자 출현을 설명한다.

정신과 사명을 살리기에 용감한 자들이었다. 그래서 예언자의 예언은 보다 더 근본적이고, 보다 더 자발적이고 황홀적인 영적 표현이 많았고, 보다 비직업적으로 그들의 종교 의식을 수행했다. 그들은 그때 그 곳에서 그 곳의 사람들에게 직접 하나님의 말씀을 받아 선포하였다.

B. 예언자와 엑스타시(Ecstacy)

예언자에 나타나는 '엑스타시'의 현상에 대해서는 논란의 여지가 많다. 성서의 예언자들도 이 경험을 많이 한 것으로 언급되고 있다.

1. '엑스타시'의 어원적 고찰

a. 엑스타시(εκστασις)

헬라어 '엑스타시스'(εκστασις)는 "위치를 벗어난다"라는 뜻의 '에키스테미'(εκιστημι)에서 온 말이다.[104] 이 말은 '바꾸어 놓음', '본래 상태에서 정신이 바꾸어짐'을 뜻하는 말이다.[105] 의식이 전체적으로, 또는 부분적으로 정지되고, 생각과 의지가 중단되고, 자아가 하나님의 영에 의해 인도되며, 지배되는 접신 상태이다.[106] '엑스타시스'라는 말은 혼, 또는 영이 일시적으로 몸을 떠나서(희랍인의 견해) 신과의 합일(合一)을 한다는 견해를 담고 있다. 엑스타시의 이러한 관념은 히브리 사고에 있어서는 낯선 것으로서, 히브리 사고에 있어서 엑스타시 상태에 있는 개인은 그 자신 이상이 아니라, 그를 침범하거나 소유하는 영적 권세의 대리자라는 의미를 가진다.[107]

b. 탈데마 (תרדמה : Trance)

이는 '깊은 잠'이란 뜻이다. 깊은 영적 교제에 들어가거나, 입신(入神)의 상태에 들어감을 말한다. '비몽사몽'(非夢似夢), '무아(無我)의 경지' '황홀경' 등으로 표현

---

104) Gerhard Kittel, Gerhard Friedrich, *Theological Dictionary of the New Testament*. tr. ed. by Geoffrey W. Bromiley. Vol. I (Grand Rapids: Wm. B. Eerdmans Publishing Co., 1974), pp. 446ff.
105) 고영민 편, 「신약성서 헬라어 사전」 (서울: 기독교문사, 1982), "εκστασις"
106) "엑스타시스" 「기독교 대백과사전」 Vol. 11(서울: 기독교문사, 1985).
107) J.N. Schofield, *Law Prophets and Writings* (London: SPCK, 1969), pp.111—113.

될 수 있다.

영어의 'Trance'(황홀경, 혼수상태)는 'Possession'(소유, 점령)과 교체 가능한 것으로 학자들 간에 사용되고 있지만, 분열(dissociation)로 표시되는 심리적 생리학적 상태로, 영에 사로잡힘(Spirit Possession)과는 구분되어야 한다.[108] 윌슨(R.R. Wilson)은 'trance'의 특성의 이해를 돕기 위하여 목록을 제시하고 있다.[109]

c. 기타

환각(신 28:28, illusion), 혹은 두려움(fear, terror 등), 첩자의 나쁜 소식으로 인한 걱정 등에서도 사용된다.[110]

2. 엑스타시에 대한 연구사[111]

엑스타시의 연구는 휠셔(Gustay Hölscher)에 의해 본격적으로 연구되었지만, 휠셔 이전에도 기세브레히트(Giesebrecht), 노벨(Knobel), 그리고 스타데(Stade) 등에 의해서 연구되었으며, 그보다 훨씬 이전의 필로에도 연구되었다.[112] 그러나 이러한 연구들은 진부한 것이며, 휠셔 이후에야 양식 비평의 주된 문제가 되었다.[113]

a. 에발트에서 휠셔까지: 예언의 사회적 기능

이스라엘 예언자들은 이스라엘에서 가장 순수한 형태의 유일신 사상을 회복하려는 영감받은 사람들이었다. 이는 예언자 운동의 출현계기가 되기도 했다. 그들에 관한 연구는 예언자들이 예언의 지적이고 신학적 측면에 집중되었다. 그러다 보니 초기 예언연구에서는 예언자의 언어나 행동의 정확한 성격이나 사회적 위치에 대해 어쩌면 빗겨가고 있었다. 사회적 배경과 깊은 관계를 맺고 있는 한, 인간으로서의 예언자에 관해서는 관심을 집중시키지 못하였다.

---

108) Robert R. Wilson, *Prophecy and Society in Ancient Israel* (Philadelpha: Fortress Press, 1980), p. 33.
109) *Ibid.*, pp. 33—34.
110) Gerhard Kittel. *op. cit.*, "εκστασις".
111) 여기에 내용은 필자가 번역한 Robert R. Wilson, 「고대 이스라엘의 예언과 사회」 최종진 역(서울: 예찬사,1991), pp.21—29의 내용을 주로 하여 정리함.
112) E.J. Yonng, *My Servants the Prophets* (Grand Rapids: W. B. Eerdmans Co., 1983), pp. 164—165.
113) Robert R. Wilson, *Prophecy and Ecstasy: A Reexamination*, p. 321.

에발트(Heinrich Ewald)도 예언자들을 이스라엘 종교 역사에 있어 결정적인 인물들로 간주하였다.[114] 버나드 듐(Bernhard Duhm)도 그의 초기 연구에 비슷한 견해로 나타난다.[115] 그는 고대 세계에 황홀경의 예언이 존재했다고 믿었다. 특히, 아모스와 이사야 같은 초기 문서 예언자들이 황홀경에서의 행위를 가끔 보인 건 사실이지만, 이러한 황홀경의 행위는 예언자로서의 경력의 첫 부분에서만 나타나며, 곧 정상적이며 이성적인 언어와 행위로 이행하게 되었다고 믿었다.[116] 로버트슨 스미스(W. Robertson Smith)는 이스라엘 종교 형성에 있어 황홀경의 예언이 존재했다고 주장하면서도, 이 예언은 문서 예언자들의 합리적이며 윤리적인 안목과는 상반되는 것이라고 하였다.[117]

b. 횔셔(G. Hölscher)의 유산: 예언 활동의 특성

횔셔의 공헌은 예언의 사회적 기능으로부터 예언자들의 예언 활동의 특성, 예언 행위의 성질로 연구의 초점을 옮겨 놓은 것이었다.[118] 그는 이스라엘의 예언자를 포함하여 모든 예언자들이 누구나 황홀경의 경험과 환상적인 경험을 가지고 있다고 말하였다. 그의 견해를 증명하기 위하여, 그는 황홀경의 심리학적 특성과 그 행위상의 특성을 체계적으로 연구하였고, 이스라엘 예언자들 가운데 이런 특성이 있음을 나타내어 보였다. 비록 횔셔가 이스라엘 예언자들이 그들의 경험으로부터 신적인 도덕적 안목을 얻었다는 것을 주장한다는 점에서 초기 학자들에 동조하는 것은 사실이지만, 그는 이스라엘의 황홀경의 예언과 이스라엘 주변 국가들에서의 이런 예언 사이의 문화적이며, 역사적인 관계를 강조했다.[119]

그의 연구는, 그 결론과 방법론에 있어 예언과 사회 연구에 대해 전환점을 제공하였다. 그의 접근 방법은 황홀경에 대한 심리학적 연구들을 촉발시켰으며, 고대에도 그러한 특성들이 있음을 증명하였다.[120]

예언의 성질에 관한 관심은 그 이후에 종교사학파의 많은 연구에 의해 계승되었

---

114) Idem, *Prophecy and Society in Ancrent Israel*, p. 3.
115) *Ibid.*, pp. 3—4.
116) B. Duhm, *Die Theologie der Propheten*. (Bonn: Adolph Marcus, 1805), 4, 19—24, 29—34, 86—91 ; *Ibid.*, p. 4에서 재인용.
117) W.R. Smith, *The Old Testament in the Jewish Church* (London: Adam & Charles Black, 1895), 278—308., *Ibid.*, p. 4에서 재인용.
118) *Ibid.*, p. 5.
119) G. Hölscher, *Die Profeten* (Leipzig: J.C. Hinrichs, 1914), esp. pp. 1-358.
120) Robert R. Wilson, *Prophecy and Society in Ancient Israel*, pp. 5—6.

는데, 이 연구들은 휠셔의 연구에서 취급된 기본적 문제들, 즉 비이성적이며, 황홀경적인 특성을 가진 예언과 일관성이 있고, 이치에 맞고 신학적으로 반추(反芻)되며, 때로는 고도로 조직적이기도 했던 이스라엘 문서 예언자들의 신탁과의 관계를 다루었다.[121] 그래서 그는 예언자들이 상태에서 신탁을 전했다고 믿었다.

c. 휠셔 이후의 연구: 예언의 사회적 위치

모빙케(S. Mowinckel)는 성서학자들로 예언의 사회적 위치에 몰두하도록 하는 계기를 제공하였다.

① 부정적인 견해

일부의 학자들은 문서 예언자들과 지금까지 메세지가 보존되어 있는 비문서 예언자들이 모두 황홀경에서 예언하였다는 사실을 단순히 부인하였다. 이에 대해서는 두 가지 주요한 의견이 있다.

─이스라엘 예언의 초기에 황홀경적인 요소가 있었으나, 문서 예언자들에게는 이런 요소가 없었다고 하는 견해: 아브라함 헤셀(Abraham Heschel)은, "예언자들은 하나님의 파토스(gittliches: Pathos)에 대한 자신들의 공명을 통해 영감을 얻게 되었다. 그러나 이 공명은 독특한 종교적 본질에 속하는 것으로서 결코 황홀경의 상태로 얻어질 수 있는 것이 아니다"라고 말한다.[122] 매튜(I.G. Matthews)도 대예언자들의 연설에서 신비적이라거나 황홀경적인 것을 발견할 수 없었다. 그는 예언자들이 그 어떠한 탁월한 은사를 받았다고 주장하지도 않았고, 비법의 예비 훈련을 받은 것도 아니며, 몽환경(夢幻境)이라든가 황홀경 상태를 통해 어떤 특이한 정보를 받은 자들도 아니었다고 말하였다.[123] 자이어 스타트(I.P. Seierstad)는 아모스, 이사야, 예레미야의 계시체험에 관한 연구에서, 황홀경의 상태가 계시체험의 매체였다고 하는 것을 결코 주장할 수 없다는 결론을 내렸다.[124]

─때로 약한 상태의 황홀경적 예언 요소가 있었음을 인정하는 견해: 존 스키너(John Skinner)는 당시의 연구들이, 예언자들의 환상 기록들이 비교적 황홀

---

121) *Ibid.*, p. 6.
122) Abraham Heschel, *The Prophets* (New York: Harper & Row, 1962).
123) I.G. Matthews, *The Religious Pilgrimage of Israel* (1940), p. 131.
124) I.P. Seierstad, *Die Offenbarungserlelonisse dei Propheten Amos, Jesaja, Und Jeremia* (Oslo: Jacob Drbwad, 1946), p. 183.

경의 상태에서 그들 자신의 실제적인 체험이라고 주장하고 있음을 지적하였다.[125] 휠러 로빈슨(Wheeler Robinson)도 황홀경의 특징들이 보이기는 하지만, 그것은 단지 부차적인 요소에 불과하였음을 말하였다.[126]

— '거짓 예언자'들 중에서만 황홀경적 요소를 볼 수 있다는 견해: 참 예언자들은 황홀경 중에 예언하지 않았으며, 단지 거짓 예언자들만이 황홀경적 요소를 가지고 있다고 보는 견해이다.[127]

젭슨(Alfred Jepson)은 nebî'îm(נביאים)과 정경예언자들을 구별하여 전적으로 그 유형이 다르다고 주장하였다.[128]

② 긍정적인 견해

— 궁켈(H. Gunkel)을 따르는 견해 : 궁켈은 휠셔에 반대하여, 예언자들이 자신의 황홀경적 경험이 끝난 이후에 계시를 말하였다고 주장했다. 그러므로, 신탁은 이성적인 마음의 산물이며, 예언자의 황홀경 속에서 고양된 것을 전달하려는 시도라고 하였다.[129] 로빈슨(T.H. Robinson)은, 예언자가 전적으로 받아들일 수 있는 유일한 권위는 황홀경의 상태를 통해 그에게 오는 것이었다고 말하였고, 또 황홀경은 예언을 하는 사람들에게나 듣는 사람들에게나 야웨의 현존과 메세지에 대한 보증이었다고 말하였다.[130] 이러한 견해는 빈약한 증거만을 갖고 있으며, 더구나 황홀경의 상태에서 신탁을 말하였음을 분명히 보여주는 곳도 있음을 주목하여야 한다.[131]

— 문서 예언자들도 약하기는 하지만, 황홀경을 빈번히 경험하였다는 견해: 문서 예언자들도 약하기는 하지만, 황홀경을 빈번히 경험하였다고 주장한다. 그러나 이런 학자들은, 예언자들의 메시지가 그 메시지를 받았던 수단으로서의 황

---

125) John Skinner, *Prophecy and Religion* (Cambridge: Cambridge University Press, 1922), p. 11.
126) H. Wheeler Robinson, *Inspiration and Revelation in the Old Testament* (1966), p. 174.
127) H.T. Obbink, "The Forms of Prophetism," *HUCA 14* (1939) : 25—28 ; S. Mowinkel, "The spirit and the Word in the Pre—Exilic Reforming Prophets," *JBL* 59 (1934) : 199—227 ; Jepson, *Nabi*, pp. 208—217.
128) Jepson, *Nabi*, p. 144.
129) Robert R. Wilson, *Prophecy and Society in Ancient Israel*, p. 7.
130) T.H. Robinson, *Prophecy and the Prophets in Ancient Israel* 2nd ed.(London: Duck worth, 1953), pp. 45—46.
131) Rober: R. Wilson, *Prophecy and Society in Ancrent Israel*, p. 7.

황홀경과 구별되어야 한다고 주장한다.[132] 이 주장은 학자들의 연구의 초점을 황홀경의 문제로부터 옮기는 효과를 가지고 있으나, 그렇게 함으로써 황홀경과 예언 문학 사이의 관계에 대한 아직 해결되지 않은 양식 비평적인 문제를 남겨 놓고 말았다.[133]

3. 인류학적 연구의 암시

예언자와 엑스타시의 문제는 위에서 살핀 것 같이 학자들 간에 일치하지 못한 점들이 많이 있음을 알 수 있다. 그러나 윌슨의 말대로 이러한 문제를 다룸에 있어서, 기존의 연구 방법을 통한 연구를 한다고 할 때 문제가 있을 수밖에 없다. 그것은 그 어떠한 연구도 엑스타시에 관한 불완전한 정의에서 출발하여야 하기 때문이다.[134] 그러므로, 윌슨은 현대 인류학적 연구의 도움을 얻어야 한다고 말한다.[135]

인류학적 연구는 두 가지 중요한 암시를 준다. 첫째는, 인류학적인 문서가 접신과 관련된 행동적 특성의 한 다양성을 기록한다는 사실은, 이스라엘의 접신 행위의 본질에 관하여 학자들은 그것의 일반화를 너무 빨리 해서는 안 될 것을 함축하고 있다는 점이다. 한 사회, 혹은 종교 단체의 상황 속에서 일하는 예언자들은 다른 단체에서 나타내는 행동과는 상이한 양상을 보일 수 있고, 심지어 동일 단체의 예언자들도 서로 다르게 행동할 수 있으며, 또한 예언자에게 있어서도 그의 역사적, 사회적 상황에 따라 그의 행동이 다양해 질 수 있다는 점이다.[136] 어떤 예언자들이 황홀경적 행동 양태를 보이는 것 같다는 이유 때문에, 그런 행동이 모든 성서 예언자들의 특성이라고 추정할 수는 없다. 유사하게 모든 황홀경적 행동이 동일한 형태라고 추정할 수도 없다. 궁극적으로 예언자적 접신 행위의 본질에 대한 물음은 각각의 예언자들을 존중하는 데서 해결되어야 하며, 또 그 예언자들이 일했던 각각의 사회적 정황을 존중하는데서 해결되어야 할 것이다.[137]

둘째로, 인류학적 문서의 대부분이 접신 행위가 특정 단체 속에서는 상투적

---

132) *Ibid.*, p. 8.
133) *loc. cit.*
134) *idem*, "Prophecy and Ecstasy: A Reexamination," p. 323.
135) *Ibid.*, pp. 323—324.
136) *Ibid.*, pp. 325—328.
137) *loc. cit.*

(Stereotypical)이었음을 보여주는 사실은 상투적 행동이 이스라엘 예언자들에 의해서도 역시 나타날 수 있음을 함축한다. 이 가능성은 엑스타시와 예언적 연설 사이의 관계를 완전히 이해하기 위하여 연구되어야 하는데, 그것은 이 둘 다 접신 행위의 요소이기 때문이다.[138]

더 나아가 인류학적 문서들은 이스라엘 사회 내의 다양한 단체들이 그런 행동에 대해 서로 달리 반응했을 것이라는 사실을 암시한다.[139]

4. 나비(Nābî: נביא)의 어휘 사용 분석[140]

영감의 심리적 분석을 위한 시도로서 예언자를 나타내는 나비(Nabî)와, 예언적 행위를 묘사하기 위해 사용되는 나비(Nabî)의 어근 동사적 형태가 시대에 따라 어떻게 사용되었는가 분석해 볼 수 있다. 이 어근은 닢알(Niphal: 단순, 재귀형)과 히트파엘(Hithpael: 재귀형)에서만 동사로 사용된다. 이 두 형태는 나비(Nabî)의 명사에서 파생된 것으로 추정한다.[141] 그러나 이 동사들의 어의적 구분은 세우기가 어렵다.[142] (삼상 10:5,6,10,11,13, 렘 26:20, 겔 37:7—10)

a. 제1차 시기(기원전 8세기 이전): 행동의 예언자 시대

이 시대는 88회의 나비(Nabî) 단어가 사용되었는데, 78회가 야웨의 예언자를 지칭하고 있다. 대체적으로 집단적으로 나타난다. 아합의 400명 예언자들과, 엘리사의 '예언자의 아들들'을 예로 들 수 있다(삼상 10:10, 왕상 22:6, 왕하 2:3). 이 시대에는 히트파엘(Hithpael: 재귀형)과 닢알(Niphal: 단순 재귀형)의 두 형태가 사용되나, 히트파엘(Hithpael) 형태가 더 지배적으로 나타나 보다 황홀경적 행위를 나타내고 있다. 이 초기 시대에 약간 사용되고 있는 닢알(Niphal) 형태도 역시 엑스타시와 관련되어 있는 것 같다. 그러나 대개 닢알(Niphal)은 보다 지성적인 합

---

138) Ibid., p. 329.
139) loc. cit.
140) T.H. Robinson, op. cit., pp. 45ff. H. Wheeler Robinson, op. cit., pp. 170ff. 등을 참고해서 정리함.
141) C.F. Whiteley, 「예언자들의 중심사상」, 양승애 역(서울: 성바오로 출판사, 1982), pp. 22ff. 예를 들면 התאבל(애통하는 자처럼 하는, 삼하 14:2), התנבא는 "예언자처럼 행동한다" "Nabî의 특성을 보이다"로 말과 행동을 포함했을 것이다.
142) cf. Harry Mowley, Reading the Old Testament Prophets Today (Atlanta: John Knox Press, 1979), pp. 9—15.

리적 예언 연설과 관련지어 나타난다. 히트파엘(Hithpael)이 우선적으로 사용되면서 '정신적, 육체적으로 사로잡힘의 현상'(Psycho—Physical Phenomena of Possesion)으로 사용된다. 그래서 이 시대를 **황홀경적 정신—신체적 단계**(Ecstatic—Psycho—Physical Stage)의 예언자 형태라고 말할 수 있다.[143]

b. 제2차 시기(기원전 800—550년): 문서 예언자 시대

이 기간은 예언 활동의 전성기이며, 168회의 나비(Nabî) 단어가 사용된다. 거짓 예언자와 전형적 참 예언자와의 투쟁의 기간이었다. 이때 예언자들은 윤리적인 면을 강조하고 나선다. 대체로 닢알(Niphal) 형태가 지배적으로 사용되는데 합리적, 혹은 도덕적 내용으로 된 예언(Prophecy with a rational or moral content)으로 발전했다.[144] 그래서 이 시대는 보다 상식적이고 이성적인 **합리적**, 그리고 **도덕적**(윤리적) **단계**(Rational and Moral(Ethical) Stage)의 예언자 유형이다.

c. 제3차 시기 : 포로 후기 단계(Post—Exile Stage)

이 때는 나비(Nabi) 관련 단어가 56회로 줄어들어 사용된다. 바로 이스라엘 **예언의 몰락 시기**이다. 이 때는 더 이상 예언자가 나타나지 않고, 구약의 역사가 마무리되는 기간이다. 이때는 히트파엘(Hithpael)과 닢알(Niphal) 형태의 동사가 모두 비정상적인 정신·신체적 사로잡힘의 현상이 없이 단순히 예언한다(Prophesing)는 의미로 사용된다고 본다.[145]

5. 황홀경과 예언자 관계의 예들

a. 모세의 70장로 선택(민 11장)

모세가 개인이 감당하기에는 너무 무거운 짐이 되었을 때 야웨께 투덜거렸고, 그 응답으로 야웨는 모세로 하여금 70인의 장로들을 선택케 했으며, 지도자의 짐을 나누어 질 수 있도록 모세 위에 임한 하나님의 영을 그들에게도 임하게 하시어 모세와 함께 백성의 짐을 담당하도록 하도록 하시게다 약속하신다(민 11:11—17).

두 사람만 제외하고 모두 장막에서 그와 함께 모였고, 야웨께서 모세에게 임한 영을 70장로들에게도 임하게 하신 때에 그들이 예언을 하여 "예언자처럼 행동했

---
143) H. Wheeler Robinson, *op cit.*, pp. 176—177.
144) *Ibid.*
145) *Ibid.*

다"(민 11:24-25). 장막 안에 들어가지 못한 두 사람 조차도 그 영을 받았고, 그 진영 안에서 특징적인 '예언 행동'을 보였다(민 11:26,27). 이러한 행동은 적극적으로 평가되었는데, 여호수아가 모세에게 그들의 행동을 금하라고 할 때 모세는 그것이 야웨께로 말미암은 것임을 확인시켜, 지도권의 분할이 하나님의 명령의 결과임을 가르쳐 주었다(민 11:28, 29).[146]

b. 사울의 기름부음(삼상 10:1-13)

이 사무엘상 10:1-13 구절은 예언자들의 황홀경에 대한 논의에서 결정적인 자료가 된다. 기름병을 가져다가 사울의 머리에 붓고 이르기를, "야웨께서 네게 기름을 부으사 그의 기업의 자도자로 삼으셨느니라" 선언하는 선견자 사무엘을 만난다. 사무엘은 두 가지의 표징을 예언함으로써 자신의 행위에 권위를 확인시킨다. 즉, 첫 표징은 사울이 라헬의 무덤에서 두 사람을 만나 아버지의 잃어버린 나귀에 대한 정보를 듣게 되고, 둘째 표징은 벧엘에서 사울에게 음식을 가져다 줄 사람을 만날 것이라는 것이었다(삼상 10:1-4). 셋째 표징은, 예언자 무리와 만날 것인데, 야웨의 영이 임하여 그들과 함께 예언하게 될 것이다. 이것은 본래 "사울도 선지자 중에 있느냐?"라 하는 말의 기원을 설명하려는 시도에서 생겨난 것 같다.[147]

사무엘상 9:1-10:13에서 사울의 선택에 대한 설명은 이야기의 초점을 사울에게 맞추고 있으며, 사무엘이든지 아니든지 간에 그 선견자는 부차적인 자로하고 있다. 사울은 전통 있고 강력한 베냐민 지파 출신이며, 이스라엘에서 가장 용모가 준수한 젊은이였다(삼상 9:1,2). 그는 그가 부여 받은 일을 수행하는 데에 열중하고 있었는데, 그가 잃어버린 나귀를 찾지 못하는 동안 그의 아버지가 걱정하고 계시리라는 것을 생각하고 있었다(삼상 9:5). [하나님의 사람]을 방문할 계획은 사울보다는 그의 사환에 의하여 이루어졌다(삼상 9:5-6). 사울이 도착하기 전에, 야웨께서 사무엘에게 사울의 기름받음에 대해 분명한 지시를 하셨다. 사울은 지도자로서 기름부음을 받았는데, 그는 이스라엘을 블레셋으로부터 구원할 자였다. 여기서 사울

---

146) See R. Rendtorff, "nabi' in the Old Testament", *TDNT* 6(1968), 797—799. cf. 더 오래된 것으로 F. Haeussermann, *Wortempfang und Symbol in der alttestamentlichen Prophetie* (Giessen: Töpelmann, 1932), 10—11; W. Jacobi, *Die Ekstase der alttestamentlichen Propheten* (Munrch: Bergmann, 1920), 56 ; Jepson, Nabi, 5—10 ; W.F. Lofthouse, "Thus Hath Jahveh" *AJSL 40*(1924), 243. Robert R. Wilson, "Prophecy and Ecstasy", pp. 329—331. foot note, 20.

147) R.R. Wilson, *op. cit.*, p. 331.

이 왕으로 기름부음 받았다는 내용은 없다. 이 사울 선택은 핍박받는 이스라엘의 부르짖음의 응답이며, 이것은 애굽으로부터의 야웨의 구원을 생각나게 하는 것이었다(삼상 9:16, 비교 출 2:23, 3:7-9). 사울이 사무엘이 사는 성읍에 도착했을 때, 젊은 그는 선견자의 특별한 대접을 겸손하게 받아들인다. 실제로 기름부음 받은 것에 대한 사울의 반응은 기록되어 있지 않지만, 그의 회의심은 그의 선택을 확증하기 위해 주어진 세 가지 표적이 주어진 것으로 증명되어진다. 더욱 상세하게 설명된 것은 세번째 표징인데, 그것은 예언자들을 만나는 것이다. 사울이 특정의 예언적 행위를 보이는 예언자의 무리와 만날 것이 예언되었다. 그 예언자들이 악기를 연주했다는 사실은 황홀경이 포함되었음을 암시하는데, 그것은 음악이 종종 황홀경을 야기하는데 사용되었기 때문이다.[148] 그러나 확실히 예언자들은 걷는다거나 악기를 연주하는 정상적인 인간 행위들을 수행할 수 있었다고 해도, 황홀경적인 상태가 없었다고 하는 암시가 없다. 사울이 그 무리를 만나게 되면, 야웨의 영이 사울 위에 내려와 그가 변화될 것이라고 했다. 이 경험의 긍정적인 특징은 사로잡는 영이 야웨로부터 왔음과 하나님의 선택의 표시라는 것으로 확인된다(삼상 10:5-6). 결국 그 표적들은 사무엘이 예언한 대로 나타났다. 사울이 예언자 무리를 만났을 때, 사울이 예언자 무리와 함께 예언을 하는 특별한 행위가 나타났다. 그리고 아무런 부정적 평가도 여기에 주어지지 않았다.

사울의 선택에 대한 이야기는 이 시기와 이 지역의 예언자들은 최소한 이러한 예언적 행위를 무리없이 받아들이는 것으로 되어 있다. 이러한 행동은 비록 그런 황홀경적 행위가 통제되었고, 또 그렇게 할 수 없는 것이었다고 해도 엑스타시(황홀 상태)가 수반되었을 것이다.[149]

c. 다윗의 선택(삼상 15장-19장)

독특한 예언 행위의 매우 새로운 모습이 다윗이 왕위에 오르는 이야기에서 전개된다. 이것은 사울과 대립하고 있는 동안의 다윗의 입장을 분명하게 해 준다.[150] 이 친 다윗적인 관점은 사무엘상 15:35에서 이미 명백하게 나타난다. 야웨는 사울의 선택을 후회했고, 곧이어 다윗을 선택하며(삼상 16:1-13), 다윗이 기름부음을 받게

---

148) 사무엘상 10:10—13, *Ibid.*, 각주 25을 보라.
149) *Ibid.*, p. 333.
150) *Ibid.*, p. 334. 각주 27.

되자마자 야웨의 영이 사울을 떠나게 되고, 그로부터 정당성을 빼앗아 간다. 그리고 야웨가 사울에게 악신을 보내어 번뇌케 한다.

이러한 친 다윗적인 이야기에서 최초의 독특한 예언 행위에 대한 언급이 사무엘상 18:10-11에서 나타난다. 야웨께서 부리시는 악령이 사울에게 힘 있게 내렸고, 그로 하여금 '집 안에서 정신없이 떠들어대는' 독특한 행위를 나타내게 하였다. 이 행위의 명확한 본질은 상술되어 있지는 않았으나, 명백히 통제 불가능하고 격렬하여, 사울로 하여금 참으로 다윗을 공격하게 했다. 이 사실은 그 행위의 난폭함의 서술뿐만 아니라, 그것이 악령적 속성으로 나타내고 있다.[151]

이것은 사무엘상 19:18-24에서 더욱 발전한다. 다윗이 도피하여 라마로 가서 사무엘에게 나아가게 되었는데, 사무엘은 여기서 분명히 예언자들 집단의 우두머리로 묘사되고 있다. 사울이 다윗을 체포하고자 보낸 전령들이 그 예언자들의 예언하는 동안에 접근했을 때, 그 전령들도 역시 독특한 예언 행위를 나타내기 시작하였다. 두 팀의 전령들을 더 보내었으나, 결과는 동일하였다(삼상 19:20-21). 이야기의 요점은 그 예언자들과의 접촉을 통해서 그 전령들이 무력하게 되었고, 실제적으로 다윗에게 가까이 할 수 없었다는 것이다. 이것은 이야기 저자가 전형적인 예언 행위를 통제할 수 없는 황홀경의 형태로 생각하고 있다는 것을 암시해 주는 것 같다. 더 나아가 사울 자신이 사무엘과 다윗이 있는 곳으로 친히 나아가자, 그도 역시 하나님의 영이 임하여 걸어가며 예언하는 독특한 예언 행위를 드러내기 시작하였다. 이 경우에 있어서 본질적으로 이런 독특한 예언 행위가 부정적으로 평가되고 있다는 것이다: **"그가 그의 옷을 벗고 사무엘 앞에서 예언을 하며 하루 밤낮을 벗은 몸으로 누웠더라"**(삼상 19:2-24). 사울의 다른 형편은 그가 미치게 하는 악령에 사로잡혔다고 한다(삼상 18:10-11). 그러므로, 그도 예언자였는가란 질문에 대한 대답을 "아니다. 그는 예언자가 아니었고 미쳤던 것이다"[152]라고 윌슨(R.R. Wilson)은 말한다.

d. 엘리야와 바알 선지자들

엘리야와 바알의 선지자들 사이의 유명한 대결에서, 바알 추종자들은 상투적인 예언 행위를 드러낸다. 이 경우에 그 행위가 어느 정도 통제되어 있었던 것 같다.

---
151) *Ibid.*, p. 334.
152) *Ibid.*, p. 335.

비록 황홀경의 형태를 가지고 있으나, 그들은 그들의 규례에 따라, 바알의 이름을 부르고, 그들이 그 쌓은 제단 주위를 뛰고, 피가 흐르기까지 칼과 창으로 자기 몸에 상처를 낸다(왕상 18:26—29). 그러나 신명기 저자는 여기에 대해 황홀경 자체는 나쁘게 평가하지 않고, 바로 바알 이름으로 예언하는 것이 불법적임을 말한다(신 13:1—5, 18:20—22).[153]

e. 이믈라의 아들 미가야와 400 궁전 예언자들

갈멜 산 대결의 서술 후에, 예언자, 나비(נביא)의 발생은 그들 행동의 주된 특성으로서 예언자의 담화에 초점을 둔다. 열왕기상 22:8,10,18. 역대하 18:7,9,17에서 이믈라의 아들 미가야와 400명의 이스라엘 궁전 예언자들은 나비(נביא)의 히트파엘(Hithpael: 강조동사의 재귀형) 형태로 묘사되었다. 이 두 경우에 있어서 이야기 초점은 예언적 신탁의 대결에 있었고, 통제 불능이나 난폭한 행위의 암시는 없었다. 오직 예언 메세지의 내용이 성취되느냐 아니 되느냐에 따라, 거짓 영에 의해 접신된 결과임이 판명될 때만 이야기 속에 부정적인 언급이 들어간다(왕상 22:20—35).[154]

f. 예레미야

예레미야는 거짓 평화의 약속으로 백성을 오도하는 예루살렘 예언자들의 활동을 서술한다. 그는 바알의 이름으로 예언하여 백성을 잘못되이 인도한 사마리아의 예언자들에게도 히트파엘(Hithpael)을 적용 사용하였다(렘 23:13). 그러나 예레미야는 그들의 행위의 형태 때문이 아니라, 그들의 메시지 내용과 예언의 근원에 대한 반박에 사용했다.

이스라엘의 초기 예언에는 엑스타시의 현상이 나타나는 것은 사실이나, 이스라엘의 예언 내용에는 크게 작용하지 않고 있다. 예언 신탁이 발해지고 문서화될 때는 하나님의 영에 완전 몰입되거나 무의식 상태의 지껄임이 결코 아니었다. 이스라엘 예언자의 본질은 엑스타시(Ecstacy)에 있지 않고, 메시지의 내용에 있었다. 초창기 때는 '하나님의 영'이 임한다, 내린다, 들어간다 등으로 표현되던 것이, 후대에 올수록 '하나님의 말씀'으로 대치된다. 즉, 점차 황홀경의 현상은 줄고, 예언자들이 대체로 '영'보다 '말씀'에 호소한다. 내용도 개인의 삶에서 국가적 재난과 구원의 메

---
153) *loc. cit.*
154) *Ibid.*

시지로 바뀐다.[155]

6. 예언자들의 신앙갱신 운동

남과 북으로 나누어진 뒤 양쪽의 신앙상태는 시간상의 순서에 차이가 있을 뿐, 모세율법에서 멀리 떠나 제사의식의 변질과 타락으로 동일한 양상을 띠고 있었다. 이스라엘의 생명은 율법에 입각한 바른 제사의 여부에 달려 있었기 때문에 북왕국 이스라엘의 예언자 엘리야와 엘리사는 타락한 신앙 갱신을 위해서 목숨을 걸고 이교도의 세력과 투쟁했다. 그러나 그들의 개혁의지는 다음 세대로 이어지지 못하였고 야웨신앙(Yahwism)은 혼합주의로 완전히 변질되었으며 결국 타락한 북왕국 이스라엘에 대한 야웨 하나님의 징벌로 말미암아 앗시리아에 주전 721년 멸망하였다. 구약에서 이스라엘 백성의 범죄에 대한 하나님 진노의 징벌방법은 자연적 재앙인 기근과 가뭄 그리고 이스라엘을 대적하여 치게 하시는 하나님 진노의 막대기와 몽둥이로 전쟁을 사용하시는 것으로 나타났다(사 10:5-11).

남왕국 유다에서는 [아사]왕이 "아세라의 가증한 우상을 찍고 빻아 불살랐다"(대하15:16). [히스기야]왕은 레위사람들과 제사장들과 야웨의 전을 성결하게 하고, 성전제사를 재정비하여 제사를 드리고, 온 나라로 하여금 유월절과 무교절을 지키도록 하였다. 예루살렘에서 이방 제단과 향단들을 모두 제거하여 기드론 시내에 던지고, 유다 여러 성읍에 주상들과 아세라 목상을 깨뜨리며 찍어 없애고, 산당들과 제단들을 제거하여 없앴다(대하 30-31장).

[요시야]왕은 등극하자 유다와 예루살렘을 정결하게 하여 이방 산당들과 바알제단들을 헐었으며, 그 제단 위에 높이 달린 태양상들을 찍어 부수고, 아세라 목상들과 아로새긴 우상들과 부어 만든 우상들을 빻아 가루를 만들어 제사하던 자들의 무덤에 뿌리고, 그 제사장들의 뼈를 제단위에서 불살라 유다와 예루살렘을 정결하게 하였다(대하 34:1-7, 왕하 22:1-2).

---

155) Werner H. Schmidt, *The Faith of the Old Testament*, tran. John Sturdy (philadelphia: The Westminster Press, 1983), pp. 230ff. Schmidt에 의하면, 세계 도처에서 알려져 있는 모든 현상들이 이스라엘에서도 역시 발견된다. 그러나 새 왕국의 시작과 군주정치의 출현과 함께, 예언자 무리와 동시에 개인적인 예언자들, 갓이나 나단, 그리고 실로의 아히야같이 황홀경의 특징이 없이 말씀을 받고 전달하는 예언자들이 나타난다(*Ibid.*, p. 224.).

이런 개혁적인 왕들은 하나님의 계약백성으로서의 자기 정체성을 인식하고, 극도로 타락한 종교적 상황에서 획기적인 개혁을 때때로 전개하였으나 이것 역시 오래 가지 못하고 거듭되는 제사의식의 타락과 이방종교로 인한 혼합주의적 양상은 모세의 시내산 계약(출 19장)과 다윗언약(삼하 7장)의 폐기라는 파국의 상황을 향하여 치닫고 있었다.

특별히, 요시야왕의 시대는 더욱 타락하여 왕실 엘리트와 종교 지도자들의 부패만 아니라 예루살렘 주민들도 야웨신앙을 타락시켜 하나님의 심판으로 순식간에 이루어질 것이라고 스바냐는 선포한다: **"패역하고 더러운 곳, 포학한 그 성읍이 화 있을진저 그가 명령을 듣지 아니하며 교훈을 받지 아니하며 야웨를 의뢰하지 아니하며 자기 하나님에게 가까이 나아가지 아니하였도다"**(습 3:1-2)

특히 B.C. 621년, 요시야 왕 즉위 18년에 성전에서 발견된 율법책에 입각하여 대대적인 종교개혁을 단행하였다. 요시야왕은 혼합주의로 전락하게 된 대표적인 이방신 바알과 관련된 모든 지방 성소와 제단을 파괴하고 예루살렘 성전을 중심으로 한 예배의식을 확립하였다. 또한 하나님의 선민으로서의 거룩한 생활을 서약하며 율법에 입각한 인도주의 실천을 다짐하였고 성대한 유월절 의식을 통하여 바른 제사의식의 모범을 시행하였다. 그러나 유브라데 강 가의 갈그미스를 치러 올라오는 애굽 왕 느고와 대항하여 싸우다가 요시야가 죽게 되어 그의 종교개혁은 중단되어 침몰하고 유다왕국은 급속히 멸망으로 치닫게 된다.

그때 예언자 예레미야가 일어나 요시아의 뒤를 이어 개혁의 목소리를 발하게 된다. 그는 외형적 의식에 사로잡혀 직업화되어 가는 제사장들의 종교성을 비판하는 데서부터 시작하여 영적인 종교로서의 기반을 구축하는 데 관심을 집중시켰다. 그는 제도적인 개혁보다도 개인의 책임성과 심령의 변화가 더 시급함을 주장하며 내재적 종교로서의 개혁을 외롭게 부르짖었다. 그러나 하나님의 인내의 한계를 넘어선 유다왕국의 타락상은 주전 586년 바벨론의 침공으로 막을 내리게 되었다. 바벨론에 포로로 잡혀 있던 시기에는 예언자 에스겔이 죄에 대한 개인적인 책임성을 강조하며 하나님 앞에서의 바른 신앙회복을 부르짖었다. 그는 예레미야가 형식적인 성전 예배를 부정했던 것과는 달리 영적 회개와 더불어 새로 회복될 성소에서의 예배확립을 강조하였다(겔 40-48장). 이스라엘의 신앙 역사를 회고해 볼 때 결론 내릴 수 있는 것은 예배의 실패는 한 개인 뿐만 아니라 한 가정과 국가의 실패를 의미한다는 사실이다.

바벨론 포로에서 귀환한 후, 회복 유다공동체는 귀환과 더불어 무너진 예루살렘 성전과 예루살렘 성 재건에 전념함으로 성전 중심의 종교회복과 성 중심의 정치, 사회적 회복을 시도했다. 옛적의 영광만은 못하지만 예루살렘 성전의 재건이 갖는 신학적, 역사적 의의는 매우 중대한 것이었다. 그것은 잃어버린 옛 신앙의 회복과 깨져버린 언약관계의 재건을 뜻하였다. 무엇보다도 성전을 중심으로 한 제사의 회복이 거룩한 예배 공동체로서의 정체성을 깨닫게 하는 데 큰 역할을 하였다. 왜냐하면 포로지에서 임시방편으로 드렸던 회당 예배는 새로운 정비가 불가피했으며 제 기능을 발휘하지 못했던 제사장의 임무도 율법을 가르치는 일로부터 시작하여 성실한 이행이 요구되었기 때문이다.

C. 예언자들의 유형

하나님의 뜻을 중재하는 영감의 사람을 지칭하는 가장 오래된 히브리어 단어는 선견자(hozeh, ro'eh)로, 다른 사람들에게는 숨겨진 사실을 보는 자이다. 대체로 하나님의 사람(man of God), 영의 사람(man of Spirit)으로 인식되었다.[156] 영(신)에 감동된 자(man of Spirit)는 호세아 9:7에 나타나는데, 기원전 8세기 예언자에 대한 일반적인 명칭이었고,[157] 하나님의 영에 사로잡힌 자이다.[158]

예언자를 뜻하는 가장 보편적 용어는 '나비'(Nabi)로, 왕정시대(B.C. 1000—586)에는 '호제'(hozeh)와 '로에'(ro'eh)를 대신하여 주로 사용되었다.[159] '나비'의

---

156) David E. Aune, *Prophecy in Early Christianity and the Ancient Mediterranean World* (Grand Rapids: Wm. B. Eerdmans Publishing Co., 1983), p. 83. 선견자(Seer)는 사무엘에게 붙여진 이름. 삼상 9:11,8—19, 삼하 15:27, 24:11, 암 7:12에 나타나고, 하나님의 사람은 삿 13:6, 삼상 9:6, 왕상 12;22, 17:18,24, 왕하 5:8.
157) *Ibid.*, p.369. cf. J. Lindblom, *Prophecy in Ancient Israel* (London, 1962), p. 175. H.W. Wolff, *Hosea*. Trans. G. Stansell, Ed. P. Hanson (Philadelphia, 1974), p. 157.
158) 사무엘상 10:6, 열왕기상 18:12, 22:21—22, 왕하 2:9,16, 사 61:1, 대하 20:3 등.
159) David E. Aune, *op. cit.*, p. 83. 그러나 Nabi, hozeh, roeh의 세 단어가 계속하여 상호 변화성있게 종종 사용되기도 했다(삼하 24:11, 왕하 17:13, 사 29:10 등).

어원은 바벨론어 '나부'(Nabu : 부르다, 불러내다)에서 유래했다 하여 '부름받은 자'(the called, one who is called)[160]를 뜻한다고 본다. 한편 '나부'가 '말하다'(to speak), '나부'보다는 아라비아어인 '나바'(Naha: 거품을 뿜으면서 말한다)에서 유래한다고 봐서 '말하는 자'(Speaker) '하나님의 대변자, 대언자'(Spokesman of God)[161] '외쳐 선포하는 자'(Proclaimer)[162]로 해석한다. 이스라엘의 예언자는 단독자로, 갑작스레 어느 시점에 나타난 것이 아니라, 예언자적 유형의 다양화에서 발전되어 왔다고 본다.

1. 샤만적 예언자들(Shamanistic Prophets)

이스라엘의 예언자가 처음 출현한 것은 우리가 지금 가지고 있는 자료에 의하면, 기원전 11세기경으로 본다. 예를 들면, 사무엘 같은 인물이다.[163] 이들의 예언 유형은 샤만이라는 것이기 보다는 그런 성격의 활동의 특색이 나타낸 면이 있다는 것이다. 즉, 성인(聖人), 현인(the sage), 기적을 행하는 자(the miracle worker), 그리고 점장이식 예언자(the soothsayer)의 성격을 나타내고 있다.[164] 암나귀를 찾기 위해 사울이 존경받는 성인인 선견자 사무엘에게 예물, 혹은 일부의 돈을 드리러 찾아가는 기사에서 당시의 사무엘 예언자에 대한 인식을 볼 수 있다(삼상 9장). 엘리야는 사르밧의 과부에게 통의 가루와 병의 기름이 없어지지 않는 기적의 도움을 주고, 병으로 죽게 된 아들을 살려 준다(왕상 17장). 이런 엘리야의 행동은 여러 가지로 나타난다. 한 예를 들면, 아하시야왕이 병이 들자, 사자들을 에그론의 신 바알세붑에게 병이 낫겠느냐 물어보라고 보내자, 엘리야가 그 사실을 이미 알아내고, 그 사자들을 먼저 만나 곧 아햐시야가 죽으리라 한 대로 그대로 되는 사건이 있다.

---

160) W.F. Albright, *From the Stone Age to Christianity* (Baltimore: Johns Hopkins Press, 1957), pp. 303ff. cf. A Jepson, Nabi: Soziologische Studien: *zur alttestamentlichen Literatur nnd Religionsgeschichte* (Munich, 1934), pp. 5ff. H.W. Robinson, *Inspration and Revelation in the O.T.* (Oxford: The Clarendon Press, 1946), p. 173.
161) Theophile J. Meek, *Hebrew Origins* (New York: Harper and Brothers, 1950), pp. 50—51.
162) H. Junker, *Prophet und Seher in Israel* (Trier, 1927), pp. 27—28, 36-37; W. Eichodt, *Theology of the Old Testament Vol.2*, trans. J.A. Baker (Philadelphia: Westminster Press, 1961), p. 312; H.W. Robinson, *op. cit.*, p. 173.
163) David E. Aune, *op. cit.*, p. 83.
164) *Ibid.*

이 이야기를 들은 아하시야가 체포 군사력 50명을 엘리야에게로 보내자 "내가 하나님의 사람이면 불이 하늘에서 내려와 너의 오십 명을 사를지로다 하매 불이 곧 하늘에서 내려와 그의 군사 오십 명을 살랐더라"가 두 번이나 일어난다(왕하 1:1-17). 이런 것은 엘리야의 예언자 행동의 특징이 되기도 한다.

이 예언자들은 성소(聖所)와 종교의식과 밀접하게 연관되었고(삼상 7:17, 9:11-14, 10:5), 사무엘처럼 제사장과 예언자 역할을 함께 수행할 수 있었다(삼상 2:18-20, 3:1,19,20). 이들은 자유스럽게 여기저기를 순회하기도 하고, '예언자 무리'란 조직을 가지기도 했다. 그들은 간혹 무리를 지어 예언했고(삼상 10:5, 19:20, 왕상 18:17-29, 22:5-10), 양가죽털이나 염소털로 된 외투와 가죽띠를 두루는 독특한 옷을 입었다(왕하 1:8, 슥 13:4). 이들은 이스라엘 예언 운동에 선구자적 역할을 했고, 모세 전통에 입각하여 이스라엘 민족에 야웨 종교의 활력을 불어 넣었다. 여기 '샤만적'이란 무당과 똑같다는 것이 아니라 샤만의 성격 같은 기능, 즉 당시의 종교적 지도자로 신적 능력을 발휘하고, 하나님의 뜻을 전달하는 모습을 이르는 말이다. 이를 주전 9세기의 엘리야, 엘리사 같은 행동의 예언자들이라 부르는 것도 좋겠다.

2. 제의 예언자(Cult Prophets)[165]

각 지역에 산재한 성소와, 거기서 행해지는 종교의식에 밀접히 관련되며, 제사장들과 어깨를 나란히 하여 예언 활동을 하던 자들이다.[166]

이들의 임무는 성전을 찾는 성도들의 질문에 답변하고, 하나님의 영이 임할 때 하나님의 신탁을 전수했다. 하나님 앞에서는 한 개인, 혹은 백성의 대변자로 나서서 중재의 기도를 드리기도 했다.

---

165) Ibid., p.84. cf. A. R. Johnson, *The Cultic Prophet in Ancient Israel* (Cardiff: University of Wales, 1961). H.J. Kraus, *Worship in Israel: A Cultic History of the Old Testament*, trans. G. Buswell (Richmond: John Knox Press, 1966), pp. 101-112. Roland de Vaux, *Ancient Israel: Its Life and Institutions*, trans. J. McHugh (New York: McGraw-Hill Book Co., 1961), pp, 384-386.

166) 이런 부류의 예언자들의 기록은 시편 20,21,50,60,72,75,82장, 85:8-13, 89:19-37, 108장, 110장, 132:11-18이라고 Mowinckel은 주장. S. Mowinckel, *The Psalms in Israel's Worship Vol. 2*, trans. D.R.A. Thomas (Oxford: Basil Blackwell, 1962), pp. 58-68. 나훔, 하박국, 요엘서는 예언서 전체가 이런 종류의 말씀으로 되어 있다고 본다 (D.E. Aune, *op. cit.*, p. 84).

"환난 날에 여호와께서 네게 응답하시고 야곱의 하나님의 이름이 너를 높이 드시며 성소에서 너를 도와 주시고 시온에서 너를 붙드시며 네 모든 소제를 기억하시며 네 번제를 받아 주시기를 원하노라(셀라) 네 마음의 소원대로 허락하시고 네 모든 계획을 이루어 주시기를 원하노라 우리가 너의 승리로 말미암아 개가를 부르며 우리 하나님의 이름으로 우리의 깃발을 세우리니 여호와께서 네 모든 기도를 이루어 주시기를 원하노라"(시 20:1-5) 이런 시에서, 성소의 제사장을 수행하면서 하나님의 신탁을 받아 선포하는 예언자적 역할을 하던 흔적을 찾을 수 있다.

3. 궁정 예언자 (Royal Prophets)

이스라엘 예언자들 중에는 야웨의 메세지를 통치자인 군주에게 전달하는 경우가 많았다.[167] 이들은 대체로 왕궁이나 귀족 가문에서 예언자다운 고문으로 활약하던 자들로, 귀족이나 왕가가 소유한 성소에서 제의 행사를 주관하기도 했던 직업 예언자들이다.

이스라엘 왕조가 형성되면서 이들은 왕의 고문관 역할을 하고, 전쟁 전후에 하나님의 신탁을 왕에게 전하고(왕상 22장, 왕하 6:8-10, 15-23, 대하 12:5-8, 15:1-7 등등), 군주의 정책에 반대하는 사람들에게 왕의 입장을 대변하기도 했다(렘 27장). 가장 대표적인 예언자가 다윗 왕 때의 [나단]과 [갓]이라면 솔로몬 왕 때는 [나단]과 [잇도]이다(삼하 7:4-17, 12:1-17). 이런 예언자들의 역할은 야웨의 말씀을 받아서 왕이 해야할 것과 하지 말 것을 전하는 직무를 담당했다(삼하 14:10f. 왕하 17:13).

그 대표적인 궁중 예언자의 역할이 나단을 통해서 나타난다. 바로 다윗 왕에게 주어지는 궁궐 안에서 일어난 아주 중요한 하나님이 다윗에게 주신 영원한 왕조계약 사건이다:

"네 수한이 차서 네 조상들과 함께 누울 때에 내가 네 몸에서 날 네 씨를 네 뒤에 세워 그의 나라를 견고하게 하리라 그는 내 이름을 위하여 집을 건축할 것이요 나는 그의 나라 왕위를 영원히 견고하게 하리라 나는 그에게 아버지가 되고 그는 내게 아들이 되리니 그가 만일 죄를 범하면 내가 사람의 매와 인생의 채찍으로 징계

---

167) A. Jepson, *op. cit.*, pp. 94—99, 152—159.

하려니와 내가 네 앞에서 물러나게 한 사울에게서 내 은총을 빼앗은 것처럼 그에게서 빼앗지는 아니하리라 네 집과 네 나라가 내 앞에서 영원히 보전되고 네 왕위가 영원히 견고하리라 하셨다 하라 나단이 이 모든 말씀들과 이 모든 계시대로 다윗에게 말하니라"(삼하 7:12-17)

4. 전형적(典型的) 예언자들(Classical Prophets)

이는 성서의 위대한 역할을 담당했던 정통적인 전형적 예언자를 말한다. 포레르(Gerhard Fohrer)는 아모스, 이사야, 호세야 등을 대예언자(great prophets)들이라 했고,[168] 어원(David E. Aune)은 자주적인 예언자(Free Prophet)라 불렀다.[169] 이들은 직업상의 이유에서가 아니라 하나님께로부터 받은 특수한 소명 때문에, 분연히 일어나 당초의 직업도 팽개치고, 독립적으로 예언직을 수행했다. 이들은 특별히 대예언자라 구분된 일 없이 그저 예언자로 불렸다. 이들은 어느 일정한 지파나 군주의 대변자도 아니요, 어떤 성소를 관리한 자들이 아니라 스스로 하나님의 부름을 받았다는 자기의식을 가지고, 하나님의 대변자요, 사자로 구약성서 전체에서 정점을 이룬 자들이다.[170] 이들은 왕이나 제사장들보다는 자신들이 더욱 왕이신 야웨 하나님의 뜻을 분명히 알고 있다고 주장했다.

이러한 예언자의 임무와 활동을 수행함에 나타나는 예언 선포의 형태, 형식이 분류될 수 있다. 기원전 8세기 이전의 엘리야, 엘리사와 같은 자들은 그들의 활동이 보고 형식으로만 성서에 전해지고 있어서 행동의 예언자라고 한다. 그러나 기원전 8세기 예언자들부터는 예언을 문서 기록으로 남겼기 때문에 문서 예언자들이라 한다. 구약성서에 있는 이사야를 비롯한 말라기까지를 문서 예언자들이다. 그들이 남긴 문서들에는 아주 훌륭한 예언 선포로 그들이 사용한 신탁 형태 혹은 문학 형식들이 남겨져 있다. 구약의 예언은 아무렇게 말해진 지껄임도 아니요, 되는 대로 쓰여진 것이 아니라, 거기에 훌륭한 시형도 있고 문학적 표현 방식을 최대로 사용하고 있다. 그래서 최근 몇 세대 동안 구약성서의 예언적 말과 구전, 그리고 문학형식

---

168) Gerhard Fohrer, "예언자들에 관한 새로운 연구소재"「오늘의 예언서 연구」, 문희석 편 (서울: 대한기독교서회, 1975), p. 308f.
169) David E. Aune, *op. cit*, p. 85.
170) W.H. Robinson, *op. cit.*, p. 10.

들이 철저하게 연구되어 왔다.[171]

D. 예언자 예언의 기본 구조

예언자들의 예언은 아무렇게나 읊조리거나 생각없이 쏟아내는 언어가 아니다. 그들은 그 당시 그 사람들의 언어와 문장 그리고 삶의 형편을 가지고 들을 수 있는 말로 전한 것이다. 예언자가 그의 예언 선포에 있어 사용한 내용 전개의 형태, 즉 예언의 기본 구조를 검토할 수 있다. 베스터만(C. Westermann)은 빌트베르거(H. Wildberger) 연구[172]를 인용하여 예언서는 세 가지의 중요 예언 형식을 가지고 있다고 했다.

첫째, **이야기체의 기사(記事: Account)**—미가서, 이사야 40장—60장, 나훔, 하박국서, 스바냐서, 말라기서의 5권의 책은 기사화된 내용이 없고, 요나서는 예언자 전기에 관한 이야기로 전부 기록되었다. 그리고 아모스 이전의 예언(역사서의 내용)은 단지 기사의 형태로 전해 왔다고 본다[173]: "바다가 점점 더 거칠어지자 그들이 요나에게 물었다. "우리가 당신을 어떻게 해야 바다가 잔잔해지겠소?" 요나가 그들에게 대답하였다. "나를 들어 바다에 내던지시오. 그러면 바다가 잔잔해질

---

171) G.M. Tucker, "Prophetic Speech", *Interpretation*, 32(1978), pp. 31—45. Claus Westermann, *Basic Forms of Prophetic Speech* (London: Lutterworth: Press, 1967)은 예언적, 연설 형식에 관한 연구 단계를 소개하고 있다. ① W.W. Baudissin, *Einleitung in die Bicher des Alten Testament* (1901). ② C. Steuernagel, "Die Propheten", *Lehrbuch der Einleitung in das AT* (Tübingen, 1912). ③ G. Hölscher, *Die Prophenen* (Leipzig, 1914). ④ H. Gunkel, "Propheten I seit Amos", *Die Religion in Geschichte und Gegenwart 1*. ⑤ H. Gressmann, "Prophetische Gattugen", *Der Messias* (Göttingen, 1929, BK. I). ⑥ J. Lindblom, "Die prophetische Orakelformel", *Die literararische Gattung der Prophetischen Literatur, Appendix* (Uppsala, 1924). ⑦ L. Köhler, "Formen und Stoffe", *Deuterojesaja, Stilkritisch untersucht* (Giessen, 1923), pp. 102—105 ; "Der Botenspruch", *Kleine Lichter* (Zurich, 1945), pp. 13—17. 등이다. 최근의 연구는 David E. Aune, *Prophecy in Early Christianity and the Ancient Mediterranean World* (Grand Rapids: William B. Eerdmans Publishing Company, 1983), pp. 81ff. 이다. 팔자의 구약성서개론은 참고할 것. 여기서는 C. Westermann과 D.E. Aune의 위의 책들을 주로 해서 전개시켰다.
172) H. Wildberger, *Jahwewort und Prophetische Rede Jeremia* (Zurich, 1942), C. Westermann, *Basic Forms of Prophetic Speech*, trans. Hugh Clayton White (London: Lutterworth Press, 1967), pp. 48—51에서 요약하고 있음.
173) C. Westermann, *op. cit.*, p. 90.

것이오. 이 큰 폭풍이 당신들에게 들이닥친 것이 나 때문이라는 것을 나도 알고 있소." 사람들은 뭍으로 되돌아가려고 힘껏 노를 저었으나, 바다가 점점 더 거칠어져 어쩔 수가 없었다. 그러자 그들이 주님께 부르짖었다. "아, 주님! 이 사람의 목숨을 희생시킨다고 부디 저희를 멸하지는 마십시오. 주님, 당신께서는 뜻하신 대로 이 일을 하셨으니, 저희에게 살인죄를 지우지 말아 주십시오." 그러고 나서 그들이 요나를 들어 바다에 내던지자, 성난 바다가 잔잔해졌다."(욘 1:11).

둘째, **예언적인 말(the Prophetic Speech)**—예언서의 대부분 내용은 그 중요한 부분이 예언적인 말, 즉 하나님의 메신저(使者)에 의해 전해진 하나님의 말씀으로 되어 있다는 것이다.[174] 구약성서에서 예언자 신탁의 가장 일반적 형태는 심판 선언이다.

예언자가 자신의 나라인 이스라엘에 위협을 선포하는 예언은 아모스로부터 구체화되고, 하나님과 맺은 계약을 이행치 않는 배신을 꾸짖는 하나님의 진노를 파악한다.

베스터만은 예언적인 말을 부정적인 예언(심판 예언: 개인과 이스라엘 민족에게 향한 심판 예언으로 다시 나눔)과 긍정적인 예언(구원 예언: 제의 예언)으로 나눈다.[175] 부정적인 예언은 순수한 위협(동기 언급이 없음), 동기 언급의 위협, 결합된 형태(독설과 위협) 등 양식으로 구분하고, 위협을 개인에게, 이스라엘에게, 이방 나라에게 선포된 위협으로 나눈다.[176] 반면에, 긍정적 예언으로는 대개 이스라엘을 향해 마지막에는 구원을 선포한다.

젤린과 포레르(E. Sellin & G. Fohrer)는 예언적 말, 보고, 그리고 이스라엘 민족의 여러 영역에서 유래한 양식들로 구분한다.[177]

예언적인 말은 몇 가지 문체로 구분이 된다. 메신저 문체('야웨께서 이같이 말씀하시되'로 시작 → '나 야웨의 말이니라'), 위탁 문체('X에게 말하라' → 'Y가 이같이 말하노라'), 선포 문체(XX여 야웨의 말씀을 들을지어다), 하나님의 신탁 문체('야웨

---

174) Ibid.
175) Claus Westermann, 「성서 입문」, 김이곤, 황성규 역(서울: 신학연구소 1975), p. 139.
176) Claus Westermann, *Basic Forms of Prophetic Speech*, pp. 129—209.
177) E. Sellin/G. Fohrer, 「구약사 개론」, 김이곤, 문희석, 민영진 공역(서울: 대한기독교출판사, 1979), p. 429.

말이니라'), 맹세 문제('야웨께서 ...를 가리켜 맹세하시되'), 계시 문제('주 야웨께서 내게 보이신 것이 이러하니라,' '야웨께서 이사야에게 이르시되...', '야웨의 말씀이 xx에게 임하다') 등 다양하게 나타나지만 계시의 목적을 언급하는 것을 볼 수 있다.

셋째, **인간이 하나님을 향한 말인 기도(Utterances directed from man to God: Prayer)**—예언서 안에는 사람이 하나님을 향한 말들, 즉 시편에 있는 탄식과 찬양의 형태로 되어 있다.[178]

한편, 아윈(David E. Aune)은 다음과 같이 분석하였다.[179]

1. 예언적인 말

a. 심판 선언(The Announcement of Judgement)

구약성서에서 예언자 신탁의 가장 일반적 형태는 심판 선언이다. 심판 예언의 구조를 아모스 7:16,17로 분석하면 다음과 같다.[180]

들음에의 초청 (Summons to hear)	"이제 너는 야웨의 말씀을 들을찌라"(7:16).
고발(예언의 동기) (Accusation)	"네가 이르기를 이스라엘을 대하여 예언 하지 말며, 이삭의 집을 향하여 경계하지 말라 하므로"
메신저 문체(선언의 서론) (The Messenger Formula)	"그런고로(therefore) 야웨께서 말씀하시기를"(7:17a)
심판의 선언(위협) (Announce of Judgement)	"네 아내는 성읍 중에서 창기가 될 것이요, 네 자녀들은 칼에 엎드러지며, 네 땅은 줄 띄워 나누일 것이며"(7:17)

이 경우 고발이 심판 선언(위협)보다 앞서 나오지만,[181] 반대의 경우도 있다.[182] 심판 선포의 대상은 다음과 같이 분류된다.

---

178) *Ibid.*, p. 91. Westermann은 아모스서는 3가지 부분이 다 있다고 분석한다. A. 기사화 된 부분: 7:10—17, 7장, 9장 (환상의 기록) B. 거의 모든 부분이 예언적인 말로 됨(A.C. 제외) C. 송영의 부분(찬양): 4:13, 5:8,9. 9:5,6.
179) David E. Aune, *op. cit.*, pp. 92—101.
180) Claus Westermann, *Basic Forms of Prophetic Speech*, pp. 130—31.
181) 사 3:12, 29:13—14, 렘 16:11—13, 암 3:2, 4:1—2, 8:4—8, 미 3:9—12,
182) 렘 29:10—11, 암 6:11—12, 미 7:13.

— 개인들에게(암 7:16,17, 왕상 21:17—19, 왕하 1:3,4)[183]
— 이스라엘에게 (암 2:6—8, 사 8:5—8, 9:7—11, 17—20)[184]
— 이방국가들에게(암 1:3—6, 사 7장, 8장, 10:5—15, 24—27)

예언자가 자신의 나라인 이스라엘에 위협을 선포하는 예언은 아모스로부터 구체화되고, 하나님과 맺은 계약을 이행치 않는 배신을 꾸짖는 하나님의 진노를 제시한다.

이방 나라들을 향하여 선포된 심판 예언의 구조는 이스라엘을 향한 심판 예언의 구조와 같다. 원수의 나라가 파멸당하고, 이스라엘은 구원 얻는다고 예언하던 제의 예언자들이 사용하던 예언 형태로, 나훔서와 하박국서에서 많은 예들을 볼 수 있다. 개인 예언자들(자유 예언자)에 있어서 새로운 점은 바로 이런 위협적 예언 형태를 이스라엘을 향한 예언으로까지 확대시켰다는 것이다.[185]

열방에 대한 신탁들에 나타난 심판(비난) 고발은 전쟁 신탁을 모방했던 것으로, 전쟁 신탁은 초기에 이스라엘 군사 전략의 한 구성요소로서 사용되었다고 보기도 한다.[186]

b. 구원의 선포(The Announcement of Salvation)

이런 구원 선포는 대체로 제의 예언자들의 구원 예언에서 유래하고 호세아, 예레미야, 에스겔 등에서 주로 나타난다. 그러나 완전히 발달된 형태는 이사야서(40장—66장)에서 발견된다[187](사 41:17—20, 42:14—17, 43:16—21, 49:7—12). 간단한 형식은 특별한 보충적 이유 없이 간단한 미래적 예상으로 약속의 구조를 이룬다.

약속: "너희가 바벨론 왕을 섬기지 아니하리라"(렘 27:9,14).

약속: "보라 야웨의 집 기구를 이제 바벨론에서 속히 돌려 오리라."

보다 완전한 구조의 예로 예레미야 28: 2—4을 분석해 보면 다음과 같다.[188]

---

183) 사 7:10—16, 22:15—25, 37:22—30, 38:1, 39:3—7; 렘 20:10—6, 29:24—32.
184) 사 22:8—14, 28:7—13, 26:13—14, 30:12—14.
185) E. Sellin & G. Fohrer, *op. cit.*, p. 431.
186) David E. Aune, *op. cit.*, p. 92. cf. D.L. Christensen, *Transformations of the War Oracle in the O.T. Prophecy* (Missoula, 1975), p. 283.
187) Loc, cit.,
188) D.E. Aune, *op. cit.*, pp. 92-93.

사자 문체(Messenger Formula)	만군의 야웨 이스라엘의 하나님이 이같이 말씀하여 가라사대 (28:2)
이유(Reason)	내가 바벨론 왕의 멍에를 꺾었느니라.(28:2)
약속(Promise)	내가 느부갓네살이 이 곳에서 바벨론으로 옮겨간 야웨의 집 모든 기구를 가져오게 하겠고 포로를 이곳으로 돌아오게 하리니 (28:3—4)
이유반복(Reason)	내가 바벨론의 멍에를 꺾을 것임이니라.(28:4)

이런 구원선포에서는 약속이 이유보다 먼저 나오기도 하며(왕상 11:31—32), 혹은 이유가 약속보다 먼저 나올 수도 있다(왕하 20:5,6). 예레미야 28:2—4에서와 같이 약속이 이유에 의해 만들어지는 경우도 있어서 그들 관계는 보다 복잡할 수도 있다. 약속을 포함하고 있는 부분은 종종 "보라 내가"라는 구절로 시작한다.[189]

c. 구원 심판의 신탁(The Salvation—Judgment Oracle)

포로전 예언자 언어에는, 심판 선포와 구원 선포는 아주 드문 경우의 결합을 제외하고는 두 가지 다른 문학 양식으로 구분하여 나타났다. 그러나 예언 구조상으로는 유사했다.[190] 그러나 포로기 후기 시대에는 원래 다른 이런 양식이 [구원 심판 신탁]으로 불릴 정도의 간단한 형식의 예언으로 결합되었다.[191] 이스라엘의 회복을 메시야 사상과 더불어 바라보면서 현실의 죄를 비난하며 심판을 선언하나, 결국 최후의 구원의 약속을 잊지 않는 예언자 정신에서 볼 수 있다. 특별히 소예언서의 구조가 이 양식으로 되어 메시야 기대로 결론 맺는다.

심판 구원 신탁의 일반적 구조

고발과 위협(타락한 제의에 대하여)	사 65:1—7
약속(예언자 집단에 대하여)	사 65:8—10
제2의 고발과 위협(반복된 비난)	사 65:11—12
일련의 구원과 심판의 선포	사 65:13—15
최후의 구원에 대한 약속	사 65:16—25

---

189) *Ibid.*, p. 93. 렘 32:37, 33:6. 왕상 11:31. 왕하 20:5.
190) *Ibid.* cf. K. Koch, *The Growth of Biblical Tradition*, trans. S.M. Cupitt(New York, 1969), p. 215.
191) D.E. Aune, *Ibid.* P.D.Hanson, *The Dawn of Apocalyptic* (Philadelphia: Fortress Press, 1975), pp. 106, 108, 142, 163, 166—173에 설명됨: 구원·심판 신탁의 발전을 새로운 사회적 상황의 결과로 본다. 유대인 사회가 종교적 이데올로기를 배경으로 한 사회적 종파 사이의 파벌 경쟁으로 뒤흔들리게 되자, 묵시문학적 종말론을 주장했던 집단에 생겨난 새로운 형식으로 본다(pp. 209, 145).

고발과 위협 부분에서는 "그러나 너희는"이라는 전환 구절로 시작한다.[192] 이 구원-심판 신탁은 후기 이스라엘 예언의 획기적인 발전을 의미한다. 왜냐하면, 긍정적 예언과 부정적 예언의 병합된 형식은 묵시문학의 특징이 되었고, 초기 기독교와 초기 유대교 예언에서 발견되기 때문이다.[193]

d. 보증의 신탁(The Oracle of Assurance)

구원 선포의 다양한 내용은 보증의 신탁에서 알 수 있다. 이 신탁의 형식은 제사 의식의 영역에서부터 유래한 것으로 본다. 그래서 베그리히(J. Begrich)는 이런 형태의 예언을 제사장적 구원신탁(Priesterliches Heilsorakel)이라 불렀다.[194]

간단한 형식의 구조(삼상 1:17)

권고(Admonition)	"평안히 가라."
약속(이유) (Promise, Reason)	"이스라엘의 하나님이 너의 기도하여 구한 것을 허락하시기를 원하노라."

이는 엘리 제사장이 한나의 간구에 대해 응답한 내용이다.

고전적 형태의 보증 신탁의 3요소

수신자의 지명	"아브람아"(창 15:1)
권고	두려워 말라"(창 15:1)
권고의 기본적 이유	"나는 너의 방패요, 내가 너의 지극히 큰 상급이니라"(창 15:1)

보다 완전한 형태의 보증 신탁

선포 문체(호칭 사용)	"야곱아, 이스라엘아"(사 43:1)
메신저 문체	"너를 창조하신 야웨께서 말씀하시느니라. 너를 조성하신 자가 이제 말씀하시느니라"(사 43:1).
권고	"너는 두려워 말라"(사 43:1).
권고의 기본 이유 (과거시제 구절)	"내가 너를 구속하였고, 내가 너를 지명하여 불렀나니 너는 내 것이라"(사 43:1).

---

192) D,E, Aune, *Ibid.*
193) *Ibid.*
194) E. Sellin/G. Fohrer, *op. cit.*, p. 431.

약속	"네가 물 가운데로 지날 때에 내가 함께 할 것이라. 강을 건널 때 물이 너를 침몰치 못할 것이며, 불 가운데로 행할 때 타지도 아니할 것이요, 불꽃이 너를 사르지 못하리니"(사 43:2-4).
두번째 권고	"두려워 말라"(사 43:5).
두번째 권고 이유	"내가 너와 함께 한다"(사 43:5).
약속	"네 자손을 동방에서부터 오게 하며, 서방에서부터 너를 모을 것이며·"(사43:5-7).

이 보증 신탁은 사 43:5-7절에서 다시 간단히 반복되고 있다. 족장 이야기와 모세, 여호수아 사역의 후원자로서 하나님의 보장을 나타낼 때, 혹은 이스라엘의 거룩한 전쟁의 한 요소가 되기도 했다. 한편 보증의 신탁을 제의적 신탁의 응답으로 사용되었는데, 특히 이사야 (40장-55장)에 이르러 위로와 위안의 메시지, 즉 구원 예언의 문학적 표현 양식으로 사용했다.[195]

보증신탁을 확인할 수 있는 기본적 문체는 "두려워 말라"(fear not)는 권고의 말인데 뒤에 나오는 권고예언과 차이를 두는 기준이다.[196]

e. 예언적 권고

이 예언적 권고는 이스라엘 백성의 회개 촉구, 계약백성으로서 마땅히 해야 할 일을 게을리 하는 태도에 대한 책망과 시행을 촉구하기도, 백성이 가야할 길을 제시하는 하나님의 사랑의 인도 등 다양한 뜻이 내포되어 있다. 이 예언적 권고는 이스라엘 생활의 다양한 영역에서 기원한 양식을 취한다.[197]

발무트(G. Warmuth)는 이 예언적 권고 양식에 기원한 다양한 영역을 다음과 같이 제시한다.[198]

－제사적 율법(암4:4-5, 5:4,5,21-22. 호6:6, 사1:10-17, 66:2-3)

－재판정에서의 해결을 위한 제안들(호 2:1ff)

---

195) 이사야 41:8—13, 14—16, 43:1—7, 44:1—5. 예레미야 30:10—11, 1:17—19, 42:9—12, 15:19—21 (D.E. Aune, op. cit., p. 94).
196) 이사야 41:10,13,14. 43:1,5. 44:2, 51:7, 54:4. 간혹 "보라"(Behold)라는 외침이 함께 사용되기도 한다(욜 2:19—20, 사 58:9, 65:1). cf. H. W. Wolff, Joel and Amos, op. cit., p. 58.
197) D.E. Aune, op. cit., p. 95.
198) G. Warmuth, Mahnwort: Seine Bedeutung für die Verkündigung der Vorexilischen Propheten Amos, Hosea, Micha, Jesaja und Jeremia (Frankfurt A.M., 1976), pp. 17—20. Ibid., p. 372에서 재인용.

―공동탄식에 응답하는 선포(렘36:9, 왕상21:1,2. 암5:16. 사 22:12)

―지혜의 교훈

―전쟁적인 말(렘 7:4)

대체로 이 권고는 이스라엘의 불순종과 관련되어 사용되기 때문에, 회개와 개선에 대한 촉구를 명령형으로 표현하고 있다. 이 형식은 특별히 예레미야에서 나타나는 두드러진 현상이며(렘 3:12―13,22, 4:1,2, 7:1―5, 11:1―8, 18:11), 다른 문서 예언자들도 사용하고 있다(사 1:10―17, 호 5:15, 6:1―6, 14:2―4, 암 4:4―5, 5:4, 5,6,7,11―15, 21―24,27). 신명기 전승의 회개 촉구의 중요한 구성 요소가 바로 이 권고 양식이다(왕하 17:13).[199]

독립적인 예언 형식으로 이 예언 권고 양식을 최초로 사용한 것은 아모스 5:4, 5로서 그 구조는 다음과 같다.[200]

메신저 문체	"야웨께서 이같이 이르시기를"(4절)
수신자	"이스라엘 족속에게"(4절)
권고	"너희는 나를 찾으라. 그리하면 살리라. 벧엘을 찾지 말며, 길갈로 들어가지 말며, 브엘세바로도 나아가지 말라"(4,5절)
이유	"길갈은 정녕 사로잡히겠고, 벧엘은 허무하게 될 것임이라"(5절)

위에서 보는 대로 권고는 예언적인 말의 핵심적 요소[201]로서, 약속(렘 3:1)과 위협(렘 7:1―15, 13:15―17, 21:11,12)과 함께 사용되기도 한다.

f. 하나님의 자기 계시적 신탁(The Oracle of Divine Self―Disclosure)

하나님의 자기 계시적 신탁은 이스라엘 백성에게 어떤 사건이나 행위의 약속을 하시고, 그것에 대한 보증으로, 아니면 그 결과로서 자신을 계시하는 것으로 나타난다. 그래서 보통 예언적인 약속의 결론 부분에 나타난다. 이 신탁의 핵심은 인식의 문체(the Recognition Formula)로서, "너희/그들이 내가 야웨인 줄 알리라"라는 구조를 가진다. 짐멀리(W. Zimmerli)에 의하면, 이런 예언 신탁은 원래 이스라엘 생활의 제의적 영역에서 유래한 것으로, 고대 이스라엘 제의 순서에 들어 있던

---

199) D.E. Aune, *Ibid.*, p. 95. cf. O.H. Steck, Israel und das gewaltsame Geschick der Propheten (Neukirchen, 1967), pp. 142-143.
200) D.E. Aune, *Ibid.*
201) 예를 들면, 이사야 1:16―17, 아모스 5:6―7, 14―15, 예레미야 3:12―13, 22. 4:1―2, 3―4 등이다. G. Warmuth는, 이 권고의 예언은 야웨에 의해 이미 결정된 미래와 관련되어 있다고 본다. *op. cit.*, P. 170.

계약법의 낭독에 근거를 둔 것으로 본다.[202]

인식의 문체는 예언자가 선포한 예언의 성취에서 하나님이 자신을 드러낼 것이라는 구절을 말한다. 하나님의 자기 계시의 언급은 특별히 에스겔서에 자주 나오는데, "너희가 나를 야웨인 줄 알리라"라는 2인칭[203]과 "그들이 나를 야웨인 줄 알리라"라는 3인칭[204]이 지목되어 나타난다.

메신저 문체	"야웨 말씀이 내게 임하여 가라사대"(겔 12:17)
위탁 문체	"인자야 떨면서, 근심하면서 네 물을 마시면서 이땅 백성에게 말하되 주 야웨께서 이스라엘 땅에 대하여 이르시기를" (겔 12:18-19).
이유	"이 땅 모든 거민의 강포를 인하여"(겔 12:19).
약속	"땅에 가득한 것이 황무하게 됨이라. 사람의 거하는 성읍들이 황폐하며, 땅이황무하리니"(겔 12:19, 20).
인식 문체	"너희가 나를 야웨인 줄 알리라"(겔 12:20).

이런 하나님의 자기계시 신탁은 요엘(2:25-27, 3:15-17), 예레미야(24:7), 그리고 이사야 (45:3, 49:23)에도 나타난다.

g. 재앙 신탁(The Woe Oracle)

재앙 신탁은 예언적인 말의 형식들 중에 독특한 양식이다. 왜냐하면, 재앙의 고발은 구약성서의 예언서에서만 나타나기 때문이라고 본다.[205]

이런 재앙 신탁의 기원을 계약갱신 의식(신 27:15-26)의 제의적 저주의 낭독[206]이나 이스라엘의 지혜의 가르침[207] 같은 배경이라고도 하지만, 장송가에서 유래한다고 보는 자도 있다.[208]

재앙 신탁은 두 가지 기본 요소로 구성되는데, ① 수신자의 특별한 범죄 행위를 묘사하는 재앙 형식 자체, ② 위협이 뒤따라 나온다. 특이한 것은, 이 재앙 신탁은

---

202) Walther Zimmerli, "Das Wort des göttlichen Selbster weises, eine Prophetische Gattung," Gottes Offenbarung: Gesammelte Aufsätze zum Alten Testament (Munchen, 1963), pp. 125—126. D.E. Aune, *op. cit.*, p. 45에서 재인용.
203) 에스겔 6:7,13. 7:4,9. 11:10,12. 12:20. 13:9,14,21,23,24,26. 29:9 등.
204) 에스겔 6:10,14. 7:27. 12:15,16. 24:27. 25:11,17 등.
205) D.E. Aune, *op. cit.*, p. 96. H.W. Wolff, *Joel and Amos, op. cit.*, pp. 242—245. C. Westermann, *Basic Forms of Prophetic Speech, op. cit.*, pp. 190—194.
206) *Ibid.*
207) E. Gerstenberger, "The Woe—Oracles of the Prophet," *JBL*(1962) : pp. 254—262.
208) D.E. Aune, *op. cit.*, p. 96. W. Janzen, Mouring Cry and Woe Oracle(Berlin, 1972), p. 83.

이스라엘 민족에게 보다는 이방의 적국에 대해 사용되었다. 그래서 이 신탁은 본질적으로 심판 선포 형식의 변형이라 볼 수 있다.[209]

재앙 형식(고발)	"이웃에게 술을 마시우되 자기의 분노를 더하여 그로 취하게 하고, 그 하체를 드러내려 하는 자에게 화 있을찐저"(합 2:15).
위협	"야웨의 오른손의 잔이 네게로 돌아올 것이라. 더러운 욕이 네 영광을 가리우리라 모든 거민에게 강포를 행한 것이 네게로 돌아오리라"(합 2:16,17).

이 재앙 신탁은 유대인 묵시문학과 예수의 교훈, 그리고 초기 기독교 예언에도 나타난다.[210]

h. 재판의 말(The Judical Speech)

재판의 말, 혹은 심판 예언(말)은 이스라엘 사람들의 재판 환경에서 유래한 수사적 형식이라고 본다.[211] 이 재판의 말은 3부분으로 된 구조를 이룬다.[212]

―들음에의 초청(Summons): 선포 문체(호명과 주의집중 호소)

―고발(Accusation): 예언의 동기(기소와 변호)

―선고(Sentence): 위협의 내용

들음에의 초청 (선포 분체)	"이스라엘 자손들아 야웨의 말씀을 들으라. 야웨께서 이 땅 거민과 쟁변하시나니"(호 4:1).
고 발	"이 땅에는 진실도 없고, 인애도 없고, 하나님을 아는 지식도 없고, 오직 저주와 사위와 살인과 투절과 간음뿐이요," (호 4:1,2).
선 고(위협)	"그러므로 이 땅이 슬퍼하며, 무릇 거기 거하는 자와 들짐승과 공중에 나는 새가 다 쇠잔할 것이요, 바다의 고기도 없어지리라"(호 4:3)

2. 보고 형태

a. 예언자 소명 보고

예언자를 뜻하는 '나비'(Nabi)가 원래 "부름받은 자"를 의미하듯, 예언자들은 대개 자신의 소명 이야기를 보고 형식으로 기술한다. 소명 이야기의 초점은 예언자에

---

209) D.E. Aune, *Ibid*.
210) *Ibid*., p. 97.
211) G.M. Ramsey, "Speech―Forms in Hebrew Law and Prophetic Oracles", *JBL* 96(1977): pp. 45―48.
212) *loc. cit*.

대한 하나님의 위탁이며, 예언자 자신은 "예언자로의 임명"으로 생각했다. 그리고 예언자로서의 근거와 권위로 이 소명 사건을 사용한다. 대체로 예언의 첫 부분에 소명 이야기가 예언자를 야웨의 합법적 대언자로서 확인하는 기능을 가지기 때문이다.[213]

짐멀리는 구약성서에서 크게는 두 가지의 예언소명 유형이 있다고 주장한다. 즉, ① 첫째 유형은 모세, 기드온, 예레미야 경우처럼 하나님께 부름을 받아 말씀이 위탁된 사명에 대해 주저하며 항거하는 유형이고, ② 둘째는 이사야와 같이 소명받은 자가 하나님의 어전회의에 자진하여 나서는 유형이다.[214]

그러나 나벨(H. Nabel), 라므롯(L, Ramlot) 등의 학자들은 모세, 기드온, 이사야, 예레미야 등의 소명 이야기는 모두가 하나의 소명 유형에 속한다고 주장한다.[215]

b. 예언적 환상의 보고

예언적 환상의 보고는 예언자가 예언 신탁을 받을 때 계시의 방편으로 환상이 주어진 것을 본대로 그 환상을 보고하므로 예언하는 형식이다. 대체로 환상(Vision)과 청취(Audition)가 동시에 일어난다. 사실은 예언자의 소명 이야기도 예언적 환상의 한 유형이다.[216] 예언적 환상은 하나님의 신탁에 초점을 두고 있고, 자서전적인 문체이다.[217]

호스트(F. Host)는 환상을 야웨 임재 환상(Presence visions: 사 6장), 사건 환상(Event visions: 렘 1장), 그리고 상징적 말씀의 환상(Word—association visions: 렘 1:11)으로 구분한다. 그러나 롱(B.O. Long)은 다음의 3가지의 환상으

---

213) David E. Aune, p. 98. J. Blenkinsopp, *Prophecy and Canon: A Contribution to the Study of Jewish Origins* (Notre Dame, 1977), pp. 144—145.
214) W. Zimmerli, *Ezekiel 1*, trans. R.E. Clements, Ed. Cross *et. al.* (Philadelphia, 1979), pp. 97—100. 서인석, 「오늘의 구약성서 연구」(서울: 성바오로 출판사, 1983), p. 14.
215) 서인석, *Ibid.* 예언자들의 소명 유형은 서 인석 교수가 본서에 자세히 기록하고 있다 (*Ibid.*, pp. 15—36).
216) B.O. Long, "Reports of Visions Among the prophets", *JBL* 95(1976) : pp. 353—365.
217) *Ibid.*, p. 355. F. Host, "Die Visionsschilderungen der alttestamentlichen Propheten", *EvTh, 20*(1960), pp. 193—205. E. Sellin/G. Fohrer, *op. cit.*, p. 342에서 재인용.

로 구분한다.[218]

① **신탁 환상**(Oracle Visions)[219]: 이 유형은 주로 질문과 응답의 대화로 이뤄지는 짧은 보고이다.(암 8:1, 2)[220]

환상의 선포	"주 여호와께서 또 내게……보이시며"
환상의 연속	1. 이 상 "여름 실과 한 광주리" 2. 야웨의 질문 "가라사대 '아모스야 네가 무엇을 보느냐.'" 3. 예언자의 대답 "내가 가로되 여름 실과 한 광주리니 이다." 4. 야웨의 신탁 "야웨께서 내게 이르시되 내 백성 이스라엘의 끝이 이르렀은즉, 내가 다시는 저를 용서치 아니하리라.'"

② **극적인 말씀 환상**[221] (Dramatic Word—Visions)

이 유형은 천상의 장면이나 극적인 행동을 묘사하는 보고로, 그 극적 환상 자체가 예언의 뜻을 나타낸다. 바로 이상(Image)이 말씀과 별로, 관련 없이 나타난다 (암 7:1—3,4—6,7—9, 렘 1:11—14, 24:1—10, 수 5:1—4).

환상의 선포	"주 야웨께서 내게 보이신 것이 이러하니라"(암 7:1).
환상의 연속	1. 이 상 "왕이 풀을 벤 후 풀이 다시 움돋기 시작할 때에 주께서 황충을 지으시매 황충이 풀을 먹은지라" 2. 예언자의 질문 "내가 가로되 '주 야웨여 청컨대 사하소서 야곱이 미약하오니 어떻게 서리이까' 하매" 3. 야웨의 대답 "야웨께서 이에 대하여 뜻을 돌이켜 가라사대 '이것이 이루지 아니하리라' 하시니라"

이상에서 보듯 공적인 신탁의 성격이 분명히 나타나지 않는다는 것이 신탁 환상과 다른 점이다.

---

218) B.O. Long, *op. cit.*, pp. 353—365.
219) *Ibid.*, pp. 357—359.
220) 아모스 7:7,8. 예레미야 1:11—14. 24:1—10. 스가랴 5:14.
221) *Ibid.*, pp. 359—363.

③ **계시—신비 환상**[222] (Revelatory—Mysteries—Visions)
이 유형은 장래에 속한 하나님의 활동과 사건들의 비밀을 베일에 가려진 형식으로 전달하는 보고이다(슥 2:1-2, 2:3,4, 4:1-6,10-11, 13-14, 5:5-8).

환상의 선포	내가 또 눈을 들어 본즉
환상의 연속	1. 이 상 "한 사람이 척량줄을 그 손에 잡았기로" 2. 대 화 "(내가 천사에게) 물은즉 대답하되" a. 질 문 "네가 어디로 가느냐" b. 대 답 "예루살렘을 척량하여 그 장광을 보고자 하노라."

c. 상징적 행동의 보고(Report of Symbolic Actions)

예언적 메시지를 상징화하여 행동으로 예언하는 형식은 초기 유대교, 초기 기독교, 그리고 그리스, 로마의 이교(異敎)의 예언에서 보다 구약 성서 예언에서 더 두드러진 특징이다.[223]

열왕기상 22:11에는 그나아나의 아들 예언자 시드기야가 철로 뿔을 만들어 아합 왕과 여호사밧 왕에게 예언한다. "야웨의 말씀이 왕이 이것들로 아람 사람을 찔러 진멸하리라 하셨다"라고 예언한다. 예언적 선포를 상징적 행동으로 극화한 예가 이사야 20:1-6이다. 이사야가 벗은 몸과 벗은 발로 3년간 다님으로 앗수르 왕이 애굽과 구스를 포로로 끌고 갈 것을 상징하는 것이었다.[224] 에스겔이 반석을 가져다가 예루살렘을 그 위에 그리고 좌편으로, 우편으로 눕는 행동을 통해 이스라엘과 유다의 죄악과 그 죄악의 담당을 상징화하고, 예루살렘의 포위를 예언한다(겔 4:1-3, 4-8, 9-17, 5:1-17).

예언적 상징 행동의 보고는 독특하고, 자리 잡힌 문학형식으로 세 가지 기본 구성 요소가 있다.[225]

---

222) *Ibid.*, pp. 363—364.
223) D.E. Aune, *op. cit.*, p. 100. 이집트의 '도공의 신탁'에서 도기를 깨는 행동이 장래 이집트의 멸망을 상징하기도 했다.
224) G. Fohrer, *Die Symbolischen Handlungen der Propheten* (Zurich, 1953), p. 17. G. Fohrer는 이런 예언적 상징 행동들을 32개나 들고 있다.
225) H.W. Wolff, *Hosea*, trans. G. Stansell, Ed. P. Hanson (Philadelphia, 1974), p. 58; D.E. Aune, *op. cit.*, p. 100에서 재인용.

① 예언자가 수행할 상징적 행동의 정확한 내용에 대한 **야웨의 명령**(사 8:1)
② 예언자의 명령 수행에 대한 **보고**(사 8:2, 3a)
③ 예언적 행동에 대한 **야웨의 해석**(사 8:3b, 4)

구약종교에서 예언자 운동처럼 특이하고, 큰 영향을 준 것도 없을 것이다. 그래서 이스라엘의 종교를 예언자들의 종교라고 때로는 일컫기도 했다.[226]

이들 예언자들의 심오한 예언은 하나님의 신비한 경험을 통하여 접하게 되고, 그것을 외치고 글로 써야 했다. 그런 예언 선포는 아무런 자각이나 지적 작업이 없이 아무렇게 된 것이 아니다. 분명한 문학적인 형식을 지키며, 시적 표현을 했다. 여기에서 구약 예언의 다양한 구조가 나타나게 된다. 왜냐하면 시대적, 문화적, 개인적 배경에 의한 문학적인 표현의 옷을 입기 때문이다. 그래서 그런 예언의 형식과 구조를 몇몇 학자들의 견해를 가지고 나름대로 구성했다. 그러나 간략한 연구에 불과하다. 왜냐하면, 구약성서 예언에 대한 양식 비평연구가 너무 광범위하고 다양한 독특성의 견해들이 많기 때문에, 그 많은 복잡한 형식 전부를 소개할 수 없는 제한된 지면과 시간이라서 그렇다.

본 연구에서 예언 형식을 논할 때 예언의 연대적 선·후(先·後)의 구별을 분명히 하지 않고, 문학적 구조를 분석하는 것에 그쳤다. 그리고 언급된 모든 문체나 구조가 모든 예언에 분명하게 규격적으로 틀림없이 구성되고 있다는 결론은 아니다. 이런 기본 구조들이 서로 교환 보완되기도 하고, 간단한 형식도 있고, 복잡한 형식도 있음을 인정해야 한다. 일반적으로 예언자들은 그들의 예언 문체와 그들이 살고 있던 여러 가지 생활 영역, 제사의식의 영역, 지혜문학의 영역, 역사기술의 영역으로부터 다양한 문학 형식을 도입하여 사용하였다.[227]

그러나 예언자 개개인에게서는 모세시대의 신앙의 활력소가 다시 부활되고, 그들에게서 모세신앙 전통이 연속성 있는 형태로 전수되고 정화되었다.[228] 그러면서도 예언자의 신앙은 모세시대가 남긴 영향 하에서 "하나님께 대한 새로운 이해" 위에 기초를 두고 있음을 인식해야 한다.

---

226) A. Hans Deissler, 「세상과 인간을 위하시는 하나님」, 박상래 역(서울: 분도출판사, 1981), p. 21.
227) E. Sellin/G. Fohrer, *op. cit.*, p. 433. G.M. Tucker, *op. cit.*, p. 35.
228) Gerhard Fohrer, *op. cit.*, p. 329.

모든 예언자들에게 공통적인 것은 어느 경우에 갑자기, 아니면 하나님의 의도에 의해 절차를 거쳐 하나님을 만나는 경험, 즉 신 체험을 하여 예언자가 되고, 충만한 영감의 사람들이 된다. 그래서 그들이 전한 말씀은 오직 근원을 야웨께 두고 있음을 알 수 있다. 예언자들은 부정적 예언에도 불구하고, 궁극적 예언 속에 담긴 하나님의 구원과 은총의 불빛을 찾아 비추려고 노력한 자들이다. 이것이 바로 오늘 우리가 가져야 할, 찾아야 할 예언자의 모습이다.

III. 왕국 시대의 신학적 강조점

왕국시대의 신학적 관심 문제는 너무나 다양하고, 보다 성숙된 신학사상을 간직하고 있다. 예언자 개개인의 강조점도 다르고, 보다 다양화된 국제사회, 이스라엘 사회 환경 등에서 비롯된 이스라엘 종교 현상도 다양하다고 보겠다. 여기서 그 모든 것을 다루기에는 지면적, 시간적 제한이 있다. 그래서 몇 가지 주제를 '씨'신학(Zera' Theology)과 관련해서 요약 소개하려고 한다.

한편, 왕국시대의 종교의식의 기본적 규례도 원칙적으로는 모세 율법의 법규에 근거한다. 그러나 움직이던 장막 성소가 고정된 호화로운 성전으로 바뀌고, 후대에는 보다 많아진 절기를 따라 예배가 행해졌다. 보다 거대한 조직의 제사장직이 특색을 이루어 점차 사회 조직화되고, 예배가 형식주의에 빠지기 쉬웠다. 제사제도의 근본적 의미가 흐려지는 예배의식에 의해 이스라엘 야웨신앙(Yahwism)의 위기를 가져오게 되는 때가 많았다. 이때 예언자들이 나타나 제의의 본래적 의미를 살리고 생명 없는 형식주의의 종교 행사를 비판하면서, 본래의 종교 정신과 생명을 부여하려고 노력하였다.

또한, 남·북 왕국으로 분열된 이스라엘의 종교는 두 개의 영토, 두 개의 수도, 두 명의 왕, 상반된 제단, 상반된 신앙으로 완전히 분리되는 환경이었다. 이런 여건에서 남왕국 유다는 더욱 예루살렘을 중심한 예루살렘 성전 중앙 집권화가 가속화 되었다. 다윗 성인 예루살렘 성을 중심한 정치적 중앙 집권화와 더불어 법궤가 안치된 예루살렘 성전은 움직일 수 없는 제의의 중심지가 되었다.

북쪽 이스라엘은 다윗의 왕조 신학에 의하면 이단적인 성질의 것으로, 다윗왕가의 신복이었던 여로보암이 세운 왕조였고, 예루살렘 성소도, 하나님의 임재(臨在)[229]를 뜻하는 옥좌(玉座)인 법궤도 없는 정통성이 없는 나라였다. 그러나 남쪽 유다는 예루살렘 성과 성전을 차지하므로, 그리고 다윗왕조의 혈통을 이어받은 다윗의 후손 르호보암이 즉위함으로 정통성이 인정되었다. 예루살렘은 이스라엘이 가나안에 정착한 오랜 기간까지 이스라엘 민족의 도시가 되지 못했었다. 결국 다윗의 정복과 다윗 왕의 품격이 예루살렘을 정치적 수도로 만들었고, 법궤의 예루살렘 귀환이 합법적 수도로 만들었다. 솔로몬이 법궤를 위한 성전을 지었을 때, 예루살렘은 국가의 공식 예배의 중심이 되었다.[230] 종교적 중심지로서 예루살렘의 매력은 실상 제의의 중앙집권화가 되었다는 의미만이 아니라, 궁전의 정치적 통일성을 강화하는 중요성을 가진다.

1. 야웨의 왕권(Kingship)

우주와 자연과 제국들과 나라들, 만민들, 더욱 자기 백성인 이스라엘을 다스리시는 야웨의 통치권, 주권을 의미한다.

이스라엘에서는 신년 축제에서 야웨가 왕으로 즉위하는 것을 찬양했다고 본다(시 47:5-8, 93장, 96-99장 등의 대관식 시).[231] 왓츠(John D. W. Watts)에 의하면,[232] 야웨 말씀의 명령에 의한 창조는 다른 민족의 창조신화와는 크게 다르다고 한다. 적들에 대한 야웨의 승리는 역사적이던 우주적이던 간에 시와 예언으로 자주 노래됐다.

---

229) 가스펠서브,「교회용어사전(서울: 생명의 말씀사」2013)에 '임재'는 성경에 주로 ① 하나님의 초월한 권능이 나타나는 때(겔 37:1), ② 하나님이 친히 자신을 계시하실 때(삼상 3:10), ③ 예수 그리스도의 성육신 사건(요이 1:7)이나 ④ 그분의 재림의 때(마 24:27)를 표현하고 있다. 특별히 구약은 하나님이 자기 백성, 예배공동체와 함함께하시는 의미로 사용되었다.
230) Roland de Vaux, *Ancient Israel Vol. 2* (New York: McGraw—Hill Book Co., 1965), p. 333.
231) 소위 신화와 제의 학파(Myth and Ritual School)의 주장으로서 모빙켈(S. Mowinckel) 사상을 대표한다. S.H. Hooke, *The Labrainth* (London: S.P.C.K., 1935) 84 Ibid. Ivan Engnell, *Studies in Divine Kingship tn the Ancient Near East* (Uppsala: Appelberge Boktrycktiebolag, 1953). E.O. James, Seasonal Feasts and Festivals (New York: Barnes and Noble, Inc., 1961).
232) John D.W. Watts, *Basic Patterns in Old Testament Religion* (South Pasadena: Jame—son Press, 1971), pp.

이방나라의 신년축제에 나타나는 저급한 접신 결혼식에 관하여는 정통적인 이스라엘 예배에서는 도저히 불가능하다. 이스라엘에는 왕의 결혼에 대한 언급이 없으며, 야웨 하나님은 어떠한 형태의 배우자도 없고, 윤리적 유일론적 신관(Ethical Monotheism)은 다신론적 다른 이방 종교와 근본적으로 다르다.

개선 행진은 순례의 모습으로 이스라엘 예배에 분명히 있음직한 일이다. 어떤 구절에는 신들의 참가를 요청하기도 한다. 여기 신들은 야웨 하나님과 대칭된 존재가 아니라 피조물들 중에 영적 존재인 천사들이나 하늘의 영물들을 의미하고, 피조의 세계에 속한 천사가 타락한 사단 마귀 귀신들과 우상들인 이방인의 신적 존재들을 무시하는 암시도 있다고 본다(시 95:3, 96:4, 97:7,9. 135:5, 135:5, 136:2, 138:1): "야웨께 노래하여 그의 이름을 송축하며 그의 구원을 날마다 전파할지어다. 그의 영광을 백성들 가운데에 그의 기인한 행적을 만인 가운데 선포할지어다. 야웨는 위대하시니 지극히 찬양할 것이요 모든 신들보다 경외할 것임이요 만국의 모든 신들은 우상들이지만 야웨께서는 하늘을 지으셨음이로다"(시 96:2-5)

"조각한 신상을 섬기며 허무한 것으로 자랑하는 자는 다 수치를 당할 것이라 너희 신들아 야웨께 경배할지어다. 야웨여 주는 온 땅위에 지존하시고 모든 신들보다 위에 계시니이다"(97:7,9)

군주제도는 예루살렘의 왕립(王立) 신년(Royal New Year)의 주제와 이스라엘의 계약갱신의 주제를 결합하여 성대한 축제로 만들어 지켰을 것으로 보기도 한다.233) 야웨의 통치 아래에 있는 다윗과 시온이 모든 주제에 지배적이고, 통일시키는 주제가 된다.234) 그 절기의 축제 행사는 '준비', '4부의 본행사'(four main disivions), '고별 의식'(a farewell ceremony)의 말로 설명되어질 수 있다. 4부의 본행사 중에;
　—제1부는 [야웨의 거처로서 시온의 선택에 대한 축하],
　—제2부는 [하늘과 땅을 지배하는 왕으로서의 야웨의 현존],
　—제3부는 [심판을 위한 야웨의 도래(his coming to judge)],

---

233) Hans—Joachim Kraus, *Worship in Israel*, tran. G. Buswell (Oxford: Basil Blackwell, 1976) p.196f. A. Weiser, *The Psalms*, trans. H. Hartwell (Philadelphia: Westminster Press, 1962), pp. 35-52.
234) Johns D.W. Watts, *op. cit.*, p. 129.

―제4부는 [이스라엘과 다윗과 시온에 대한 야웨의 의(righteousness)와 인자하심(hesedh)]을 찬양했다.[235]

중앙 성소에서의 예배는 항상 순례를 의미했고, 그것은 그 해의 정점이며, 이스라엘 사람들의 종교적 생활의 절정을 이루었다.[236] 순례자들은 깊은 사모심을 가지고 야웨의 현존을 나타내는 야웨의 거처로서의 중앙 성소를 기대했다.[237] 그래서 순례자들은 기쁨과 환희로써 성전을 찾고, 여행의 어려움도 극복했다(시 122:1, 사 2:3).

이스라엘의 이 성전 예배에서 하나님의 통치와 우월성이 나타나는데, 이는 야웨의 왕권 사상으로 표현되었다. "야웨께서 통치하시다"(Yahweh malakh)로 대개 표현되는 대관시[238](시 47, 93, 96, 97, 98, 99편 등)에서 야웨를 왕으로 찬양한다.

"찬양하라. 하나님을 찬양하라. 찬양하라.
우리 왕을 찬양하라. 하나님은 온 땅에 왕이심이다.
지혜의 시로 찬양할찌어다. 하나님이 열방을 치리하시며,
하나님이 그 거룩한 보좌에 앉으셨도다."(시 47:6―8)
"야웨께서 통치하시니 스스로 권위를 입으셨도다."(시 93:1)

궁켈(Hermann Gunkel)에 의하면, 이런 대관식 시는 하나님의 왕권을 찬양하는 노래로서의 왕으로서의 야웨의 독단적인 통치를 선언한다. 야웨편에서 다른 신들에 대한 변론적 공격으로 짜여진 "Yahweh malakh"란 형식으로 되어 있고, 종말론적인 특성을 가지고 있다.[239]

필자의 의견으로, 이들 시들은 이방 축제 개념과는 달리, 야웨의 등극 개념이나

---

235) *Ibid.*
236) Hans―Joachim Kraus, *op. cit.*, p. 209f.
237) 시편 42 : 1―2, 84 : 3.
238) H. Gunkel은 150편의 시편의 시들을 각각 그 시형태(Gattung)에 따라 ① 찬양시 ② 대관시 ③ 제왕시 ④ 민족 탄식시 ⑤ 개인 탄식시 ⑥ 개인 감사시 등으로 크게 나누었다. Hermann Gunkel, *Einleitung in die Psalmen* (Göttingen: Vandenhoeck & Ruprecht, 1933), § 2.3.
239) *Ibid.* cf. Sellin―Fohrer, *Introduction to the Old Testament,* tran. David E. Green (New York: Abingdon Press, 1968), pp. 264―265. S. Mowinckel, M. Schmidt, P. Volz 등은 신년 축제 때 야웨 등극에 대한 계속적인 소생을 부른 노래라고 주장한다.

축제에 관련된 것이 아니라, 이스라엘인들은 오늘 독단적으로 지배하시는 야웨가 통치하심을 선언하는 유일신적 찬송이라고 보겠다.[240]

고대 근동에서는 한 나라의 통치권의 상징으로 그들의 신을 온 우주의 지배자로 내세우고,[241] 왕과 신과의 관계로 특별하게 묘사(왕은 곧 신, 혹은 왕권의 신적 부여)한다.

구약성서에서 야웨 하나님이 왕이라는 개념은 ① 야웨께서 우주의 왕이며, ② 백성들의 왕이라는 두 가지 의미를 가진다.[242] 우주의 왕이란, 야웨의 능력과 의(義)와 공평(公平)을 나타낸다[243](시 97:2, 6). 백성들의 왕이란, 이스라엘에 확립하신 정의와 이스라엘을 위한 야웨의 신실하신 행위에 의해 입증되었다. 즉, 이스라엘을 향한 계약의 사랑과 신실함을 실천하셨고, 그리고 야웨가 이스라엘과 열국을 포함하여 온 땅을 심판(계약 심판)하러 오시리라는 대망의 주제가 축제에 넘쳐 흐른다. 그래서 "야웨의 통치의 선언"에 관한 찬양과 선언이 시편에 강조되어 나타난다. 지파 동맹체의 강조점이 하나님 앞에 연합된 지파로 모이는 "하나님의 백성"(the People of God)이라면, 군주국가의 예배는 예루살렘을 중심한 "하나님의 왕국"(the Kingdom of God)으로 강조되었다.[244] 이제 야웨의 통치 방법의 하나로, 내용과 제도를 갖춘 왕궁과 하나님의 나라(goi: גוי)인 이스라엘로 집약된다. 거기서 다윗의 왕조 신학이 구체화된다.

2. 영원한 다윗 왕조 계약(언약의 왕)

이스라엘의 왕조 신학은 다윗 조정(朝廷)에서 발전된 것이다. 그래서 다윗은 이스라엘 역사와 종교에서 중요한 인물로 손꼽힌다. 특별히 사무엘하 7장에서 다윗에게 주신 하나님과 디윗간의 영원한 왕조계약은 구원사에 아주 중요한 내용이다. 그것은 창세기 12장에서 아브라함에 준 언약(계약)과 예레미야의 새 계약(렘 31:31

---

240) cf. *Ibid*.
241) 바벨론의 창조신화(Enuma Elish)에서 Marduk신을 세계적 우주적 승리자요 통치자로 내세우는 것은, 바벨론의 세계 지배 및 통치권의 상징으로 볼 수 있다.
242) 장일선, 「구약신학의 주제」(서울: 기독교출판사, 1982), p. 185. cf. M. Tesyat, "God as King," *The Interpreter's Dictionary of the Bible*, Suppl, Vol. pp. 515—516.
243) John D.W. Watts, *op. cit*., p. 132.
244) cf. H.J. Kraus, *op. cit*., p. 213.

—34)에서 이스라엘과 유다에게 제시된 언약을 결속시킨다.245)

"이제 내 종 다윗에게 이처럼 말하라. 만군의 야웨께서 이처럼 말씀하시기를, 내가 너를 목장 곧 양을 따르는데서 취하여 내 백성 이스라엘의 주권자(nāghîdh: 통치자)를 삼고……너를 위하여 집(bayith: 왕조)을 이루고……네 몸에서 날 자식(후손 : 씨)을 네 뒤에 세워 그의 나라를 견고케 하리라. 저는 내 이름을 위하여 집(bayith: 성전)을 건축할 것이요, 나는 그의 나라(왕국)의 위(왕위)를 영원히('ad 'ôlām) 견고케 하리라. 나는 그의 아비가 되고, 그는 내 아들이 되리니……네 집(bayith)과 네 나라가 내 앞에서 영원히('ad 'ôlām) 보전되고, 네 왕위가 영원히('ad 'ôlām) 견고하리라"(삼하 7:8—16).

하나님은 왕에게 명한 규범과 명령을 지키지 않은 사울을 폐하고, 야웨의 마음에 맞는 사람인 다윗을 택하여 왕으로 삼으셨다는 것이다. 그러나 구속사적 씨의 흐름에서 보면, 유다 지파에서 나오는 인물이 영원한 왕조의 맥을 이어 가도록 되어 있다.

"홀이 유다를 떠나지 아니하며, 치리자의 지팡이가 그 발 사이에서 떠나지 아니하시기를 실로가 오시기까지 미치리니 그에게 모든 백성이 복종하리로다."(창 49:0)

야곱을 통한 축복에 근거하여, 유다 지파에서 나올 통치자에 대한 언약이 다윗에게 와서 성취되는 섭리를 볼 수 있다. 언약외의 지파인 베냐민 지파의 사울 왕은 과도기 상태의 일시적 역할을 감당했을 뿐이다.

사무엘하 7장에서 다윗에게 준 언약의 골자를 살펴보면, ① 다윗을 통치자로 선택하여 집(왕조)을 이룬다. ② 그의 후손으로 왕국을 견고케 하고 하나님 이름을 위한 집(성전→다윗 왕조)을 건축케 한다. ③ 그 후손이 야웨의 아들이 되고, 야웨는 아버지가 된다. ④ 다윗의 집과 왕국이 영원하리라는 것이다.

---

245) Walter C. Kaiser, *Toward an Old Testament Theology* (Grand Rapids: Zondervan Publishing House, 1979), p. 143.

사울이 버림받자, 다윗이 "하나님의 마음에 합당한 자로 선택되어(삼상 13:14), 유다 왕을 거쳐(삼하 2:4) 이스라엘 전체의 통치자로 기름부음을 받는다.246) '기름부음 받은 자'(anointed one)는, 장차 올 어떤 인물, 보편적으로 다윗의 계통에서 나타날 어떤 인물을 암시한다.247) 그는 지상 위에서 하나님의 영원한 나라를 통치할 야웨의 왕이다. 하나님의 대표자로서 다윗 왕좌에 앉을 수 있는 자격을 갖춘, 선택받은 혈통에서 선택된 인물로서 메시야를 묘사하는 용어로 가장 적절한 것이다.248)

하나님은 다윗에게 '집'(bayith)을 언약하셨다. '집'은 거주지 이상의 의미로 ① 가족과 세대(창 7:1, 35:2), ② 더 큰 가족 집단인 지파들(수 7:14), ③ 왕, 혹은 왕조와 그 후손들(출2:1, 왕상 11:38, 12:16, 13:2). ④ 하나님의 시온의 성전(삼하 7:13)을 의미했다. 사무엘하 7장에서 8회249)에 걸쳐 야웨는 다윗에게 집을 이루는 언약을 하시는데, 대체로 자손의 혈통에 집약된다250)(7:12, 6,19, 26,29).

사무엘하 7:12의 자손은 '자식' '후손' '씨'를 의미하는 집합적인 것이다. 그러나 그 자손은 전체 집단을 대표하는 한 인물이면서, 장차 올 후손들의 계통에 대한 보증이었다.251) 사무엘하 7:8-16(특별히 13절)과 역대상 17:11-17에서 다윗의 자손(씨)은 솔로몬 개인을 의미하여 성전 건축자로 지시하나(삼하 7:13), '씨'(Zera')의 성격에 비추어 볼 때 솔로몬 개인을 가리키기 보다는 다윗 왕좌(位)에 오를 후손을 지칭하는 것으로 보는 것이 옳을 것이다.

다윗왕조 계약의 중요한 핵심 중 하나가 나라 개념이다. 이 군주시대에는, 이스라엘이 왕을 갖게 되어 나라(출 19:6, 민 24:7)와 주권(민 26:19)을 가진 민족이 되었다. 그 나라는 다윗의 후손(씨)에게 왕위가 주어지는 것이었다. 그러나 그 왕국 통치는 야웨께서 그의 통치를 포기하거나 야웨의 주권의 한계를 의미하는 것이 절대 아니었다. 새로이 선언된 다윗의 통치와 하나님의 통치는 아주 밀접하게 연결되어, 후에는 다윗 왕권과 나라는 야웨 자신의 것으로 여겨졌다252)(대상 28:5, 13:8, 삼상 24:6, 삼하 19:21).

---

246) 사무엘상 24:6,10. 26: 9,11,16,23. 사무엘하 1:14,16.
247) 사무엘상 2:10, 2:35. 시편 2:20, 20:6, 28:8. 84:9, 3:13.
248) Walter C. Kaiser, *op. cit.*, p. 149.
249) 11, 13, 16, 19, 25, 26, 27, 29절.
250) Walter D. Kaiser, Jr., *op. cit.*, p. 150.
251) *Ibid.*, p. 151.
252) *Ibid.*

이 군주시대의 이스라엘의 중심은 예루살렘 성전(종교: 율법)과 예루살렘 성(사회·정치: 시온의 영광)이었다. 이것은 시온의 선택과 다윗의 선택과 직결된다. 그것은 세계의 수도가 될 것이고, 영원히 서 있게 될 것으로 본다. 세워질 성전은 시온과 다윗의 선택에 대한 계속적인 증거가 될 것이다.

그러나 다윗 왕국은 솔로몬 후에 남·북 왕국으로 나누어지고, 결국 앗시리아와 바벨론에 의해 각각 멸망당했다. 결국은 하나님의 왕국과 그것을 위한 다윗의 왕국은 메시야적 왕을 통해서 역사 안에서 실현되어야 했다. 그 메시야적 왕은 때때로 수동적이어서 괴롭힘을 당하고 고초를 당했다. 하나님은 그 고난에서 구원을 베푸시고, 그 고난의 사역을 통해서 다른 사람을 구원하는 역할을 가진다. 다른 한편 메시야적 왕은 적극적, 능동적이어서 하나님을 대신하여 심판을 집행한다.[253] 이런 것들은 사무엘하 7장과 제왕시와 예언자들의 메시야적 예언들에 나타난다. 그는 야웨에 의해 기름부음 받은 메시야가 되었고, 야웨의 아들로 나타난다(시 2:6—8).

다윗의 나라는 영원하리라는 선포가 6번이나 계속된다(삼하 7:13, 16, 24, 25, 26, 29). 그래서 다윗 왕조의 영원한 계약이라 한다.[254] 다윗 왕조는 이미 역사의 장에서 끊어졌다. 그러나 이스라엘과 맺은 언약과 다윗의 왕국은 결국 메시야를 통한 그의 백성과 왕국을 통해 결과적으로 이뤄진다. 그 메시야적 왕은 바로 유다 지파의 사자(嗣子), 다윗의 뿌리(씨)로 말미암는다(계 5:5).

3. 메시야적 예언

구속사적 '씨흐름'의 결정적 기대는 메시야적 예언에서 구체화된다. 이미 태고적 타락 기사에서 여인의 후손에서 복음적 씨앗이 말씀으로 구체화되더니, 유다에게 주어진 축복에서는 메시야 왕권과 관련된 예언이 분명해진다[255](창 48:8—12).

a. [시편]에는 메시야인 그리스도에 대한 예언이 구체적으로 언급되어 있다. 그의 고난과 죽음, 그리고 사역 등 전반적인 것을 묘사하고 있다[256](눅 24:44).

---

253) John D.W. Watts, *op. cit.*, pp. 140—141.
254) cf. Walter C. Kaiser, Jr., *op. cit.*, p. 151. 다윗 왕국은 족장들과 출애굽 시기에 주어진 언약 안에 포함된 항목 중에 하나였다(창 7:6, 35:11, 36:31, 출 19:6, 민 24:7).
255) 발람의 신탁(민 24:15—19)에서 "야곱에게서 한 별이 야곱에게서 나오며 한 홀(왕권)이 이스라엘에게서 일어나서" 이라 하여 메시야를 기대하고 있다.
256) ⓐ 예언적 직무: 시 22:22, 40:9, 10, 89장; 119장; 102장
　ⓑ 제사장적 직무: 40:6—8, 22장, 49장, 69장, 110장.

메시야적 예언은 뭐니뭐니해도 이스라엘 예언자들에 의해서 분명히 제기되었다. 이스라엘의 범죄가 아브라함, 시내 산, 다윗 계약(언약)의 성취에 위기를 가져오자, 예언자들은 심판을 선언하면서도 하나님의 영원한 나라에 대한 밝은 전망을 가지게 된다. 그래서 예언자들은 그들의 관심의 초점을 하나님의 세계적인 계획과 하나님의 나라로 전환해야만 했다. 거기에 언약 교리(promise doctrine)의 특성이 있는데 베커(Willis J. Beecher)는 언약 교리의 두 가지 성격을 지적했다.[257] 그것은 장차 올 시대에 대한 변함없는 기대에 찬 예언이었으며, 또한 그 시대에는 당분간 유익된 종교적 교리였다.[258] 이것을 반대로 보면, 예언자들의 예언은 언약이라는 내용을 간직한다고 볼 수 있다.

계약의 언약과 예언은 그런 의미에서 밀접한 관계가 있다. 이스라엘 예언자들의 예언은 어디까지나 모세 율법과 하나님이 이스라엘 조상들과 백성들과 맺은 계약(언약)에 근거하고 있다. 그렇기 때문에, 문서 예언자들의 소위 메시야적 대목은 주로 최초 아브라함과 이스라엘 또는 다윗에게 제시된 언약의 반복이며, 설교적 응용이며, 확충이었다. 하나님과의 계약백성으로서 이스라엘이 임무를 성실히 준행치 못하자, 심판을 받아야만 했다. 그러나 하나님은 새로운 날, 새로운 종, 새 계약, 새로운 하나님의 승리를 준비하셨다. 그래서 예언자들은 야웨의 날을 강조했다. 그것은 심판과 저주의 날이면서 구원과 승리의, 축복의 날이다. 바로 메시야의 날이다.[259]

b. [이사야]는 공포와 혼란이 온 땅을 지배하고 있을 때, 메시야의 오심과 장차 있을 황금시대를 말했다. 이사야 4:2—6에, 그 날에 '야웨의 싹(줄기)'이 아름답고 영화로울 것이라고 했다. 이 '싹'은 '메시야'를 지칭하는 것으로, 인간적인(땅의 소산) 성격과 신적인(야웨의) 성격에서 다윗의 왕조(Davic Dynasty)를 말했다. 이 경

ⓒ 왕적 직무: 2장, 20장, 21장, 45장, 72장, 110장
ⓓ 그리스도의 고난: 16장, 22장, 40장, 69장.
ⓔ 그리스도의 부활: 16장
ⓕ 메시야적 재림: 50장, 97장, 98장.

257) Walter C. Kaiser, Jr., *op. cit.*, pp. 182—183.
258) Willis J. Beecher, *The Prophets and the Promise* (Grand Rapids: Baker Book House, 1975), p. 242.
259) Walter C. Kaiser, Jr., *op. cit.*, p. 184.

우 '싹'(가지)은 '기름부은'(Anointed), 또는 '거룩한 자'(holy One)란 말과 대등한 말이다.260) 이 암시적인 '야웨의 싹'은 이사야 7—11장의 임마누엘에서 인격적인 형태와 정의를 갖게 된다.

"보라 (너) 처녀가 잉태하여 아들을 낳을 것이요 (너는) 그 이름을 임마누엘이라 (부르리라) 하리라."(7:14)

여기서 주목할 것은, ① 처녀를 나타내는 히브리어 'almah는 어느 경우에서든 결정적으로 처녀(virgin)를 의미한다. ② 그것은 정관사(the virgin)를 가지고 있다. 아무나가 아니고 정해진 오직 한 분을 말한다. ③ '부르다'(to call) 동사는 2인칭 여성이지 3인칭 여성이 아니다. ④ 이 구절의 어법은 이스마엘의 출생(창 16:11), 이삭의 출생 (창 17:17), 예수님의 출생(마 1:20, 21) 등에서 아들의 출생을 언약하는데 사용된 익숙한 구절을 반복하는 것이다.261) 이사야 9:1—7에는 새로 출생하는 아들에게 '기묘자', '묘사', '전능하신 하나님', '영존하시는 아버지', '평화의 왕'이란 통칭들이 부여된다. 결국 이사야 11:1—9에서는 "이새의 줄기에서 한 싹이 나며, 그 뿌리에서 한 가지가 나서 결실할 것이요"하여, 바로 구속사적 씨의 흐름으로 다윗 왕조 계약의 관점에서 메시야의 인물됨과 사역이 투사되었다.262)

여기서 이사야 11:1의 이새의 줄기에서 나는 새로운 싹은 다윗 가문에서 나올 통치자를 의미하는데, 하나님의 심판에 그 가문이 망한 다음에 그 그루터기에서 다시 나오게 되는 것을 의미한다.263) 이사야 49—57장에서는 '야웨의 종'으로서의 메시야의 사역에 대해서 설명하고 있다. 예언자 예언에서는 구약종교의 제자제도가 메시야에 의해서 성취되는 구원사건에서 그 실현을 내다보고 있다.

고난받는 야웨의 종은 대체로 전통적 기독교회와 보수적인 학자들은 성자 하나님이 인간의 육체를 입고 오신 분의 고난의 삶과 그분의 십자가에서 철저하게 이루시는 구속사건으로 성취하신 예수 그리스도와 동일사한다. 그리고 특별히 이사야

---

260) *Ibid.,* p. 207.
261) cf. *Ibid.,* p. 208.
262) *Ibid.,* p. 210.
263) Walter Zimmerli, *Old Testament Theology in Outline,* trans. David E.. Green (Atlanta: John Knox Press, 1978), p. 195.

53장은 예수님의 고난의 삶과 십자가의 처절한 고통을 눈으로 보고 말하는 듯한 선명한 예언의 말씀들이다: "그는 실로 우리의 질고를 지고 우리의 슬픔을 당하였거늘 우리는 생각하기를 그는 징벌을 받아 하나님께 맞으며 고난을 당한다 하였노라 그가 찔림은 우리의 허물 때문이요 그가 상함은 우리의 죄악 때문이라 그가 징계를 받으므로 우리는 평화를 누리고 그가 채찍에 맞으므로 우리는 나음을 받았도다 우리는 다 양 같아서 그릇 행하여 각기 제 길로 갔거늘 여호와께서는 우리 모두의 죄악을 그에게 담당시키셨도다 그가 곤욕을 당하여 괴로울 때에도 그의 입을 열지 아니하였음이여 마치 도수장으로 끌려 가는 어린 양과 털 깎는 자 앞에서 잠잠한 양 같이 그의 입을 열지 아니하였도다 그는 곤욕과 심문을 당하고 끌려갔으나 그 세대 중에 누가 생각하기를 그가 살아 있는 자들의 땅에서 끊어짐은 마땅히 형벌 받을 내 백성의 허물 때문이라 하였으리요"(사 53:2-8).

이사야에 나오는 메시야적 구절을 몇가지 요약해 보면 다음과 같다.

주의 종으로 나타나심. 기름 부음을 받으심(1:2), 성육신, 정녀 탄생(7:14), 나사렛에서 비천한 지위와 유년시절(7:15, 9:1-2, 11:1, 53:2), 이적(35:5-6), 선택을 받으시고 기쁨을 느끼심(42:1), 온유하신 태도(42:2), 부드러운 봉사와 친절(42:3), 복종(50:5), 고난(50:6), 승천(52:13), 높임을 받으시기 위한 고통(52:13-16), 유대 민족의 배척(53:1-3), 맞으시고 찔리시고, 상함을 받으신 속죄(53:4-6), 죽으심(53:8), 장사(53:9), 영적인 자손(53:10), 현재의 대제사장의 직분(53:12), 말씀과 선포(61:1-2), 부활(53:10), 미래의 영광(59:20, 63:1-6, 66:15-19) 등이다.

c. [예레미야]는 이스라엘의 멸망을 목격하며, 다윗 왕조가 그 자취를 감추는 비극을 경험한다. 그래서 그는 자기 민족의 장래에 대한 종말론적 관심을 갖게 되었다. 그의 종말론은 온건하고 현실적이며, 주의 날, 이방의 멸망, 이방의 회개, 야웨 하나님 신봉, 예루살렘의 재건과 영광, 이스라엘과 유다의 통일, 이스라엘의 이상적 상태가 그 내용이 되고 있다.[264] 예레미야의 예언에서 미래의 왕은 오로지 평화로운 통치자이다.(렘 23:5). 그는 목자적 사역을 담당하게 될 것이다(렘 34:23, 37

---

264) cf. 김정준 외 2명 공저, 「구약성서 개론」(서울: 기독교서회, 1973), pp. 200-207.

:22, 17:22).

예레미야 34:12-22에는 '다윗에게 한 의로운 가지'로 메시야에 명칭이 주어지면서 그가 이 땅에 공평과 정의를 실행할 것이라 한다.[265] 여기에 더하여 예레미야 31:31-34에 '새로운 언약'(The New Covenant)은 그의 메시지의 핵심이 된다. 즉, 이스라엘의 소망은 야웨께서 이스라엘에 맺으실 새 언약의 실현이며(렘 31:31-34), 새 일을 시작하실 것이니 곧 여자가 남자를 안으리라 (31:22)는 메시야 예언이다.

"여호와의 말씀이니라 보라 날이 이르리니 <u>내가 이스라엘 집과 유다 집에 새 언약을 맺으리라</u> 이 언약은 내가 그들의 조상들의 손을 잡고 애굽 땅에서 인도하여 내던 날에 맺은 것과 같지 아니할 것은 내가 그들의 남편이 되었어도 그들이 내 언약을 깨뜨렸음이라 여호와의 말씀이니라 그러나 그 날 후에 내가 이스라엘 집과 맺을 언약은 이러하니 곧 <u>내가 나의 법을 그들의 속에 두며 그들의 마음에 기록하여 나는 그들의 하나님이 되고 그들은 내 백성이 될 것이라</u> 여호와의 말씀이니라 그들이 다시는 각기 이웃과 형제를 가리켜 이르기를 너는 여호와를 알라 하지 아니하리니 이는 작은 자로부터 큰 자까지 다 나를 알기 때문이라 <u>내가 그들의 악행을 사하고 다시는 그 죄를 기억하지 아니하리라</u> 여호와의 말씀이니라"(렘 31:31-34).

옛 계약인 율법과는 아주 차이나는 새 계약을 약속하신다. 새 일을 행하시는데 그게 바로 여인의 후손으로 오시는 메시야(원복음: 창3:15) 약속대로 동정녀 마리아에 태어나신 예수 그리스도를 통해서 이루시는 새 계약이다. 그 일이 바로 옛 율법을 깨뜨려 망하게 된 옛 계약을 파기하고 새 일을 행하시는 메시야를 통한 새 계약이었다.

옛 계약은 시내산에서 죄인된 인간 모세를 중재로 이스라엘 백성과 맺은 것이라면, 새 계약은 골고다 언덕의 십자가에서 하나님이시며 인간이신 예수 그리스도를 통하여 하나님과 인류 전체와 맺은 영원한 계약이다.

---

265) Walter C. Kaiser, Jr., *op. cit.*, p. 230. 예레미야 33:14-22에 '가지' 의 사역이 옛날의 언약들의 최고 절정의 의미로 나타난다. ① 계절의 영속에 대한 노아의 언약 ② 셀 수 없이 많은 후손에 대한 아브라함의 언약 ③ 제사장직의 영속에 관한 비느하스와의 언약 ④ 다윗 후손의 영구한 통치에 관한 다윗과의 언약.

옛 계약은 돌비에 새겨진 계명으로 이뤄진 차가운 [율법]을 준하고 행하여야 하지만, 새 계약은 인간의 속, 마음에 기록하는 따듯한 [복음]을 믿기만 하면 "야웨 하나님은 그들의 하나님이 되고, 그들은 야웨 하나님의 백성이 된다."

옛 계명은 율법의 613 명령에 의해 인간을 죄인으로 만들어 사망 안에 가두는 족쇄들이라면, 새 계명은 야웨 하나님을 작은 자로부터 큰 자까지 다 알게되어 하나님은 그들의 악행을 사하시고 다시는 그 죄를 기억하지 아니하시는 사랑의 계명이다.(렘 31:34)

옛 계명은 B.C. 586년 예루살렘 멸망과 함께 깨어지고 예수님의 십자가 사건과 함께 무덤에서 율법을 폐기가 되었다면, 새 계명은 예수 그리스도의 동정녀 탄생, 십자가의 죽으심, 생명의 부활, 승리의 승천, 심판과 구원의 재림으로 믿는 자를 구원하시고 영원한 하늘나라에 이르는 영원한 복음이 된다.

"나 여호와가 말하노라. 보라 때가 이르리니 내가 다윗에게 한 의로운 가지를 일으킬 것이라. 그가 왕이 되어 지혜롭게 행사하며 세상에서 공평과 정의를 행할 것이라. 그의 날에 유다는 구원을 얻겠고, 이스라엘은 평안히 거할 것이며, 그 이름은 여호와 우리의 의라 일컬음을 받으리라"(렘 23:5-6).

d. [에스겔]은 야웨 하나님은 인간이 도저히 가까이 할 수 없는 광채와 불로 둘러싸여 계신 초월자이시기 때문에 사람이 할 수 있는 것은 그 분 야웨 앞에 엎드려 그 말씀을 듣는 것 밖에 없다는 것이다. 즉 야웨만이 거룩하시고 사람은 야웨로 말미암지 않고는 거룩해질 수 없다는 것이다(겔 1:26-28). 그래서 에스겔은 심판의 날을 강조하며 메시야 시대를 제시하여 인류의 구원을 내다보고 있다.

에스겔인 강조하는 '심판의 날'에 야웨 하나님께서 왕이 될 것이라는 것이다(33장). 에스겔의 메시야 시대의 특징은 ① 백성들의 죄를 정결케 함, ② 흩어진 이스라엘 백성의 귀환이며, 특히 메시야 시대의 예배의 중요성을 성전 기록에서 잘 표현하고 있다[266](겔 40장—48장).

e. [다니엘]은 '인자같은 이'(단 7:13)로 메시야적 언급을 비치며, '그의 나라는 영

---

266) 김정준, *op. cit.*, pp. 226—228.

원한 나라'(7:18)와 '지극히 높으신 자의 성도'(7:18, 27) 와 연결 짓고 있다. 그리스도의 재림이 '뜨인 돌'로 상징되면서, 하나님이 한 나라를 세워 영원히 망하지 않을 것이라 말한다(2:35,44-45). 여기에 '나라'와 '성도'는 메시야 왕국과 메시야 왕국의 백성인, 구속 받은 백성인 성도를 의미한다. 하나님의 백성들이 하나님 나라에서 상속으로 받을 계약적인 축복을 의미한다(마 19:28, 눅 10:18-20, 롬 8:17).

다니엘서는 인류역사의 조감도를 분명하게 구체적으로 제국의 흥망성쇠와 더불어 마지막 종말적 사건에 이어 메시야의 지상나라와 영원한 하늘나라까지 일목요연하게 정리하고 있다. 특별히 다니엘은 인류의 부활의 문제를 다루고 있는데 의인과 악인의 부활을 언급하고 있다. 마지막 때 무서운 환난과 더불어 적그리스도의 출현과 그 멸망을 예언한다(2장, 7장). 그 세상 끝에는 무덤 속에 있던 자들 중에 부활의 몸이 되어 영생을 얻는 의로운 자의 부활이 있고, 또한 복음을 믿지 않아 영원한 불못에 던져질 악한 자의 부활도 있을 것을 말했다(단 12장). 특별히 부활하는 자에게 주어지는 보상 문제를 언급하되 특별히 의인에 대하여 "지혜있는 자는 궁창의 빛과 같이 빛날 것이요 많은 사람을 옳은 데로 돌아오게 한 자는 별과 같이 영원토록 비치리라"고 희망의 메시지를 남겼다(단 12:3).

다니엘서에 나타나는 하나님의 나라를 다음같이 요약할 수 있다.

① 하나님이 직접 다스리시는 나라
② 이 땅 인간의 나라를 깨뜨릴 구너위와 힘을 가진 나라
③ 그 위치를 땅에서 결국 옮겨 가게 될 나라
④ 이 지상의 인간 나라가 망한 다음에 세워질 미래에 속한 나라
⑤ 하나님의 백성에게 주어지는 나라
⑥ 절대로 망하지 아니하는 영원히 서 있을 나라
⑦ 유대인(메시야를 믿는 온 인류)에게 올 나라라는 것이다.[267]

f. [요엘]은 죄지은 백성들에게 임하는 하나님의 심판으로 메뚜기, 느치, 황중이들과 자연 재해로, 이방 민족을 통한 전쟁으로 치시는 심판에 황폐된다. 그로 말미

---

267) S. K. Driver, *The Book of Daniel*, (Cambridge: Cambridge Bible, 1922). 구약의 한계가 계시의 미완성이라면 신약은 계시의 완성인 차이를 인지해야 한다. 그래서 구약성경의 중심이 그리스도의 성육신이라면, 신약성서의 중심은 그리스도의 재림이다.(행 1:9-11, 계22:20)

암아 굵은 베로 동이고 애곡함 같이 제사장들조차도 서글퍼 애곡하는 상황이다(욜 1:1-2:11). 여기서 "너희는 이제라도 금식하고 울며 애통하고 마음을 다하여, 옷을 찢지 말고 마음을 찢고 부서진 마음으로 야웨께 돌아오라"고 회개를 촉구한다(2:12). 그러면 하나님은 은혜로우시며 자비로우시며 노하기를 더디하시며 인애가 크시사 뜻을 돌이켜 재앙을 내리지 아니하시고 복을 내리신다는 회복의 마음을 표하신다(2:13-17).

인간의 그런 회복을 위해서 하나님은 "그 후에 내가 내용을 만민에게 부어 주리니 너희 자녀들이 장래 일을 말할 것이며 너희 늙은이는 꿈을 꾸며 너희 젊은이는 이상을 볼 것이며 그 때에 내가 또 내 용을 남종과 여종에게 부어 줄 것이며 내가 이적을 하늘과 당에 베풀리니 곧 피와 불과 연기 기둥이라"(2:28-30) 이라고 신적 방법을 제시하신다. 인간의 의지와 결단만으로는 안되는 것을 아시는 하나님은 하나님 방법, 성령을 부어주시는 것인데, 이 언약이 사도행전 2장에서 성취되면서 기독교 교회가 세계를 복음화시킨다. 그게 바로 "누구든지 야웨의 이름을 부르는 자는 구원을 얻고(32절, 행 2:21, 롬 10:13), 누구든지 예수님을 믿는 자마다 멸망하지 않고 영생을 얻게 하려하심이라"(요 3:16).

요엘은 메시야를 통한 회복의 [야웨의 날]을 선포한다. 그때에 야웨께서 시온에서 부르짖고 예루살렘에서 목소리를 내시니 하늘과 땅이 진동하지만 야웨는 자기 백성의 피난처, 산성이 되시고, 이방인들의 통행을 막으시며 야웨의 성전에서 샘이 흘러 나와서 넘치게 하신다(3:16-21).

요엘의 회복의 전 과정의 영적 상징을 요약하면 다음과 같다.

① 황폐함은 회개전의 경고적인 죄인의 상태(1:1-2:11)
② 마음을 찢음은 회개하는 죄인의 마음을 묘사하고(2:2-17)
③ 성령 부어주심은 회개 후 성령의 충만한 생활을 의미(2:18-32)
④ 낫은 기독교인의 영혼의 추수를 묘사하는 축복의 언약(3:1-16)
⑤ 샘이 넘쳐흐름은 하나님께 축복받고 헌신의 마음상태를 말한다.

g. [미가]는 동시대 인물인 이사야처럼 하나님의 절대성을 강조하면서, 메시야 예언을 간직하고 있다(5:2-5).

"베들레헴 에브라다야 너는 유다 족속 중에 작을찌라도 이스라엘을 다스릴 자가 네게서 내게로 나올 것이라. 그의 근본은 상고에 태초니라. 그러므로 임산한 여인이 해산하기까지 그들을 붙여 두시겠고, 그 후에는 그 형제 남은 자가 이스라엘 자손에게로 돌아오리니"(미 5:2-3)

미가 5:2-5에 의하면, 메시야는 ① 유다 족속의 후손이며, ② 탄생 장소가 베들레헴이며, ③ 탄생은 신비스러워 원래 그의 근본은 태초이다. ④ 다윗 왕국의 회복으로 남은 자가 돌아온다. ⑤ 야웨의 특성을 가진 통치 영역과 방법이 소개된다. 특별히 미가 5:2은 메시야 탄생지에 대해 처음 언급이 되고, 메시야의 선재, 곧 태고적 상고에 이미 계셨던 창조주로서 그리스도의 신성을 강조한다. 미가 4:1-8에는 메시야 왕국이 가져다 줄 평화의 날을 그리고 있다.

"그가 많은 민족들 사이의 일을 심판하시며 먼 곳 강한 이방 사람을 판결하시리니 무리가 그 칼을 쳐서 보습을 만들고 창을 쳐서 낫을 만들 것이며 이 나라와 저 나라가 다시는 칼을 들고 서로 치지 아니하며 다시는 전쟁을 연습하지 아니하고 각 사람이 자기 포도나무 아래와 자기 무화과나무 아래에 앉을 것이라 그들을 두렵게 할 자가 없으리니 오직 우리는 우리 하나님 여호와의 이름을 의지하여 영원히 행하리로다 여호와께서 말씀하시되 그 날에는 내가 저는 자를 모으며 쫓겨난 자와 내가 환난 받게 한 자를 모아 발을 저는 자는 남은 백성이 되게 하며 멀리 쫓겨났던 자들이 강한 나라가 되게 하고 나 여호와가 시온 산에서 이제부터 영원까지 그들을 다스리리라 하셨나니"(미 4:3-7).

미가는 예시야 황국의 실현이 가져다주는 평화의 나라를 바라보고 있다. 메시야가 오시면 많은 민족들에게 야웨께서 숭배를 받으시고, 야웨께서 모든 공의로 모든 나라들을 심판하시고, 하나남의 백성들은 전쟁을 위해 만들었던 무기들을 농기구로 만들어 평화롭게 사는 메시야 왕국을 이루며 축복하신다는 것이다(미 4:1-8).

h. [하박국]은 요시야왕이 의욕적인 종교개혁을 추진하다가 므깃도의 전쟁에서 전사하자 그의 다른 아들 여호아하스가 잠시 왕좌를 차지하고 있다가 이집트에 납치되자, 요시야의 아들 여호야김이 유다의 왕이 되자 애굽 왕의 환심을 사고, 자기의 사치스런 생활을 위해 백성들로부터 세금과 노동력을 착취하게 된다. 솔로몬이

북왕국 이스라엘에 행했던 악의 표상이 이 여호야김에 의해 남왕국 유다에 잔인함과 폭정과 불의가 이스라엘의 철학의 아버지라 불리는 예언자 하박국으로 하여금 야웨 하나님께 질문을 발하게 한다. 하나님이 다스리는 백성에게 이런 사악하고 부패한 정치가 언제까지 계속되어야 하느냐는 절규이기도 하다(합 1:2－4).

어느 세대이건 고통과 직면하지 않은 세대는 없었고, 그 고통의 이유와 해결의 방법을 찾기 위해, 인간은 한결같이 노력해 왔다. 그래서, 고난의 문제를 다룬 책들은 수없이 많다. 구약성서에서는 특별히 욥기와 하박국에서 그것을 다루고 있다. 특별히 하박국서는 바로 하나님이 정말 이 세상을 정의로써 다스리시는가 하는 신정론(神正論)에 대한 문제를 다루고 있는 구약성서 중의 하나이기에 중요하다.

하박국서는 [선한 하나님이 다스리시는 이 세상에서 왜 악한 것이 성하는가] 하는 의문을 가졌던 사람들은 하박국이 바로 이 문제로 씨름하고 있는 모습을 보게 된다. 악한 자들이 영화를 누릴 때, 선한 자들이 고통을 받는 모습을 이해하지 못해 당황하는 사람들도, 이 예언자의 감동적인 탄원에서 공감을 느낄 것이다. 악이 왜 존재하는가'라는 질문을 품은 사람들은 하박국서에서 그 의문들이 더욱 날카롭게 제기되는 것을 발견하게 될 것이다.

하박국의 이 신정론의 문제를 해결하는 하나님의 응답을 얻기 위하여 파수하는 성루에 서서 기다리다가, 인류의 근본적이고 끈질긴 죄성과 죄악을 해결하는 로마서의 주제이기도 한, 믿음에 의한 [칭의의 교리]를 응답으로 듣게 된다. 바로 2장 4절의 "보라 그의 마음은 교만하며 그 속에서 정직하지 못하나 의인은 믿음으로 말미암아 살리라"는 교리이다. 믿음에 의한 칭의의 교리에서, 하박국서의 근본적 목적을 발견하게 된다.

하나님은 기어이 그의 정의를 위해 일어나시고 잠잠하지 않는데 인내로 기다리라는 것이다. 바로 [오직 의인은 믿음으로 말미암아 살리라]한 야웨의 응답이 모든 문제의 해결책이다.

고난과 불의와 죄악에 대한 진정한 승리는 영원한 사랑이 회복되는 궁극적 지점인 바로 선으로 악을 이긴 십자가에서 이뤄진다(요일 4:16, 마 13:29－30). 처절한 십자가상의 하나님의 독생자가 절규하며 죽어가는 현장에서 하나님 아버지는 왜 침묵하시고 그 처절한 현장에 고개를 돌리셨는가? 메시야이신 그 독생자가 그 죽음으로 인류의 비극을 극복하시고, 십자가상의 그 독생자 예수 그리스도를 통하여, 야웨 하나님은 인류의 구원과 영생의 길을 예비하시고 계셨다. 그래서 신정론은 이렇게 종말적 미래를 향해 간다. 악과 고통의 문제의 답이 지금은 희미하게 보이나 그때는 완전하게 보일 것이다. 옛 계약의 미완성의 계시가 완성으로 성취되는 새로운 계약에서 밝히 드러나게 된다.

i. [스바냐]는 아모스와 이사야와 미가의 사상을 발전시킨 흔적이 나타는 유다에 임할 심판(1:1-18)과 열방에 임한 심판(2:1-15)과 하나님의 심판과 축복(3:1-20)을 내다보고 있다. 그는 실제로 이스라엘 정치적, 종교적 체제와 관련된 중앙의 예언자로 유다와 이방국가에 대한 신탁을 전달하였다(습 2:4-3:8). 스바냐는 특별히 우상숭배하는 제사장들, 바알 숭배자들과 그 외의 다른 신들을 섬기는 자들을 책망한다(1:4-6), 특별히 가나안인의 풍요의 신(Cananite fertility gods)인 바알 신 숭배, 태양, 달, 별 숭배 그리고 암몬족의 신인 Mlikom의 예배에 빠졌기 때문에 심판을 선언한다.[268]

방백, 재판관, 예언자, 제사장등 구성원들이 범하는 직무상의 악행 때문에 그들을 비판하였다(3:3-50.).[269]그들의 범죄로 특별히 야웨의 백성에게 심판이 임할 것을 예언했다. 그 심판의 때를 야웨의 날로 강조하는데, 이 야웨의 날은 예언자들의 특징으로 하나님의 진노의 날이요, 파괴의 날이며 황폐하고 어둡고 캄캄한 날이다. 그러나 이스라엘의 신앙인들이 남은 자(Remnant)로 생존하여 야웨를 섬기며, 그들이 새로운 나라의 중심을 이루어 하나님의 거룩하신 목적이 이 땅 위에 실현된다는 것이다.[270] 이 새로운 하나님 나라의 실현은 메시야로 말미암아 이뤄진다.

j. [학개]의 예언은 성전 재건에 집중되었다(1:8-11): "**너희는 산에 올라가서 나무를 가져다가 성전을 건축하라 그리하면 내가 그것으로 말미암아 기뻐하고 또 영광을 얻으리라**"(1:8).

---

268) W.S Lasor, D.A. Hubbard and P. Bush, *Old Testament Survey*,(Grand Rapods: Wm. B. Eerdmanss Publishing Co., 1982), p. 433.
269) Robert R. Wilson, 「古代 이스라엘의 豫言과 社會」 최종진 역 (서울: 예찬사, 1991), p. 326.
270) *Ibid.*, p. 437.

그 성전이 재건되는 날에 메시야 시대가 찾아올 것이라고 주장했다(2:6—9, 21 —23). 학개의 이 메시야 대망이 성전 재건을 가능케 했다: "조금 있으면 내가 하늘과 땅과 바다와 육지를 진동시킬 것이요. 또한 모든 나라를 진동시킬 것이며, 모든 나라의 보배가 이르리니 내가 이 성전에 영광이 충만하게 하리라."(2:6—7). "내가 하늘과 땅을 흔들어 놓겠다. 다른 나라들을 멸망시키고, 민족들이 가진 왕국의 권세를 없애겠다. 그 날에 내가 내 종 스룹바벨을 선택하겠다. 내가 너를 선택했기 때문에 너를 내 옥새처럼 귀하게 여기겠다. 나 만군의 여호와의 말이다"(2:21—23).

k. [스가랴]는 구약성서에서 메시야적 예언을 가장 많이 간직하고 있는 책 중의 하나이다.[271] 그는 학개와는 다르게 도덕적 개혁에 치중했다. 그의 메시지는 환상의 형식으로, 장래 될 일을 상징적인 사건을 통하여 나타내고 있다. 스가랴는 8가지 환상(1:7—6:8)을 통하여 메시야 시대가 임박함을 말한다.

그 메시야가 '싹'(Sprout: 3:8, 6:12), 종(3:8), 목자(13:7), 다스리는 왕(6:13), 제사장(6:13)으로 묘사하고 있다. 스가랴는 메시야의 사역과 관련한 내용을 구체적으로 예언하고 있다. 메시야의 초림(9:1—12), 메시야의 나귀타고 예루살렘 입성(9:9), 메시야의 구원사역(10:1—12), 메시야의 수난(11:12—13, 12:10, 13:7)으로 메시야가 은 30에 팔림(11:12,13), 메시야가 십자가에 못 박힘(12:10)이 예언된 있다. 메시야의 영광(11:1—11), 이스라엘 민족의 정화(13:7—9)로 메시야의 십자가가 죄를 씻음(13:1), 메시야 승천 후 예루살렘의 애통과 회개하는 부흥(12:10—13:1)에 관한 예언되었다.

메시야 재림의 장소(14:4, 그 날에 그의 발이 예루살렘 앞 곧 동쪽 감람산에 서실 것이요), 메시야 재림에 의한 심판(14:3)과 그 왕국의 완성(14:1—21)에 의한 메시야의 영원한 통치(14:9), 하나님의 영원 나라, 새 예루살렘에 관한 예언(14:9,16,20,21) 등을 묘사하고 있다.[272] 즉, 스가랴는 성전 재건과 예루살렘 성 재건을 강조하며, 하나님의 원수들이 받을 심판과 메시야인 그리스도에 의한 하나님

---

271) G.L. Robinson, "Zecharia", *International Standard Bible Encyclopedia*, p. 3136.
272) Merill F. Unger. *An Introduction to the Old Testament* (Grand Rapids: Zondervan Publishing House, 1952), pp. 345—346. 스가랴서에 나타난 메시야 예언을 요약하고 있다.

백성들이 받을 축복을 약속하는 종말에 관한 묵시적 내용으로 되어있다.

l. [말라기]는, 유다의 백성이 "공의의 하나님이 어디 계시냐"고 불평할 때(말 2:17) 다음의 대답을 한다.

"만군의 야웨가 이르노라 보라 내가 내 사자를 보내리니 그가 내 앞에서 길을 예비할 것이요, 또 너희의 구하는바 주가 홀연히 그 전에 임하리니 곧 너희의 사모하는바 언약의 사자가 임할 것이라"(3:1)

① 메시야가 오시기 전 그 앞에 사자를 보내어 길을 예비하게 되며(사 40:1 이하와 비교), 바로 구약의 마지막 책으로 말라기는 바로 메시야의 길을 제시하고 그 분의 길을 준비할 세례 요한의 출현을 제시하고 있다: **"보라 내가 내 사자를 보내리니 그가 내 앞에서 길을 예비할 것이요"**(3:1) 그리고 **"보라, 야웨의 크고 두려운 날이 이르기 전에 내가 선지자 엘리야를 너희에게 보내리니 그가 아버지의 마음을 자녀에게 돌이키게 하고 자녀들의 마음을 그들의 아버지에게로 돌이키게 하리라"**(4:5-6). 이는 이사야가 "외치는 자의 소리여 이르되 너희는 광야에서 야웨의 길을 예비하라 사막에서 우리 하나님의 대로를 평탄하게 하라"(사 40:3)는 선언과 연관되어 메시야 앞의 세례 요한에 대한 약속의 기대를 분명히 하고 있다(요 1:21, 막 1:2-8, 눅 7:27f., 마 11:14).

② 언약의 사자가 성전에 임한다(3:1). ③ 그는 바로 메시야 곧 주시다. ④ 메시야가 오시는 날은 [야웨의 날]의 성격을 나타낸다(3:2). 구약의 마지막 책 말라기는 메시야의 오심을 예언하는 것으로 마무리짓고 있다.

말라기는 포로에서 돌아온 회복 유다공동체의 상처를 보여주는 분위기이다. 많은 경건한 유다인들은 바벨론이 망하고 해방되어 예루살렘으로 돌아와 성전과 성을 재건되면 메시야 왕국이 실현되리라는 예언자들을 굳게 믿었다. 그러나 현실은 이런 기대와 이상과는 반대로 종교적, 사회적 타락과 퇴보, 무엇보다도 하나님을 향한 신앙은 회의적 상황이 되어가고 있었다. 그래서 회복공동체는 이같은 절망적 환경에 냉소주의와 불신앙이 팽배하게 된다. 이런 상황에서 말라기는 백성들을 각성시키려 예언을 발하게 되었다. 그래서 말라기서는 의문과 대답으로 그의 문제점을 설정하는 랍비적 방법을 따르는 논쟁적인 책이다.

m. 예언자 운동의 결말

예언자들의 메시야 기대는 야웨 하나님의 절대적 통치권을 부정하는 것이 아니고, 오히려 택한 백성과 맺은 계약을 역사 과정에서 성취하리라는 신앙에 기초한 것이다. 구약성서에서 하나님의 나라는 그 안에서 야웨의 왕적 통치가 실현되는 것을 말한다. 이 통치는 다윗 왕을 포함해서 어느 인간적 존재가 대표할 수 없고, 오직 다윗의 자손으로 오시는 메시야(예수 그리스도)를 통해서만 가능했다. 그래서 예언자들과 예수 그리스도와 그의 사도들을 죽인 것은 유대인이었지(고후 11:24, 갈 2:13 이하, 살전 2:14 이하), 이스라엘인들이 아니었다. 예수님이 십자가에 못 박히실 때, 그의 머리 위에 달린 죄패에는 "나사렛 예수 유대인의 왕"이라 쓰여 있었다.

이스라엘 전체 백성은 하나님과 맺은 계약에 의해 선택된 백성, 계약 백성, 구원받은 백성, 특별히 축복된 백성이 되어, 그 특권과 자부심에 차 있었다. 그러나 남북왕조의 분열과 함께 구속사적 씨흐름의 '씨'신학의 위기를 가져오고, 남북왕조가 망하게 되자, 그들의 계약사상을 포함한 '씨'신학은 흔들리게 되었다. '씨'신학에 의하면, 아브라함의 자손은 계속 번영해야 하고, 선택 백성으로 계약백성의 축복을 받아야 했다.

그러나 남·북 왕국의 백성들은 계속 야웨를 떠나 우상숭배와 이교적 방종과 불의를 행하게 되자, 예언자들은 민족이 짓고 있는 계약 파괴의 죄악을 향한 하나님의 심판을 보면서 하나님께 돌아오길 권고 한다. 그럼에도, 그 백성들은 듣지 않는다. 거기에 하나님의 구속사의 핵이 되는 남은 자 사상이 나타나면서, 결국 메시야 사상이 구체화되면서 메시야 왕국은 우주적, 세계적인 모든 민족들을 향한 영역으로 넓혀진다. 그래서 결국에는 '씨'신학의 궁극적 목적인 구속적인 세계 선교적 사명을 성취하는 방향으로 확산된다.

결국, 이스라엘 왕조는 신정론(Theodicy)과 조화를 이루어 그리스도의 오심을 준비해 주었다. 아브라함의 믿음에 근거한 그의 후손(씨)인 이스라엘의 역사가 끝없이 방황하며, 파선된 위기에서 '메시야' 또는 '인자'에 대한 기대가 나타났다.[273]

---

273) 장일선, *op. cit.*, p. 214.

그리고 그 기대는 드디어 예수 그리스도를 통해 이뤄졌다. 예수 그리스도는 바로 아브라함과 다윗의 자손(씨)이었다. 이는 구약의 오랜 역사 속에 구비쳐 내려온 구속적 섭리인 '씨' 흐름의 결론이었다. 구약성서를 읽는 자들은 예언서들의 구절구절에서 메시아가 오시는 세미한 발자국 소리를 감지할 줄 알아야 한다. 그래서 구약의 역사는 신약으로 이어져 가는 것이다.

구약성서의 예언자 운동은 학개 스가랴 말라기 시대로 끝을 맺고, 그들이 그토록 외치고, 바라보던 예수 그리스도의 때까지 4세기 동안 침묵의 진통 속에 '씨' 신학의 결론인 여인의 후손, 메시야 탄생을 기다리게 된다.

예언자는 미래를 향한 예언적 사명과 그때, 거기에서, 그들 백성의 현실을 정확하게 보고 앞으로 나가 외치는 고발자이면서 미래를 내다보는 희망의 메시지를 전하던 자들이었다. 그들의 공통된 주제가 있다면 야웨 하나님과 맺은 계약관계 선상에서 "하나님께 돌아오라~!"는 호소이었다. 야웨 하나님께 열심인 그들은 이스라엘과 하나님과의 맺어진 계약에 의해 선택된 백성이라는 긍지와 그 특권과 자부심에 차 있었다. 그러나, 남왕국 유다와 북왕국 이스라엘로 분열되자 계약 사상에 회의를 가지게 되고, 더 나아가 북왕국의 멸망에 이어서 남왕국까지 멸망되자 그들의 계약 신학은 흔들리게 되었다. 더구나 이스라엘 백성은 계속 야웨를 떠나 우상숭배와 이교적 방종과 불의를 행하게 되자, 예언자는 민족이 짓고 있는 죄악을 인식하고 하나님의 심판에 대한 하나님의 진노를 구체적으로 전하면서 백성을 각성시킨다. 그러나 하나님의 심판을 예고하며 하나님께 돌아오도록 권고하나 이스라엘은 듣지 않는다. 거기에 남은 자 사상이 나타나면서 결국 메시야 사상으로 연결되면서, 예언자는 미래의 영광스런 구원과 승리의 빛을 보게 되고, 그것으로 희망찬 미래를 심판의 날과 함께 선언한다.

예루살렘 성전재건과 예루살렘 성이 재건되면 메시야가 와서 유대인의 영광스런 회복을 꿈꾸었으나 포로에서 돌아온 엘리트 집단인 귀환 포로민들과 원래 가나안 땅에 남아있던 잔족세력 간의 갈등과 회복 유다공동체의 신앙적 해이(解弛)와 하나님의 계약백성들로서의 회의감과 현실적 무력감, 냉소주의와 여전히 페르시야 제국의 흥성함 그리고 초라한 제국의 변방 지역 정도로 희망이 없는 자기들 현실에서 예언자들의 지지집단이 해체되는 위기가 전개된다. 일반 대중에게는 포로 이전 시대와 포로기에 외쳤던 예언적 약속들의 성취가 당장 이뤄지지 않고 가능성도 보이지 않자 예언자들의 권위에 대한 의심이 심화되게 된다. 그래서 예언자들을 향한 사회적 지지 세력들이 사라지게 되면서 예언자들은 존속할 수 없게 된다. 그런 예언의 쇠퇴와 예언자들의 권위 손상 같은 요인들이 구약과 신약의 중간지대를 장악하게 된 묵시운동(默示運動)과 묵시문학의 발전에 박차를 가했을 것이다.[274]

그러면서 참 예언자들은 갈수록 적어지며 사라져 가고, 일단 예언자들의 예언이 성취되지 않는 현실에서 일반 대중은 새로운 길을 찾게 되어 그들의 이상과 그들이 가지고 있던 약속들을 묵시적 맥락 속에 두어 '다가올 세상에서' '다가올 미래에서' 그 성취를 기대하게 되었을 것이다. 이렇게 포로이전 시대와 포로기의 일부 예언자 지지 집단은 포로기 이후에는 묵시집단으로 바꿔진 것으로 본다.

사회학적 구조에서 보면, 주변 예언자의 지지 집단과 묵시 집단들은 서로 자연스럽게 밀접하게 연관되었을 것이다. 그러나 예언자의 지지 집단이 묵시 집단으로 변신된 것은 이스라엘에서 주변 예언자, 즉 참 예언자의 활동이 종식된 것을 암시한다. 결국 같은 성격을 지닌 주변 집단에서조차 지지를 받지 못하게 되자 예언자들은 계속 존속할 수 없게 되었고 결국 이스라엘의 예언은 공식적으로는 말라기를 끝으로 종말을 고하게 되었다.[275] 대신에 묵시문학이 영감의 공백기를 채워가게 된다.

구약성서는 느헤미야 시대 이후의 역사에, 말라기 예언 이후의 예언에 관해서 주어진 것이 없다. 신약성경의 세례요한의 소리가 유다광야에 울려 퍼질 때까지 약 4세기 동안 아무런 언급이 없다.[276]

그리고 하나님의 음성은 들리지 않는 계시의 공백기, 영감의 암흑기, 400여년 동안의 구약과 신약의 중간사가 성서에서는 침묵하며 지나가게 된다. 그러나 400여년이 지난 어느 날 유대 광야에서—그 옛날 엘리야와 같은 모습으로 낙타털 옷을 입고 허리에 가죽 띠를 띠고 음식은 메뚜기와 석청을 먹고 사는—외치는 자의 "회개하라 천국이 가까이 왔느니라"는 소리가 발하면서 하나님의 음성이 어둠과 침묵

---

274) Robert R. Wilson, op. cit., p. 354.
275) Ibid., pp. 354—355.
276) Leon Wood, 「이스라엘의 역사」, 김의원 역(성루 기독교문서선교회,1996), pp. 538—539.

을 깨고 진동하게 된다(마 3:1-4). 그가 바로 세례요한이다. 그가 회개를 외치며 예수님을 소개하며 주의 길을 준비하게 된다(마 3:3, 사 40:3). 결국, 구약성서의 최종적이며 계속적 추구와 결론은 구속사적 입장에서 예수 그리스도에 그 초점을 맺고 있다. 이 하나님 말씀의 침묵기인 400여년의 중간기는 단 100여년, 즉 1세기 정도밖에 안되는 신약성경의 기간에 비하면, 특히 긴 기간으로서 신약시대의 준비과정이었다.[277]

n. 헬라제국의 통치

유다왕국은 다윗 이래 420여 년간 지속하다 주전 586년에 바벨론에 멸망하고 그 바벨론은 B.C. 539년 페르시아 고레스(Cyrus)에 의해 망한다. 고레스는 B.C. 538년 [고레스 칙령]을 내려 종교적 관용정책으로 ① 여러 민족에게 종교의 자유를 준다 ② 포로로 끌려온 민족과 그들이 소유한 조각상을 본국으로 돌려보낸다는 (세계 최초 인권선언문)으로 유대민족을 귀향조치, 성전재건 허용하고 유대지역을 200여 년간 통치한다.

알렉산더 대왕(Alexander the Great)의 원정으로 페르시아 제국이 망하고, 그 뒤 유대지역은 헬라가 지배하게 된다. 그가 죽은 후 알렉산더 대왕의 [후계자]를 지칭한 디아도코이(Diadochoi)들로 안티고노스 1세(Antigonos I), 안티파트로스(Antipatros), 카산드로스(Kassandros), 리시마코스(Lysimachos), 프톨레마이오스 1세(Ptolemaeos I), 셀레우코스 1세(Seleukos I) 등이 있었다. B.C. 301년 카산드로스, 프톨레마이오스, 셀레우코스, 리시마코스의 엘렉산더의 휘하의 장군들의 연합군이 안티고노스를 공격하여 멸함으로 그들이 이집트·시리아·트라키아·마케도니아의 네 왕국의 왕이 된다. 이 디아도코이(Diadochoi)로 인해 본격적으로 유럽과 근동세계는 헬라인들이 중심이 된 헬라화로 헬레니즘(Hellenism) 세계가 열렸다. 유대인들은 초창기에 프톨레마이오스 왕조의 지배를 받았을 때는 어느 정도 종교적 자유가 주어졌지만, 그 후 프톨레마이오스 왕조를 몰아낸 셀레우코스 왕조의 지배를 받으며 아주 무서운 박해가 시작되었다. 바로 셀레우코스 왕조의 안티오코스 에피파네스(Antiochus Epiphanes) 왕에 의해 유대교를 헬라종교로 동화

---

277) *Ibid.,* p.539.

시키기 위하여 가혹한 종교적인 박해 정책을 펼친다. 예를 들면, B.C. 167-164년에 예루살렘 성전에서 헬라신들에게 제사를 드리도록 한다.

유대인은 이 제사를 멸망의 가증한 짓으로 간주한다. 안식일을 지키는 것, 할례, 성전예배가 금지 되었고, 성서는 파괴되었다. 마침내 168년 12월에 안디오커스는 성전기구(聖器)와 성전의 보물을 몰수하고 이교도 희생의 제단인 구리제단(brazen altar)을 세워 돼지를 제물로 바쳤으니, 유대인에겐 말할 수 없는 치욕이었다. 이로 인해 반항하다 순교한 사람도 많았다. 유대교가 이제 사라지는가 싶더니 박해가 심해지자 갑자기 격렬한 힘으로 타 오르게 된다.

유대교의 종교행위를 금지하는 안티오쿠스 4세의 칙령으로 무수한 순교자가 처형당한다. 마카비 1서 2:29-38에는 병졸들이 안식일에 1천명의 경건한 하시딤 무리들이 모인 것을 알고 공격하자 손을 쓰는 작업을 금하는 '랍비들의 해석'인 안식일 계명을 지키느라 팔을 움직이는 일마저 거부하며 율법에 충성스럽게 준수한다며 모두 순교를 당한다. [278]

예루살렘 신전을 철거해버리고 그 자리에 제우스 신전을 세우는 등 강압적인 지배를 하였다. 이에 유다인들은 반란에 나선다. 제사장 가족을 중심한 마카베오가 반란을 일으켜 마카비 전쟁으로 확산되어 유대인들은 그리스의 지배에서 벗어나 왕국을 세우고 성전을 재건축하게 된다. 유대교의 명절 하누카는 이 때 성전을 새로 세워 봉헌한 것을 기념하는 날이다.

o. 하스모니안 왕조시대(B.C. 166~63)[279]

유대인들은 헬라제국의 헬라화 칙령에 무서워서 받아들이기도 했으나(마카베오 1서 1:43, 52) 이런 와중에도 율법에 충실한 많은 사람들이 유대에 남아 있었다. 그 중에 예루살렘 북서쪽의 모데인(Modein) 동리에 맛타디아(Mattathias) 제사장이 있었다. 왕의 부하들이 이르러 그 동리의 가장 우두머리인 그에게 먼저 이방 희생제사를 드리라고 명령하자 거절한다. 그러자 다음 유대인이 나와서 희생제사를 드렸다. 마타디아가 그것을 보았을 때 분노에 불타서 뛰어 나가, 건장한 다섯 아들들과 함께 안티오커스 첩자들과 그들을 동조하는 유대인들을 죽이기 시작했다. 그리

---

278) Werner Forster, 「신구약 중간사」, 문희석 역 (서울: 컨콜디아사, 1977), p.65.
279) 한반도는 신라(B.C. 57 — A.D. 978)와 고구려(B.C. 37 — A.D. 681) 시대이다.

고 나서 마타디아는 큰 소리로 성중에 외쳤다. "누구든지 율법을 열렬히 섬기며 계약을 지킬 자는 나와 함께 나오라"하며 그의 아들들이 그들의 소유를 모두 버리고 언덕으로 도망가 마을을 떠났다(마카비 1서 2:24-28).[280]

그러자 율법에 충실한 유대인들이 맛타디아와 그의 아들들을 중심으로 뭉치기 시작했고, 헬레니즘화에 대항하며 세속을 멀리하고 경건한 율법주의적 생활을 주장하고, 메시야 대망 사상을 가졌던 하시딤('경건자들', Hasidim)집단과도 연합하여 대단한 반란운동으로 전개되었다. 선구자 맛타디아가 몇 개월 만에 죽자(166년) 투쟁의 지도권을 마카베오(쇠망치란 뜻)라는 셋째 아들 유다(Judas)가 물려받는다(마카베오1서 3:1). 무모할 정도로 용감하고 대단히 유능했던 유다는 유대인들의 항거를 전면적 독립 투쟁으로 전환시키게 된다. 종교적 자유를 위한 투쟁으로 시작한 운동이 정치적 독립을 위한 성공적 투쟁으로 발전되어 B.C. 168년에 하나의 독립 운동으로 헬라제국으로부터 벗어나 종교적 자유와 정치적 자치권을 확보하기에 이른다. 이것을 맛타디아의 아들 '유다 마카비어스'의 이름을 따라 마카비 반란운동(Maccavean Revolt)이라 한다.[281]

그런 마카비 전쟁은 거의 두 세대 동안 계속되다, B.C. 129년 시리아의 악독한 마지막 왕 안티오쿠스 7세가 죽자 마카비가 시몬의 아들이며 계승자인 요한 히르카누스(Hyrcanus, B.C. 134-104)를 제외하고는 모두 약체를 면치 못하고 기원전 63년 로마에 정복당하고 말았다.[282]

하스모니안 왕조는 기존에 이교도 이민족이던 팔레스타인 주민들을 개종시켜서 유대교도로 만들며 거의 다윗 제국의 영토 범위를 회복하여 다스리는 자치국을 건설하여, 바벨론에 예루살렘이 함락(B.C. 586)된지 444년 만에 예루살렘을 되찾고 마카베오의 선조인 하스몬의 이름에서 '하스모니안 왕조(Hasmonean Dynasty)라 불렸다. B.C.142-63년 까지 79년간 하스모니아 왕조는 정치적 종교적 자유를 유지한다. 이들은 아론계통의 대제사장 가문으로 왕이 대제사장 역할을 동시에 하게 되어, 대제사장이 권력을 함께 행사하게 되어 그 권세는 더욱 거세게 되었다.

그러나 하스모니안 왕조는 분열과 쇠퇴를 거듭하다 결국 마카비 가정 내에서 벌

---

280) Werner Forster, *op.cit*.
281) *Ibid*., pp.65—68. Cf., 최종진, 「구약개론」, *op. cit*., pp.616—617.
282) Werner Forster, *Ibid*., p.66.

어진 아리스토블로스(Aristobulus II)와 히르카누스 2세(Hyrcanus II)의 내분으로 로마의 중재를 요청하자, 결국 로마의 군단이 예루살렘을 포위 함락하여 로마의 속국이 된다. 그래서 유대인들이 자치적으로 다스리던 시대도 끝장나고 만다. 제사장 그룹의 통치시대인 하스모니안 왕조는 다윗의 혈통이 아니기에 구속사적 씨흐름 구조에 해당이 안되기 때문에 구약과 신약에는 언급이 없이 역사에 파묻힌다.

p. 로마제국의 시대(B.C. 63~A.D. 324)

이스라엘은 바벨론 포로에서 돌아와 유다 재건 공동체를 이루어 팔레스타인 땅에서 살며 페르시야, 헬라, 로마의 통치 하에 있다가 주후 70년에 로마의 Titus 장군에 의해 예루살렘 성과 성전이 완전히 파괴된 채로 온 유대인들이 풍비박산 되어 온 세계로 흩어졌다.

로마제국의 통치하의 유대인들은 로마 총독에 의해 다스려지고 있었다. 그러다 예루사렘의 마지막 멸망을 가져오는 유대 전쟁이 일어나는데, 그건 사소한 원인으로 말미암는다. 총독으로 있던 게시어스 플로루스(Gessius Florus)은 특히 뇌물과 돈에 탐욕으로 열심당과 그 반대자들에게 돈을 받고, 모든 도성들과 마을들을 약탈하였다. 특별히 성전의 금고에서 17달란트를 꺼낸 일이 확대되어 유대민중들은 플로루스 총독에게 반항하여 황제에게 희생제사를 중지하고 로마의 보병대대를 공격하는 유대인 폭동이 일어난다. 이에 로마군은 다메섹에서만도 유대인 18,000명을 살해하고 확대되었다.[283]

즉, 예수님 승천 후인 A.D. 66년에 있었던 이 유대인들의 반란은 로마에 의하여 진압되고 A.D. 70년에는 예루살렘의 성전이 철저하게 파괴되었으며 유태인들은 세계 각지로 분산되었다. 이는 예수님의 예언이 성취된 사건이기도 하다(눅 23:28-31): **"어떤 사람들이 성전을 가리켜 그 아름다운 돌과 헌물로 꾸민 것을 말하매 예수게서 이르시되 너희 보는 이것들이 날이 이르면 돌 하나도 돌 위에 남지 않고 다 무너뜨려지리라"**(눅 21:5-6).

로마군단의 베스파시아누스(Vespasianus) 장군은 이미 유대를 점령하고 있었지만, 진짜 목표인 예루살렘은 아직 항복하지 않고 있었다. 몇 번이나 반복되었지

---

283) *Ibid.*, pp.154-155.

만 좀처럼 떨어지지 않았다. 유대인의 의지력에 로마군단이 당해 낼 도리가 없었다. 그때 바리새파의 중요한 지식인이며 평화주의자인 요하난 벤 자카이(Yohanan ben Zakkai)가 제자들과 짜고 관을 만들어 그 속에 들어가 전염병에 들어 죽었다고 속여 그를 성 밖으로 급히 나가 장사하도록 허락받는다. 그는 열심당원들 방법대로 가면 종말은 비극적이 될 수 밖에 없다고 생각했다. 성 밖의 로마군 사령관에게 가서, 수염이 덥수룩한 랍비가 관을 열고 갑자기 나타나 예언하기를 당신 베스파시아누스 장군이 곧 로마의 황제가 될 것이다. 그런데 제가 꼭 한가지 부탁할 것이 있다. 당신이 황제가 되면, 야부네(Yavneh, 지금의 야브네)에 유대 학문소를 허락 하소서 간청한다. 얌니아(Jamnia)에 세운 학교에서 유대인 학문이 생존하기 위한 기초를 세웠던 것이다. 유대인들을 교육시켰다는 학당을 통해서 포위된 예루살렘의 꺼져가는 유대주의 정신에 새로운 생명을 불어넣었다.[284]

한편, 네로 황제의 의해 유다의 사령관으로 임명받아 유대 전쟁을 지속했던 베스파시아누스 장군은 수많은 유대인들을 학살하고 아들 티투스(Titus)장군에 전쟁을 맡기고 로마로 돌아오자, 이때 포로가 된 유대인 역사가요 제사장이었던 요세푸스(Josephus)는 적장 베스파시아누스 장군에게 "황제시여! 당신은 지금 나를 포로로 잡았지만, 1년 뒤 황제가 되어 나에게 자유를 줄 것입니다"라고 중요한 예언을 전해 주었다. 베스파시아누스가 예루살렘을 포위한 채 대규모 공격을 준비하던 때, 네로 황제가 자살해 정국이 급변한다. 결국 네로 황제가 자살한 후 3명의 황제 다툼의 혼란 중에 여러 군단 지도자들 추천에 의해 69년 7월에 베스파시아누스가 황제가 되었다.[285]

티투스 장군의 지휘하의 예루살렘 시민들은 투항을 거부하며 전쟁이 치열하게 전개되었다. 장기간의 포위로 예루살렘 성내는 식량이 바닥이 나서 시민들은 빈사 상태가 되어 아이까지 잡아 먹는 비극도 일어났고 대제사장 부인조차 길에서 먹을 것을 찾는 거지가 되었다. 티투스(Titus)장군은 70년 9월 7일, 로마군 포위 공격이 거의 5달 지속된 끝에, 결국 예루살렘 도시를 정복하였고, 성전이 철저하게 파괴되었는데 이는 베스파시아누스 재위 2년에 일어났다.[286]

---

[284] Ibid., pp.154—164.
[285] 김동주, 「기독교로 보는 세계 역사」, (용인: 킹덤북스, 2012), pp.110—115.
[286] Ibid., p.115.

예루살렘 성전이 완전히 파괴되자 유대종교에 큰 변화가 일어나는데, 세계 각국 지역에 흩어진 유대인들은 회당을 세워, 율법주의로 더 기울어진 '회당 중심'의 유대교로 바뀐다. A.D. 70년 예루살렘이 멸망할 때 유대인 기독교인들은 로마와 유대의 전쟁에 관여하길 거부하며, 오히려 유대의 멸망이 예수님을 십자가에 처형한 유대인들에 대한 심판으로 믿었다. 그래서 전승에 의하면, 그 전쟁에 동참을 꺼리던 유대인 기독교인들은 최후 멸망직전에 천사가 꿈에 나타나 피신하라는 명령에 따라 요단강 동편, 데가볼리(Decapolis)지역으로 도피하였다고 한다.[287]

알렉산더 대왕은 그 광대한 제국을 획득하는데 3만 2천명의 병사를 사용했고, 씨저가 게르마니아를 정복하고 보리타니아를 정복하는데 군단병력 2만 5천 명 정도가 동원되었고, 한니발이 알프스를 넘어 로마를 공격했을 때 병사의 수는 5만 이하였다고 한다. 티투스(Titus) 장군이 이미 포위되어 있던 예루살렘의 유대인을 쳐부수기 위해서 정예화된 8만의 로마군대를 사용했다. 그 때 예루살렘을 방위하고 있던 유대인 병사는 23,400여명이었다. 온통 피바다로 사면이 완전 시체로 뒤덮혀 맨 땅을 찾아 볼 수 없었다. 성전이 세워진 산은 온통 불바다를 이루어 끓는 가마솥처럼 보였다. 이 성전 파괴의 일은 솔로몬에 의해 성전 기초가 놓여지기 시작한 때로부터 모두 1130년 7개월 15일 이었고, 고레스 왕 2년에 학개에 의해 제 2 성전이 건축된 때로 부터는 639년 45일되는 때였다. 이 후에는 성전이 아직도 재건되지 못했다. 그래서 제사도 없어졌다.

로마와의 7년 동안 전쟁에 사망한 수는 유대인 수가 1,337,490명였다. 예루살렘 성 안에서만 죽은 자가 1,100,000여명이었고, 포로로 잡혀간 수가 97,000명이었다. 일부가 맛사다(높이 49m, 사해 수면에서 약 440m, 성벽길이 1,280m, 면적길이 600×240m)로 피해 가서 3년간 버티다가 73년에 완전 자결한 사건으로 유명하다. 960명의 유대인 남자, 여자, 어린이가 지도자의 명에 따라 무시무시한 죽음을 맞았다. 유대인들은 서로 가족들을 껴안고 울며, 제비 뽑아 죽여 줄 사람을 10명에 하나씩 정하여 스스로 죽이도록 했다. 유대인들은 후대에 그 마사다 항쟁을 후대에 알리기 위해 2명의 여인과 5명의 아이들을 살려주었다. 다음 날 그 요새에 올라간 로마 군인들이 발견한 것은 이 급진파 유대인들의 시신들이었다.[288]

---

287) *Ibid.*, p.116.
288) *Ibid.*, p.118. 자결하는 명분: "나의 사랑하는 형제들이여! 우리는 결코 로마의 노예가

이 중간사의 기간에 유대인들은 계속되는 제국들의 통치 밑에서 신음하며 메시아를 기다리는 간절함이 더해갔고, 악의 세력으로 규정한 제국들과 계속 항쟁하여 왔다. 이 기간 동안에 유대 공동체에는 바리새파, 사두개파, 엣세네파 그리고 열심당의 종파들이 백성들을 지도하고 세력 다툼을 하기도 했다. 이스라엘의 역사는 몰락을 계속하다가도 다시 소생하는 역사이며, 끊임없이 실패하면서도 다시 방향을 바로 잡아가는 역사임을 발견할 수 있다. 그것은 여인의 후손(씨)으로 오시는 메시아(그리스도)가 출현하기까지 절대로 끊어져서는 안되는 역사 속에서의 구속사적 씨흐름의 섭리 때문이다.

메시아에 대한 소망

예수님이 성장한 나사렛도 지리적으로는 벽지 깡촌였으나, 어느 정도로는 끊임없이 일어나는 민란의 소식이 들려오는 지역이었다. 로마로부터의 민족 해방 염원이 유대인들 가슴 속에 불타올랐다. 이 민족 해방은 메시야를 통한 하나님의 간섭으로든지, 아니면 무장봉기를 통하여서든지 실현될 것으로 믿었다. 특별히 유대인들은 하나님이 보내실 메시아에 의해 다윗 왕국의 재현이 실현될 것으로 믿었다. 더욱 더 메시아 대망이 절실하게 유대인들 가운데 퍼지고 있었다. 이 유대인들의 기대가 정점에 달했을 때, 유대광야에 나타난 세례 요한은 메시아를 예비하는 자였다. 이러한 시대적 상황은 다가오는 메시아 예수님의 길을 준비하고 있었다.

될 수 없다. 오직 하나님의 노예만 될 것이다. 아직 용감하게 죽을 권리가 있다는 것은 우리의 축복이다. 분명 하루 안에 이 요새는 함락될 것이지만 아직 영광스럽게도 모두 함께 자결할 기회가 있다. 사실 이 모든 재앙은 우리의 큰 죄에 대한 하늘의 진노이다. 그러므로 로마의 처벌을 받지 말고 우리 손으로 자결하여 이 징계를 받도록 하자. 우리는 식량이 부족해서 죽은 것이 아니라, 스스로의 결정에 의해 속박이 아닌 죽음을 선택하는 것이다"(Flavius Josephus, War of the Jew. 7.8.7).

참고 문헌 (BIBLIOGRAPHY)

Abel, E.L. "The Nature of the Patriarchal God El Shadday." Numen, 20(1973).
Achtemeier, Elizabeth. 「구약성서와 복음선포」. 장일선역. 서울: 대한기독교출판사, 1981.
Aharoni, Yohanan. The Archaeology of the Land of Israel. Philadelphia: The Westminster Press, 1982.
Ahern, Barnabus. New Horizons in Biblical Theology. Indiana: Fides Publishers, Inc., 1964.
Albright, W.F. Archaeology and the Religion of Israel. 2nd ed. Baltimore: Johns Hopkins Press, 1946.
_____. The Archaeology of Palestine and the Bible. New York: Fleming H. Rovell Co., 1932.
_____. The Archaeology of Palestine. Baltimore: Penguin Books, Inc., 1960.
_____. The Biblical Period from Abraham to Ezra. Pittsburgh: Biblical Colloguium, 1950.
_____. From the Stone Age to Christianity. Baltimore: Johns Hopkins Press, 1942.
_____. "The Names of Shaddai and Abram." Journal of Biblical Literature, 54(1935).
Allis, Oswald T. 「모세 오경 약해」. 최종진역. 서울: 생명의 말씀사, 1981.
Alt, Albrecht. Essays on Old Testament History and Religion. Trans. R.A. Wilson. Garden City: Doubleday & Company, Inc., 1968.
Anati, Emmanuel. Palestine Before the Hebrews: A History From the Earliest Arrival of Man to the Conguest of Canaan. New York: Alfred A. Knopf, 1963.
Anderson, B.W. "Name of God." The Interpreter's Dictionary of the Bible, Vol. 4. Eds. G. Buttrick, et al. New York: Abingdon Press, 1962.
_____. Understanding the Old Testament. Englewood Cliffs: Prentice—Hall, 1969, 1986.
「구약신학」. 최종진 역, 서울: 한들출판사, 2012.
Anderson, B.W., and Harrelson, W., eds. Israel's Prophetic Heritage. New York: Harper and Row, 1962.
Anderson, G.W. The History and Religion of Israel. New York: Abingdon Press, 1962.
_____. 「이스라엘의 역사와 종교」. 김찬국역. 서울: 기독교서회, 1970.
Archer, Gleason L. Jr. A Survey of Old Testament Introduction. Chicago: Moody Press, 1975.
Artour, Michael C. "New Evidence on the Last Days of Ugarit." American Journal of Archaeology, 69(1965): 253—258.
Aune, David E. Prophecy in Early Christianity and the Ancient Mediterranean World. Grand Rapids: William B. Eerdmans Publishing Co., 1983.
Baab, Otto. 「구약 신학」. 박대선역. 서울: 기독교서회, 1969.
Bailey, Lloyd. "Israelite El Shaddai and Amorite Bel Shade." Journal of Biblical Literature, 87(1968).
Barr, James. The Bible in the Modern World. London: SCM Press, 1973.
Barth, Karl. Church Dogmatics. Vol. I. Edinburgh: T. & T. Clark, 1956.
Barton, George A. Archaeology and the Bible. 6th ed. Philadelphia: American Sunday School Union, 1946.
Baumgartel, E.J. The Cultures of Prehistoric Egypt. Oxford: Oxford University Press, 1955.
Baumgártel, F. "구약 성서의 해석학적 문제", 문희석 역. 「기독교 사상」, 제10집.

Bavinck, J.H. An Introduction to the Science of Missions. Philadelphia: Presbyterian and Reformed Publishing Co., 1960.
Beecher, Willis J. The Prophets and the Promise. Grand Rapids: Baker Book House, 1975.
Beegle, Dewey M. Moses, Servant of Yahweh. Grand Rapids: W.B. Eerdmans Publisbing Co., 1972.
Begrich, J. "Berit." Zeitschrift für die Alttestamentliche Wissenschaft. Berlin: Alfred Töpelmann, 1944.
Bentzen, A. Introduction to the Old Testament. Copenhagon: G.E.C. Gad, 1958.
_____. King and Messiah. London: Lutterworth Press, 1955.
Bewer, J.A. "The Prophets." Harper's Annotated Bible. New York: Harper and Brothers, 1949.
Biale, David. "The God with Breasts: El Shaddai in the Bible." History of Religions, Vol. 20. Chicago: The University of Chicago, 1982.
Böhl, F.M. Th. "Kanaanär und Hebräer Untersuchungen zur Vorgeschichte des Volkstums und der Religion Israels auf den Boder Kahaans." BWAT, 9. Leipzig: 1911.
Bonhoeffer, Dietrich. Schöpfung ung Fall. Müchen: Christian Kaiser Verlag, 1968.
Borland, James A. Christ in the Old Testament. Chicago: Moody Press, 1978.
Briggs, Charles Augustus. Messianic Prophecy. New York: Charles Scribner's Sons, 1889.
Bright, John. A History of Israel. Philadelphia: The Westminster Press, 1971.
_____. "Early Israel in Recent History Writing". Studies in Biblical Theology, No. 19. London: S.C.M. Press, 1956.
_____. 「하나님의 나라」. 김철손 역. 서울: 컨콜디아사, 1973.
Brow, Robert. 「종교의 기원과 사상」. 홍치모 역. 서울: 총신대학 출판, 1979.
Brown, F.; Driver, S.R.; and Briggs, C.A. Hebrew and English Lexicon of the Old Testament. Oxford: The Claredon Press, 1939.
Buber, Martin. The Prophetic Faith. Trans. C. Witton—Davies. New York: Macmillan, 1949.
Bullock, C. Hassell. An Introduction to the Old Testament Prophetic Books. Chicago: Moody Press, 1986.
Burrows, Millar. An Outline of Biblical Theology. Philadelphia: Westminster Press, 1946.
_____. What Mean These Stones. New York: Meridian Books, 1957.
Bury, J.B.; Cook, S. A.; and Adcock, F.E., eds. The Camibrdge Ancient History. Cambridge: Cambridge University Press, 1923—1927.
Calvin, J. Calvini Quae Supersunt Omnia Vol. xxiii. Brunsvigiae: 1882.
_____. 「구약성서 주석」. VI권. 서울: 성서교재간행사, 1982.
Candlish, Robert S. Commentary on Genesis. Grand Rapids: Zondervan Publishing House.
Cazelles, 「모세의 율법」. 서인석역. 서울: 성바오로출판사, 1980.
_____. 「오경 연구」. 서인석역. 서울: 성바오로출판사, 1980.
Ceram, C.W. The Secret of the Hittites. New York: Alfred A. Knopf, 1956.
Chaine, J. God's Heralds. Trans. B. McGrath. New York: Joseph F. Wagner, Inc., 1954.
Chesnut, J. Stanley. The Old Testament Understanding of God. Philadelphia: The Westminster Press, 1968.
Childe, V. Gordon. New Light on the Most Ancient East. Rev. ed. Routledge and Kegan Paul, 1952.

Childs Brevard S. Biblical Theology in Crisis. Philadelphia: The Westminster Press, 1970.
_____. The Book of Exodus. Philadelphia: The Westminster Press, 1974.
_____. "Myth and Reality in the Old Testament." Studies in Biblical Theology, 27. London: S.C.M. Press, 1960.
Clark, Charles Allen. Religion of Old Korea. Seoul: The Christian Literature Society of Korea, 1961.
Clark, Grahame. Archaeology and Society. Cambridge: Harvard University Press, 1956.
Clements, R.E. "Prophecy and Covenant." Studies in Biblical Theology, 43. Lonbon: S.C.M. Press, 1965.
Coats, G.W. "From Canaan to Egypt. Structural and Theological Context for the Joseph Story." CBQ Monser, 4(1976).
Cobb, John B. Christ in a Pluralistic Ave. Philadelphia: Westminster Press, 1975.
Cone, James H. God of the Oppressed. New York: The Sea Bury Press, 1925.
Connell, J. Clement. "Exodus." The New Bible Commentary, Ed. Francis Davidson. Grand Rapids: Eerdmans Publishing Co., 1963.
Coogan, Michael David, ed. Stories from Ancient Canaan. Philadelphia: The Westminster Press, 1978.
Coote, R. "The Meaning of the Name Israel." HTR, 65(1972).
Cousins, Ewert H. Process Theology. New York: Pramus, 1971.
Cross, F.L. The Oxford Dictionary of the Christian Church. London: Oxford University, 1966.
Cross, Frank Moore. Canaanite Myth and Hebrew Epic. Cambridge: Harvard University Press, 1980.
_____. "Yahweh and the God of the Patriarchs." Harvard Theological Review, 55(1962).
Cruden, A. Curpen's Complete Concordance to the Old and New Testaments. Philadelphia: 1930.
Cullmann, Oscar. Christ and Time. London: SCM Press, 1969.
_____. The Christology of the New Testament. London: SCM Press, 1959.
Danell, G.A. Studies in the Name Israel in the Old Testament. Upsala: Appelbergs Boktryckeriaktiebolag, 1946.
Daniel, Glyn. The Idea of Prehistory. New York: World Publishing Co., 1963.
Daniel—Rops, Henri. Israel and the Ancient World(originally Sacred History). Garden City, New York: Doubleday Image Books, 1964.
Daube, David. The Exodus Pattern in the Bible. London: Faber and Faber, 1963.
Davidson, Andrew Bruce. Old Testament Prophecy. Ed. J.A. Paterson. Edinburgh: Clark Press, 1905.
Davidson, Benjamin, The Analytical Hebrew and Chaldee Lexicon. London: Samuel Bagster & Sons Ltd, 1970.
Davies, Benjamin, ed. A Compendious and Complete Hebrew and Chaldee Lexicon to the Old Testament. Boston: A.I. Bradley & Co., 1875.
Davies, L.J.D.L. The Origin and Development of Early Hebrew Prophecy in Special Relation to the Development of Yahwism in Israel. Dissertation, University of Bonn, 1959.
Davis, John. D. A Dictionary of the Bible. Philadelphia: The Westminster Press, 1925.
Davis, John J. Moses and Gods of Egypt. Grand Rapids: Baker Book House, 1976.
De Geus, C.H.J. The Tribes of Israel. Amsterdam: Van Gorcum, Assen, 1976.

Deissler, A. Hans. 「세상과 인간을 위하시는 하나님. 박상래 역. 서울: 분도출판사, 1981.
Dentan, Robert Claude. The Idea of History in the Acient Near East. New Heaven: Yale University Press, 1955.
_____. The Knowledge of God in Ancient Israel. New York: The Seabury Press, 1968.
_____. Preface to Old Testament Theology. New York: Seabury Press, 1963.
De Vaux, Roland. Ancient Israel: Its Life and Institutions. Trans. J. McHugh. New York: McGraw—Hill Book Co., 1961.
_____. The Early History of Israel. Philadelphia: The Westminster Press, 1978.
_____. "The Revelation of the Divine Name YHWH," Proclamation and Presense. Eds. J.I. Durham and J.R. Porter. Richmond: John Knox Press, 1970.
_____. "The Settlement of the Israelites in Southern Palestine and the Origins of the Tribe of Judah." Translating and Understanding the Old Testament. Eds. H.T. Frank and W.L. Reed. Nashville: Abingdon, 1970.
_____.「舊約時代의 生活風俗」. 이양구 역. 서울: 대한기독교 출판사,   1983.
Dewit, C. The Date and Route of the Exodus. London: The Tyndal Press, 1959.
Dheilly, Joseph. "The Prophets." The Twentieth Century Encyclopedia of Catholicism. Trans. Rachel Attwater. New York: Hawthon Books, 1960.
Driver, G.R. Canaanite Myths and Legends. Old Testament Studies, III. Edinburgh: T. & T. Clark, 1956.
Driver, Pious. The Psalms, Their Structure and Meaning. London: SCM Press, 1964,
Driver, S.R. Notes on the Hebrew Text of the Books of Samuel. 2d ed. Oxford: 1913.
Duhm, B. Die Theologie der Propheten. Bonn: Adolph Marcus, 1805.
Dyrness, William. Themes in Old Testament Theology. Downers Grove, Ill: Inter Varsity Press, 1979.
Ehrlich, Ernst L. A Concise History of Israel. Trans. J. Barr. New York: Harper and Row, 1965.
Ehrich, Robert W, ed. Chronologies in Old World Archaeology. Chicago: The University of Chicago Press, 1965.
Eichrodt, Walther. Israel in der Weissagung des Alten Testament. Zürich: Gotthelf—Verlag, 1951.
_____. Theology of the Old Testament. Trans. J.A. Baker. Philadelphia: Westminster Press, 196.
_____.「구약성성신학」I. 박문제 역. 서울: 크리스챤다이제스트, 1994.
Eissefeldt, Otto. The Old Testament, An Introduction. Trans. P.R. Ackroyd. New York: Harper & Row, 1965.
Eliade, Marcea. Myth and Reality. London: Harvill Press, 1958.
_____. Rites and Symbols of Initiation. New York: Shead and Ward, 1958.
_____. Shamanism: Archaic Techniques of Ecstasy. New York: Bollingen Foundation, 1964.
_____. Cosmos and History. Trans. W.R. Trask. New York: Harper and Brothers, 1959.
Engnell, I. Studies in Divine Kingship in the Ancient Near East. Uppsala: Appelbergs Boktryckeriakitebolag, 1953.
Erdmans, B.D. The Religion of Israel. Leiden: Univeritaire pers Leiden, 1947.
Fairservis, Walter A. The Ancient Kingdoms of the Nile. New York: The New American Library, 1962.
Fisher, L.R. "The Patriarchal Cycles." AOAT, 22(1973).
Fohrer, Georg. History of Israelite Religion. Trans. D.E. Green. New York: Abingdon

Press, 1972.
_____. Introduction to the Old Testament. Trans. David Green. London: S.P.C.K., 1968.
_____. 「이스라엘 역사」. 방석종역. 서울: 성광문화사, 1986.
Förster, Werner, 「신구약 중간사」. 문희석역. 서울: 컨콜디아사, 1977.
Frankfort, H. The Birth of Civilization in the Near East. Ernest Benn, 1954.
_____. The Intellectual Adventure of Ancient Man. Cambridge: The Cambridge University Press, 1947.
_____. Kingship and the Gods. Chicago: The University of Chicago Press, 1978.
Frankfort, H., et al. Before Philosophy. Baltimore: Penguin Books, 1959.
Frank, Harry Thomas. An Archaeological Companion to the Bible. London: SCM Press Ltd., 1972.
Free, Joseph P. Archaeology and Bible History. Ed. Wheaton. Illinois: Scripture Press, 1962.
Freedman, David N. "The Chronology of Israel and the Ancient Near East." The Bible and the Ancient Near East. Winona Lake: Ersenbrauns, 1979, pp. 203—228.
_____. "The Name of the God." JBL, 74(1960).
Friedrich, G. Theological Dictionary of the New Testament. Vol. 5. Michigan: Eerdmans Publishing Co., 1982.
Fritsch, C.F. 「예언자의 세계」. 문익환역. 서울: 기독교서회, 1970.
_____. 「창세기 연구」. 문익환역. 서울: 대한기독교서회, 1963.
Frost, Stanley. Patriarchs and Prophets. Montreal: McGill University Press, 1963.
Garstang, John. The Story of Jericho. London: Marshall, Morgan & Scott, Ltd., 1948.
Gaster, T.H. Myth, Legend and Custom in the Old Testament. London: 1969.
_____. Passover: its History and Tradition. New York: Henry Schuman, 1949.
Gelin, Albert. "The Religion of Israel." The Twentieth Century Encyclopedia of Catholicism. Trans. J.R. Foster. New York: Hawthorn Books, 1959.
Girdlestone, Robert Baker. Synonyms of the Old Testament. Grand Rapids: Eerdmans Publishing Co., 1948.
Gleason, Robert W. Yahweh, The God of the Old Testament. New Jersey: Prentice—Hall, 1964.
Glueok, N. "The Age of Abraham in the Negeb." The Biblical Archaeologist, 18(1955).
_____. Hesed in the Bible. Trans. A. Gottschalk. Cincinnati: Hebrew Union College Press, 1967.
Goldman, S. The Book of Books: An Introduction. New York: 1948.
Gordon, Cyrus H. "Hebrew Origins in the Light of Recent Discoveries." Biblical and Other Studies. Ed. A. Altmann Cambridge: Harvard University Press, 1963.
_____. The Loves and Wars of Baal and Anat, and other Poems from Ugarit. Princeton: Princeton University, 1943.
_____. "The Patriarchal Age." Journal of Bible and Religion, xxi (1953).
_____. Ugaritic Literature. Rome: Pontificium Institutum Biblicum, 1949.
Gottwald, Norman K. All the Kingdoms of the Earth: Israelite Prophecy and International Relations in the Ancient Near East. New York: Harper and Row, 1964.
_____. The Tribes of Yahweh, A Sociology of the Religion of Liberated Israel, 1250—1050 B.C. New York: Orbis Books Maryknoll, 1979.
Gray, John. Archaeology and the Old Testament World, New York: Thomas Nelson and Sons, 1962,

_____. The Canaanites. New York: Praeger, 1964,
_____. The Legacy of Canaan. Leiden: E.J. Brill, 1957.
Gray, Mary F. "The Habiru—Hebrew Problem, in the Light of Source Materials Available at Present." Hebrew Union College Annual, XXIX(1958), 135—202.
Gunkel, Hermann, Einleitung in die Psalmen. Goettingen: Vandenhoek & Ruprecht, 1933.
_____. The Legends of Genesis. Chicago: Open Court Publishing Co., 1901, and New York: Schocken Books, 1964.
Gunneweg, Antonius H.J. 「이스라엘 역사」. 문희석역. 서울: 한국신학연구소, 1972.
Gurney, O.R. The Hittites. Blatimore: A Penguin Book, 1954.
Habel, Norman. "The Form and Significance of the Call Narratives." Zeitschrift fur die Attestamentliche Wissenschaft, 77(1965).
Habel, Norman C. Yahweh Versus Baal: A Conflict of Religious Cultures. New York: Schocken Books, 1964.
Haeussermann, F. Wortempfang und Symbol in der Alttestamentlichen Prophetie, Giessen: Töpelmann, 1932.
Hahn, H.F. The Old Testament in Mordern Research. London: S.C. M. Press, 1956.
Haines, Lee. "Genesis and Exodus." The Wesleyan Bible Commentary, Vol. I. Grand Rapids: W.B. Eerdmans Publishing Co., 1975.
Hanson, P.D. The Dawn of Apocalyptic. Philadelphia: Fortress Press, 1975.
Harden, Donald. The Phoenicians, Ancient People and places. London: Thames and Hudson, 1963.
Harrelson, Walter. The Ten Commandments and Human Rights. Philadelphia: Fortress Press, 1980.
_____. 「구약성서의 예배」. 장일선역. 서울: 대한기독교출판사, 1980.
Harrison, R.K. The Archaeology of the Old Testament. New York: Harper & Row Publishers, 1963.
_____. Introduction to the Old Testament. Grand Rapids: W.B. Eerdmans Publishing Co., 1979.
_____. Old Testament Times. Grand Rapids: W.B. Eerdmans Publishing Co., 1970.
Hasel, Gerhard. O.T. Theology: Basic Issues in the Current Debate. Grand Rapids: W.B. Eerdmans Publishing Co., 1975.
Hayes, W.C. The Scepter of Egypt I. Cambridge: Harvard University Press, 1959.
Heaton, Eric W. Everyday Life in Old Testament Times. New York: Charles Scribner's Sons, 1956.
Heidel, A. The Gilgamesh Epic and Old Testament Parallels. Chicago: Chicago University Press, 1949.
_____. "A Special Usage of the Akkadian Term Sadu." Journal of Near Eastern Studies, 8. Chicago: Continuation of AJSL, 1949.
Heinish, Paul. History of the Old Testament. Trans. W. Heidt. Minnesota: The Liturgical Press, 1952.
_____. Theology of the Old Testament. Trans. W. Heidt. Minnesota: The Liturgical Press, 1952.
Herbert, A.S. Worship in Ancient Israel. Richmond: John Knox Press, 1959.
Herford, R. Travers. Talmud and Apocrypha. New York: Ktav Publishing House, 1971.
Herodotus. History of the Persian Wars. Trans. A.D. Godley. London: Loeb Classical Library, 1921-1924.
Herrmann, S. Israel in Egypt. London: S.C.M. Press, 1973.

Heschel, A.J. The Prophets. New York: Harper and Row, 1963.
Hinson, David F. 「이스라엘의 역사」. 이후정역. 서울: 컨콜디아사, 1983.
Hocking, W. Ernest. Living Religions and A World Faith. New York: The MacMillan Company, 1940.
Hoeuig, S. Benjamin. A Guide to the Prophets. New York: Yeshiva University, 1957.
Hölscher, G. Die Propheten. Leipzig: J.C. Hinrichs, 1914.
Hooke, S.H. Myth, Ritual and Kingship. Oxford: Clarendon Press, 1958.
_____. The Siege Perilous. London: S.C.M. Press, 1956.
Hopkins, Martin K. God's Kingdom in the Old Testament. Chicago: Henry Regnery Co., 1964.
Hoppe, Lewis M. Religions of the World. New York: MacMillan Publishing Co., 1983.
Hordern, William. 「현대 신학의 동향」. 김성환 역. 서울: 기독교서회, 1971.
Hyatt, J.P. The Origin of Mosaic Yahwism. Nashvill: Baylor University Press, 1964.
_____. Prophetic Religion. New York: Abingdon—Cokesbury Press, 1947.
_____."Were There on Ancient Historical Credo in Israel and an Independent Sinai Tradition?" Translating and Understanding the Old Testament. Ed. H.T. Funk, and W.L. Reed. New York: Abingdon Press, 1970.
Irwin, W.A. The Old Testament: Keystone of Human Culture. New York: Henry Schuman, 1952.
Jack, J.W. The Ras Shamra Tablets: Their Bearing on the Old Testament, Old Testament Studies, No. 1. Edinburgh: T. & T. Clark, 1935.
Jacob, Edmond. Theology of the Old Testament. Trans. A.W. Heath—cote, and P.J. Allcock. New York: Harper and Brothers, 1958.
James, E.O. The Ancient Gods. London: Weidenfeld and Nioolson, 1960.
_____. The Nature and Function of the Priesthood. New York: Vanguard Press, 1955.
_____. Sacrifice and Sacrament. New York: Barnes and Noble, Inc., 1962.
_____. Seasonal Feasts and Festivals. New York: Barnes and Noble, Inc., 1962.
Jepson. Alfred. Nabi. Munich: 1934.
Jocz, Jacob. A Theology of Election. New York: MacMillan Pub. Co., 1958.
Johnson, Aubrey R. The Cultic Prophet in Ancient Israel. Cardiff: University of Wales Press, 1961.
_____. The One and the Many in the Israelite Conception of God. Cardiff: University of Wales Press, 1961.
Jukes, Andrew. 「성경의 제사법」. 김영배역. 서울: 생명의 말씀사, 1984.
Jung, C.J., and Kerenyi, C. Essays on a Science of Mythology. Trans, R.F.C. Hull. New York: Harper and Row, 1963.
Junker, H. Prophet und Sehrer in Israel. Trier, 1927.
Kaiser, W.C. Jr. Toward an Old Testament Theology. Grand Rapids: Zondervan Publishing House, 1978.
_____. 「구약성경신학」. 최종진역. 서울: 생명의 말씀사, 1982.
Kapelrud, A.S. Baal in the Ras Shamra Texts. Copenhagen: G.E.C. Gadd, 1952.
_____. Rites and Symbols of Initiation. Trans. W.R. Trask. New York: Harper and Row, 1965.
_____. The Sacred and the Profane. Trans. W.R. Trask. New York: Harcourt, Brace and Co., 1956.
Kaufmann, Yehezkel. The Religion of Israel. Trans. Moshe Greenberg. Chicago: University of Chicago Press, 1960.
Keesing, Felix M. Cultural Anthropology: The Science of Custom. New York:

Rinehart & Co., Inc., 1960.
Keil, C.F., and Delitzsch, F. Commentary on the Old Testament. Vol. I. Grand Rapids: W.B. Eerdmans Publishing Co., 1965.
_____. 「창세기, 구약주석 I」. 고영민 역. 서울: 기독교문화출판사, 1981.
Kenyon, Kathleen. Archaeology in the Holy Land. New York: Frederick A. Praeger, 1965.
_____. The Bible and Recent Archaeology. Atlanta: John Knox Press, 1978.
_____. Digging Up Jericho. New York: Frederick A. Praeger, 1957.
Kevan, E.F. "Genesis." The New Bible Commentary. Eds. F. Davidson, A.M. Stibbs, and E.F. Kevan. Grand Rapids: W.B. Eerdmans Publishing Co., 1953.
Kitchen, K.A. Ancient Orient and Old Testament. Downers Grove: Inter Varsity Press, 1982.
Kittel, Gerhard, ed. Theological Dictionary of the New Testament. Trans. and Edited by Geoffrey W. Bromiley. Grand Rapids: W.B. Eerdmans Publishing Co., 1973.
Klausner, J. Jesus of Nazareth: His Life, Times and Teaching. Trans. H. Danby. London: 1925.
Kline, Meredith G. The Structure of Biblical Authority. Grand Rapids: W.B. Eerdmans Publishing Co., 1972.
Knight, George A.F. A Christian Theology of the Old Testament. London: S.C.M. Press, 1959.
_____. Theology As Narration. Grand Rapids: W.B. Eerdmans Publishing Co., 1976.
Koch, Klaus. The Prophets: the Assyrian Period. Philadelphia: Fortress Press, 1982.
Köhler, Ludwig. Old Testament Theology. Trans. A.S. Todd. Philadelphia: The Westminster Press, 1958.
Köhler, M. Historical Jesus and Existential, Biblical Christ. London: A. and C. Black, 1901.
Kramer, S.N. The Sumerians: Their History, Culture, and Character. Chicago: The University of Chicago Press, 1963.
Kraus, H.J. The People of God in the Old Testament. New York: Association Press, 1958.
_____. Worship in Israel: A Cultic History of the Old Testament. Trans. G. Buswell. Richmond: John Knox Press, 1966.
Kuhl, C. The Prophets of Israel. London: Oliver and Boyd, 1960.
Kuntz, John Kenneth. The Self—Revelation of God. Philadelphia: The Westminster Press, 1967.
Ladd, George Eldon, A Theology of the New Testament. Michigan: W.B. Eerdmans Publishing Co., 1977.
Langer, Susanne K. Philosophy in a New Sky: A Study in the Symbolism of Reason, Rite, and Art. New York: Penguin Books, 1948.
Lasor, W. Sanford; Hubbard, D. Allan; and Bush, Frederic. Old Testament Survey. Grand Rapids: W.B. Eerdmans Publishing Co., 1982.
Lindblom, J. Prophecy in Ancient Israel. Oxford: Basil Blackwell, 1962.
Livingston, G.H. 「모세오경의 문화적 배경」. 김의원 역. 서울: 기독교문서선교회, 1990.
Loew, Cornelius. Myth, Sacred History and Philosophy. New York: Harcourt, Brace and World, Inc., 1967.
Lohmeyer, E. Lord of the Temple. Trans. S. Todd. London: Oliver and Boyd, 1961.
Long, B.O. "Reports of Visions Among the Prophets." JBL, 95(1976).
Malinowski, Bronislaw. Magic, Science and Other Essays. New York: Doubleday

Anchor, 1948.
Mayes, A.D.H, Amphictyony and Covenant: A Study of Israel in the Pre—Monarchy Period. Edinburgh: 1969.
_____. Israel in the Period of the Judges. Studies in Biblical Theology, 29. London: S.C.M. Press, 1974.
Mbiti, J.S. Concepts of God in Africa. London: S.P.C.K., 1970.
McCarthy, Dennis. "Israel, My Firstborn Son." The Way, 5(1965).
_____. Old Testament Covenant. Atlanta: John Knox Press, 1978.
McCown, C.C. The Ladder of Progress in Palestine. New York: Harper and Brothers, 1943.
McCurely, Foster R. Proclamation Commentaries. N.Y.: Fortress, 1979.
McKane, W. Studies in the Patriarchal Narratio. Edinburgh: 1979.
_____. Prophets and Wise Men. Studies in Biblical Theology, 44. Napierville: Alex R. Allenson, 1965.
McKenzie, John L. Myths and Realities. Studies in Biblical Theology. Milwaukee: Bruce Publishing Co., 1963.
_____. A Theology of the Old Testament. New York: Doubleday & Company, Inc., 1974,
McKenzie, R.H. Faith and History in the Old Testament. Minneapolis: The University of Minnesota Press, 1963.
Mclintock, John, and Strong, James, ed. Biblical Theological and Ecclesiastical Encyclopedia. Vol. X. New York: Harper and Brothers, 1881.
Meek, Theophile J. Hebrew Origins. New York: Harper and Row, 1963.
Mellaart, J. Earliest Civilizations of the Near East. London: Thames. and Hudson, 1965.
Mendenhall, G.E. Law and Covenant in Israel and Ancient Near East. Pittsburgh: Biblical Colloquium, 1955.
Metzger, Bruce M. 「외경 이란 무엇인가」. 민영진역. 서울: 컨콜디아사, 1979.
Meyer, Eduward. Die Israeliten und ihre Nachbarstämme: Alttestamentliche Untersuchung. Halle: 1906.
_____. Geschichte des Altertums II. 2d ed. Stüttgart—Berlin: 1907.
Michael, H.N., and Ralph, E.K. Dating Techniques for the Archaeologist. Combridge: The MIT Press, 1971.
Millard, A,R., and Wisemann, D.J. Essays on the Patriarchal Narratives. Leicester: Inter Varsity Press, 1980.
Milton, J.P. Prophecy Interpreted: Essays in Old Testament Interpretation. Minneapolis: Augsburg Pub. House, 1960.
_____. 「하나님의 축복의 언약」. 이근호역. 서울: 컨콜디아사, 1982.
Mitchell, J.G. A Study of the Jacob Tradition in the Old Testament. Diss. Southern Baptist Theo. Seminary, 1970.
Moran, W.L. "A Kingdom of Priests." The Bible in Current Catholic Thought. Ed. J.L. Mckenzie. New York: Harper and Herder, 1962.
Morgenstern, Julian. The Fire upon the Altar. Chicago: Quadrangle Books, 1963.
Moscati, Sabatino. Ancient Semitic Civilizations. New York: G.P: Putnam's Sons, 1958.
_____. The Face of the Ancient Orient. Chicago: Quadrangle Books, 1960.
Motyer, J.A. "하나님의 성호의 계시." 「구약신학논문집」. 윤영탁 편. 서울: 성광문화사, 1985.
Mowinckel, S. "The Name of the God of Moses." Hebrew Union College Annual, 32(1961).

_____. The Old Testament as Word of God. Trans. R.B. Bjornard. New York: Abingdon Press, 1959.
_____. Prophecy and Tradition. Oslo: I Kommisjon Hos Jacob Dybwad, 1946.
_____. The Psalms in Israel's Worship. Vol. 2. Trans. D.R.A. Thomas. Oxford: Basil Blackwell, 1962.
_____. "The 'Spirit' and the 'Word' in the Pre—Exilic Reforming Prophets." JBL, 59(1934).
Mowley, Harry. Reading the Old Testament Prophets Today. Atlanta: John Knox Press, 1979.
Muilenburg, James. The Way of Israel. New York: Harper and Row, 1961.
Murray, Henry A., ed. Myth and Mythmaking. New York: George Braziller, 1960,
Murray, Margaret A. The Splendor That Was Egypt. New York: Hawthorn Books, Inc., 1963.
Myers, J.M. Grace and Torah. Philadelphia: Fortress Press, 1975.
Napier, B.D. Prophets in Perspective. New York: Abingdon Press, 1963.
Neil, Stephen. The Church and Christian Union. London: Oxford University Press, 1968.
Newman, Murray. The People of the Covenant. Nashville: Abingdon Press, 1962.
Niebuhr, H. Richard. Christ and Culture. New York: Harper and Row, 1951.
_____. The Meaning of Revelation. New York: The MacMillan Company, 1941.
Niles, D.T. Upon the Earth. Madras, India: The Christian Literature Society, 1963.
Noordtzij, A. Leviticus: Bible Student's Commentary. Trans. Raymond Togtman. Grand Rapids: Zondervan Publishing House, 1982.
North, Christoper R. The Old Testament Interpretation of History. London: Epworth Press, 1946.
Noth, Martin. Das System der Zwölf Stämme Israels. Darmstadt: Wissenschaftliche Buchgesellschaft, 1980.
_____. Exodus. Philadelphia: The Westminster Press, 1962.
_____. The History of Israel. Trans. P.R. Ackroyd. 2d ed. London: Adam and Charles Black, 1960.
_____. A History of Pentateuch Traditions. Trans. B.W, Anderson. Englewood Cliffs: Prentice Hall, 1972.
_____. "Old Testament Covenant—Making in the Light of a Text from Mari." The Laws in the Pentateuch and Other Essays. Philadelphia: Fortress Press, 1966.
O'Callaghan, R.T. Aram Naharaim. Rome: Pontifical Biblical Institute, 1948.
Oesterley, W.O.E., and Robinson, T.H. Hebrew Religion, Its Origin and Development. London: Society for the Publication of Christian Knowledge, 1937.
_____. A History of Israel. 2 vols. Clarendon Press, 1932.
Oesterreicher, John M. The Israel of God. New Jersey: Prentice Hall, 1963.
Orelli, C. Von. The Old Testament Prophecy of the Consummation of God's Kingdom Traced in Its Historical Development. Trans. J.J. Banks. Edinburgh: T. & T. Clark, 1889.
Orlinsky, Harry M. Ancient Israel. New York: The Cornell University Press, 1964.
Orr, James, ed. The International Standard Bible Encyclopaedia. Grand Rapids: W.B. Eerdmans Publishing Co., 1955.
Ostborn, Gunnar. Yahweh and Baal. Lund: Lunds Universitets Arsskrift, 1956.
Otto, Heinrich. 「신약해제」. 김광식역. 서울: 한국신학연구소, 1974.
_____. "역사와 구속사". 김광식역. 「세계기독교사상」, 제11집. 서울: 신태양사, 1983.
Ouellette, Jean. "More on El Shaddai and Bel Shade." JBL, 88(1969).

Palmer, Spencer J. Korea and Christianity. Holly: Royal Asiatic Society Korea Branch, 1967.
Pannenberg, Wolfhart. "Hermeneutics and Universal History." History and Hermeneutic. Sanfrancisco: Gannon, 1970.
_____. "Redemptive Event and History." Essays on O.T. Interpretation. Ed. Claus Westermann. London: SCM Press, 1963.
Patai, Raphael. The Hebrew Goddess. New York: 1967.
Paterson, John. 「예언자 연구」. 이호운역. 서울: 한국기독교문화원, 1983.
Paterson, W.P. Hastings Dictionary of the Bible. 4 (1902).
Payne, J. Barton. An Outline of Hebrew History. Grand Rapids: Baker Book House, 1954.
_____. The Theology of the Older Testament. Grand Rapids: Zondervan Publishing House, 1976.
Pedersen, Johannes. Israel: Its Life and Culture. Copenhagen: Poul Branner, I—I, 1926. 1—N, 1940.
Pfeiffer, C.F., ed. The Biblical World. Grand Rapids: Baker Book House, 1966,
_____. 「구약사 개론」. 김영배 역. 서울: 기독교문서선교회, 1979.
Pfeiffer, R.H. Religion in the O.T. New York: Harper & Row, Pub., 1961.
Pittenger, W.N. Sacraments, Sings, and Symbols. Chicago: Wilcox and Follet, 1949.
Pope, M.H. "El in the Ugaritic Text." Supplement to Vetus Testamentum, 2(1955).
Pritchard, James, B., ed. The Ancient Near East: An Anthology of Texts and Pictures. New Jersey: Princeton University Press, 1965,
_____. ed. The Ancient Near East in Pictures Relating to the Old Testament. New Jersey: Princeton University Press, 1954.
_____. ed. Ancient Near Eastern Texts Relating to the Old Testament. 2nd ed. New Jersey: Princeton University Press, 1955.
_____. Archaeology and the Old Testament. New Jersey: Princeton University Press, 1958.
Rad, Gerhard Von. A commentary of Genesis. London: SCM Press LTD., 1979.
_____. The Message of the Prophets. New York: Harper & Row Publishing, 1967.
_____. Old Testament Theology. Trans. D.M.G. Stalker. New York: Harper and Brothers, 1962(Vol. I), 1966 (Vol. II).
_____. Studies in Deuteronomy. Studies in Biblical Theology, 9. London: S.C.M. Press, 1953.
_____. "Typological Interpretation of the Old Testament." Essay on Old Testament Interpretation. Ed. Claus Westermann. London: SCM Press Ltd., 1960.
Rahtjen, Bruce D. "Philistine and Hebrew Amphictyonies." Journal of Near Eastern Studies, XXIV(1965), 100—104.
Ramsey, G.M. "Speech—Forms in Hebrew Law and Prophetic Oracles." JBL, 96(1977).
Rank, Otto. The Myth of the Birth of the Hero. Vintage Paperback, 1959.
Raven, John Haward. The History of Religion of Israel. Grand Rapids: Baker Book House, 1979.
_____. The Old Testament Introduction. New York: Fleming H. Revell Co., 1910.
Renckens, Henr. The Religion of Israel. Trans. N.B. Smith. New York: Sheed and Ward, 1966.
Rha Young Bok. An Analysis of the Terms used for God in Korea. Boston: Boston University School of Theology, 1977.

Rhodes, Arnold Block. 「시편」. 김정준역. 서울: 기독교서회, 1963.
_____. "하나님의 위대한 행위". 문희석역. 「기독교사상」, 제10집.
Ricciotti, Giuseppe. The History of Israel. Trans. C. Della Penta, and R.T. A. Murphy. 2nd ed. 2 Vols. Milwaukee: Bruce Publising Co., 1958,
Ridenhour, T.E. The Old Testament and the Patriarchal Traditions. Diss. Duke University, 1972.
Ringgren, Helmer. Israelite Religion. Trans. David E. Gveen. Philadelphia: Fortress Press, 1966.
Ritchie, John. 「여호와의 7절기」. 김병희역. 서울: 전도출판사, 1986.
Robertson, Palmer, 「계약 신학과 그리스도」. 김의원역. 서울: 기독교문서선교회, 1983.
Robinson, H. Wheeler. The History of Israel. Studies in Theology, 42. London: Duckworth Press, 1957.
_____. Inspiration and Revelation in the Old Testament. Oxford: The Clarendon Press, 1958.
_____. ed. Record and Revelation. Oxford: The Clarendon Press, 1938.
_____. The Religious Ideas of the Old Testament. London: G. Duckworth, 1959.
Robinson, T.H. Prophecy and the Prophets in Ancient Israel. 2nd ed. London: Duckworth, 1953.
Rowley, H.H. The Biblical Doctrine of Election. London: Lutterworth Press, 1952.
_____. The Faith of Israel. London: SCM Press, 1977.
_____. From Joseph to Joshua. Oxford University Press, 1950.
_____. From Moses to Qumran: Studies in the Old Testament. London: Lutterworth Press, 1963.
_____. Men of God: Studies in Old Testament History and Prophecy. London: Thomas Nelson and Sons, 1963.
_____. The Rediscovery of the Old Testament. London: James Clarke & Co., Ltd., 1945.
_____. The Servant of the Lord. London: Lutterworth Press, 1952.
_____. ed. Studies in Old Testament Prophecy. Edingburgh: T. & T. Clark, 1950.
_____. Worship in Ancient Israel. London: S.P.C.K., 1981.
Rowley, M.H., ed. The Old Testament and Modern Study. Oxford: 1951.
Russell, Bertrand. Why Men Fight. New York: The Century Company, 1917.
Rylaarsdam, J. Coert. "The Book of Exodus." The Interpreter's Bible. New York: Abingdon Press, 1952.
Schmidt, Werner H. The Faith of the Old Testament. Trans. John Sturdy. Philadelphia: The Westminster Press, 1983.
_____. Old Testament Introduction. Trans. Mattew J. O'Connell. New York: The Cross road Publishing Co., 1984.
Schofield, J.N. Law, Prophets and Writings. London: S.P.C.K., 1969.
Scott, R.B.Y. The Revelance of the Prophets. New York: MacMillan, 1944.
Segal, J.B. The Hebrew Passover From the Earliest Times to A.D. 70. London Oriental Series, 12. London: Oxford University Press, 1963.
Sellin, E. & G. Fohrer. 「구약성서개론」. 김이곤·문희석·민영진 공역. 서울: 대한기독교출판사, 1979.
Seters, J. Van. The Hyksos. Yale University Press, 1966.
Skinner, J. The Divine Names of the Book of Genesis. New York: Scribner, 1914.
_____. Prophecy and Religion. Cambridge: Cambridge University Press, 1922.
Smart, James D. The Past, Present and Future of Biblical Theology. Philadelphia: The Westminster Press, 1979.

Smend, R. Lehrbuch der alttestamentlichen Relizionsgeschichte. Fheiburg und Leipzig, 1983.
Smith, W.R. The Old Testament in the Jewish Church. London: Adam & Charles Black, 1895.
Soggin, J. Alberto. Introduction to the 0.7. Philadelphia: The Westminster Press, 1980.
Soltau, Henry W. The Tabernacle. Grand Rapids: Kregel Publications, 1979.
Speiser, E.A. Genesis the Anchor Bible. Doubleday & Company, Inc., 1964.
_____. "'People' and 'Nation' of Israel." Journal of Biblical Literature, 79(1960).
Stamm, J.J., and Amdrew, M.E. The Ten Commandments in Recent Research. Studies in Biblical Theology, 2nd Series. No. 2. Naperville: Alec R. Allenson, 1967.
Steindorff, G., and Seele, K.C. When Egypt Ruled the East. Chicago: University of Chicago Press, 1957.
Strack, H. Introduction to the Talmud and Midrash. New York: Atheneum, 1974.
Steuernagel, C. Die Einwanderung der Israelitischen Stämme in kanaan. Berlin: 1901.
Stuhlmueller, C. The Prophets and the Word of God. Notre Dame, Indiana: Fides Publishers, Inc., 1964.
Thayer, Jeseph Henry. A Greek English Lexion of the New Testament. Edinburgh: T. & T. Clark, 1955.
Thiele, E.R. Mysterious Number of Hebrew Kings. Grand Rapids: Eerdmans Publishing Co., 1951.
Thompson, T.L. "The Historicity of the Patriarchal Narratives." BZAW, 133. New York: W. de Gruyter, 1974,
Thorogood, Bernard. 「아모스 연구」. 함성국역. 서울: 기독교서회, 1973.
Tillich, Paul. Systematic Theology. Vol. 1. Chicago: University of Chicago Press, 1957.
_____. 「종교란 무엇인가」. 황필호역. 서울: 전망사, 1978.
Longman T. & Dillard, R.B. 「최신 구약개론」. 박철현 역. 서울: 크리스챤다이제스트, 2009.
Unger, Merrill F. An Introduction to the Old Testament. Grand Rapids: Zondervan Publishing House, 1952.
_____. Introductory Guide to the Old Testament. Grand Rapids: Zondervan Publishing House, 1976.
_____. Unger's Bible Dictionary. Chicago: Moody Press, 1980.
Van der Lccuw, G. Religion in Essence and Manifestation. Trans. J.E. Turner. 2 vols. London: Allen and Unwin, 1938.
Van Seters, J. Abrahm in History and Tradition. New Haven: Yale U. Press, 1975.
Van Zyl, A.H. The Moabites. Pretoria Oriental Series, II. Leiden: E.J. Brill, 1960.
Vawter, B. The Conscience of Israel. New York: Sheed and Ward, 1961.
Victor, P. The theme of Promise in the Patriarchal Narratives. Diss. St. Andrews University, 1972/73.
Vischer, Wilhelm. The Witness of the Old Testament to Christ. London: Lutterworth Press, 1949.
Vos, G. Biblical Theology. Grand Rapids: W.B. Eerdmans Publishing Co., 1948.
Vriezen, Thomas C. An Outline of Old Testament Theology. Trans. S. Neuijen, Oxford: Basil Blackwell, 1958,
_____. The Religion of Ancient Israel. London: 1967.
Wach, Joachim. 「종교학의 이해」. 김승혜편. 왜관: 분도출판사, 1986.

Walker, Norman. "A New Interpretation of the Divine Name, Shaddai." Zeitschrift für die Alttestamentliche Wischenschaft; 72(1960).
Warfield, B.B. The Plan of Salvation. Grand Rapids: W.B. Eerdmans Publishing Co., 1942.
Watts, John D.W. Basic Patterns in Old Testament Religion. South Pasadena: Jameson Press, 1971.
Weinfeld, M. "The Covenant of Grant in Old Testament and Ancient Near East." Journal of American Oriental Society, 90(1970).
_____. Theologisches Wörterbuch zum Alten Testament. Stuttgart: 1973.
Weippert, Manfred. "Erwägungen Zur Etymologie des Gottesnamens El Shaddaj." Zeitschrift der Deutschen Morgenländischen Gesellshaft. I. n.s. 36(1961).
_____. The Settlement of the Israelite Tribes in Palestine. London: S.C.M. Press, 1971.
Welch, Holmes. Taoism: The Parting of the way. Boston: Beacon Press, 1966.
Wellhausen, Julius. Prolegomena to the History of Israel. New York: Meridian. Library, 1957.
Wenham, Gordon J. The Book of Leviticus. Grand Rapids: W.B. Eerdmans Publishing Co., 1979.
Westermann, Claus. Basic Forms of Prophetic Speech. London: Lutterworth Press, 1967.
_____. The Promises to the Fathers. Philadelphia: 1980.
_____. Elements of Old Testament Theology. Trans. Douglas W. Stott. Atlanta: John Knox Press, 1982.
_____. 「성서 입문」. 김이곤 · 황성규 역. 서울: 한국신학연구소, 1975.
Wheeler, Mortimer. Archaeology from the Earth. Oxford: Clarendon Press, 1954.
Whitley, Charles Francis. The Prophetic Achievement. Leiden: E.J. Brill, 1963.
_____. 「고대 이스라엘 종교의 독창성」. 안성림역. 왜관: 분도출판사, 1981.
_____. 「예언자들의 중심 사상」. 양승애 역. 서울: 성바오로출판사, 1982.
Wiley, H. Orton. Christian Theology. Vol. I. Kansas City: Beacon Hill, 1940.
Williams, Walter G. Archaeology in Biblical Research. New York: Abingdon Press, 1965.
Willis, G.C. The Seven Feasts of Jehovah. Illinois: Bible Truth Publishing Co., 1980.
Wilson, John. The Culture of Ancient Egypt. Chicago: The University of Chicago Press, 1958.
Wilson, Robert. Prophecy and Society in Ancient Israel. Philadelphia: Fortress Press, 1980.
Winkler, H. Geschichte Israels in Einzeldarstellungen. II. Leipzig: 1900,
Winnett, F.V. The Mosaic Tradition. Toronto: University of Toronto Press, 1949.
Wiseman, D.J. Illustrations from Biblical Archaeology. Grand Rapids: W.B. Eerdmans, 1958.
Wolff, H.W. Anthropology of the Old Testament. Philadelphia: Fortress, 1981.
_____. Hosea. Trans. G. Stansell. Ed. P. Hanson, Philadelphia: Fortress, 1974,
_____. 「우리들의 삶 속에 살아계시는 하나님」. 이양구역. 서울 :대한기독교출판사, 1981.
Wood, Leon. A Survey of Israel's History. Grand Rapids: Zondervan Publishing House, 1970.
_____. 「이스라엘 역사. 김의원역. 서울: 기독교문서선교회, 1985.
Woolly, Sir Leonard. Ur of the Chaldees. Baltimore: Penguin Books, Inc., 1950.
Wright, G. E. Biblical Archaeology. rev. ed. Philadelphia: Westminster Press, 1962.
_____. God Who Acts. London: SCM Press, 1958.

_____. The Old Testament Against Its Environment. Studies in Biblical Theology, 2. London: S.C.M. Press, 1960.
_____. Shechem, The Biography of a Biblical City. New York: McGraw—Hill Book Co., 1965.
_____. ed. The Biblical and the Ancient Near East. Garden City, New York: Doubleday & Co., 1961.
_____.「구약성서 신학입문」. 문희석역, 서울: 기독교서회, 1974.
Wurtwein, Ernst. The Text of the Old Testament. Trans. E. Rhodes. Grand Rapids: Eerdmans Publishing Co., 1979.
Yadin, Y. The Art of Warfare in Biblical Lands. London: Weidenfeld and Nicolson, 1963.
Yamauchi, Edwin M. The Stones and the Scriptures. New York: J.B. Lippincott Co., 1972.
Young, E.J. "The Call of Moses." The Westminster Theological Journal, 29(1964).
_____. My Servants the Prophets. Grand Rapids: W.B. Eerdmans Co., 1983.
_____. Studies in Genesis One, Philadelphia: Presbyterian and Reformed Publishing Co., 1964,
_____. The Study of Old Testament Theology Today. Westwood, New Jersey: F.H. Revell Co., 1959.
Zimmerli, W. Old Testament Theology in Outline, Atlanta: John Knox Press, 1978.
_____. "Promise and Fulfillment." Essays on Old Testament. Ed. Claus Westermann. London: SCM Press, 1963.
_____. "구약 성서의 중심적 문제".「신학사상」, 12집 (1976).
_____. [구약 신학]. 김정준역. 서울: 한국신학연구소, 1976.
고대 문리대 심리학과 교수실 편.「심리학 개설」. 서울: 고려대학교 출판부, 1982.
강병도 편.「카리스종합주석」제1-14권. 서울 기독지혜사 2009.
고영춘.「구약성서 개설」. 서울: 신생사, 1965.
곽노순. "한국교회와 하나님 칭호".「기독교사상」, 1971. 3.
기독교문사 편.「기독교 대백과사전」. 권 12, 13. 서울: 기독교문사, 1982.
김갑동. "출애굽 연대문제".「서울신학대학보」, 1986. 6. 5.
김경재. "한국 문화사의 측면에서 본 궁극적 관심의 성격과 한국신관의 과제",「신학사상」, 제4집. 서울: 한국신학연구소, 1974.
김경탁. "하나님 관념 발달사".「한국문화사대계」, VI. 서울 :고대민족문화연구소, 1970.
김문제.「십계명과 십자가」. 서울: 세종문화사, 1981.
김응조,「하나님의 장막」. 서울: 성청사, 1980.
김이곤. "구약신학사 개관".「구약성서 지침」. 문희석편. 서울: 대한기독교서회, 1977.
김정준. [구약 신학 이해]. 서울: 한신출판사, 1973.
_____.「이스라엘 신앙과 신학」. 서울: 성문학사, 1967.
_____.「폰 라드의 구약신학」, 서울: 기독교서회, 1973.
김정준외. [구약성서 개론]. 서울: 기독교서회, 1973.
김철현. 「예언자 연구」. 대구: 이문출판사, 1983.
김희보. 「구약신학 논고」. 서울: 예교수문서선교회, 1975.
_____.「구약 이스라엘 역사」. 서울: 총신대 출판부, 1980.
노세영, 박종수.「고대근동의 역사와 종교」서울: 대한기독교서회, 2000.
나균용. "한글 신약 성서의 내용 비교연구",「신학과 선교」, 제6집. 부천: 서울신학대학, 1980.
내촌감삼.「창세기 연구」. 이성호역. 서울: 혜문사, 1982.
대한기독교서회 편.「그리스도교 대사전」. 서울 기독교서회, 1975.
마두원.「레위기 강해」. 서울: 성청사, 1978.
문익환. "공동번역 성서 평가".「신학사상」, 제22집 (1978).

문희석. 「구속과 창조의 신학」. 서울: 기독교출판사, 1979.
_____. 「하나님의 구속역사」. 서울: 보이스사, 1973.
_____. 편. 「구속 신학」. 서울: 보이스사, 1976.
_____. 편. 「구약성서 배경사」. 서울: 기독교서회, 1973.
_____. 편. 「구약성서 지침」. 서울: 대한기독교서회, 1977.
_____. 편. 「성서 고고학」. 서울: 기독교서회, 1974.
_____. 편. 「오늘의 오경 연구」. 서울: 기독교서회, 1975.
_____. 편. 「오늘의 예언서 연구」. 서울: 기독교서회, 1975.
박대선. 「구약성서개론」. 서울: 대한기독교서회, 1972.
배제민. "구약 제사 제도에 대한 연구", 「기독교사상」, 1967. 2.
서인석. 「오늘의 구약성서 연구」, 서울: 성바오로출판사, 1983.
송락원. 「신구약 중간사」. 서울: 기독교문화사, 1973.
오병세. 「소리지르는 돌들」. 서울: 고신출판부, 1972.
원용국. 「오경의 기독론」. 서울: 한국기독교교육연구원, 1984.
윤두혁. 「팔레스틴 풍습의 이모저모」. 서울: 기독교문사, 1979.
윤성범. 「기독교와 한국사상」. 서울: 기독교서회, 1964.
_____. 「성의 신학」. 서울: 서울문화사, 1976.
윤영탁. "구약의 선지자적 연구", 「신학 지남」, 45권.
이승옥. "아브라함 언약과 모세언약 비교 연구", 석사학위논문, 서울신학대학원, 1986.
이정근, "하늘의 어원 연구", 「신학과 선교」, 창간호(1972).
이희승. 「국어 대사전」. 서울: 민중서관, 1961.
장일선. 「구약 신학의 주제」. 서울: 대한기독교서회, 1982.
_____. 「구약 전승의 맥락」. 서울: 대한기독교출판사, 1983.
정장복. 「예배학 개론」. 서울: 종로서적, 1985.
정중호. 「레위기 만남과 나눔의 장」. 서울; 한들출판사, 1999.
정희건, "한국교회와 하나님 칭호에 대한 글을 읽고. 「기독교사상」, 1971.4.
최남선. "불함 문화론", 「신동아」, 1972. 1.
최종진. 「구약 성서 개론」. 서울: 소망사, 1986.
_____. "족장들의 배경과 하나님". 「신학과 선교」, 제 7 집. 부천 : 서울신학대학출판부, 1981.
함석헌. 「뜻으로 본 한국역사」. 서울: 송의사, 1963.
함성국. "구약 성서의 선택 사상", 「현대와 신학」, 제 7 집 (1974. 11).
(위의 참고목록에 수록되지 않은 것은 footnote로 대신함)

사진_저작권자
언약궤(표지), Sphinx of Queen Hatshepsut, Seated statue of Pharaoh Thutmose III, 조각목, 금촛대, 떡상, 번제단, 법궤와 속죄소, 성막외부, 성막전경, 향단__adobe stock